南开大学校史丛书
总主编　刘景泉

来新夏先生在南开

柯　平　张兰普　郝瑞芳　焦静宜　编

南开大学出版社

天　津

图书在版编目(CIP)数据

来新夏先生在南开 / 柯平等编. —天津：南开大
学出版社，2019.3
（南开大学校史丛书）
ISBN 978-7-310-05771-9

Ⅰ.①来… Ⅱ.①柯… Ⅲ.①来新夏(1923－2014)
－生平事迹 Ⅳ.①K825.81

中国版本图书馆 CIP 数据核字(2019)第 053203 号

南开大学出版社出版发行

出版人：刘运峰

地址：天津市南开区卫津路 94 号　　邮政编码：300071
营销部电话：(022)23508339　23500755
营销部传真：(022)23508542　　邮购部电话：(022)23502200

＊

北京虎彩文化传播有限公司 印刷
全国各地新华书店经销

＊

2019 年 3 月第 1 版　　2019 年 3 月第 1 次印刷
230×170 毫米　16 开本　40 印张　6 插页　715 千字

定价：128.00 元

如遇图书印装质量问题，请与本社营销部联系调换，电话：(022)23507125

来新夏先生（1923—2014）

植根于博　专务乎精

立足於勤　持之以毅

丙戌仲春萧山来新夏题

1946年毕业于北平辅仁大学历史学系，获文学士学位

1949年在华北大学学习期间与同小组成员合影（前左二）

20世纪50年代初兼任《历史教学》编委和值班编辑
期间与杨生茂先生合影

1958年在东村寓所开始编撰
《林则徐年谱》

1963年11月发南开大学教工
医疗证照片

1974年下放四载返校后暂居南开大学农场时与家人合影

1979年7月在太原出席中国图书馆学会成立大会，为落实政策后首次参加学术活动

1982年暑假去京探视正在实习的南开大学分校图书馆学专业首届（79级）毕业生

1984年被评为天津市劳动模范

1985年在主楼为图书馆学系本科生上课

1987年筹建南开大学图书馆新馆

1988年5月5日主持南开大学出版社成立五周年庆祝会（右为校长母国光）

1991年6月率天津市高校图书馆馆长访美代表团首站访问俄亥俄大学图书馆（前排左三为俄大馆长李华伟博士）

1997年12月31日在天津组织举行"中国（海峡两岸）地方史志比较研究讨论会"，接受林天蔚教授代表台湾方志学界赠送纪念牌

1999年5月21日在"南开学术论坛"作题为"天津城市的发展"学术报告

2012年6月8日在"南开大学来新夏教授九十初度暨从教65周年学术研讨会"上致辞

2013年9月28日在问津书院作"北洋军阀史"讲座

2014年2月28日来先生的书桌

前　言

一所著名大学，当她的历史脚步走到百年之时，最引为荣耀的，除了她为社会培养了多少德才兼备的优秀人才，为人类贡献了多少突出的科学成就，以及植根于学术园地深厚独特的文化魅力之外，而更值得敬仰的，是那些为精心作育人才、致力科学研究并为营造学术和教育环境而无私奉献的名师学者和杰出的教育管理者。来新夏先生就是这样一位载入南开百年史册的大家。

来新夏先生是在历史学、方志学、图书馆学诸领域卓有成就的著名学者，在南开大学从教六十余年。他在教研的同时，又曾担任教育管理工作多年，尤其 20 世纪 70 年代末至 90 年代前期，他更以创立南开大学图书馆学系，并同时任职校图书馆馆长、校出版社社长兼总编辑等的业绩，为南开大学的发展做出了突出贡献。本书设八个专题，以搜集、整理、排列历史资料的方式，记述了来先生在南开大学的教学科研和工作状况，由此从不同方面具体而真实地记录了改革开放初期南开大学的发展和巨大变革，从而也从一个侧面反映了老一代知识分子的人生历程。

回望南开百年史，我们不能不追寻一百年来包括来新夏先生在内的诸位大家的足迹，研究其学术成就，更要探究其学术思想和人格魅力，而这些一定与"允公允能，日新月异"的南开精神和南开品质密不可分。作为南开人，这是我们应尽的义务和责任。本书的编者，其中柯平系南开大学商学院教授，曾任图书馆学系第四任系主任；张兰普系毕业于图书馆学系，现任南开大学档案馆副研究馆员；郝瑞芳是来先生创办分校图书馆学专业时的助手，后为天津师范大学教师；焦静宜为南开大学出版社编审，来新夏先生夫人。在这个值得纪念的历史时刻，我们更加怀念来新夏先生！

承蒙南开大学原党委副书记刘景泉教授的大力支持，本书获列"南开大学校史丛书"；南开大学出版社对本书的出版也慨予关照协助，在此一并致谢！

谨以此书向南开大学建校一百周年献礼！

2019 年 3 月

目　录

文 献 存 真

五　来先生与南开大学图书馆

追 忆 当 年

文 献 存 真

附　全国高校图工委　华北图协　天津高校图工委　《津图学刊》

追 忆 当 年

文 献 存 真

六　来先生与南开大学出版社

追 忆 当 年

七 来先生与南开大学地方文献研究室

八 来新夏先生与人才培养

著名历史学家、方志学家、图书文献学家——来新夏

  来新夏（1923—2014），浙江萧山人。1942年考入北平辅仁大学历史学系，师从陈垣、张星烺、余嘉锡、启功诸名师，在抗战最艰苦的条件下，发愤读书，连续四年以优异成绩获得一等奖学金而得以完成学业。1946年大学毕业后，曾在天津担任中学教师。1949年1月天津解放，被民青组织保送到华北大学第二部学习，从此参加革命工作。同年9月分配至范文澜先生主持的历史研究室读研究生，主攻中国近代史。1951年奉调到南开大学，由助教循阶晋升为教授。曾同时担任南开大学校务委员会委员、校图书馆馆长、图书馆学系主任、南开大学出版社社长兼总编辑。1992年被评定为享受国务院特殊津贴专家。生前任教育部古籍整理研究工作委员会地方文献研究室主任、北京大学中国古文献研究中心兼职教授。社会兼职有中国近现代史史料学学会名誉会长，中国地方志学会学术委员、全国高校图书情报工作委员会常委、文渊阁本《四库全书》学术委员会委员、北京大学《儒藏》精华编编纂委员会顾问、天津地方志编纂委员会顾问、美国俄亥俄大学图书馆顾问等。

  来新夏主要从事历史学、方志学和图书文献学研究，他治学严谨，功底深厚，研究成果宏富，且多为开创之作。如《北洋军阀史略》《古典目录学浅说》《方志学概论》《天津近代史》《中国古代图书事业史》《中国近代图书事业史》等都是新中国成立后相关学科的第一部著作，并由此开启了学术研究的新领域。来新夏的每一项研究都具有很强的持续性和精益求精的探索性，如《北洋军阀史》《林则徐年谱长编》《近三百年人物年谱知见录（增订本）》《清人笔记随录》《书目答问汇补》等著述都历经几十年不断修订增补，日臻完善，始终保持学术领先地位，因此以"纵横三学，自成一家"享誉于学界。其学术成果曾先后获得教育部颁发的第三届全国高校人文社会科学研究优秀成果奖历史学二等奖、中国图书馆学会第二届图书馆学情报学学术成果奖著作一等奖、中国图书馆学会优秀科研成果特别奖、2011年度全国优秀古籍图书奖一等奖、国家科委颁发的科技情报成果三等奖、天津市社科优秀成果奖荣誉奖以及日本文部省国际交

流基金奖等多种奖项，并多次被列入世界名人录。鉴于来新夏"在图书馆领导期间的卓越业绩以及在学术领域取得的众多优秀成果和推动中外国际交流所做出的努力"，经过世界各地图书馆人的提名评选，美国华人图书馆员协会特授予他 2002 年度"杰出贡献奖"，这是新中国建立以来我国被授奖的第二人。

来新夏一生以教书育人为职志。自 1951 年始在南开大学历史系任教，其间，曾开设多门专业课程，作育大批优秀人才。"文革"结束后，1979 年在南开大学分校独力创办图书馆学专业，1983 年在总校筹办图书馆学系，并于 1984 年秋开始招生，翌年即获设硕士点，为当时全国该学科五个学科点之一。由于业绩卓著，1984 年被评为天津市劳动模范。来新夏重视培养人才，并提倡"通才"教育，曾同时招收历史学和图书馆学专业研究生。他选拔严格，指导认真，热情扶植和奖掖人才成长。他重视教学工作，且擅长课堂教学，1985 年获南开大学教学质量奖一等奖。1989 年被评为天津市高校系统优秀教师。他在教学实践中开创了图书文献学领域"三史合一"的新课程模式，成为本学科教学的范例。他根据专业发展趋势提出了人才培养"三层楼"制模式，是改革开放后我国图书馆学教育思想库的重要来源之一，从而成为图书文献学人才培养"南开模式"的创立者。

来新夏是开创新中国地方志编修事业的积极推动者和实干家，他参与制定条例，培训全国编志骨干，并深入基层，对地方志编纂的具体工作深究细研，其亲自指导过的全国 200 余部新修志书中有 50 余部佳志获国家或省部级奖。他在实践中认真研究方志学理论，并撰著多种相关著述，为建立中国新编方志学体系和方志事业的发展作出了卓越贡献。

来新夏一生笔耕不辍，有学术专著 30 余种面世及古籍整理多种，其中北洋军阀史、古典目录学等著述被译介到日、韩等国。他晚年尤以学术随笔著称，用学术随笔的形式把知识化艰深为平易，以"反哺民众"，成文 800 余篇，结集 30 余种，实现了"有生之年，誓不挂笔"的志愿。

《南开学术名家志》，见《南开学报》（哲学社会科学版）2014 年第三期

一　南开岁月

来新夏先生学术述略

王振良

【摘要】来新夏是南开大学著名教授，是最后一代 1949 年之前完成高等教育的知识分子，在历史学、方志学、文献学"三学"研究方面都取得突出成就。本文将其七十多年治学历程，划分为启蒙、奠基、鼎盛、升华四个时期，剖析其学术渊源和学术思想的发展脉络，以及其通过"衰年变法"实现的自身学术超越，对当代学人不无启发意义。

【关键词】来新夏；三学；学术思想；衰年变法

来新夏先生（1923—2014）是南开大学教授，主要从事历史学、方志学和文献学的教学与研究，并在三方面都取得了突出成就，被誉为"纵横三学"①的著名学者。来新夏离休之后，又致力于学术随笔的写作，短小精悍且又纵横捭阖，将其毕生学术之精髓播撒给普罗大众，并在此基础上实现了一种质的超越，延续和升华了个人的学术生命。来新夏的学术兴趣广，史料繁，开掘深，全面评价远非本文所能承担，在此谨就个人阅读和了解，作一些印象式述评——前人关注较多的这里从略从简，而对学者着墨尚少之处则稍为详述，以期使人们认识一个更加立体本色的学术的来新夏。

来新夏，号弢盦，斋名邃谷。祖籍浙江省萧山县长河乡（今杭州市滨江区长河街道），1923 年生于杭州市中城三元坊。1946 年毕业于辅仁大学史学系，师从陈垣、张星烺、余嘉锡等问学。1949 年入华北大学第二部学习，后分配在该校历史研究室，为范文澜教授的研究生，专门攻读中国近代史。1951 年调南开大学历史系任教，先后担任南开大学校务委员及图书馆学系主任、图书馆馆长、出版社社长兼总编辑等，并长期兼任南开大学地方文献研究室（直属教育

部古籍整理研究工作委员会）主任直至离世。社会兼职主要有中国近现代史史料学学会名誉会长、文渊阁本《四库全书》学术委员会委员、天津市地方志编修委员会顾问等。

来新夏在南开大学分校和总校先后创办了图书馆学专业和图书馆学系并担任主任，还任过南开大学图书馆馆长。鉴于其在做图书馆领导工作期间的卓越业绩，在相关学术领域的众多优秀成果和推动国际交流所作出的努力，2002年美国华人图书馆员协会（CALA）特别授予其"杰出贡献奖"。

来新夏治学甚勉勤奋，去世前夕依然笔耕不辍。他的著述可谓林林总总，在诸多领域都有着开创性的成果——如历史学方面的《林则徐年谱》《近三百年人物年谱知见录》《北洋军阀史》《天津近代史》等，方志学方面的《方志学概论》《中国地方志》《中日地方史志比较研究》等，文献学方面的《古典目录学》《中国图书事业史》《清人笔记随录》《书目答问汇补》等。其晚年大量撰写学术随笔，汇编成集的有《冷眼热心》《路与书》《依然集》《枫林唱晚》《一苇争流》《来新夏书话》《出枥集》《只眼看人》《邃谷师友》等二十余种。

来新夏 1940 年前后读高中时，即开始发表各类文章，学术生涯综计超过七十年，这在当代学人中应该说是十分罕见的。这七十多年的治学经历，大体可以划分为四个时期，即 1948 年之前的启蒙期，1949 年至 1978 年的奠基期，1979 年至 1996 年的鼎盛期，1997 年至 2014 年的升华期。下面就从这四个时期入手，对来新夏的学术作简略概述。

一、启蒙期：传统文化的砥砺（1948 年之前）

来新夏是最后一代在 1949 年之前完成高等教育的知识分子，虽然这一代人 1949 年以后大都经历坎坷，但因他们比较完整地接受过中国传统教育和西方现代教育，学术基础扎实牢固，学术眼光宏阔深远，因此不少人在 20 世纪 80 年代和 90 年代进入学术盛期。来新夏的早期学术启蒙，就是在传统教育和西方教育的双重引领下完成的。

（一）祖父的启蒙

来氏是长河望族，门第书香不断，家学渊源有自。"长河是该地区最早居民聚集点，来氏从南宋以来一直是这里的大族，出了不少读书人和官员，有九厅十三堂的设置，至今尚遗存有光裕堂和绪昌堂等祖屋。我祖父长期在绪昌堂居住。我就是萧山来氏二十六世孙。"①

来新夏的祖父来裕恂是清末秀才,他饱读诗书,对来新夏的学术事业有着重要影响。在接受媒体访谈和有关文字中,来新夏屡屡提到这一点。来裕恂(1873—1962),字雨生,号匏园。少攻经史诸子,光绪十六年(1890)在杭州西湖诂经精舍肄业,得经学大师俞樾青睐,称其颇通许郑之学。光绪二十九年(1903),入日本弘文书院师范科学习,次年主横滨中华学校教务。旋归国,应蔡元培之约加入光复会。辛亥革命后,长期从事教育教学工作。1927年,以浙江省民政厅长马叙伦征荐,出任绍兴县县长。然因不善敛财逢迎,在职仅六个月即辞官。中华人民共和国成立后,受聘为浙江省文史研究馆馆员。撰有《汉文典》《中国文学史》《萧山县志稿》《易经通论》《匏园诗集》及《续集》《杭州玉皇山志》等。来裕恂认为"读书种子应传砚"②,因此对长孙来新夏精心培养。在祖父的监督与教诲下,来新夏受到了比较良好的国学启蒙教育。1927年春节,来新夏刚刚五岁即发蒙读书,以《三字经》《百家姓》《千字文》《千家诗》为序,朝诵夕读,一年半卒业。来裕恂不但给来新夏讲解"三百千千"和《幼学琼林》《龙文鞭影》等蒙学读物,传授地方掌故与名人逸事,还让来新夏拿市面上的粗陋读本与好的版本对读,以提高文献鉴别能力。来新夏后来涉足方志学和文献学两大领域,与来裕恂撰写《萧山县志稿》及版本目录学启蒙教育可谓密切相关。

来新夏回忆道:"我是祖父的长孙,生活上备受宠爱,但他对我的教育很严格。七岁以前,我一直随侍在祖父的身边,从祖父读书。第一课是接受传统的蒙学教育。祖父虽属于新派人物,但对传统的启蒙教育依然是一丝不苟。他强制我这个六七岁的孩子按三、百、千、千的顺序去读、去背诵,甚至采取'跪香'的办法来强迫我跪在那里来完成日课,一支香点完必须背出几行几段。当时,我感到十分苦恼和无奈;但是,随着时间的推移,我渐渐理解为什么一位思想先进的知识分子非要如此苛求儿孙们接受传统的启蒙教育的老辈苦心。后来,我之所以能够言而有物,谈吐不俗,又颇感得益于这段'幼而学'的启蒙教育。"③

来新夏还回忆说:"祖父的学问和为人对我影响都很大。我幼年时期是在祖父身边成长的,他指导我读了很多蒙学读物,什么《三字经》《百家姓》《千字文》。直到我离开祖父随父亲到了北方,祖父还不断写信教导我应该读什么

① 来新夏:《烟雨平生·我的家庭》,《80后》,哈尔滨:北方文艺出版社,2008年,第3页。
② 来裕恂:《六月十一日接家书知初八日添孙喜而赋此》,《匏园诗集》卷二十五,天津:天津古籍出版社,1996年,第672页。
③ 来新夏:《烟雨平生·我的祖父》,《80后》,第13—14页。

书。"①这种"通信教学"的方式，使得来新夏在离开祖父之后，仍能得到及时的点拨。他认为，祖父"以通信方式为我改文章，讲书理。在我入中学那一年，他亲为我从《古文观止》中选了几十篇，毛笔楷书，装订成册，并亲署《古文选萃》，后来又选过《唐宋诗词选》，命我细读精读，对我日后操笔作文有很大帮助"②。

（二）名师的熏陶

在接受祖父的传统私塾式教育之后，来新夏随着父亲来大雄工作的调动，在颠沛辗转中完成了正规的小学和中学教育。1929 年，父亲供职北宁铁路局，来新夏由杭赴津，入扶轮小学读一年级。1931 年，来新夏随母暂返萧山，入铁陵关小学读三年级。1932 年又到天津，入究真中学附小读四年级。1933 年因父亲调职，再转南京新菜市小学读五年级。1935 年考入金陵大学附中。1936 年父亲重回北宁铁路局工作，来新夏进入天津究真中学重读初中一年级。1937 年入旅津广东中学，直至 1942 年考入北平辅仁大学。因为迁徙不定和异乡孤独，来新夏需要不断熟悉新生活，适应新环境，使他的学习成绩平平。金陵大学附中期间，竟然两门课不及格，受到留级处分，灰溜溜地北归，到天津重读初中。抗战爆发后天津沦陷，少年来新夏流亡意租界，最后随全家定居法租界，并考入旅津广东中学，这才得到五年较为安定的生活。其时来新夏"知耻而后勇"，加上遇到名师点拨，学习成绩很快冲到班级前列。

接受小学和中学教育时，来新夏遇到不少十分合格的教师，对他后来的学术生涯产生了潜移默化的影响。读南京新菜市小学时，有一位博闻强记、口若悬河、知识渊博的历史教员张引才先生，使来新夏对读史产生浓厚兴趣，并经常逃学到玄武湖畔狂读小说，享受自由无束快意的同时，不断拓展着少年的视野。进入旅津广东中学后，他又遇上学养深厚、藏书甚丰的国文教师谢国捷先生（历史学家谢国桢堂弟），在其引导、指点和帮助下，来新夏如饥似渴地阅读《史记》《汉书》《后汉书》《三国志》《十七史商榷》等。来新夏深情回忆过谢国捷对他的影响："谢老师当年住在他久居天津的五堂兄家，这是坐落在现在马场道和昆明路转角路北的一座高级楼房，家富藏书。我常通过谢老师的关系在这里看书、借书。我读了许多史书，并就近得到谢老师的指导，师生间的情意日进。谢老师除在课堂上传授给我们许多文学史和国学方面的基础知识外，在私

① 田志凌：《访来新夏先生》，《南方都市报》2006 年 10 月 19 日。

② 韩淑举：《人生也就如此——访南开大学教授来新夏先生》，《山东图书馆学刊》2010 年第 4 期。

下交谈中更给我不少书本中难以得到的掌故和见闻。这些对我日后能参与学术工作，起到不可估量的奠基作用，使我一生受用不尽。谢老师对我期望甚高，为了在我未冠之年就能初窥学术之门，他和我反复研究，为我确定《汉唐改元释例》这一课题，完完整整地为我讲了搜集资料、排比考证、论述行文诸方面应有的知识和方法。经过一年多的努力，终于在我十九岁高中毕业那年，完成我第一篇学术论文，其中不知耗费了谢老师多少心血。"①这篇论文后来经过陈垣先生的指点，成为来新夏的大学毕业论文。《汉唐改元释例》完稿前后，来新夏还相继在报刊上发表有《诗经的删诗问题》《谈文人诔墓之文》《桐城派的义法》《清末的谴责小说》《清末小说之倾向》《记近事丛残》和《邃谷楼读书笔记》等文章，多刊于《庸报》和《东亚晨报》副刊上，其文史才华崭露头角。天津市地方史研究者侯福志，在 1948 年 11 月出版的《天津教育月刊》创刊号上，还找到一篇来新夏的法文译作《中学生的回忆》。此外，高中时代的来新夏，曾经短暂地追随谢宗陶（谢国捷之父）、王汉章（原名王崇焕，王懿荣之子）等学习甲骨、金石、经史等国学知识。谢宗陶、谢国捷和王汉章，虽然都非声名卓著的大学者，但均可算是学有专长的饱学之士，他们对来新夏后来学术事业的影响无疑都是积极的。

从前述的早年文章中，我们还可以看出，高中时代的来新夏涉猎是十分广泛的，同时也不难发现其兴趣所至、率性为之的特点。来新夏的这种学术状态，虽然尚处在自发、朦胧和泛化的状态，但却为其奠定了宽阔的学术视野，此后经过名师大家的引导，不断走向成熟。

1941 年在旅津广东中学读高中二年级。

（三）大家的点化

1942 年 8 月，来新夏以优异成绩考上北平辅仁大学，9 月正式进入历史学系就读，受业于陈垣、余嘉锡、张星烺、朱师辙、启功、赵光贤、

---

① 来新夏：《怀念谢国捷老师》，《80 后》，第 110—111 页。

柴德赓诸先生。早年成功的学术启蒙，再加上四年的正规专业训练，使来新夏奠定了深厚的国学基础。辅仁四年可以说是他收获最大的四年，对其以后的人生之路与学术之途影响至巨。尤其是作为入室弟子，他得到陈垣先生的亲自指点，加以与其他师友的切磋探讨，来新夏的学术根底不断强化。

来新夏进入大学时，日本已经发动太平洋战争，北平的大学不是改成敌伪大学，就是因英美背景而遭到封闭，只有辅仁大学因是德国教会主办，而德国与日本是盟友，所以形式上保持着独立，许多知名学者由此纷纷应聘于辅仁。来新夏回忆说："我刚入学就受到名师效应的困扰，既不肯放弃受业名师之门的机遇，但又被每学期选课学分所限，只好分先后选自己喜欢的课程。四年中，我选读了许多由名师讲授的课程。虽然我因努力不够，没有达到高徒的水准，但是这四年的修业却使我一生受用不尽。有几位名师对我的教诲之恩也是终生难忘的。"① 在这篇文章中，来新夏还详细谈到对他影响最大的三位名师。

第一位名师是张星烺先生。他是历史系主任，选课单必须由他签字，"他除了开设'中西交通史'课程外，还开设'秦以前史'、'宋辽金元史'。由于他中西淹贯，文理交融，所以听亮尘师的课比较难，有时英、德、法语的语词，甚至化学方程式都会同时出现于黑板，乡音又重而快，笔记很难当堂记全，需要课后相互对证，才能大致完整"②。

1946年大学毕业前夕陈垣师题赠的扇面。

第二位名师是余嘉锡先生。来新夏选修的"目录学"是中文系一年级课程，

① 来新夏：《烟雨平生·师恩难忘》，《80后》，第41页。
② 来新夏：《烟雨平生·师恩难忘》，《80后》，第42页。

余既是授课教师，又是中文系主任，因此来新夏得以亲聆教诲，"他的课讲得很好，虽带有湖南乡音，但口齿清晰，手不持片纸而滔滔不绝，侃侃而谈，如数家珍，使人若饮醇醪，陶醉于这门形似枯燥而内涵丰富的课程中。这门课规定以清人张之洞的《书目答问》为基本教材，余师要求我们准备范希曾的《书目答问补正》作课本，分二年按四部循序讲授。这是我第一次接触到《书目答问补正》这个书名。当时，我幼稚得以为由此就可以进窥古典目录学的堂奥。孰知展卷一读，只是一连串鳞次栉比的书名，彼此毫无关联，读之又枯燥乏味，昏昏欲睡；不过，还是硬着头皮通读了一遍。但久久不得其门，遂求教于先生。先生告我再通读一遍，注意字里行间，并嘱以姓名、著作为序反复编三种索引，即可掌握其七八。归寓试作，果如所言"①。

第三位也是对来新夏影响最大的名师是陈垣先生。他对来新夏的本科毕业论文给予了直接且具体的指导，"在临毕业那年，我把读高中时在陈师《史讳举例》一书启示下仿作的《汉唐改元释例》一文的文稿，恭恭敬敬地用墨笔小楷誊清，诚惶诚恐地送请陈师审正，他……同意我把它作为毕业论文的初稿。我在陈师的亲自指导下，认真修改，终于成为被陈师认可的一篇毕业论文"②。来新夏一直非常珍惜这篇论文，手写两个副本保存，所以虽经"文革"之火，仍然有一份幸存下来。又经过四十多年，在1990年陈垣诞辰一百一十周年纪念会上，来新夏原样不动地将耗费过陈垣先生心血的习作奉献出来，留下了师生情谊的可贵记录。

南开大学教授徐建华，在总结其老师来新夏的学术思想时，从三个方面论述了陈垣对来新夏的影响：第一是陈垣先生的学术风骨，使来新夏在1949年后历次运动中遭受不公正待遇时，仍能治学不辍；第二是陈垣先生作为学者肯于为人作嫁，编制工具书的思想与做法，为来新夏一生提倡并身体力行；第三是陈垣先生将

在辅仁大学读书期间的获奖证书。

---

① 来新夏：《烟雨平生·师恩难忘》，《80后》，第43页。

② 来新夏：《烟雨平生·师恩难忘》，《80后》，第50页。

做人与治学结合起来，注重仪容，书写端正，来新夏也是如此，从来不以不修边幅自喜，面对学生时更是一丝不苟。①

关于陈垣先生为人作嫁，来新夏有过专门忆述："大学者往往喜欢作'为己'之学，把毕生精力专注于他所钟情的题目和领域内，不屑做为他人服务的学问，包括像编工具书这样的重要工作，甚至有些号称'学者'的人也以编工具书为小道，不仅不屑为，还歧视甘为人梯的学者。陈师则不然，他把'工具'提到与'材料''方法'共为治学三大要件的高度，不为俗见所扰，深刻地指出'兹事甚细，智者不为，不为终不能得其用'的道理，足以振聋发聩。以他这样一位智者甘愿去为'智者不为'之事，实在难得。他更身体力行地亲手编制过《中西回史日历》和《二十史朔闰表》等等嘉惠几代学者的大型工具书。这种精神也影响了他的学生，就以我为例，我的一点微不足道的学识，视陈师的学术造诣诚若小溪之望大海，惟独于工具书一道，我一直奉行师教。我曾历时二十余年，中经艰难的年代，重写被毁手稿达数十万字，终于撰成《近三百年人物年谱知见录》，呈献于学术界，虽不能达到陈师水平的高度，但自以为惟此一点，尚可称无负师教。"②这部《近三百年人物年谱知见录》在 2010 年出版了增订本，内容增加整整一倍。

1946 年 5 月，来新夏以优异成绩毕业于辅仁大学史学系，获得文学士学位，随即回到天津谋职。赋闲家居期间，集中精力续读二十四史。1948 年 2 月，应聘至天津新学中学任教，成为其从事教育教学工作的开端。

二、奠基期：科学方法的指导（1949—1978）

经过 1948 年以前的传统教育和现代教育的启蒙，1949 年 1 月天津解放直至 1978 年，成为来新夏学术的全面奠基期。其间他接受马克思主义科学方法的指导并积极实践，形成了数部早期著作，此后他在种种曲折磨难中仍然读书不辍，虽然失去近二十年发表文章、出版著作的权利，但其勤学博积，为新时期"三学"的"厚发"打下扎实基础。这个时期又可以大致划分为前后两个小的阶段。

（一）锻炼中成长

第一个阶段为 1949 年至 1959 年，是来新夏在"锻炼中成长"，学术研究

---

① 徐建华：《我的老师来新夏》，《邃谷主人速写》（《天津记忆》第 54 期），天津市建筑遗产保护志愿者团队，2010 年，第 13 页。

② 来新夏：《烟雨平生·师恩难忘》，《80 后》，第 47—48 页。

初露峥嵘的时期。中华人民共和国成立之后，来新夏的思想也逐渐转变，开始接受马克思主义的新理论和新方法，从事以近代史为主的研究，同时进行了一些基础性资料工作，大大扩张了学术视野，丰富了文献基础。当然，这个阶段的研究也不可避免地带有时代的影响，如阶级斗争和阶级分析痕迹明显，使得相关的研究和结论，在今天看来既有方法论上的优势，同时也带有一定的偏颇。

天津解放后，来新夏的命运随之发生重大转折。他热切地投身于新的革命工作。1949 年 3 月，被天津民青组织保送到华北大学，接受南下工作的政治培训；9 月份结业时，因其有历史专业的经历，被留在华北大学历史研究室，师从范文澜教授从事研究，成为新中国培养的第一代中国近代史研究生。范文澜先生的治学精神，给来新夏以深刻且深远的影响。范时任华北大学副校长兼历史研究室（1950 年改为中国科学院历史研究所第三所，是中国近代史所前身）主任，他对弟子的文章格外"挑剔"，使得大家都心存敬畏。他根据每个人不同情况分配任务，要求来新夏从原来攻读的汉唐史转向中国近代史。

来新夏说："解放后，我又在华北大学历史研究室从师范文澜教授，做中国近代史方向的研究生，学习新的理论和方法。我和几位同被分配到研究室的同志初次晋见范老时，范老就语重心长地为我们讲述了坐冷板凳和吃冷猪肉的'二冷'精神，勉励我们勤奋求成，范老晚年把这种'二冷'精神又化作一副名联：'板凳宁坐十年冷，文章不写半句空'，不仅使我们终生受益，在学林中也传诵颇为久远。"①在范文澜、荣孟源二位先生的直接指导下，1950年 2 月，来新夏完成《太平天国底商业政策》，为其试用新立场、新观点、新方法所写的第一篇论文，也是他在中国近代史领域中的第一篇论文（后收入三联书店《太平天国革命运动论文集》）。

2006 年 4 月 1 日出席绍兴名贤馆开幕仪式，在范文澜师像前留影纪念。

---

① 来新夏：《烟雨平生·师恩难忘》，《80 后》，第 52 页。

范文澜先生等谨严缜密、求实务真的学风，成为来新夏一生努力和坚持的方向。

师从范文澜先生期间，来新夏还参与了整理北京所藏北洋军阀档案的全过程，使他成为新中国最早的档案工作者之一，同时还被引入一个全新的学术领域。来新夏说："当时历史研究室的主要研究工作就是从整理北洋军阀档案入手。这批档案是入城后从一些北洋军阀人物家中和某些单位移送过来的藏档，没有做过任何清理和分类。这批档案有百余麻袋，杂乱无章，几乎无从下手。每次从库房运来几袋就往地下一倒，尘土飞扬，呛人几近窒息。当时条件很差，每人只发一身旧紫花布制服，戴着口罩，蹲在地上，按档案形式如私人信札、公文批件、电报电稿、密报、图片和杂类等分别打捆检放到书架上。""大约经过两个多月的时间，清理麻袋中档案的工作告一段落，为了进入正规的整理工作，研究室集中十来天，让我们读一些有关北洋军阀的著作。我虽是历史专业出身，但在大学时除了读过一本丁文江的《民国军事近纪》外，所知甚少，就乘此阅读了一部分有关著述。下一阶段的整理工作主要是将初步整理成捆的档案，按政治、经济、文化、军事四大类分开。每个人把一捆捆档案放在面前，认真阅读后，在特制卡片上写上文件名、成件时间、编号及内容摘要，最末签上整理者的名字，然后分类归架。因为看得仔细，常常会发现一些珍贵或有趣的材料，我便随手札录下来。"正是这个"随手札录"的习惯，使得来新夏既增长有关学识，也引起追索兴趣，"有时便在第二天去追踪原档，了解具体内容。前后历经半年多的整档工作，虽然比较艰苦，但却不知不觉地把我带进了一个从未完全涉足过的学科领域，它成为我一生在历史学领域中的中心研究课题"①。

1951年春，应南开大学历史系主任吴廷璆之请，范文澜先生同意来新夏到南开大学任教。进入南开大学前后，来新夏的学术活动也逐渐活跃起来，他撰写、编纂、翻译的一系列著述陆续出版，留下"锻炼中成长"印记的同时，也为其学术领域的拓展和深化预留了足够的空间。

1950年12月，来新夏有感于抗美援朝战争的爆发，撰成《美帝侵略台湾简纪》一稿，经范文澜先生审阅后，1951年8月由天津《历史教学》月刊社出版。这部仅有2.5万字的书稿，成为来新夏最早独立完成并出版的著述。1956年1月，通俗读物出版社出版了来新夏编写的《第二次鸦片战争》。1957年1月，南开大学历史系中国史第三教研组油印了来新夏编写的《中国近代史参考资料》。1957年12月，湖北人民出版社出版了来新夏、魏宏运编的《第一次国内革命战争史论集》。1958年3月，三联书店出版了来新夏等翻译的《美国是

---

① 来新夏：《烟雨平生·笔耕舌耘》，《80后》，第54—55页。

武装干涉苏俄的积极组织者与参与者》。1959 年，为向国庆十周年献礼，他还与张文轩合作完成京剧《火烧望海楼》的创作，1960 年 2 月由百花文艺出版社出版，列入《河北戏曲丛书》中。

在这一阶段，来新夏出版的最重要学术著作是《北洋军阀史略》。1952 年，来新夏在南开大学的讲稿《北洋军阀统治时期》，在天津《历史教学》杂志上连载，引起史学界的广泛关注。后来他又不断补充完善，撰写出《北洋军阀史略》，1957 年 5 月由湖北人民出版社出版。该书是新中国成立之后第一部系统论述北洋军阀历史的学术专著，提纲挈领，论而有据，对北洋军阀集团的形成、发展、更迭、派系混战及覆灭作了简明勾画，为此后北洋军阀史的研究打下了坚实基础。该书同时也奠定了来新夏在北洋军阀研究领域的领军地位，此后他的相关研究不断拓宽深化，至今仍难以超越。日本明治大学教授岩崎富久男将此书译为日文，并增加了随文插图，易名为《中國軍閥の興亡》，1968 年由日本桃源社出版，1989 年又由光风社再版，成为日本学者研究中国军阀的重要参考书。

（二）曲折中砥砺

第二个阶段从 1960 年至 1978 年，随着历次政治运动的起伏，来新夏失去了研究和教学的权利。1960 年 9 月，因 1946 年在《文艺与生活》杂志短暂任助理编辑的所谓历史问题，来新夏在审干中受到严格审查并"内控"，教学和研究的权利被剥夺，同时也不能参与社会活动，不能写署名文章。从此他被"挂起来"长达十八年，直到 1978 年问题才得到落实解决。尤其是 1970 年至 1974 年，来新夏被下放到天津市南郊区太平村镇翟庄子村（时称翟庄子大队，今属滨海新区太平镇）落户当农民，其间居农舍、吃粗粝、赶驴车、耪大地，可谓苦不堪言。在坦然接受生活磨难的同时，来新夏以其豁达的胸襟，为自己赢得了专心读书的时间。在人生的逆境中，他没有在悲观和嗟叹中虚度，而是以一种坚忍不拔的精神，坚持读书写作，即使在无

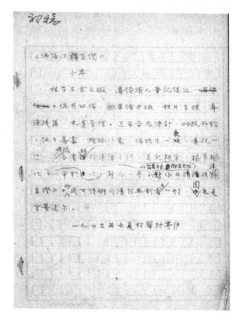

1973 年在津郊翟庄子下放劳动时的读书笔记。

法正常读书写作的岁月里，也尽最大的可能地读些书刊，写点札记，或整理劫余残稿。农村四年中，他每晚"在 15 瓦的灯光下，盘腿坐在土炕上，凭着一张小炕桌，摊开旧稿、残稿和资料，笔耕不辍"①。

在将近二十年的坎坷中，来新夏以惊人的毅力营造着心灵的世外桃源。虽然不能出版著作和发表文章，但他完成了很多基础性工作。20 世纪 80 年代，来新夏连续出版多部有着广泛影响的学术著作，大都是在这段时间里成稿和恢复成稿的。我们不妨根据《弢庵自订学术年谱》②的叙述，看看他在将近二十年时间里所做的学术努力：

1958 年 6 月，中华书局为出版《林则徐集》，将书稿送交来新夏审读。他在这些资料基础上，着手编纂《林则徐年谱》。1959 年 5 月至 10 月完成草稿。1960 年 10 月被"挂起来"后，来新夏开始修订草稿，1961 年 12 月完成初稿。1962 年 1 月再次修改清写、检校、订正，1963 年 2 月完成第二稿（定稿）。

1956 年 6 月，为丰富中国近代史教学内容，来新夏检读南开大学图书馆藏清人年谱，随读随写提要。1962 年 8 月，经过五年多的不断工作，在阅读大量清人年谱的同时，写了 870 余篇书录近 50 万字，定名《清人年谱知见录》。1964 年 9 月，经两年修订后手写为定稿 10 册，因清初有些人入清而不顺清，不得以清人名之，乃易名《近三百年人物年谱知见录》。

1963 年 3 月，检读校图书馆所藏清人文集与笔记，每读一种均撰写提要。二年余积稿盈尺，其文集提要名曰《结网录》，笔记提要名曰《清人笔记随录》。

1966 年 8 月，大量藏书及《近三百年人物年谱知见录》《林则徐年谱》之定稿和《结网录》《清人笔记随录》初稿被付丙丁。年谱部分草稿和知见录初稿因置乱书堆中幸免于难。

1970 年 7 月，到南郊区太平村镇翟庄子大队插队落户，整理《林则徐年谱》草稿和《近三百年人物年谱知见录》残稿，历时三年完成两书第三稿。

1973 年 2 月，就有关古典目录学之卡片与笔记，开始撰写《古典目录学浅说》，次年 3 月完成初稿。

1974 年 9 月，举家奉召迁回天津。1975 年 1 月，因参考资料较以前方便，对《林则徐年谱》三稿再加参校订正，计检校图籍 168 种，成文 34 万余言，是为第四稿（最后定稿）。

迁回天津后，来新夏还进行了两项与学术有关的工作。一是 1974 年 10 月，

① 来新夏：《烟雨平生·乡居四年》，《80 后》，第 78 页。
② 来新夏：《旅津八十年记事》，《旅津八十年》，天津：南开大学出版社，2014 年，第 339—398 页。

奉派参加法家著作《曹操诸葛亮选集》校注；二是 1977 年，奉命参加《中国古代史》新教材编写。因当时尚未落实政策，这些工作都不得署名。在将近二十年时间里，来新夏唯一正式出版的著作，是日本明治大学教授岩崎富久男翻译的《中國軍閥の興亡》（即《北洋军阀史略》，1968 年由日本桃源社出版）。该书在日本学术界很受重视，而来新夏当时的处境，则是岩崎教授所无法了解和理解的。

三、鼎盛期：纵横三学誉学林（1979—1996）

1978 年 3 月，来新夏开始恢复工作，为南开大学历史系开设"古典目录学"课程。10 月，南开大学历史系党总支为来新夏等十七位同志公开平反。在将近花甲之年，他开始迎来学术和事业的第一个春天。1979 年和 1983 年，来新夏分别在南开大学分校和总校创办了图书馆学专业和图书馆学系，为图书馆学情报学领域培育了大批合格人才。20 世纪 80 年代中期，除各种学术兼职外，他同时担任南开大学图书馆学情报学系主任、图书馆馆长、出版社社长兼总编辑，以及校务委员会委员等。他在历史系和图书馆学情报学系同时招收培养硕士研究生，并坚持给本科生上课。来新夏精力过人，所有职务均干得卓有成效。繁忙的社会工作和行政事务并没有影响他的学术追求，在十多年的时间里，来新夏出版了一系列具有开拓意义的学术著作，主要包括《林则徐年谱》（1981 年）、《古典目录学浅说》（1981 年）、《近三百年人物年谱知见录》（1983 年）、《方志学概论》（1983 年）、《北洋军阀史稿》（1983 年，在《北洋军阀史略》基础上增订）、《天津近代史》（1987 年）、《中国古代图书事业史》（1990 年）、《中日地方史志比较研究》（1996 年）等。来新夏的这些著作，大多为学术领域开拓或学科建设发展起到了奠基作用。

2002 年，中华书局出版的《南开史学家论丛》中，收有来新夏的《三学集》，内容涵盖代表先生治学成就的历史学、方志学和文献学三个领域，虽然篇幅非巨，但却是对先生学术精华的准确总结。下面就从这三个方面，简略叙述来新夏学术盛期的成果（因为这方面的评论较多，仅点到为止不再展开）。

（一）历史学

来新夏在历史学领域的耕耘，主要取得了三方面的成就，这就是北洋军阀史、年谱学和天津史。

1. 北洋军阀史

1949 年 10 月，在中国科学院历史研究所第三所（即后来的近代史所）当研究实习员时，来新夏开始接触整理北洋军阀档案，并积存起二百余篇札记和数百张卡片。其后他在南开大学讲课记录基础上完成《北洋军阀史略》约 11 万字，1957 年 5 月由湖北人民出版社出版。1983 年 11 月，在《史略》基础上增补修订的《北洋军阀史稿》再次由湖北人民出版社出版，全书 36 万余字，新增部分超出原书的两倍多。《北洋军阀史稿》集中反映 1912 年至 1928 年北洋军阀统治时期的历史，内容包括北洋军阀建军、袁世凯的统治与洪宪帝制、皖系军阀与直皖战争、两次直奉战争与直奉军阀，并设有军阀人物志、大事记、论文索引等。所选录的范围，涉及档案、传记、专集、杂著、报刊等，并尽可能选录一部分具有史料价值的原始资料和流传较稀的成书，如从中国第二历史档案馆选录的第一次直奉战争资料，比较完备地反映了战前的舆论准备、战争中直系的财政支出状况等。与《史略》相比，《史稿》大量补充和运用了当时所见已刊和未刊的图书、档案、译稿及报刊等新资料，代表了当时北洋军阀史研究的水平。民国史专家孙思白先生认为，该书是民国史研究领域一个良好开端，为后来的研究者起着提携与带头的作用。

　　与《北洋军阀史稿》相配套，来新夏还主编了"中国近代史资料丛刊"中的《北洋军阀》。新中国成立后，在范文澜、翦伯赞等著名史学家倡导主持下，中国史学会主编了"中国近代史资料丛刊"大型史料集，包括从鸦片战争到北洋军阀的十一个专题。《北洋军阀》是这套丛刊中的最后一种。1985 年 9 月，上海人民出版社派专人来津，与来新夏面商该书的编辑出版事宜。相关编辑工作随即启动，陆续编辑陆续出版，自 1988 年 8 月起至 1993 年 4 月，全套资料五册出齐，总计 330 余万字。

　　《北洋军阀史稿》出版后，来新夏仍不断积累资料完善内容，完成了更加厚重的通史性著作《北洋军阀史》（南开大学出版社，2000 年）。著名清史专家戴逸在评介《北洋军阀史》时，顺便梳理了来新夏的有关研究，对《北洋军阀史稿》和《北洋军阀》史料集作了高度评价。他说："改革开放以来，历史学得到迅速发展，北洋军阀史的研究提上了日程，获得长足的进步。研究队伍日益壮大，研究成果日益丰富，论文、著作、资料汇编大量问世。来新夏先生亦重理旧业，将《史略》一书，增补修订，完成了 36 万字的《北洋军阀史稿》，于 1983 年出版。篇幅较前增加，条理更加清晰，论证更加精密。1985 年来新夏先生又应上海人民出版社之约编纂《北洋军阀》资料一书，收集档案传记、专集、专著、报刊等达 300 万字之多。此两项成果使北洋军阀史研究领域的面貌焕然一新。"①

2. 年谱学

来新夏的年谱学研究,既有理论又有实践。早在 1979 年,他就发表了《清人年谱的初步研究》②。这是来新夏落实政策后公开发表的第一篇论文,曾以此文参加中国图书馆学会年会(太原),后来用作《近三百年人物年谱知见录》的代序。1991 年,来新夏、徐建华师生又合作出版《中国的年谱与家谱》,为任继愈主编的"中国文化史知识丛书"之一。来新夏撰写其中的年谱部分约 5 万字,分为年谱的缘起与发展、谱主、编者、体裁、刊行与流传、史料价值、编纂工作、工具书等八个部分,对有关年谱的基本知识和基础理论,作了通俗易懂的阐述。

《林则徐年谱》(1981 年、1985 年)和《近三百年人物年谱知见录》(1983 年),则是来新夏在年谱学领域的两大成功实践。

20 世纪 50 年代初,来新夏对魏应麒撰《林文忠公年谱》进行过补订。60 年代初,他应中华书局赵守俨之邀,审读中山大学历史系编《林则徐集》书稿,遂在有关资料基础上纂成《林则徐年谱》稿。"文革"初期原稿被毁,至 70 年代中期重加纂辑,1980 年完成定稿,1981 年正式出版。1982 年冬,鸦片战争与林则徐学术讨论会在福州召开,《林则徐年谱》被列入 1985 年林则徐诞辰二百年纪念学术讨论会出版规划。于是,来新夏又将书稿进行了修正,补充新的资料,扩大征引范围,订正部分失误,又新编大事年表和索引。增订本《林则徐年谱》1985 年 7 月由上海人民出版社出版。此后,来新夏又两次对该书进行增订,出版《林则徐年谱新编》和《林则徐年谱长编》(详见后述)。

《近三百年人物年谱知见录》既是年谱学著作,同时也是目录学著作。该书收录自明清易代之际开始,直至生于清而卒于辛亥革命之后的人物年谱 800 余种,包括自谱、子孙友生编谱、后人著谱,以及校书谱、诗谱、图谱、纪年诗、年表、合谱、专谱等。每部年谱均著录谱名、撰者、刊本,并注明各谱在专目中的著录情况,记载谱主事略(主要包括姓名、字号、籍贯、生卒年、科分、仕历、荣哀及主要事迹与特长),还增录像关史料,简述年谱编著原由、材料根据及编者与谱主关系等。南开大学冯尔康教授认为:"《知见录》是一部研究性的著作,全面分析了近三百年人物年谱的总体特色和每一部年谱的具体要点,又是一部信息量很大的工具书,要了解清人年谱必须很好地利用这

---

① 戴逸:《功力深厚的佳作——读来新夏先生〈北洋军阀史〉》,《光明日报》2001 年 5 月 23 日。

② 刊于《南开大学学报》哲学社会科学版,1979 年第 3 期。

部书。"①

《近三百年人物年谱知见录》的写作缘起，是作者基于个人教学研究的需要，本属"为己"之学。作者在后记中简单交代说："在《近三百年人物年谱知见录》即将问世的时候，我怀着诚挚的敬意，忆念这部书的创议者，我的学术前辈——南开大学图书馆故馆长冯文潜（柳漪）教授。早在二十五年前，我正担负着中国近代史的教学工作，不时到校图书馆去翻读一些清人年谱。当时，冯老建议我，这类书看的人不多，也无需人人都去看，你既然在看，何不把清人年谱清个底数，顺手写点提要，积少成多，将来也能为人节省翻检之劳（大意）。冯老还表示可为搜求与转借图书提供方便。我原有这方面的朦胧想法，便接受了这一建议。"②

这部书稿的撰作成书，可谓是历尽坎坷。作者接受冯文潜教授的建议后，经过了五六个寒暑，写了八百多篇书录，近五十万字。可书稿增订完成后，很快就遭到散失的厄运。十多本手稿仅剩两册，另外还有些杂乱的卡片和原始记录，已经不易复原而不得不弃置一旁。对此来新夏在后记中又进一步说明："1970年，我到津郊学农。临行，亡友巩绍英同志义重情长地来送行，并谆嘱重新编纂《知见录》。几年的耕读生活和回校后等候具体工作的时间为我整理残篇断简、重新查书提供了方便。1975年，我终于又一次完成了定稿。"③在后来创作的学术随笔中，作者也多次回忆到这段经历，并谈到巩绍英谆嘱他鼓起勇气，学习谈迁，重新撰写。于是作者携残稿与零散卡片下乡，在耕读生活和回城候差的几年里以此排遣抑愤，忘却纷扰，终于在1975年秋完成《近三百年人物年谱知见录》定稿。

在后记的最末，来新夏又说，该书"虽已著录八百余种，但还很不完备，不仅有知而未见者，尚有未知者。一些稿本、抄本和或附于集首卷尾、或刊于报章杂志者，则搜求不易而缺漏尤多。但为了能为他人稍节翻检之劳，先将已有部分汇为初编；俟续有所得，再成续编。我殷切期望初编问世后，能有更多同志补正，惠告线索，俾获增补完善"④。这里面虽然含有学者的谦虚，但也是事实，以个人之力，确实很难穷尽各类年谱著作，这也成了作者继续在该领域探索的动力。其后，来新夏又以八旬高龄对《知见录》进行了增补修订（详见后述）。

---

① 冯尔康：《清代人物传记史料研究》，天津：天津教育出版社，2005年，第157页。
② 来新夏：《近三百年人物年谱知见录》，上海：上海人民出版社，1983年，第347页。
③ 来新夏：《近三百年人物年谱知见录》，第347页。
④ 来新夏：《近三百年人物年谱知见录》，第347页。

3. 天津史

来新夏的天津史研究，实际上是其历史学和方志学研究在天津的实践与延伸。2012年来新夏迎来九十诞辰纪念，天津官方和民间分别举行了系列庆祝活动，这对一个有着七十多年治学经历和六十余年从教生涯的著名学者来说，无疑是最好的褒扬和礼遇。而来新夏关于天津的诸多史学成果，可以看作是他对天津这个第二故乡的最好回报。

来新夏籍隶萧山，生于杭州，但与其关系最密切的，仍莫过于天津。他接受正规学校教育、从事教书育人事业、最早涉足学术研究等，都是在天津这座城市起步的。他早年在扶轮小学、觉真

2010年10月天津邮政博物馆开幕，作为建立天津邮政博物馆首倡者接受媒体采访。

中学附小、觉真中学、旅津广东中学就读，参加工作后又在新学书院、南开大学教书，先后居津垂八十年，对天津有着极为深厚的感情。在从事教育工作的六十多年时间里，来新夏为天津历史文化建设倾注了大量心血：他主编的《天津近代史》，已经成为新时期天津近代历史研究的奠基之作；他主持的"天津风土丛书"和"天津建卫六百周年丛书"，是研究天津历史必不可少的资料和参考；作为方志学权威，他参加过数十部天津新编志书的审订，并写了大量序言和评论等，贡献了诸多指导性意见；此外，他还撰有上百篇关于天津历史文化的学术随笔和回忆天津师友的散文，为天津地方文化建设身体力行和鼓吹呼吁，如他以《天津邮政博物馆刍议》文章首倡报端，推动了这一文化工程的启动和实现。

来新夏对于天津史研究的贡献，撮其大端主要有三：

第一是 1987 年《天津近代史》的出版，这是来新夏天津史研究的扛鼎式成果，也是第一部正式出版的天津地方史著作。1985年冬，万里同志视察天津时向李瑞环市长建议说：天津近代史是中国近代史的一个缩影，可组织人员编写一部《天津近代史》。其后中共天津市委市政府选定南开大学图书馆馆长和出版社社长兼总编辑来新夏担任《天津近代史》主编。该书参考了近二百种文献

资料，对自 1840 年至 1919 年间天津近代历史中政治、经济、文化诸方面进行具体分析和系统阐述，并对若干重要史事和历史人物作出了较为恰当的评论。

1987 年 3 月《天津近代史》面世后与全体作者总结座谈（左起：
娄向喆、王德恒、黄小桐、张树勇、来新夏、林开明、林文军）。

第二是主编《天津风土丛书》（1986 年）和《天津建卫六百周年丛书》（2004年），其中前者侧重文献整理，后者侧重基础研究。《天津风土丛书》收有《津门杂记》《天津事迹纪实闻见录》《敬乡笔述》《梓里联珠集》《天津皇会考》《天津皇会考纪》《津门纪略》《沽水旧闻》《津门诗抄》以及《老天津的年节风俗》等。明清以来的天津地方文献，此前少有深入研究和系统整埋，尤其是缺乏大型地方文献丛书。《天津风土丛书》虽然规模有限，但作为最早的天津地方文献整理丛书，其开创性和先导性不容忽视。《天津建卫六百周年丛书》包括《天津的城市发展》《天津的人口变迁》《天津的方言俚语》《天津的邮驿与邮政》《天津的名门世家》《天津的园林古迹》《天津早年的衣食住行》和《天津的九国租界》等八种。在 2004 年天津迎接设卫筑城 600 周年时，出版物虽然颇有一些，但《天津建卫六百周年丛书》是其中最具规模的成果，而且其专业性和学术性也是最强的，虽然该书的初衷仍是通俗和普及。

第三是促进天津新志的编纂和旧志的整理。来新夏长期担任天津市地方志编修委员会顾问，他不但亲自培训修志人员，而且先后参与过数十部各级天津志书编纂的指导、论证、修订和评审，并为多部志书撰写序言或者评论。天津修志工作很长时间都走在全国前列，这里面应该说有着来新夏的很大一份心血。整理点校天津城区的旧志，是来新夏和天津史志同仁的一大愿望。经过多年的努力，最终由天津市地方志编修委员会办公室与南开大学地方文献研究室共同组织实施。天津市地方志编修委员会办公室原主任郭凤岐回忆说:"来先

2006 年 6 月《天津建卫六百周年丛书》编撰工作会议与部分作者合影。

生担纲审定，并亲自点校了《志余随笔》。先生博学多识，一字一事地审改，付出了大量心血。我有幸一起作为审定者之一，从中感受了先生严谨的治学精神。""经过三四个春秋的努力，《天津通志·旧志点校卷》（上、中、下）终于完成出版。全书收录天津旧志 9 种，500 多万字，包含 300 年间的天津史料，是当时天津规模最大的志书著述。"①1997 年之后，来新夏还主持编纂了《天津大辞典》（2001 年）、《天津历史与文化》（2008 年）等工具书和教科书，继续为天津历史文化研究奉献余热。2014 年 1 月（去世之前两个月），来新夏在其曾任职多年的南开大学出版社，出版了生前最后一部著述《旅津八十年》。全书共分为天津史事、天津回忆、天津碑刻、天津的人、天津的事五部分，并附录了"旅津八十年记事"，为先生与天津的不解情缘画上了圆满句号。

（二）方志学

20 世纪 80 年代和 90 年代，随着经济社会的飞速发展，中国迎来一个编纂地方志的高潮。来新夏是新修方志的积极倡导者和实践者，除了参与天津市的修志之外，对全国很多地区的修志也都有介入，或顾问指导，或评审志稿，或撰写志评，或为志作序。

---

① 郭凤岐:《言传身教为师表——记来新夏先生几件事》,《九秩弢庵——来新夏先生九十诞辰纪念集》（《天津记忆》第 112 期），第 9—10 页。

　　关于在方志学领域的工作缘起，来新夏 2003 年接受南开大学夏柯、刁培俊两位博士访谈时，作过比较平实的叙述："在这方面，我的起步较早，因为我的祖父是民国《萧山县志》的独立纂修者，所以，我有一定家学渊源，也很想继承祖父研究地方文献的传统。四五十年代之交时，我阅读了大量旧志。我国的方志有 2000 余年的历史，但志书的分布却不均衡，有的地方修得多，有的地方少，有的甚至没有，所以，解放初期，中央很重视纂修地方新志的工作，号召各地编修自己的'地情书'。由于政治运动不断的原因，新方志的修撰工作屡兴屡废，直到 80 年代初，才掀起全国性的修志高潮。当时由梁寒冰先生负责主持全国的修志工作，我担任第一助手，由此进入到地方志研究领域。"在这次修志潮流中，来新夏将自己的贡献总结为四个方面："我在这个领域除写了《方志学概论》《中国地方志》《中国地方志综览》《志域探步》《中日地方史志比较研究》等书外，还做了四点工作。首先，是做了新志编修的启动工作，负责起草了全国新志编修规划和第一次启动报告。第二，是参与了若干新志的评审工作，给几百个县市区的地方志写序，做了一些评论和纠谬的工作。第三，是培养了数以千计的新志纂修人才。1982 年时，我担任了华中、华北、中南、西北四个地区新志编修人员的培训工作。现在我的学生和私淑弟子遍布全国各地。第四，是倡导和参与了旧志的整理研究工作。我国是个志书大国，解放前编修的旧志就将近万种，不但存量大，而且种类繁多，包括各级行政区划志、江河山川志、行业志种种。这些志书包含有政治、经济、文化、社会等多方面的地方情况，是一个蕴藏量和信息量极为丰富的资料库，所以有必要进行相关的整理研究工作，以为现在社会所用。当时，我参与了旧志的目录编修、资料分类、内容研究和整体评价工作。"①

　　来新夏的个人总结十分宏观，其实他还具体做了大量微观工作。为了推动修志基础工作的开展，来新夏策划编写了《河北省地方志提要（附天津市地方志提要）》计划，作为"中国地方志整理出版规划座谈会"参考资料。他还为此亲撰《河北地方志提要示例六则》（1982）和《河北省地方志提要示例》（1985），供编写提要者参考。郭凤岐就特别指出过，来新夏的新修方志观念，在理论上一直处于全国前沿。天津新志在人物篇增加有"生人简介"，这在旧志中是没有的。起初先生尚存异议，不久便感到这一做法的好处，并从此给予大力支持，认为这是新志的创新。1997 年底，中国（海峡两岸）地方史志比较研究讨论会上，来新夏发表了论文《关于比较方志学建设的思考》，率先提出两个层面的创新理

---

　　① 夏柯、刁培俊：《纵横"三学"求真知——访来新夏教授》，《书前书后——来新夏书话续编》，太原：三晋出版社，2009 年，代序第 4—5 页。

论：一是史志的比较研究，二是新方志学科建设，得到方志界的高度认同。①

来新夏的方志学著述主要有《方志学概论》（1983 年）、《志域探步》（1993年）、《中国地方志》（1995 年），与其主编的《中国地方志综览》（1988 年）、《河北地方志提要》（1992 年）、《中日地方史志比较研究》（1996 年）等，形成了比较完整的系列。

《方志学概论》是普通高等院校教学用书，为新中国成立以来第一部通论性的方志学著述，主要供给高校历史系开设方志学课程和培训全国各地史志编写人员，对新修地方志研究和编纂的推动非常之大。《中国地方志》实际是《方志学概论》的增订本，对方志与方志学的源流、类别特征以及历代方志的编纂、方志学的发展与现状、地方志之整理与利用、新方志的编纂等都进行了专题论述，并展望了今后地方志的发展趋势。《中日地方史志比较研究》是中国出版的第一部中外学者比较研究地方史志论著，为该领域的发轫之作。

（三）文献学

来新夏著作等身，已卓然跻身于当代学术大家之列。其众多的高水平成果，应该根源于其"三史合一"的大文献学思想。综观来新夏之学术，根基并得益于其图书文献学基础和理论，其全部学术可以说都是围绕着这一思想展开的。而这一思想的产生，可以追溯至早年祖父的启蒙和辅仁的训练，而后在其教学实践中逐渐成熟。20 世纪 70 年代末开始，因教学授业的需要，来新夏的治学领域开始由古典目录学向图书馆学等领域延伸。1979 年，他在南开大学分校创办图书馆学专业，当时提出的办学方针是，不仅要学习图书馆管理方面的有关技能性操作课程，还要求学生能植根于"博"。于是，广泛开设各种人文和自然学科方面的课程，培养了一批有学术根基和掌握管理技能的人才。1983 年秋，先生又受命筹建南开大学图书馆学系。1984 年 1 月，经教育部正式批准，于秋季公开招生。图书馆学系建立后，先生承担诸多的教学和管理工作，对相关学科的探讨剖析日益增多。先生在《中国古代图书事业史·叙言》中说，他当时已"朦胧地感到在图书馆学的教学领域中某些课程有重见叠出的弊病，如中国书史、中国目录学史和中国图书馆史的分设就出现无可避免的重复，使人有数见向、歆父子之烦"②。思考之余，他力主将这三史合一，去其重复，构筑了"中国图书事业史"的框架。具体实践上，先生决定先从鸦片战争前的古代部分

① 郭凤岐：《言传身教为师表——记来新夏先生几件事》，第 10—11 页。
② 来新夏：《中国古代图书事业史》，上海：上海人民出版社，1990 年，叙言第 1 页。

着手，并在 1980 年写成《试论〈中国古代图书事业史〉的研究对象与划阶段问题》一文，发表在当年《学术月刊》8 月号上。此文发表后，得到不少学界同行的支持与鼓励，于是先生系统组织人力，进行《中国古代图书事业史》的撰述。经过三易书稿、四次修订，最后该书 1990 年由上海人民出版社出版发行。

2005 年 9 月 10 日教师节在南开大学图书馆会见信息资源管理系博硕研究生并合影留念。

毫无疑问，以"图书事业"作为专有名词来概括中国书史、中国目录学史和中国图书馆史，为来新夏所首创。这一创新至少在理论和实践两方面实现了重大突破：理论上打破了传统的文献学、目录学、版本学与中国书史、图书馆史分立的框架，将其以"图书事业"来综合代替，形成了一全新的大图书文献学概念，将与图书有关的各种事业，包括制作、搜求、典藏、分类和再编纂等重新合为一体，修正了"各自为学"的偏颇，使极端细化的学科重新融会贯通；在实践上，避免了图书馆学课程设置中重见叠出的弊病，以图书为中心最大限度地容纳了原来三门课程的内

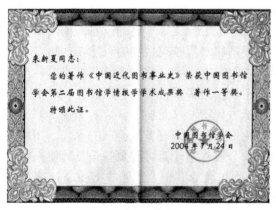

2004 年 7 月，凝聚着师生心血的《中国近代图书事业史》荣获中国图书馆学会第二届图书馆学情报学学术成果奖著作一等奖。

容，而且重新进行了编排和整合，减轻学生负担的同时，也大大节省了师资。基于这两大原因，"三史合一"的课程一付诸实践，立即得到国内诸多同行的首肯，先生主持完成的《中国古代图书事业史》也被推誉为中国学术界"第一部将中国书史、中国目录学史和中国图书馆史熔为一炉的学术专著"。继《中国古代图书事业史》之后，来新夏又集合老中青三代学者，于 2000 年完成出版《中国近代图书事业史》（上海人民出版社），与《中国古代图书事业史》一起，构筑了完整的"中国图书事业史"框架体系。2009 年，虞信棠、毛志辉二位编辑，又将古代、近代二书缩编为《中国图书事业史》，成为前后贯通的通史性著作，仍由上海人民出版社出版。

贯穿来新夏学术人生始终的，还有"辨章学术"的"致用"意识。来新夏图书文献学家的地位，其实早在 20 世纪 80 年代初期即已经奠定，其标志就是1981 年由中华书局出版的《古典目录学浅说》和 1983 年上海人民出版社出版的《近三百年人物年谱知见录》。余庆蓉、王晋卿《中国目录学思想史》一书，介绍"新时期目录学家"时只谈到两个人，一个是乔好勤，另一个即来新夏。该书评价说，在新时期目录学研究恢复起步阶段，来新夏发表了大量的研究成果，其《古典目录学浅说》被誉为"是一部'综合贯通研究'的目录学史著作。虽仍是对史的研究，但该书的撰写体例，一别往古，别具新意"，"给当时目录学界带来了一股学术的春风"①。这些评价作者确实当之无愧。该书虽然名为"浅说"，篇幅也只有十五六万字，但其成就确是开创性的。全书分为四大部分：目录学概说；古典目录学著作和目录学家；古典目录学的相关学科；古典目录学的研究趋势。全书在论述古代目录学一般问题的同时，提纲挈领地总结了古代目录学著作和目录学家的主要成就，讨论了本来属于目录学而有独立趋向的几个学科分支与目录学的关系。来新夏还提出，研究古典目录学应从整理、研究、撰写和刊印四方面入手的研究思路和研究方法。该书本来面对初学，写得简明扼要，但客观上倒因通俗易懂，由此扩大了社会影响。书中关于基本理论研究方面的探索，对其后古典目录学研究的深入展开，起到了很大的推动和指导作用。

2005 年 1 月 8 日，来新夏在"缘为书来综合文化社区"网站接受网友访谈，当被问及"最满意的个人著作是哪一部"时，先生毫不犹豫地回答："《近三百年人物年谱知见录》，它给了很多人方便。"②如果《目录学浅说》是予人以门径的话，那么《近三百年人物年谱知见录》就是直接予人以工具。从这两部著

① 余庆蓉、王晋卿：《中国目录学思想史》，长沙：湖南教育出版社，1998 年，第 275 页。
② 来新夏：《答"缘为书来"网友问》，《邃谷书缘》，石家庄：河北教育出版社，2005 年，第 84 页。

作中，我们既可以看出先生"致用"的文献意识，也能够看出他"为人"的治学思路。

《古典目录学浅说》1980年由南开大学历史系印行征求意见稿，1981年被中华书局列入"中华史学丛书"之一正式出版，成为新中国成立后正式出版的第一部今人的目录学专著。此书问世之后即赢来学界一片赞誉。其中以中华书局崔文印先生的《古典目录学津逮》①一文，评价最为全面允当。文章开头即对《浅说》的学术意义作了定位："我国古代目录学的成就，除解放前姚名达先生写过一本《中国目录学史》外，解放后还没有人作过系统的介绍。南开大学来新夏先生的新著《古典目录学浅说》的出版，无疑填补了这一空白。"文章还认为，《浅说》本来是指导初学的著作，但却体现了深厚的学术功力。除深入浅出、便于初学外，该书还具备了如下几个特点：首先是在介绍目录学发展成就过程中，抓住了每个时期的特点，并不是孤立地、单纯地罗列事实，而是把事实放在当时的历史条件下加以分析、考察，力图揭示出目录学发展的一般规律，使读者了解到目录学发展中的政治、经济、军事等广泛的社会因素；第二是持论公允，特别是遇到学术界尚有争议的问题更是如此，如目录学是否能独立为学的问题，学术界相当一部分同志认为只有校雠学而没有目录学，目录学应包括在校雠学之中，来新夏尽管不同意这种看法，但却能充分地摆出诸家有关重要言论，然后才申以己见，而不强加于人；第三是在这部篇幅不大的著作中，作者能够广泛吸收最新研究成果，如关于"旋风装"问题，以前大都采用刘国钧《中国古代书籍史话》的说法，可1981年北京图书馆善本室李致忠提出了新的观点，来新夏认为后者更科学可靠，在《浅说》已发排的情况下，仍坚持改为后者。

崔文总结的《古典目录学浅说》三个特点，充分反映了作者广阔的学者胸襟和对读者的负责态度。此外，这部著作也体现了先生"致用"的图书文献学思想。无论是《浅说》还是后来编撰的大批工具书，都是先生这一思想的直接体现：就是作为入门书和工具书，必须对读者有用，要以此为"治学"来服务。到《近三百年人物年谱知见录》《清人笔记随录》，作者在提供"工具"的同时，又加入了"辨章学术"的内容，加大学术含量之外，实质上是给读者提供了更大方便。

此后，在图书目录学领域来新夏耕耘不断，相继推出《社会科学文献检索与利用》《图书馆学情报学档案学简明辞典》《清代目录提要》《古典目录学研究》

---

① 刊于《读书》1983年第1期。

《古籍整理讲义》《书文化的传承》等主编或撰写的著作，大大方便了学人。其中的《古典目录学研究》，基本涵概了以往古典目录学研究的所有领域，学者在综论 20 世纪 90 年代以来古典目录学研究情况时认为，该书代表了当时古典目录学研究的最高水平。

四、升华期：古稀变法励后学（1997—2014）

1993 年 4 月，来新夏正式办理离休手续。就在大多数人同龄人选择颐养天年的时候，已届七旬的来新夏却迎来学术的第二个春天。在不断出版新著完善旧著的同时，他顺利实现"衰年变法"，开始大量创作学术随笔，并使自己的学术大大地升华。

（一）出版新著完善旧著

离职以后，来新夏余勇可贾，又先后出版多部学术著作，其中最重要者应该是《清人笔记随录》（2005 年）、《书目答问汇补》（2011 年）。当然，这些新著的酝酿和写作，在数十年前就已经开始了，可谓是千锤百炼，绝非率性逞才之作可比。譬如收入《书目答问汇补》的《人名索引》《书名索引》和《姓名略人物著作索引》，是来新夏 1943 年在北平辅仁大学历史系读书时，在余嘉锡先生指点下利用暑假完成的，至全书最后出版已经将近七十年。来新夏回忆道，余嘉锡先生指导他做了三项工作：一是讲了三国时董遇"书读百遍，其义自见"的故事，让他继续读《书目答问补正》，特别注意字里行间；二是再读一些与《书目答问》有关的书；三是利用假期为《书目答问》编三套索引，即人名索引、书名索引和姓名略人物著作索引[1]。汇补工作正式开始于 1962 年，他在所藏《书目答问补正》上过录有关资料，将叶德辉、刘明阳、邵瑞彭、高熙曾诸家的标注誊写于天头地脚之间。真可谓七十年磨一剑，这不但需要生命的足够长度，而且还要佐以超常的毅力。

《清人笔记随录》是"国家清史编纂委员会研究丛刊"之一。清代笔记为研究清史极重要的资料，早在 1991 年 4 月，来新夏就公开撰文《清人笔记的史料价值》[2]，为清代笔记的研究鼓吹。在自序《清人笔记随录》时他谈到，课余浏览清人笔记不辍，"每读一种，辄以小笺考其撰者生平，录其序跋题识，括

① 来新夏：《〈书目答问汇补〉叙》，来新夏、韦力、李国庆汇补《书目答问汇补》，北京：中华书局，2011 年，叙第 2 页。
② 刊于《九州学刊》第 4 卷第 1 期。

其要点卓见，论其评说得失，甚者摘其可备论史、谈助之片断"①。该书对每种史料笔记，或考证作者，或追溯源流，或钩稽史料，或核定版本，集史料学与文献学研究为一体，充分体现了清人笔记的历史研究价值。阚红柳曾从清人笔记的特点、清人笔记的史料价值、《随录》的著录原则、注重比较分析与考证等四个方面，详细评析了《清人笔记随录》的价值，并认为"《清人笔记随录》可谓认识、学习和研究清人笔记的窗口，为发掘清史研究的数据宝库——清人笔记提供快捷方式，必能嘉惠后学，推动清人笔记的后续研究，并有益于促动清代史学研究的发展"②。

2012 年 9 月，历经六十余年完成的著述《书目答问汇补》获 2011 年度全国优秀古籍图书奖一等奖。

《书目答问汇补》可看作是《书目答问》研究的总结性成果，其编纂宗旨是："进一步增订《书目答问》，使之更趋完备，以达传本扬学之目的。遴选传世校本，汇录诸家校语；增补书目，胪列版本，订正讹误，利于学人；弘扬传统文化，促进国学发展。"③孙文泱认为："《汇补》选择清光绪五年（1879）贵阳王秉恩校、陈文珊刻本为底本；汇集王、江、范、瞿潘、吕等五个版本的长处，使得《汇补》成为史上内容最为丰富、校订最为全面精审的《书目答问》版本。"同时，"《汇补》参考叶德辉、伦明、孙人和、赵祖铭、范希曾、蒙文通、邵瑞彭、刘明阳、高熙曾、张振珮等名家批校本，与李笠、吕思勉二家书目，汇总而成一汇校之本。尤其难得的是，将《答问》诸家校语一一区别，分列于各家名下。总之，《汇补》为一百三十年的《书目答问》流传史做一系统总结，使多种版本与名家批校，均荟萃《汇补》之中，《汇补》遂成为《书目答问》校勘与笺补考订的集大成之作。"④

整理出版新著，为的是赓续早年未竟的事业。而不断打磨增订旧著，则可

① 来新夏：《清人笔记随录》，北京：中华书局，2005 年，序言第 9 页。

② 阚红柳：《发掘清史研究的资料宝库——〈清人笔记随录〉读后》，《史苑》2005 年第 6 期。

③ 来新夏：《书目答问汇补编纂说明》，来新夏、韦力、李国庆汇补《书目答问汇补》，编纂说明第 1 页。

④ 孙文泱：《〈书目答问汇补〉读后》，《书品》2011 年第 5 辑。

以看出来新夏学术上的不断精进。这主要体现在他对《林则徐年谱》《北洋军阀史》和《近三百年人物年谱知见录》的几次增订上。

《林则徐年谱》1981 年首次出版，1985 年《林则徐年谱》增订本出版。其后有关谱主的奏牍、日记、信札、诗文、题字不时被发现，其他诗文集、笔记、方志及民间收藏的有关资料也时有所见，于是来新夏再加增订，1997年甫一离职即出版了《林则徐年谱新编》，以祝贺香港的回归。该书附录中增收了林则徐的逸文、逸事，为林则徐所写的诗文，对林则徐的评论，以及鸦片战争有关文献和林则徐手札史料摘要等。而这还不算完结，2011 年，第三次增订的《林则徐年谱长编》，再次补入大量原始资料，由上海交通大学出版社出版。

《北洋军阀史》也是如此，这部书来新夏先后写过三遍。他回忆说："1957 年时，湖北人民出版社向我约写北洋史书稿。当时没有人写相关专著，我也是抱着试试的态度，写成了十二万字的《北洋军阀史略》。没想到，出版后有一定反响，日本还出了两次译本。我当时自认为这是以马列主义观点写就的第一部北洋军阀史。1957 年以后至 70 年代末，因受形势影响，研究处于徘徊阶

2011 年 8 月盛暑校读《林则徐年谱长编》。

段，没有什么进展。进入 80 年代，湖北人民出版社又向我约稿，希望增补《史略》。1983 年面世的《北洋军阀史稿》就是在原书基础上重新扩充、修改完成的。《史稿》出版后，我仍觉得当时没有一部完备的北洋军阀通史是一个缺憾，认为这是自己的职责所在，遂又经过十余年努力，在几位同仁的协助下，写就一百万字的《北洋军阀史》一书。这本书获得了教育部优秀科研成果二等奖。"①

来新夏对旧著的增订，并非简单的量的积累，而常常是质的升华。从《近三百年人物年谱知见录》的增订可见一斑。《知见录》初版于 1983 年，是先生较早的目录学著作。该书初版本涉及谱主 680 人，叙录 778 篇，总 56 万字；增

---

① 夏柯、刁培俊：《纵横"三学"求真知——访来新夏教授》，《书前书后——来新夏书话续编》，代序第 3 页。

订本涉及谱主 1252 人，叙录 1581 篇，总 110 余万字。而 2010 年中华书局之增订本，视初版本内容扩展了整整一倍。不过，《知见录》增订本的学术价值，更突出地表现在质量的"订"上。一是改正初版本之疏失。例如，《（先大父）泗州府君事辑》，谱主应为张佩芳，初版误为张佩芬；《（先）文靖公年谱》，编者应为孙慧惇，初版误为孙慧恺。凡是发现舛讹，先生均一一正谬，绝不饰过。二是考辨各家著录之疏失。例如，《肯庵自叙年谱》条，杨殿珣著。谱主清乾隆八年（1743）生，先生在按语中考订曰："谱主生于乾隆八年十一月三十日，应为公元 1744 年 1 月 14 日。"[①]又《范西屏施定庵二先生年谱》，谢巍著录编者为浮昙木斋主人，先生在按语中考订曰："浮昙木斋为'浮昙末斋'之误。"[②]诸如此类，全书随处可见。三是订补原谱之内容。例如，王廷灿编《潜庵先生年谱》，著录谱主汤斌为安徽来安人，未提其先世自来安迁睢州（今河南睢县）事，后人常由兹而生误会。先生略为点破，阅者疑团顿解。此外，还有一种"不订之订"。如某自撰年谱，记谱主任伪职等事，其亲属多次要求"修正"，先生此次增订时，重新详核并增录谱文佐证之，仍以遗老立场定论，体现了史家的实录精神。

出版高水平学术著作的同时，来新夏离休后还完成了多部普及性读物的编写与出版。其中有代表性的是《书文化的传承》（2006）、《天津历史与文化》（2008）和《来新夏说北洋》（2009）。这些书都具有讲座、教材的性质，通俗易懂，普及性强。它们与来新夏晚年创作的大量学术性随笔一起，成为其延续"为人"之学，以学术反哺社会的一部分。

（二）学术随笔的创作

1997 年，来新夏连续出版《冷眼热心》（1997 年 1 月）和《路与书》（1997年 7 月）两本随笔集，此后他一发而不可收，每年都会有一到两本集子问世。截至去世时已经超过二十部。针对这种情况，有评论者借用书画界成语，称之为"衰年变法"，意指先生晚年治学路子发生改变而更上层楼。

来新夏的"变"不是心血来潮，而是他身跨学术圈子和社会大众两个完全不同的圈层，多年思考的一个结果。这个"变"是主动的，他曾说："我是到了晚年才突然觉悟了。我原来在学术圈子里头所做的事情，只是给学术圈子里那几百个人看的。因此我要变法，我要把得自大众的一些东西反馈给大众。"①来新夏以其离休后的大量实践，将学术随笔化、散文化和美文化，使学术从象牙之塔走向普罗大众，这从某种意义上说，甚至比学术本身具有更大的社会价值。

来新夏的随笔创作自20世纪80年代即已开始。在1999年春他夫子自道说："80年代，我以花甲之年进入第二个青春期。看到人们多从心有余悸的状态中逐渐苏醒过来，说自己的话，写自己的文章……经过摸索探求，我找到了随笔这样一种表达形式。于是我开始学写随笔。我要写自己走过的路，读过的书——我读的书不仅是用文字写的书，还读大千世界芸芸众生的无字书；我走的路不仅指地理概念的路，也包含拖着沉重脚步、跌跌撞撞走过的人生道路。我将以动乱纷扰后的冷静，写观书、阅世、知人之作。"②

来新夏之"衰年变法"值得注意之处有两点：一是学术界的"变法"多是年老体衰，精力减退，才有意或无意地专力于学术随笔的创作。而来新夏离休之后，仍继续从事学术活动，如出版《清人笔记随录》，笺补《书目答问》，增订《近三百年人物年谱知见录》以及主编其他各类学术丛书等，完成了相当数量的预定研究课题。第二个值得注意之处就是来新夏晚年的随笔量多质高。量多是因为他身体比较硬朗，质高则得益于学术功底的积累。在"衰年变法"的学者随笔中，量多者固然有，质高者也不鲜见，但能兼有两者的，则是屈指可数。来新夏仅以古稀之年的余力，迈入学术随笔新领域，以其清新流畅的风格、平实老到的文笔、底蕴深厚的学养和对现实与人生的独特感悟而卓然成家。

来新夏已出版的二十多种学术随笔，总量有数百万字。这些文字，既是用历史眼光对现实进行的观察与思考，同时也是用现实眼光对历史进行的回顾与审视，逼真地展示了人生百态与另一方学术天空，文中所描述的人情物事，无不独辟蹊径，体现了当代意识与历史深度的有机融合。

来新夏随笔的"质"，主要体现在其受欢迎的程度上。其随笔集能得到出版社垂青，一本接一本地刊行，这本身就可视作质高的体现。综而言之，其随笔的突出特点有三：一是现实性，常常针对实际问题有感而发，针砭时弊，有的放矢；二是学术性，知识含量丰富，引经据典，要言不烦，观点明确，论述精彩；三是趣味性，即读着不枯燥，看起来轻松愉快，既能获得知识，又有美的享受。这些应该是读者喜欢其随笔的重要原因。从某种意义上说，

---

① 田志凌：《访来新夏先生》。
② 来新夏：《烟雨平生·衰年变法》，《80后》，第80页。

笔者更看中的是最后一个特点，即将学问做得有趣味，好看且有用，成为学术的美文。关于这一点，来新夏似从未专门述及，而全部体现在他的学术实践之中。

来新夏随笔的美文特征，在其早年治学中就已有所体现，如《古典目录学浅说》《古籍整理散论》等，虽然都是系统的学术性专著，但都通俗易懂，深入浅出。著名目录学家钱亚新认为，《古典目录学浅说》的特点"在于一个'浅'字，行文不论叙述、议论，都能由浅入深、'深入浅出'"。能把枯燥的学术论著写得"深入浅出"，说起来简单，实际上非学术大家而不能为。因此钱亚新在评价《浅说》时，才把眼光盯在了"浅"字上。

1984 年由南开大学出版社出版的《结网录》，则已经充分显示了来新夏学术取向的美文化和随笔化特征。2005 年，中华书局出版的《清人笔记随录》，则达到了学术与美文结合的巅峰。《随录》中的许多篇目，正式出版前就曾在《藏书家》等报刊上以随笔形式发表，受到学人追捧，这也正体现了美文耐读的特性。学术如果做得枯燥，不但自己没有兴趣，更易坏了读者胃口。因此，来新夏一直追求学问有趣味，文字有美感。当然，这些理论上总结比较容易，真正实践起来，绝对离不开渊博的国学素养和深厚的学术功力。

2006 年 6 月，山西古籍出版社出版来新夏的《书文化的传承（插图本）》，该书被《中华读书报》评为"年度图书之 100 佳"之一，复旦大学陈福康教授在配发的短评中认为："作者跳出传统目录学、图书馆学的讲课框框，从中华文化承传的角度，对绵延数千年的中国'书文化'作了梳理。该书见解精辟，要言不烦，虽是一本小书，却展示了大学问家的功力。"[1]这也可以算作来新夏学术美文化的一个例证。这部书后来更名为《书文化九讲》，2012 年由三晋出版社再版。

徐建华也对来新夏的随笔有着独到体会："虽少大言，却大义自显；行文平和却耐人寻味。从容，大气的行文风格体现出作者达观向上的人生精要。来新夏先生将自己对传统文化永难割舍的爱恋与执着流于笔端，将自己的经历苦难化作对历史的深刻理解以呈现于世人面前；以淡泊宁静依然故我的纯真境界，抒写对人间风雨沧桑的无怨无悔。"[2]

宁宗一先生的评价，则更显得具有哲学高度和诗的意境："来公的随笔最突出的特点正是以当代意识审视历史，又在历史的背景上思考当代，真正做到

① 《中华读书报》2006 年 12 月 27 日。

② 徐建华：《我的老师来新夏》，《遼谷主人速写》（《天津记忆》第 54 期），第 16 页。

了当代意识与历史深度的融合。""如果说来公在几十年治近代史、地方志、目录学和图书事业发展史方面，是在铺陈文化和文化人的命运史，注重的是反映重大历史事件和文化衍演变革的话，那么与这种'编年史'的纵向宏观的叙述方式不同的是，他近年却在横断面上逼真地展示了人世百态和各有一方天空的学术文化，这既体现了他的学术见地，又说明了他文化焦虑和现实关怀之深。所以与他的'编年史'不同，作为横断面的随笔，其展示方式是描绘人、事、书、物、山川的品格与气韵、性质与形式，从而也就暗示了纵向的历史沉积过程。因此，读来公的大部分随笔，给人的强烈印象好像总是能不断地听到一连串的声音：这就是人生，这就是文化，这就是活着的历史！于是它证明了一点，历史过程和发展及其诸种生活方式，影响着人们的心灵，而心理结构正是浓缩了的人类历史文明；于是史与文在来公的随笔中得到了契合。"①

2006 年，中华书局出版了《皓首学术随笔·来新夏卷》，与季羡林、任继愈等学术大家并立，这也不妨看作是对先生学术美文的一种评价。

除了上千篇的学术随笔，来新夏还在其各种著作上，给师友、弟子等题写了大量的跋文，短者三言两语，长者亦不过百言，因为题赠时心态悠然，往往更见性情。这些如果能够搜集整理成书，或可成为先生散文随笔集的隽品。仅就所知，李国庆、刘运峰、谭宗远、冯传友、孙伟良、王庆安等中青年学人手中，就有不少这类文字。

五、来新夏的"杂学"

所谓"杂学"，是来新夏治学和生活的润滑剂，其中虽然不乏轻松愉快，但更寄寓着一位耄耋学者对学术、生活和社会的深切思考。"杂学"其实与来新夏一生致力的"三学"密切相关，或者本身就是"三学"的衍生和拓展。它们或者学术意义重大但未得到应有关注，或者有助于全面理解来新夏之道德文章，或者有裨于学院与民间互动的良性学术环境建立，因此下面分别简述之。

（一）鼓吹照片之学

1996 年 12 月，山东画报出版社推出《老照片》系列书籍，此后"老照片"类书籍很是火了一把。以前读史基本是读文字，顶多再配点插图之类，而"老

① 宁宗一：《文史之对接与契合——来新夏先生的古稀"变法"》，《南开大学校报》（第 1064 期）2009 年 6 月 12 日。

照片"则让以往熟知的历史，有了更加栩栩如生的影像。张元卿则认为："'老照片'更大的价值还在另一方面，即许多陌生的照片不仅颠覆了普通读者的历史常识，同时对一些专家用宏大叙事把握历史的治学范式也构成了一种挑战，它向人们提出了一系列问题：如何解释照片背后陌生的历史？照片上的历史细节作为史料如何进入史的构建？然而，这些问题目前并未引起广泛的关注，出版家和作者大多还停留在把'老照片'当古董，沉湎于展示古董的阶段。在这种情形下，'老照片'类书籍一度非常泛滥，造成照片解释时有错讹，图文信息不对称，照片版本缺乏考证等多种问题。"①

来新夏很早就发现了以上这些问题，2003 年他撰写的《亟待建立"照片学"》②就是针对上述问题而来的："现在对照片已不是单纯收集就可以了，而是需要进行研究，这座房子是谁的故居？某些人物为什么在这儿照相？人物照上前排的是些什么人？是否都能认得出，说得清楚？图书馆、博物馆和一些私人收藏的照片是否都有文字说明？如果没有，应如何补救？"来新夏不但指出了"老照片"出版热带来的问题，还提出了从根本上解决这些问题的办法，即建立"照片学"。他的说明既简明又扼要："照片无疑是一种图形文献，它必将与文字文献、数字文献等成为文史研究工作者研究与编写的重要史源。因此，我们必须抓紧时机，搜集照片，反复辨认，多方研究，编写说明，不仅要多编些图说之类的书，并在进行全方位积累经验的基础上，进而建立'照片学'（或扩称为'图片文献学'）这类专学，以扩大史源，推动文史研究。"

2011 年，来新夏又发表了《〈影像辛亥〉：用"照片学"诠释历史》③。在这篇文章中，来先生继续阐述了他对图片文献与文史研究的看法，认为"以照片说史是历史文献的一种拓展"，并对闵杰《影像辛亥》"以图解史"所取得的成绩给与了充分的肯定，认为"这不是辛亥革命的老照片集，而是辛亥革命这一历史重大事件的图史。是以老照片作为史料来叙述、分析和论断这段历史的"。

针对来新夏的照片学思想，张元卿进一步指出："在来先生心中，'照片学'始于编写说明的'图说'，最终是要达到'以图解史'的目的，亦即'照片学'的基础虽然是图片的整理与鉴别，但它不是档案学之分支，而是史学之新军，其宗旨还在于解史，因此在西方史学界'照片学'又被称为图像史学。"

① 张元卿：《来新夏先生"照片学"思想初探》，《九秩弢庵——来新夏先生九十诞辰纪念集》（《天津记忆》第 112 期），第 18 页。
② 刊于《北京日报》2003 年 5 月 19 日。
③ 刊于《北京日报》2011 年 11 月 21 日。

来新夏以其史学家的敏感，提出并不断丰富着"照片学"的概念，与此相映成趣的是，近几年来在年轻的天津文史研究者中，出现了一些实践"照片学"的新型学人，他们专门通过研究老照片来考察城市历史建筑，推导出很多有价值的成果，比如卢鹤绂旧居、袁克文旧居、张爱玲旧居、马占山旧居等一大批重要历史建筑身份的确认等，其中部分建筑因此成功进入天津市文物保护单位的行列。

关于"照片学"这一概念的内涵和外延，也许还需要不断地修正、补充和丰富，但来新夏这一思想本身，已经给我们提供无限的研究张力，具有十分重要的理论和实践价值。最近几年"影像史学"的勃兴，其实就可以看作是"照片学"向特定学科领域的拓展。

（二）钟情京剧艺术

来新夏热爱天津这座城市，也热爱天津这座城市的人民。他关心天津地方史志编撰和文献资料挖掘的同时，还倾注心血宣传弘扬天津的特色文化。来新夏与京剧的缘分就可充分证明这一点。

来新夏与京剧的结缘，至少在旅津广东中学读初中时就开始了。1937年"七七事变"后，来新夏家从天津北站附近的新大路，搬到法租界绿牌电车道的益德里，过一个街口即是其就读的旅津广东中学，再过几个街口则是驰名海内的劝业场。劝业场内的天华景戏院，组织了个著名的票房稽古社，少年来新夏经常到那里看"蹭戏"。他回忆说："我很喜欢看稽古社小演员的戏，除了演技纯熟外，还可以看到成人演员身上难以看到的清纯。有好多戏演得很有情趣，如拾玉镯、三岔口、四杰村、夜奔等，看起来很逗乐。尤其是张春华的偷鸡、盗甲、盗银壶等，真是神乎其技，身手不凡，给人以美的最大享受，难怪他日后成长为武丑行中的名家。""我蹭戏不纯是娱乐消遣。每次听完回家，头等大事就是找出家中已被翻掉书皮的《大戏考》来对照剧情，日积月累，我对京剧剧目所知渐多，剧情也很熟悉。"①另据来新夏与笔者的谈话，他 1940 年前后读高中时，受劝业场天华景戏院之请，曾经获得免费观剧的机会，并撰写了十余篇剧评，刊于《庸报》副刊（署名"弢庵"）。可惜目前我们还未见到发表这些文章的报纸。

1959 年，为迎接新中国成立十周年，来新夏受有关部门委托，以"天津教案"为题材，与人合作编写了京剧历史剧《火烧望海楼》，热情地讴歌天津人民

---

① 来新夏：《蹭戏——劝业场怀旧》，《今晚报》2008 年 6 月 10 日。

不屈不挠的反帝爱国精神。该剧在中国大戏院公演多场，引起社会广泛关注，并获文化部调演二等奖。遗憾的是，因为该剧塑造了"清官"形象，后竟遭到无限上纲，给他本已十分坎坷的命运，又增添了一层严霜。

与《火烧望海楼》相表里，20 世 80 年代后期，来新夏又创作了京剧历史剧《血战紫竹林》，剧团内部已"彩排"和"响排"，然而由于时移世变，这部剧本至今未能得到正式演出的机会。不过，来新夏对京剧艺术的钟情，还是催生出了另外一个成果，就是他与友人合作出版的《谈史说戏》（1987 年）。

《谈史说戏》这是一本通过经典京剧而介绍历史的通俗读物，在介绍剧情和具体内容的同时，运用丰富的历史知识，详细考证了整个剧目的人物、情节和背景知识，在肯定其艺术真实的同时，也指出了其中的以戏为实、牵强附会之处。全书 57 篇文章，来新夏撰写了《文昭关》《赠绨袍》《萧何月下追韩信》《王昭君》《战宛城》《长坂坡》《群英会》《定军山》《刮骨疗毒》《空城计》《汾河湾》《贵妃醉酒》《贺后骂殿》等十三篇。2007 年该书增订再版，来新夏所撰又增加了《哭秦廷》《连营寨》两篇。来新夏认为，这些成果的取得仍得益于他早年"蹭戏"，"当我后来主修历史专业以后，常喜欢拿戏中的主要情节和史实对照，分辨几真几假，如有所得，就写成片段小文。多年以后，我和几位同道，把这些篇什集成一书，题名为《谈史说戏》，先后由北京出版社和山东画报出版社出版，颇得佳评，这不能不归功于多年前那段蹭戏的经历"①。

（三）推进民间学术

来新夏"衰年变法"，晚年大量创作学术随笔，在学术界发挥影响的同时，更是深深影响了普通知识阶层，其中绝大多数都是不以学术和智识为生，但却热心文化且痴迷读书的人，他们依托多种多样的平台，办起了形形色色的非正式出版物（来新夏戏谑地称其为"非婚生子"），并在南京《开卷》的引领带动下，逐渐形成了所谓民间读书圈层（也有少数重视民间活力的学院派学者参加）。来新夏晚年就交了一大批这类的"小友"，为他们的书写了许许多多序言或者评论。而由这些民间学人组织的全国民间读书年会，来新夏也多次莅临以示支持。他晚年很少参加正式的学术会议，但这类民间的会议却露面得不算少。这些会议虽然缺乏学术性和规范性，但其学术意义其实十分重大。学术研究固然可以视为精英化的行为，但如果缺乏广泛的社会基础，最终也很难有大的突破。而民间学人的存在，恰恰填补了学院派学者和普通民众之间的空白——他们在向

---

① 来新夏：《蹭戏——劝业场怀旧》。

更广大民众普及知识、推动阅读的同时，一部分人还通过自身的努力和提升，进入更高的学术层次。由此来看，来新夏晚年放下著名学者的身段，广泛参与民间读书普及活动，在给他带来更高社会声誉的同时，也大大提升了民间学人的层次，而且通过这些民间学人，又提升了更多读书人的层次。这种影响和提升，无论从提高民族素质还是促进社会和谐方面讲，其功德都是难以用数字来量化的。

来新夏在作文或演讲场合，多次提到读书要"淑世润身"，也就是"达则兼济天下，穷则独善其身"的更精练概括。2008年起，笔者先后创办《天津记忆》《问津》等内部交流资料，来新夏先生不但允任顾问、亲笔题签，而且还经常地撰文支持，他说："《天津记忆》……始创之际，我曾应振良之请为题刊名，一直使用至今。我也不时为刊物写稿，刊物亦曾为我出过几期有关我的人与文的专册。彼此契合无间，我当算与这份民间刊物有过相伴共舞的岁月。"[①]在来新夏的关怀鼓励下，天津民间学人以《天津记忆》为平台，五年来举办约二十次各种规模的学术活动，有的在国内乃至海外都有着广泛影响。2013年6月天津问津书院揭牌后，来新夏还主动走上问津讲坛，于当年9月28日为市民讲述《袁世凯：在津推行北洋新政》，完成了其生命历程中最后一场公开的学术活动。

来新夏十分强调各种民刊（内部资料）的文献性，尤其注重其为民间学者与学院派交流搭建平台，从而推动民间挖掘、整理、保存史料活动的意义。天津，只不过是近水楼台得到其更多指导而形成的一个范例。

六、结语

来新夏说过"勤是治学的不二法门……与勤相连还必须有点坚韧性"之类的话，因为"人生一世，不可能永远是康衢；挫折、逆境往往会使人消沉、颓废、懒散、嗟叹。这样，一二十年的岁月会无形中蹉跎、荒废掉。一旦有所需用，只能瞠目以对，追悔莫及"[②]。

来新夏七十多年来治学不辍，著作等身，而且其开拓性和创新性极强，以"博大精深"四字来评价，是绝对当得起的。2010年8月，在天津举行的"来新夏教授米寿庆祝会"上，苏州学者王稼句提出"来学"概念，虽因时间关系没有作更深程度的阐发，但是与会者一致认为，来新夏治学的方法论的意义，

① 来新夏：《〈天津记忆〉百期》，《三年间——百期行旅纪念集》（《天津记忆》第100期），文津社，2011年，第6页。

② 来新夏：《良师·勤奋·坚韧》，《书林》杂志编辑部编《治学集》，上海：上海人民出版社，1983年，第93—94页。

学术思想的意义，社会研究的意义，以及其"金针度人"的学问本身，确实都是值得认真总结与弘扬的。2017 年 10 月，各地学者又齐聚杭州市萧山区，举行"传承学术精神，感悟人格魅力——缅怀来新夏先生逝世三周年座谈会"，会上对"来学"概念又有所深化，并提出打造"弢盦"学术品牌的设想，具体包括注册弢盦书院、开办弢盦讲坛、创编《弢盦学刊》、筹设弢盦学术奖励基金、辟建弢盦书室等。所有这些活动，都可以反观出来新夏作为著名学者的社会意义和学术价值。

2012 年，笔者在组织庆祝来新夏教授九十诞辰系列活动之际，曾与张元卿兄为撰一联，觉得用来概括先生的学术经历和学术成就还是十分恰切的，谨恭录在此，以为本文之收束：

匏园破混沌，辅仁奠颖博，南开终展鸿道，半途挥洒马班重；

志域辟荆榛，史海发昧隐，歆略更殖新境，三学纵横斗岳高。

2013 年 6 月 5 日完稿于四平轩

2018 年 10 月 2 日订补于恐高轩

作者为天津师范大学新闻传播学院教授。

本文原刊于《关东学刊》2019 年第 1 期。

1999 年 10 月 17 日南开大学八十年校庆留影。

追忆当年

从往事说来公的学术韧性

刘泽华

　　人生在世，如果事事如意，那一定是天之骄子或幸运者，这样的人是极少数，不足为例。我认为只有经历背运的人，才能更能显露一个人的追求与韧性。

　　来公走背运从上个世纪 60 年代开始。缘何走起背运，我只知一二，但有一点，这件事的意外发生应该说与南开没有直接关联，在当时的政治形势下只能执行上级的指令而已，在这之前来公是历史系的骨干之一。这些我们且不必管它。80 年代之后，来公加入了中国共产党，身兼南开大学图书馆馆长、图书馆系主任、南开大学出版社社长、地方文献研究室主任，还有校务委员会委员等职，校外的兼职更多，因此我曾戏称他是南开的"来半天"。由此往前推，他往日的背运不应在历史的逻辑之中，但他蒙受的背运却长达二十年之久。那时他完全失去了自由，被"内部控制"起来。起初是不准从事中国近代史的教学，只能教历史文选这类纯工具性的课程。再后连这种课也被取消，并完全被剥夺了发表文章的权利。那个时候，他也不能参加任何具有政治可靠的"身份性"的会议。有一件事至今使我铭记在心。大约是 1963 年，一次听"反修"报告。听众排队成列进入会场，政工人员在门口清点人头，突然发现了来公，当即把我叫出去，要我通知来公出列回家。我当时不知如何应对，我说这一次算啦，以后不通知就是了。政工人员的回答是严厉的，于是只能服从指挥，硬着头皮，把来公叫出来，"请"他回家。以后的麻烦自然更多，到了"文革"，那就更不被当人看待了。

　　在这种非人的境遇中，许多人失去了生活的信心。但来公却是另一般表现，他低头走路，埋头读书，退而"结网"。我记得 1964 年大抓"阶级斗争"时，一位十分"革命"的同志猛批来公的"自留地"。现在想起来也有点滑稽，既不让人家在"公田"里耕种，又不让人家有"自留地"，真是不给出路呀！好在来公有我行我素的暗胆，依然在不停地默默开发着所谓的"自留地"。我这里要提一下两位有胆识的"大老"。在来公落难之时，他们对来公别有评论。他们就是巩绍英与梁寒冰。大约是 1964 年，在与巩先生一次闲谈中，他对我说，对来新夏的事要放宽些，他是个人才，博学、有特长，对他业余所做的事不要管得太多。巩先生不大理会当时对来公的特别"管制"，多有往来，互相和诗，为此巩先生也曾受到"革命"同志的质疑和批评。我虽然没有巩先生那种自如气度，但却令我佩服。

1979 年迁入南开大学东村墩子楼在卧室兼书房。

"文革"期间来公被下放到农村，1974 年回校后住在学校农场西大坑边上的一间平房里。人有了栖居处，可是到哪里工作呢？应该去的地方他不能去，于是来到中国古代史教研室。当时我是古代史教研室的头目，有一天，来公提着一个破旧的篮子来到我家，从中拿出装订好的盈尺的手稿，封面赫然写着几个大字：近三百年人物年谱知见录。来公向我简述了成稿的经过：初稿在"文革"初期被烧掉，这些稿子是在下放劳动之余，披星戴月重新写就的。面对着工整、洁净的心血之作，我一时说不出话来。我猜到了来公的来意，除了证明自己之外，显然还有一种希望在其中。面对着依然走背运的来公，时在"文革"间，我又能说什么呢？我心中油然起敬，却不能表达。我只能淡淡地说，放到我这，让我看看如何？来公同意了。我不能说读得十分仔细，但书稿丰富的内容使我大开眼界。我想起巩先生的话，有才能，有功底！后来来公在此书出版的《后记》中说我是第一个读者，还说我提过什么好的建议，我实在忆不起当时提过什么好的建议，但我能忆起的是如何"表态"。那时我虽佩服他的学问，但不能与来公交"朋友"；他虽是我的师辈，由于我没有上过他的课，而且我们相识时他已经开始走背运，所以我也不会列入他的门墙。来公把稿本让我看，我相信也不是为从"朋友"或"弟子"那里求嘤嘤之声。如果我的推测不错的话，来公当时是把我当成"领导"来投石问路的。在那个特殊的时期，我不可能鼓励或帮助他出版，甚至连出版二字也不能说。我能忆起的，大约有如下两层意思：一是对来公的作为予以充分肯定，对大作表示钦佩；二是说了一些安慰的话，如要放眼光，要有耐心，将来一定会有用之类的话，至于"将来"是何时？天晓得！？也许人在困难时期，他人不是落井下石，相反而有几句即便是廉价的安慰之语，就足以使人铭记。这也许就是来公在这部著述的《后记》里特别记了我一笔的缘故吧！

我这个人有时也有"自作主张"的时候。他是下放农村的那批人员最后回来的，1978 年我请来公给工农兵大学生开设了目录学，来公以其特有的才学和风度征服了众多学子，听课的人不断增加，三易课堂。于是有人来责问是谁决定让他讲课的？我回答得也简单：没有人通知我不让他讲课；不让他讲课，白领工资？！责问者无言可对。来公能把枯燥的目录学讲活，无疑是厚积薄发，老枯生花，非一般人所能为。更有意义的是他承前启后的作用，推动了新一轮的目录学研究。在这期间，来公还让我看过他的《林则徐年谱》手稿，我越发佩服他的学术追求与韧性。

来公在推动全国地方志的编撰上也做出了特别的贡献。说到这，不能不忆起梁寒冰这位"大老"。1978 年我因参与编撰《中国历史大辞典》同梁寒冰多有接触，他不止一次地同我谈到如何发挥来公作用的事。他当时提出要全面开展地方志的纂修，梁寒冰决定排除左右，启用来公。说实在的，当时只有像梁寒冰这样的有眼光的"大老"才可能打破"死结"。梁寒冰先生由于得到来公等重量级学术人物的支持，地方志的编纂工作迅速在全国开展起来，而来公是起草"发凡起例"的执笔人和第一发言人，功不可没！

来公在史学多个分支都有特殊的贡献。我想他能有如此众多的精品奉献给社会，这是他的一往无前的学术韧性的必然结果。特别是在长达二十年的背运中，不管有怎样的风雨波浪，也不管有怎样怎样的外来的屈辱，但在

1979 年，落实政策后被安排到北戴河休养。

学术领域他却一直坚韧不拔，发扬学术个性，追求不已。

在说到治学的路数时，他不止一次地说我是"宋学"，而自称是"汉学"。此说有否抑扬之义，且不去管它。他在背运时搞"汉学"可能最是少麻烦的一种选择。其实看看来公的全过程，他何尝不搞"宋学"？这里抛开清人的狭隘的门户之见，所谓的"宋学"与"汉学"应该说是相通的，也就是说，思想与学术是相通的。来公不妨说是"有汉亦有宋"，这或许更能说明他的贡献。

我们的时代是风雨交替，朝令夕改，价值系统一日三变的时代，人们也多是雨中来，风里去，名实相乖是常见现象。在这种环境里，人言可畏，然又不足畏！重要的是应看人的实际作为。来公的等身著作难道不是最有说服力的吗？

来公之博学，难得也；为学之韧劲，冠军也。对此赞誉者多多，比如杨志玖先生多次同我讲起，要发挥他的长处。1984 年来公调离历史系去创建图书馆学系，杨先生依依不舍，连连说可惜呀可惜！在送别会上，杨先生赋诗惜别，全诗我记不住了，但有一句结语是："老来老来望老来！"在学问上没有禁区，来先生一直在历史学领域劳作、开垦，收获不能以斗计，但他的编制再也没有回到历史学科来。先生没有能带博士生，对此确不无遗憾。他离休之后曾说到过此事，我也只能表示体制难啊，安慰他放开些。

正像所有人各有自己的缺点和弱点一样，来公也难例外，并曾引起争议，但来先生置之度外，更加劳勤地耕作，以学问碾出一条大道，名誉学林。

这些年我多在异乡，但每次回故乡，我都要去看望来先生。先生九十大庆过后，我去补庆，先生一如既往，靠着"一指禅"，还在电脑上敲打。我问他收获几何，他十分得意地说：每天有一百多"斗"！又讲起他家族的长寿百岁史，信心满满地说，我力争超过父祖，但不能不吐丝！的确，他是在吐丝的路上戛然停住了！可叹，更可敬！

作者为南开大学历史学院教授。

本文原刊于 2015 年 3 月 31 日《北京青年报》B6 版"星期学术·老来老来望老来——来新夏先生逝世一周年祭"专版。

从对接到契合：来新夏先生古稀"变法"实录

宁宗一

一

　　文史学界熟悉来新夏先生的读者和朋友，都深知他原是传统文化的饱学之士，在其心灵深处有着对传统文化的永难割舍的爱恋与执著，尽管他对之进行过精深的解剖和评骘。于是在我的印象中，改革开放三十年的前十几年，他的著作似还未越过他长期积淀的专业范围，即使在我的小小书房中，伫立于书橱上的也是他的《近三百年人物年谱见知录》《中国近代史述丛》《林则徐年谱新编》《中国地方志》《志域探步》《古典目录学》《古籍整理散论》《中国古代图书事业史》《书文化的传承》《北洋军阀史》等近二十种之多。可是，就是在近年，我突然发现来公的影响竟然超出了他的专业领域,他的文史随笔专辑联翩而至，仅在我的案头就有了几近二百万字的十多部散文选集，计《冷眼热心》《路与书》《依然集》《枫林唱晚》《学不厌集》《出枥集》《一苇争流》《邃谷谈往》《只眼看人》《来新夏书话》《且去填词》《邃谷师友》《谈史说戏》和刚出版的《80后》。在解读这些文本并追寻其古稀之年"变法"的演进轨迹时，我发现了一个自认为能得来公学术和心灵真诠的现象：在史学和文学两条路并行的轨迹上，他进行了从容的"对接"。

　　也许这对我来说并不感到惊讶，因为一个时期以来我始终认为，历史从一定意义上说乃是人类的心灵史。也许正是根据这一认识，我主张把文学作为"心史"来研究。因此，如果说来公在几十年治近代史、地方志、目录学和图书事业史方面，是在铺陈文化和文化人的命运史，注重的是反映重大历史事件和文化衍演变革的话，那么与这种"编年史"的纵向宏观的叙述方式不同的是，他近十多年却在横断面上逼真地展示了人世百态和各有一方天空的学术文化，这既体现了他的学术见地，又说明了他文化焦虑和对现实关怀之深。所以与他的"编年史"不同，作为横断面的随笔的展示方式是描述人、事、书、物、山川的品格与气韵，性质与形式，从而也就暗示了纵向的历史沉积过程。因此，读先生的大部分随笔，给人的强烈印象好像总是能不断地听到一连串的声音：这就是人生，这就是文化，这就是活着的历史！于是它证明了一点，历史过程和发展及其诸种生活方式，影响着人们的心灵，而心理结构正是浓缩了的人类历史文明，于是史与文在来公的随笔中得到了契合。

有成就的文史大家总是有创造思想和介入现实的双重使命感，因此他们总是能把对历史的思考和现实的思考紧紧地统一起来。来公的随笔最突出的特点正是以当代意识审视历史，又在历史的背景上思考当代，真正做到了当代意识与历史深度的融合。比如来公对林则徐的研究用力最勤，也最见功力的是《林则徐年谱新编》（以下简称《年谱》）。这是一部搜罗既广、采掇且备的长篇力作，它在学术史上的价值已是不争的事实。而作为典型的人物随笔《林则徐的取法前贤》《林则徐的书札》《林则徐死因之谜》《林则徐的禁毒思想》《林则徐的诗》《林则徐禁烟与当前的肃毒》以及《林则徐对传统文化的接受与奉献》等篇什，我却从未把它们看做是厚重沉实的《年谱》的浓缩本或派生物；相反我有意识地把它们看做是独立的人物速写。而当你一旦面对他时，你会很快地对这位伟大的历史人物有了文化血脉上的亲近感。在生命体验上，几乎使我们更直接更强烈地触摸到了林则徐的一颗深邃伟岸而又高贵的灵魂。同时，我们也就发现了来公内心的浩瀚与力度。所以我们可以把有关林则徐的这一组随笔视为《年谱》的姐妹篇，甚至可径直地与《年谱》并称为"文史双璧"。这里给我的启示是：以人性写历史的原则，即用理性、情感与人性来和历史人物沟通。

《在兼资文武、六艺旁通的女科学家王贞仪》《自制望远镜的郑复光》和《化学家徐寿的生平和成就》等篇，来公给予我们的绝不仅仅是表层的历史知识和科学家们的伟大贡献，从而让我们了解到民族文化史的光辉传统。其实值得注意的倒是来公的当代意识，它让我们通过这些文化精英，真正领略到了他们禀天地之气，妙悟其潜藏的人生底蕴。来公笔触所至真是洞幽烛微，出神入化，于是人们从王贞仪、郑复光、徐寿等人物身上看到了我们民族文化的"龙虎真景"，这才是历史家的眼光和文学家的感悟力的有机融合。

有一句读书人很熟悉的话，叫做："人类一思考，上帝就发笑。"这当然是人类理性思维的一种反讽。倒还是马克思说得更深刻："思考使人受伤，受难使人思考。"先生正是把自己经历的苦难，化作冷静的沉思，化作对历史的深刻理解。《也无风雨也无晴》乃是《依然集》的代序，我拜读此文，可以说是心潮起伏。而我之所以特别看重它，是因为该文是来公心灵的一次曝光或曰是他心灵的折射。他谈及在没有纷扰和半夜静思的时候，他不断地重温少时反复读过的东坡翁的《定风波》（莫听穿林打叶声），他写道："……这首词确曾给我一种解脱，无论在明枪暗箭、辱骂诬蔑的风雨中，遭到天磨和人忌；还是在几度闪光的晴朗时，傲笑顾盼，我总在用这首词的内涵使我遇变不惊，泰然自处。"看了这样的文字，我真是大吃一惊。因为在我一贯的思路中，"无悲无喜"乃是一种极高明的参禅境界，像来公这样一个人，怎么会一下子上升到佛界四禅天呢？当然不是，他只是在追求一种淡泊宁静的情趣，一种回归到依然故我的纯真境界。一则短序，我发现先生倾注了浓烈的情感，因此你同样可以把它看做是作者心灵史的一角。我若有所悟：来公历经磨难，然而正是这人生的磨难才真正成为先生的精神财富。而另一方面，如果不是文史之学支撑着他的理想与信念，他也许不会或不可能走到今天。他的历史随笔是比一般的倾诉更高一层的表达。

　　既然有了这样的心灵境界，于是为文时，你又可感受到先生内心虽难免仍有激愤，但却少大言，而大义自显。至于激烈的指责或者吹鼓手式的吹吹打打却与他的所有著作了无因缘，所以他的随笔少用断语，而提供给你的仍是深层次的生活的和心灵的真实，却又把判断的权力留给了读者。《漫说"势利眼"》《诔墓之文》等都是有感而发之作，然而却无剑拔弩张之势，行文心平气和，娓娓道来。所以我常说，作家越老灵气越足，在自我消解的过程中，他们的"天目"洞开了，看见的再不是青壮年时代的梦中幻景，而是超越现象界的人性的弱点。于是，在我们读惯了过去和现在那种急于臧否、勇于判断、致力于结论的文章，再来读来公的大作，不禁想到中国当代的随笔，原来可以有这样一种从容一些、具体一些、情绪平静一些的写法和路数！在这个问题上，它给予我这样的启示：在历史的天平上，一个有社会良知、文化良知的知识分子，应该经受得住心灵的煎熬，而决不能以付出人格为代价。

　　来公说，他读的书除了用文字写成的书外，还读了大千世界芸芸众生的无字书（参见《路与书》序）。对于后者，人与人之间都不可重复；而对于前者，后学只有仰慕：先生读的书真多！请看十多部随笔集中，就有那么多的读书札记式的"书话"。比如《依然集》中的那两组小品："清人笔记随录"和"清人北京风土笔记随录"尤堪一读。先生之文吞吐古今，胸中经纶，若浩浩烟波之无垠。这使我想到：进入成熟时代的作家，有在高层次上重新认同传统文化的能力。然而这认同并非无批判、无自省，而是一种智慧者的沉潜，既保持着现代人的理性批判意识，又力求对独特的民族文化之精要产生深邃的感悟。所以我说，来公乃是深谙书话写作之大家。因此我读他的这些书话小品，确实读出了他的学识，读出了他的才情，更读出了他的人生况味。

二

说来公古稀之年的"变法",这当然是和我们处于这样一个转暖与变革的文化环境有着太多的关系。在我看来,来公的历史研究与文化随笔总的也是最鲜明的特点是:学术心态充分地自由,而又善于把握时代脉搏,所以他的论著极富当代性。然而他又对喧嚣的俗情世界、新潮的时髦保持着距离,绝不随波逐流;同时又敏感地警惕着生命的钝化、心灵的消亡、人性的物化和人文精神的沦丧。我想,这就是我心中一位文史大家以其学识的睿智反思历史和认知当代的学术风格。这一总的特点在《冷眼热心》《依然集》《一苇争流》《邃谷谈往》《且去填词》中得到了充分的体现。

其实,我觉得最值得人们打量的倒是来公的文史随笔是如何从文史这两条平行线的对接,进一步得到了文学与历史的契合,两字之差,极能说明来公探索与追求文史随笔写作之文心。关于这一点,来公在《且去填词》一书里的《我也谈谈随笔》中说得极为清晰透彻:

> 八九十年代,特别是九十年代,随笔写作成为文坛一大景观。我也就在这一年代混迹于随笔界。当时的动机,一是读了一辈子书,有许多信息应当还给民众。过去写的那些所谓学术性文章,只能给狭小圈子里人阅读,充其量千八百人,对于作为知识来源的民众,毫无回馈,内心有愧,而且年龄日增,也到回报的时候了,于是不顾原来圈子里朋友们"不要不务正业"的劝告,毅然走出象牙之塔,用随笔形式把知识化艰深为平易,还给民众,并向民众谈论自己与民众所共有的人生体验来融入民众。另外我还有一种羞于告人的动机,就是向师友们呈现另一种文字风貌,随手写点遣兴抒怀之作,摆出点轻松洒脱的姿态。

这一段文字是来公坦诚的心灵告白:"回归民众"、"遣兴抒怀",我之所以选取这一段文字,也正是我心中理解的从"对接"到"契合"的关键。而所谓"摆出点轻松洒脱的姿态",则是善用心中一点灵明,洞悉民众之心,这才有了"回归民众"、"融入民众"的通脱心境。所以,读来公的书,我的感受是,千万不可忽视他关于自己的生活、自己的兴趣爱好与心态情怀的章节,因为从中我们才能发现他与书的相加,就是一部具有自我人文风度的大书。应当说来公的书是"文如其人"这一至理的最典型最完全的范例。

说真的,来公的随笔从文史对接到二者的契合无间,在无形中给了我一种暗示，他开启了我多年困惑的问题。

比如，从一般文学创作角度来说，具有历史意义的重大题材往往是文学与历史的契合点，它们能够使文学这面镜子照出历史的面貌，又使文学作品富于历史的内涵。然而当文史两家进入学术研究的层面，那么，文史是一家？文史不是一家？就需要有所诠释了。

事实是，文学研究与一般历史研究最大不同之处，是它不像历史事实那样具有相对稳定性。在文学领域，它的不确定性往往是或大多是，越是重要的文艺现象、文艺思潮和代表作家与作品，在不同的文学研究者眼中

2009 年 9 月在内蒙古鄂尔多斯举行的第七届全国民间读书年会上讲话。

就仁智相异，进一步有了"一百个观众就有一百个哈姆雷特"之说。文学史家再怎样客观、公允，他所描述出来的文学历史图像，必然带有强烈的个人色彩或者个性以及观照角度乃至独有的操作方式。

再有，历史学家不研究重大历史事件，不研究人物的行状、跟脚，就无所谓历史；而文学家除了作家的研究，他们的研究对象绝不会比历史人物的文本更少，他完全可以通过作家创造的艺术世界去认识评价作家。这一切，人们的解释是，历史多是宏观的，偏重事件（政治的、军事的、经济的……）、典章制度的变迁等；文学多作微观，许多记述都是史家不屑顾及的百姓生活。历史关乎外在，文学则注重内在；历史重形而文学重神；历史登高临远，雄视阔步；文学则先天地富于平民气质。所以对文史一家、文史不分家，我们在看到其相通的那一面的同时，又比较看重其相隔相异的那一面。站在文学的研究立场和叙事方式上，窃以为史家之眼光虽深邃，但对文学的诠释往往与文家眼光的审美性的、文学性的感悟多有不同。

转了这么一个大圈子，我意在说明：来公的文史随笔对我无疑是一种"解惑"，说明学问之道需要融通，绝不可胶着一隅。同时也说明他已经找到了文史这两家的最佳契合点，就是心灵史。

从心灵史之宏观说，历史从一定意义上说就是人类的心灵史。所以广义地说，任何人的日常生活都是心灵史。然而知识分子由于心灵历程多与学术事业

直接相关，其学术研究史也许更鲜明地呈现为心灵史。根据这种认识，记得我从前写过的《两条平行线的对接》一文中就对来公《依然集》代序《也无风雨也无晴》提到自己特别看重此文，而在这一节我又提起此文，是由于它是来公心灵的一次曝光或曰是他的心灵折射，或者说来公为文的兴奋点往往就是在心灵上。一则短序，我发现先生倾注了浓烈情愫，所以我一直把它看做是先生心灵史的一角。

2005 年 5 月应"南开青年论坛"之邀在伯苓楼作题为"倾听历史的声音"专场讲座，讲述如何对待人生。

那么，现在来公的诸代表作又摆在我的眼前，我确确实实地感到来公精神天空的进一步拓展。陈寅恪主张治史要有所"发现"，也就是说，要在历史的观察中注入独特的目光，看到别人不曾看到的东西。来公撰写的历史文化散文，实际上是用文学的笔法治史。因此，它同样具备着敏锐的"发现"意识。这里起码有两点给我们以教益：

一是来公不仅仅是一个中国历史文化知识的讲解者，而且还是一个思考者；第二是他在文学层面、历史层面和哲学层面都作了清晰的表述。比如在诸多名篇中写一个人物时，他把重点置于人的心理、性格和命运上；在历史层面上，他在提供了几乎无所不有的知识信息时，它的背景极为广阔，涉及的生活内容极为丰富；在哲学层面上，来公对个性，对人生的意义、人生的态度都做了认真的思考。就我喜欢的篇章来说有：《怀穆旦》《张謇：能受天磨真英雄》《袁寒云与宋版书》《元白先生的豁达》《世纪之交的沉思》《敦煌百年三笔账》《书生论》《炎凉冷暖》《儒商与商儒》《论耻》《一本装满人间冷暖的专著》《下乡》等等。

由此我们可以说是来公的天分、智慧、学养，也可以说是他的艰辛，更可以说是他的坚守、他的人格精神，才能使他安时处顺，守己律物，神清思澈。

来公还有一组忆恩师忆老友的随笔，读之令人动容，也令人神往。其中《怀念谢国捷老师》《师恩难忘》一连记述了来公的授业恩师，从广东中学时代的国文教师谢国捷先生，到辅仁大学的张星烺先生、余嘉锡先生、陈垣先生，写来动情、诚挚、深沉；而《元白先生的豁达》又令人感到师生之间的亲切。来公虽然已进入望九之年，但仍以谦恭的态度道出：

> 恩师们的严谨缜密、求实求真的学风，成为我一生努力追求的方向。可惜我资质驽钝，虽全力以赴，至今未达到师辈的标准，而深感有负师教。

从这些文字中我们可以清晰地看到，这是一种永恒的尊敬和爱，当然也就是来公人格精神的表征。事实是，人格具有凝聚力，没有人格的思想和知识，只是一堆散乱无用的废料。所以我们才把文化和文化人之魂看作是人格，是人的人格精神。始终坚守尊师重道正是人格精神的核心至理。来公以其言行做到了。

从来公这一代学人来说，他们几乎都能做到中西逢源，古今无阻，触类旁通，书为人役，遣章无忌，学术心灵充分地自由。比较起来，我们这一代随共和国风雨成长的读书人，"旧学"根底远不如前辈深厚，"新学"知识又可为后学立马可追，所以，像对我这样高不成低不就的学人来说从不敢"好为人师"。现在的问题是我们如何摆正自己、审视自己的缺失。就这一方面来说，来公探索的足迹又给我们极大的启示。

对于一位有良知的知识精英来说，反思乃是一种义务。

就是在这不到二十个年头中，我就发现来公思维的活跃，介入的深广，视域的开阔，观察力的邃密。随笔一道竟调动了他的极为活跃的感受力，即使平凡细小的事物，都足以引发出他丰富的联想与内心的体验。如《我好想"考博"哟》《葛剑雄，好样的》二文，前者在为我们提供了一些文化知识以外，还为我们提供了真正的幽默。这种幽默不是流于语言层面上的肤浅的诙谐，而是建立在直觉和心灵上的。后者的文字看出来公心如海潮，时而在为真善美激荡，又时而在为假恶丑愤激，细查底蕴，则见心潮如涌，究其原委，知先生坚持真理、主持正义的精神。至于《怀穆旦》，读后更令人动容。所谓"错误决定何其速，纠正错误何其缓"一句极富感性色彩的对偶，义愤之情已流贯于字里行间。

由此我们发现，越是智者，越具有这种忧患意识和悲悯之心。高品位的忧患意识和大悲悯，当然不是烦恼与悲观，而是对社会或人生阴暗面的正视、警世与化解。

来公善于从他感觉范围的事件中，开掘出文化意蕴，引发思绪与洞见。从倾心于写作随笔的十几年中，我发现这位学术老人不仅精力旺盛，治学仍然那么精博，而且越来越具有强烈的关注力，不论是对社会事件，还是对现实事物，都能极为迅速地升华为思想上的热情与行动上的参与，体现出他的闪光思想和人格精神。

是的，得力于来公自身的禀赋与才情，他的获知力和知识的裂变令人惊叹。他驰骋古今，而又直面人生；胸怀开放，而又崇尚传统美德。他曾以"根植于博，专务乎精"自勉，因此在文史学界有好学深思的美誉。他善于不断地从现实、从社会、从历史、从文艺、从书本中汲取营养，在多元吸纳的基础上进行一元创造的智慧，构成了他那像不枯竭之泉的文心。由此，无穷无尽的识见、理念、思绪、灵感、诗情就源源不断地涌出。几十年的笔耕不辍，又在改革开放的机遇下，他的全部才情与思想、智慧与学识才如此旺盛有力，这就是所谓学如海、心如潮也。

三

随笔创作是心声的吐露，衡人论事，都能直指本心，作为来公随笔代表作之一的《且去填词》一文，在渲染思想与情愫时，其喜怒哀乐、思绪见地以及所发议论叫人乐于倾听，易于认同，以至被吸引。这当然靠的是他真挚的感情力量，同时也给他的文史随笔带来了强烈的感染力和雄辩的说服力。

由于来公文史积淀丰富多样，几乎涵盖了中国文化的方方面面，而命笔时又拥有多种笔墨，表现出多种气象：笔触有时细致，有时奔放，有时严峻，有时悠然，且反讽意味又融在其中；至于文采色调，柔和浓烈兼有，议论则繁详简约并举，这都构成了他自成一家的风韵。

来公前后出版的十多部随笔集表现出他对于随笔这种文体的新探索，这不仅得力于他学识上的厚积薄发，得力于他的天赋，同时也和他的语言锤炼功夫有关。语言的文白在他手里运用自如纵横无碍，严谨而又流动不居，而文言这一修炼了数千年的老精灵，来公更是出神入化地加以运用，笔风隽永，活泼而凝重，真是韵味十足。这种语言艺术上的全面优势是我们这些以语言艺术为业的人望尘莫及的。所以，只要你耐心读来公的这些文史论著和随笔，就像赴一场文字的盛宴，声色琳琅，齿颊留香。一读再读，每一次读来，都会有所发现，都是一种知识、思想和美的享受。是的，好的文字，就像好的风景区，自有勾引人一去再去的魅力。这个魅力的一大部分当然来自来公的见识和功力，但这种修炼来的老道之美和笔锋之精妙，也和他老人家长期注重文字的不断锤炼有着密切关系。

来公的这些多元的才能与能量，仅就其中一项（比如近代史，比如方志学，比如目录学，比如图书馆学，比如……）就足以造就一位出色的才人学者了，而来公的多元才能竟然在多个文史领域和文史题材面前，根据不同的方式组合起来进行既是思想的又是艺术的运作，也就产生了那么多脍炙人口的名篇。

四

总之，来公的文史随笔是始终走在这条契合之线上的。人们不难发现，在他的文字中，从思想题旨到字里行间，让人处处感受到作者是在以全部的灵性和感受力去烛照历史，触摸现实和追寻美境，这就产生了许多新颖独到深刻的洞见。很多文章每对一种现象的考察，都有着与众不同的鲜活感。从自身体验出发去感受历史与现实的美与丑，并且见证美与丑的生成，其中蕴涵的令人唏嘘的人生况味，几乎都是心灵历程的外化，这应该是文学与历史的共同事业，他们的契合点显现出的心灵史的意味也就格外分明。

从心灵史角度来观照来公的写作和研究生涯，我认为还有一个绝不可能忽略的特色，那就是除了他的一以贯之的学术文化使命感以外，还有一个知识分子那至高无上的自怡性。一个不争的事实是，人在有些时候从事写作，未必都以正式发表为目的，倒是为了记录观感，梳理思想，抒发情怀，以满足其表达欲。来公确实如很多大家那样，把写作看作是一种超越一切功力的智力活动。事实上，人们也正是从他快进入古稀之年突然敲起了电脑，才更领略了他的性灵、哲理、兴会、机趣、妙谛。但这一切归根结底都是他心灵自由的产物，因为他写出的都是属于自己的东西。这样，文史的契合，是对自己心灵历程的呈现，展示的也必然是丰富的心灵史的一个重要侧面。

来公的这种境界，确也给人一种很有意味的启迪。学人应该有一种水的素质，自然一点，随意一点，不要有一种太定性的东西，通脱对一个学人来说是很必要的。已故青年作家王小波曾说过一段话："一生中非常重要的是是否有趣地生活过，接触了有趣的人，听过有趣的话，做过有趣的事。"是啊！在生命的流程中，如果你曾经有趣地生活过，曾经做过有趣的事情，为别人做过有益的事情，那么作为一个一生从事教育事业的人来说，就是最有意义的了。

是的，只有把个人生命融入文化生命、民族生命，个人生命才能升华，人生才有意义，生命才有价值。我心目中的来公正是如此一位大学问家。

作者为南开大学文学院教授。

本文原刊于《文史知识》2009 年第 6 期。

文 献 存 真

《天津日报》有关报道摘要（1954—2014）

南开大学中文、历史、外文三个系的教师等举行关于"红楼梦"研究的座谈会

【本报讯】南开大学 19 日下午召开关于"红楼梦"研究的座谈会。参加的有中文、历史、外文三个系的全体教师以及其他系的部分教师共八十余人。副校长杨石先、刘披云，科学研究委员会副主任吴廷璆，副教务长滕维藻也参加了座谈会。

座谈会由中文系主任李何林主持。……在会上相继发言的有朱一玄、孟志荪、来新夏、王达津、王玉章、杨善荃等。

1954 年 11 月 22 日第二版

举行"解放台湾"文娱晚会

15 日，南开大学历史系学生举行了以"解放台湾"为内容的文娱晚会。会上，该校中国史第二教研组副主任来新夏作了关于"台湾概况"的报告。他从台湾的历史事实说明台湾是祖国领土不可分割的一部分，中国人民一定要解放台湾。晚会的文娱节目有朗诵诗歌"台湾——我的第二故乡"，讲述台湾人民抗日的故事，还有相声等。

会上，大家通过了给浙江、福建前线解放军战士的一封信，鼓励战士们为早日解放台湾而积极斗争。 （汪往）

1955 年 5 月 20 日第二版

中国人民政治协商会议第一届天津市委员会第二次全体会议
列席人员名单（依姓名笔划为序）

（前略）

高等学校

方　纪	方　阡	王之江	王仁忱	王守融	王牧之	王金鼎	王所安
王秉周	王若愚	王冠三	王炳臣	王振华	王连三	王国祥	王钦仁
王震宇	王积涛	王荫浓	王树民	孔玉芳	左　健	左明生	史绍熙
石连成	申泮文	田春霖	帅约之	朱　星	朱工之	朱以书	朱维之
朱宪彝	朱泽吉	刘士宗	刘文秀	刘世藩	刘同拱	刘恒之	刘长凯
刘晋年	刘培德	刘复光	刘愈之	刘锋锐	刘纵一	刘竞存	江安才
江涛声	吉金标	孙令衔	孙执中	孙延令	孙宗棠	孙国梁	孙善贞
孙模世	李月连	李世材	李立民	李光壁	李何林	李宜燮	李宝震
李金锷	李松筠	李恩波	李庆泽	李曙亮	李鉴波	吕方润	吕水琛
杜镇福	汪佳平	余国琮	余新民	沈知津	沉玉麟	沉宏康	沈寿春
陈　健	陈　竮	陈天池	陈仁烈	陈家琦	陈容之	陈荣泽	陈振铎
陈培勋	陈国符	陈道弘	陈荫谷	何其超	何国模	宋嗣恂	宋汉英
吴又芝	吴之冶	吴咏诗	吴健生	周　沉	孟仲夫	孟志孙	来新夏
季陶达	郑天挺	昝宝澄	苏德达	郝荫圃	范正钊	范恩琨	姚德升
侯维琦	柴景旭	桑润田	郭　冰	郭宏勤	郭寿铃	晁松亭	唐明珍
夏之秋	马　瑜	马仲魁	马师亮	马思琚	马景舒	章一之	项任澜
康汉湘	贺家李	盛　雪	黄廷爵	黄飞立	黄源礼	黄德禄	许勇三
许政扬	许忆痴	许镇宇	高云程	高家宝	高振衡	高婴齐	高熙曾
彭泽民	冯慈珍	薛光燕	恽魁宏	舒　扬	程振衡	汤雪耕	曾鼎和
傅举孚	傅筑夫	贾占豪	贾有权	崔　澄	崔士英	崔希默	崔昆圃
管锦康	温宗琪	董克诚	董寿成	雷海宗	雷爱德	赵祖武	赵冠洲
赵景员	赵毓岷	赵蕴山	杨天祥	杨元亨	杨从仁	杨仲耆	杨志玖
杨学涵	杨学浚	杨曾武	杨毓溥	张　涛	张朵山	张述祖	张芳春
张洪模	张长清	张振西	张清常	张崇年	张建侯	张杰民	张德兴
张健关	张汉文	张庆芳	张耀中	廖辅叔	裴学海	邓绥林	巩广文
蒋子绳	鲁　义	黎国彬	滕维藻	潘正涛	潘炳桌	蔡公琪	蔡其恕
蔡陛霞	穆家麒	钱君晔	钱荣坤	储义明	韩文佑	韩建功	韩清波
魏　埙	魏宏运	戴立生	谭郁彬	萧淑贤	萧望卿	严宝仁	顾昌栋

（下略）

1956 年 4 月 20 日第一版

发展科学研究　为社会主义建设服务

南开大学历史系各教研组教师们的科学研究工作已经开展起来。他们除了作一般的专题研究之外，并且响应党提出的"百家争鸣"的方针，积极研究当前学术界正在讨论的问题，准备以自己的研究成果参加讨论。

郑天挺教授、王玉哲教授和来新夏讲师分别进行研究的"中国资本主义萌芽问题""中国封建社会的形成问题"和"中国近代史分期问题"，将在该校今日举行的第二次科学讨论会上报告。世界史教研组雷海宗教授、吴廷璆教授、辜燮高副教授，也正在分别就"世界史的分期问题""日本史的分期问题""英国史的分期问题"展开研究工作。

这个系的教师们对学术界正在讨论的一些问题，都很感兴趣，他们准备付出较长的时间和较多的劳动，从各个方面进行深入细致的探讨。

1956 年 10 月 19 日第一版

南开大学举行第二届科学讨论会提出 53 篇学术论文展开自由讨论（节录）

【本报讯】南开大学在本月 19 日到 21 日举行了第二届科学讨论会。

这次讨论会的规模较大，除该校的绝大部分教师和部分学生外，还有本市各高等院校和有关工厂企业部门的代表参加。远从沈阳、上海、南京、张家口、北京等地来的各有关科学研究机关、业务部门和高等院校的代表共八十余人也参加了会议。会上提出的学术论文，包括数学、物理、化学、生物学、中国语言文学、历史学、政治经济学、会计学、统计学、俄语、体育等方面的论文共有五十三篇，分别在各系和部分教研组所组成的十一个分会上进行了讨论。

会上提出的不少科学论文在理论上或在实际应用上具有相当的价值。……

在会上，许多论文的报告人针对当前学术上某些值得探讨的新问题或当前学术界正在讨论的问题，提出了个人的见解。……历史系主任郑天挺教授、历史系教授王玉哲、讲师来新夏分别就"中国社会资本主义萌芽问题""中国古代史分期问题"与"中国近代史分期问题"提出报告以后，讨论得非常热烈。

1956 年 10 月 23 日第一版

纪念孙中山诞辰九十周年　南大举办图书展览会

【本报讯】最近三天来，很多人到南开大学图书馆，参观了这里主办的纪念孙中山先生诞辰九十周年的图书、图片展览会。

……

又，七日下午，南开大学曾举行报告会，纪念孙中山先生诞辰九十周年。会上，历史系教师来新夏和魏宏运分别作了"尊重和纪念孙中山先生的革命事业"和"孙中山先生的政治思想"的报告。最后，到会者还听了孙中山先生"告国民书"的录音。

（刘茂翔）

1956 年 11 月 10 日第二版

津市民盟盟员和家属欢度春节

【本报讯】许多在津的中国民主同盟盟员和他们的家属，昨天在民盟天津市委会举办的"盟员之家"欢度春节。

许多人在谜宫里猜谜。河北天津师院张弓、铁道部第三设计院工程师陆继宪、南开大学讲师来新夏都猜中了不少难猜的谜语，他们的孩子们跟在后面领奖品。南开大学教授孟志孙为谜宫题了一副春联："迎年竞赏春灯字，献岁争吟黄绢辞。"

（徐景星）

1957 年 2 月 2 日第一版

高等学校鸣放空气还不够浓厚　民盟市委文教工作委员会举行座谈

【本报讯】在民盟天津市文教工作委员会昨天召开的会议上，有好几位委员谈到，目前本市各高等学校中，鸣放的空气还不够浓厚，放的面还不够广泛。

南开大学历史系讲师来新夏首先为中年教师而鸣。他说，我今年三十四岁，像我这样不老不少的人在学术界、教育界并不少。但他们过去好像是驼背的人摔跤——"两头不着地"，出国参观要年老的，出国留学要年轻。自从提出"向科学进军"后，各方面都非常尊重老教授，这是非常必要的；对青年也很重视培养，这也是对的。但我们这些人呢？虽也到处被重视，封号叫做"骨干"，既是"骨干"，就必须做许多具体工作，结果许多行政工作堆在这些人身上。长此下去，我看非成了"骨干"不可。据我知道，有的人自解放后开了五六门课，可是没有助手，没有进修机会，每天只是吐而不吃，长此下去，是不堪设想的。我讲这些，并不是出于个人主义，还是有点集体主义。总之，像我们这样的人的意见，有必要引起有关方面的注意，也多给他们一些鸣放的机会。另外，来新夏先生还谈到，最近马寅初先生发表了意见之后，很多人反对，认为马先生不应当那样谈。我觉得这就有点"苛求于人"了，我很同意马先生的意见。而且，人家也是一家之言！为什么不能谈呢？另外，有些党员在一些会上不发表意见，只是"听取意见"，我认为，无论是党员，还是民主党派的成员，无论是"权威"，还是"无名小卒"，至少都是公民，所有的人都有鸣的权利。

......

来新夏讲师对市文化局不重视处理历史资料工作提出了批评。他说，历年来，文化局接收了社会人士捐献的许多历史文物资料，但不让专家分享其福，也不征求内行的意见，只是在报纸上发个消息，做做宣传就完了。有些宝贵的资料长年装在麻包里放着，这样做，对科学事业是没有好处的。南开大学中文系孟志孙教授对文化局的官僚主义作风也提出了批评。他说，他曾经把家里祖遗的三千多件古钱捐献给市文化局，但是，文化局曾经压了一年也没处理，直到不久以前才放到历史博物馆去。孟先生还说，关于科学研究的图书资料问题，过去曾提过很多次意见，但一直得不到解决。我曾想过：领导上是不是对有些人的意见考虑，而像我这样的是不是"人微言轻"，不值得考虑呢？

此外，钱君晔副教授还谈到了校内的党群关系问题。他说，我们学校的党群关系是群众对党感到神秘化，党对群众又是权威化。党内平时听取汇报，很多时候是偏听偏信。他认为，党应该使大家感到它是在群众之间，而不是在群众之上。如果党员不能诚诚恳恳地向群众学习，就很难贯彻好群众路线。他希望学校党组织认真地对待整风，改进学校工作。孟志孙教授还提出，目前自己对提意见并不是有什么顾虑，而是怕提出来以后不解决什么问题，如石沉大海。他希望这次党在听取意见时，不管对或不对，都应有所交代。

1957 年 5 月 20 日第二版

来新夏先生来信补正

天津日报编者：

5 月 20 日你报第二版"高等学校鸣放空气还不够浓厚"的消息中关于我发言的部分，有一点与原意略有出入，现补正如下：

你报载称："……既是'骨干'，就必须作许多具体工作，结果许多行政工作堆在这些人身上。"

我的原意是：既是"骨干"，就必须做许多具体工作，各方面对我们要求非常多非常具体，无论是教学、科学研究、社会活动都向我们提出一定的要求，甚至有的还要担任一点行政工作，结果便有许多工作堆在这些人身上。于是时间消耗，精力分散。长此下去，我看非成了"骨干"不可。

请予以补正。

来新夏
1957 年 5 月 22 日第二版

中共天津市委教育部举行座谈会 听取大学教师的批评推动整风

【本报讯】中共天津市委教育工作部日前邀请津市各高等学校的部分非党教师座谈，听取他们对党的意见，帮助党整风。座谈会由梁寒冰部长主持。

……

会上，南开大学教授江安才批评南大党组织没有结合教学工作进行思想领导。他说：南大党委有好几位书记，可是对系里的工作情况了解得很少。很多人在发言中还谈到党与非党之间要拆墙的问题。南开大学讲师来新夏说：墙不是单方面形成的，党有责任，群众有责任，民主党派也有责任，民主党派是党的助手，拆墙时也应当做助手。……

关于党组织对于非党教师的职权尊重不够的问题，也有人提出了意见。……

梁寒冰部长在座谈会结束时说，感谢大家所提的意见，并表示要根据这些意见认真研究，改进工作。他并且鼓励大家继续大胆地提出意见。

1957 年 6 月 1 日第一版

京剧《火烧望海楼》重上舞台（附图片）

具有天津地方色彩的近代历史剧《火烧望海楼》，最近由天津市京剧团重新加工排练上演。

《火烧望海楼》是一出以天津近代革命史为题材的京剧。这个戏以 1870 年的"天津教案"为根据，揭露了帝国主义侵略者的真面目和罪行，暴露了屈服于帝国主义压力的清朝反动官员的腐朽和无耻，满腔热情地歌颂了中国人民顽强的反抗精神。全剧共分九场戏，最后以反抗外国侵略的人民大众火烧望海楼，取得斗争胜利为结尾。剧中塑造了马宏亮这个搬运工人的威武形象。剧中塑造的其他人物，如豪情奔放、大义凛然的于麻子、刘黑，口直心善、爱憎分明、见义勇为的崔大脚，以及县官刘杰、神父谢福音、汉奸走狗武二、安三等形象，也都给人深刻印象。

京剧《火烧望海楼》是在 1959 年为庆祝建国十周年而创作的剧目，作者是来新夏、张文轩。这出戏曾在 1961 年 10 月，应辛亥革命五十周年纪念筹备委员会的邀请，到北京人民大会堂大礼堂演出。朱德委员长、李先念副总理观看了这个戏。

"文化大革命"中，"四人帮"大搞文化专制主义，《火烧望海楼》被禁锢了十几年，粉碎"四人帮"后才获得新生。最近，修改后上演的《火烧望海楼》，由于剧前增加了序幕，使主题更加鲜明，情节更加紧凑，主要人物的形象都有所提高。此次重新上演，由马少良扮演马宏亮，程正泰扮演刘杰，李文英扮演崔大脚。

（王淑敏）

天津市京剧团演出的《火烧望海楼》剧照（本报记者毕东摄）

1979 年 4 月 18 日第二版

出版消息

林则徐是中国近代进步思想家和著名的爱国主义者。过去，虽有人编撰过他的年谱，但都比较简略。最近，由南开大学历史系来新夏编著、上海人民出版社即将出版的《林则徐年谱》，则是一部资料丰富、翔实，持论公允的著作，是来氏研究林则徐多年的可喜成果。

来著《林则徐年谱》，以林一生的大量言行说明，他是中国封建社会里一位较有远见的人，比较注意发展生产和关心民生；同时，他也是中国近代史上具有远见卓识的爱国者，在抗英防俄问题上，表现得很突出。尤其可贵的是：当举国尚未察觉到沙俄窥伺危机的时候，林则徐却敏锐地提出了注意防俄的战略性意见，发出"终为中国患者，其俄罗斯乎"的警告。

这本《林则徐年谱》计三十余万言，对于未见刊行或刊本流传较少的资料，作了较多的引录，并对某些引录的史料作了适当考证或加上按语，以便利得书不易的读者。在年谱正文之前，刊有《林氏三代简表》；书后附有谱内未收的有关林则徐遗闻琐事的《谱余》和《林则徐出生时有关人物简况》《征引参考书目》等。

（宗涛）

1981 年 3 月 17 日第三版

评《古典目录学浅说》

涂宗涛

来新夏同志新著《古典目录学浅说》最近已由中华书局出版。它对广大文科大学生和青年文史工作者来说，是一本指引治学门径的好书。该书有三个特点：第一，全面、系统、深入浅出地介绍了古典目录学知识。全书共分四章，第一章从横的方面来介绍目录学所包括的主要内容，第二章是从纵的方面来介绍历代目录学著作和目录学家的简史，第三章是对古典目录学相关的学科如分类学、版本学、校勘学等加以论述，第四章是提出古典目录学今后应该解决的主要问题和发展方向。这样的布局结构，比较全面、系统，而且在行文上又注意到深入浅出，简洁而又通俗。第二，在大量占有资料的基础上进行科学论述。

该书对从古至今的目录学主要著作都有所涉及，并特别注意吸收新材料和科研新成果；对有争论的问题，则以客观态度两存其说；对某些错误的观点，坚持实事求是的精神加以驳正；对一些前人未讲过的问题，则通过认真研究，提出了新的见解，如把索引和类书纳入目录学范畴，加以系统论述，则较有特点。第三，指出古典目录学的研究趋势，既提出问题，又提出建设性意见，从而促进和启发更多的人去关心这个学科，有利于古典目录学的建设。

1982 年 4 月 13 日第三版

全国地方志研究班在蓟县举办

中国地方史志学会委托南开大学和天津史研究会组织的全国第四期地方志研究班，于 10 月 8 日在蓟县举办，为期十四天。来自东北、华北、西北、华中等地及本市共十五省市自治区的一百八十四名学员参加了研究班。这期地方志研究班将由南开大学历史系副教授来新夏系统地讲述《方志学概论》，并请各地方志学专家、学者作专题学术报告，还有编纂地方志的先进地区介绍经验，研究班组织学员对方志学的基本理论和知识进行讨论。通过这些活动，使学员掌握地方志的编纂方法，为各地编修地方志培训骨干力量。 （杨正明）

1982 年 10 月 12 日第一版

地方专业史志编修工作之管见

党的十一届三中全会以后，特别是党的十二大以来，史学工作被视为社会主义精神文明建设的一个重要方面，得到进一步的重视和发展。在整个史学工作中，地方史志的编修特别受到了重视，比较广泛地开展起来。自 1981 年中国地方史志协会成立以来，已有十几个省、市、自治区和许多县（市）组建了地方史志编修机构，地方史的研究工作出现了新的局面。

在这种形势下，我们天津市近一二年也有许多部门组建班子，编纂各种地方专业史或地方经济技术专业史（志）。仅由交通部统一组织和倡导的就有《天津公路史》《天津运输史》《天津港史》。此外，还有海河志、卫生史、妇运史、工运史、公安消防史、文学艺术史等等十数种专业史志的修编工作。负责主持这项工作的各个专业部门都组织了一批强有力的人员参加。他们从本地区、本部门中来，比较熟悉本地区、本部门的历史沿革，对于本专业史所涉及的业务、技术也比较熟悉，这比起单纯由史学界来搞有着"近水楼台"的优越条件。有如此众多的史学"门外汉"部门和"门外汉"人员来参加地方史志的编修工作，可以说是建国以来的空前壮举。它为史学研究开辟了广阔的领域，提出了新的课题，必将对尽速抢救史料，继承宝贵遗产，促进整个史学的发展做出贡献。同时，在各个专业史的整理过程中，天津的史学界和有关部门也给了热情的关注和大力的支援。南大鲍觉民教授、来新夏教授等，都分别承担了不同专业史的顾问。

……

1983 年 5 月 31 日第四版

《近三百年人物年谱知见录》问世

由南开大学历史系来新夏撰著的《近三百年人物年谱知见录》已由上海人民出版社出版。此书是作者检读了近三百年人物年谱八百余种而撰著的一种提要性著述。全书按时间顺序分为六卷，所收年谱除谱主的自谱，子孙友生编谱、后人著谱一律收入外，其校书谱、诗谱、图谱、纪年诗、年表、合谱、专业谱之类亦加收录。《近三百年人物年谱知见录》的叙录方法是一谱一篇，一人多谱则多篇。叙录内容为：谱名、撰者、刊本、谱主事略、史材、编谱情况、藏者等。所叙及的史料经作者剔选，或指明与某史实有关的资料，或将重要而不经见者录入原文，对于年谱内容舛误之处作者也参加考按，使此书不仅具有工具书的价值，而且也为研究史籍与文献辟一领域。它是研讨清代历史时既便翻检又资考订的一本篇幅较大的工具书。 （敬）

1983 年 8 月 23 日第四版

南大哲学社会科学研究成果丰硕

【本报讯】南开大学近年来在哲学、社会科学研究方面取得了 2500 多项成果。其中专著 101 项，教材 142 项，论文 1176 篇。

经济研究所滕维藻教授主编的《跨国公司剖析》、与其他同志合著的《澳大利亚经济》均受到国内外学者的重视。……

还有些科研成果受到了国家和天津市的奖励。历史系教授来新夏的《中国古代图书事业史的研究对象与划阶段问题》论文先后获得天津市图书馆学会 1980 年年会一等奖和天津市科协 1981 年三等奖。……

1983 年 12 月 8 日第一版

南大历史系、历史研究所科研成果获专家好评

【本报讯】南开大学历史系、历史研究所采取七条措施，积极开展科研工作，近几年来共完成了 85 项科研成果，其中专著 36 种，教材 17 种，丛书 4

种，资料 24 种，译著 4 种，此外还发表学术论文六七百篇。他们的不少成果受到国内外专家学者的好评。

......

制订科研计划要注意发挥个人专长，不宜统得过死。教师通过各种学术活动，可以多渠道地及时了解学术动态，选择适当课题进行研究，充分发挥各自的专长。如王玉哲教授的《先秦史稿》、杨生茂教授的《弗杰特纳及其学派》、杨志玖教授的《蒙元回史论丛》、杨翼骧教授的《中国史学史》、来新夏教授的《古典目录学浅说》等均是他们发挥专长之作。

......

1983 年 12 月 30 日第二版

《方志学概论》出版

南开大学来新夏教授主编、南开大学等八院校参加编写的《方志学概论》已由福建人民出版社出版发行。

地方志是我国优秀文化遗产中的重要组成部分，也是研究工作中取之不竭的资料宝库。《方志学概论》是解放后方志学研究中的第一本通论性著述。

本书系统地论述了方志、方志学的概念、种类、性质，详细地叙述了方志的起源和各时期的发展，介绍了古、近代学者对方志学的研究状况，总结了建国以来的方志整理、研究和编纂工作；同时，还对编纂新志的原则与体例、方法与步骤等具体问题提出了商讨性的看法。此书不仅是高等学校教学用书，而且也可供各省、市、县地方志编写人员学习使用。 （丁）

1984 年 1 月 10 日第五版

爱国主义百题竞赛辅导近日举行

【本报讯】天津工人报社和市职工"三热爱"读书活动指导委员会办公室，为了进一步推动全市广大职工深入开展"三热爱"读书活动，帮助广大读者理解爱国主义百题竞赛有关历史部分，特邀请南开大学历史系副教授、京剧《火烧望海楼》作者之一来新夏，于本月 29 日上午在科学会堂大剧场，向参加爱国主义百题测验答卷的读者做辅导报告。 （刘润泉）

1984 年 2 月 26 日第一版

《中国近代史述丛》出版

南开大学来新夏教授著《中国近代史述丛》一书，最近由山东齐鲁书社出版。这部书包括了作者自 50 年代以来有关中国近代史方面的论文及读书笔记约三十余篇。这些论文和笔记涉及中国近代史若干方面的问题，其中，著者对某些学术问题提出了个人的见解，并对一些史实进行了考证，可供中国近代史研究者参考。

（南哲）

1984 年 4 月 3 日第四版

来新夏主编《北洋军阀史稿》出版

最近，由南开大学历史学教授来新夏主编的《北洋军阀史稿》，已由湖北人民出版社出版。这部专著是在来新夏原作《北洋军阀史略》的基础上，补充和运用已刊档案、未刊资料、译稿和有关的文史资料及近年来的研究成果而成的新著。它力求以唯物主义的历史观阐述了北洋军阀集团的兴衰变化。

《北洋军阀史稿》对北洋军阀集团的兴起、发展直至覆灭的过程以及这一时期的反军阀斗争等重要而复杂的课题进行了研究和有意义的探索。它不仅可供教学和史学爱好者参考，而且也将为北洋军阀研究的逐步深入起到铺路石子的作用。（洁）

1984 年 11 月 6 日第五版

党的大门向知识分子敞开　南大一批业务和领导骨干入党

【本报讯】最近，南开大学史树中、温公颐、黄书基、俞跃庭、来新夏、季陶达等一批高、中级知识分子先后光荣入党。

党的十一届三中全会以来，这个学校党委克服"左"的思想影响，认真解决知识分子入党难问题，发展了知识分子党员一百六十二名，其中大部分是中年业务骨干和领导骨干。有的党外知识分子说："党的大门对知识分子是敞开的，我们要争取早日投入党的怀抱！"

学校党委认识到，落实知识分子政策，解决知识分子入党难问题，关键是端正对知识分子的认识。党委引导各级党组织和广大党员正确估计知识分子队伍的现状，正确认识知识分子在新时期的地位和作用。基层支部遇到一些情况较复杂、拿不准的问题，党委领导亲自做指导工作。他们抓了四类典型。第一种，历史较复杂，但始终坚信党、追随党的；第二种是思想进步，工作积极，贡献突出，但"缺点"也比较明显的；第三种是"文革"中犯有一般性错误，已经认识改正，后来表现很好的；第四种是在"左"的思想影响下，被视为走"白专道路"的。通过对不同典型的具体指导，不仅提高了广大党员、基层支部的政策水平，而且激发了更多的知识分子要求入党的政治热情。一些人消除了疑虑，向党组织递交了申请书。有的知识分子说："党的政策落实了，我们能不能入党，就看自己努力的程度，够不够条件。"各党总支和支部的同志，在党委带动下，主动做好对申请人的培养教育工作，与知识分子交知心朋友，推心置腹，以诚相见，沟通了思想，从而加快了发展知识分子入党的步伐。

1984 年 12 月 27 日第一版

"花甲少年"来新夏

张　仲

1984 年岁末，南开大学教授来新夏加入了中国共产党。这一年，可真是他的丰收之年：《北洋军阀史稿》《结网录》出版了；《近三百年人物年谱知见录》《古典目录学浅说》获得天津市社会科学优秀成果奖；增订了《林则徐年谱》和整理了《八闽通志》两种。

来新夏还算是六十初度，他曾笑着对我说，自己愿作"花甲少年"。这话不错，在南大听过他讲学的人，都有一个共同印象：上得堂来，滔滔不绝，声震屋瓦，四座皆惊。

他常说的一句话是："千万不能松了发条！"说远的，三十年来，除去讲学和"十年"中投置闲散，他在史学、目录学、方志学方面，大约发表了三百万字的专著和文章，绝大部分是近年写成的。《近三百年人物年谱知见录》这五十万字的写作经过，也可说明他是怎样拧紧"发条的"。他：

设想于出书的二十六年前。

检读了年谱八百多种，一千二百多卷；

六经寒暑，拉出初稿。

投置闲散十年，其中四年是打场，掐高粱，掰棒子。

三易其稿：初稿曾被"红卫兵"付之一炬；二稿一尺多厚，十几本，又被"清理"得只剩两本；三稿，几乎是空地上新建，而且，当时"施工"的，还非这一"单项工程"。

说近的，我每次去看他，心想他不定在他的书房"邃谷"里写什么呢？但一见他爱人李大姐，只听得："咳，又走了！"他一年有几个月要在外面开会、讲学。现在，他的　"正差"是南大图书馆馆长、图书馆学系系主任、南大出版社社长兼总编辑；"兼差"可就多了：全国地方史志学会理事、中国历史文献研究会常务理事和天津地方史研究会副理事长，还有什么"顾问""特约"，等等。朋友们都说，老来不但勤奋治学，而且勇于任事。

所以如此，是因来新夏有一个抱负，即乐于从事"为人之学"。

什么是"为人之学"？

来新夏认为，治史是遨游古今，鉴往知来；而目录学则是做"搭梯子""铺路石"工作。"为人"，说白了就是为了别人。中国史籍浩如烟海，历史学者往往要大海捞针，才能有所得益。这太费劲了。因此，他主张治史要先搞好目录学，而目录学又不单是搜集、罗列书目，而应有目有录。有目可供检索，找书方便；有录则是把书整理出提要，一看便知大概，使学者不必从"○"开始。这是一种"服务性行业"，是科研工作中所不可少的。比如，有一次，联邦德国留学生鄂德海问《封建论》的作者叫柳什么？这一名篇谁不知出自唐人柳宗元之手。但对方把头摇了又摇。这时，"为人之学"就重要了！一翻《古今图书集成》《进士题名录》（明）、《南充县志》，明白了，原来明代的柳稷也写过《封建论》。

但"为人"这种事，正如来新夏的老师陈垣先生所说："兹事甚细，智者不为，而不为终不得其用。"来新夏不以"智者"自居，这种活儿他干了！干了一辈子！

来，这个姓可上溯到帝喾。来新夏的祖父来裕恂，出身于俞樾的"诂经精舍"，既是清末秀才，又与鲁迅在日本弘文书院先后同学。因此，来氏可称文学渊源。1930年，来新夏到了天津，七岁进扶轮小学，后来，在广东中学遇到著名史学家谢国桢的六弟国捷，做他的老师，把他引进中国文史的辉煌殿堂。再后，来新夏考入北平辅仁大学历史学系。校长陈垣，教授余嘉锡、张星烺，都是海内外知名的学者，他从诸先生学得了严谨的治学态度。建国后，来新夏又在范文澜的研究室工作一段时间，才来到了南大。

"千万不可松了发条！"来新夏教授现在警醒自己的，还是这个。

1985 年 1 月 24 日第二版

天津市一九八四年度模范标兵、劳动模范、模范集体名单

模范标兵（略）

劳动模范（前略）

高等教育局

钱荣坤　沈含熙　陶克毅　方克立　邢公畹　来新夏　李　强　邓国才　石毓澍
吴咸中（满族）　史书俊　屈荫生　齐　桐　刁筱辉　顾汉卿　杨溥臣　李洪兴
李克永　肖敦余　贺家李　袁孝竞　周　恒　贾有权　庞卓恒　郭霭春　金锡祥
（后略）

1985 年 3 月 14 日第二版

来新夏教授和他的学生（图片）

南开大学图书馆长、图书馆学系主任来新夏教授，对待学生像春天一样温暖。藏族姑娘西饶卓玛刚入学时学习吃力，一度想打"退堂鼓"。来教授在业务上对她悉心帮助指导，并让西饶卓玛在自己家过藏历年。现在，西饶卓玛学习有了明显进步。

（杨新生、孙惠来摄　李文林文）
1985 年 4 月 3 日第一版

中外历史学家荟集津门研讨劳动者生产生活史

【本报讯】由中国社会科学院《历史研究》编辑部、中国世界中世纪史研究会、南开大学历史系和天津师范大学历史学系联合举办的中外封建社会劳动者生产生活状况比较研究讨论会，于昨

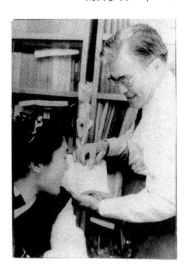

1985 年在南大图书馆辅导图书馆学系第一届本科生、藏族学生西饶卓玛检索资料。

日在天津师大开幕。全国各地专家学者和中青年史学工作者共七十余人参加会议，提交论文、译文三十余篇。应邀在南开大学讲学的联邦德国汉斯·陶特伯格教授、应邀到山东大学讲学的香港中文大学郭少棠教授和正在南开大学撰写博士论文并讲学的香港学者关文斌先生也应邀参加了会议。

《历史研究》副总编辑田居俭代表主办单位致开幕词，吴廷璆、何兹全、戚佑烈、张云鹤、万九河、来新夏等专家学者在发言中指出，开展中外历史比较研究是促进史学研究面向现代化、面向世界、面向未来的新的尝试，特别是对中外劳动者生产生活状况史的比较研究，对于促进马克思主义历史科学的发展具有重要意义。汉斯·陶特伯格教授发言表示，他对参加这次会议，同中国学者进行学术交流，非常高兴。

市委宣传部负责同志在讲话中对各兄弟省市专家学者和外国学者来天津参加此次学术会议，表示热烈欢迎，并祝会议取得成功。

1985 年 5 月 6 日第一版

本市培训地方史志编修人员

【本报讯】天津地方史志编修委员会于 6 月 28 日至 7 月 7 日举办了第一期学习班，培训编纂史志的人员。这些人是从市属各单位新成立的编修史志班子

中选调来的，一般都具有大学文化水平和较高写作能力。

学习班邀请了全国史志界的名流、学者和先行一步并已积累了编修新志经验的各地专家来讲课。他们是中国地方史志协会副会长、中国地方志指导小组成员董一博，中国地方史志协会理事、南开大学来新夏教授，常务理事、副秘书长、武汉地方史志办公室副主任朱光尧，中国地方史志协会副秘书长、安徽地方史志办公室负责人欧阳发，人民大学讲师胡惠秋，武汉房地产分志主笔陈德炎。他们讲授和介绍了地方志的有关基础知识。　　　　　　（金仲民）

1985 年 7 月 7 日第二版

《林则徐年谱》增订本问世

来新夏教授编著的《林则徐年谱》增订本已于今年 7 月出版。本书初版于 1981 年 10 月，计 34 万字。出版以来，甚受国内外学术界重视，而提供新的资料信息者尤多。如山东省图书馆的海源阁藏札、故宫博物院和华东师大图书馆的藏札等，皆系向所未经发表者，不但资料宝贵，尤其可以订讹纠谬。如林则徐的逝世月日，史传均作 11 月。增订本据福建师大林纪焘教授提供：文藻山旧家内木主牌内面所载为"道光庚戌年十月十九日辰时"，这当然就更加准确了。其他参考书刊增加了 60 种，全书字数达 45 万字，增加逾 10 万字。　　（端）

1985 年 9 月 17 日第四版

我市举行顾维钧生平座谈会

【本报讯】昨天下午，市政协、市委统战部在市政协机关举办著名外交家、原国际法院副院长顾维钧先生生平照片展览，并就顾维钧先生的生平举行座谈会。

顾维钧先生是我国著名的外交家。他从 1915 年到 1967 年一直担任我国外交使节。1957 年被选为海牙国际法院法官，1964 年到 1967 年间，任海牙国际法院副院长。在五十多年政治外交生涯中，他处处以国家利益与民族尊严为主旨，尽力为维护我国主权，争取领土完整，反对侵略而奋斗。顾维钧先生晚年口述《顾维钧回忆录》，天津市政协编译委员会承担了全书的翻译工作。现在，全书十二卷已经全部脱稿，前三卷已经出版问世。

市政协主席陈冰主持了座谈会。

顾维钧先生的女儿顾菊珍、女婿钱家其出席座谈会。

黄钰生、范权、来新夏、唐宝心、吕万和等在发言中谈了与顾先生结识和交往中的感人事迹，及翻译《顾维钧回忆录》的体会。

市委副书记吴振出席座谈会并讲了话。

1986 年 10 月 24 日第三版

《天津近代史》初稿完成

【本报讯】由南开大学历史学教授、南大图书馆馆长来新夏主编的乡土教材《天津近代史》，经过一个半月的紧张编纂，已于上月底完成初稿。

《天津近代史》初稿共 25 万字，分十三个部分。记载了从 1840 年至 1919 年天津的政治、经济、文化的历史，以及帝国主义、封建主义的反动统治和天津人民的斗争。

1986 年 11 月 6 日第二版

《天津近代史》简介

来新夏等合编的《天津近代史》最近已由南开大学出版社出版发行。全书共分十二章，近三十万字，大致划分为四个阶段，向读者介绍自第一次鸦片战争前后至五四运动前夕的天津历史。它以编年为经、纪事为纬，将政治、经济融为一体，而立文化为专章，使一书在手，可得天津近代的概貌。全书的最大特点在于论述广征博引，资料丰富而慎于考辨。综括全书，共征引图书资料近二百种，包括地方志书、诗文专集、政书类编、外人译著和近年来的科研成果。编写者在筛选和采撷资料过程中，尤其注意寻求原始文献，更留心于发掘新史料以订补史实。此书的另一特点是编写者在掌握较丰富的资料和吸取前人成果的基础上，不仅只是一种再编纂，而是进行了历史的反思，对天津近代史中提出了某些新的见解和看法。特点之三是对天津近代文化给予了应有的重视，从教育、新闻、文学、戏曲、民间艺术等方面介绍了天津近代文化发展和富有浓郁地方风格的文化遗产，使人大有耳目一新之感。　　　　　　（南靖）

1987 年 4 月 28 日第四版

来新夏等五位戏迷撰写《谈史说戏》出版

【本报北京专电】一本通过戏剧而介绍历史的通俗读物——《谈史说戏》，最近已由北京出版社出版。这本由本市南开大学教授来新夏等五位戏迷撰写的书，选择了《赵氏孤儿》《桑园会》等五十余龄京剧，从戏剧和历史两方面进行介绍和评价，内容丰富，史料翔实，纠正了戏剧中的虚构成分，还其历史真相，使读者既了解了戏剧的情节和表演艺术特色，又增长了历史知识。如《汉宫惊魂》，既介绍了旧日京剧舞台上几龄戏的情况，和朱秉谦及中国京剧院三团改编、演出该剧的艺术成就，又从史实上澄清了姚期不曾镇守草桥关、马武不曾逼宫

等史实。 （辛华）

1988 年 1 月 20 日第三版

知人善任让优秀人才脱颖而出 干部工作新方法评议会结束

【本报讯】历时三天的天津市干部工作新方法评议会于昨天下午结束。

市委常委、组织部长王旭东主持了昨天的闭幕式。市委副书记刘晋峰、市委常委王成怀出席了会议。

中共中央组织部副部长刘泽彭出席会议并讲了话。

会议期间，与会同志分五个专题组，评议和论证了五个课题：区县党政领导干部工作实绩考核方案、局级行政领导干部年度工作考核方案、大中型企业行政领导干部年度工作考核方案、民意调查方法在干部工作中的应用方案、干部民主评估方案，提出了很多有益的意见和建议。王旭东说，专家、学者们提出的意见和建议，开拓了我们的思路，对于本市干部工作新方法的研究和在实际工作中的应用很有益处。

上海市委组织部副部长罗世谦、南开大学出版社总编辑来新夏教授、北京市委组织部副部长华漱芳、南开大学政治学系主任车铭洲教授等在会上先后发言，对本市干部工作新方法给予了肯定，提出了意见和建议。

……

1988 年 7 月 15 日第一版

《杨振宁演讲集》发行

【本报北京专电】5 日下午，北京友谊宾馆科学会堂内，首都一百多位科学、教育工作者汇聚一堂，高兴地参加在这里举办的《杨振宁演讲集》首发仪式。美籍著名学者、南开大学名誉教授杨振宁博士专程从大洋彼岸赶来，参加了首发式。

《杨振宁演讲集》是由南开大学出版社编辑出版的，这个集子收录了杨振宁自 1957 年至 1988 年的演讲稿及其他资料 83 篇，其中不少篇目为第一次在国内发表，内容包括科学、教育、社会、物理等诸多方面。在一些演讲中，杨振宁还结合东西方民族在民族特点、心理素质、文化传统、教育制度、社会环境上的差异，就青年人应当如何发奋、修身、读书、科研发表了许多精辟见解，对当今年轻一代尤其具有指导性意义。

首发式上，南开大学出版社社长来新夏说：杨振宁教授以自己的创造性劳动和嘉惠后学的精神得到莘莘学子的衷心景仰，南开大学出版社为能承担出版

《杨振宁演讲集》而感到自豪。

（张浩）

1990 年 1 月 7 日第三版

小册子　大手笔　——读来新夏著《明耻篇》有感

中国青年出版社最近推出一套面向青少年的"中华文化集粹丛书"，共 15 篇、19 册。每册 10 多万字。篇帙不大，蕴涵深醇，精炼而全面地阐扬了中华传统文化的优秀部分。这套丛书的一大特色是，执笔人皆系享誉海内外的著名教授、学者，或可称之为"小册子，大手笔"。

我读了其中一册——《明耻篇》，著者南开大学来新夏教授。"知耻近乎勇"，中华民族历来把知耻、重耻、明耻奉为做人处世的道德准则，而"无耻之徒""恬不知耻"则是对道德败坏行为的切齿斥骂。此书从继承传统文化精粹的角度，把明耻与治国安邦、抗敌御辱、振兴中华相联系，以历史人物为镜，彰善瘅恶，矫正世情，寓意深刻。书的体例也别具一格，作为正篇，收入二十三名历代忠良英烈、仁人义士的明耻事迹，突出了他们以国家、民族利益为重的高风亮节与人格力量；同时又列举了二十二名历代巨奸大憝、佞臣贪官的无耻丑行，贬入另册（附篇）。全书以耻字为核心，评说历史人物，功罪昭昭，忠奸可鉴，发人深思，有助于对青年一代进行思想品德教育。

掩卷遐思，萌发了多余的感想。这套旨在"弘扬民族文化，振奋民族精神"的丛书，基本上属于知识性、资料性、启迪性读物，近年来这类书籍出版过不少，或炒冷饭，或掉书袋，拼拼凑凑集纳成书者居多。罗致著名教授、学者为青少年撰写这类读物，岂不是大材小用，掉了身价？我并不这样认为。学有专长的教授、学者们固然担负着高层次的研究或教学重任，但肯于挤点时间关注普及工作，"俯首甘为孺子牛"，这种精神令人钦敬，应该说是提高了身价。他们造诣深湛，在著书的取材、辨正、论述与文风等方面，高屋建瓴，游刃有余，虽是知识读物却散发出学术的馨香，提高了青少年的读书水平与文化品位。言传身教，功在育人，怎能说是大材小用呢！我觉得，这样做的本身就体现了知识分子继承优秀的文化传统的美德。

1993 年 3 月 31 日第九版

《林则徐年谱新编》出版

【本报讯】（记者周凡恺）在香港回归即将来临之际，南开大学教授来新夏撰著的 70 万字巨著《林则徐年谱新编》近日由南开大学出版社出版，出版座谈会昨天在南开园举行。

本市部分专家学者王辉、杨大辛、陈振江等出席座谈会并对这部著作给予了极高评价。

全国政协委员、林则徐基金会会长、林则徐玄孙凌青也应邀专程来津参加会议并发言。他说，香港回归祖国是中华民族的一件大事，它的被割离和回归对国人来说是湔洗国耻，对我来讲则是雪国耻除家恨，因此更感到快慰。他对《林则徐年谱新编》的学术价值和南开大学出版社为该书的出版所作的努力给予了充分肯定。

来新夏教授从六十年代即开始了林则徐研究，并写就专著，虽"文革"中原稿被焚，但他矢志不移，重新工作，终在 80 年代初出版了 30 多万字的《林则徐年谱》，此后又重新修订增加十余万字。现在这一版《林则徐年谱新编》，计 70 万字，是一部内容充实、论证精当的史学专著。该书以翔实的史料记录了林则徐内而关心民生，外而抗击强敌的功业，并驳斥了某些异说，对林则徐的一生作了全面评价。该年谱除正文外，还附录了林则徐的逸文逸事、时人对林则徐所作诗文及对林则徐的评论和鸦片战争的有关文献等，并详细记载了一百五十多年前香港被强占的史实。

1997 年 6 月 15 日第三版

民航学院首届读书节有声有色

【本报讯】（通讯员王勇　记者岳付玉）读书声，声声入耳；天下事，事事关心。中国民航学院首届读书节活动已有声有色地开展开来。

由中国民航学院团委和图书馆联合主办的首届读书节活动，以学好邓小平理论、读好书、求真知、做合格的四有新人为宗旨，突出培养严谨、踏实、积极向上的学风和提高学生的理论修养。读书节期间，共举办了"学习十五大，落实行动中"专题演讲比赛、诗歌朗诵会、读书征文和"颂祖国变化，展时代风采"专题摄影展等四项活动，还邀请了汤吉夫、夏康达、来新夏等本市部分作家、学者举办专场讲座。这些活动极大地丰富了学生的业余文化生活，推动了校园思想政治教育和文化建设。

1997 年 11 月 11 日第七版

随笔集《依然集》出版

【本报讯】（记者周凡恺）南开大学教授来新夏的随笔集《依然集》最近被收入"当代学者文史丛书"，由山西古籍出版社、山西教育出版社出版。

来新夏教授长期从事中国史、方志学及文献学的研究，出版有《近三百年人物年谱知见录》《林则徐年谱新编》《北洋军阀史稿》《中国近代史述丛》《志域探步》等专著三十余部。其随笔也以深厚的历史功底为基础，以深邃的史家眼光观察历史，体味人生。新出版的《依然集》分为四卷，卷一蜗居寻墨；卷二寒斋积土；卷三流风余韵；卷四随看云起。篇什虽小，颇能启人心智，引人共鸣。

1998 年 7 月 6 日第七版

"千家万户话邮政"有奖征文获奖名单

特别奖

蒋子龙：书稀梦亦稀

泽　欣：邮政之树常绿

丁　汀：信到绝境更可亲

来新夏：邮票的说古道今

（下略）

1998 年 9 月 23 日第十四版

本市修志工作者赴台参加研讨会

【本报讯】（记者　张连杰　周凡恺）中国（海峡两岸）地方志学术研讨会近日将在台湾举行，本市修志工作者昨日已启程赴台。

为了开展地方史志学术交流，加强海峡两岸学者的沟通，推动中国地方史志理论研究和修志工作，应台湾中兴大学及有关学术团体的邀请，以天津市地方史志编修委员会秘书长郭凤岐为团长的交流团昨日赴台交流，该团有王辉、来新夏等著名专家，天津市地方志编修委员会、南开大学地方文献研究室等有关单位的学者 16 人，北京、广东、山西、四川、宁夏、甘肃等省市地方志专家学者共 32 人。这是继 1997 年 12 月本市成功地举办了第一届中国（海峡两岸）地方史志比较研讨会之后，海峡两岸地方史志界又一次盛会。

1998 年 12 月 1 日第七版

枫林唱晚　叶叶余情　——近访南开大学教授来新夏

去年香港回归之前，南开大学教授来新夏曾推出了一部很重要的学术专著《林则徐年谱新编》，受到了学术界及林家后人的高度关注。而这只是他多种专著中的一种。在搞学术之余，来新夏还写了大量的随笔。最近，南开大学出版社以"学识并蓄，文理交融"为宗旨，推出了《学识走笔·大学生文库》丛书，请学有专长的教授、学者就其所熟悉的领域，道其专业之长，言其治学之妙经，力图使当代大学生从多个侧面去理解学者的治学之道，从而培养自己多方面的素质。这套丛书中《枫林唱晚》一书的作者，就是来新夏。

来新夏早年毕业于辅仁大学，多年来始终致力于学术研究，著作颇多。80年代以来，又不断有随笔集问世，已出版了《冷眼热心》《路与书》《依然集》和《邃谷谈往》等多种。《枫林唱晚》是一部抒发人生感悟并讲述治学之道的哲理性文集。作者以饱满的学识和丰富的阅历，或记叙读书偶得，或纵笔论说世态，或笑谈人生风雨，具有很强的知识性和可读性，书一出版，便得到了大学生们的好评。

作为一位在大学从事教学、科研工作近半个世纪的学者，来新夏对校园生活十分熟悉，也一直关心着大学生们的成长。在许多文章里，他曾就大学生的读书、生活、修养及校园文化等问题谈了自己的看法。他认为：一个人做学问应该具有较宽的知识底蕴，建构一种"金字塔"式的知识结构，这样才能不断使学问向纵深发展。大学生在读书上不应只读专业书而应广泛涉猎，尽可能使自己学兼文理，具有完备的学科知识。学生们要注重自己思维方式的培养和各种素质的培养，以便走上社会后适应多方面的挑战。谈到校园文化，来新夏认为，大学生活不妨"杂"一些，即提倡不同专业之间，不同系之间应加强交流，以达到知识互补的效果。

对于近年来的"随笔热"，来新夏认为，随笔是一种很好的文体，作者往往从自己的人生经历、生活感悟出发，常具有一定的哲理性和启发性，因而受到读者的欢迎。随笔虽看似随意，却往往是作者人生积累的结果，因此写出有深度的好随笔并不容易。来新夏反对把随笔机械地划分为"作家随笔"和"学者随笔"，主张两者应该互相交融，取长补短。作家随笔多偏重于情，学者随笔则偏重于理；作家随笔较多主观感受，学者随笔则是学者从象牙塔中走出的产物，带有一定的学术气。因此，他主张学者应多写随笔，把纯学术普及化，以自己的学识、自己的阅历给后人以启示，这也是学者的责任。

（本报通讯员王爽　本报记者周凡恺）

1998 年 12 月 2 日第 7 版

百龙书法收藏展引人注目

世纪交替之际，千年轮换之时，适逢中国旧历龙年将至。在这极具纪念性的特殊日子里，天津藏石家学会等单位在天津古文化街天妃文化艺术总汇举办的"新千年名家百龙书法收藏展"，就更有意义，其作品也就极具珍藏价值。展览自 1999 年 12 月 28 日开幕截至昨天，共接待参观者三千多人次。

"新千年名家百龙书法收藏展"推出一百多位天津各界知名人士的"龙"字书法，作者包括著名表演艺术家马三立、骆玉笙、王则昭、孔祥玉，著名学者来新夏、王双启、吴同宾、朱其华、张仲，著名书画家秦征、萧朗、溥佐、孙其峰、孙克纲、龚望、张牧石、王峰、孙伯翔、毕开文、王千、华非、孙宝发、曹柏昆、唐云来、顾志新、张洪千、杜滋龄、霍春阳。

2000 年 1 月 3 日第十五版

文化界知名人士来函祝愿收藏版越办越好

《天津日报》"收藏"版出刊百期之际，全国各地的文化界知名人士和著名收藏家纷纷给本报编辑部来函来电或托人带口信表示祝贺，衷心希望《天津日报》"收藏"版越办越好。

来函来电或托人带口信表示祝贺的北京文化界知名人士有启功、朱家溍、王世襄、史树青、张中行、周汝昌、吴小如、华君武、刘炳森等，本市文化界知名人士有冯骥才、骆玉笙、马三立、沙惟、王则昭、秦征、王学仲、王颂馀、孙其峰、孙克纲、溥佐、萧朗、龚望、余明善、王麦杆、王之江、王双成、王双启、来新夏、涂宗涛、周骥良、吴同宾、朱其华、杨大辛、刘光启、孙伯翔、张蒲生、张德育、杜滋龄、霍春阳、白金、石惟正、孔祥玉、王峰等。

2000 年 9 月 4 日第十三版

《天津大辞典》出版

【本报讯】（记者张连杰　通讯员杨德英）由来新夏、郭凤岐主编的《天津大辞典》日前由天津社会科学院出版社出版。

《天津大辞典》是一部以辞条为载体，全面反映天津历史和现状的辞书类工具书，16 开本，约 300 万字，有图照 114 页。该辞典突出特点为：含量大，收录辞条 1 万余，全面记载了天津自明朝永乐二年（1404 年）以来至今近六百年的历史与现状，举凡经济、政治、文化、军事、地理等等，无不包容，是天津有史以来内容最为丰富的一部辞书类工具书；资料新，资料下限一般为 2000 年 10 月，有的辞条写至 2000 年 12 月底，是天津地情资料书中最贴近现实的一部书；内容翔实，每一个重要辞条都经过了反复核查，纠正了以往书籍记载和口头流传中的诸多差误；权威性高，不少辞条由专家学者撰稿，许多情况是修志人员亲自到实地进行了调查，是准确无误的第一手资料；方便使用，全书辞条排列以笔画为序，还有以音序排列的目录索引，查阅方便。

2001 年 4 月 13 日第七版

来新夏学术研讨会召开

【本报讯】（记者张连杰）今年是著名学者来新夏教授八十初度。"来新夏教授学术研讨会"昨天举行。与会者有京、津、浙、沪、豫、晋、吉、滇等地学者百余人，就来新夏教授致力的历史学、方志学、图书文献学以及随笔创作诸方面进行研讨。来新夏教授的自选文集《邃谷文录》及《出枥集》也同时首发。

2002 年 6 月 9 日第二版

孙犁是一面旗帜 ——"孙犁与天津"研讨会侧记

7 月 11 日，是文学大师孙犁先生逝世一周年，今年也是他九十岁诞辰纪念。前天，本报举办"孙犁与天津"研讨会，邀集京、津两地作家、评论家及史学家进行深入探讨，与会者的许多发言都高度评价了孙犁在文学史上的地位。

中国作协副主席张炯说，孙犁是一位大师级的作家，他的作品在读者中有广泛的影响，尤其是他晚年的作品，不仅体现了一位杰出小说家、散文家、学者的风范，也充分展露了思想家的内质。……本市的学者、作家、评论家、艺术家来新夏、杨润身、孔祥玉、张洪义、南炳文、张学正、金梅、刘怀章、刘宗武、王家斌等也先后发言。来新夏指出，孙犁晚年的散文，无论是从文学意义上讲还是从学术意义上讲，都是独一无二的。他文章中的传统底蕴，他的文采，均达到了一个高峰。……

这些意见和建议，在近几年来的诸多研讨会上多有涉及，如今仍是一个难了的话题，是很值得人们深思的。 （本报记者 周凡恺）

2003 年 7 月 9 日第六版

凝聚更多智慧 切实办出特色
——本市召开纪念建城 600 周年活动筹委会咨询组会议

【本报讯】（记者吴学婵）日前，天津市纪念建城 600 周年活动筹委会召开咨询组会议。市委副书记、筹委会主任刘胜玉主持会议并讲话。市委常委、市委秘书长、筹委会副主任王文华通报了纪念活动前期筹备情况和下一步工作设想。市委常委、市委宣传部部长、筹委会副主任肖怀远，副市长、筹委会副主任只升华，市政府秘书长、筹委会副主任何荣林出席会议。

纪念天津建城 600 周年，是全市人民关注的一件大事。市委、市政府对此高度重视。为切实把纪念活动办出特色，办出水平，经有关方面推荐，市委、市政府同意，专门成立了由本市有关专家、学者和文化名人组成的筹委会咨询组。

会上，咨询组成员王辉、冯骥才、刘航鹰、刘景樑、张春生、张仲、陈雍、来新夏、罗澍伟、南炳文、夏康达、郭凤岐、崔锦踊跃发言，积极献计献策，就搞好纪念建城 600 周年活动提出了许多有见地的意见和建议。并表示，要努力开展工作，继续积极建言献策，协助筹委会切实把纪念活动办成一个高质量、高水平、高品位的活动。

2003 年 8 月 7 日第一版

卫派文化高峰论坛昨举行

【本报讯】（记者周凡恺）由市社联、市文化局、市经济社会发展研究中心和泰达集团联合主办的"卫派文化高峰论坛"昨天在市政协俱乐部举行。

民俗专家张仲、南开大学教授来新夏、城市文化学家章用秀、社科院研究员罗澍伟、著名作家吴若增、天津师范大学教授谭汝为、市经济社会发展研究中心施振江等专家学者及市委宣传部有关负责人和部分企业家出席论坛。

此次论坛的主旨，在于研究和讨论卫派文化的精神特质，以期对卫派文化进行归纳和提升，形成城市认同，促进天津的现代化建设。会上，专家学者一致认为，卫派文化在中国城市文化中独树一帜，水的流动形成了协调性、包容性、时代性等卫派文化性格特征。以文化品牌塑造城市形象，以文化氛围营造城市文明，以文化交流扩大天津影响，以文化力促进经济力的增长，已成为与会者的共识。

本次高峰论坛，还决定建立卫派文化研究会，并筹建卫派酒文化博物馆。

2005 年 2 月 1 日第八版

"书林清话文库"出版

由傅璇琮、徐雁主编，河北教育出版社出版的"书林清话文库"，第十五届全国书市期间在天津图书馆举行了首发式。这套丛书由当代著名藏书家、图书馆学家和古旧书经营者撰著，共两辑 12 册，包括韦力的《书楼寻踪》、曹培根的《书乡漫录》、孟昭晋的《书目与书评》、刘尚恒的《二馀斋说书》、谢灼华的《蓝村读书录》、周岩的《我与中国书店》、徐雁的《苍茫书城》、来新夏的《邃谷书缘》、虎闱的《旧书鬼闲话》、林公武的《夜趣斋读书录》、胡应麟等人的《旧书业的郁闷》以及范笑我编的《笑我贩书续编》。

2005 年 6 月 5 日第八版

编书识书人（附图片）

高 　为

作为天津的图书编辑，几位天津的读书人给我留下深刻的印象。

1998 年，我因编辑《说文谈史丛书》，认识了南开大学的来新夏先生。来先生曾任南开大学图书馆馆长、南开大学出版社社长兼总编辑……他德高望重，著作等身，是陈垣先生、启功先生的高足。对我这样的史学门外汉，来先生没有不耐烦的表示。每有新著问世，就打电话召我去聊天，顺便将新书签名送给我，使我很受感动。来先生的《邃谷谈往》随笔集由我编辑在百花社出版，在送给我的样书上，来先生写道："高为先生雅藏，感谢您对本书所付出的辛劳。"几年来，来先生送给我的书有《林则徐年谱新编》《冷眼热心》《路与书》《依然集》《枫林唱晚》《一苇争流》《且去填词》及台湾版的《来新夏书话》等多种。2002 年，美国华人图书馆协会授予来先生"杰出贡献奖"。同年 6 月 8 日，"来新夏教授八十初度暨来新夏教授学术研讨会"举行，来先生的同事、弟子、再传弟子及各媒体记者共一二百人到场。我也躬逢其盛，收到了来先生的《出枥集》及启功先生题签的厚厚两册共 170 万字的《邃谷文录——来新夏自选文集》。邮局当天特为此会发行了首日封。来先生对天津及全国其他地方的乡土文献编辑出版做出了很大贡献。去年，由来先生任主编的《天津建卫六百周年丛书》（共八册）由天津古籍出版社出版，为天津建城六百年奉献了一份厚礼。

2005 年 6 月 7 日第十五版

打造劝业文化品牌　天华景戏院重张纳客

【本报讯】（记者张浩）昨天下午，有劝业场"八大天"之首称谓的天华景戏院在天津劝业场六楼隆重重张纳客，市政协副主席曹秀荣以及民俗专家张仲、作家林希、历史学家来新夏，戏曲名角张春华、董文华、尚明珠、杨乃彭、李经文、李莉、陈春、刘志欣、籍薇、王文玉等到会祝贺。

开张仪式后，举行了名家、名角们的现场祝贺演唱活动。

……

早先曾经拥有稽古社科班，京剧人才辈出，火爆津门的天华景戏院，经过精致修整后便加凸显民族特色。今后，那里将成为本市又一处重要的戏曲演出场所，全国各地名家将相继到那里献艺。此外，有着多项内容的劝业文化月也于昨日正式启动。

2006 年 1 月 23 日第八版

乐事依然是读书（附图片）

林　希

前些日子，一次聚会见到南开大学来新夏教授。我对来教授说，在网上见到一条消息，说汪道涵先生去世前三天嘱咐秘书为他买三本书，其中一本就是来先生的《三学集》。来教授听到后，甚是谦虚地说："错爱错爱。"

来教授，读书人，为我辈后学所敬重。先生著作甚丰，其《天津近代史》更是我的必备案头书。昔日写小说换钱，其中天津早年社会小说每篇完成后必翻来先生著作核对时间、事件、当事人，如此才不畏多事之徒举报，诬我又在骂人。后来购得《三学集》，才疏学浅，功力先天不足，读来一头雾水，不得要领。前年又购得先生《清人笔记随录》，果然好读。我于清人笔记也有偏爱，广为涉猎，总有得一漏万之憾，读来先生著作，才对清人笔记得窥全豹。写作文章每需引述，可以信手拈来，不费工夫了。

我与来先生素少来往，每次晤面，也是不得畅叙，就是三言两语，也只说读书事，最近出了什么好书，谁人又有新著出版，各人又做了什么。前日曾蒙一商家赏饭，席间，向来先生说到《随录》事，来先生说，《随录》新版即将问世，旧版错字太多。我告诉来先生说，如今无错不成书，后学一册新书，几乎每页都有错字，经专家指出，出版商只得重印。本来小有效益的书，赔钱了。赔钱的结局，就是不付、少付版税罢了。

说到读书，读书人不少辛酸。不读书吧，时间无法打发；读书吧，又花钱，又生气，真是自找烦恼也。年过七十，也算历经沧桑，说起平生事，恩恩怨怨，是是非非，到底还只有读书是人生最大乐事。

何谓乐事？乐事者，就是你无论做什么事也忘不掉的一件事。而乐事又是你只要一进入这件事，就什么事都忘掉了的一件事。社会人生，难能万事如意，就是没有温饱之忧了，人间也有不平事。每于愤愤之时，购得一册好书，展卷读来，什么全都云消雾散了。

来先生修《清人笔记随录》，其精神不在纪晓岚修《四库提要》之下。纪晓岚修《四库提要》，毕大半生时间通读经史子集，可敬可佩。经史子集浩如烟海，旧时刻本，放置书屋，少说也要一幢书楼，纸质印刷也得一座小图书馆，就是如今的电子版，少说也要几十个 G，能够通读，没有一点毅力是读不完的。郭沫若先生家学深远，自少年随母读书，他自述，到十四岁，已经把经史子集都读遍了。这于我等不知努力后辈来说，已经是无地自容了。

我家先人，崇尚新学。自幼受先辈影响，只托言正史没有真话，无论《二十四史》，无论《通鉴》读得都不用心，纯属顽皮，倒读了不少野史笔记，对于历史只得了一些皮毛，没有坚实知识。就是广猎野史，也是信手拈来，没有下过苦功夫。读来先生《随录》，对于先生能将清人笔记通读至此，心中极是敬佩。你想，如果只视为是一种使命，一个人是不可能读这么多书的，必得视读书为乐事，才会一口气读来，越读越有兴致，越读越有乐趣。

2006 年 4 月 9 日第七版

《皓首学术随笔》丛书推出

【本报讯】（记者周凡恺　实习生卫靖）《皓首学术随笔》近日由中华书局推出。这套丛书首辑共八卷，选择了季羡林、任继愈、何满子、黄裳、吴冠中、吴小如、来新夏、戴逸八位当今学术界的大师级人物，南开大学来新夏教授首辑入选。

该丛书由作者本人遴选篇目，各成一卷，既具宝贵的学术价值，也展现了各位作者独特的治学风格和心路历程。

八位作者有一个共同之处，那就是年龄都在 80 岁以上，如入选首辑《皓首学术随笔·来新夏卷》的来新夏教授已八十有三，他曾任南开大学图书馆馆长，图书馆学系主任，著作等身，无论在历史学还是在图书馆学领域，都有杰出的贡献。本书收入了作者的学术随笔共 9 卷 72 篇。内容有学术观点的一得之见、学术著作的序跋评论、学术会议的学术性即席发言、生活习俗的学术小考订、学术鉴赏等等。

据悉，中华书局在推出首辑八本之后，还将继续挖掘组织选题，将《皓首学术随笔》的出版延续下去。

2006 年 12 月 12 日第八版

近代天津文化印象　来去匆匆的记忆（附图片）

天津文化的定位，一直是大家关心的话题。然而，也一直是一个充满悬念，争执不下的话题。一方面，天津有着 600 余年的历史，传统文化应该是积淀深厚，源远流长。而另一方面，近现代史上，由于天津作为距离首都最近的一个口岸城市，与北京有着特殊的关系和牵连，独特的地理位置和政治背景，使天津承担的使命更为特殊。尤其是在清末，西方列强用武力打开中国国门后，天津既是北京对外政治、军事、外交、经济各种冲突和对抗的前沿，也是古老帝国与外部世界对话和对接的窗口。洋人洋货要在这里上岸，许多重要的外交谈判也在这里举行。传统的东西必然受到外来文化的冲击，从而形成了天津复杂多面的城市性格。文化定位也就成了难事。

就天津近代文化的话题，我们采访了南开大学教授来新夏先生。来新夏教授是中国近代史著名学者，兼任天津市地方志编纂委员会顾问，长期从事历史学、方志学、文献学等方面的教学与研究工作，著作丰富。对天津近现代历史有着独特精辟的见地，他主编的《天津建卫六百周年丛书》是天津的寻根之作，也是目前我们了解天津最全面和权威的读本。《北洋军阀史》《天津近代史》《中国近代史述丛》也是学界公认的权威著作。说起天津近代文化，人们首先想到洋务运动。

主持人：洋务运动对天津文化的形成具体有哪些影响？

来新夏：其实影响并不是很大。洋务运动是中国历史发展过程中必然要出现的，也有人认为是中国资本主义发展的一个阶段。洋务运动是清末统治者中一部分人为了挽救清王朝覆灭命运的一个行动，目的就是想吸收境外的东西，壮大国力。所以在开始的时候是以官办为主。当时中国的海防以长江为界划为两块，江南岸叫做南洋，江北岸就叫北洋。南洋的中心在南京，北洋的中心在天津。主要推动洋务运动的人，一个是曾国藩，一个是李鸿章。所以洋务运动表现突出的地方也就是天津、南京、上海。洋务运动在当时也是在朝野上下受非议的一项措施，有些守旧保守的大臣攻击他们，甚至有人认为办洋务运动叫"鬼奴"。洋务运动主要是搞军事企业，研究仿制兵器、火药这些东西。在天津就有制枪制炮的兵器制造局，今天的东局子得名就是那时留下的。招揽了一批研究枪炮、研究火药、研究化学方面的人才，也翻译了一些境外的书籍，但并不多。内容上主要偏重军事方面。也介绍了一些自然科学的东西，人文社会部分很少。洋务运动对天津社会的发展是起了某些推动的作用。由于枪炮弹药对中国是新事物，西方书籍的翻译，带来了新的观念和思想，同时由于吸纳人才，自然也带来了一些生活上的新东西。不可避免地对天津文化有一些影响。加上天津又是全国租界的标本，有九国租界，原本就有西方文化的传播。同时天津漕运发达，是商业集散中心，本身就是个五方杂处的地方，搞洋务运动有其土壤，接受各种外来的东西也比较快。因此洋务运动对天津文化有影响，但具体说影响程度有多大，不可做太多的乐观估计。但当时有一个重要人物在天津的活动，对天津很重要，这个人就是严复。严复不能完全算是洋务人员，但他翻译的很多重要著作，如《原富》《进化论》等，为洋务运动提供了思想上的支持，也对国人进行了启蒙明智教育。特别是他办了一份《国闻报》，这份报在天津是影响很大的一份报纸。《国闻报》除了介绍西方的一般情况，还介绍西方的政治情况，因此在开阔老百姓一些新知识方面，特别是后来中国实现资产阶级民主革命方面积蓄了精神力量，增加了宣传推广的作用。严复在洋务运动时期推广西方思想方面做了重大的贡献。这个重大贡献主要的部分恰恰是在天津做的。

主持人：洋务运动当时对天津的社会风气有什么影响？

来新夏：社会风气就是不古不今不中不外。那时在天津你可找出非常落后的东西，你也可以找到很先进的东西。你可以对传统也老死相守，不加进取；也可以去追赶最新的潮流如跳舞，吃西餐。有留辫子的，有留分头的，有穿袍子马褂的，也有西服革履的，有坐花轿的，也有文明结婚的，整个社会现象是中外杂陈，表现很奇特。从清末到民国初年的北洋政府时期，中国就处在一个中外古今交替混杂的时代。再说，天津是一个有九国租界的地方，很多外来文化在这个地方都有所体现，因为能自然地带进来。同时，外国人为了自身生活的方便，也在这里建了一些先进的生活设施，比如修马路、建公厕、装路灯、安装自来水等。还带来了一些好的生活习惯，如不能随地吐痰，要讲究清洁卫生等。他们给这里留下对我们有影响的一些东西，但并不等于说因为有了租界，中国才有了文明，如果那样的话就颠倒了。而是他们要在中国的土地上建立国中之国，为了他们生活的便利。但是客观上他们遗留下来一些他们本国的文明的痕迹。

主持人：近代天津文化的特点是什么？

来新夏：天津作为京师之门户，任何东西都要在天津过滤才能到了北京。外国的使臣要在天津打一站，科举时代各地考生进京考试也要在天津打一站，杨柳青就这么发展起来的。许多文化全都在天津遗留下一些东西，但并不能停留，各种文化不能在天津形成体系。因为人家最终的目的并不是天津。谁的目的都是到北京去发展。没有一种文化能够在天津居于独霸的地位。比如西方文化也受到抵制，起士林当时也只能在租界里面经营，在租界以外发展不起来，中国人不认。学皮毛学形式的东西多一些，如西餐厅、舞厅，在租界都非常之多。但西方真正的文化到天津落户的没有什么。所以严复的可贵就在于在这个时期，他在天津翻译了西方主要流派的学说，对中国整个社会的进步起了很重要的作用。通过《天演论》人们知道了物竞天择的道理，知道了弱肉强食的残酷。我说洋务运动实际上对当时改革天津的状况，改革大清晚年的状况，都没有起到很积极的作用。但是在思想界，由点到面的宣传，还是有作用的。

主持人：相比上海和广州，在文化建设上，当时天津不同的地方是什么？

来新夏：那时天津也引进，但是发展的不如上海、广州的局面大。而且也只是在租界里面接受这些东西。当时天津本身有些东西还不是自己主动引资，而是人家投资，人家进来了。另外还有很重要的一点就是，天津在心理上很谨慎。广州可以随便干，天高皇帝远，上海是敞开已久的口岸，他们比较习惯这些。天津总是要考虑是不是要触动天怒，是不是要触动皇帝不高兴。有政治上的顾忌。尽量让老百姓能够保守一些。这种思想意识对天津发展的影响还是比较大的。

主持人：天津近代文化当中找不出什么是主流文化吗？天津文化是不是包容性比较强？

来新夏：我认为是这样。天津很宽容，什么东西都可以在这里表现。因为没有主体文化。对任何都可以吸收，有了主体文化才会排斥其他东西。所以天津没有老大，各种东西都接受。看这个很新鲜，接受了，那个很新鲜，也学了。至于那个新鲜东西是好是坏，却并不选择。所以说是双刃。传统的纽带天津不大坚持得住。文化传承之家不是太多，而且他们的子孙大都离开天津了。

2008 年 11 月 14 日第十五版

"满庭芳"名宿录

（按姓氏笔画排列）

丁　聪	于是之	马三立	马　得	卞之琳	王达津	王麦杆	王学仲
王树村	王　莘	王颂馀	丰一吟	文洁若	方　纪	方　成	冯亦代
冯英子	艾　青	叶圣陶	叶君健	刘诗嵘	朱维之	华君武	冰　心
阳翰笙	吕　骥	孙克纲	孙其峰	孙　犁	陈学昭	吴小如	吴云心
吴同宾	吴冠中	吴祖光	张中行	沈从文	李霁野	李鹤年	杨大辛
杨润身	来新夏	沙　惟	何满子	余明善	林　帆	周汝昌	周海婴
周骥良	郑逸梅	罗　兰	柳　溪	赵大民	俞平伯	骆玉笙	贺敬之
姜德明	胡絜青	爱新觉罗·溥佐	高　莽	凌子风	徐中玉	徐铸成	
钱学森	秦　牧	秦　征	秦瘦鸥	黄永玉	黄　胄	黄　裳	萧　朗
绿　原	梁　斌	龚　望	曹火星	舒　芜	鲁　藜	新凤霞	慕凌飞
管　桦	臧克家	魏　巍					

2010 年 1 月 22 日第十五版

莲小君来新夏签名售书

【本报讯】（记者周凡恺）记述著名评剧表演艺术家莲小君从艺经历的《评剧一代名伶莲小君传》将于明日上午十点在天津图书大厦六层首发，届时，八十四岁的莲小君将与本书作者、天津评剧院国家一级编剧、评剧理论家赵德明以及杨淑芳、莲蕊君、莲美君、金倩、张砺云等评剧艺术家一同与广大读者见面。

另外，八十八岁的著名学者来新夏，今天在南开大学逸夫图书馆楼下的沪文书店签售其新作《访景寻情》和《观澜文丛·交融集》。知名学者、评论家熊培云也将于明日做客沪文书店，签售他的新书《重新发现社会》。

2010 年 3 月 27 日第四版

我给曹禺先生写字（图）

刘运峰

曹禺先生诞辰 100 周年，天津和很多地方隆重纪念，这使我想起二十五年前的一件往事。

1985 年 10 月 4 日，南开大学举办"曹禺七十五周年诞辰暨从事戏剧活动六十周年学术讨论会"，在闭幕式上，有一项全体同学向老校友、老学长曹禺先生赠送礼物的内容。负责同志想来想去，决定当场向曹禺先生献一幅字。我当时担任书法社的社长，这一任务也就自然而然地落在了我的肩上。

闭幕式的地点设在行政楼一楼的会议室。大约在晚上七点钟，曹禺先生在女儿万方的搀扶下缓步来到会场，大家都站起来鼓掌欢迎。曹禺先生身材不高，穿一件深色中山装，非常普通，丝毫没有大名家的架子和派头。一同来到会场的，还有学校的领导和于是之、范曾、刘厚生、夏淳、孔祥玉等艺术界的名家。

闭幕式是由来新夏教授主持的。来教授没有拿讲稿，却很全面地介绍了曹禺先生的经历和艺术成就。然后，来教授又一一介绍到场的各位嘉宾。在介绍到万方时，来教授说："这是万方小姐，曹禺先生的令爱。"这时，曹禺先生插话说："令爱就是小丫头的意思。"在场的许多人都笑了。

在闭幕式即将结束的时候，来教授说："曹禺先生对南开有着很深的感情，南开的同学们也非常爱戴曹禺先生。曹禺先生明天就要回北京了，同学们要送给曹禺先生一件礼物作为纪念。送什么呢？自古以来就有'秀才交情纸半张'的说法，因此，同学们准备给曹禺先生送一幅字。下面，就请书法社的同学当场来书写。"来教授讲完，大家开始鼓掌，我来到主席台前，铺好毛毡，做书写前的准备。当我开始书写的时候，始终端坐在主席台上的曹禺先生竟然站了起来，他的腿脚显然不大灵便，需要借助拐杖。看到曹禺先生站了起来，主席台上的嘉宾也都站起来看我写字。这固然是对我的鼓励，但也增加了我的紧张。

那天，我在一张四尺长的宣纸上写了四个大字："琴心剑胆"。之所以写这四个字，主要是出于对曹禺先生人格的敬仰。同时，这四个字也暗含着曹禺先生两部作品的剧名：《胆剑篇》和《王昭君》。《胆剑篇》自不必说，我曾见过一幅王昭君手持琵琶出塞的国画，也算是和"琴"字沾边儿。

我写完之后，盖上图章，双手捧上，献给了曹禺先生。曹禺先生双手接过后，紧紧握着我的手，连说"谢谢，谢谢"，然后才坐下。

很感谢学生会的一位同学，把曹禺先生、于是之先生等看我写字的场景摄入了镜头。照片上的我，身体前倾，低头写字，曹禺先生则神情专注，目光中含着对晚辈的慈爱。这张照片，曾在学校的橱窗里展览了很长时间。

光阴荏苒，二十五年过去了，但二十五年前那个晚上的场景依然历历在目，恍如昨日，是那样清晰，那样难忘。

2010 年 10 月 12 日第十二版

让"天津精神"深入人心凝心聚力
——全市各界踊跃参与热烈讨论"天津精神"候选表述语

■广大职工（略）

■高校师生

【本报讯】（记者 赵晖）"天津精神"候选表述语公布后，本市高校师生纷纷结合自己的专业和感受，为自己心目中的"天津精神"投上一票。

南开大学师生们已经召开了多场"天津精神"讨论会。著名历史学家、南开大学教授来新夏说："豪爽是天津人的性格，务实是天津人做事的风格，天津人受到码头文化、商业文化的影响，待人豪爽，讲求诚信，实实在在。我为'崇德、务实、创新、包容'投一票。"

（后略）

2011 年 12 月 18 日第一版

宏大深邃　粹然儒者（图）——记来新夏先生

伍立杨

"寿则多辱"语出庄子，然而刘绍铭撰文，提及西班牙大提琴家卡萨尔斯九十三岁时作感言，说"八十年来，每天早上必在钢琴前弹奏两首巴赫的赋格和前奏曲作为一天的开始"。对这样的老人，我们只有感叹生命之神奇。神奇的生命，并非只有卡萨尔斯，鲐背之年的来新夏先生，有比这位提琴家更令人敬佩和叹服之处，这样的神奇，让我们报以敬重、景仰。

"余年登耄耋，自幸生活自在，尚能笔耕。"说这话时，来老已是望九之年，却不顾舟车劳顿，千里迢迢远赴内蒙古鄂尔多斯，参加全国民间读书年会，先生赞之为草根的读书会。他看重这样一个民间文化协会，"都是些什么人呢？他

2012年4月：在书房中接受采访时留影

2012 年 4 月来新夏先生在书房邃谷。

不是被其他各种各样的人间百态所左右的一些人物，而是作为书蠹、作为书虫，一天到晚在书里面讨生活，从里面求愉悦，从里面也能求到治国安邦的想法"。提携晚辈，获取驳杂而年轻的信息，先生感到十分高兴。

近九十年来，笔耕、读书，构成来新夏先生全部的人生，这种人生是快乐的，丰腴的。他在这个读书年会上说："我记得幼时家人教育我的一句话，说'书山有路勤为径，学海无涯苦作舟'，然而，事实并不如此，我觉得这副对联应该将下联改一个字，叫'学海无涯乐作舟'才对。何以如此？因为每当祖父讲完一个历史掌故，我便会去查找书中的相关记载，'口碑与文献相结合'给我带来了无穷的快乐。"一个"乐"，让来新夏先生毕生游泅在学术的海洋里。

来先生学问启蒙来自祖父来裕恂先生，裕公乃光复会革命家，书生本色，两袖清风。而学问研究则起步于北平辅仁大学，辅仁大学小而精，其史学力量则极为强劲，校长陈垣先生就是史学大家，目录学家余嘉锡也都亲自给学生授课，来老与目录学结缘，乃震于余嘉锡之隆名，"他虽已年逾花甲，但仍精神矍铄，了无老态。他讲课操湖南乡音，手不持片纸，侃侃而谈，如数家珍。使人如饮醇醪，陶醉于这形似枯燥而内涵丰富的学术领域之中"。来老治学的严谨与专诚，与陈垣、余嘉锡诸先生一脉相承。1946 年，来老毕业于辅仁大学历史学系，此后，以历史学、目录学、方志学分进合击各有重大成就，学界誉为"纵横三学"著名学者；1979 年独力创办图书馆学专业；1983 年秋，又在南开筹办图书馆学系，次年经教育部正式批准，并于 1984 年秋公开招生。

新夏先生毕生读书撰著，治学格局宏大深邃，成为国内研究北洋军阀史的著名历史学家，也并非只是一个"乐"字涵括。他的研究，长时间保持牛牴角对阵一样的硬干苦功，绝无半点侥幸，正如钱锺书集中研究作家别集，仅明清别集就有千种之多，不论是声名远播的名流，还是偏僻的小家，都能确凿无误地阐述其内容；又若饶宗颐的父亲饶宝璇，集乡先哲遗籍，上溯唐宋，下迄清季，凡所搜括，不下千种，迨至纂辑《清人别集》。来老的著述，近来又由中华书局推出两部具非凡重量的大书、好书。《书目答问汇补》达 120 万言，皇皇大哉。自 1943 年开启端绪，迄今已近七十春秋，令人震慑。如此的皓首穷经，更别提尚有难挨的十年浩劫，来先生手录的秘本，熔铸了他的心血智慧、思想精神的文字，竟被造反派投诸烈火，化为灰烬。学问可以重来，而时光不能倒流，其间的风雪滋味令人扼腕。君子道消，小人道长，对于时代、文化都是重创，结果非至天地闭、贤人隐不止。如此为国，国将不国矣。在逆反的社会氛围中治学，须要怎样的忍耐之力，难以想象，可见其中痛苦是如何巨大。而来先生重构恢弘大厦的毅力更令人吃惊，大气候松动后，先生尽力折冲，苦心经营，未尝稍变文化传灯之宿志，一派渊静正大之气。至于克服阻碍，谋道之诚，艰危不避，负责之勇，劳怨弗辞，令人肃然起敬。这也是先生对愚民专制的一种特殊反击。

来新夏先生著作等身，其为人却又极显低调，谦逊平和，"有历史学家的严谨，又有文化人的幽默机智"。在一次读书会上，某教授发言尊来先生为大师，先生接过话筒说："称我是'大师'，使我很不自在，这年头'大师'是骂人的话啊！这可是让我避之而又唯恐不及的呦！"出人意料的谐趣，赢得经久不息的笑声和掌声。年轻人尤喜欢与他相处，对先生的学问、文章、道德，都是由衷钦佩。而年轻人即使有寸善片长，他也多所褒扬。对于当下读书环境之窘迫，他有着超乎寻常的焦急，这也是他不顾舟车劳顿参加民间读书会的原因。他认为民间读书刊物有两大贡献，一是数千年历史中保存文献的优良传统，即文献传递，在各个时代积存文献，应该是当务之急，特别是读书人的当务之急；二是众多读书刊物做成一个平台，苦心经营下去，不难增殖文化生命力。

学问是荒江野老屋中，二三素心人商量培养之事。在近日颓败的学风下，或许人们会觉得老先生太不懂得趋利避害了，殊不知国家的文化传承，最需要的就是攘利不先、赴义恐后的"傻子"，在乡愿充斥的世间，如何抱朴守素做学问于牝牡骊黄之外，这正是世间第一等学问呢。从这点看来，来新夏先生真正"乐"在其中。

2012 年 4 月 16 日第十二版

春蚕心不死　有生不挂笔

王振良

当代广有影响的学术大家、南开大学教授来新夏先生，即将迎来九十诞辰。来先生学贯古今，耄耋之年犹笔耕不辍，堪称学林佳话；其交游南北，友生众多，皆以接谈聆教为乐事。日前，在来先生的家乡浙江萧山举行了来新夏教授学术思想研讨会；近日，天津市历史学学会艺术史专业委员会、南开大学地方文献研究室和天津记忆志愿者团队精心组织筹备，将在津举行有全国各地数十位知名学者参加的来新夏教授学术讨论会。对于繁荣学术来说，这样有具体标杆的研讨活动自然是很有意义的。

我在求学期间就拜读来新夏先生的学术著作，颇受教益。上世纪 80 年代后期，我做文化记者，采访对口单位是出版社和图书馆，而来先生当时正主持南开大学出版社和南开大学图书馆工作，因此相互联系密切，我有幸经常聆听先生教诲。近二十年来，来先生在本报副刊上发表了很多有分量的随笔和书评，我也得以顺借编者与作者的关系不断地受到先生的指导和帮助。来先生的很多老少知交，老者如吴小如先生，少者如徐雁、王稼句、伍立杨先生，亦是我的师长或朋友，相同的文化人脉，也增进了我与来先生的情谊。近几年，我有了更多的机会向来先生当面请教，特别是 2008 年秋天在山东淄博参加第六届全国民间读书年会期间，与先生相处多日，屡作长谈，对他的人格与风格有了新的认识。

来新夏先生是中国优秀学术传统的继承者，也是当代诸多学术领域的开拓者。他的学问启蒙来自祖父来裕恂先生，而学术研究则起步于北平辅仁大学，受该校校长、著名历史学家陈垣先生和著名目录学家余嘉锡先生影响至深。基于良好的家学和师承，又经过自己数十年的拼搏奋斗，来新夏先生以历史学、目录学、方志学分进合击，各有重大成就，被誉为"纵横三学"的学术大家。2006 年，中华书局推出了一套"皓首学术随笔"丛书，作者除来新夏先生外，还有季羡林、任继愈、何满子、黄裳、吴冠中、吴小如、戴逸诸先生，他们当时都已是耄耋之人（如今其中已有多位辞世），在学界声名远扬，影响甚大。来新夏先生当之无愧地居于当代最有影响的人文学者之列，南开大学为有这样的杰出教授而骄傲，天津学界为有这样的学术大家而荣耀。

来新夏先生取得卓尔不群的学术成就，与他特立独行的人格与风格有着很大关系。他以几十年来一以贯之的坚韧与热忱，严谨与专诚，潜心于形似枯燥而内涵丰富的学术领域之中，博观约取，集腋成裘，终至硕果累累，堪称最勤奋的"老黄牛"。仅以撰著《近三百年人物年谱知见录》为例，他曾在上世纪中叶花了整整十年时间，埋头检读清人年谱七百余种，写成五十余万言，不料竟在浩劫年月被付之一炬，后来大气候稍有松动，他即重理笔墨，再度完成这部嘉惠学林之书，近年增订再版，竟达百万言之巨。有人统计，到目前为止，来先生已经出版九十余种书籍，与他的年岁相埒，只多不少，是名副其实的"著作等身"。

作为一名知识分子，应该始终相信：老实治学才是硬道理，多出成果才是硬道理；作家要靠作品说话，学者要凭著述生存。无论条件多么恶劣，环境多么浮躁，都不能知难而退、自暴自弃；无论自己已经取得了多么显著的成就，也不能抱有丝毫的满足与懈怠。

　　来新夏先生晚年之所以能够成为学术大家，是因为他在人生的各个时期都是实干家，他总是为自己想办法搞学问，总是为自己找理由写文章。这是他九十年经历给予我们最宝贵的启示。

　　九秩大寿前夕，来新夏先生收到了来自海内外的很多贺联、贺诗。我想到的，则是唐代李端的一首《赠郭驸马》："青春都尉最风流，二十功成便拜侯。金距斗鸡过上苑，玉鞭骑马出长楸。熏香荀令偏怜少，傅粉何郎不解愁。日暮吹箫杨柳陌，路人遥指凤凰楼。"我愿借此诗意，表达对来新夏先生俊逸风采和超众才华的仰慕。

　　我不想使用"如东海""比南山"之类的祝寿词语。因为我所看到和知道的来新夏先生，就是一位秉持少年情怀、永不服老的老人。用他自己的话说，"余年登耄耋，自幸生活自在，尚能笔耕"，"自己虽然已年近九十，但春蚕之心不死，有生之年，誓不挂笔"。

　　因此，我只能说：来公青春不老，进取之心未泯；新著宏论迭出，高寿岂非言早？

2012 年 6 月 6 日第十三版

艺术史料研究中心年内挂牌——"津京木刻展 70 周年"纪念活动举行

　　【本报讯】（记者　周凡恺）记者从日前召开的天津市艺术史学第六届学术年会上获悉，历经五年的筹备，经中国近现代史史料学学会批准，"中国近现代史史料学学会艺术史料研究中心"正式落户天津，年内将挂牌。著名历史学家、南开大学来新夏教授为研究中心题匾，并表示艺术史料研究中心在津成立是史学界的一件好事、大事。

　　会上，来自天津多个学术研究领域的专家学者就如何推进天津艺术史研究，加快文化强市建设，推动文化发展等问题进行了广泛深入的探讨。与会专家分别从天津艺术人物、天津艺术流派、口述史、天津艺术发展方向等角度对天津艺术史展开了多角度多层次的研究，其中既有专职研究人员的学术论文，也有来自民间"草根专家"的鲜活口述史整理与研究实例，虽然存在较大理论差距，但专业研究人员与民间"草根专家"的思想碰撞和平等对话，让此次学术年会再度成为艺术史研究的盛会。

2013 年 1 月 15 日第八版

来新夏先生的学术随笔

章用秀

2010 年 8 月，我在"来新夏教授米寿庆祝会"上有一段发言，其中说道："来新夏先生在中国学术领域是一位承前启后的人物。"我所说的"承前启后"不仅是指来先生对历史学、方志学、文献学等方面所做的开拓性工作，而在于他作为一代文史大家在学术随笔上继往开来的造诣和重大建树。

来先生的随笔写作可追溯到七十年前。他在 1942 年 9 月发表过一篇《跷辫子说》，乃解说其家乡言死是跷辫子的来源，来先生说这算是他的"随笔处女作"。后来他便很少写这类文章了。再后来各种运动接踵而至，先生"尽量慎于言而敏于行"，虽有《古典目录学浅说》《林则徐年谱》《近三百年人物年谱知见录》大著面世，但对于随笔却几乎断了缘分。

上世纪 80 年代初，来先生的一些著述已经显示出他学术取向的美文化特征。我存有一本 1984 年 10 月出版的《结网录》，此书实为通过发掘笔记杂录新史源探讨清代经济、文化、社会风尚及其他新课题的专著。然纵览该书，从其从容大气的行文风格、潇洒凝练的语言文字上，其学术随笔的性质已显露无遗，用王振良先生的话讲，即"将学问做得有趣味，好看且有用，成为学术的美文"。

将学问化为美文，何以如此？来先生谦称，"当时的动机"主要是"读了一辈子书，有许多信息应当还给民众，过去写的那些所谓学术性文章，只能给狭小圈子里人阅读，充其量千八百人，对于作为知识来源的民众，毫无回馈，内心有愧，而且年龄日增，该到回报的时候了"。于是他"毅然走出象牙之塔，用随笔形式把知识化艰深为平易，还给民众，向民众谈论自己与民众所共有的人生体验来融入民众"。先生对这一转折极为看重，说他这是"衰年变法"。由此我便想到了大画家齐白石。齐白石在绘画生涯中，在陈师曾的劝告下，衰年变法，一弃旧习，其绘画熔民间趣味与文人趣味于一炉，流露出真实的情感，洋溢着健康、欢乐、倔强、诙谐、自足的情调。来老的"变法"与齐老的"变法"异曲同工。齐老通过"变法"创造出雅俗共赏的新型中国画，来老通过"变法"，学者与大众沟通，史学与文学结合，撰写出深入浅出、有情有味、脍炙人口的学术美文。

来先生以古稀之年进入学术随笔新领域，老来笔健，得心应手，挥洒自如，且一发不可收，数年间硕果累累，已出版学术随笔十多种。来先生的学术美文

"与他的'编年史'不同，作为横断面的随笔，其展示方式是描绘人、事、书、物、山川的品格与气韵、性质与形式，从而也就暗示了纵向的历史沉积过程"。他的这些文字，既是用历史眼光对现实进行的观察与思考，同时也是用现实眼光对历史进行的回顾与审视，逼真地展示了人世百态与另一方学术天空。文中所描绘的人情物事，无不独辟蹊径，体现了当代意识与历史深度的有机融合。

来先生的学术随笔是"群众能读喜看的文字"，更是以文学的方式、生动活泼的语言将数十年积累的学识与见解"回归于群众"，将史学与文学巧妙对接的范例。虽说是"写古今人物，求历史的公允，发故旧的幽微"，但先生笔下的人物都是有血有肉的鲜活的生命。他写《名门后裔张公骕》，说"公骕看起来很沉稳，不会激动似的，但一旦遇到重大转折时，他的爆发力却十分强"；他写史学家郑天挺，却将郑在"文革"中"第一次穿篮球鞋"和"没有一千，只有四千"的故事娓娓道来，虽说是"写世情百态，诠释人生"，其行文却如行云流水，有声有色，绝无生硬说教之感，更无剑拔弩张之气。他的《说无怨无悔》和《说无欲无求》，全无激烈的指责，而是用平实的语言表达他对人生追求的态度。《莫吝"金针"度与人》讲的是读书问题，文中说："'读书百遍，其义自见'，这是三国时董遇的一支金针，余季豫师也常引此语教诲我们。读书百遍似是加重语气，而非计算数字。但是，一些内容有分量的书至少应该读三遍，不光要深读，还要摘抄，摘抄至少你认为有用的资料。""史"与"文"的巧妙融合更是显而易见。

来先生自言："作家在激情思维和生动有趣的表达方式上很有优势，学者则在深层思维、对文化的独特思考与见解上颇具根底。如果能将两者很好结合起来，那我国的随笔不仅质量会更上一个层次，而且随笔资源也会源源不断。"先生正是在这两者之间找到了切入点。先生的美文可谓"史中有文，文中有史"，史与文水乳交融，为学术随笔的写作启迪了思路，拓宽了视野。

美文在精不在长。来先生的学术随笔大都小中见大，"一滴水能见太阳"，堪称大手笔写成的"小"文章。他将深广的学识最大限度地浓缩起来，在短小的文章中将学术研究升华到一个新的层次，包含着他的精辟见解。如《行己有耻顾炎武》《唐绍仪之死》《袁寒云与宋版书》等，最多不过两千字，最少仅数百字，知识含量却异常丰富，论述亦颇为精彩，若论其学术性则非但不轻，实乃相当厚重。而且读起来轻松愉快，绝无枯燥生涩之感。如此举重若轻，如此自由酣畅且信手拈来，只有大学问家才有这等功力。

来先生的学术随笔虽说严谨，却又充满了灵性。他的不少文章是谈史的，但却不是就历史讲历史，而是把对历史的思考和现实的思考统一起来，他关注社会，针砭时弊，尽力抒写自己的心路历程和心灵感受。《林则徐的禁毒思想》

便是"以当代意识审视历史，又在历史背景上思考当代"的代表，该文是以人性写历史，用情怀写人物，不经意间流露对林则徐的景仰，使读者真正触摸到这位伟人的高尚灵魂，激发起人们强烈的爱国情怀。先生的随笔真可称是"今人与古人的对话，古代与现代的契合"，是"自己心目中那些充满了智慧与灵性却从不掉书袋，也不受学术规范制约的真正随意之作"。

尤其令人钦佩的是，来先生的那些"好看有用"洋洋大观的学术美文竟大多是七八十岁以后完成的。他将自己对传统文化永难割舍的爱恋与执著流于笔端，将自己的经历苦难化作对历史的深刻理解呈现给世人，以淡泊宁静依然故我的纯真境界，抒写对人间风雨沧桑的无怨无悔。

2013 年 2 月 4 日第十二版

致 谢

《天津日报》有关报道摘要（1954—2014）由天津日报社阎新平先生检索、收集并提供，在此谨致谢忱！

本书编者

《人民南开》《南开周报》《南开大学》 《南开大学报》有关报道摘要（1955—2014）

历史系的专业会

历史系团总支和干事会为丰富同学历史科学知识，启发爱国热情，进一步巩固专业思想，于 5 月 15 日下午在本校学生第二饭厅楼上举行了以解放台湾为主题的专业会。出席大会的除该系一百六十多位同学外，应邀出席的有系主任郑天挺和十几位教师。

大会分来新夏先生的"台湾概况"专题报告和文娱节目两部分进行。来先生在报告中列举一系列具体史实，有力地说明了台湾自古以来就是中国不可分割的领土。从 3 世纪以来，我国东南沿海大陆人民就不断地大批地渡海到台湾去同当地高山族人民共同辛勤开发，使台湾成了一个宝岛。来先生在报告中生动地叙述了我国民族英雄郑成功、高山族人民领袖柯铁等领导人民与荷兰、日本等侵略者的不屈不挠英勇斗争的事迹，从而阐明台湾人民是富有反抗侵略者历史传统，台湾人民是不可征服的。最后来先生根据中国人民解放军解放大陈、一江山等岛作战事例说明中国人民解放军有足够力量解放台湾。

在会上演出节目有诗歌朗诵、讲故事、单弦、水兵舞、相声等。节目内容多是有关解放台湾问题和巩固专业思想的。这些节目均生动活泼，短小精悍，极受同学欢迎。其中丁元和、向燕生同学的相声，得到先生和同学们一致好评。相声以生动幽默的词句有力地嘲讽了形形色色对历史专业思想不巩固、不安心学习，而醉心于成名家、诗人等思想的人。

会议结束前系主任郑先生作了总结性的发言，表示对这次专业会满意并建议今后应尽可能多开几次，并结合会议内容证明历史科学现实性不受时间条件限制。他号召师生们在历史科学战线上，为早日解放台湾献出自己的力量。

最后，大会在热烈的掌声中通过了给福建前线解放军同志们的信，信中热情地向解放军同志说："同志们，在我们还没有拿起枪杆的时候，我们要握紧我们的笔杆，向一切敌人作斗争，用历史的事实粉碎敌人的谎言。"并保证："我们要用好好学习历史科学的实际行动，来在不同战线上支持解放台湾的斗争。"

（董振修）

《人民南开》1955 年 5 月 21 日第三版

加快步伐，迎接社会主义

历史系中国史第二教研组副主任　来新夏

最近对于"瞬息万变"这句成语的领会，愈来愈深刻、愈具体。过去只把它看作为形容事态变化迅速的一个词汇，而目前则是客观存在的真实反映。

在讨论高教部十二年远景规划的时候，我已感到国家的事业在飞速的前进，任务也日益艰巨，而自己无论在思想上和行动上都远远落后在客观形势的后面。为了赶上前去，必须加快步伐。于是在心中盘算怎样追赶，怎样来安排。考虑一下以后，好像有了一点把握，有了一点眉目。但是在散会后的归途中，却清清楚楚地听到播音机中发出一个个有力的字眼，告诉我："在中国共产党的领导下，天津市于 1956 年 1 月 18 日已胜利完成了社会主义改造任务，我们已经进入社会主义社会了。"这是个天大的喜讯，然而也是震动我的一声响雷。我的心中激昂起伏，刚才盘算好的计划，又感到有些过时，有些陈旧了，必须修改，必须更加加快步伐，赶上前去，迎接社会主义。

在这样一个巨大变化的情况面前，真有些眼花缭乱。我从十二年的远景计划中看到党和政府对我们的要求——具体而细致的要求。过去的时代，只怕没有事做，现在只愁做不过来。事情是千头万绪，而且样样都很要紧，要想把事做好，必须做些安排，这里，只想提出对于教研组工作的一些初步意见，作为对社会主义的献礼：

（一）在 1957 年度解决教研组现有课程的教学内容、教学法等问题，使每一课程都能符合学校提出的基础课规范化的标准。

（二）在第二个五年计划内要在教研组内出现一些能达到全国学术水平的教师，并使现有的全体教师都能展开科学研究工作。

《人民南开》1956 年 1 月 21 日第三版

翦伯赞、荣孟源来校作学术报告

【本报讯】著名史学家翦伯赞老教授和中国科学院历史研究所第三所研究员荣孟源先生应历史系邀请分别于 10 月 27、28 两日来校作"向科学进军"和"中国近代史分期问题"的报告。

出席听报告的，除该系和其他系师生外，还有天津、河北两师院历史系师生等共约九百人。

翦教授在报告中强调学生应该认真学好基础课为主，他强调指出从事科学研究须先掌握系统的知识的重要性。报告并以生动的语句介绍了他两次参加国际汉学家会议的见闻，翦伯赞教授从自己接触到的国外资产阶级学者对历史的歪曲一再阐明历史科学是一门战斗性极强的科学。他还对当前史学界在研究、教学中存在的某些缺点提出了批评。报告很受师生欢迎。

荣孟源先生在校期间曾和历史系高年级学生七十多人进行座谈。荣先生扼要地介绍了历史研究第三所内工作和学习概况，并对如何搜集、占有、使用史料及如何阅读和运用经典著作作了指示。他并强调研究一门科学能否取得成绩关键在于自己刻苦钻研，持之以恒。荣先生的谈话对初写论文同学有很大帮助。

荣孟源先生在津期间还由历史系来新夏讲师陪同参观了天津市图书馆、历史博物馆和艺术馆。 （崔陈华、董振修）

《人民南开》1956 年 11 月 3 日第二版

尊重和纪念孙中山先生的革命事业——为纪念孙中山先生九十诞辰而作

历史系中国史第二教研组副主任 来新夏

今年，是中国伟大的民主主义革命者孙中山先生诞生九十周年，全国人民正在热烈而隆重的进行纪念。

孙中山先生是一位伟大人物，他之所以伟大，不但因为他领导了辛亥革命，而且因为他不断奋进以自我革新。孙中山先生战斗的一生完全表明了这个特点。

孙中山先生于 1866 年 11 月 12 日生于广东香山县（今中山县）翠亨村。那时中国正处于一个变化极大的年代里——外国侵略者发动了两次鸦片战争，中国陷入了半殖民地半封建的境地，以及太平天国革命的爆发和失败。这些使得孙中山先生幼年时就不满于清朝的统治而耽于太平天国的革命。

孙中山先生出生在接触资本主义世界较早的广东，后来又在檀香山、香港等地求学。这样，孙中山先生就有可能接触了资产阶级的民主主义思想。从而使他对中国前途的认识要比当时那些封建思想教育下解脱出来的知识分子远大得多，深刻得多。1885 年，孙中山先生正在香港求学，由于受到中法战争的刺激，便开始进行政治活动的准备，此后几年，他结识了一些志同道合的朋友如郑士良、沙白、尤列、杨鹤龄、陆皓东等人。

1892 年，孙中山先生从香港雅严医学院毕业后，即先后在广州、澳门行医。这一年，他正式开始了政治活动。

1894 年，中日甲午战争发生，孙中山先生深感民族危机的严重，乃与同志陆皓东"北游京津，以窥清廷虚实，深入武汉，以观长江形势"。那时，孙先生曾抱着青年人的爱国热忱，提出过"人尽其才，地尽其利，物尽其用，货畅其流"的救国方案，希望清朝政府实行一些改良。但是，遭到了拒绝。孙中山先生既已看清楚清朝政府的反动腐朽本质，便毅然放弃了这种想法。11 月 24 日，在檀香山成立了兴中会组织，发表了宣言和章程，在宣言中指斥了清朝外侮日亟内政日弊的事实，提出了"振兴中华，维持国体"的不甚明确的政纲。

1895 年初，孙中山先生又在香港扩大了兴中会组织，提出了"驱逐鞑虏，恢复中华，创立合众国政府"的政治纲领。9 月间，孙中山先生联合当时的会党，准备在广州发动第一次起义，不幸失败。孙中山先生即赴日本，旋由日赴欧美，去考察各国政治得失，企望从西方求得救国的真理。1896 年，孙中山先生到伦敦，在那里曾遭到清政府的诱捕，幸被师友康德黎营救脱难。也就在那时，孙中山先生开始与俄国革命者接触，这次会见，在孙中山先生的印象中颇为深刻，并且也鼓舞了他革命到底的信心。

1899 年，孙中山先生由欧美返日，继续进行革命活动。他一面创办报纸，进行宣传；一面又派人到内地进行联络会党的活动。1900 年 10 月，组织惠州起义，不幸又遭失败。

过去，社会上有很多人对于孙中山先生的革命活动看作是"乱臣贼子，大逆不道"。但是惠州起义失败后，情形大不相同了。那时正值戊戌变法和义和团反帝运动失败之后，人们对清政府和改良主义者已不再像过去那样相信。于是社会上倾向革命的人日益增多，爱国运动勃兴，革命学说得到广泛流传，革命团体纷纷出现。孙中山先生自己也完全摆脱了改良主义的思想影响。1905 年，为了适应革命需要而创立了同盟会。

同盟会的成立除了国内许多必要前提外，1905 年的俄国革命也对它有重要影响。同盟会的纲领、宣传工作和起义活动都受到俄国革命的影响。在同盟会的机关刊物民报上曾刊载了俄国革命的消息照片和评论文章，在民报第二、三号上还介绍了共产党宣言，这是介绍马克思主义、也是介绍共产党到中国来的第一篇。

同盟会成立后，提出了自己的纲领，即"驱逐鞑虏、恢复中华、建立民国、平均地权"。这个纲领包含了孙中山先生在这时确定的三民主义的基本内容。

同盟会成立后，民族民主革命得到广泛发展。它一面与立宪派进行了旗鼓相当的思想论战，驳斥了立宪派的保皇谬论，宣传了自己的革命主张；一面又在孙中山先生领导下于 1907—1908 年在两广云南等地进行了六次起义活动。经过这些有效活动，民主革命大大地发展了。那时，立宪派也不得不认为当时的形势是"贩夫走卒莫不口谈革命而身行破坏"。孙中山先生从那时起"始信革命大业可及身而成矣"。同盟会成立一年后参加者达万余人，支部遍于各地。再加上当时在全国普遍发生的以抗捐抗粮为主旨的自发斗争，于是造成了一个新的革命局面，列宁曾经描述这个现状是："社会运动和民主主义高涨就像喷泉一样汹涌起来了。"

孙中山先生在同盟会成立后，把民主民族革命推向更高阶段。辛亥革命便是这个发展的顶点。

辛亥革命在推翻清朝统治、推翻封建专制制度、建立共和国各个方面，是具有伟大的历史意义的。但是，这个革命的成果不幸被北洋军阀所窃夺。

辛亥革命失败后，孙中山先生并没有气馁，而是再接再厉地又进行了讨袁、"护法"等多次的斗争。这些斗争虽都未能得到应有的成功，但是，孙中山先生仍然坚定地摸索前进，寻求新的道路。

正当这时，俄国发生革命，这个变化，给孙中山先生带来了新的希望。

孙中山先生当俄国二月革命开始，即加以赞赏，认为是世界之一大变动，希望这个新的共和国与中国作"佳邻"焉。十月革命发生，对孙中山先生影响尤大。孙中山先生"欢迎十月革命"。

1918 年，孙中山先生从上海曾致电苏俄，"祝其革命之成功，并鼓励其努力奋斗"。那时，俄国正处在各国"嫉恶"的情况之下，孙中山先生这时辗转经由美洲华侨发出的电报是对十月革命的第一个贺电，因此列宁得电后，"大为感动，视为东方之光明"。1919 年，孙中山先生在上海屡次与列宁函电往还，讨论东方革命问题。并准备派人到苏俄去学习。孙中山先生与俄国人士的往来也在这时开始。

以后，孙中山先生和俄国的关系日益亲近。

1921 年冬，孙中山先生正在桂林誓师北伐时与苏俄代表马林进行了商谈。这次谈话使中山先生感到十分愉快，并从而深信自己的实业计划必能实现。同时，孙中山先生又责成廖仲恺，迅速进行"联俄"之事。孙中山已经决心走俄国革命的方向了。

1922 年 8 月，孙中山先生因陈炯明叛变而离粤返沪。到上海后开始与中国共产党人李大钊同志等发生接触。那时苏俄代表越飞也派专人到沪与孙中山先生接洽。

孙中山先生在这些影响之下，于 1923 年 1 月 1 日发表了具有新内容的"中国国民党宣言"，提出了修改不平等条约和赋予人民各项权利的纲领。

1923 年 1 月 26 日，孙中山先生与越飞亲自晤谈后发表了共同宣言。宣称中国革命事业，可以获得苏联的同情和援助。中苏两国亲密关系正式地建立起来了。

2月，孙中山先生解决了陈炯明的叛变后，重回广州，建立革命根据地。8月间，孙中山先生为了学习苏联，派出了一个"孙逸仙博士考察团"赴苏。10月，苏联派鲍罗廷到中国来协助建军建党。

孙中山先生在苏联和中国共产党的帮助下，决定改组中国国民党。1923年11月间正式发表改组宣言，指定专人筹划。并定次年1月20日召开第一次全国代表大会，实行改组。

1924年1月20日，孙中山先生冲决一切阻难，毅然召开大会，发表宣言，正式改组。确定了联苏、联俄、扶助农工三大政策的新三民主义。孙中山先生从此大大地跃进了一步。并且从此也使旧三民主义成为新三民主义、真三民主义。三民主义之所以有这样一个大发展，是孙中山先生的大功劳。

在大会期间和改组以后，孙中山先生在许多演讲和谈话中都传播和解释自己的革命思想和主张，对于俄国革命和列宁尤备加推崇与赞扬。

1924年10月，孙中山先生在一封信中提出了"今日革命，非学俄国不可"，"我党今后之革命，非以俄为师，断无成功"。这是孙中山先生几十年来革命实践所得出的一个英明结论。

孙中山先生在中国国民党改组以后，就摆脱了辛亥革命后孤立无援的状态。

孙中山先生在苏联和中国共产党人帮助以及工农群众的支持下，创办了黄埔军校，镇压了商团叛乱，准备了北伐战争。

1924年11月，孙中山先生为召开国民会议和废除不平等条约进行斗争而北上。孙中山先生在沿途宣传自己的革命主张，到北京以后，又冲破了国民党右派分子的包围，与北洋军阀进行了英勇的斗争。

1925年3月12日，伟大的革命家孙中山先生，因积劳而旧病复发，终于不治逝世。孙中山先生在逝世前留下了遗嘱和致苏联友人书，鼓励后人继续完成自己的革命主张。

孙中山先生的一生是战斗的一生，是不断进步的一生。他为追求祖国的独立、民主和自由作了百折不挠的斗争。因此，我们应当尊重他、纪念他。我们应当从他一生艰苦奋斗的革命过程中，获得教育。我们尤其应当在缅怀伟大的革命先行者的不朽的革命活动中，来鼓励自己加倍发挥建设社会主义祖国的积极作用。

《人民南开》1956年11月10日第一版

历史系举办史料展览

【本刊讯】本学期中国史第二教研组为了配合课堂教学，连续举办了两次史料展览："明史部分"，以及"资本主义萌芽和清史部分"。展览会向同学们介绍了有关部分的重要史料，引起了同学们进一步钻研历史的兴趣。

最近一次展出的是"资本主义萌芽和清史部分"的史料。其中，关于"资本主义萌芽部分"首先介绍了马克思列宁主义有关这一方面的经典著作，向同学们指出了研究我国资本主义萌芽的理论根据。其次，展出了记载当时生产情况的专著——农政全书、天工开物、景德镇陶录、远西奇器图说等，同时在这部分的展览中还广泛介绍了有关这一问题的官书、文集、笔记、小说以及方志等，给同学们指出搜集我国资本主义萌芽史料的线索。第二部分是图片。通过图片形象地介绍了当时生产工具和产品式样从而展示出生产技术的具体发展水平。在这些图片中，记录清初江南纺织工人已经开始进行罢工斗争的"永禁机匠叫歇碑"拓片，引起了同学们的极大兴趣。第四部分展出的是实物，其中有宋、明、清三代的瓷器，明代铜币、铜器和明代织锦图案。展览的最后一部分则介绍了近年来，全国各方面的专家们写作的关于中国资本主义萌芽问题的论文。在清史部分中则扼要介绍了有关的文献资料和图片。据同学们反映，这两次展览对于巩固和扩大他们在课堂中已经获得的知识以及增加对历史事件的感性认识方面都起了一定的作用。

《人民南开》1956 年 12 月 29 日第二版

党委邀中年教师举行座谈

【本刊讯】5 月 30 日晚七点，我校党委会邀请我校部分中年教师座谈。座谈会分文、理、经济三组进行。会前，党委常委刘披云同志讲了话，他希望大家无保留地提出批评来帮助党整风。

在文科教师座谈会上

在文科中年教师座谈会上发言的共十四人，他们分别就我校整风工作，领导及党员的工作、生活作风，以及教学工作中的一些问题提出了批评与建议。

应贯彻边整风边改进方针

关于我校整风工作，中文系讲师朱一玄认为学校应很好地贯彻"边整风边改进"的方针。他说，关于这个问题报上已登了不少，但我们学校似乎做的还不够。历史系副教授辜燮高说，有些同志在大会、小会上都不愿意讲话，党委是否可以到他们的家中去访问一下。另外，学生中的整风方式还须快些确定。

中文系讲师马汉麟还对此提出建议说，贯彻"边整风、边改进"方针，可学习北京的一些具体措施。成立各种专门的工作组，并尽可能地吸收党外人士参加。马汉麟还说，年轻同志掌握人事部门不妥，要找内行来掌握这方面的工作。因为学校人事工作不光了解政治历史，重要的还要了解学术情况。另外，成立学术委员会并应由教师选举。历史系讲师来新夏说，整风运动中有些问题是需要加以解释的，但现在有些党员对该解释的问题也不敢说话了，这是一个偏向。

领导不深入　存在有形式主义

对领导作风问题，来新夏先生提出批评说，我校党委会负责同志和校长工作不深入。我来南开大学七年，当教研组主任也有几年了，但领导上始终没找我谈过一次工作、思想问题。体育教研组讲师蔺继志说，体育教研组的同志们敢说括，但顾虑是"说了白费"。他说，有一次开校务会，我们体育教研组的同志们全去了。会上，我提出教师进修的问题。当时，刘副校长认为很好。但过后一直没有下文。另外，学校把体育教研组划在校外似的，没有关心和帮助。外文系讲师周基塑说，在南开大学形式主义的作法很突出，处理问题则往往采取简单的方式。历史系来新夏先生还说，南开大学党委会的思想工作薄弱。"百家争鸣"问题，领导落后于群众。对许多问题也没很好地领导，平时的思想工作则是干巴巴的，什么问题都提高到原则高度。其实知识分子有的话往往是不负责任的乱谈。

有些党员作风不好

在座谈会上，教师们对党员的作风提出了不少意见。普通俄语教研组讲师孙静生说，在普俄教研组，党团员是个特权阶级，会上独断专行。党员文中奇业务上不钻研，分配在理科就闹情绪。她在政治学习方面也不积极，报纸上新闻不知道。最近抢购物资，还要群众帮助她。讲师路绍楹说：党团员的工作方法有问题。普俄教研组党团员帮助人往往形成整人，在会上把人狠狠地批判。辜燮高副教授说，党员的生活有的太严肃，什么群众活动都不参加。体育教研组讲师李宝华说，年轻党员自高自大。有些是我过去的学生而且还很熟，但在他们参加工作后，见了我头也不点。中文系副教授张镜谭说，党员只是运动中、工作中才和我有联系，日常生活中很少接触。

教学工作中存在的问题

此外，教师还对教学工作中存在的问题提出了意见。路绍楹先生说，在我们教研组，大学刚毕业的青年教师马上就要每周担任 12 到 14 小时的课，加上进修、政治学习，时间不够分配。同时，这样做效果也不好。希望领导马上就检查这个问题。历史系副教授杨生茂认为，在我校老教师的作用发挥的尚不够。

他们的事务性活动太多，希望能考虑设副系主任负责行政工作，同时建议系主任应轮流担任。

历史系李约瑟先生说，外国语应从初中学起。他还说，在我校外语的教学没有一个通盘计划。有外文系，可是日语属历史系，俄文是一个单独的教研组。图书馆资料也不全，没有德文字典。历史系讲师林树惠认为学校应检查一下外文系停办与恢复所造成的损失。他还建议学校应重视我校经济系的传统。他还认为在经济系把一切错误都归党是不恰当的，这个问题应由党和教师共同来检查解决。林先生发言中还提到在我们学校存在着重理轻文的问题。

体育教研组讲师周炳麟在发言中说，在体育教研组，青年教师的提高问题没有人管。他说，在夏天我们除每天上课外还要在游泳池晒四个小时，但学校对我们这方面照顾很少，六点半下班，在食堂吃饭的往往赶不上。他还说，体育课不及格按规定不能毕业。但在我校学生不及格还照样毕业，给学生补考规定好了时间学生仍不来。希望学校对这种情况能够整顿一下。

会上，教师们还对我校工资改革工作提出了批评意见。

《人民南开》1957 年 6 月 6 日第一版

整改动态（节录）

■历史系

历史系整改工作组根据教师、同学提出来的意见经过了反复的研究，提出了改进的办法，在 11 月 24 日的系务会议上由系主任郑天挺教授作了证明，并以资料室和助教的培养作为中心问题在全系教职员中进行讨论。

11 月 27 日上下午集中的讨论了助教培养问题。会上，黎国彬副教授、来新夏讲师就他们自己过去是如何作助教工作的发了言。接着进行了讨论。最后，原则通过了系主任的报告，决定助教是在工作中培养，批判过去某些同志存在的只学习不愿做教学工作的思想，决定今后的课堂讨论、辅导等工作全由助教负责。

为了密切师生之间的联系，决定订出教师接见同学的时间、地址和内容。这些措施，将由系主任郑天挺教授向全系同学宣布。 （作仪）

《人民南开》1957 年 11 月 30 日第一版

党群关系的基础是什么？——历史系教职员举行座谈

在过去的一个阶段：历史系的教师和工作人员，对学校党委会和系党支部的领导作风提出不少意见，还对党员的不关心群众、脱离群众、对青年关心不够、做事主观等思想作风作了批评，群众诚恳的要求改正党工作中的缺点，密切党群关系。但是，为什么要密切党群关系呢？它的基础究竟是什么？怎么样来加强这种联系呢？在讨论中，大家的认识并不一致。系党支部决定把这个问题作为一个专题，通过大家一起讨论，取得一定的认识。上周三（12月25日），在全系的教职员座谈会上，就集中的讨论了这个问题。

在讨论中，大家首先接触到的是党群关系应该建立在什么基础上。来新夏同志发言中一开始就谈到：党群关系的基础不能是别的，而是共同搞好社会主义事业。郑天挺同志在会上说：右派分子提出"交朋友"，但是在"交朋友"问题上有两条道路的斗争，今天我们说"交朋友"和右派分子说的截然不同，也决不能像过去一样，整天在一起"风花雪月""言不及义"，而应该在社会主义基础上"交朋友"。

同志们在讨论中，认识到既然共同搞好社会主义事业是我们党群关系的基础，则党群关系当然是个双方面的问题。来新夏、向燕生等同志认为：决不能把党群关系看作是党员单方面的义务，而是双方面你亲我近的问题。从党来讲是更好的团结群众为共同的事业奋斗；而从群众来讲，靠拢党，接受党的领导，对党"不见外"，也就是个社会主义立场问题；"礼贤下士"是右派向党进攻的主张或者是一部分同志认识不清的看法。郑天挺同志说：党关心群众，群众也应该关心党；党信任群众，而群众要党信任自己首先应该主动靠拢党。他举了很多例子说明党是一直在关心群众的，譬如替很多教授配备科学助手，帮助搞研究，这是解放前从来没有过的事情，还譬如市委对本校教师的研究成果了如指掌，而我们在一个学校却不知道，这证明党是时时刻刻在关心群众。谢国桢同志根据自己亲身体验说：过去和党员相处，什么都说，党是一直信任我的，所以群众应该毫无保留的将什么都和党谈，有些人认为和党不能随便谈话，这正说明他们不认识党。

关于党和群众如何加强联系问题，很多同志从各方面提出自己的看法和建议。杨生茂同志说：党关心群众，不一定表现在党组织找某个同志谈谈，不应该认为党组织没有找我，就是没有联系我，党主要是在整个政治生活中关心群众，联系群众。陈文林等同志还提出，除了工作上联系外，在共同劳动中可以彼此毫无拘束的倾谈一切，建立友谊，这是一种非常好的加强联系方式，此外，开展集体的文娱体育活动也可以密切大家的联系。

会上，同志们还提出不少批评和建议。向燕生同志说：青年是需要党经常的在具体问题上指引自己的道路，也需要党关心青年的工作、文娱等各方面的生活，但过去系的党组织关心青年是不够的，希望改进。来新夏同志建议党把这次运动中的密切联系群众的方式，例如举行各种座谈会、个别交谈等等固定成为经常的制度，还建议党支部订立定期接待群众的制度。陈文林同志建议在系里建立党群关系的定期检查制度，检查方式可以在党员和群众中分别出题进行革命考试，在党员中检查联系群众做得怎么样？在群众中自己检查是否主动靠拢党？

最后，魏宏运同志代表历史系党支部感谢大家能对党提出意见，并表示今后一定想办法改进党群关系。他还谈到：我们以搞好社会主义事业作为密切党群关系的基础。具体来讲就是毛主席提出来的六条标准，离开了这六条标准，那就离开了社会主义。

《人民南开》1958 年 1 月 1 日第一版

树立群众观点，培养群众感情

来新夏

解放以来，几近十年。我不仅一般地接受党的教育，而且还多次的参加党所直接领导和组织的学习，接受具体的教导；但是，直至目前，我还没有很好地树立起革命观点之一的群众观点，也即尚未具备做人民勤务员的第一个条件。过去虽然有一定程度的察觉，但还未认识其严重性，整风运动中，由于同志们的揭发和彼此谈心，以及自己的检查，我才憬然醒悟到问题的严重性。

我在群众观点问题上，表现出对待群众的态度骄傲自满，不愿与群众交往，缺乏与同志的融洽相处，独来独往，自以为是，甚至公开表示拒人于千里之外，不热烈欢迎同志的来访，而对于接受批评也不够虚心。这些问题究竟是如何产生的呢？

几年来，我在党的领导下做了一些工作，并且由于有党的支持和具体的指示曾经比较好的完成了某些工作；同时，党又由于工作需要，经常吸收我参加某些会议和分配我担任一些负责工作。这些本来是党给予我的改造和锻炼的机会，应该谦逊朴实的去对待；但是，我却错误地有意无意地把这些作为自我炫耀和骄傲的资本，自以为比别人前进了一步，因此，在情绪上和态度上也就对同志采取了一种高人一头的态度。几年来，也由于党给予自己条件而学习了一些零碎知识，勉强地担任了教学和科学研究工作。这本应当想到如何更好地为社会主义服务，而我却以自己这种浅薄的知识和某些同志较长论短，要把别人比下去。我在这种思想支配下的行动，不仅使我自己陷入于日益脱离群众的苦境，而更严重的是给党造成了很大的损害，因为这样会使人错觉到，党信任了我这样有严重缺点的人。

我过去对于同志没有交心，不够披肝沥胆，推诚相见，总是躲躲闪闪。并且用自己所认为的"长"去衡量别人在自己看来的"短"，结果蒙蔽了自己，使自己长期以来自我陶醉于这种迷梦之中，因之，也绝不会虚心地去学习其他同志的优点，阻碍了自己的进步。

我过去觉得对人总应该有自己的一套看法，并且以一种资产阶级功利主义思想把人看成几等。这里除了反映自己的封建等级观念外，更重要的是有一种利害观念和从个人出发的"自私"打算在作祟。

我对于年长的同志，一方面觉得他们已有一定的成就，自己一时也赶不上，不是对手；另一方面也还希望从他们那里得到各种的帮助，所以对年长同志一般关系还好。对于年轻同志认为后生可畏，将来发展不可估计，应该善于对待，而且他们在业务上与我还有一定的距离（？），也不是对手。我在群众关系上，最有戒心的是同辈同志。一方面因我担任教研组领导工作而疑惑同辈同志不服气会有异样的看法；另一方面，彼此在业务素养上不相上下，不要把自己实力的"底细"让他们摸准，因此保持一种若即若离的态度，形成了一种无形的深沟和高垒。

我对党内外同志也持有不同的态度。我没有很好认识党的性质而把党与群众割裂。我希求从速解决组织问题，在党员面前表现自己，使得对自己有好的印象，并认为这样可以对自己多有帮助，对群众则认为无助于我而不愿意拿出时间来帮助别人。事实证明，党不需要像我这样的人，而我的这种错误理解是对党的一种莫大的沾辱。

总之，我在群众关系上是只能别人帮助我而不愿帮助人的一种极端自私的个人主义麦现。

我过去对于自己作了不正确的估计，荒谬地迷信个人"才能"，漠视群众智慧。我在许多事情上总是居高临下，拿出一套办法来让别人做，别人不照办不痛快，办好了给自己背上一个"我有办法"的包袱，办不通则埋怨群众，对于不是由自己出主意的事情，只能一般的去做，而不够热情支持，缺乏一种社会主义的共同事业心。

我在对待群众批评意见上有几种非常错误的想法：1. 我担任领导工作，首当其冲，谁也难免遭受批评，因此不严格检查自己，反把群众批评一笑置之；2. 对批评意见是以人废言，不考虑自己问题，而考虑提意见者够不够条件；3. 有些意见是别人不明真象，而我有难言之隐，反正凭良心办事，但求无愧我心，采取一种"修其在我，听其在人"的消极态度。由于这种思想使我不能很好接受批评，有一次同志们在我缺席的情况下集中地提了一些意见，我当时虽颇为震动而感到沉重，但也有抵触情绪，我不考虑为什么发生这种情况的症结所在，而觉得别人不当面提意见，批评态度不对；同时我也埋怨一位同志在会上过分赞扬我的工作而给我惹来了是非。后来组织上教育我冷静考虑，我才开始醒悟起来，准备对这个问题进行自我检查。

我过去所以造成这种错误，其根源是由于一切考虑个人的个人主义。我过去认为只要靠拢组织，并且积极进行工作，凭良心办事就可以了，其他微不足道。我不认识团结群众群策群力的威力，也忽视了群众路线是党的根本路线这一原则，如果一个人不具备密切联系群众的作风和全心全意为群众服务的决心，那么，他的靠拢组织动机不纯而积极工作也是有所图的。我过去没有认识到它的严重程度，双反运动以来群众力量的推动、组织的教育对自己的错误作了初步的认识。我决心服用同志们给我的良药来医治自己的痼疾，努力以实际行动来纠正错误。

《人民南开》1958 年 5 月 14 日第二版

取长补短　互相学习　教好功课　——历史系举行教学经验交流会

历史系从 7 月 27 日至 29 日举行了教学经验交流会。天津师院历史系的部分教师也出席了这次会议。会上，每一位任课教师都从不同角度介绍了半年来在教学中的经验或教训。

郑天挺先生第一个发言。他首先介绍了双反以来自己转变的过程。他认为，教师的思想改造是保证教学质量不断提高的前提条件，只有在教师思想觉悟不断提高的基础上，教学内容和教学方法才有可能提高。接着，他介绍了本学期自己在改进教学中的几点经验。在教学内容方面，他给自己提出了"五点要求"：贯彻历史为政治服务的方针，体现厚今薄古的精神，克服自己在以前教学中的缺点，保证正确观点和材料的统一，注意历史的全面联系。在教学方法方面，经过长期摸索和改造，他提出了"系统讲授和重点分析相结合"的原则。为了保证贯彻这一原则，郑先生还为自己规定了讲授每章课程的"六项内容"：讲述目的，内容概略，几个重点，有关争论问题，个人意见，基本参考书。郑先生在谈到自己的体会时，特强调了贯彻历史为现实服务的原则，指出教学内容一定要服从党的方针政策。接着，大家进行了热烈的发言，针对如何提高教学质量提出了自己的看法，而中心话题是：教学内容中的观点与材料的统一问题；教学方法中的全面讲授与重点分析问题。

关于观点与史料的统一问题，许多教师对比了今昔情况，指出过去有的完全是现象罗列，史料代替历史，只有史料，没有观点。教育革命后气象一新，大家都试着从规律上来证明社会发展的进程，但有的在教学中又走向另一极端，只有空洞的理论而缺乏具体内容，只有观点，没有史料。有些同志虽然在这方面处理得较好，运用马列主义经典著作所指出的原则和方法对具体史料进行分析，但也还没有达到水乳交融的境地。因此，大家认为观点与史料的统一问题是历史系全体教师今后努力的一个方向，而其中重要途径之一是不断加强理论学习和改造思想。

关于如何进行系统与重点相结合的讲授是目前历史系教学中的一大问题，始终没有得到彻底解决。来新夏先生在会上介绍了自己在这方面行之有效的办法。他认为首先应当明确基础课的任务是传授系统的、入门的知识，不同于专题课，因此必需"全面照顾"；但对象毕竟是大学生，讲授不宜平铺直叙，因此在全面照顾的同时，也必须"重点深入"。为了解决既要全面又要深入在课时上的矛盾，他采取了如下办法：对大纲中易于理解的、有定论的、同时又有现成参考书的子目或章节，只讲线索、特点和介绍参考书，大量压缩授课时数；对理论性较强、争论较多的、关键性的章节，则进行重点讲授，讲深讲透，这样也有助于对一般问题的理解，达到系统讲授和重点深入的目的。来先生的经验引起了其他教师，特别是世界史教研组同志们的极大兴趣。

在座谈中大家对科学研究感到极大的兴趣。大家一致认为进行科学研究可以提高教师的学术水平，又可以解决教学中的问题，而且对繁荣我国史学也有很大意义。杨生茂先生说："只有在进行科学研究的基础上才能开好选修课，不然教师所讲的内容就不能保证丰富，和基础课区别就不会很大。"王玉哲先生以中国古代史为例，他说："古代史争论问题很多，分期问题、农村公社问题、土地所有制问题等等，对这些问题不作深入的研究就不能教好古代史。"为了解决这些问题他又提出，教师不要总陷于写讲义和修改讲义中。有了一本大体可用的讲义之后可以两三年不修改，在这期间深入研究若干重大问题，然后再修改讲义，把科研成果包括进去，只有这样才能提高讲义的质量。

除上述几个问题外，座谈会还曾谈到了如何辅导、积累资料，以及对青年教师的培养等问题。

（刘泽华　王文郁）

《人民南开》1959 年 7 月 31 日第一版

《古典目录学浅说》书评

杨　敬

即将出版的《古典目录学浅说》，由我校历史系来新夏先生在 1980 年 8 月写成，介绍了我国从古代到清末为止的古典目录学知识和目录学事业。全书分"目录学概说""目录学的相关学科""历代的目录事业"三大部分，分别叙述了古典目录学的发生、发展、研究对象，古典目录书的类别和体例，目录学相关学科分类学、版本学、校勘学、考证学及各自的特点，并介绍了我国古代目录学事业的概貌，略述了近代目录学发展的简况。

本书的论述由浅入深，由简到繁，追本溯源，参考了古代、近现代学者的研究成果，大量引用了原始材料。

本书的缺点是大量使用文言文，僻字僻词多。这使得必须具有一定古汉语水平的人才能顺利阅读，缩小了读者范围或给读者带来麻烦。

总括全书，本书不仅为有志从事目录学事业的人提供了基础知识，也为学习我国古代历史、古典文化提供了古典目录书的必要知识和古典目录书参考书目。

《南开大学》1981 年 4 月 16 日第四版

我校十一名个人和两个集体受到市级表彰

【本报讯】3 月中旬，天津市隆重举行了劳动模范和模范集体表彰大会，表彰了我市各条战线上一批锐意改革、励精图治、为国家的富强和人民的富裕作出了突出贡献的劳动模范和模范集体。我校钱荣堃、沈含熙、陶克毅、方克立、邢公畹、来新夏、李强、邓国才等八同志被评为市级劳动模范；生物系育种学教学组被评为模范集体。

另外，生物系被市政府命名为文明单位；张自立、王蕙菁被市高教局评选为优秀教师；王月华被市高教局评选为优秀政治工作者。

《南开周报》1985 年 4 月 1 日第一版

1985 年 3 月天津市隆重举行劳动模范和模范集体表彰大会后，校领导与受表彰者在南开大学行政楼门前合影（前排左起：任家智、李原、不详、钱荣堃、邢公畹、来新夏、范恩涛、牛星熙，后排左起：李国骥、方克立）。

我校重新组建校务委员会

【本报讯】为适应学校内部领导体制改革，逐步实行校长负责制，经 1986 年第一次办公会研究并经党委常委会议审定，重新组建了校务委员会，并修订了"校务委员会工作条例"。

校务委员会是学校重大工作的审议机构。在校长主持下进行工作。其主要任务是根据党的教育方针，国家政策法令及学校的实际情况，审查讨论学校的教育事业发展规划；教学、科研和管理等方面改革的重大措施；重要规章制度；年度经费预算和决算，以及有关学校建设的其他重大问题等。　　　（杨光伟）

南开大学校务委员会名单

主任委员：母国光

副主任委员：李　原　范恩溁

委员：（以姓氏笔画为序）

方克立　牛星熙　王峰山　申泮文　邢公畹
吴大任　吴廷璆　谷书堂　何国柱　何炳林
来新夏　定光桂　张自立　赵景元　郝世峰
胡国定　高振衡　钱荣堃　常耀信　熊性美
滕维藻　戴树桂

秘书长：翁心光

《南开周报》1986 年 3 月 17 日第一版

愿为津城书青史——访来新夏教授

前一段时间，图书馆馆长来新夏教授放下案头的工作，全心投入主编一部乡土教材——《天津近代史》当中。在他的带领下，六名同志仅用了一个半月的时间，编写出这部近三十万字书的初稿。当我到来新夏教授家登门造访时，来教授带着释重的心情对我说，他刚刚用了七个整天的时间审阅了这部书的初稿。在这一个多月里，来教授和他的同事们都是在紧张的工作中度过的。

今年夏天，中共天津市委打算编写一部天津近代史，做为加强精神文明建设的一项重要内容，同时利用乡土教材对群众进行近代史教育，市委决定委托来教授担任主编。因从事了大半辈子历史学研究的来教授不仅在近代史研究方面有较高的造诣，而且是一位在国内外有一定影响的史学家，先后发表了近三百万字的专著、译著和学术论文。从外地开会回来后的来教授得知要他主编天津近代史，他感到自己虽然教学科研工作较忙，同时又有许多社会工作，但编写一部社会上急需的乡土教材则是史学工作者义不容辞的职责。他愉快地接受下来，马上组织人力投入编写工作。他同其他几位同志一起，从拟定提纲到拿出初稿，不知洒下了多少辛勤的汗水。

我问到编写这部书的指导思想时，来教授说："我们从一开始就贯穿这样的思想，即基本上用地方资料来写天津近代史，为社会提供一本让群众感到具体、亲切而又有丰富的乡土史料的历史教材。"这部书共引用了二百多种资料，其中有较多的新资料和原始资料。基本上做到了以史写史，书中还列有图片、图表，使群众更形象了解天津近代的发展历史。

来教授说："天津具有进行地方近代史教育的独特条件，也就是说天津近代史是中国近代史的一个缩影，我们编写这样一部书，也做了尝试，就是充分考虑天津近代历史的特定条件，力求用新观点、新资料、新方法去写的。在编写中不求猎奇，力争观点平稳而新颖。总之，贯穿实事求是这样一个原则。"

在这部书中涉及政治、经济、文化等方面，既讲到了帝国主义的侵略，又讲到天津近代的发展。如在写洋务运动时，书中写了洋务运动为统治阶级服务的一面，同时写了洋务运动促进医院、学校发展的一面，不因其过掩其功。过去的一些书中对天津的新闻、教育、戏曲、特种工艺等介绍得较为零散，这次专门作为一章来介绍，显得这部书更具有地方色彩。

来教授在天津生活了几十年，对天津充满了故乡之情，而且对天津的历史有较深的了解。如今他还担任天津史研究会副理事长。早在 1949 年，他在范文澜先生指导下从事近代史研究，曾根据有关天津教案事件编写了剧本《火烧望海楼》，由天津市京剧团公演，并做为国庆十周年献礼赴京参加演出。至今，这出戏已成为天津市京剧团的保留剧目。

来教授认为，用乡土教材进行近代史教育是个迫切需要解决的问题，他说："干社会主义，不光是'物'，更重要的还有'人'，还有'人'的精神世界和不同层次的文化需要。各地都有自己的发展史，这些都是十分珍贵的财富。对我们今天的事业有着借鉴作用，我们搞历史研究的人更有责任去宣传灌输我们国家的历史、地方的历史。"

来教授告诉我，《天津近代史》将由我校出版社出版，我们期待这部书早日与读者见面。

（孙惠来）

《南开周报》1986 年 12 月 1 日第 2 版

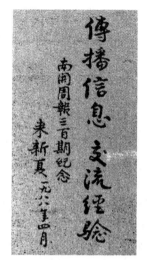

《南开周报》1988 年 4 月 11 日第四版

我校召开座谈会推动档案工作的开展

5 月 7 日，副校长高静主持召开了由各系各单位主管档案工作的处级领导参加的宣传、贯彻、落实《档案法》座谈会。

会上，档案馆副馆长王月华简要汇报了我校前一段学习、宣传、贯彻《档案法》的情况，总结了 1984 年以来我校科技档案工作取得的成绩和存在的问题，提出了 1988 年科技档案工作要点及加强科技档案工作的意见。接着，校图书馆馆长来新夏教授及元素所所长李正明教授、哲学系副主任王明江分别就档案工作的重要性、如何做好档案工作等问题作了重要发言。高静副校长在发言中对做好我校档案工作提出意见。

《南开周报》1988 年 5 月 16 日第二版

《中国地方志综览》出版发行

为总结建国以来的新志编纂成果及方志学理论的发展，我校地方文献研究室和黑龙江地方志研究所组织了《中国地方志综览》的编纂工作。全国各省市方志工作者及部分高等院校共同参加此项工作。

由来新夏教授任主编的《中国地方志综览》是一部大型的有关解放后（1949—1987）全国性地方志资料的综合汇编与著述。参与撰稿者 90 余人。此书已由黄山书社于 1988 年 10 月正式出版发行。

《综览》全书共 76 万余字，分为专载、大事记、新志编纂、理论研究、刊物著作及文章选目、文献资料辑存、旧志整理与研究、社会服务选例、台湾香港方志动态各类，书后并附有《中国历代方志概述》。全书资料丰富，是解放后第一部较系统记载建国以来新志编纂实践活动和方志理论研究的大型综合性文献，并兼有工具书的作用。

（王德恒）

《南开周报》1989年3月20日第二版

简 讯

4月21日，沧县纪晓岚研究会手抄本《阅微草堂笔记》捐赠仪式在图书馆举行。赠书仪式由图书馆李广生副馆长主持，来新夏教授作为纪晓岚研究会的顾问参加了赠书仪式并发言，图书馆党总支书记赵铁锁教授致答谢辞。

《南开大学报》2005年4月29日第二版

小团队大研究——国际商学院院长李维安展望学科发展

薄晓岭

南开大学的图书馆、情报与档案管理学科始于 1984 年设立的图书馆学专业，调整并入国际商学院后，学科发展平台更为广阔，学术成果、科研立项显著增加。

南开大学的图书馆、情报与档案管理学科始于 1984 年设立的图书馆学专业，并于1986年获得图书馆学硕士学位授予权，是当时全国5个高校图书馆学专业硕士点之一，后发展成为图书馆学系（1987年更名为图书馆学情报学系）。1990年，增设社会科学情报专业（后改为信息学专业）。1999年并入国际商学院，今年5月，为适应信息社会发展，更名为信息资源管理系，为学科发展构建了更为广阔的空间。

自设立图书馆学硕士点以来，图书馆、情报与档案管理学科在研究生教育层次取得了好成绩，相继设立情报学和档案学两个硕士点。特别是调整并入国际商学院后，学科发展平台更为广阔，学术成果、科研立项显著增加。在2003年全国图书馆学博士点专家评审中，我校位列第一。

自1999年以来，图书馆、情报与档案管理学科在拔尖人才的引进上取得了突出成就，相继引进了一批成就显著的学术带头人，教师队伍结构得到了很大的改善。现有专职教师12人，其中教授5人，副教授5人，讲师2人。中国科学院文献情报中心孟广均研究员、美国纽约州立大学奥本尼分校图书情报学院霍尔希博士等13位国内外知名学者任兼职教授。教师队伍虽小，但研究水平却是一流，近几年国家和省部级项目承担了7项，目前正在主持4项国家社会科学基金"十五"规划项目和多项教育部人文社会科学研究等规划项目。

与"信息"相关的专业有一个共同点，就是知识更新快。面对瞬息万变的信息社会，学科带头人不断创新思路，探索符合现代社会需要的人才培养方式。为培养应用能力强、综合素质高、研究水平高的复合型人才，信息资源管理系在课程方面设计增加了大量实习课程，以培养学生的动手能力，鼓励学生多学科、多语种学习，同时开设大量选修课以提高学生的知识面。在培养学生的研究能力上，信息资源管理系充分发挥能动性，自创新方式。2001 年国际商学院与中科院文献情报中心联合举办了研究生学术研讨会，建立两个办学单位双边研讨的新模式；2002 年建立了由研究生、本科生独立主办学术研讨会制度，学生研究能力和组织能力得到大幅度提高。

"在全国一级学科整体水平评估中，南开的图书馆、情报与档案管理学科名列第四，这是教师们多年辛勤努力的结果。"

在参评单位中，名列前三的武汉大学、北京大学、南京大学的图书馆、情报与档案管理学科具有较大规模的学术团队。其中，武汉大学拥有教师 62 人，北京大学拥有 26 人，南京大学拥有 24 人。我校教师队伍仅为 12 人，队伍规模的明显差距使得我校在科研成果的数量、人才培养的规模上相对处于劣势。

本次评比中，南开图书馆、情报与档案管理学科在"学术队伍"一项排名第二，优势十分明显。与其他高校相比，我校的学术队伍集中了一批学术带头人，他们在各自研究方向的成就巩固了南开图书馆、情报与档案管理学科在学界的地位，推动了学科的发展。

来新夏先生是国内著名的古典目录学家，在他的带领下，我校在古典目录学、中国图书事业史、地方文献研究等研究方向上处于全国领先地位。柯平教授是图书馆学文献学研究的学术带头人，他对书目情报系统的理论研究为我国的目录学研究开辟了新的领域，对现代目录学的对象、概念体系、内容范围、研究任务和研究方法提供了非常有参考意义的理论和见解，并于 2003 年被聘为中国图书馆学会学术委员会委员，目录学专业委员会副主任。钟守真教授是国内知名的图书馆学专家，是比较图书馆学研究的代表性人物。王知津教授是国内知名的情报学专家、我校情报学学科带头人，在国内较早提出了"信息组织与管理"的概念，在信息检索、知识组织理论研究方面已取得丰硕成果。目前，图书馆学系在信息组织与管理、信息检索研究方面，形成了稳定的研究队伍，成为重点学科方向之一。

近十年来，信息资源管理系将"信息资源与知识管理"作为图书馆、情报、档案管理学学科交叉的一个重要方向，在学科建设中发挥了支柱作用，开创了图书馆知识管理研究、档案馆知识管理研究，在全国处于领先地位。

（下略）

《南开大学报》2005 年 7 月 1 日第二版

周和平南开调研"清史工程"

【本报讯】（记者 张国）10 月 7 日，文化部副部长周和平率国家清史纂修领导小组办公室有关负责同志到我校调研，与南开参加清史编纂工作的教师座谈。校党委副书记刘景泉出席座谈会。

在座谈会上，刘景泉向周和平一行的到来表示欢迎。他说，盛世修史意义重大，学校将努力发挥自身优势，全力支持这项国家工程。周和平认真听取了专家们关于项目执行情况的汇报，了解工作进展和面临的问题，鼓励大家总结经验，克服困难，齐心协力推动清史工程。

清史纂修工程是新中国成立以来首次启动的国家修史工程，也是我国最大的文化工程。我校是承担清史纂修工程项目数最多的单位之一。来新夏、冯尔康、许檀、白新良、乔治忠、南炳文、常建华、杜家骥、林延清、李小林等教授共承担了清史纂修工程的 9 个项目，冯尔康应邀担任国家清史编纂委员会委员。

《南开大学报》2005 年 10 月 21 日第二版

穆旦诗歌创作学术研讨会隆重召开

讲话者为陈洪副校长，主席台左四为来新夏先生。

【本报讯】（通讯员 施佳莹 摄影 翟学忠）4月8日，为纪念我国著名"九叶派诗人"、南开校友穆旦先生逝世29周年，穆旦诗歌创作学术研讨会在我校举行。副校长陈洪，化学学院教授申泮文院士，历史学院教授魏宏运、来新夏，北京师范大学教授郑敏，当代文学研究会副会长、首都师范大学教授吴思敏出席会议。穆旦先生的子女和亲属查英传、查明传、查瑗等也专程从国外赶来参加会议。活动得到来自全国各高校教学工作者、诗歌爱好者们的热情参与。

陈洪首先致辞，高度赞扬了穆旦的诗歌贡献："提起穆旦我感触良多。他不仅在学术上成就非常卓越，一生的坎坷也非比寻常。"同为南开人，陈洪希望穆旦精神与学术能在南开传承，他说："现在南开园中已是千株绿色，古老的土地也春风吹绿，一个伟大诗人的精神长存！"吴思敏、郑敏、来新夏等知名教授分别发言，高度评价穆旦卓越的成就和艰苦的一生。吴思敏感言道："穆旦的一生就是一首苦难的诗，他的诗充分体现了诗歌与政治文化的关系以及诗人对现代性的追求。"同时他指出目前诗坛所需解决的问题，希望学者能对其蕴含的悲痛情感作深刻的研究。同为"九叶派诗人"的郑敏则侧重介绍穆旦对中国新诗所作的贡献："穆旦和卞之琳结束了上世纪40年代白话文'我手写我口'的仅有抒情、仅有自我感情的现象和不符合实际的口号，走出了浪漫主义，由抒情走向思想情感"，她赞誉穆旦为"中国诗歌现代性一个先锋人物，打开了中国诗歌另一个层面——智慧、智性的表达"。来新夏教授的演讲满怀激情，他回忆了与穆旦先生一起度过的艰苦生活和穆旦先生对自己的支持与鼓励。北京大学孙玉石教授作了题为"走进一个永远走不尽的世界——关于穆旦诗歌现代性思考"的学术报告。他反复讲到穆旦先生的诗蕴含内心矛盾的张力和无限的张扬，是最擅长于表达中国知识分子备受折磨又折磨人的本质。他赞扬内心深受苦难的本质使穆旦显得与众不同。他肯定穆旦关注人的生与死，有深刻博大的人文关怀，他的诗具有哲学上的思考，有知识分子的斗志。最后他激情感言："穆旦不是一只幻想中飞翔的小鸟，而是一只永远翱翔于历史天空的雄鹰！"穆旦之子查明传在发言中对南开大学召开这样的学术研讨会表示深深的感谢，他回顾了父母亲的一生及他们所受的磨难，回忆了父亲对孩子的教育——"人不能庸庸碌碌地活着，人活着应该有所作为"。与会者对他的发言报以热烈的掌声。

中国文学馆、人民文学出版社均发来了贺信祝研讨会圆满成功。在座的南开学子表达了自己最真挚的情感："真正的诗人永远不朽，南开学生为有穆旦你这样的诗人而感到骄傲。"

开幕式后，会议代表还对穆旦诗歌创作进行了为期两天的讨论。同时，学校还举办了以缅怀和纪念穆旦先生为主题的诗歌朗诵会，由人民文学出版社策划出版的八卷本《穆旦译文集》也已于最近面世。

"中国社会历史与文化"项目

项目简介

南开大学"211 工程"子项目"中国社会历史与文化",依托南开大学中国古代史和中国近现代史两个国家重点学科,弘扬断代史、专门史并茂和古今贯通等优势,对中国社会历史与文化进行深入和有特色的探讨,揭示历代社会形态、结构、思想文化等基本状况、相互关系。

经过"九五",特别是"十五""211 工程"专项资金投入,从学科建设、科研成果、人才培养、师资队伍、对外学术交流到基础条件建设等各个方面,已取得了与预期目标相符合的成绩。中国古代史和中国近现代史学科在保持原有优势的同时,注重发挥学科群体、团队的功用,努力培养新的学科增长点,形成了"中国社会结构与社会生活"、"政治思想与政治制度"、"华北区域史"、"20 世纪中国社会与文化变迁" 4 个在国内具有鲜明特色的重点研究方向,现已基本建成了国内领先的"中国社会历史与文化研究中心"。

标志性成果

刘泽华教授主编《中国社会史丛书·政治理念与社会》第二辑 12 本,由中国人民大学出版社出版,该书率先开展思想与社会互动的特色研究,在学术界影响较大。

来新夏教授的《北洋军阀史》和李治安教授的《行省制度研究》分别获得第三届全国普通高校人文社科优秀成果二等奖和三等奖。

余新忠副教授的《清代江南瘟疫与社会》2002 年获得全国百篇优秀博士论文奖。正式出版后,获得国内外多方面的高度评价,并于 2004 年获得天津市第九届社会科学优秀成果一等奖。

王利华副教授的论文《中古华北的鹿类动物与生态环境》获天津市第九届社会科学优秀成果一等奖。

(下略)

点校本"二十四史"修订工程步入实际编纂阶段
南开承担《明史》修订

【本报讯】(通讯员 由亮)国家点校本"二十四史"及《清史稿》修订工

2007 年 5 月被聘为点校本"二十四史"
及《清史稿》修订工程审定委员会委员。

程已经步入实际编纂阶段，著名历史学家、我校教授来新夏出任审定委员会委员，历史学院明史研究室承担《明史》修订工作，著名明史专家、历史学院教授南炳文出任《明史》修订工程主持人、修纂委员会委员。

基于前期调研协商，我校历史学院明史研究室研究人员林延清、李小林、王薇、高艳林、何孝荣、庞乃明等将承担明史修订的具体工作。大家表示，一定不辜负领导和学术界的重托和信任，以认真负责的工作态度，昂扬饱满的工作热情，高质量按时完成任务，为南开大学、为南开历史学科争光。

点校本"二十四史"和《清史稿》是在毛泽东主席、周恩来总理的亲自部署下，由国家有关部门直接组织领导全国文史界最具声望的专家学者，于上世纪五十至七十年代历时 20 年完成的，是 20 世纪中国历史典籍整理的标志性成果。自出版以来，一直为广大读者普遍采用，成为海内外学术界最权威、最通行的版本。但是，由于当时客观条件的制约，点校本"二十四史"及《清史稿》中存在不同程度的缺点和遗憾。

近几十年来，中国史学研究有了很大发展，文献资料的利用也更为充分，对其进行修订、完善被提上议事日程。为此，国家决定重新修订。这是建国初期这一伟大工程的继续和第二阶段，党和政府对此十分重视。2005 年，温家宝总理和陈至立国务委员对修订工作作出重要批示。2006 年，修订工程被列入国家"十一五"重点图书出版规划、国家古籍整理出版"十一五"重点规划、中国出版集团"十一五"重大出版工程，并获得国家专项资金支持。

另悉，我校校友、著名历史学家、中国社会科学院资深学部委员蔡美彪先生出任审定委员会委员，陕西省博物馆馆长周天游先生出任《后汉书》修订工程主持人和修纂委员会委员。

《南开大学报》2007 年 6 月 8 日第二版

南开教授来新夏米寿之年出巨著　凝聚 70 年研究心得　获学界盛誉

【本报讯】（记者　陈鑫　摄影　李振涛）6 月 8 日，著名历史学家、我校教授来新夏先生迎来了自己 88 岁生日，与此同时，新书《书目答问汇补》发布会暨学术研讨会在北京举行。学界通过这一方式，向他表示祝贺。刘梦溪、冯尔康、王汝丰等著名学者、全国高等院校古籍整理研究工作委员会负责人及新书出版方中华书局的负责人、编辑出席了研讨会。

在学术界，来新夏先生是一位"高产"作家。多年来，他始终笔耕不辍，出版学术著作《近三百年人物年谱见知录》《中国近代史述丛》《林则徐年谱新编》《中国地方志》《志域探步》《古典目录学》《古籍整理散论》《中国古代图书事业史》《书文化的传承》《北洋军阀史》等近20种。近些年，来新夏先生的影响更是超出了他的专业领域，出版有超过200万字的文史随笔、散文选集，包括《冷眼热心》《路与书》《依然集》《枫林唱晚》《学不厌集》《出枥集》《一苇争流》《邃谷谈往》《来新夏书话》《且去填词》《谈史说戏》《80后》《交融集》等十多部。

本次出版的《书目答问汇补》凝结了来新夏先生近70年的研究心血，可谓汇集毕生功力。《书目答问》是清代名臣张之洞编撰的一部治学参考书目录，具有非常高的学术价值，在学界被作为治中国古典学术的必读书。不过由于内容比较简略，后代不断有学者对其进行增

补。这些增补大多都没有出版，或流通不广，一般人很难见到。来新夏先生从上世纪40年代在辅仁大学读书的时候，就在目录学大师余嘉锡的指点下研究《书目答问》。在开展自己研究的同时，他还十分注重收集前人的成果。上世纪60年代以来，来新夏先生开始为《书目答问》作汇补，汇集各家研究成果，包括一些名家珍贵的孤本、善本资料，历经多年，终于正式出版。

著名学者刘梦溪先生说："《书目答问汇补》绝不是简单的资料书。它是作者的研究成果，并将相关资料几乎一网打尽，搜罗齐全。同时这部书也反映了来先生治学的心路历程。这部著作是该研究领域的高峰。"

此次新书发布恰逢来新夏先生88岁寿诞之日，古人称为"米寿"。"来新夏先生非常低调，活动筹备中并没有向我们透露这个消息。直到我们接他来北京办理住宿时，才从身份证上发现，没想到如此巧合。我们正好通过这个发布会、

研讨会为他祝寿。"中华书局负责人说。

来新夏先生表示："这部书的文稿'文革'中曾被抄没，当时心灰意冷。没想到后来，文稿奇迹般地被人从废纸堆中发现，物归原主。当时的感觉就像再次见到失散多年的孩子。我生前能看到这部书的出版，人生之最大幸福也。"他说，虽然自己已年近九旬，但春蚕之心不死，有生之年，将继续进行研究、写作，誓不挂笔。

在本次会议上发布的还有来新夏先生近期出版的另一部新书《近三百年人物年谱知见录》（增订本）。

《南开大学报》2011 年 6 月 24 日第二版

南开承办华北图协第二十五届学术年会

本报讯（通讯员 翟春红）9 月 14、15 日，华北地区高等学校图书馆协作委员会（简称"华北图协"）第 25 届学术年会在津举行。天津市教委副主任韩金玉、我校副校长朱光磊、全国高校图工委秘书长朱强应邀出席并致辞。开幕式由天津市高校图工委常务副秘书长李广生主持。来自华北地区高校图书馆的 180 多位代表参加了会议。

华北图协学术年会由 5 个省市自治区轮流值年承办，本次年会由天津高校图工委主办、我校图书馆承办，会议主题为"复合型图书馆建设与复合型人才培养"。

本届大会共收到论文 166 篇，从中评选出优秀论文 46 篇，会议论文集收录了 108 篇。年会采用专家报告和论文代表发言相结合的模式，代表们聆听了我校教授来新夏、香港中文大学图书馆副馆长梁黄朝荣、天津高等教育文献信息中心主任李秋实、我校商学院图书馆学系教授柯平等 4 位专家学者的专题报告和 9 位论文代表的主题发言。

大会设立了 4 个分会场。分会场的讨论主题围绕如何通过有效机制提高馆员素质、培养复合创新型和研究型馆员，如何将嵌入式学科馆员等发展理念更好地付诸实践等热点论题展开。

华北图协成立于 1985 年 9 月 17 日，其主要任务是促进华北 5 省市自治区（北京市、天津市、河北省、山西省、内蒙古自治区）高校图书馆工作的整体化建设，推进文献信息资源的共建、共知、共享，积极推动高校间的业务交流、学术研讨及共建。

《南开大学报》2011 年 9 月 23 日第二版

图片新闻

6月1日至10日，"一蓑烟雨任平生——来新夏先生九十初度著述展"在新图书馆二楼大厅举行，展出了著名学者、我校教授来新夏先生在中国史、地方志、文献学和目录学、散文随笔等方面的著作，以及

他任我校图书馆馆长期间的主要业绩。副校长佟家栋出席展览开幕式。仪式上，来新夏先生将自己的最新著作赠与图书馆，并和参与活动的师生亲切交流。值来新夏先生90寿辰暨从教65周年，他以书展的形式将学术成果和人生感悟与师生分享，意义深远。

（文/张丽敏 图/孔德利）

《南开大学报》2012年6月8日第二版

著名学者来新夏喜庆九十华诞

【本报讯】（记者 陈鑫）6月8日，著名学者、我校教授来新夏迎来90华诞暨从教65周年。学校举行了庆祝大会，校长龚克出席大会并讲话。天津理工大学校长马建标，天津职业大学校长董刚，教育部高校图书情报工作委员会秘书长、北京大学教授朱强等出席大会。来自教育部、北京大学、北京师范大学、南京大学、郑州大学、中央美术学院、中华书局、河北高校图书馆工作委员会、中国邮政公司的嘉宾，以及来新夏家乡杭州萧山的代表和我校师生代表一同参加了庆祝大会。

龚克代表南开大学向来新夏表示祝贺。他说，来先生在学术上的成就和为南开发展作出的贡献值得敬重。他不断超越自我的开拓精神，更加值得继承发扬。现在教育正处在一个转型期，南开要努力走在变革的前列。我们正在构建"公能"特色的素质教育体系，力求打造出新时期南开的教育风格，特别要学习老一辈学者的开拓精神。祝来先生身体健康、笔耕不辍。

会上，马建标代表天津各高校，朱强代表全国图书馆界，我校图书馆馆长张毅代表华北高校图协、天津市图书馆界和市图工委，李月琳、蔡文娟代表信息资源管理系师生分别发言，向来新夏祝寿并对他取得的成就表示敬意。全国高校图书情报工作指导委员会、中国图书馆学会及各地同仁发来贺电。

来新夏向各位领导、同仁、亲友的出席表示感谢。他说："我要做到，有生

之年，誓不挂笔，请各位监督。"

2012 年 6 月 8 日南开大学举行"来新夏教授九十初度暨从教六十五周年学术研讨会"合影。

作为庆祝活动的组成部分，8 日下午，信息资源管理系举行学术研讨会，就图书情报与档案管理学科建设进行了讨论。

来新夏，浙江萧山人，1923 年生于杭州，著名历史学家、图书馆学家、方志学家、随笔作家。1946 年毕业于北平辅仁大学历史学系。1951 年至今，历任南开大学历史系教授、校务委员、图书馆馆长、出版社社长兼总编辑、图书馆学情报学系主任等职。20 世纪 80 年代初创办南开大学图书馆学情报学系（现信息资源管理系）。已完成著作近百种，其代表作有《北洋军阀史》《林则徐年谱》《近三百年人物年谱知见录》

2011 年文物界著名专家谢辰生先生题词。

《古典目录学》及随笔集《冷眼热心》《且去填词》《80 后》《交融集》等，被文化界誉为"纵横三学，自成一家"。

《南开大学报》2012 年 6 月 15 日第二版

来新夏教授学术思想研讨会暨九十华诞庆典留影

2012 年 5 月 21 日在萧山举行的"来新夏教授学术思想研讨会暨九十华诞庆典"留影

2012 年 6 月 9 日—10 日民间学者和学术团体在天津举行的"弢庵九秩诞辰系列庆祝活动"纪念

邃谷书缘

刘运峰

邃谷是来新夏先生的书房，在南开大学北村的一处楼房的顶层。

我不是邃谷的常客，更不敢滥竽门墙，但不得不承认，我和邃谷有着一种难得的缘分，这种缘分都和书有关。

我是在 2002 年的春天来到邃谷的。此前在北京参加《鲁迅全集》修订座谈会，见到客居北京的朱正先生，我便邀请他来天津住上两天。朱正先生和夫人带着小孙女应邀前来，特别提出拜访来新夏先生。

两位先生神交已久，相见甚欢，我在旁边拍了不少照片。过了几天，我到来先生家中送照片，顺便把一本《近三百年人物年谱知见录》带上，请来先生签名题字。这是上海人民出版社 1983 年 4 月出版的来先生的一部目录学著作，印数为 32000 册，我是在一个旧书店买到的，当时只花了一块钱。

来先生看到自己的著作，非常高兴，几乎不假思索，就在扉页上写道："运峰先生以拙作来请签名，余睹旧作，又喜知者入藏，记其缘由，以示谢意。来新夏二○○二年春月。"

几年之后，我回到母校南开大学任教，不久，又迁居北村，与来先生仅有百步之遥，有时遇到来先生在校园中散步，便趋前问候，但却没有到邃谷请教。

一晃 10 年过去，我又重新走进了邃谷。

今年春天，我在《书品》杂志上看到了《近三百年人物年谱知见录》（增订本）由中华书局出版的消息，同时还读到了几篇有分量的评论文章，顿时想起了十年前的那本书，赶忙从网上订了一部增订本。拿到新书，我吃了一惊：真想不到，来先生对于这本著作倾注了这样多的心血。十年前的初版本为 56 万字，十年后的新版则达到 110 万字，篇幅几乎是初版的两倍。初版为平装本，凸版纸印刷，新版为精装本，胶版纸印刷，给人以古朴、厚重、典雅之感。

最近几年，往往留心近现代学人、作家、艺术家的日记、书信、年谱、回忆录、纪念集等资料，所获渐多。来先生的新著为我开阔了眼界，我可以按图索骥地进一步搜集相关的资料。于是，我一边阅读这部新著，一边把来先生未曾收录的资料抄录在新版的前后衬页上。一段时间下来，竟写了满满的五页，大约有 150 余种。

我再次来到邃谷，一面请来先生在新书上题字，一面也想当面得到来先生的指教。来先生很仔细地看了我补充的材料，很高兴地说："太好了，你来补充怎么样？就叫《近三百年人物年谱知见录补编》。"我说："我倒是有兴趣做这件事，就怕功力不到家。"来先生说："这是'为人之学'，只要舍得花时间，就能干成。"我说："让我试试看。"来先生说："那就拜托你了！"然后翻开扉页，先写上"运峰存"3个字，另起一行写道："余增订此书，自知未能竭泽，惟以年近望九，深惧不克亲见梓行，仓促付之枣梨。今见运峰所补，中心至感。尚期循此续编，则将有裨后来者，老人合十相托！来新夏记壬辰仲春。"

看到来先生的题字，我颇为感动，也感到了一种压力。我只能尽自己的努力，不辜负来先生的信任和重托，力争早日完成这项补编的工作。

同一部书，两个版本，来先生均签名题字，其间相隔了10年，是一种巧合，也是一种缘分。

《南开大学报》2012年10月13日第二版

南开大学出版社庆祝建社30周年

【本报讯】（实习记者 吴军辉）6月3日，南开大学出版社举行建社30周年庆祝大会。校长龚克、副校长朱光磊出席，出版社全体员工、离退休人员、资深作者和学校有关部门负责人参加。

龚克代表学校向出版社30周年社庆表示祝贺。他指出，南开大学出版社作为学校创建世界知名高水平大学的一支重要力量，应不断思考如何在新的历史条件下更好地传播"公能"教育思想；应不断思考如何将传承中华文明与中国特色社会主义事业相结合，于百舸争流中发展自己的特色；学校各单位、各部门也应不断思考如何结合实际为出版社的发展贡献力量。

南开大学出版社社长孙克强在致辞中介绍了出版社的发展历程，以及30年来出版社在高校教材、学术著作、服务滨海、奉献社会、信息化建设等方面取得的成就，并对出版社未来发展作出规划。

首任社长来新夏在发言中表示，30年风雨兼程，出版社业已"成人"，其间凝结着一批又一批南开出版人的不懈努力。未来南开出版事业要坚持编辑与发行并重的理念，振翅高飞、大展宏图。我校外国语学院常耀信教授代表广大作者向出版社新老成员表示感谢，并对出版社的发展提出建议。

原常务副校长陈洪为庆祝大会赋诗一首表示祝贺："'三十而立'夫子言，人到此时正壮年。以例南开出版社，顺流风正一帆悬。也曾驶过风雨路，也曾九曲十八滩。赖我同仁齐协力，拓开一片艳阳天。三十而立立根本，创造传承担两肩。南开窗口须明净，南开平台须高宽。回首来路胆气壮，瞻念前程尽开颜。举国齐盼中国梦，美梦成真在明天！"

南开大学出版社初创于1929年，1936年日军侵略华北时被迫停办，1983年5月恢复重建，是改革开放后国家首批建立的高校出版社，教育部高校文科教材基地。经过 30 年的发展，出版社已建立起了从策划、编校、印制出版到营销发行各环节健全的部门机构，凝聚了包括叶嘉莹、罗宗强、李树果、吴廷璆、来新夏、杨志玖、刘泽华、钱荣堃、魏埙等一大批优秀作者，发展成为集图书、音像、电子、网络、期刊等各种媒体形式的多元化出版社，在全国高校的教学科研领域具有广泛影响。

《南开大学报》2013 年 6 月 21 日第二版

著名历史学家、文献学家、图书馆学家来新夏逝世

【本报讯】（记者 陈鑫 陆阳）我国著名历史学家、文献学家、图书馆学家、南开大学教授来新夏因病医治无效，于 2014 年 3 月 31 日 15 时 10 分在天津逝世，享年 92 岁。

来新夏，浙江萧山人，1923 年生于杭州，1942 年考入辅仁大学历史系。1951年至今，历任南开大学历史系教授、校务委员、图书馆馆长、出版社社长兼总编辑、图书馆学情报学系主任、全国高等院校古籍整理研究工作委员会地方文献研究室主任等职务。

来新夏逝世后，我校党委书记薛进文，校长龚克，校党委副书记刘景泉，校党委副书记、纪委书记张式琪，副校长朱光磊，天津大学校长李家俊、兰州大学党委书记王寒松，湖南师范大学党委书记张国骥，天津财经大学校长李维安等以不同方式表示沉痛哀悼，并向家属表示深切慰问。

全国高等院校古籍整理研究工作委员会、教育部高等学校图书情报工作指导委员会、国家图书馆、国家清史编纂委员会、中国图书馆学会、中国地方志指导小组办公室、中华书局、商务印书馆、杭州市萧山区委区政府、北京大学、浙江大学、中国人民大学等高校信息管理学院、图书馆、出版社向南开大学及来新夏的亲属发来唁电、唁函，送来花圈。

来新夏遗体告别仪式于 4 月 2 日在天津市第一殡仪馆举行，按照来新夏生前遗愿丧事从简，不举行追思活动。

《南开大学报》2014 年 4 月 11 日第二版

来新夏遗著《目录学读本》付梓　为国内最完备的目录学综合读本

本报讯（记者 陆阳 摄影 吴军辉）近日，已故著名历史学家、文献学家、图书馆学家来新夏遗著《目录学读本》付梓，由上海交通大学出版社正式出版。该书是来新夏和中国图书馆学会目录学专业委员会主任、我校柯平教授主编的

国学教科书，是当前国内最完备的目录学综合读本。

全书共计 62 万字，系统展现了中国古典目录学的概貌与突出成就，揭示了中国古典目录学思想和文献精华，评析了中国古典目录学的重要主题、人物与著述。

为培养当代大学生对古典目录学的兴趣，该书采用了"叙述+原典+叙述"体系，体现了"三读"特色，即导读、解读、研读：在为读者精选目录学阅读材料的基础上，指明目录学的学习要领与方法，引导初学者入门，启发他们展开更深入的探索与研究。

该书编纂之初，来新夏就指出，《目录学读本》不是一般的教科书，要站在国学精华的高度，将"学中第一紧要事"的目录学呈现给当代大学生，应该以知识高起点、学术高水准完成这一具有时代意义的重要著作。该书在编制原则、编写体例、组织研讨等方面倾注了来新夏大量心血，成书前他已年逾九旬，但仍仔细审读了全部书稿。

柯平介绍，这部书是来新夏生前主编的最后一部力作，实现了他"有生之年，誓不挂笔"的诺言。来新夏对大学生国学教育一直十分重视，当接到上海交通大学出版社的委托后，立即邀请国内著名目录学专家加盟，最终历时四年编纂而成。

据了解，《目录学读本》是上海交通大学出版社出版的"当代大学读本·国学基础系列"丛书之一。丛书共 10 本，包括《文字学读本》《训诂学读本》《音韵学读本》等书，均由国内相关学科权威学者主编。

《南开大学报》2014 年 6 月 6 日第二版

*　　　　　*

致　谢

《南开大学报》(2005—2014)有关报道资料，由南开大学报韦承金先生检索、收集并提供，在此谨致谢忱！

本书编者

历次运动有关资料摘编及被下放农村情况的访谈

学习了掌握批评和自我批评的武器

民盟南开大学区分部小组长、历史系讲师　来新夏

这次分析批判会从开始我就参加了。除大会以外还参加了一些小会，受到了很大的教育，结合工作谈谈我的收获。

一、澄清了过去对盟组织的看法。盟是统一战线的组织，过去只认识"统一"，而忽略了"战线"。通过最近的学习认识了统一战线是一方面团结，一方面斗争，对不符合社会主义建设的思想要批判，反动的思想要打击。比过去单学习盟的文件时认识深刻多了。党派是做思想工作的，但我过去担任盟的小组工作，对思想工作重视不够，没有把它提到应有的地位。没有开展批评和自我批评，开会怵头，有问题不知道应该怎样批评。这次示范性的分析批判会，我感到今后开展工作有了办法。同时也从这次会中感到了组织的作用和组织的温暖。

二、立场问题。谈任何问题都不能离开立场问题。我在接受党的领导问题上，过去认为没有问题，是能接受党的领导的，是拥护党的，但是仔细检查起来，在一些具体问题上，对党的组织领导就未能全心全意地接受，有时尚有一定程度的抵触。从三方面来谈：

（1）贯彻党的政策。能否正确贯彻党的政策，就可以说明接受党的领导如何，如能全心全意地接受党的领导，贯彻政策就没有问题。我在教研室的领导工作上就未能很好地去贯彻党对知识分子的政策，如对没有教学任务的同志就关心不够；思想上还认为"我比你做的工作多的多，还要团结你！"而只有当党的政策符合自己的利益时，才能顺利地贯彻。

（2）是否从党的利益出发。我做工作从党的利益出发是很不够的。如提高教学质量，我应该把同学们对教学上的意见向大家提出来，才能改进教学，这样做是符合党的利益的。而我却常常从个人考虑，怕搞不好关系，顾虑别人提出自己的缺点来吃不消，因之就不考虑党的要求。总希望教研室的工作很平稳，不求有功，但求无过。

（3）对党的态度。满足于经常向党请示、汇报、要办法，认为我接受党的领导没有问题，实际上是依赖党，自己不负责任。政治思想问题与党联系，业务问题有时则独断独行。实际是"党搞政治，我搞业务"的分庭抗礼的思想。反映情况不加以分析，是第三者的态度，认为"有问题我向党反映了就完啦，解决问题是党的事"。

三、这次思想批判会使我感受很深的是批评与自我批评的精神。我们有三位同志在会上对自己的错误的言论主张进行了自我批评，参加会议的同志也都热情恳切的对他们进行了批评。在最后一次座谈体会的会议上，几乎所有发言的同志都会指出这一点是这次思想分析批判会的重要收获之一，都认为正确的运用批评与自我批评的武器，对于克服缺点，加强团结，巩固组织是完全必要的，并且还都从个人的工作和日常生活许多问题上，作了自我批评，会后有许多同志都受到感动，要求把这样一个良好的开端保持和巩固下去。这次批判会上的批评，虽然都很尖锐，但是我却体会到这样一点，即是在同志间，无论过去识与不识，而批评的态度无一不是严肃诚恳的，都本着从团结出发以达到团结为目的的精神，做到知无不言、言无不尽的程度，而自我批评一般也都很认真、负责、严肃、真诚的进行。尤其使我感动的是有几位同志在最后一次座谈会上把过去几次会上自己对同志们进行批判时某些不够恰当的地方，又进行了自我批评，这种心胸坦荡、互为补益地进行批评与自我批评的精神，确实是极为可贵的东西，我自己也从中学习到如何正确的来掌握批评与自我批评的武器。当然，我也必须提到在进行过程中发生过如何对待同志错误的态度问题，是同情呢？是容忍呢？还是无情地批判其错误呢？同志们在会议中也有过些"有情""无情"的争论，而会议的全部过程却为这个问题作了答案，那就是对同志要爱护，但对同志的缺点与错误要无情的批判，不能像容留病菌那样来害自己的同志，这样对同志才是"有情"，而惟有"有情"才能进行"严肃"的批判。

选自《"思想分析批判会"的体会和收获汇编》（内部文件），中国民主同盟天津市支部编，1956 年 1 月。

南开大学档案馆藏档

八中全会文件学习思想小结（节录）

（1960 年 1 月）

1959 年 8 月 2 日至 16 日，党在江西庐山举行了八届八中全会，号召全党全民保卫总路线，在党和毛主席的领导下，实现更大的跃进。又为了进一步提高全民的思想觉悟和克服、纠正错误思想，在全国范围内展开一次八中全会文件的学习运动。在学习过程中，以总路线、大跃进、人民公社三个万岁为中心，结合思想，进行自觉的思想革命。

我参加了这次学习运动。在整个过程中，由认识不足到逐步认识，由暴露不够到逐步暴露，并在学文件、参加讨论过程中对自己的错误思想进行认识和批判，最后又归结到立场和世界观问题上去认识，从而使我过去在某些问题上的思想混乱得到澄清。为了更好地争取组织教育，也为了巩固前一阶段学习中的点滴收获，使自己能在已有的基础上更提高一步，我准备就几个自己认为较重要的问题作一初步小结。

（一）关于学习态度问题（略）

（二）关于"人民公社"问题（略）

（三）关于教育革命和大搞科研问题

教育革命对我来说是一次震动较大的群众运动，在这次运动中使自己的资产阶级教育思想和学术思想受到一次洗涤，但是在若干问题上曾存在过不少错误的思想和认识，下面想就几个主要的中心问题来检查自己的思想。

I. 对大字报的态度问题

教育革命是以大字报揭露批判形式进行的，涉及每个人的教育思想和学术思想。在运动初期，由于师大等校已经开始，因此，一方面感到有些紧张，另一方面又知道这次运动不同于过去，革命革到头上来了，决心能够顶得住，所以还算是有些思想准备的。

当大字报开始贴出来以后，有点不舒服和别扭，但是很快这种情绪消失了，因为凡是担任课程的人都有，所以就不像初起时那样紧张，而是较有勇气去正面迎接了。

对于大字报揭露的问题，我有两种对待态度：一种是服气的，觉得这些问题确是不应该，这种问题在思想上一晃而过；另一种是抓住一些细微末节，津津乐道申诉自己的理由，直至产生一种委屈抱怨的情绪，开始还记一部分，准备冷静思考，但是大字报越来越多，于是产生一种包下来的思想。

我如何对待这些大字报呢？

首先，看到大字报中揭露的问题，思想上有垮了的感觉，过去自己总觉得业务还说得过去，教课中同学意见也不大，想不到有这些不符合党的要求的东西，不禁心情沉重，大吃一惊，立即想到自己不行，错误地认为这种职业真不容易干，不过没有想到改变职业问题，而是想今后怎么办呢？

其次，又产生一股更不好的思想，对于自己没有清醒的足够认识，对有些自己不同意或自己认为过分的意见，归之于运动中难免的现象，矫枉必须过正，同时，埋怨同学不了解自己。这些思想现在看来是严重地障碍了自己从运动中吸取教训，提高觉悟，甚至产生一些抵触的绊脚石。

第三，由于大字报内容中揭露和批判的除了课堂讲授知识和论文指导中暴露的问题外，很大部分是日常与同学接触之间发生的问题，当时很难接受大字报中所提的高度，觉得有些东西只是随便谈谈闲扯，进而又后悔过去接触多了，以后应该提起注意，能少接触为妙，采取了一种躲避的办法来解决问题，因之，对这些问题终究是自己错误思想反映这一点放松了警惕。

第四，大字报的热潮过去一年多了。在这次学习的最后单元——党的教育方针时，首先映现在我头脑中的便是大字报问题，同时有一种"奇怪"的现象，即当时我认为正确而接受了的则印象模糊不太记得，而我自以为是的那些条却比较清楚，当时正在学习中，这个问题引起我思想上的注意，我为什么把人家对的记不清，而自以为是的却清楚存在,这难道是真正从运动中得到教训了吗？恰恰相反，这正证明我对大字报的抵触态度。

那么，我究竟为什么会产生大字报中所揭露的错误思想和对待大字报的错误态度呢？我从下面三点来分析一下。

（1）十年来虽然有党的谆谆不倦的教导，但是自己认真进行思想改造不够，原有的资产阶级立场和世界观变化不大，因此，在处理具体业务问题上也必然用旧有的学术观点和治学方法，因此，在一门解放后新的阶级性斗争性都很强的课程中也渗入了旧的学术思想观点。

（2）我在解放以来，虽然一直在党的领导下工作，自己也有进步的要求，但飘浮不踏实。过去历次的社会改造运动，涉及自己的思想和利益比较少和间接，因此对党的方针政策抵触不大。教育改革是一次深刻的革命运动，是两条道路斗争的问题，是斗争自己的资产阶级思想的问题，因此，经不住风吹雨打，临到切身的考验，就经受不住。至于对大字报的不正确的态度，现在认为不是极个别问题的毛病，实质上是对党的教育方针有距离。这一问题通过学习后，我在思想上进一步地认识到必须严重的注意，要全心全意地接受党的领导，相信党的任何方针政策，那样就不会看不清问题。小问题不注意将会在大问题上犯严重的错误。

（3）我在这些问题上采取这种错误对待态度的另一根源是资产阶级个人主义思想的作祟。只想到由于大字报的揭露和批判有损于个人那种虚伪的颜面，怕被人瞧不起，纯粹考虑到个人的得失和个人被重视与否的问题上，由于这种个人主义思想把自己压住，因而看不到这次革命对党和社会主义革命事业的重要意义。

从初步的认识这些根源后，我觉悟到过去那种错误的对待问题的态度使自己在教育革命中在一定程度上失去了许多受教育的机会和可能。

通过这次学习，我对大字报有这样一点初步认识，归纳如下：

（1）过去感到大字报刺激太大是一种虚假的说辞，因为问题不在形式而在内容，如果内容不是揭露和批判自己的错误思想和观点，而是表扬，那么必定欢迎特大号的大字报，因此，必须纠正这种看法，从大字报内容中汲取更多有益的东西。

（2）教育革命是一次两条道路的斗争，是破立的问题，如果不以大字报的武器来彻底破除资产阶级思想观点，那么，无产阶级的立场观点很难确立起来，自己在大字报面前那种沉重的心情正说明大字报对旧思想所起的冲击作用。

（3）大字报在推动教学改革和提高教育质量问题上所起的作用是大的，如果不经过它，那很难想象去努力改进教学的问题，在新的学年度里，不论在管教管学以及教育为无产阶级政治服务以及课程内容和思想性和战斗性等问题上，都在教师中引起了普遍注意和改进。

II. 对群众（学生）大搞科研问题

继工农业大跃进之后，学校也展开大搞科研的群众运动，在这次群众性的大搞科研运动中，我也曾有过不少错误的思想和看法，归纳为如下几点：

（1）开始大搞科研是在教师中进行一些项目，我参加了大事记组，当时处在大字报批判以后，思想上很兴奋。这种兴奋现在看起来是不正确的，这是在大字报提意见感到垮了以后又接受任务的一种逆流，觉得还有用，没有垮了，进而发展到怀疑过去可能否定得多了些，大搞科研将要肯定一些了。

（2）不久，大搞科研在学生中全面展开，我当时积极地参加了有学生在一起的科研工作，表面看来也与同学共同苦战，并无怨言，但思想上仍是有顾虑和活动的。

首先，我对党的群众运动路线还不理解。这是一种高速度的保证，认为这是使青年学生从过去那种思想束缚下解放出来，把大搞科研看成是一种手段，从而认为这是一种政治意义多而真正学术意义不大，对这种搞法能不能提高学术水平，抱一种怀疑态度。

其次，自己以教师身份参加到学生中去，一方面觉得有些不习惯，而在学生领导下工作又有点不舒服，另一方面又感到处境非常为难，在学生中谈得过分，会被人指为突出，批评自己在群众中指手划脚；如果不说，又会遭到冷淡群众运动的批评，感到左右为难，结果采取闷头工作，有问必答的态度，结果必然不会非常积极主动。

（3）由于群众大搞科研，许多过去没有搞成的项目如今成功了，并且成绩很大，思想上虽然也很鼓舞，但夹杂在这种欢忻心情中又有个人得失的因素，觉得自己以后还能发挥作用吗？这些项目人人既都能搞成，那么自己还会不会受到重视呢？个人主义的想法千头攒聚地在蠕动。

（4）我对群众大搞科研的拥护是有条件的，我认为群众搞科研有一定的限制，我受旧的书成众手必然有问题的传统的谬说腐蚀着，我只觉得群众可以收集资料或编些工具，供一些人或少数人写专著，这种看法实质上是所谓专家路线的反映，群众只不过是为专家服务的助手而已。

从这些错误思想的例子看来，我作如下的分析：

（1）我对党的教育方针没有正确的认识，把这种推动国家文化科学发展的大搞科研运动，歪曲地理解为是一种手段，对大搞科研的重要意义的理解也就非常不够，从而不能以最大的干劲投身其中。

（2）由于我对群众运动的看法不正确所致，这与我一直自以为是，无视群众，夸大个人作用的错误思想相联系的，我没有充分认识群众运动的重要作用，同时，我也受到那种资产阶级专家路线的思想毒害，而限制群众大搞科研的范围，企图给群众一个框框，这里反映出自己没有投身于群众之中，把自己视作群众中的一员，而是站在群众旁边提条件——也即指手划脚的态度。

（3）由于资产阶级个人主义思想的主使，在群众大搞科研的工作中，没有群众那样的激情，而是感到失去了些什么，失去了逞能炫才的机会，失去了追求个人名利的可能，这些当然与群众运动又形成一定的距离。

（4）由于资产阶级的立场而有一种毫无根据的连自己也说不出所以然的所谓学术标准，认为这样不够质量，如果有人问我怎样才够标准，恐怕我也回答不出。这种虚张的标准，一方面是思想方法上的形而上学，另一方面也是拒群众于科研大门之外的一种挡箭牌。

从这四点分析看来，归根结底是一个个人主义思想根子在作祟，一切问题从我的打算和利益出发来看客观事务，这与无产阶级重视群众的观点是背道而驰的对立路线。这毫无疑问是那种资产阶级蔑视群众、强调个人个性的世界观的反映。

III. 对学生编写讲义的看法

学生编讲义是大跃进中党的教育方针的一个巨大收获。不过，我认识这个问题是有一段过程的。

当开始组织学生编写讲义时，我担任编写组长，当时由于有党的坚强领导，自己按照党所提出的原则去组织同学编写。另一重要原因是由于我所担任的课程一直没有编成讲义，而历来同学们又有要求，如今由同学们共同搞出一份讲义来也很好，至少可以应急需。因此，中国近代史讲义就这样编成，不久，到开滦去，就把它带去与同志们作了些初步修改。

从开滦返校后开课时，我即将这份讲义印发，当时思想上主要是从理性上认识这是同学们参加编写的，不能泼冷水，而在思想深处怕若不用一方面无法适应同学要求，一方面也即更重要的一面是怕批评。因此，便印发给同学。

在印发讲义后，同学中曾反映不愿用，我对这种不愿用没有进行分析，也没有从正面论述这本讲义的价值，只是劝同学暂时用下去，事实上只印发四章，即未再印下去，等于将这份讲义放在一旁了。另一方面，我也在备课过程中使用这份讲义，而感到问题。我的着眼点是：有些史料引错了，有些文字不够好；而对于讲义中的观点和系统则忽略了。这种看法实际是旧的资产阶级的史料观的死灰复燃，同时也是"攻其一点"的旧毛病思想的反映。从此，我也不再如过去那样还在理论上、口头上谈这本讲义的价值，而强调这本讲义应该"修改"。

不久，这份讲义准备修改，我当时一方面提出要在旧的讲义基础上修改，另一方面又和个别同志说，这样不如自己重写省力；最后，虽然是理智克制了自己，采取了在旧讲义基础上改写的办法，但是自己这种个人主义的单干思想却感到很大的压抑，二者的冲突起伏始终缠绕着我。

从上述的情况看来，我对学生编讲义的基本态度是不重视其成绩部分的。在这次学习中，我开始还以口头上曾赞成过这份讲义的假象来谈自己的态度。但从思想深处来检查，有若干不正确的看法，主要有如下几点：

（1）对群众（学生）编讲义的意义认识不足，把它只看作是解放思想的手段，没有仔细认真来估计其实际意义，这与在大炼钢铁中所谓政治意义与经济意义之认识如出一辙。

（2）对讲义本身没有从观点正确、论述系统方面评价，而以一种资产阶级学术标准去衡量，其结果必然是背道而驰的。

（3）对于大搞讲义问题只看到学生一面，而把缺点归之于学生，事实上自己也自始至终参加，但没有看到这一点。这一方面反映个人在参加时未全力以赴，另一方面也是将个人置身群众之后的思想反映。

从认识这几点错误后，又经过讨论，我是这样认识讲义的意义的：

（1）讲义的成绩是巨大的，它表现在群众从无到有，实现了自己多年来未能办到的事情。讲义内容方面，有明确的观点，把人民群众是历史创造者的观点突出来；在问题分析上是运用阶级分析法，将现有成就基本上综合并体现出来，以较短时间完成一部首尾俱全的讲义。它没有过多的琐碎的改订和材料的堆积，它为以后的修改提供有力的基础。

（2）讲义的缺点是某些个别史料引用有误的问题，但仔细追查起来，它并非学生之误而是原材料有误，而这种误也只不过是个别日期、人数和小事件，与整个成绩相比是微不足道的。

（3）这份讲义是自己负责做过全盘审阅工作的，这些缺点如果以一种高度负责认真态度去做，可避免一些，因之，不是群众不能搞，而是作为群众中一员的自己没有积极去搞，应从自我检查去对待这些缺点。

（4）对于同学不愿用是符合个人对讲义不重视的看法，而不去具体分析，事实上有些人是认为印刷差而不愿看，同时，也确实有些人反映讲义对学习有很大帮助。

从这些认识中，使我自己也承认编讲义工作是有重大成绩的。

这些认识是否对头，希望组织上帮助和指出问题的所在。

IV. 今后努力的方向

就我上面所谈问题看来，我的问题是对群众运动的不正确态度和资产阶级个人主义思想的支配。而归根结底的问题是后者。过去对于个人主义问题虽经党的教育和同志们的批评，有所认识，但还不深刻，并且也缺乏一种自觉改正的勇气，迎上前去，而是采取掩饰和躲避暴露缺点的办法去对待。经过一年的过程，许多问题上都证明个人主义的危害性，目前来说，我决心与个人主义决裂，鼓起勇气，向自己的主要缺点进行斗争。为此，我提出一些初步的方向，请组织上监督教育。

（1）坚持政治挂帅，一切问题以政治当头，一切行动以政治标准来衡量，把自己的一切与无产阶级政治密切联系起来。

（2）绝对无保留地接受党的领导，自觉地进行思想改造，在党的教育下，与自己的缺点作不懈地斗争，改造思想，改进作风，大踏步地向又红又专的工人阶级知识分子道路迈进。听党的话，做到全心全意为党的事业贡献一切的驯服工具。靠拢组织，帮助党审查自己，创造条件，积极争取参加党的队伍，把自己锻炼成一个无产阶级的战士。

（3）努力学习毛泽东思想，在今后一年中精读毛泽东选集全部，每年结合业务写出论文两篇；联系思想工作，按季写成思想心得汇交党组织，使自己在较短时期内能以毛泽东思想指导自己的一切。

（4）由于自己出身于非劳动人民家庭，个人又沾染旧社会的一些恶习，因此迫切需要在具体劳动中锻炼自己，除了按照规定每年必定完成一个月体力劳动和日常公益劳动外，要求能够集中时间下放到工农战线上去劳动锻炼。

（5）积极工作，把全部精力发挥出来，教好课程，提高质量。按照党的指示，热情而全力地帮助青年同志开课。另外在 1960 年开出"历史档案学"、1961 年开出"中国近代思想史"，1962 年开出"辛亥革命史专题"等课程，同时在本年内参加集体研究课题，并挤出时间结合个人知识，写若干篇论文和一本专著（北洋军阀与帝国主义）。

南开大学档案馆藏档

下乡劳动调查思想小结（节录）

历史系来新夏 　（1960 年 3 月）

从 2 月 16 日到 3 月 9 日，我根据组织的决定随同学到河北省献县五公人民公社进行了为期廿日的劳动和调查，同时结合实际学习了若干篇主席著作。通过这些活动，取得一些收获，现将这些收获进行初步的小结，作为向党的汇报。

（一）学习主席著作的体会（略）

（二）对于三大万岁的进一步认识（略）

（三）从农民身上学习些什么？（略）

（四）改变思想感情的体会

过去对于思想感情的改变，感到不易捉摸，并且也未体会到思想感情变化对观察客观事物的影响。这次下乡期间，通过几件具体事例初步了解到思想感情改变的必要：

第一件事是当我们到社时曾受到盛大的欢迎，当时我的思想感情一方面是看作礼节上的欢迎，另一方面也有点为这种热情所激动。后来想想，这种感情是资产阶级和小资产阶级知识分子的感情，前一种是把这种欢迎看作是应该有的仪式那种高出群众之上的态度，后一种则是感情冲动。如果从欢迎者来说，他们的热烈正是翻身农民喜悦淳朴感情的表达，他们把对党和社会主义的热爱心情加到我们这些来客的身上，他们从过去那种贫困无人过问的境地，现在遇到要把他们艰苦奋斗历史记录下来，又哪能抑住兴奋的心情。这样一分析，我逐渐理解一点所谓思想感情的问题了。

第二件事是在田间吃饭。我们到生产队后的次日，即到田间去平地，这天风沙很大，午间在田间吃饭，迎风夹沙地吃饭，是自己原本生活习惯中所未有过的。但是问题摆在面前该如何对待呢？如果从原有的那种生活方式来看，那么必然会很勉强；如果从农民过去长期贫困，终日难得一饱而现在有人把热饭菜送到田头来看，那么自然心情非常舒畅。经过简短的一段思想斗争，我决定以农民的感情来对待这个问题，结果很愉快地吃了一顿田头午餐。从而认为，只要思想感情对头，许多问题也就迎刃而解。

第三件事是拾粪。拾粪在我是有生以来的第一次。当开始进行这项劳动时，是学同学那样做，但在背起粪筐时，思想上是有点勉强和不自然的，不过想到既要改造，必须走出放下架子的第一步，于是鼓起勇气去拾粪。既背上以后，也就不觉得怎样。在第二次去时的思想情况，就觉得比第一次有点进步，很自然而乐意地去做了。这次由于较早，天还不太明，就低下头沿路找有粪的地方去寻，这时，与在城市里看见马粪绕道而过，遇见粪车掩鼻而过情形显然起了变化，现在是竭力想找到粪，当一堆或者一颗粪送进筐内时，心中很高兴。虽然数量不多，但积少成多，自己也算对四化出了一点力量，捡满一筐粪回来时，像得到很大便宜似的回来了。

通过上述的几件具体事例，我深深感到思想感情必须改变，只有思想感情能起变化，对待问题也比较舒畅，干劲也才能鼓起来。认识到改变思想感情的重要意义，应该说，是我这次下乡劳动调查中一个较大的收获。

（五）今后努力的方向

这次二十多天的下乡劳动锻炼，虽然获得一些收获，但还存在一些问题，主要有两方面：

（1）不够艰苦：在生活上虽然力求与农民、同学三同一片，但自己认为还做得勉强，在劳动中虽然始终坚持，但思想上有时有累的情绪。

（2）服从领导还不够坚决：对于向同学汇报工作，还不够耐心，三言两语，这不是一个方法问题，而是如何对待领导问题，同时还有所谓架子问题，这应该努力克服的。

根据自己的弱点，今后要这样做：

（1）坚持听党的话，做党的驯服工具，党分配做什么就做什么。

（2）坚持始终不懈学习工农群众的忠诚，与自己的个人主义进行严肃认真的斗争。

（3）争取参加劳动锻炼，在劳动中锻炼思想，改进作风。

（4）努力学习主席著作，联系思想，联系工作，力求以主席思想武装自己，改造思想，提高觉悟。

南开大学档案馆藏档

1960 年 2—3 月被指派随学生到河北省献县五公人民公社劳动和调查后写的思想小结。

1964 年 6 月在河北省丰润县参加"四清"时的鉴定档案。

关于"文革"中被下放农村情况的访谈

访问者：焦静宜（南开大学出版社编审，以下简称"焦"）
被访者：于　阜（南开大学基建维修处热电科科长，以下简称"于"）
时　间：2017年5月26日上午

焦：来先生"文革"期间（1970年夏—1974年秋）下放到郊区翟庄子，在那里劳动了四年。过去来先生只写过一篇题为"乡居四年"的短文回忆下放劳动的生活，来先生的生平资料中有关这段经历的资料很少，所以想到李振国、乔沙二位老师曾与来先生一同从南开大学下放到翟庄子，而且还在一个生产小队，一直来往比较多，所以想请李老师谈谈当时的情况，但他说自己年纪大了，记忆力有些差，所以让我找你聊聊当年的事儿。

于：我父母是和来伯伯一起下去的，当时就被分到了翟庄子。全称应该是天津市南郊区太平村公社翟庄子大队，还被分在了一个小队——第九生产小队。当时翟庄子大队一共12个小队。

焦：翟庄子这个地方自然条件怎么样？

于：翟庄子在天津最偏远的西南边上，跟河北省的黄骅县接壤，离市区140多里地。这个地方地多，但大部分是盐碱地，历史上老百姓生活很艰苦，当地有句顺口溜："杨三木吕家桥，雁过拔根毛，男的不在家，女的也不饶。"就是说当年生活苦，当地出土匪。据说一直到1970年前后还一直吃国家给的返销粮，老百姓男的娶不上媳妇，女孩子都想办法嫁出去。

焦：当年下放是什么名义呢？

于：主要是战备疏散。我母亲乔沙文革前是南大经济系总支副书记，"文革"开始后她的红色历史变成了反革命。抄家挨斗，折腾了好几年，上边一让下放，第一批就有她。我父亲李振国当时在校化工厂任厂长，本来可以不去，但他还是跟我母亲一起去下乡了。我当时是天南大附中十年一贯制的学生，按六九届的初中生也必须下乡，所以我就随后也去了翟庄子，和他们不同的是我算作下乡知青。

焦：当时一起下放到翟庄子的还有哪些人？

于：南大大概有十来个人，现在记不清了。有经济系的熊性美、徐振方等，都在别的小队，所以不太了解，徐振方因为是单身一个人，所以跟大家来往较多，后来回校后又都在北村住，还能常见面，不过也去世两三年了。

在一个小队的下放干部有我父母、来伯伯，还有一个姓戴的（记不得名字），但知道他是原来天津轻工业学院的，回津以后就没有来往了。

焦：翟庄子人生活那么艰苦，对你们这些下放人员欢迎吗？

于：谈不上欢迎，但也不歧视。其实还是老百姓那句话：人家这些人下来时自带工资，既参加劳动又不分大伙儿的工分，也不吃生产队的口粮。平时出勤劳动得的工分偶尔分些瓜果蔬菜，主要是分些柴火，还有些土粮食什么的。反正并没有损害当地老乡的利益，所以老乡们对我们还是比较友好的。

比如我们家被分配住在生产队长白树起家，来伯伯被分配在他的弟弟白树发家，哥哥白树起很能说，弟弟白树发挺能干的，这兄弟俩都还很朴实，彼此处得不错。这两家房子紧挨着，所以我们全家尤其是孩子们和来伯伯、李贞阿姨常来常往，关系很好。

当然个别人干活儿时故意挑剔的也有，比如或说些带刺儿的话，甚至有一次我们回津时在太平村长途汽车站等车，就有人过来直接指着我母亲骂"反革命"什么的，那时我正在旁边，已经长成小伙子了，就上去揪住他吵起来，那人再也没说什么了。这样的人虽然有，但总是少数。

焦：当时按照政策不是应该给下放人员安置费盖房子吗？怎么住到老乡家里呢？

于：是应该有安置费，但队里没给下放干部盖房子，而给下乡知青盖了知青宿舍，也很简陋。一开始我们家和来伯伯家就都被分配在老乡家了，老乡家房子一般是一明两暗三间房，中间屋有灶台做饭，东、西两间住人。下放干部借住老乡房子的，一般都是住西头的那间。

焦：给老乡房租吗？

于：不给，因为生产队用安置费发给他们补贴。

焦：那时当地主要种什么庄稼？干活儿累不累？

于：主要是玉米、高粱，还有小麦。一年里割麦子这活儿最累，因为割了麦子接着就得要整地，赶紧种大田，起早贪黑地抢收抢种，所以这一季最辛苦。

焦：那时下放人员都得下地干活儿吗？

于：其实生产队并不要求下放干部必须天天出工，所以每个人的情况也不一样，有的人累了或活儿太重了就不去了，或者还可以回市里住着，也没人管。但我父母、来伯伯一直是坚持常年和老乡们一样出工的，从不耽误。其实，来伯伯回市里也有地方住，但他一年到头很少回来。

焦：都干些什么农活儿？

于：种地、锄地、收麦子，场上的活儿，什么都干。夏天到外边出河工，冬天到大港水库冰上拾苇子。这都是很累的活儿。比如出河工，尤其是大河工，就是挖十几米的河渠，要吃住在工地，四个人一组，连挖带抬，要两个人挖，两个人用麻袋扎的兜子把挖出来的湿泥从河底抬到河岸上。这样一天要完成 10 立方，我父亲和来伯伯当年五十来岁了，都出过这样的河工。

于：后来农活儿都基本学会了，比如锄地，一条垅很长，半天干不到头，也能跟着老乡一起干下来，只是没有人家干得那么快；比如给玉米间苗，种的时候刨一个坑撒二三颗种子，玉米苗长出来以后只能留一棵苗，间苗就是用锄头把多余的去掉。

焦：来先生说他还会赶牛车。比如去太平村买口粮就得借队里的牛车沿着大河堤走十几里路，刚开始不会驾驭牲口，担心车翻下河，所以不敢坐在车上，而是跟着牛车往返走二三十里地，后来不但学会了赶车，还学会了装车卸车的活儿。来先生回校以后，系里派他和七四级的工农兵学员"开门办学"到农村支援麦收，听他们班同学说，当时要把地里割下来的麦子运到场上，来先生帮助老乡装了车以后，还能用绳子把整车麦垛捆好、系好，老乡说你们这个老师真行，这手农活儿就是在当地农村也不是人人都会干的。

焦：下放干部出工也挣工分吗？

于：挣啊，因为要凭工分分些东西什么的，生产队对下放人员一般还是照顾的，比如分配一些稍微轻松点儿的活儿。

焦：我记得来先生说刚去时让他给大家往地里送干粮，说这也是一种对他的照顾。

于：是。翟庄子有的地很远，差不多离村得十多里地，往往一早出工，在外边一干就是一天，下晚才回家，午饭就得有人送。负责送饭的人得先到各家敛干粮，集中在一起再送到干活儿的地方。农忙时队里还煮些绿豆汤什么的这些稀的送到地里去，其实这活儿也不轻松。

焦：一般这样的活儿能得多少工分？

于：原来光凭种地，自然条件又不好，指着工分过日子，老百姓的日子挺苦的。后来有知青下乡，帮着联系了一些副业，村里有了弹簧厂、餐具加工厂等，到了冬天弄了三辆马车到市里搞运输。有了副业收入，老乡们到年底就可以多分点儿，好的时候分值可以达到八九角钱，你想想当年一个整劳力如果平均一个月能有二三十元的收入正经是个钱呢！当地壮劳力每个工 10 分，这些下放干部虽然脏活累活一样干，并不计较工分，一般出工会给记 7 分，7 分是妇女的最高分，当地叫作"娘妈分"。用这个工分在队里分个瓜果蔬菜的也可以了。

焦：你们那时生活方便吗？

于：跟老乡一样，没有自来水，得自己挑水吃。我们吃国家供应的口粮，每月得到距离翟庄子二十来里的太平村（公社所在地）买当月的粮食。翟庄子村北边有子牙河，南边有沧浪渠，当地老乡很多都会打鱼，平时买些老乡的土产，所以小鱼小虾还能常吃到。

翟庄子交通比较闭塞，有一条大河堤是通向外边主要的路，黄土路一到雨天就泥泞不堪，干了以后就是凹凸不平的搓板路。如果回市里，要从翟庄子走十二里路到窦庄子，再从窦庄子走八里路到太平村，那里有长途汽车站（每天只有两趟车），从太平村上车后经咸水沽转车，再坐两个多小时"郊二"长途汽车，到小刘庄长途汽车终点站，就算到市里了，光一个单程就得大半天儿时间。

焦：来先生说过那时李老师常回市里，天气好时来先生用自行车驮着李老师走大河堤，把李老师送到太平村去乘长途汽车。听李老师说，当时的路太难走了，每次坐自行车"二等"（自行车后架）上走河堤心里吓得要死。

焦：那时常回市里来吗？

于：不常回来，来伯伯也很少回。因为来伯伯还有父母在市里，年岁很大了，一般到春节时他才回天津看看。

焦：听来先生说冬天农活不多，有活才去，看书的时候就多了，所以可以利用农闲看书写东西。他说有一年冬天李老师先回天津了，他为了整理被红卫兵烧坏的旧稿，一个人直到年根底下才回来。正好刚下了一场大雪，公路被汽车压成了冰板，他骑着自行车，还驮着 50 斤白菜，骑了一百多里回到市区福中里的父母家，路远，又怕滑倒，一路小心翼翼，晚上到家时身上的衬衣都让汗水湿透了。

于：我们知道来伯伯学问没放下，看见过他看书，但没看到过他写东西，也许都是在晚上进行吧。我们住得近，有时边说笑着去来伯伯那儿，李阿姨听见了会出来"嘘"我们，让小声点，那一定是来伯伯在看书写作了。我觉得来伯伯在农村这几年虽然生活艰苦，务农很累，但应该说还是比较松心的，起码那里不像在学校整天搞运动、挨批判了。

焦：来先生平时给人印象是什么样的？

于：来伯伯平时按时出工，和大伙儿一起干活儿，可能因为还是属于下放人员吧，平时话不多，但也有较真儿的时候。有一回工间休息，议论起民国时期的事，谈到辛亥革命、袁世凯什么的，记不清是谁谈了什么看法，来伯伯说不对，争论了半天，来伯伯说我是搞历史的，而且就是研究这一段的，我说的都有根据，应该如何如何。这时候看得出来，在来伯伯身上体现了知识分子对学问一点儿不含糊。

　　焦：来先生虽然下放到农村去劳动，而且还是在"文革"当中，但他对治学还是没有灰心的。李老师曾和我说起过有一次来先生去砖窑干活儿，忽然一摞四块砖掉下来，正落在来先生头上，因为是平着掉下来的，当时头虽然没有砸破，但被砸晕了，被老乡们送回来，队里让在家休息，等人们刚一走，来先生马上从炕上爬起来拿出一本书翻开来看，虽然头晕眼花，但感到自己思维、视力没有出现问题才放下心来，又躺下休息。这说明他是不甘心被剥夺治学的权利的。

　　于：翟庄子是有个砖厂，是利用荒滩的土制砖坯，烧窑在另外的地方，这也是队里的副业。

　　焦：去年春天我去了一趟翟庄子，采访了来先生的房东白树发夫妇、当时的大队书记解树元等，还见到了翟庄子学校的赵校长，他特别说到了你妹妹，曾经是他的学生，当时学习很优秀。

　　于：我妹妹乔珊珊当时还是小学生，就跟我父母一起下放了，她学习挺好，爱学外语，可当地条件有限，于是就找来伯伯给她辅导英语发音。珊珊总去找来伯伯，来伯伯和李阿姨特别喜欢她，来伯伯不但给她辅导英语，李阿姨做了好吃的还总喊她去，而对我们男孩子就说我们爱调皮。珊珊一直学习很努力，回天津后考上大学，又出国留学，很有成就。

　　焦：那几年和老乡关系怎么样？

　　于：刚才说到了，当地过去很穷，民风彪悍，但也很朴实。尤其我们刚下放到村里时，人生地不熟的，一切都得从头开始，要说困难是困难，更何况当时还在"文革"当中，但乡下的环境、人际关系不像学校那么复杂。人心换人心吧，再说我父母、来伯伯整天和老乡一起出工干活儿，出汗出力的，所以相处得不错，回城后还有老乡来看我们。

　　焦：是啊，听来先生说那时候乡下生活苦，这些下放人员因为有工资，就总有人来借钱，甚至有时生产队一时周转不过来时也来借钱，常常是借了还，还了再借，但无论是私人还是公家（生产队），借了钱从不赖账，一定会还。所以来先生说翟庄子人守信用，很纯朴。2008年春天，来先生回了一趟翟庄子，看望了房东白树发一家。三十多年过去了，翟庄子的变化让来先生很感慨，回来后写了一篇《重回翟庄子》刊登在《今晚报》上。2013年5月，赵校长的儿子赵万新夫妇开车接来先生又回去一次，到现在还常送些土特产来。

　　焦：你还记得下放人员是怎样回城的吗？

　　于：那时就是有了政策，这些人就回来了。来伯伯比我们家回来得早（焦：是七四年），记得是秋天，天气有点凉了，我还跟着帮忙搬家。来伯伯走了以后，我们是七五年离开翟庄子的,而且还是先被大港油田接收,我也算是被选调一起去了油田,后来才调回南开的。回校以后我们两家还常有走动。后来又都住在北村,前后楼住着,而且我母亲和来伯伯都属于离休支部的,一直来来往往,关系很好。最近两年,我母亲和来伯伯先后走了,他们都是高龄去世的,可见他们能熬过那个年代是多么不容易!

2008 年 10 月在淄博参加第六届全国民间读书年会后游览周村老街时推车忆当年。

2013 年 5 月再回"文革"下放的津郊翟庄子探望房东和乡亲们,左二为当年房东。

关于为"八·七事件"受迫害同志平反的决定

无产阶级文化大革命初期，林彪、"四人帮"推行假左真右的反革命修正主义路线，严重干扰破坏毛主席的革命路线。鼓吹"怀疑一切，打倒一切"。抛出反动的"黑线专政论"，全盘否定建国以来文教战线在毛主席领导下取得的伟大成绩；提出"要革革过命的人的命"的反动口号。疯狂打击迫害广大干部和知识分子。"四人帮"的狗头军师、叛徒、特务张春桥，唯恐天下不乱，煽动"乱箭齐发"。借"横扫一切牛鬼蛇神"之名，打击革命群众。在这条反动路线影响下，1966 年 8 月 7 日在我校也组织了所谓"八·七开花"，大批干部、教师打成"牛鬼蛇神"、"反动权威"、"修正主义分子"、"何娄黑帮"等等。约有 180 多人被揪斗、抄家、剃阴阳头、挂牌子戴高帽游街，打入"牛棚"劳改。使他们受到严重迫害，家属亲友受株连。有的遭受毒打、罚跪，身心受到残酷折磨，以致被迫害致死。

根据华主席、党中央关于落实党的干部政策和知识分子政策的指示精神，经过复查，所谓"八·七开花"，是林彪、"四人帮"假左真右反革命路线的产物。纯属错案、冤案、假案。党委决定：对"八·七开花"受打击迫害的同志彻底平反，为受迫害致死的同志予以昭雪，彻底推倒强加在他们身上的一切诬蔑不实之词，给予恢复名誉，消除影响。

有历史问题和其他问题的另作复查处理。

中共南开大学委员会（盖章）
1978 年 10 月 9 日

南开大学档案馆藏档

关于为"八七开花"中我系被迫害的同志平反的决定

　　文化大革命初期，在林彪、"四人帮"反革命修正主义路线的干扰破坏下，1966 年 8 月 7 日，魏宏运、于可、郑天挺、巩绍英、李琛、陈文林、辜燮高、来新夏、周基堃、沙林、杨翼骧、杨志玖、王玉哲、黎国彬、陈枎、冯承柏、王敦书等十七位同志被诬为"牛鬼蛇神"，关进"牛棚"，劳动改造，以后这些同志又在文化革命的各个阶段中遭到打击和迫害，其中大多数同志被抄家、隔离审查、多次批斗，有的甚至遭到毒打，使他们在政治上、精神上受到严重摧残，亲属受到株连。

　　遵照华主席、党中央关于落实干部和知识分子政策的指示精神，经复查，此案纯属冤案。根据党委决定，党总支为上述十七位同志公开平反，恢复名誉，强加给这些同志的一切诬陷不实之词全部推倒，与此有关的材料全部销毁，并为受株连的亲属消除影响。

中共南开大学历史系总支（盖章）
1978 年 10 月 17 日

南开大学档案馆藏档

我介绍来新夏教授入党

李 原

1983 年初，中央决定从云南省委调我到天津南开大学任党委书记。

当时，中央提出要解决知识分子入党难的问题，大学首当其冲。我到任以后，立即将这项工作列为党委的重要议事日程，着手进行解决。

那时的南开大学和全国一样，在"文化大革命"结束以后，经过拨乱反正和治理整顿，呈现出一派新气象。一方面全校广大教师为此而欢欣鼓舞，另一方面人们心中的阴影和疑虑还未完全根除。特别是一些教授由于长期受压，历次政治运动都被列为改造教育的对象，资产阶级知识分子、臭老九等阴影还一直有形或无形地压在他们头上。许多人也还存在知识分子长期接受资产阶级教育，名利思想、个人主义比较严重的错误认识和文人相轻、骄傲自大、很难团结的偏见。一谈到知识分子入党问题都退避三舍，部分同志也存在畏难情绪。

邓小平同志复出以后，经过拨乱反正，提出科学技术是第一生产力。全社会尊重知识、重视人才的风气正在形成，正确对待知识分子，解决多年来知识分子入党难的问题已成共识。

正是在这个时候，来新夏教授再一次提出了入党请求。那时，来教授正值盛年，是南开大学历史系教授、图书馆学系主任、图书馆馆长。在历史学、古文献学等方面都有很高的造诣，教学和研究都取得了相当成就，学术成果显著。特别令人感动的是，早在 1956 年来教授就提出了入党申请，但一直由于这种那种所谓"理由"而未能解决。更令人钦佩的是，他在历次政治运动中都是审查教育的对象，"文化大革命"中更遭受了严重的迫害，但他百折不挠，始终没有动摇对党的信念。正是这样一位教学研究成绩突出，热爱祖国、热爱党，有一定代表性的、提出入党申请多年的老知识分子，入党问题竟一直得不到解决。

作为党委书记，我愉快地愿意做来先生的入党介绍人。鉴于我当时所处的位置，也想通过介绍来教授入党，具体了解一下大学里知识分子入党难的主要症结在哪？障碍究竟是什么？

经过进行深入、细致的调查研究，我了解到，在学校中有些人认为，许多教授都是旧知识分子，大多出身不好，成分较高，历史和社会关系复杂，有的在海外和台湾还有亲朋故旧，解放以来一直是被怀疑和审查的对象；还有人认为这些教授受资产阶级思想影响多年，虽然在教学和科研上有成就，但骄傲自大，难以驾驭；同时认为，要解决这些人入党问题需要对每人的情况进行调查了解，长期考察，工作难度较大等。根本的问题还是没有从"左"的思想束缚当中解放出来。许多同志，特别是一些领导同志思想上对广大知识分子的问题还存有偏见、怀疑，在解决知识分子入党问题上还有这样或那样的顾虑。特别一听群众对某个人的反映，一征求意见，意见不一，说什么的都有，就把自己吓住了。

面对这样的情况，我认为这些问题不难解决，关键是我们采取什么样的态度来对待，在很多问题上党的政策是非常清楚的，重要的是要克服"左"的思想影响，知难而进，许多问题必须在实际工作中加以解决。

1984 年老教授入党座谈会，后排左起：定光桂、朱维之、来新夏、吴廷璆、鲍觉民、李原（时任校党委书记），前左赵景元，前右龙吟。

对此，在来教授入党问题上，我态度鲜明，明确表示：一、我和另外一位同志都愿做来教授入党介绍人；二、要严格按照党章规定履行一切手续；三、必须经过严格的组织考察，由基层支部提出意见，经过支部大会讨论通过；四、要来先生对自己进行严格的剖析。经过这样一个过程，来教授以他对党的坚定信念，历经磨难，初衷不改，在支部召开的会议上多次分析解剖自己，坦诚地向党组织和同志陈述自己的思想，许多同志被感动得流下热泪。经过长期考验和严格的组织考查，来教授终于在 1984 年 11 月光荣地成为中国共产党的正式党员，他二十八年的愿望终于得以实现。

光阴荏苒，往事如昨，至今每当回忆起介绍来教授入党的往事，我一直感到无比的欣慰，同时心中也潮涌着无尽的感慨。

作者为南开大学原党委书记、天津市人大常委会副主任。

本文原刊于《来新夏教授学术研讨会纪念集》，南开大学地方文献研究室编，新疆大学出版社 2002 年版。

美国华人图书馆员协会
（Chinese American Librarian Association）

授予来新夏教授"杰出贡献奖"的通知

亲爱的来新夏教授，

我们很高兴地通知您，您被评为 2002 年度美国华人图书馆员协会"杰出贡献奖"。祝贺您！

2002 年度的"杰出贡献奖"是对您长期以来在图书馆事业和学术研究方面的卓越成就的肯定。正式的颁奖典礼将于 2002 年 6 月 16 日在乔治亚州的亚特兰大华人图书馆员协会的年会晚宴上举行。我们诚挚地邀请您参加颁奖典礼。

华人图书馆员协会有着三十多年的悠久历史。她始终致力于发展美籍华人图书馆事业和中华图书馆事业。"杰出贡献奖"是协会颁发的最高奖励，每年授予一位对图书馆事业做出卓越贡献的个人。奖励委员会仔细审阅了您在图书馆领域的杰出贡献，并将您推荐给协会理事会。我们很高兴，理事会批准了我们的推荐。

您作为著名的历史学家、著作等身的作者、有远见的图书馆领导者的杰出成就，的确令人难忘。您 1984—1992 年间担任南开大学图书馆学系系主任、南开大学图书馆馆长、南开大学出版社社长。作为图书馆馆长，您带领南开大学图书馆取得了辉煌的业绩，包括建成了南开新馆，建设了丰富的馆藏。作为图书馆学系的系主任，您聚拢了一支精干的教师队伍，为中国图书馆事业和图书馆教育培育了一大批人才。您使南开大学图书馆学系成为国际知名图书馆学教育机构，与国外建立了广泛的合作关系。您慷慨地接纳了来自中国其他地区及日本、美国等国家和地区的访问学者。您 1992 年退休，但此后您依然孜孜不倦地致力于图书馆学的教学、研究、写作和指导工作。

您为中美图书馆教育及实践的合作做出了引人注目的贡献。您曾经作为"美国教育参观访问团"的主要成员访问了美国和（中国）香港的很多大学，领导发起了与美国图书馆界的广泛合作。1991 年，您是哥伦比亚大学东方研究图书馆和东方研究所的访问学者，1993 年您成为俄亥俄大学图书馆海外华人文献研究中心的顾问。半个多世纪以来，您的著作始终是最主要的参考用书。

您作为学者、研究者和领导者的成就，在此不胜枚举。您对中国、日本和美国的杰出贡献使您成为这次"杰出贡献奖"当之无愧的得主。能授予您此奖，我们感到不胜荣幸。

原载于《来新夏教授学术研讨会纪念集》，南开大学地方文献研究室编，新疆大学出版社 2002 年版。

"杰出贡献奖"奖牌。

2002 年 2 月 17 日北京大学图书馆原馆长庄守经教授在乔治亚州的亚特兰大华人图书馆员协会年会上，代表来新夏先生接受 CALA 颁发的"杰出贡献奖"。

二　来先生与南开历史学

来新夏与中国近代史研究

周新国　弓　楷

【摘要】来新夏是中国当代在海内外具有重要影响的著名历史学家，特别是他对中国近代史研究（包括晚清阶段和民国初期的历史研究），无论是在以其个人的研究成果开拓研究领域方面，还是以其声望与影响推动研究事业的发展而论，都成果丰硕，贡献卓著，实执史学界之牛耳。纵观来新夏的学术之路，大致经历了四个阶段，依次是：起步阶段（20 世纪 50 年代至 60 年代初）、沉寂阶段（20 世纪 60 年代初至 70 年代末）、发展阶段（20 世纪 80 年代到 90 年代初）和高峰阶段（20 世纪 90 年代中期到 21 世纪初）。来新夏在学术研究的过程中，既获得了巨大的学术成就，更逐渐形成了鲜明的治史风格，其主要表现在四个方面：首先，重视史料的搜集、整理，持之以恒的坚韧精神；其次，重视理论的研究，客观公允的治史品格；再次，奠基铺路，嘉惠后学的奉献精神；最后，敬仰先贤，传承中华优秀传统文化的民族情愫。

【关键词】来新夏；中国近代史；治史风格

一、来新夏治中国近代史的渊源

来新夏（1923—2014），字弢盦，号邃谷，浙江萧山人。1923 年出生于浙江省杭州市，1946 年毕业于北平辅仁大学历史学系，1951 年始任教于南开大学，历任南开大学历史学教授、校务委员、校图书馆馆长、校出版社社长兼总编辑、图书馆学情报学系主任、教育部地方文献研究室主任等职，主要从事历史学、方志学、图书文献学等研究，被学界赞誉为"纵横三学"的著名学者。来新夏主要编著有《北洋军阀史》《古典目录学》《方志学概论》等，另撰有大量学术随笔，汇编成集的有《学不厌集》《邃谷四说》《不辍集》等。

来新夏走上史学之路，尤其近代史成为其学术研究的重心，是因为其深受幼年环境，少年、青年时代学习和生活道路的影响。来新夏出生于书香世家，他的祖父来裕恂先生是经学大师俞樾的弟子，后考中秀才，具有深厚的国学功底。但来裕恂先生也曾东渡日本，接受西学洗礼，回国后加入光复会，在家乡推行新式教育，编著有《汉文典》《匏园诗集》和《萧山县志稿》等。作为新旧兼具的知识分子，他亲自对来新夏进行启蒙教学，一面安排来新夏熟读《三字经》《龙文鞭影》《幼学琼林》等传统蒙学书籍，一面又讲述明治维新、戊戌变法等史事。这样，来新夏从小耳濡目染，对历史产生了特殊的兴趣和爱好。随着年龄的增长，来新夏进入中学，对历史的爱好与日俱增，读过很多演义性的历史读物。高中时，来新夏在谢国捷老师（著名史学家谢国桢六弟）帮助和指导下，开始阅读二十四史，并撰写了第一篇史学论文《汉唐改元释例》，后又完成并发表了《诗经的删诗问题》《桐城派古文义法》等多篇文章。这些成果促使来新夏决心学习历史，后顺利考入北平辅仁大学历史学系。

1942 至 1946 年，来新夏就读于北平辅仁大学，接受传统史学的科班训练。当时正值抗日战争时期，辅仁大学作为德国教会学校，因德国与日本同属轴心国的关系，很少受到日军的干扰，所以当时留在北京而又不愿任伪职的学人纷纷任教于辅仁，一时名师云集，文史方面就有陈垣、余嘉锡、朱师辙和启功等名家。在这一环境熏陶下，来新夏打下了扎实的学术基础。来新夏从北平辅仁大学毕业后，任教于天津新学中学（前身为新学书院）。

1949 年，天津解放后，来新夏被选送至北京华北大学第二部学习，半年后被留在由该校副校长范文澜主持的历史研究室，做一名研究生。当时，历史研究室分通史和近代史两个方向，来新夏被指定到近代史方向。从此，来新夏从原来致力研究的汉唐史领域转向中国近代史领域，并直接受教于著名马克思主义史学家范文澜教授。在历史研究室里，范文澜教授"对属下的研究人员，要求甚严，平时不许随意上街闲逛，对研究生更不许看影剧，怕分散心志。拿出去发表的东西，他都帮助审阅和修改"①。范文澜教授提倡的"二冷"②精神给了来新夏以深刻的教育，加深了日后治学中的"求实"信念。来新夏感慨道："后来想想，还是受益匪浅。不是严格的管理，当时我们就荒废掉了。"③

---

① 韩淑举：《人生也就如此——访南开大学教授来新夏先生》，《山东图书馆学刊》2010 年第 4 期，第 1—5 页。

② "一冷是坐冷板凳，二冷是吃冷猪肉。坐冷板凳，是说做学问要耐的住寂寞；吃冷猪肉，是说你真有成绩，总有人会承认你，请你入孔庙，吃冷猪肉。"见谭汝为：《满目春光来新夏—来新夏教授的人格与文品》，《社会科学论坛》2012 年第 8 期，第 90—105 页。

③ 郑士波：《淡看人生乐通达——访南开大学来新夏教授》，《学习博览》2012 年第 9 期，第 10—15 页。

在范文澜教授直接指导下，来新夏完成了一篇纪念太平天国起义 100 周年的文章，也是他在中国近代史领域中的第一篇论文——《太平天国底商业政策》，后署名禹一宁，收入《太平天国革命运动论文集》。除此之外，来新夏在历史研究室的主要工作是整理北洋军阀统治时期的档案。后来新夏在回忆其一生学术之路时，曾说道："我后半生从事中国近代史的教学与研究以及对北洋军阀史的专门研究，都是范老的决定，开辟了我一生的学术道路。"①

二、来新夏治中国近代史的几个历史阶段

纵观来新夏的学术之路，他对中国近代历史的研究相对地集中于清朝晚期至民国初期这一历史阶段，而林则徐研究、北洋军阀史研究又是来新夏治近代史最为显著的成果。

1. 起步阶段（20 世纪 50 年代至 60 年代初）

这个阶段，来新夏对中国近代史的研究，包括为《林文忠公年谱》笺注、编撰《林则徐年谱》、整理北洋军阀档案、发表《北洋军阀统治时期》的讲课记录、编撰《中国近代史资料丛刊·北洋军阀》（中辍）以及撰写开拓性的《北洋军阀史略》为主。这些学术成果，为开展林则徐研究和北洋军阀史研究起到了探索和引导作用。

中国近代史，是一部中华民族抵抗外国殖民侵略以实现国家独立、民族解放，反抗封建专制统治以实现人民民主和富强的斗争史。在这波澜壮阔的时代背景下，中华民族涌现出无数英雄，林则徐便是其中杰出的一位。来新夏上中学时，每年南京国民政府都要举办"六三"禁烟纪念活动，隆重纪念民族英雄林则徐虎门销烟的壮举，来新夏对林则徐始感兴趣。大学时，来新夏阅读了魏应麒编写的《林文忠公年谱》，感觉"如此重要人物，却只有薄薄一本谱传，似难相称"②，便萌发修订的想法。20 世纪 50 年代，来新夏从事中国近代史的教学与研究工作，重索魏编，为之笺注。恰逢此时，中华书局将由中山大学历史系主编的《林则徐集》全稿送给来新夏审读，来新夏在审读的同时积累了大量资料。60 年代初，经三易其稿，来新夏终于撰成了《林则徐年谱》，约 30 余万字。但不幸的是，《林则徐年谱》在"文革"期间被焚，所幸二稿随后被来新夏

---

① 韩淑举：《人生也就如此——访南开大学教授来新夏先生》，《山东图书馆学刊》2010 年第 4 期，第 1—5 页。

② 来新夏：《林则徐年谱·序》，上海：上海人民出版社，1984 年，第 1 页。

在乱纸堆中寻得。于是，来新夏利用下放津郊务农的时间重加整理，终得恢复旧观。

1982 年 9 月在北戴河参加"全国第一次清史学术讨论会"（三排右七）。

北洋军阀史是来新夏研究近代史的核心，也是他整个学术研究的重中之重。来新夏在历史研究室的主要工作是对从一些北洋军阀人物家中和某些单位移送来的藏档进行清理和分类。这批档案有百余麻袋，杂乱无章，几乎无从下手。整理的场所是在东厂胡同旧黎元洪府第花园的八角亭，来新夏、唐彪等七人把这些档案按照档案类型如私人信札、公文批件、电报电稿、密报、图片和杂志等分别摆放到书架上，随后集中进行有关北洋军阀史资料的学习，如阅读丁文江、文公直、陶菊隐等人的著作。后来整理档案的地方搬到了面积较大的干面胡同，他们在这里将档案再次分成政治、经济、军事、文化四大类，认真阅读，分类上架。休息时，来新夏和其他同学交谈阅档所了解到的珍贵或有趣的材料，有时对自己感兴趣的还会在第二天去追踪查档，了解具体内容。

通过研读著作和整理档案材料，来新夏对北洋军阀这一近代的政治军事集团从兴起到覆灭的过程已有了一个大致轮廓的了解，对错综复杂的派系关系也掌握了基本的脉络，从而奠定了他将以一生大部分精力致力于北洋军阀史研究的基础。正如来新夏后来所说，"半年多的整档工作，虽然比较辛苦，但收获是很大的。一是我通过整档阅档活动，不知不觉地把我带进了一个从未完全涉足过的学术领域——它影响我一生的学术道路；二是我毫无愧色地以自己是新中国最早一批档案工作者而自豪。"①

1950 年初，来新夏任中国科学院历史第三所研究实习员。1951 年初，应天津南开大学历史系主任吴廷璆教授的诚邀，并经过范文澜教授同意，来新夏

---

① 来新夏：《北洋军阀史·序》，上海：东方出版中心，2011 年，第 2 页。

到南开大学历史系从事教学与研究工作。来新夏在南开大学任教后，仍然坚持北洋军阀史的研究，搜集有关资料，并开始撰写有关文章。1952 年，来新夏在《历史教学》杂志上接连发表了题为《北洋军阀统治时期》的讲课记录，叙述了北洋军阀集团从小站练兵兴起到覆灭的整个过程。尽管《北洋军阀统治时期》体系上不是很完整，内容上不是很充实，但确是来新夏第一篇北洋军阀史方面的专文。从此，来新夏正式进入了北洋军阀史研究的领域。与此同时，来新夏又得到了一次深入这一领域研究的机遇。20 世纪 50 年代初，为了更好地推动中国近代史的研究，在范文澜、翦伯赞等史学前辈的倡导和主持下，由中国史学会主编一套《中国近代史资料丛刊》，包括从鸦片战争到北洋军阀 12 个专题，分别组织专人编选。当时，北洋军阀这一专题组织了一个包括京津史学工作者在内的编委会，由荣孟源、谢国桢领衔，来新夏也受邀请名列其中，并接受委托在天津地区搜集资料。但不久，因人事变动资料搜集和编辑工作被迫中断，所搜集的图书资料全部归南开大学图书馆入藏。来新夏对此感慨道："我虽对此事的中辍抱有微憾，但却意外地接触了不少有关资料，为我日后撰写《北洋军阀史略》作了必需的准备。"①

1956 年 4 月，中国共产党提出"百花齐放、百家争鸣"的方针，学术研究呈蒸蒸日上之势。在荣孟源教授的引荐下，来新夏应湖北人民出版社之邀，准备撰写一部关于北洋军阀史的专著。于是，来新夏将之前《北洋军阀统治时期》的讲课记录进行扩大、改订和充实，终于 1957 年完成和出版了新中国第一部系统论述北洋军阀史的专著——《北洋军阀史略》。该书约 12 万字，以唯物史观为指导，运用了大量的原始资料，如档案、杂志、笔记等，将北洋军阀集团的兴衰变化作为一个历史整体进行考察，探求其成败兴亡的内在联系。《北洋军阀史略》出版后，曾受到国内外学者的极大关注。在国内，《北洋军阀史略》被作为教学和科研中最主要的参考书之一，复旦大学沈渭滨教授认为："这部著作的出版，不仅开拓了北洋军阀研究的新领域，而且也为今后学术界研究这段历史奠定了良好的基础。"②在国外，日本明治大学岩崎富久男于 1969 年翻译了此书，增加了随文插图，改名为《中國軍閥の興亡》后，先后由日本桃源社、光风社出版，成为日本学者研究北洋军阀的重要参考用书。正如来新夏所说："这部著作虽然篇幅不大，但它是我的第一部专著。我很自信，它为北洋军阀史的

① 来新夏：《北洋军阀史·序》，上海：东方出版中心，2011 年，第 3 页。

② 沈渭滨、杨勇刚：《来新夏与北洋军阀史研究》，《文汇报》1992 年 3 月 24 日，第 6 版。

研究开拓了新领域；也为后来学术界研究这段历史奠定了良好的基础。"①

2. 沉寂阶段（20世纪60年代初至70年代末）

这个阶段，来新夏学术研究相对沉寂。《纪念来新夏专辑》一书记载，其"因1946年在《文艺与生活》杂志任助理编辑四个月的'历史问题'，在审干中受到严格政治审查，一时难以定论，但仍被剥夺教学与研究工作的权利，不能参与社会活动，不能署名文章，生活待遇保留。这就是当时社会上所说的'挂起来'，正式名称是'内控'。"②从20世纪60年代初至70年代末，前后达十八年之久，问题才得以解决。来新夏在此期间遭受种种不公正的待遇，其在"文化大革命"中，被宣布为"牛鬼蛇神"，受到点名批判，不时被揪去接受批斗，且被罚在校园内清扫道路及厕所；1970年夏又被下放到天津南郊区太平村公社翟庄子大队插队落户。其人生的谷底也是其学术研究的沉寂时期。

尽管如此，来新夏仍在极其艰难的困境中坚持学术研究。1960至1961年《林则徐年谱》初稿30万字修改完成，1962年完成了50万字的草稿本《清人年谱知见录》和《结网录》等二稿，在"文革"中均焚毁。1964年在《清人年谱知见录》基础上修改完成并易名为《近三百年人物年谱知见录》定稿，1966年数遭红卫兵以破四旧为名打砸抢，均付之丙丁，存踪者片纸寸笺而已。1969年，其著《北洋军阀史略》被日本明治大学教授岩崎富久男译为日文，由日本桃源社出版，颇受日本学术界重视。1970至1974年，来新夏携妻李贞下放天津南郊区太平村公社翟庄子大队落户，期间除每日下地劳动外，每晚坚持整理残稿《林则徐年谱》《近三百年人物年谱知见录》，同时在1973至1974年开始撰写《古典目录学浅说》初稿。1974年，奉命由农村返回学校，参加《曹操诸葛亮选集》校注工作，1977年奉命参加刘泽华任主编的《中国古代史》新教材编写工作。1978年3月，为历史系开设"古典目录学"课程，同年10月南开大学历史系党总支宣布《关于为八七开花中我系被迫害的同志平反的决定》。1979年来新夏恢复原有教学和科研工作。蹉跎岁月，前后达十八年之久。正如启功先生所说："王宝钏寒窑十八年，终有这一天。"③

---

① 来新夏：《北洋军阀史·序》，上海：东方出版中心，2011年，第3页。

② 杭州市萧山区人民政府地方志办公室等编：《萧山记忆》第8辑（纪念来新夏专辑），杭州：浙江人民出版社2015年版，第175页。

③ 杭州市萧山区人民政府地方志办公室等编：《萧山记忆》第8辑（纪念来新夏专辑），杭州：浙江人民出版社，2015年版，第175页。

3. 发展阶段（20 世纪 80 年代到 90 年代初）

这个阶段，来新夏对中国近代史的研究以出版《林则徐年谱》、编撰《林则徐年谱》（增订本）、主编《北洋军阀史稿》《中国近代史料丛刊·北洋军阀》和《天津近代史》为主。这些学术成果，为他进行林则徐和北洋军阀史的深入研究奠定了扎实的基础。

1981 年，来新夏在好友汤纲教授引荐下，将完稿近二十年的《林则徐年谱》交由上海人民出版社出版。该书是新中国成立以来最早面世的一部林则徐年谱，约 34 万字，征引资料达 160 余种，将林则徐置于 19 世纪中叶错综复杂、风云变幻的背景下来叙述，使林则徐的言论和行动能与整个时代、社会、民族有血有肉地联系起来。李苹教授曾评价《林则徐年谱》"是一份爱国主义的生动教材"，该书具有三大特点："第一个特点，资料丰富，诗文并茂；第二个特点，夹叙夹议，考释精当；第三个特点，主题突出，形象丰满。"①

1982 年冬，"鸦片战争与林则徐学术讨论会"在福州举行。在此次会议上，来新夏的《林则徐年谱》受到一致好评，鉴于此，会议决定把该书的增订本列入 1985 年召开的"林则徐诞辰二百周年纪念学术讨论会"的出版规划中。之后仅一年多时间，来新夏就完成了修订工作——《林则徐年谱》（增订本）。全书约 45 万字，征引国内外资料达 220 余种，由上海人民出版社再版。此次增订不但增加了若干旧籍文献，还将新发现的手札、碑刻等文物资料，经认真考订后纳入其中，而且所征引资料均注明出处，以便开拓读者的研究视野。

70 年代末，随着政治气氛的宽松，民国史研究兴起，有关北洋军阀史的历史资料也日见丰富。在此背景之下，来新夏重理旧业，参与了北洋军阀史的研究对象、阶段划分、北洋军阀特点、作用，以及对"军阀""北洋军阀""北洋军阀史"和"北洋军阀统治时期史"概念的界定等一系列理论问题的探讨，对这些理论问题发表了多篇高质量的学术论文。

此后，在旧雨新知的关注、鼓励和帮助下，来新夏翻阅了大量文献著述、已刊和未刊历史档案、报刊杂志、方志笔记和文集传记等文献资料，对北洋军阀的研究对象、范围、分期、特点、地位、影响及其阶级基础等重大问题进行了再研究，并于 1983 年完成了《北洋军阀史稿》的编写工作，该书仍由湖北人民出版社出版。全书约 36 万字，比先前《北洋军阀史略》，不仅篇幅增大，条理更加清晰，论证更加缜密，而且论述范围也有所扩展。在书中，来新夏对中

---

① 李苹：《一份爱国主义的生动教材——评〈林则徐年谱〉》，《江海学刊》1982 年第 3 期，第 46—47 页。

国各派反军阀统治力量的斗争史和有关历史人物的活动方面，军阀混战的具体战役、战斗方面，北洋军阀集团与帝国主义侵略势力的关系方面，都有较多的增加和拓展，并附有"大事年表"和"北洋军阀人物小志"，方便读者检索利用。中国社会科学院近代史研究所孙思白教授读完《北洋军阀史稿》后，将它与先前《北洋军阀史略》作比较，认为有四点不同："第一，补充运用了已刊的档案、未刊的资料和译稿；第二，吸取了回忆性文章和近年来的研究成果；第三，对若干问题作出了新的分析和论断；第四，丰富了若干具体情节内容。"①人民出版社编审乔还田评价道，《北洋军阀史稿》的价值"并不仅仅在于它的'筚路蓝缕'之劳。更重要的是，作者在系统论述北洋军阀何以兴起、发展、形成、掌权直至覆灭，以及由他们创造和影响的各种内外纷争与错综复杂关系所形成的种种社会现象时，刻意钻研，提出了不少独到的见解。本书还以分析深入细致而见长"②对此，来新夏也确信"这在当时确是这方面唯一的一部专著，对军阀史和民国史研究的深入开展起到了推动和促进作用"③。

《北洋军阀史稿》完成后，来新夏感觉当时北洋军阀史研究资料不够全面，亟需一部比较完整和系统的资料汇编，产生了继续编纂《中国近代史资料丛刊·北洋军阀》的想法。此外，北洋军阀专题是中国近代史资料丛刊的最后一个专题，由于这一专题编撰的中辍，致使中国近代史料丛刊未能及时配套。1985年秋，上海人民出版社为补足这套丛刊，特派该社编审叶亚廉躬临天津，与来新夏面商北洋军阀资料的编辑问题，并有多次信件往还。1986年初，来新夏借赴沪出席中国文化史国际学术讨论会之机，与上海人民出版社负责人就编辑问题作进一步的具体磋商，并订立了编辑出版协议。鉴于教学与研究的迫切需要，来新夏不能不力求在较短时间内完成这一资料的选编工作。于是，来新夏力邀张树勇、焦静宜和娄向哲等一批中青年学者参与资料的编撰，并身兼多职，既负责全书的编辑体例、选材取舍和审定全稿工作，又承担具体分册的编选、整理、标点工作。经过不懈努力，历时七年到1993年，《中国近代史资料丛刊·北洋军阀》的正式出版，为《中国近代史丛刊》画上了圆满的句号。

来新夏主编的《中国近代史资料丛刊·北洋军阀》共5册，达300余万字，前4册按北洋军阀的兴亡历程分四个阶段，并围绕各阶段中的几个重要问题分

① 孙思白：《北洋军阀史稿》序，武汉：湖北人民出版社，1983年，第2—3页。

② 乔还田：《读〈北洋军阀史稿〉》，《人民日报》1985年3月15日，第5版。

③ 来新夏：《我与北洋军阀史研究——〈北洋军阀史〉的撰写缘由》，《学术界》2001年第5期，第249—253页。

别选编六七十万字不等，各成一册；第五册则包括军阀人物传记、大事记、书目提要、论文摘要与附表等。在这套资料书全部出版后，莫建来教授对这套资料的特点进行了点评："第一，资料的收录紧紧围绕北洋军阀兴亡这一主线；第二，资料的选录范围相当广泛，涉及档案、传记、专集、杂著、报刊和汇编等方面；第三，入选的资料均经严格筛选和整理校订，可供研究者直接利用。"①这套资料的编辑完成，大大推动了北洋军阀史的研究，为研究者提供了丰实的资料。

来新夏潜研学术的同时，也热心参与中国近代史领域中的几次重大讨论，如中国近代史分期、太平天国革命性质等问题，通过学术交流和探讨来提高自己的专业水平。来新夏在史学研究方面除专著外，还在国内重要专业刊物上发表过数十篇论文，均以翔实的史料及流畅的文笔著称于世，他将有关近代史的论文收录于《中国近代史述丛》，由齐鲁书社于 1983 年出版。

1989 年 5 月在珠海召开的民国人物唐绍仪学术讨论会上发言（右为中国现代史学会理事长李新）。

此外，来新夏还投身于地方教材的编撰。1986 年，来新夏受天津市委、市政府委托，主编《天津近代史》。来新夏认为，"近代天津无疑是近代中国的缩影，因为中国近代史中的重大历史事件、社会经济的各种变化以及重要历史人物的活动都在天津近代史中有所反映，留下了历史的痕迹。所以研究和编写天津近代史不仅有益于理解中国近代史，而且还将提供一部信而可征的乡土教材。"②在编写过程中，来新夏始终践行着这一指导思想。该书征引资料达 200 多种，约 29 万字，并有图片和附表，对自 1840 年至 1919 年间天津近代历史中政治、经济、文化诸方面进行具体分析和系统阐述，并对若干重要史事和历史人物作出较恰当的评论，使大众更深刻地了解近代天津的发展历程。

---

① 莫建来：《一部蕴藏丰富、编选科学的史料巨著：〈中国近代史资料丛刊·北洋军阀〉简介》，《民国档案》1994 年第 3 期，第 124—127 页。

② 来新夏：《天津近代史》，天津：南开大学出版社，1987 年，第 1 页。

4. 高峰阶段（20 世纪 90 年代中期到 21 世纪初）

在这个阶段，来新夏对中国近代史的研究以出版《林则徐年谱新编》、主持编纂《林则徐全集》、主编《林则徐年谱长编》和通史性的《北洋军阀史》为主。这些学术活动，使林则徐和北洋军阀史研究跃上了新台阶。

1997 年，香港回归。在这样的氛围下，人们对在鸦片战争中坚决抵抗外悔、历尽艰辛的民族英雄林则徐格外怀念。来新夏编撰的《林则徐年谱新编》由南开大学出版社出版，该书的出版适逢其时。此书告成于 1997 年香港回归祖国之日，来新夏在书中表达了他新编林谱的初衷："林公鸦战遗恨，从此湔雪；我则摩挲《新编》以祭林公。林公有知，歆其来格！"①该书征引资料达 270 余种，约 67 万字，搜集考订了大量珍贵的第一手资料，增补了各地博物馆及文化部门提供的实物资料。在来新夏的林则徐研究进入全面收获期的时候，他又承担了编纂《林则徐全集》的组织工作。来新夏作为编委会的召集人，与其他编委齐心协力，历时六年，终于在 2002 年 9 月完成了《林则徐全集》的编纂工作。《林则徐全集》400 余万字，分为奏折、文录、诗词、信札、日记、译编六个部分，另有书法专卷。

1997 年香港回归前夕《林则徐年谱新编》出版座谈会留影（左三为林则徐六世孙、中国驻联合国大使凌青，左四为南开大学校长侯自新）。

---

① 来新夏：《林则徐新编·序》，天津：南开大学出版社，1997 年，第 3 页。

然而，来新夏并不满足于此，而是力图将林则徐研究推向更高、更深的境界。2003 年，全国"林则徐与江苏"学术研讨会在江苏姜堰举行，来新夏以书面发言形式首先提出了林则徐研究应作为专门学来研究的倡议。随后，来新夏又在《光明日报》发表了题为《林则徐研究与林学研究》的长文，进一步论证林则徐研究已具备作为专学研究的条件，重申建立"林学"研究的主张，并从五个方面阐述了建立林则徐专门学研究体系的具体意见，再次呼吁通过加强对这位中华民族有代表性的历史人物的研究，以增强中华民族的凝聚力，激励后人奋发前进。2008 年，来新夏借上海交通大学出版社编审冯勤邀稿之机，将《林则徐年谱新编》重新审核、增补内容，于 2011 年完成《林则徐年谱长编》一书的编撰。全书约 86 万字，征集了包括奏议、公牍、诗文、日记、书札等大量第一手资料，对林则徐有关资料、事迹多有考证，并引述学界最新成果，是目前研究林则徐最完整的编年文献。

　　在北洋军阀史研究方面，来新夏既编写了专著，也编纂了资料汇编，应该说，该领域的研究已经基本完备了。但是，来新夏认为，"应该再努力以赴，把《北洋军阀史稿》撰写为真正意义上的通史性著述——《北洋军阀史》。于是重读《北洋军阀史稿》，发现确有增订余地，反复思考，重新草拟写作提要。"[①]为此，来新夏邀请焦静宜、莫建来、张树勇等一批中青年学者，还有日本中国近代史学者水野明、贵志俊彦等一起合作，从 1994 年开始，至 2000 年出版，耗时六年，搜集资料，考订章节，润色修改。与《北洋军阀史略》和《北洋军阀史稿》这两部专著相比，《北洋军阀史》一书体系更加完善，详细地记叙了北洋军阀集团的兴起、发展、派系纷争、衰落直至灭亡的整个过程。这部《北洋军阀史》出版后，好评如潮。《北京日报》《历史教学》等报刊随后也均有报道。这部著作也引起了国内著名学者的高度关注，他们撰写专文进行了评价，如中国人民大学历史系教授、著名史学家戴逸评论《北洋军阀史》的三个优点是："内容充实，史事详明，条理清晰；史料丰富，辩证考信，根据充分；观点鲜明，颇多新意。"[②]天津社会科学院研究员罗澍伟也对此书进行了点评，"《北洋军阀史》是迄今为止研究北洋军阀最为详尽的著作，代表了作者几十年的学术功力。是书对于北洋军阀的出现，能够沿波讨源，钩沉致远；对于北洋军阀的统治，能够条分缕析，剖毫析芒。'绪论'高屋建瓴，笔补造化，对此前的北洋军阀研

　　① 来新夏：《我与北洋军阀史研究——〈北洋军阀史〉的撰写缘由》，《学术界》2001 年第 5 期，第 249—253 页。

　　② 戴逸：《功力深厚的佳作——读来新夏先生〈北洋军阀史〉》，《中国新闻出版报》2001 年 11 月 8 日，第 13 版。

究作了全面、精审的概括，登堂入室，嘉惠学者；'附录'网罗剔抉，囊括巨细，就全书的编年、人物与资料运用作了必要的补充，文无剩语，极便应用。"①《北洋军阀史》获得学术界的一致肯定，2003年获得第三届中国高校人文社会科学研究优秀成果二等奖。

三、来新夏研究中国近代史的治史风格

来新夏从事中国近代史研究前后六十余年，成果丰硕。在学术研究的过程中，来新夏逐渐形成了鲜明的治学风格。

1. 重视史料的搜集、整理，持之以恒的坚韧精神

史料，是指那些人类社会历史在发展过程中所遗留下来的，并帮助我们认识、解释和重构历史过程的痕迹。人类对历史的认识和研究都离不开史料。关于史料，来新夏认为："资料是写作的基础，而积累资料又是基础的基础。"②来新夏确实做到了陈垣、傅斯年等史学前辈那样，躬行"竭泽而渔""上穷碧落下黄泉、动手动脚找东西"原则，尽可能地穷尽研究领域的所有资料。因此，来新夏在写每一本学术著作前，都尽可能地搜集相关资料，如档案、笔记、年谱、报刊、全集等各种不同类型的资料。以北洋军阀史研究为例，来新夏前后搜集、整理和积累资料长达近半个世纪。20世纪50年代初，来新夏在历史研究室做研究生时，便开始了搜集资料工作，他利用空闲时间抄录了两册黄草纸本的自认为有用的材料。1951年，来新夏任教于南开大学，在天津周围地区继续搜集北洋军阀的资料。随后，来新夏利用参与编辑《中国近代史资料丛刊·北洋军阀》的机会，搜集了更多资料。尽管来新夏在"文革"中受到了冲击，特别是1970至1974年其被下放至天津郊区农村当农民期间，也从未消极，每天劳动之余，他仍默默地搜集和整理资料。直到1993年，来新夏主编完成了《中国近代史资料丛刊·北洋军阀》这一套大型资料汇编丛书，北洋军阀资料终呈完整化、系统化，前后长达五十余年，这种持之以恒的坚韧精神是极其难能可贵的。

2. 重视理论的研究，客观公允的治史品格

理论的研究在历史研究中占有重要地位。北洋军阀史研究因其研究对象多

---

① 罗澍伟：《〈北洋军阀史〉——五十年的学术之旅》，《天津社会科学》2001年第6期，第111页。

② 孙黎明、徐亚男：《学者、事业家——访南开大学图书馆馆长来新夏教授》，《情报资料工作》1988年第4期，第56—59页。

为反面人物、头绪纷杂和资料缺失，一度成为学术"禁区"。在荣孟源、来新夏等学者的努力下，关于北洋军阀史的研究逐渐增多。但北洋军阀史作为新开辟的研究领域，史学界不同意见甚多，众说纷纭。这就需要从理论上进行界定，来新夏从 20 世纪 80 年代初就开始进行理论探讨，主要集中在对军阀的定义、

1995 年 5 月在黄山出席中国近现代史史料学学会主办的"抗日战争史及史料研究"学术讨论会（前左六），时任该会常务副会长。

北洋军阀兴起的原因、北洋军阀集团的地位和作用、阶级基础、发展阶段、特点和北洋军阀集团分裂割据局面的形成原因等方面。对此，来新夏认为，"从理论上探寻北洋军阀兴衰起落的必然根脉，并对它的性质、特点和历史作用等给予实事求是的分析与评价，在整个北洋军阀史研究中无疑具有打破坚冰、开通航道的重要作用。"①其中对于一些重要历史人物客观、公允的评价，体现了当代中国史学的品格。

3. 奠基铺路，嘉惠后学的奉献精神

来新夏在治中国近代史过程中，十分重视"为人"之学，充分利用自己的

---

① 来新夏、莫建来：《50 年来北洋军阀史研究述论》，《社会科学战线》1999 年第 5 期，第 1—17 页。

积累和学识，甘当"铺路石子"。"从多年的教学与实践中我发现，人们为了论史证史，需从浩繁的史籍中去搜集资料时，大都是穷年累月，孜孜不倦，各自检读爬梳，最后完成一种或几种个人论著，但却没有给后人留下方便。如果能分门别类查资料底数，编撰一些工具书，这就是为人摆好'梯子'，或者说甘当'铺路石子'。"①以北洋军阀史研究为例，一方面，来新夏多次撰写有关北洋军阀史文献和研究的学术综述类文章②，以便后进学者及时了解和把握学术前沿；另一方面，来新夏着手编撰北洋军阀史的工具书，如《北洋军阀史》中附录了《大事年表》《北洋军阀人物志》和《参考书目提要》，《近三百年人物年谱知见录》中也收录了诸多北洋军阀时期人物的年谱，为他人研究北洋军阀史提供了便利。这种甘当"铺路石子"的奉献精神是非常值得称道的。

4. 敬仰先贤，传承中华优秀传统文化的民族情愫

中华优秀传统文化作为中华民族的精神命脉，其中包含着由对国家、对民族深厚感情所产生的凝聚力。来新夏在中国近代史研究过程中，始终贯穿着浓厚的民族文化情愫。以林则徐研究为例，来新夏十分钦佩、敬仰这位中国近代史开端时的民族英雄，他从林则徐开眼看世界、严禁鸦片、坚决抗英和关心民生等言行，深刻地认识到林则徐不仅是一位具有远见卓识的爱国者，也是中国近代一位进步的思想家和有作为的政治家，更

2002 年 8 月在福州主持《林则徐全集》定稿会，任该书主编之一（右为林则徐后人、福建省社会科学界联合会原主席林子东）。

---

① 来新夏、柳家英：《植根于博，专务乎精——来新夏教授访谈录》，《历史教学问题》2000 年第 3 期，第 12—13 页。

② 此类文章有来新夏：《关于北洋军阀史的文献》，《中学历史》1982 年第 2 期；焦静宜、来新夏：《近年来北洋军阀和地方军阀史的研究》，西南军阀史研究会编《西南军阀史研究丛刊》第二辑，成都：四川人民出版社 1983 年版，第 364—379 页；来新夏：《关于军阀史的研究》，西南军阀史研究会编《西南军阀史研究丛刊》第三辑，成都：四川人民出版社 1985 年版，第 1—17 页；来新夏：《北洋军阀史研究四十年》，《历史教学》1991 年第 8 期，第 24—29 页；来新夏：《北洋军阀史文献述略》，《民国档案》1995 年第 4 期，第 73—79 页；来新夏、莫建来：《50 年来北洋军阀史研究述论》，《社会科学战线》1999 年第 5 期，第 1—17 页；来新夏：《北洋军阀与日本：20 世纪末中国学者的研究》，《学术月刊》2004 年第 8 期，第 79—86 页。

是一位对近代中国有深远影响的历史人物。于是，来新夏前后耗时半个世纪，先后主持或参与编撰了《林则徐年谱》《林则徐年谱》（增订本）、《林则徐年谱新编》《林则徐年谱长编》和《林则徐全集》等书，并倡导建立林则徐学专门研究，这既是研究林则徐学术工作之必需，同时也表明了作者重视民族文化和敬仰先贤的情结。

纵观来新夏研究中国近代史的整个过程及特点，他的"立足于勤、持之以韧"的治学精神，"植根于博、专务乎精"的治学方法，客观求实、审慎平允的治史风格，奠基铺路、嘉惠后学的奉献精神，都值得我们学习和借鉴。

作者周新国为扬州大学社会发展学院教授、江苏省历史学会会长；弓楷为扬州大学社会发展学院硕士研究生。

本文原刊于《扬州大学学报》（人文社会科学版）2007 年第 1 期。

追忆当年

学习来先生"不搁笔"精神

冯尔康

2011 年 6 月 8 日，在北京中华书局举行的来新夏先生新书《书目答问汇补》发布会暨学术研讨会上，聆听八十八岁高龄来先生演说，"虽然我现在年事已高，大的工作做不了，但是，写一些小文章没有问题。我决不挂笔。我要像牧惠（"史鉴体"杂文作家）一样，死在笔下。""不搁笔"，他实践了理想，九十二岁笔耕不辍，安详地驾鹤西游。我在二十年前的六十初度，思人生之路，企图从"我的生命属于历史学"的意念中走出来，在研治史学同时，另觅生活园地，因而想在完成已有的项目和写作计划之后封笔，并将这一愿望向挚友俞辛焞教授道及，他不相信，笑着说你能做到吗？果然被他说中了，而今年逾八旬，仍在运笔撰文。来先生的"不搁笔"精神，我学定了。

我是来先生 20 世纪 50 年代的学生，1957 年，来先生给我们讲授中国近代史基础课，我印象最深的是他讲课的条理性和板书的整洁漂亮，回思讲授秦汉魏晋南北朝史的杨翼骧先生亦是这个特点，令我们既学到知识，也获得求知乐趣。记得我的考试作业，是写"鸦片战争大事日志"，这一选题，反映南开史学崇尚实证的精神和治学方法。我是来先生的学生，但是为来先生弘著写的两个书评，均不题学生的事，为的是避免师生互相吹捧之嫌。虽如此，文中亦有所透露。在《读〈清人笔记随录〉的随笔》（《书品》2005 年第 3 期）文中说，如果我的评论文章写得不好，"请来先生教导"。就是以学生的口吻求教的。

南开大学中国古代史教研室在 1961 年召开过中国土地制度史研讨会，那个时代极少有学术会，历史系举办了，表明那是我们的研究方向。其时，中国古代史教研室师资力量雄厚，教课用不了那么多人，于是在 1963 年成立"土地制度史研究室"，杨志玖师为负责人，学兄陈振江和我两个助教为成员，来先生自 1959 年开始有"内控"之灾，不能发表文章和不能讲授主课，改教历史文选，亦被指派参加这个组，我们四人，共处一间小屋，被戏称为"土地庙"。每天上班，并且"天天读"，上班先学习"毛选"，联系思想实际和业务，汇报思想。记得来先生暴露思想，"向党交心"，希望党能按照传统的"恕道"，对人不为已甚，反映了他在"内控"中受压抑心情。其时"千万不要忘记阶级斗争"，"天天讲，月月讲，年年讲"，哪里还能讲"恕道"！作为青年教师的我，从此"恕道"铭刻在心。在"土地庙"，我们集体写文章，是杨先生主笔，来先生参与意见，使用"南文田"笔名披露。

"文革"，来先生在劫难逃，被批斗，抄家，下放农村，被侮辱被损害自不必说了，作为读书人，所积累的学术资料和文稿被抄没散失。来先生以学者的韧性，在农村，在十年浩劫之后，坦然面对现实，愈益勤奋治学，1983 年、1984 年相继梓行《近三百年人物年谱知见录》和《结网录》。两部书问世之日，令我想起明末史家谈迁。谈迁著《国榷》，稿子为小人窃去，他不灰心，从浙江老家，到北京访书，搜集资料，再次成书，给后人留下研治明史重要史源。谈迁不怕磨难、艰苦治学精神，鼓舞来先生。来先生不愧是我国优良史学的传人。《知见录》出版之日，来先生赐书，我即用"顾真"笔名与夏至（张国刚教授）撰文评介，认为它是"一部有裨清史研究的目录学著

经历"文革"劫难的书稿，
现已捐赠国家图书馆。

作"（《清史研究通讯》1984 年第 2 期）。及至 2011 年增订本枣梨，对近三百年来的人物年谱几乎搜罗殆尽，并一一详细解说，用"新夏按"告诉读者要点，因而我又说：不可以资料之书、工具书视之，它是学者研治和利用年谱资料的津梁。

2005 年，来先生《清人笔记随录》面世，我立即以《读〈清人笔记随录〉的随笔》为题，写出学习心得。来先生不以文章浅薄，收入他的《邃谷师友》（2007 年，上海远东出版社）内。如今在此复述该文的内容，缅怀来先生的学术贡献。因为我认为《清人笔记随录》是古代文献学的重要研究成果，是来先生的力作之一，是来先生十多部随笔之作中的代表作。此书是来先生长期丰厚文化积累的一种"物化"，80 年代前期，听来先生讲，他外出开研讨会，在火车上，抓紧时间，点校清人顾禄的《清嘉录》，他还点校出版了清人叶梦珠的《阅世编》，对清人笔记赋予如此精力，写作《清人笔记随录》，自然是资料信手拈

来，皆成上乘之作，令人仰视。来先生撰著该书，总是利用那些笔记图书的作者自序、后记，或者用其友人的序言，后世整理者、编辑者的题跋、前言、后记的文字，论说该书的内容、特点，以及著者的生平、观念和写作经历。他不是刻意讲解读书方法，可是他的重视图籍的作者序跋和整理者前言、后记，无意中告诉读者，首先阅读这方面内容，对这部书获取初步认识，再去读图书内容，会收到事半功倍的效果。来先生的论述方法，不啻是金针度人，教给了初学者学习方法。《随录》信息量宏富，如述及刘献廷的《广阳杂记》，引用九位学人的著述，说明刘献廷的生卒年和该书学术价值。就此一例，表明《随录》是研究性著作。《随录》出版时，来先生八十二岁，让人读出他无穷的学术生命力。

学界公认来先生纵横中国历史、方志学和古典文献目录学三学，留下丰厚的学术遗产，无论他生前、身后，他的学术生命长存。

2014 年 11 月 20 日于旧金山

作者为南开大学教授、社会史研究中心学术委员会主任。
本文原刊于 2015 年 3 月 30 日《天津日报》第 12 版"满庭芳"。

1997 年历史学科老教授在马蹄湖畔合影（左起：周基坴、杨生茂、辜燮高、刘克华、魏宏运、王玉哲、吴廷璆、杨志玖、杨翼骧、来新夏、刘 焱）。

我与老来在历史系共事的二十年

汤 纲

我与来新夏教授相识，是从 1960 年开始的。那一年 8 月我从复旦大学历史系毕业，分配到南开大学历史系，先在中国古代史教研室，后调到明清史研究室，和同志们一起从事《明史》校勘标点工作。那时来新夏教授在历史系中国近代史教研室任教。

来新夏教授是浙江萧山人，是我家乡诸暨的北邻，原本都属绍兴府，两地山水相连，诸暨的浦阳江就是流经萧山注入钱塘江的。相处时间长了，同乡情谊便油然而生，他要我与他兄弟相称。按年龄来说，他比我年长五岁，他 1923 年出生，我 1928 年出生，老兄老弟相称犹可。但从学术来说，则大相径庭。他于二十四岁（1946 年）就于辅仁大学历史系毕业，我则于三十二岁（1960 年）才于复旦大学历史系毕业。他是书香门第，有深厚的家学渊源；我则家境贫寒，且幼失怙恃，小学毕业就失学务农度日。他在十七岁时就撰写学术论文，到我和他同事时，已有不少论著问世。因此，在学术上我总是对他师事之。我在校勘标点《明史》遇到问题时，往往去向他求教，他总是不嫌其烦地对我进行这方面知识的传授讲解，使我获益匪浅。

在当时以阶级斗争为纲的岁月里，我们都是谨言慎行。尤其是他在 1960 年 9 月在审干中，因个人历史问题，一时难以定论，作出停止教学与科研工作，不能参与社会活动，不能写署名文章，即所谓"内控"处分。所以在一起时多是谈谈乡情乡谊，或追溯古越国文化，有时也借杜康解忧，微醺时偶或也谈点时事政治。自然遵守"此中人语云，不足为外人道也"，深信彼此没有打小报告的癖好。当时也确实有这样的人，我到南开大学以后，正是所谓自然灾害造成的三年困难时期，由于我家在农村，在平时，可能和人们谈及农村大跃进、人民公社的一些情况，却被人打小报告，说我对三面红旗有怀疑。组织上自然对我另眼相看，那年冬季历史系教师去参加农村整社，我被取消了这个资格。

1979 年 3 月，老来的历史问题查清，做出结论，恢复原有教学工作。老来从 1960 年审查历史，定为"内控"，经过整整十八年才查清问题，撤销了种种限制，正如长期围在脑袋上的"紧箍咒"，一旦撤去，其兴奋之情可以想见。有一天放假前我去老来家,看到他的著作《近三百年人物年谱知见录》尚置于案头。这部书稿是老来 50 年代初至 60 年代初历时十余年撰成的,在"文革"中又遭抄没焚烧,复经他据草稿重撰,前后历时二十余年,确实是老来的一部潜心之作。当时我和炳文兄合作的《明史》正交由上海人民出版社出版,在交往中感到出版社同志思想敏锐,勇于任事,只要书稿有质量,就会毫不犹豫地承接出版。所以我就向老来建议,《近三百年人物年谱知见录》是否由我向上海方面推荐,他欣然同意。于是我便与上海人民出版社联系,经他们审阅,对书稿甚为赞赏,便决定由他们安排于近期内出版。

老来总结他六十年的笔耕舌耘的心得是:"立足于勤,持之以韧,植根于博,专务乎精。"在平常交谈中,他也常以此来勉励教导我。这十六字,确实是他治学的强烈信念,也是他学术生涯的有力精神支柱,所以他才能取得今天这样博大精深洋洋 700 万言的著述成就。不管人生道路上遇到什么挫折,不管 1960 年因历史问题"内控"处理也好,1966 年"文革"中关入"牛棚"也好,1970 年下放农村也好,只要有一点读书握笔的自由,他都做到立足于勤,持之以韧,笔耕不辍。他的传世之作,如《近三百年人物年谱知见录》《林则徐年谱》等,都是在人生曲折坎坷之时,在灰暗的灯光下,在闷热的土炕上撰成的。在我和他相识时,他正是一个被剥夺教学科研的权利、不能参与社会活动、不能写署名文章的人。在人们看来,他在教学科研上,已是没有希望,只是一个在生活上苟延残喘的"内控"分子,历史反革命的帽子随时有可能被戴上。即使处在这样的境遇,他在学习上、在科研上从不中辍,每次我去他家时,总见他孜孜不倦地进行笔耕。他的这种治学精神,对我来说,既是言教,又是身教,只是我根柢浅,更兼努力不够,在学术上没有成就可言,有愧师教。

我从 1960 年分配到南开,一直与家人两地分居,直到 1980 年才办妥调复旦大学历史系的手续,回到上海。从此常互相通信问候,或我去天津或他来上海时,总要走访。

作者为复旦大学教授、原文博学院院长。

本文原刊于《来新夏教授学术研讨会纪念集》,南开大学地方文献研究室编,新疆大学出版社 2002 年版。

春蚕到死丝方尽

——纪念吾师来新夏先生逝世一周年

马铁汉

我与来新夏先生的师生之谊可谓久矣！自 1955 年我考入南开大学历史系起，直到 2014 年初，历时长达六十年。当年来先生三十多岁，是位讲师，给我们上中国近代史课。开讲时，声音洪亮，神定气足。讲到殖民者的凶残和中国人民的苦难时，同学们都义愤填膺。听说先生治学刻苦，异常勤奋，一天至少要作十张资料卡片，如果没有如数完成，一定在星期天补上。他给人的印象是历史系的"少壮派"。

我自幼喜爱京剧，在校时参加了"南大京剧团"，曾组织历史系的同学排演过《霸王别姬》和《四郎探母》，还与天津大学的同学们合作排演过《穆柯寨》等，所以毕业后考入了中国戏曲研究院创办的中国戏曲学院研究生班。当时梅兰芳是两院的院长。我原想报考戏曲史专业，由于年轻又爱唱戏，于是被分到导演专业，从此与中国戏曲结下了不解之缘，终身从事戏曲事业。来先生对京剧也颇有兴趣，并写过一些有关文章。我记忆犹新的是，当年郭沫若先生给曹操翻案时，来先生就在《天津日报》上发表过《改编"长坂坡"兼论给曹操洗脸》一文，题目很有兴味。他是从天津市京剧团得知有改编京剧《长坂坡》的意图，从而讨论到曹操的脸谱等问题，文章最后没有下结论，而是建议多听听观众的意见再定。这是牵涉到历史人物与艺术

1957 年 6 月与即将毕业的历史系学生李炳东（右一）等合影。

形象的问题，所以来先生是比较慎重的。

1959 年，天津市京剧团欲排一齣具有天津地方特色的近代历史戏，于是向先生咨询、请教，最后决定请先生执笔创作这出《火烧望海楼》。由著名京剧演员厉慧良主演。此剧以中国近代史上"天津教案"为题材，反映出天津人民对殖民者的反抗和斗争。题材新颖，风格独特，上演之后，一炮打响，红极一时。我看戏后，抑制不住内心的激动和喜悦，写了《火烧望海楼和天津教案》一文，发表于《北京戏剧电影报》上，对此剧进行了评介。在厉慧良之后，其弟子马少良继续演出，使京剧《火烧望海楼》得以传承。在以近代史事件为题材的京剧作品中，此剧生命力最强，成为天津市京剧团的保留剧目。

此外，来先生还创作过一部京剧，写义和团反抗侵略者的故事，曾将手稿寄来命我修订、删改，我将剧情进行了集中、精炼，寄还给来先生，并建议定名《火烧紫竹林》，可与《火烧望海楼》结为姊妹篇，但由于种种原因，没能排演。经过多年后，来先生找到了手稿，自然喜出望外，还寄给我一份复印件，我一直珍藏至今。

来先生既然喜欢京剧，那么我们师生之间就有了合作的机缘。1986 年，北京出版社约我写一部"谈史说戏"的书，把京剧中有关历史题材的传统戏作一诠释，并加以对照，既有历史知识，又有艺术审美。我听了欣然允诺。但那时我在京剧团当导演，不时地还要创作改编一些剧目，所以时间比较紧张。后来听说他们要给我找一位合作者，居然就是来新夏先生。我高兴之极！因为来先生到京出差，总要抽时间到舍下一叙，我们师生很说得来。这样定了之后，还引起了几位同窗的兴趣，也纷纷加盟。我又请京剧界耆宿李万春先生题写了书名，使本书更增添了几分艺术气息。这样，《谈史说戏》一书很快撰成并出版发行。

2004 年 1 月，国家图书馆刚设"文津讲坛"不久，即邀来先生到北京，在"文津讲坛"作学术报告。我们见面之后，我将拙作《戏中邮》赠给先生。此书封面由我的同窗学友范曾题图，书的内容是讲戏曲文化与邮政文化的不解之缘，即讲述古代沟通信息和传递书信的故事。每一出戏都介绍了剧情、艺术特色、演出情况和逸闻掌故等。我跟先生说还打算写一本《邮中戏》，想把国内外有关的戏曲邮票逐个作一诠释，使人们不但能够欣赏票面上的构图，还可以领略到一些戏曲知识和审美情趣。先生听后，大加鼓励。我提出请他作序，先生满口答应。还说："我们都七老八十了还乐此不疲，不容易！"那次我写了一张条幅"观海听涛"送给先生，顺口说道："您那里离渤海近，听涛方便。"先生感叹地说："学海无涯呀！"后来，《邮中戏》付梓前更名为《品邮说戏》，来先生果然撰写了热情洋溢的序文，对我鼓励不小。此文来先生还收入了他的随笔集《邃谷师友》中。

学术报告即将开始，我没有告辞，而是作为一名旁听生，坐在第五排当中。先生在开讲前对大家说："今天我来讲课，听课的还有一位年逾七旬的老学生也来到现场。"顿时，掌声四起；我赶紧起立致意。这一课，来先生讲的是《中国图书文化的历史价值》，我当时认真做了笔记。因为从未经先生审阅，故一直作为自己的学习资料珍藏着。这也是我最后一次听来先生讲课，声音依然洪亮，语言掷地有声。

2006年，我接到先生的来信，说有家出版社想将《谈史说戏》增补、修订，重新出版，并希望能有一名主编。我当然提出由来先生任主编最合适。不料来先生竟提出让我当主编。几经推让和协商，最后决定先生和我联合主编。当然，先生年事已高，工作繁忙，由我多做些具体工作理所应当。这次将剧目的编排作了调整，原来文字、语句有讹误的都加以订正；同时，还邀请我的好友、中央民族大学美术系教授邓元昌贤弟为每一出戏都画了插图。元昌与我曾一起排演过京剧，对人物造型和脸谱都有研究，此次相邀为的是力求此书图文并茂。不出所料，由来先生牵头的师生合作获得圆满成功。

一次，来先生来我家，我拿出纪念册请题字留念，先生提笔写下了"弥老弥刚"四个字。我觉得此语蕴涵着启功先生曾给先生题写过"难得人生老更忙"的意境。说明来先生在传承这种"烈士暮年，壮心不已"的精神，鼓励并期许我这"七零后的小老头儿"要老有所为，继续努力。

近几年，我和先生见面的机会比较少了，但没断联系，到了年节，总是通过电话或邮寄贺卡来表示慰问与祝愿。翻阅了一下2013年先生寄来的贺卡，心中惆怅不已。这是先生寄来的最后一张贺卡，人虽远去，但情意永存。回想先生的好学不倦，敬业乐群，治学严谨，埋头实干的精神，值得我终生学习、受用。先生年逾九旬还在写书、出书，几乎每年都有新作问世，达到了著作等身的高度，为我国的史学、国学宝库中增添了灿烂的珍品。行文至此，我想起了两句唐诗："春蚕到死丝方尽，蜡炬成灰泪始干"，作为先生人品、学品的写照，十分恰当。

作者为中国戏曲研究专家、书法家。
本文原刊于2015年3月31日《中老年时报》第7版"岁月"。

观于海者难为水

——怀念来新夏先生

白新良

转瞬之间，来新夏先生去世已近一年，但是，从受业先生门下至今，五十多年的许多往事却时刻萦回脑际。于此，将能回忆起来的片段书之笔端，以志对先生最深切的怀念。

由于入学之初年幼无知，不懂求学问道，直至 1962 年秋，因为一次偶然事件，我才认识了来先生。按照教学安排，进入二年级后，需要开设"历史文选"课。而当时给我们授课的是一位刚刚毕业的青年老师。该老师备课既不认真，课堂讲授亦多有错误，致使全班同学意见很大。作为历史文选课代表，我和数位同学一起向系领导反映了这一问题。系领导对此十分重视，经过调查，即刻停止了该老师授课，改请来新夏先生担任历史文选课的授课老师，从此，我才有缘认识先生并和先生开始了半个多世纪的师生交往。

使我难忘的是，来先生初次登上讲台，即给我们留下了极为深刻的印象。按照授课安排，"历史文选"课讲授次序是先远后近，即是先讲成书时代最早的《尚书》《诗经》，而后渐至《国语》《战国策》《史记》《汉书》等书篇目。如所周知，《尚书》《诗经》无不佶屈聱牙，义奥难懂，对于历史系学生来说，是一道难以闯过而又必须闯过的关口。而来先生登台伊始，即深入浅出，广征博引，将课文《尚书》中的《牧誓》从字词到主旨讲得十分清楚，明白易晓，如同演奏美妙乐章，引人入胜。两个钟头，全教室鸦雀无声，屏息受读。课后，征求同学意见，全都感到是一次难得的享受。尔后，讲解《诗经·七月》《诗经·东山》《国语·楚昭王问礼于观射父》等篇目，亦十分精彩，皆觉心灵经受了一次次净化和洗礼。以致系内系外许多青年教师闻讯，也纷纷赶来听课。随着和先生接触渐多，先生广博学识和诲人不倦的大家风范更使我们佩服得五体投地，对先生愈加景仰和崇拜。从此之后，我也经常出入先生南开大学东村寓所（1976年地震后改为南开大学煤气站，今经修整已改为八里台立交桥旁卫津河沿线景观）。名师登台授课激发了全班同学学习古文的空前热情，不少同学在先生带动下开始阅读原著古籍。受先生影响，我则开始背诵《诗经》《楚辞》，浏览《左传》《史记》，通读《资治通鉴》《明史纪事本末》等史学名著，从而为后来从事史学研究打下了基础。

1964 年初，河北霸县"四清"期间，杨志玖、汤纲、王鸿江等先生和我一起来到东台山大队。因为该村是旧军阀韩复榘老家，有些史实需要发掘，三位先生遂负责撰写该村村史，我则与河北省委工作队一起调查大小队干部经济问题。为了修好这部村史，住在邻村的王玉哲、来新夏二先生经常前来东台山，与杨先生互相商榷。因此，数月之间，和来先生多次接触。使我感到，先生不但可敬，而且可亲，于是和先生相处不再拘谨，彼此感情愈加增进。

1978 年重上讲台时的来新夏先生。

"四清"结束返校之后，由上层领导掀起的"左"的歪风开始影响到高校。在人们心目中，学习历史、学习古文、阅读古籍原著就是搞封资修，搞帝王将相、才子佳人。刚刚涉世不久的我们这批大学生面对专业课和社会现实之间的矛盾，陷入深深的迷惘之中。在我感觉中，这时，来先生也开始陷入逆境。大约是在 1965 年左右，我曾经看到先生穿着旧衣服和其他老师一起在第三宿舍前（前留学生宿舍）搬运木头，满身灰尘。尔后，"文革"灾难又突然降临中华大地。作为旧社会过来人，来先生自是在劫难逃，被打成"牛鬼蛇神"，多次挨斗、戴高帽游街、打扫厕所，备受凌辱。看到这些惨景，作为一个受业学生，我异常痛苦，始终不敢正眼直视。而后毕业分配，我离开动荡的南开大学，步入了动荡的社会。十数年中，工作和生活都漂泊不定。先是北京哲学社会科学部，后是杭州浙江省军区农场、杭州机床厂，转了一大圈，最后回到河北正定原籍中学教书，与先生也中断了来往。只是在偶尔翻阅所携《中国历史文选》时，才回忆起当年岁月和先生的声容笑貌。近年从《今晚报》上先生著文得知，这一时期，先生也被下放到津郊翟庄子，饱经苦难。直到 1974 年，方才重回南开大学。

"文革"结束后的 1978 年，通过报考郑天挺先生研究生，我回到了阔别十年的南开大学。不久，即再度拜谒来新夏先生。这时，先生住在西南村 17 号楼一楼东侧一个极其普通的房间，除了书籍床铺之外，几乎没有可以容身之地。看到老学生前来看望，先生极为高兴和欢迎。在互诉十数年来各自经历之后，先生勉励我安下心来，努力学习，成为一个合格的学术研究人才。尔后，先生又再次登坛授课，为我们这批"文革"之后的第一批研究生开设目录学专题课。对于从事学术研究的学者而言，目录学承担着寻检相关原始资料和了解研究现状的重要作用。因而，先生所开的这门课程对我来说无异于及时雨和雪中炭。正是借助于先生授予的这些宝贵知识，我顺利地进入学术研究境界，并最终完成了研究生毕业论文的写作。

研究生阶段，我所学的是中国古代史明清史专业。毕业之后，本应继续从事明清史教学和研究。但是，这时来先生因为在南大分校创建图书馆专业并同时在校本部主持另建图书馆学系，分身乏术，已经两年未曾教授历史文选。系领导经过研究，由我接任这一课程教学。这样，在没有任何思想准备的情况下，毕业论文答辩之后不过百日，我登上了大学本科生讲坛。

为了讲好这门课程，我多次立雪程门，向先生请教教学经验。看到自己昔日的弟子即将登上大学讲坛，先生十分高兴，并于百忙之中专门抽出时间，将授课所应注意要点倾囊相授，还送给我杨树达著《词诠》等工具书供我使用。看到我对讲好这门课程颇觉惶恐，心中无底，先生告诫道，要虚心，不要心虚。还说，我相信，我所教出的弟子决不会被轰下讲台。经过先生指点和鼓励，我将所要讲授的每篇课文皆背诵、默写，反复翻阅各种字典词典，广泛阅读有关资料，认真撰写讲稿，从而收到了较好的课堂效果，同时也得到先生的赞许和鼓励。来先生曾和我说过，希望从事中国古代史本科教学的青年教师都能教一至两年"历史文选"课。他说，从通史和文献学的角度看，历史文选与古汉语不同，研习原始文献对青年教师来说是非常重要的基本功，通过备课、教学的过程，使自己的知识更扎实、眼界更开阔，给学生一碗水自己要有一桶水才行。我亲身体验到了先生的卓见。

在我教授文选课半年之后，1982年暑假高考阅卷期间，来先生又告诉我，中国历史文献研究会即将在兰州召开年会，他拟推荐我参加

1983年2月主编中华书局版《史记选》期间与出席审稿会的赵光贤师（前右三）及朱维铮（后右三）诸先生在南大芝琴楼门前合影。

这次学术会议，希望我能提交一篇学术论文。按照先生要求，利用阅卷间隙，我以《孔安国献书考》为题撰成论文，呈请先生审读。先生看过之后，颇加赞赏，随写入会介绍信一封，由我携赴兰州，出席会议。所撰论文，也引起主持人员重视并被收入会刊。尔后不久，在先生主持召开编辑《史记选》一书学术讨论会期间，又命我参加讨论并通审注释文字。通过两次学术会议，我对当时文献研究现状有所了解并由此认识了张舜徽、刘乃和、涂宗涛、赵光贤、朱维铮等学界前辈，从而有机会向他们请益问学，进一步开阔了自己的学术视野。

先生不独关心我的学业成长，而且对我生活也颇为关心。当时，我工薪微薄，生活拮据。1983 年，先生又特别介绍我到分校图书馆专业兼课，以补家需。行文至此，虽然已过三十余年，仍觉心头暖流滚滚，感念先生的古道热肠。

在看到我已经能够胜任高校课程之后，先生又带我深入学术研究领域。这时，先生正拟编写《中国古代图书事业史》一书，即命我负责撰写清代部分，并将他亲拟撰写大纲及多年搜集的有关资料悉数相赠。按照先生指导，我又广阅有关原始资料，大约历时一年，将十余万字初稿呈送先生。随由先生删削修改，交出版社出版。1987 年，先生开设全国图书馆文献进修班，又特命我利用一个星期时间，每天六个小时，为学员讲授考据学。通过这些学术创作和讲授活动，我对学术史产生了浓厚的兴趣，研究涉猎范围进一步宽阔。当时，在来先生等许多老一辈学者的倡导下，全国地方志纂修活动方兴未艾，受先生影响，我亦欲从中发掘宝藏。几经翻检，发现其中大量有关书院资料尚未引起学界重视。为此，我从 1988 年始，历时数年，以地方志为中心，遍阅《古今图书集成》、明清两朝一统志等有关中国古代书院典籍近三千种，将历朝书院建设资料一一摘出，撰成《中国古代书院发展史》一书。该书出版后，即被中国文学网列入精品书籍。近年，又被收入明清史学术文库，由故宫出版社再版行世，产生了一定的社会影响。同时，我还以前此所写考据学讲稿为基础，多年在历史学院开设历史考据学课程。虽然因为其他研究课题缠身，未能就此深入，但却一直难以释怀。本世纪初，为了实现这一研究夙愿，我又将清代辑佚、清代文献辨伪作为博士论文选题，分别商请我的两位博士生喻春龙、佟大群同学进行深入研究。经由他们努力，论文撰成后，即被国家清史编委会清史研究丛刊批准立项，分别由上海古籍出版社（2010）、人民出版社（2012）出版。回顾数十年来我的全部学术活动，我觉得，我之所以能够取得一些进步，一是受赐于我的研究生导师郑天挺先生，经他指导，我进入了清史研究领域，掌握了研究方法。二是受赐于来新夏先生，经他引领，我的学术视野愈益开阔，走上了学术研究的康庄大道。

上个世纪 80 年代后期，先生所兼社会职务愈来愈多，空前忙碌，我也重返历史研究所明清史研究室从事清史研究。这样，我和先生之间的来往逐渐减少。但是，凡有学术课题，先生总想着邀我参加。1995 年时，先生曾邀我参与中国近代图书事业史的编写。2005 年时，又邀我参与清史编委会《清经世文选编》项目。仅因当时我亦先后承担国家社科课题《清代中枢决策研究》和国家清史编委会清史传记部分编写任务，无法分身，使我失去了一个再次向先生学习的好机会。2006 年，先生又以耄耋之年，为我们集体撰写的《清史纪事本末》亲撰书评。可以说，为了促成我在学术研究道路上成长，先生费尽了心血。

2006 年，在前赴南开大学行政楼出席清史纂修文化部调研会路上，又遇到了先生，觉其面目较前苍老，且步履略显蹒跚，当即趋前扶掖。其后不久，我则以常规体检时查出肾癌，入院做切除手术。出院后，身体虚弱异常，且以清史纂修任务泰山压顶，遂又强撑病躯，不敢丝毫懈怠。尔后，由于劳累过度，2008 年春，再度住院治疗。出院后，行走愈加艰难，无法下楼行走，竟成与世隔绝之势。从此以至先生去世，一直未能见上先生一面。想起五十余年来所受先生教诲，而于先生弥留之际竟未能趋至榻侧，执手诀别，不觉掩面潸然，难以自己。

先生身躯伟岸，两目炯炯有神。精力过人，勤于治学，终生不辍。即使身处逆境，亦未尝中止。以此厚积薄发，纵横三学，识见绝伦，著作等身。且举止谈吐均极高雅，情操高洁。"文革"前后，为了迎合时尚，或哗众取宠，不少文人写文章或发言时，粗俗语言、时髦口号满天飞，而在与先生交往几十年中，从未见先生说过一句粗俗语言或时尚口号。尤为印象深刻者，是先生记忆力与讲演口才亦可圈可点，几个钟头讲演，不看讲稿，一气讲完。且一口标准普通话，字正腔圆。凡听其讲演者，皆觉置身广寒仙境，观嫦娥舒袖，又如坐于江州司马之侧，闻霓裳羽林之曲，无不感叹"观于海者难为水"。夫人焦静宜女士为南开才女，多年从事近现代史研究，成就斐然，为学界人士所共仰。两人婚配，不但相得益彰，使先生晚年在学术研究中硕果累累，再攀高峰，而且由于焦老师无微不至的悉心照料，也使先生晚年生活安定幸福，得享九二高寿。于此行文将终之际，谨此默祝先生冥安并向多年与先生相濡以沫的焦静宜老师表示深深的敬意和感念之情。

农历乙未年岁初受业弟子白新良书于华苑久华里寓所

作者为南开大学历史学院教授。

本文删略刊于 2015 年 3 月 31 日《北京青年报》B6 版"星期学术"专版"老来老来望老来——来新夏先生逝世一周年祭"，此为原稿。

半个世纪的师生缘

赵才萱

我是 1963 年考入南开大学历史系的，入学伊始，由来先生讲授"历史文选"课。第一次课，大家就被折服了。他讲课鲜活生动，如数家珍，语音铿锵，时落珠玑。板书更如同行云流水，漂亮潇洒。随后下发的一大本、一大本的油印讲义，都是先生精心编写的。这一切，流溢着来先生深博通达的文史功底，一丝不苟的治学精神，以及对学生的大爱和责任感。这些讲义，我一直珍藏在身边。虽历经上山下乡、工作调动、住宅搬迁，依然保存完好。

那时，我们称道来先生是一位天才的"传道、授业、解惑"的良师，但却不知道他正处于命运的坎坷之中。他是 1951 年调入南开大学历史系任教的。1959 年，他和张文轩创作的京剧"火烧望海楼"，在天津一炮打响。剧院连续一个月满座，创出了票房新高。又到人民大会堂调演，被中国文化部评为二等奖，荣获奖金 6000 元，一举轰动了全国。这笔奖金，当时全部被剧团使用了。不知是谁举报，说他曾给国民党干过事。查到他早年曾在国民党资助的某刊物短期当过编辑，于是便被定为"内控"，即内部控制使用。虽没被定性为"右派"，但也排除在"人民群众"之外，限制外出，不许上课。这一控就是十八年，直到 1978 年冤案才得以平反，时年五十有六矣！其良师益友启功先生不无欣喜地写信说："王宝钏也有今天！"王宝钏守寒窑一十八年，相府千金雍容华贵青春美貌一去不返。出于微不足道缘由的十八年内控，对于风华正茂的来先生，打压之惨重，岂能以语言可表述？

然而，这位生性顽强的真才子并没有因此而消沉颓废。不知是否因为他自己申请，得以教我们这一届"历史文选"，这一学科"离政治远"。这竟成为了我们这一届的幸运。后来，他开设目录学课程获得允许，也因为这门学科"离政治远"。这客观上催生了一位目录学家、文献学家，乃至图书馆学家。来先生一头扎在读书做学问上，热门不让走，就攻冷门。而且，只要有一线机会，就以高度的责任心、满腔的热情地履行"传道、授业、解惑"的职责。厚德载物，宠辱不惊，自强不息，以德报怨。这不正体现了中国历代知识分子的亮节高风和传统美德吗？

……

人谓来先生"衰年变法"，一改往昔面向学术界，转而面向人民大众，开始撰写随笔。其实，来先生早在面向学术界奋力耕耘的同时，就开始关注文史普及工作了。提携晚辈，扶助基层，培训人才，他是不遗余力的。

上世纪 80 年代末，我们需要出版一本通俗的近代史读物，为爱国主义教育提供教材。这需要查阅大量资料，只好去找时任南开大学图书馆馆长的来先生相助。我原以为此时来先生正处在象牙之塔的上层乃至顶端，不一定看得上我们这通俗读物。因此见了他以后，话说得很委婉。没成想来先生对此举大加赞赏，说："爱国主义教育需要人民性，通俗易懂，妇孺皆知。你们正在成就一项了不起的工程。"我连忙说出了自己的困难。来先生取出一张卡片，工工整整签上了自己的姓名，递给了我，说："你可以随时去图书馆、教师阅览室查阅资料，有什么难处，再来找我。"如此，我在图书馆如鱼得水，查阅、记录下所需的丰富资料，于 1991 年 10 月出版了章回史话《中国近代风云》，获得了社会好评。1990 年专门为中学生撰写的爱国主义教育读本《话说鸦片战争》《话说八国联军侵北京》两书，也被评为"十年来最受中学生欢迎的图书"而受到中国教育部基础教育司的表彰。当我站在颁奖台上的时候，对恩师的感佩油然而生。……

2005 年 11 月，河北晋州魏徵研究会牵头在北京举办了"首届海峡两岸中华魏徵文化建设研讨会"。会长申建国（历史系 66 届毕业生）热诚邀请本会学术顾问——八十二岁的来先生出席。先生毕竟已是年迈之人，不知还能否经得住车马劳顿，作为副会长的我真的很担心。但到了开会那天一早，西装笔挺、精神矍铄的来先生就潇潇洒洒地屹立在了我们面前。一切担心都是多余的了。师生们相聚，谈心得，论著述，心情格外舒畅。会议结束前，我以副会长和东方神韵剪纸世家第五代传人的名义，将手撕的《中华龙》敬赠恩师，这是为印尼总统夫人手撕《中华龙》的副本。来先生非常高兴地捧着画框和我合照留念。我说：如果先生喜欢我的撕纸作品，请告知您夫人的属相，我可以为您俩做一幅生肖全家福。来先生爽朗地告诉我："她属老虎！"

我记下了师嘱，回到北京的工作室，就创作了一幅猪、虎奏乐的撕纸画，题名"和鸣长乐"。因当时带镜框的作品不能邮寄，直到来年 9 月底，我应邀出席第三届中华（天津）民间艺术精品博览会，才有缘将这幅作品带回天津。

作者为天津市大港石油职业技术学院教授、河北省民间工艺大师。
本文原刊于 2014 年 10 月 22 日《中华读书报》第 7 版"人物"。

开显历史之大美

——再拜来新夏师

刘 刚 李冬君

"金针"织就历史

历史之美,当以"金针"来绣,"金针"是什么?是考据。

考据,首先就是以怀疑主义的态度来运用历史学的工具,用一针一线的功夫绣出历史真面目,或曰"鸳鸯绣出予人看,莫把金针度与人",先生则反之,唯以"金针度人"。

在考据工具中,目录学堪称"金针",我们选修了先生的古典目录学课。先生讲学,予人以美,一举手,一投足,都是一种美的范式,还有一手好板书,也令人开了眼。

他拿一支粉笔,在黑板上挥洒自如,板式一清二楚,字走龙蛇,极其潇洒,结体谨严,一笔不苟。后来我们才得知,原来先生年轻时,随启功先生学过书画,还参加过画展,偶尔也卖一两幅。但他志在学术,故于书画之道,未曾深造。然其才情学识聚于笔端,随腕流转,涉笔成趣,自有光昌流丽之笔传世,惜乎后学未曾拜识,只是遥想先生,当年英发,如何起画?

最叫人佩服的是,先生能把枯燥无味的目录学,讲得美轮美奂。

他用文化史的眼光看文献,用现代性来看古籍,从《七略》讲到《四库全书总目》,从历朝《艺文志》讲到民间藏书,从史官讲到书商,从版本讲到人物,从学术讲到政治,从文化风貌讲到文化传承,在目录学的坐标上,展开了一幅文化史的画卷……他讲起来滔滔不绝,音调铿锵,一字一句落在古籍上,叮叮当当,如打铁一般,迸发出灿烂的火花,又如大珠小珠落玉盘,流丽宛转。

总之,他那神采飞扬的生动,令我们至今想往。他信手拈来的那些古籍,我们闻所未闻,一股脑儿听下来,觉得新鲜,琳琅满目,很充实。我们按照先生指示的门径,背了一堆古书的名字,好像要变成"两脚书橱"了,也开始学着先生的模样"掉书袋",那份满足感,真有点暴发户的味道,仿佛一下子就从知识贫农提升为文化富翁。

如今,当年背的那些书,都忘了,惟余八字:"辨章学术,考镜源流"。

这八字,就是"金针"。好酒都有年份,越老越醇,多年后,我们才懂得了它的价值。满坛好酒,但取一瓢,只饮一口,就那八个字,已够我们品味一辈子,此乃先生"金针度与",织就锦绣史学,我们每见先生,都觉得先生长了一张"辨章学术"的脸,脸上有一双"考镜源流"的眼。

先生说自己蹲"牛棚"时,就是打扫厕所,也比别人打扫得更干净,这倒不是出于什么争强好胜,而是多年的学术训练,使"辨章学术,考镜源流"追求尽善尽美成了他的本能。有了这样的本能支撑,不管对怎样恶劣的环境,都能适应,即使在苦难中,先生都会把苦难当做试金石。

先生在下放的生产队里,一蹲四年,白天当农民,晚上做学者,四年里面,他整理了三部旧稿,还写了一本目录学方面的书。在学校里没有的自由,在乡下反而有。他说,中国的农民真高明,他绝对不来批斗你。农民以为,这些人是先在这里放一放的,将来还有用呢!

要为人民写史

"辨章学术,考镜源流",原来还有这样一番怀抱!

三十年前,我们听先生的课,总觉得先生有一种难以言喻的美,不光仪范美,风度美,更是骨子里头的美,此美隐约,与现实反差很大,宛如深渊里的牵牛花,美在往上爬!

那时,"两个凡是"还在,他的内心世界,还要掩盖。他讲司马迁,一往情深,原来那司马迁身上,就有乃祖的影子。可先生从未提起乃祖,实则乃祖就是先生的太史公。

三年前,我们去看望先生,想同先生和师母焦静宜老师一起吃顿饭,先生欣然,说,硬的钢铁不吃,软的棉花不吃,其他通吃。当我们得知先生的数百万字巨制《书目答问汇补》就要问世,不由得赞叹道:先生真了不起!哪知先生眉头一皱,说,我有什么了不起?比我祖父差远了。

我们这才知道,先生还有这么一位立于"喜马拉雅之巅"的祖父。

就在他书房里,先生给我们补了他祖父一课,告别时,先生送了我们一本书,即乃祖所著《中国文学史》,读了这本书,我们才真正懂得了先生当年讲的那个热血沸腾的司马迁。

现在看来，先生的美，应该属于 21 世纪，他的确是太超前了。不光我们，那时有几人真懂先生？加上我们脑子里一堆"文革"后遗症要清理，出现了一个又一个的思想问题，成了有名的问题学生，脑子里就像开了战场一样，一日百战，今日之我与昨日之我战，明日之我又将于今日之我战，脑子里究竟有几条思想战线？当脑子被问题的马蹄乱踏一番后，我们就用考据学来打扫战场了。

有考据学在手，思想不再跟着教条走，把伪问题找出来，一个个都清除了，将真问题留下，与师友们探讨再探讨，我们那时简直就是思想的发烧友，有时通宵达旦的发高烧，还真有点"风雨如晦，鸡鸣不已"的劲头。有幸的是，在求真理的道路上，我们遇到了先生，被先生"金针度与"。

一天，刘泽华师打来电话，说来公对我们评价很高。原来是我写的《中国私学百年祭》，是写严范孙和南开新私学，要在南开大学出版社出版，师母焦静宜老师是这本书的责编。先生还亲自打电话来说，这本书好就好在体例创新，把编年体和纪事本末体结合起来了。先生用他那双"考镜源流"的眼，一眼就看到了这本书的内在价值，我们那点"发凡起例"的意识，还不都是跟先生学的。

先生是《人物》杂志的老作者，他在杂志上看到我们那篇赛金花的文章，很高兴，说这篇文章不光文笔好，还对一个众说纷纭的妓女抱有了理解和同情，把赛金花写成了中国的娜拉。先生对学生的书盯得很紧，《孽海自由花——赛金花"出走"以后》和另一本《儒脉斜阳——曾国藩的战场和官场》先生说他基本都是一口气读完的，还说历史学的书就应该这样写，要让人能一口气读下去，要多为人民写史，少为专业写史，多为人民服务，少为饭碗服务。我们知道，这是先生对我们有所期待。

期待美的历史

电话里，先生又问，你们还在写什么书？我们告诉他，正在写一部诗话体的中国史，书名为《青春中国》，大概"青春"两字吸引了他，要我们把提纲发给他，我们遵命。

几天以后，他又打来电话，说长江后浪推前浪，你们比我强。

闻此言，我们大吃一惊，先生何许人也？先生是我们一直仰之弥高，望洋兴叹的老前辈呀！论渊博，当今有几人能及？论勤奋，唯以"天行健"言之；论成果，哪止著作等身？

有人说，近年来，先生几乎是两天就写一篇文章，这样大的写作量，年富力强也受不了，更何况先生已年近九旬。先生毕其一生，纵横文史，沉潜方志，著书不胜枚举。历史学的成果就不用说了，还有目录学、方志学、谱牒学和图书馆学，在这些领域里，他都做了开创性的工作。对于学者来说，在一个专业里有所开创已属不易，在多方面都有开创就更是难乎其难了，可这难不倒他。

学术研究以外，他还写文学作品，早年创作过戏剧，晚近，随笔一本本问世，有学术性的，也有文学性的。《80后》中，有大量的文学性的文字，写得最好的，是写他幼年与小表妹的故事，那样天真无邪而又曾经沧海的文字，也只有先生能写了。将两小无猜那么活泼泼地写出来已是上乘文字，还在这些文字上面赋予了一种年份的醇度和厚度，就更是极品了。这样的文字，如山泉、美酒，如春雷第一声中发芽的春茶，你只要品了一口，就再也忘不了，那"小表妹"的身影，就会散发着山野里的芬芳气息和古镇上那怀旧的溪花禅意，在心头萦绕……这两年，先生每出书，都会签好他的名字给我们寄一本来，他的书我们都会认真拜读，因为我们当年在南开并未真正读懂先生，现在来补课犹未为晚。

过了知天命之年，已到了该懂先生的时候。我们去天津，只要一有时间，就会去看望先生，先生有时候也会打个电话来，问一声，那书出了吗？每一次问过之后，他都会提起书中的"魂兮归来哀江南"；他以为我们写了庾信及其《哀江南赋》，可我们恰恰没写，真是惭愧，允当后补了。

先生时常问起的那本书，后来，我们改了个书名，叫做《文化的江山》，就要出版了，编辑说，请你们的师友为这套书写几句话吧。我们便给了编辑几个人的名字，她都联系了，可先生却没联系到。我们有点担心，让学生到南开大学出版社去找师母焦静宜老师，才知道先生住院了，八十多岁的老先生住院，总是让人忐忑。没几天，先生把电话打到我们家里，我们真高兴。先生说：我刚出院，让我动笔墨题写书名，恐怕手还不稳。先生是启功的弟子，墨宝我当然求之不得，但是决不能让先生累着。我连忙说，先生，您为这本书说句话就行。第二天早晨，先生又来电：冬君，拿笔记录。听筒那边，先生一字一句："历史是民族和国家的支柱与灵魂，不能有丝毫失忆。祈望国人重读中国历史。"

《文化的江山》出版后，不待我们请求，先生很快就写了书评，指出："作者聪明睿智，懂得择善而从。我读完全书，发现他们的治学奥秘，他们不一味摒弃胡适'大胆假设，小心求证'的方法，而是寻找其合理因素，他们认为胡适忽略了一点，'那就是在求证之前，还要确认。没有对假设的确认，求证便无法进行'。所以应该是'假设—确认—求证'。这是作者明标出来的'刘李公式'。还有一点作者没有透露，也许是我的猜测，那就是他们把传统方法与时尚习惯统一起来。他们的博涉群书和成书之快，若与写作时间比量，有一定差距。我猜测他们或许将自己所思所想，利用电脑检索，但不是如世俗小子那样，就此下载，连缀入文，而是又老老实实地回归原著，细读原文，免去错引或割裂。他们在设想之后检索，又在检索之后回归原著，使资料准确，理解恰当。这就是我为他们猜想的'确认设想—检索资料—回归原著'的公式，也许是我们的共识。这两点无疑是他们在写书过程中的实践成果，对一般浮躁和急于求成的后来者应是一种贡献。"这就是先生"考镜源流"的法眼，本来应该由我们在书中说明的。

先生实际上指出了我们书中的一个缺失，却那么委婉，犹如春风拂面……

先生九十大寿，我们正式向先生行了拜师礼——由冬君代表刘刚，先生将他的传记托付于我们，我们没能在先生生前完成，真是愧不堪言！弟子再拜先生，愿先生在天之灵开显历史之大美。

作者刘刚为诗人、作家；李冬君为南开大学历史学院教授。

本文原刊于 2014 年 4 月 7 日《经济观察报》第 49 版"逝者"；2014 年 4 月 11 日《南开大学报》第 3 版转载，有删节。

1986 年历史系硕士答辩师生合影（左三起：陈振江、陈志远、来新夏、刘泽华）。

文 献 存 真

我学中国近代史

来新夏

　　1949年，我正在北平华北大学二部史地系学习。8月下旬的某一天，系主任尚钺同志约我到办公室谈话，主要内容是副校长范老（人们对范文澜同志的惯称）主持的历史研究室准备从学员中挑选几位旧大学历史系毕业的本科生去读研究生，研习中国近代史，享受供给制待遇，他征求我的意见，是否愿意去。范老是当时名满天下的著名历史学家，无论学识、人品，都是我极为崇敬的偶像，所以很爽快地答应服从组织安排。于是我和傅耕野、刘明逵、高大为、王涛等7个人经范老亲自调阅档案后被选中。9月初，我们就到设在东厂胡同的研究室去报到。

一、"二冷"精神

　　历史研究室是华北大学所属的一个研究机构，由范老兼任主任，有二十几个人，编制很简单。研究人员只分研究员与研究生两级：一些从老区来的长者都是研究员，我们先后调进来的年轻人都是研究生。范老亲自主持全室的研究工作，指定刘桂五同志管思想和生活，荣孟源同志管业务学习。除范老一人享受小灶待遇外，大家都是吃大灶，集体住，只有周六可以回家，周日必须回来开生活检讨会，管理制度相当严格。

　　在我们报到的第二天，范老召集全室人员开会，除了讲研究室的传统和规章外，他以很大一部分时间讲"坐冷板凳"和"吃冷猪肉"的道理。他要求我们以这种"二冷精神"去做学问。他可能从我们的眼光里看出我们对"吃冷猪肉"困惑不解，所以又操着绍兴官话比较详细地阐释了"吃冷猪肉"的含意。原来过去只有大学问家才能有资格在孔庙中的廊庑间占一席之地，分享祭孔的冷猪肉，而要成为大学问家的第一步，是能"坐冷板凳"去苦读。至今想来，范老这次"二冷精神"的教导，对我一生的读书学习，一直起着重要的影响。的确，以往许多大学问家都是"坐冷板凳"坐出来的，汉朝的董仲舒成为大学问家，就在于他"三年不窥园"。范老没有止于"二冷精神"的言教，更重要的乃在于身教。在从师范门时，我们都集体住在东厂胡同1号的后院厢房，范老自居前院，终日坐在大玻璃窗下攻读，似乎是有意监督学生们，不让乱上街，以渐渐养成"下帷苦读"的习惯，真是用心良苦。每当我们想偷偷溜出去从他窗前经过时，范老总是手不释卷，笔不停挥，时不时抬头望一下窗外，我们只好惭愧地退回去，不久也就没有人再做这种试探了。范老还规定，工会分发影剧票，研究生一律不参加，以免分心。我们开始总是坐不住，或是坐在椅子上胡思乱想，久之也就不再心猿意马，而习惯于坐冷板凳，书也读得进去了。这就为自己一生从事学术工作奠定了硬件的基本功。

二、专攻一经

我在大学读历史专业时，重点放在汉唐这一段，没有听过有关中国近代史的课程，对近代史可谓知之甚少。如今安排我转攻中国近代史，真不知从何入手。看了一些陈恭禄、贾逸君等人写的旧中国近代史著作，仍然找不到门径。乘一次给范老送资料的机会，我贸然向他请教入门途径的问题，范老很温和地让我坐在对面，说："你是援庵（陈垣）先生的学生，应该懂得'专攻一经'的道理。"我惭愧地回答："我的近代史知识很浅薄，不知选哪部书去读。"范老想了一想对我说："你就从读三朝《筹办夷务始末》入手，要随读随写笔记，以便日后使用时翻检。笔记可以不太追求文字的严整。"当时我根本不知三朝《筹办夷务始末》是何书，但又拘谨得不敢再问，唯唯而退。后来我向荣孟源同志请教，才从资料室借到此书。为了谨慎从事，我没用公家发的黄草纸订本，而是特地买了一册较正规的笔记本来写读书笔记。三朝《筹办夷务始末》前后一共连续读了一年多，写了足足三册笔记，每朝一册，可惜在"文革"时期，被愚昧的勇士们扔到书堆里烧毁，只剩下压在满地堆积的杂物堆下的第一册，至今有时抚读，犹感黯然，一面怀念师恩，一面惋惜我当年的辛勤。从残留的这册笔记中可以想见当年的治学痕迹，笔记的第一页记着全书的概况：

清代筹办夷务始末　　道光八十卷
中华民国十八年故宫博物院用抄本影印

大学士文庆等纂辑　　杜受田是始受命者

咸丰六年九月进呈

范围：

进呈表："自道光十六年议禁鸦片烟始，至二十九年英夷不进粤城通商受抚止。先后十四年间，恭奉上谕、廷寄以及中外臣工之折奏，下至华夷往来之照会、书札，凡有涉于夷务而未尽载入实录者，编年纪月，按日详载，期于无冗无遗。"

凡例：

"谕旨谕内阁者十之二三，谕军机大臣者十之七八。"

"谕旨标明谕内阁字样，廷寄谕旨标明谕军机大臣等字样，同日连奉谕旨数道标明又谕字样。"

"疆吏奏章准驳均经胪载，其奉旨交军机大臣会同该部议奏者，覆奏亦经详载。惟仅交该部议奏者，多系照例之事，该部俱有册档，覆奏概未载入。"

"各省钦差大臣及沿海督抚照会、夷酋公文有关筹办机宜者，一并附载。……择其稍有关系者，照原文附录于各折之后，以存其实。"

"宣宗成皇帝庙讳概以甯字恭代。"

"凡原当标题某日者一律改书甲子。"

我在笔记本首页记这些内容是为便于了解和阅读全书，因为这些就是全书的序（进呈表）和凡例。这就养成我以后每读一书时，必先读序跋、前言和凡例的习惯。

这八十卷读书笔记的每条记录，有多有少，后半部分由于逐渐熟练，写得比较简要，兹举例如次：

卷一

（1）道光十六年丙申四月己卯，太常寺少卿许乃济奏：请弛鸦片烟禁。（p.1—4）

……

（5）十月甲寅，江南道御史袁玉麟奏：反对弛禁，提出弛禁之害有戾于是非者三，暗于利害者六。要求皇帝"察其是非，究其利害，立斥弛禁之议，仍请敕下在廷诸臣，悉心妥议，于烟入银出有可永远禁绝之方各陈所见。"（p.1—4）

这些条前的号码是文件编次的顺序，年后的干支是甲子纪年，月后的干支是日期，最后的括号内号码是书中的页次，提要中是要点，如系原文则加引号。经过如此认真细读后，我不仅初步掌握了鸦片战争以来重要史实的脉络，而且熟悉了重要的历史人物、有关事物的联系、清朝文书制度等等。有些似懂非懂的内容就别纸记录，留待从他书中去追查，如文件中常见的"廷寄"字样，虽然从《凡例》中约摸知道，这是皇帝不经过内阁的文书程序，而是经由军机大臣直发受文件者，具有一定的机密性，但知其然，不知其所以然，后来读到《枢垣纪略》一书时，有一条有关廷寄的材料说：

> 上谕亦有二：巡幸、上陵、经筵、蠲赈及内臣自侍郎以上，外臣自总兵、知府以上黜陟、调补及晓谕中外，谓之"明发"；告诫臣工、指授方略、查核政事、责问刑罚之不当者，谓之"廷寄"。"明发"交内阁，依次交于部科；"廷寄"交兵部用马递，或三百里，或四、五、六百至八百里以行。

于是对廷寄有了较详的了解，后来也对学生做过解说。

大约经过一年多的时间，我把三朝《筹办夷务始末》粗粗地通读了一遍，写了三册笔记，颇有所得。虽然后两册和我的其他手札笔记等均被烧毁，但仅此劫余一册在日后仍获益滋多。后来我又读了《清季外交史料》，上下贯串，近代史事脉络，大体清楚，再读其他成著，就深感便捷。有时并能由此触类旁通，知道许多近代的重要历史人物及其观点论述，引发我进而读更多的书，掌握近代史事，中国近代史遂成为我终身学术工作的核心。抚念及此，深感范老的师恩难忘。看来专攻一经不仅有奠定基础之效，且能由此伸延博览，令人有可能迈入学术殿堂。可惜这种看似繁难实为捷径的方法，并不为一般学子所接受。

三、从根做起

我们到研究室最早分配的工作是整理入城后移送和收缴来的北洋军阀档案。成立了一个档案整理组，有贾岩、唐彪、傅耕野、王涛、陈振藩、房鸿机和我等人，贾岩和唐彪任组长。整理地点在黎元洪花园的八角亭里。这批档案是从未整理过的原始档案，杂乱无章，尘土飞扬，又没有很好的卫生措施。一天下来连眼镜片都被灰尘蒙得模糊不清，但当时革命热情很高，只知道服从工作需要，从无一人抱怨。彼此看到对方的花脸也只相视一笑。大约经过四个月的光景，袋装档案文件已按形式分为私人信札、公文批件、电报、电稿、密报、图片和杂类等扎成无数捆上了架。继而将对档案进行史料分类整理，人员有所增加，地点也搬到干面胡同一所宽敞的院落中，工作条件也大为改善。就在工作程序转换之际，室里集中了几天学习理论和有关北洋军阀这段历史的书籍。范老也在这时与大家座谈过一次，他对大家的辛劳表示慰问，讲了档案与研究工作的关系等等，其中有一段话，我印象深刻而且终身受益。范老讲话的大意是，从档案中搜求资料如披沙拣金，确实很艰难，但这是研究工作"从根做起"的重要一步。只有这样，才能基础广泛而扎实。从此"从根做起"的教诲就深植于我的头脑之中。

整理档案工作开始之后，我们将档案分为政治、经济、军事、文化等四大类，下面还有一些二级类。每个人把一捆捆档案放在面前，认真仔细阅读后，在特制卡片上，写上文件名称、成件时间、编号和内容摘要，并签上整理者的名字，然后按类上架。这次因为经过第一次的去污整理，工作室环境也较好，大家心情舒畅，常在工间休息时和宿舍里交流阅档所得，相互介绍一些珍稀有趣的资料。有时我认为很有用的内容，还在第二天去追踪查原档，随手抄录下来，日积月累，我渐渐地积累了两册黄草纸本的资料。同时为了查对档案中的事实和加深拓宽这方面的知识，我又读了大量有关北洋军阀的著作，眼界逐渐开阔，钻研问题的信心也日益增强。并了解到这方面的研究还没有很好地展开，以往一些著作多半过于陈旧，而且数量也不甚多；而新著又几乎没有，有关论文也只是零星短篇。因此，这确是一块颇有开发价值的用武之地。

经过近一年的努力，整理档案工作已接近尾声。我对北洋军阀这一近代的政治军事集团从兴起到覆灭的了解，已有了一个大致轮廓，对错综复杂的派系关系也掌握了基本脉络，奠定了我将以一生绝大部分精力致力于北洋军阀史研究的基础。半年多的整理档案工作虽然比较辛劳，但收获是很大的。这一专题性的整档阅档工作，不知不觉地把我带进了从未完全涉及过的学术领域，极大地影响了我一生的学术道路。不久这批档案南迁至南京中国第二历史档案馆（当时名为史料整理处），唐彪、王涛等人随同南下，另一部分人另行分配任务，我则应南开大学之聘到天津工作。

1951 年春，我到南开大学历史系任教后不久，主讲中国近代史的吴廷璆教授奉派赴朝慰问，就把课程交给我，幸亏我有前此那段"专攻一经"的功底，竟能不负所托地承当此任，而在吴先生回国后，因见我已有承担的能力，便明确由我主讲中国近代史，一直延续下来，于是中国近代史就成为我在教坛上的主讲课程之一。与此同时，我并未放弃我对北洋军阀史的研究工作。到津的第二年，我在《历史教学》杂志上连续发表题为《北洋军阀统治时期》的讲课记录，虽然还不很成熟，但却是我第一篇北洋军阀史方面的专文。从此正式进入北洋军阀史研究的程序。与此同时，我还受荣孟源等同志的委托，在津为《中国近代史资料丛刊·北洋军阀》收集有关图书，这项工作后虽因人事变动而中辍，但我却意外地接触了不少有关北洋军阀的资料，为我日后撰写《北洋军阀史略》做了必要的准备。

1957 年，我完成了《北洋军阀史略》一书的编写。这是经荣孟源同志推荐，由湖北人民出版社邀约，我在《北洋军阀统治时期》一文的基础上，加以扩大、改订和充实，历时年余而完成的。我在撰写过程中力图以历史唯物主义的观点和方法，将北洋军阀集团的兴衰变化作为一个历史整体进行考查，探求其成败兴亡的内在联系。这部著作虽然篇幅不大，但它是我的第一部专著。我很自信它为北洋军阀史的研究开拓了新领域，也为后来学术界研究这段历史做了点基础工作。这部书也引起海内外学者的注意，日本先后有两家出版社出版日译本，成为一些有关学者案头的参考书。

在《北洋军阀史略》出版后的二十多年中，由于种种众所周知的原因，这项工作几近中断。上世纪 80 年代以来，学术氛围大为改观，许多新知旧雨频加关注敦促，希望我重整旗鼓，增订《北洋军阀史略》。我也深感时代的支持和鼓动，燃起了重理旧业的热火，于是搜集资料，选用助手，拟定方案，重新撰写，并对研究对象、编写范围、分期问题、特点地位进行进一步研究，着手增订，终于在 1983 年完成了 36 万余字的《北洋军阀史稿》。这部新著不仅比《北洋军阀史略》在篇幅上增加 3 倍，条理较前清楚，论证较

1991 年 11 月在日本奈良拜访《北洋军阀史略》的日译者岩崎富久男教授，并在其寓所合影。

前缜密，而且论述范围也有所扩展。我充分自信，《北洋军阀史稿》在当时确是这一领域唯一的一部专著，对军阀史和民国史研究的深入开展起到了推动和促进作用。

《北洋军阀史稿》完成后，很自然地引起我三十年前参与编纂《中国近代史资料丛刊·北洋军阀》的情思，而上海人民出版社也希望丛刊成为完璧。我接受了这项任务，从 1986 年开始，组织人力，搜集资料，整理标点，特别是不忘情于挖掘档案。经过七年的努力，至 1993 年全书告成。这套资料共分五册，第一至四册系按北洋军阀的兴亡历程分四个阶段，并围绕各阶段中的几个重要问题，选编六七十万字资料，各成一册。第五册则包括军阀人物传志、大事记、书目提要、论文摘要与附表等。总字数达 300 余万，补足了全套丛刊资料，也了却我三十多年的愿望。

一套资料，一部史稿，应该说这一领域的研究已基本完备结题；但我隐隐感到，这项"从根做起"的研究工作，似乎还留有微憾。于是我决心重新改写《北洋军阀史稿》，使之成为真正意义上的通史性著作——《北洋军阀史》。从 1994 年起步，我在我的几位学生和两位日本学者的共同参与和研讨下，拟定章节，撰写要点，搜集资料，分头撰写初稿，然后统一体例，损益增删，润色文字，六易寒暑，终于在 2000 年完成了这部百余万字的世纪之书——《北洋军阀史》，并交付出版。这部新著较之《北洋军阀史稿》显有改观，篇幅约增 3 倍，内容颇多更新充实，虽尚难称尽善，但已尽我心力。

我对北洋军阀史的研究经历了半个世纪的漫长路途，堪以自慰的是感到此生没有虚耗，因为我做了一件有益于他人的事。但我更不能忘怀的是，当我初涉学术门径时，范老要我以实际行动从事"从根做起"的磨练，在漫无边际的档案海洋中，摸索寻求题目、方向，甚至是一生的学术事业。

1992 年 3 月在日本明治大学为研究生作北洋军阀史专题讲座（左三）。

"从根做起"确实艰难烦劳，不易"立

竿见影"地获得效应;但我极其真诚地希望:有志于学术的后来的学者们,能在将要步入学术殿堂之际,不妨"泡"在档案之海中,"从根做起",去寻求自己的学术未来!

我没有系统的治学经验,只是应编者之约,零散地谈些在学术道路上感受最深的两三点,但这些确是我一生受用无穷的两三点。

本文原刊于《近代史研究》2003 年第 3 期。

中国近代史教学大纲

（初次修订稿）

导　言（2 小时）

第一编　中国遭受外国资本主义奴役的开始，中国人民反侵略斗争和农民战争（1840—1864）

第一章　第一次鸦片战争和中国人民反对外国资本主义侵略斗争的开始（9 小时）

第二章　第一次鸦片战争后中国社会经济开始变化和农民革命运动的酝酿（5 小时）

第三章　太平天国革命运动的爆发及其前期的胜利发展（10 小时）

第四章　第二次鸦片战争和太平天国后期的坚持斗争及其失败（10 小时）

第二编　中国人民为反对列强在中国建立半殖民地的统治和瓜分中国而斗争（1864—1901）

第五章　内外反动势力开始联合建立半殖民地统治秩序和中国人民的反抗斗争（8 小时）

第六章　外国资本主义侵略中国沿海和邻邦，中法战争（8 小时）

第七章　七十年代到九十年代国内社会经济的变化（10 小时）

第八章　中日甲午战争（6 小时）

第九章　甲午战争后中国民族危机的加深（4 小时）

第十章　甲午战后民族资本的初步发展和革命形势的高涨（4 小时）

第十一章　资产阶级改良主义的维新运动，戊戌变法（6 小时）

第十二章　反帝爱国的农民起义——义和团运动（7 小时）

第三编　资产阶级领导的民主主义革命逐渐趋向高潮和辛亥革命（1901—1912）

第十三章　革命形势的逐渐发展和资产阶级民主革命派的逐渐形成（5 小时）

第十四章　革命形势的迅速发展（8 小时）

第十五章　辛亥革命（8 小时）

第十六章　袁世凯的反动统治和反袁斗争的进行（5 小时）

第十七章　北洋军阀的黑暗统治和孙中山号召的"护法运动"（4 小时）

第十八章　中国人民的新觉醒，旧民主主义革命转向新民主主义革命（6 小时）

中国近代史参考资料

说明

中国近代史参考资料，系按综合大学教学大纲的章节次序编辑而成，其中大部分系由马列主义经典著作、筹办夷务始末、清季外交史料、中国史学会编中国近代史资料丛刊以及各有关人物专集中辑录，惟以图书条件和编者业务水平的限制，间有转引自他书或引用现代人著作者。

中国近代史参考资料仅供学习该课程之学生参考之用，要求学生在听课后必须随章随节阅读，补充课堂笔记内容。

中国近代史参考资料在 1956 年 1 月开始编辑初稿，当时参与编辑者有林树惠、徐蘋芳、梁学敏三位同志和我，林树惠同志编捻军、中法战争、戊戌变法、义和团等部分；徐蘋芳同志编清末伪立宪、辛亥革命等部分；其余部分则由我编辑；梁学敏同志在搜集和辑录资料方面做了不少工作。其全部划一体例、整齐编制及最后编定工作都由我担任，因之如果这一参考资料有缺点和不恰当的地方，是应该由我负责的。

1957 年 1 月，由于教学大纲作了修订，其中某些章节有所变动，因此又由我在原稿的基础上进行了一次修改和增补，而由梁学敏同志负责校覆工作。

来新夏
一九五七年一月于南开大学历史系中国史第三教研组

（以下略）

收藏者附记：《中国近代史教学大纲》、《中国近代史参考资料》，来新夏编。油印本。线装，上、下册。纵 25.3 厘米，横 18.4 厘米，309 页。南开大学历史系中国史第三教研组 1957 年 1 月刊印。2007 年 2 月 3 日，来新夏先生莅临寒斋，在本室所藏该稿题跋云："此稿成于上世纪五十年代中期，余斋中已无此书。伟良得之网上，特志数语，以志世纪书缘。伟良小友雅藏。来新夏 二〇〇七年二月于羊石山房"。

绍兴·羊石山房文学工作室 孙伟良

《中国历史文选》讲义

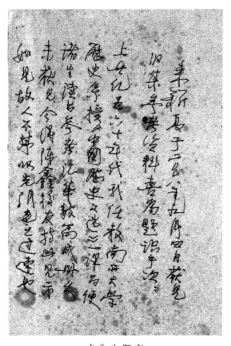

来先生题字　　　　　　　　　　　《中国历史文选》讲义原件

　　收藏者附记：《中国历史文选》讲义，来新夏编。油印本，1册，70余页。此讲义原为我中学时的校长张效民师所藏，他是上世纪60年代南开大学历史系毕业生。我到南开习史后获赠。2008年我到来先生家拜访时以此相示，先生很是感慨，在封面题曰："来新夏于二〇〇八年九月四日获见旧集参考资料，喜为题识于次：上世纪五六十年代我任教南开大学历史系，授《中国历史文选》一课。为便诸生读书参考，汇集数篇成册。久未获见，今得陈鑫校友持此见示，如见故人，不禁叹光阴之过速也！"讲义内容含两部分，一是《读史工具书介绍》，二是《二十四史注补表谱考证书籍简目（初稿）》。后附《中国度量衡沿革简表》《太岁纪年表》等多种重要参考资料。得到此书，并获来先生题字，是我平生幸事。先生已逝，睹物思人，不禁神伤。

　　　　　　　　　　　　　　　　　南开后学　陈　鑫

史籍目录学参考大纲

（一）绪论

  1. 史料、史部与史籍

  2. 史籍目录学是专科目录学，为研究历史提供条件

  3. 史籍目录学的主要讲授内容

  4. 基本参考书　　《汉书艺文志序》　　《隋书经籍志序》

  《四库提要》史部小序　　《书目答问》卷二

（二）目录篇

  1. 目录与目录学

  目与录　　一书之目与群书之目　　群书之目的产生

  《别录》与《七略》　　目录学之称始于北宋　　目录能否成学

  2. 目录学的作用

  辨章学术　　考镜源流　　搜检群书　　了解群书概况

  为阅读·研究历史所需

  3. 目录书的编制体制

  有小序有解题　　有小序无解题　　只著书名　　目录书的编制

  4. 目录书的种类

  官修目录　　史志目录　　私家目录　　释道目录　　方志目录

  专书目录

（三）分类篇

  1. 史籍的独成部类

  魏晋以前有史籍无史部　　魏晋开始史籍有独立部类

  七分法与四分法　　四部定于隋唐

  2. 史籍的细类

  阮孝绪《七录》的十三类　　《隋志》以后大体沿用　　《明志》的十类

  《文渊阁书目》的三类　　《传是楼书目》的三十七类

  《祠堂书目》去部存目

3. 史籍分类的发展

西学进入后的分类　　新旧并行　　新旧各分

1954 年中国人民大学图书分类法

1974 年《中国图书馆图书分类法》

4. 关于史籍分类的各种意见

刘知幾　　章学诚　　王　昶　　杨　概　　章炳麟　　梁启超

（四）版本篇

1. 版本的缘起

最早的雕版　　版与本　　《遂初堂书目》为记录版本之始

《天禄琳琅书目》记版本完备　　版本学的兴盛

2. 版本学的作用

了解史籍的形式　　有助对史籍的阅读与研究　　对待古本的态度

3. 版本的区分

刻书时代　　刻书单位　　刻书地点　　刻印质量　　刻印次序

刻印字形　　刻印书型　　刻印纸质　　刻印颜色　　增与删

活字本　　非刻印本

4. 版本的鉴别

牌记　　封面　　序文　　题跋　　识语　　藏章

书名虚衔　　避讳　　刻工姓名　　行款字数

名家著录　　版型特色（字体、墨色、用纸、装帧）

抄校本的鉴别　　活字本的鉴别　　善本

（五）校勘篇

1. 校勘的源流

校勘始于刘向　　校勘独立始于郑玄　　唐的校书

宋代校勘：岳珂的九经三代沿革例　　清成专门之学：专著、专人

解放后的校勘工作

2. 校勘的作用

自颜之推以来受到重视

正事实　　通文字　　惠后学　　订目录

3. 校勘学的内容和方法

勘同异　　定是非　　对校　　本校　　他校　　理校

4. 校勘工作需注意的问题

以专材为佳　　不可乱改文字　　应具古籍知识　　当耐劳苦

毋流连自喜

（六）考证篇

1. 考证的源流

汉朝正式开始　　唐代的义疏　　宋明的义理　　清代的汉学（朴学）

顾炎武　　阎若璩　　钱大昕　　始于考经　　由经入史

金石证史　　吴派（惠栋）与皖派（戴震）　　清代朴学的十大特点

嘉庆后的衰落

2. 考证史籍的基本方法

考证史籍的本身与内容　　定真伪及时代　　本证旁证（书证、物证）

理证

3. 考证学的评论

清代的偏高　　考证为清朝统治手段之一　　考证家的不明大义

考证家的欺人之谈和反对史论

给考证以恰当地位：不全否、不夸大

（七）正史篇

1. 正史的源流

正史之名始于阮孝绪　　正史类始于《隋志》

正史为体裁分类　　唐以后正史地位的提高

清定二十四史为正史，规定"未经宸断"，"悉不滥登"。

正史的私撰与官修　　正史体制

2. 二十四史名称的形成

三史　　四史　　八史　　九史　　十史　　十三史　　十七史

十八史　　十九史　　二十一史　　二十二史　　二十三史

二十四史

3. 正史的基本情况

总卷数　　《宋史》最多　　《陈书》最少

《史记》与《南北史》为通史，余为断代

二十四史中有相互重复处　　二十四史的排次　　二十四史的残缺

二十四史的版本：殿本、百衲本、中华标点本

4. 正史的注补表谱考证

各类的体制与举例　　应有的几点认识

（八）丛书与类书篇

　　1. 类书的源流与类别

　　　　类书与杂家　　类事　　《皇览》为类书肇端　　类书的类别
　　　　类书的定义

　　2. 丛书的源流与类别

　　　　丛书之始　　丛书的种类　　有关史籍的丛书　　《书目答问》立
　　　　丛书专类

　　3. 丛书类书的作用

　　　　丛书类书为史籍别库　　便搜求　　便省览　　助记忆　　存古逸
　　　　兴辑佚

＊　　　　　　　＊

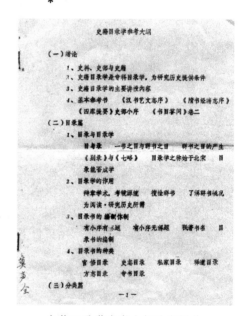

1978年7月来先生给75级中国史专业学生周江陵所写地方志提要作业的批语。

史籍目录学参考大纲油印原件。

致　谢

　　本参考大纲为1978年3至7月在历史系开设"史籍目录学"课程所用，油印本，共5页，系由当时受教的1975级中国史专业学生莫声全收藏并提供，在此谨致谢忱！

本书编者

来新夏与北洋军阀史研究论探（1949—2006）

廖德明

【摘要】来新夏是中国近代史领域的杰出学者，他主要集中精力于北洋军阀史研究，经过半个世纪的努力，取得了非凡的成就。为此，本文选择《来新夏与北洋军阀史研究论探》为论题，以探讨来新夏的学术成就和思想。在借鉴前人研究经验的基础上，本文在辩证唯物主义和历史唯物主义的理论和方法的指导下，运用比较的研究方法，结合来新夏生平，对其北洋军阀史研究成就及其学术思想进行了系统、全面的研究和分析，探讨其学术理念和方法。通过对新中国成立半个世纪以来来新夏与其他学者在北洋军阀史领域研究成果的比较，笔者认为来新夏在新中国北洋军阀史研究中作出了突出贡献，他是北洋军阀史研究的开拓者和推动者，具有自己独特的史学研究方法。来新夏的学人风骨和治学精神值得我们学习继承；而他的治学方法、史学思想则是个硕大的宝库，我们有必要通过研读他的著作，挖掘这个宝库。是为本文立意所在。

【关键词】来新夏；北洋军阀史研究；特点；启示

第 1 章 绪 论

1.1 研究的缘起

作为一名当代著名学者，南开大学教授来新夏的学术成就是多方面的。他的学术足迹涉及历史学、图书馆学和方志学等三个领域，在三个领域都取得了非凡的成绩，均有足以传世的学术论著问世。在历史学方面，他涉猎了中国近代史的各个阶段，尤其青睐北洋军阀史研究。经过近半个世纪的努力，取得卓著的学术成就。

来新夏，字弢盦，浙江萧山人，1923 年 6 月 8 日出生于杭州市一个清贫的知识分子家庭。来新夏在童年时期就在祖父来裕恂先生的身边接受启蒙教育，他的祖父除了教授《三字经》《千家诗》和《幼学琼林》等传统蒙学读物外，经历过辛亥革命的祖父还给来新夏讲一些诸如明治维新和康梁变法等史事。这些初步知识对来新夏后来选择历史专业有着潜在的影响。来新夏对于历史学的兴趣，缘起于高小的历史老师张引才，在高小时候，读过不少演义性的历史读物，后来在他的高中国文老师，即已故史学家谢国桢先生的六弟谢国捷的指导下，对史学进行了初步的研究，开始读二十四史，从两汉书与两唐书中搜集有关汉唐改元的资料，撰写了《汉唐改元释例》《诗经的删诗问题》等初作。1942 年，来新夏考入当时名师云集的辅仁大学历史系。在此后的四年时间里，来新夏更是得到史学大家陈垣、版本目录学巨擘余嘉锡、中外交通史大家张星烺以及朱师辙、柴德赓、启功、赵光贤等名家的言传身教，打下了厚实的史学功底。在陈垣老师的直接指导下，完成了大学毕业论文——《汉唐改元释例》。这几位学界前辈的博大精深、严谨不苟和诲人不倦的精神，把他引进了学术的大门。1949 年 3 月，天津解放后不久，来新夏被送到北平华北大学第二部接受政治培训，1949 年 9 月，年方二十六的来新夏在北京华北大学史地系读书，被副校长范文澜挑中到校属历史研究室读研究生。在接下来的近两年时间里，来新夏师从著名史学家范文澜先生，攻读中国近代史研究生，研究方向也从古代史领域转向近现代史领域。在学期间的近半年的整理北洋军阀档案的工作，使得来新夏成为新中国最早一批档案工作者之一，也使他进入了一个全新的学术领域，开辟了一条专攻北洋军阀史的学术道路。来新夏以史学家执着之精神，运用丰富的档案文献资料，进行了大量的实证性研究，先后撰写或主编了《北洋军阀史略》《北洋军阀史稿》和《北洋军阀史》等一部比一部份量重的学术专著，并在 1989 年至 1993 年间，与合作者主编了大型资料《中国近代史资料丛刊·北洋军阀》，共五册，从而填补了北洋军阀史研究和资料整理的空白和不足。来新夏对"北洋军阀"进行了广泛而深入的研究，学术视野开阔，造诣精深，著述宏富，取得了世人瞩目的成就，并形成了独具特色的治学理念和方法，堪称这一领域的开拓者和奠基者。来新夏五十年著书不辍，坚持不懈，为北洋军阀史研究作出突出贡献。来新夏的学术经历和成就，及独特的治学理念引起笔者极大兴趣，笔者认为选择《来新夏与北洋军阀史研究论探》的论题，有显著的学术价值和意义。

1.2 选题的学术价值和意义

首先，新中国成立五十七年来，特别是改革开放后的二十八年间，中国近代史研究全面展开，成果林林总总，蔚为壮观，取得了巨大成绩。然而当前学术界的目光却着重放在近代中国史与当代中国史的具体事件、人物和文化现象的研究，忽视了对学术史应有的关注，学术成果极少，这对史学的发展是不利的。中国社会科学院研究员耿云志在《学术史研究重在积累》中认为，学术史是一个极大极难的课题，需要众多学者代代相继，深入研究，不断积累。由此以一个个具体学者的学术生平史为研究对象来作个案研究，是为一个较好的突破口，是为一个积累之径。因此，有必要对中国近现代史研究中一些具有杰出成就和重要影响的史学家的学术思想进行总结和探讨。研究当代史学界具有代表性的人物活动、学术著述与学术思想，三者并重，使学术史的研究在这三个基点上构成三维角度考察，得出全面、系统和如实的分析判断。

其次，通过研究史学大家的学术思想，可以管中窥豹，了解新中国多年来中国近代研究的基本概况及某一方面的详况。之所以选择来新夏的学术生平、学术著作和学术思想为研究对象，其一是因为来新夏是北洋军阀史研究的权威学者，他的论著及其观点、研究方法、治学经验等均对中国近现代史研究有着深远的影响。其二，通过对来新夏北洋军阀史研究的系统回顾和梳理，可以了解和把握新中国建立以来北洋军阀史研究的学术轨迹，探讨学术得失，关照往后的研究。因此，对来新夏五十年来的北洋军阀史研究做一个归纳和总结，不仅可以津梁后学，亦可起到一个承前启后的作用。

再次，研究来新夏这样一位具体的史学大家的学术生平史，是青年研究生进入史学研究殿堂的一种路径。从具体的学者入手，表面上看来不够高屋建瓴，但不无可取之处，它让抽象的学术史变成一个个更为具体的学者的学术生涯史和学术思想。通过对某位史学大家的学术成就、主要学术观点、治学态度、人生态度、治学方法、求学治学历程、师从师承、治学特色、治学经验与教训等等系统地了解，大学生、研究生可以更加容易、更加顺畅地进入史学研究之门。

1.3　学术史回顾和研究方法

对来新夏的北洋军阀史研究成果的研究，1985 年 3 月 15 日人民出版社编审乔还田在《人民日报》上就发表了《读〈北洋军阀史稿〉》。此后，在《中国近代史资料丛刊·北洋军阀》出版后，菲南、莫建来等学者对该书作了介绍和评价；在《北洋军阀史》出版后，诸多史学名家如戴逸、陈明显和张注洪等均撰文对该学术成果，进行了评论。但是，系统研究来新夏北洋军阀史研究生涯及学术思想，自 20 世纪 90 年代以来才陆续进行，但总的看来，学者们大多只是对其进行简单介绍。最早的是沈渭滨、杨勇刚，他们在《文汇报》（理论学术版）1992 年 3 月 24 日发表了《来新夏与北洋军阀史研究》一文，这篇论文以一千字左右的篇幅按时间顺序简单介绍了来新夏研究北洋军阀史所取得的成就：有二十世纪五十年代《北洋军阀统治时期》和《北洋军阀史略》，还有 1983

年主编的《北洋军阀史稿》以及 1989 年开始陆续出版的《北洋军阀》（中国近代史资料丛刊）；对《北洋军阀史略》和《北洋军阀史稿》作了简单的和比较中肯的评价，认为《北洋军阀史略》开拓了北洋军阀研究的新领域，为今后学术界研究这段历史奠定了良好的基础，而《北洋军阀史稿》则对军阀史和民国史研究的深入开展起到了促进和推动作用。但是，在 20 世纪 90 年代初，来新夏主编的《北洋军阀》（中国近代史资料丛刊）和《北洋军阀史》均未完成或还未编写，所以，是无法了解来新夏的北洋军阀史研究的整个过程的。并且，该文没能详细展开比较分析，显得不足。后来，焦静宜在《津图学刊》（1992 年第 1期）发表《人生难得老更忙》和在《文献》（1995 年第 4 期）发表《来新夏教授学术述略》两篇文章，以一个小篇幅对来新夏的北洋军阀史研究经历作了简要介绍，对来新夏的著作作了评述，认为《北洋军阀史略》把北洋军阀史置入专史研究领域而具有适应时代要求的筚路蓝缕之功，在教学和研究领域中发挥有益的作用，而《北洋军阀史稿》比较集中体现了当时北洋军阀史研究的水平，叙述了《北洋军阀史略》出版的国际影响。但是，焦静宜的这两篇文章中对来新夏的北洋军阀史研究的评介的篇幅都很小，不能让读者看到来新夏对北洋军阀史研究作的具体贡献。2001 年来新夏在《学术界》第 5 期上发表《我与北洋军阀史研究——〈北洋军阀史〉的撰写缘由》，对自己从 1949 年 9 月开始的北洋军阀档案整理到 1952 年的《北洋军阀统治时期》讲课记录的发表、1957 年的《北洋军阀史略》的出版、1983 年的《北洋军阀史稿》的问世，再到 1989至 1993 年的《北洋军阀》（中国近代史资料丛刊）的编成及 2000 年《北洋军阀史》出版的北洋军阀史研究历程进行了详细的回顾，对自己在北洋军阀史研究领域所作贡献有所评述，认为是做了一件有益于社会的事。但是在该文中，缺乏与同时代论著间的横向比较，略显不足。

2002 年，值来新夏先生八十华诞之际，他的学生们为此编订了一本纪念集——《来新夏教授学术研讨会纪念集》，收录了《光明日报》史学版主编危兆盖在《光明日报》2001 年 12 月 6 日发表的《从东厂胡同开始的故事——来新夏与北洋军阀史研究》、南开大学出版社副编审莫建来的《来新夏先生和北洋军阀史研究》和浙江省杭州市萧山区地方志办公室副研究员陈志根的《来新夏：北洋军阀史研究的痴迷者》。危兆盖在论文中把来新夏研究北洋军阀史的历程分成五个阶段，即从整理北洋军阀档案与北洋军阀史结缘，到《北洋军阀统治时期》标志来新夏正式进入北洋军阀史研究的学术领域及《中国近代史资料丛刊·北洋军阀》编辑出版的夭折，再到《北洋军阀史略》这部新中国史学工作者在北洋军阀史领域的拓荒之作的出版，以及《北洋军阀史稿》和《中国近代史资料丛刊·北洋军阀》让来新夏重返"北洋军阀"的世界，最后是《北洋军阀史》的完成。莫建来在文章中对来新夏在北洋军阀史研究方面的大致情况作了简要介绍，表达他对来新夏的钦仰之情和纪念之意。陈志根在文中简要评介了来新夏的三部代表性的著作，认为《北洋军阀史略》使来新夏在北洋军阀研究中初露头角，《北洋军阀史稿》则让来新夏对北洋军阀史的研究更上一层楼，《北洋军阀史》使得来新夏攀登上北洋军阀史研究的顶峰。这些学者都能够回顾来新夏半个世纪的北洋军阀史研究生涯，对来新夏的论著作出评价，但是内容上均过于简单，评价上较相似，缺乏论著间的详细对比，对其治学方法和史学思想研究得不够深入。

总的来说，史学界对来新夏的研究还是做得不够，处于简单的介绍和评介阶段，未能就此问题作系统的、深入的研究，以致于读者对于来新夏研究北洋军阀史的完整历程、学术成就与学术思想还不是很清楚。因此关于来新夏和北洋军阀史的研究关系尚处于起步阶段，亟待深入。

研究方法对于历史研究极其重要，它是史学研究者解读历史现象不可缺乏的工具。在历史唯物主义和辩证唯物主义的指导下，本文主要运用比较的研究方法，对来新夏的史学业绩和史学思想进行了系统的梳理和研究。毛泽东说"有比较才有鉴别"。运用比较方法于各事物之间，求同求异，不但可以更清楚地认识事物的优劣，而且可以较容易地总结经验和探索事物发展的规律。根据文献和资料的实际掌握情况，本文通过对来新夏在北洋军阀史研究领域中所取得成就的分析，从而形成了对他学术思想的由点及面、点面结合的认识。

第 2 章　北洋军阀史研究的缘起和历程

2.1　发轫阶段（20 世纪 50 年代）

在这个阶段，来新夏对北洋军阀史的研究工作，以参与初步整理北洋军阀统治时期的档案起步；发表《北洋军阀统治时期》的讲课记录，进行北洋军阀史的尝试研究；在京津及周边地区搜集北洋军阀史料，编撰《中国近代史资料丛刊·北洋军阀》的中辍以及撰写开拓性的《北洋军阀史略》一书为主。这些学术活动，为新中国开展北洋军阀史的研究进行了探索和引导。

新中国成立后，各项事业百废待兴，史学也不例外。国民党政府未带到台湾的有关晚清和民国的历史资料需要整理。1949 年 9 月，来新夏被著名史学家范文澜教授选中，留在华北大学攻读中国近代史研究生。当时的其中一项主要工作是清理和分类一批包括信札、电报、部下的报告、公文批件等等有关北洋军阀的历史档案。这批档案是从一些北洋军阀人物家中和一些单位收缴过来的，共有百余麻袋，杂乱无章。整理的场所先是在东厂胡同黎元洪府第花园的八角亭，后来搬到乾面胡同。来新夏和其他六个同学把这些档案按照档案的各种形式分类上架，随后集中阅读了一些有关北洋军阀史的著作，如文公直、陶菊隐等人的著作；将这些档案按政治、经济、军事、文化的分类阅读整理后，来新夏还摘录了一些珍贵的或有趣的材料，并在休息时和在宿舍里与同学交流心得体会，对自己感兴趣的档案，他还在第二天去追踪查档。通过整理档案材料和研读著作，来新夏对北洋军阀这一军事政治集团从兴起到覆灭的历史线索有了一个大致的轮廓，对错综复杂的派系关系也掌握了基本的脉络；来新夏对北洋军阀这一专题产生了浓厚的兴趣，发现当时对北洋军阀的研究也相当匮乏，这些都给他从事北洋军阀的研究增添了信心。正如来教授后来所说的，"前后历经半年多的整档工作，虽然比较艰苦，但却不知不觉地把我带进了一个从未完全涉足过的学科领域，它成为我一生在历史学领域中的中心研究课题。" ①

1950 年初，来新夏任中国科学院历史第三所研究实习员。1951 年初，应天津南开大学历史系主任吴廷璆教授的诚邀，并经过范文澜教授同意，来新夏到南开大学从事教学和历史学研究。来新夏在教学"中国近代史"等课程之余，继续搜集整理有关北洋军阀史的资料，并于 1952 年在《历史教学》（第 8 至 10 期）上相继发表了《北洋军阀统治时期》的讲课记录。由于当时历史学类的刊物很少，因此这份讲课记录引起了众多历史学者的关注。《北洋军阀统治时期》叙述了北洋军阀集团从小站练兵兴起到覆灭的整个过程。在"记录"中，来新夏试图利用阶级分析法分析北洋军阀统治时期的阶级关系，认为北洋军阀代表大地主阶级大买办阶级的利益。从引用资料来看，有毛泽东、陈伯达、胡绳、苏尔玛朔夫等中外马克思主义者的著作，有马震东的《袁氏当国史》、王芸生的《六十年来中国与日本》等民国时期著作，有 1950 年中国科学院近代史研究所在北京徐树铮故宅发现的原始档案——《〈中日共同防敌军事协定〉的说明》等。尽管《北洋军阀统治时期》体系上不是很完整，内容上不是很充实，但是作为新中国第一篇对北洋军阀作系统研究的文章，该文揭开了新中国研究北洋军阀史的序幕。从此，来新夏正式进入了北洋军阀史研究的领域。

此后不久，遇上《中国近代史资料丛刊》编纂的机缘，来新夏参与了其中《北洋军阀》部分的资料搜集工作。新中国成立后，为了推动新中国史学的研究，

---

① 来新夏：《舌耕笔耘 致力"为人"之学》，《学术界》2003 年第 2 期。

在范文澜、翦伯赞等史学前辈倡导主持下，中国史学会主编一套《中国近代史资料丛刊》，包括从鸦片战争到北洋军阀十二个专题。鉴于来新夏在"北洋军阀"领域取得的初步成绩，《北洋军阀》卷的编委成员荣孟源、谢国桢邀请来新夏为这一选题的编委成员，负责筹划《北洋军阀》的编纂工作。此后，来新夏即在京津及周边地区搜集北洋军阀的资料。但不久因人事变幻，资料搜集和编辑工作被迫中断，所搜集的图书资料全部缴归南开大学图书馆入藏。

在1956年"百花齐放、百家争鸣"的政治气候下，在荣孟源先生推荐下，来新夏应湖北人民出版社之邀，准备撰写一部关于北洋军阀史的专著。但是，在接受约稿后，来新夏顾虑重重。由于在那时，学术界认为研究太平天国、戊戌变法、辛亥革命和五四运动等才是正途，而研究以反面人物出现的北洋军阀则是剑走偏锋了。因此，来新夏当时研究北洋军阀史的压力可想而知。但是在荣孟源先生的鼓励下，在讲课记录和丰富的资料搜集的基础上，经过对《北洋军阀统治时期》讲课记录的扩大、改订和充实，于1957年5月完成并出版了他在北洋军阀史研究方面的第一部专著——《北洋军阀史略》。在这本12万字的论著中，作者力图运用唯物史观的方法，引用马克思主义经典作家的理论，来指导构建关于北洋军阀的形成、发展和覆灭历程的研究框架，揭露北洋军阀与帝国主义的勾结及对中国社会的祸害，阐述中国人民反对军阀专制统治的不懈斗争。此书运用了大量的原始资料，有原始的档案资料，有民国初年出版的著作，有当时的报纸杂志上的有关资料等等，并汲取了此前史学界研究的最新成果。

也正是在这一时期，陶菊隐撰写的《北洋军阀统治时期史话》一书，于1957年8月至1959年12月由三联书店陆续出版。陶著在内容上记述了北洋军阀统治时期南、北军阀，国民党等政治派别的政治、军事情况，用了较多的故事、当时社会上的一些传言；在结构上，以时间系事，各方情况分别详细介绍；陶著是为通论性书籍，非专题研究。探讨的是1895年至1928年间的政治史，并不专记军阀。而来新夏的《北洋军阀史略》在内容上侧重于以北洋军阀为核心，探讨北洋军阀的起源、发展和覆灭情况，包括北洋军阀的统治与广大人民的反军阀斗争，以及当时的社会情况；在结构上，安排得更为集中、紧凑。陶著篇幅较大，共8册，材料丰富，叙述详细，对北洋军阀统治时期的整个社会面貌做了比较全面的描述。但该书是史和话的结合，且更侧重于话，在书中也未注明资料来源，使读者不易查找、核对史料。另外，陶著也较少从理论上进行论证，作者希望"做到从事物的现象中反映事物的本质"①。读者更多是把此书当作史料来用。而来著有史有论，简明扼要。作者在书中说，"本书根据具体的史料，运用新的观点，对'北洋军阀'的形成、发展、更迭、派系混战及其覆灭，作了较全面的叙述；在某些章节，也注意到结合当时的社会经济及政治外交的情况，加以分析"②。读者可以更清晰地了解北洋军阀统治的发展脉络。

《北洋军阀史略》出版后，受到国内外学者的极大关注。在国内，相当长的一段时期内它被当作教学和科研中最主要的参考书之一。复旦大学历史系教授沈渭滨认为，"这部著作的出版，不仅开拓了北洋军阀研究的新领域，而且也为今后学术界研究这段历史奠定了良好的基础"③。

在国外，与来新夏素未谋面的日本明治大学教授岩崎富久男于 1969 年将此书翻译，增加了随文插图，更名为《中國軍閥の興亡》后，由日本桃源社出版，引起日本史学界的关注。1989 年又由光风社再版，得到日本学者的好评，成为日本有关学者案头的参考用书。可以说，《北洋军阀史略》的出版开垦了北洋军阀史这一新领域，也为此后学术界研究这段历史指引了方向。

当然，由于《北洋军阀史略》是新中国第一部系统论述北洋军阀史的专著，由于史料的缺乏和其他原因，也不可避免地存在这样或那样的不足，如还有许多问题没有展开详细论述。

2.2 发展阶段（20 世纪 80 年代到 90 年代初）

这个阶段，来新夏对北洋军阀史研究的主要成就是，参与诸多重大理论问题的研讨，主编《北洋军阀史稿》专著；利用多年积累的史料素材，主编《北洋军阀》大型资料，为北洋军阀史的深入研究奠定了扎实的基础。

"文化大革命"结束以后，经过拨乱反正，学术界的气氛开始活跃起来，民国史的研究亦然，学术界兴起了研究民国史的高潮，有关北洋军阀史专题，出版了诸如《中华民国史档案资料汇编》《中华民国史》《军绅政权》和《袁世凯传》④等档案资料汇编和历史专著；此外也发表了一批高质量的论文，如《北

---

① 陶菊隐：《北洋军阀统治时期史话》，北京：三联书店，1983 年，第 1727 页。

② 来新夏：《北洋军阀史略·内容提要》，武汉：湖北人民出版社，1957 年。

③ 沈渭滨、杨勇刚：《来新夏与北洋军阀史研究》，《文汇报》1992 年 3 月 24 日。

④ 中国第二历史档案馆：《中华民国史档案资料汇编》第二辑，南京：江苏人民出版社，1981 年；李新：《中华民国史》，北京：中华书局，1981 年，1982 年，1987 年；陈志让：《军绅政权》，北京：三联书店，1980 年；李宗一：《袁世凯传》，北京：中华书局，1980 年。

洋军阀（研究提纲）》《试论军阀史的研究及相关的几个问题》《辛亥革命后军阀地主的形成及其特征》和《清末"新军"与辛亥革命》①等，学者们进行了大量的理论的探讨和史事的研究。

来新夏参与了北洋军阀史的研究对象、阶段划分、北洋军阀特点、作用，以及对"军阀"、"北洋军阀"、"北洋军阀史"和"北洋军阀统治时期史"的概念的界定等一系列理论问题的探讨，对这些理论问题发表了多篇高质量的学术论文。这些理论探讨是具有重要的意义的，来新夏认为："从理论上探寻北洋军阀兴衰起落的必然根脉，并对它的性质、特点和历史作用等给予实事求是的分析与评价，在整个北洋军阀史研究中无疑具有打破坚冰、开通航道的重要作用。"②

在对这些理论深入思考和翻阅大量已刊和未刊档案、译稿、文献著述、报刊杂志、方志笔记和文集传记等文献资料的基础上，结合学术界研究的新成果，在新知旧雨频加关注、鼓励和助手的帮助下，1983 年来新夏主编了"文革"后北洋军阀史研究领域的新专著——《北洋军阀史稿》，字数约 36 万字。在"序论"中，作者对诸如北洋军阀史和北洋军阀统治时期史的不同研究对象、北洋军阀史的划分阶段问题、北洋军阀集团的特点等问题进行了再研究，对有关北

洋军阀史的文献进行了综述，这对于读者阅读这部著作起了重要的指引作用。在书中，作者追溯了北洋军阀的历史渊源，叙述了北洋军阀的兴起、形成、统治、混战到覆灭的整个完整的历史过程；对北洋军阀统治时期的具体战役、战斗，对北洋军阀集团与帝国主义的关系和中国各派力量反对军阀统治的斗争，以及有关历史

1994 年 12 月在南京举行的第三次中华民国史国际学术讨论会上作专题发言。

---

① 彭明：《北洋军阀提纲》，《教学与讲究》1980 年第 5 期；孙思白：《试论军阀史的研究及其相关的几个问题》，《贵州社会科学》1982 年第 6 期；吴慧敏：《辛亥革命后军阀地主的形成及其特征》，《经济研究》1980 年第 9 期；乔志强：《清末"新军"与辛亥革命》，《山西大学学报》1980 年第 3 期。

② 来新夏、莫建来：《五十年来北洋军阀史研究述论》，《社会科学战线》1999 年第 5 期。

人物的活动等方面都有不同程度的增加和扩展。并附有"大事年表"和"北洋军阀人物小志",方便读者检索利用。中国社会科学院近代史研究所孙思白教授读完《北洋军阀史稿》后,把它与《北洋军阀史略》作比较,认为有四点不同:"第一,补充运用了已刊的档案、未刊的资料和译稿;第二,吸取了回忆性文章和近年来的研究成果;第三,对若干问题作出了新的分析和论断;第四,丰富了若干具体情节内容。"①

这本专著叙述简明,视角独特,成一家之言。此书出版后,得到了学术界的一致好评。孙思白教授称"《史稿》这本著作是民国史研究领域中一个良好的开端。从《史略》到《史稿》,经过这番重写之后,它将为后来的研究者起着提携和带头作用"②。人民出版社编审乔还田评价道,《北洋军阀史稿》的价值"并不仅仅在于它的'筚路蓝缕'之劳,更重要的是作者在系统论述北洋军阀何以兴起、发展、形成、掌权直至覆灭,以及由他们创造和影响的各种内外纷争与错综复杂关系所形成的种种社会现象时,刻意钻研,提出了不少独到的见解。本书还以分析深入细致而见长"③。来新夏也确信"这在当时确是这方面唯一的一部专著,对军阀史和民国史研究的深入开展起到了推动和促进作用"④。

20 世纪 80 年代末至 90 年代初,来新夏研究北洋军阀史的主要成就中还有一项就是重新主持了《中国近代史资料丛刊·北洋军阀》的编撰工作。

有关北洋军阀的档案数量多,种类也多,包括北洋军阀的家书、文稿、批示、圈阅文件或与他们直接相关的函电、条陈、说帖、呈单、上禀、报告、译呈、抄录、证书、账册等公私文件。并且由于袁世凯逝世后北洋军阀分裂成好几派,资料比较分散,又历经战火,原北京政府的档案大多散失,现存者残缺不全,加上各派互不相属,互相攻讦,资料的真实性也不足;再者,"有些不仅有较多的印本,还有近期的重印本"。尽管从新中国建立前,国内就开始出版关于北洋军阀统治时期的史料,主要有佚名的《民国史料文编》(沈云龙,《近代中国史料丛刊三编》第 28 辑,文海出版社,1990 年)共十二卷,包括孙中山解辞职、袁世凯致各方电、袁世凯告戒军人训令(条)、论今日人才之凋乏、张謇致徐世昌书。这本史料汇编包罗万象,但是显得较为零散。还有 1927 年上海文明书局发行、由孙曜编辑的《中华民国史料》(三册本),辑录 1911 年至 1926 年间官方重要文电,分七个专题,按年月先后顺序排列,是被较为重视的一种史料。此外还有经

---

① 孙思白:《北洋军阀史稿·序》,武汉:湖北人民出版社,1983 年。
② 孙思白:《北洋军阀史稿·序》,武汉:湖北人民出版社,1983 年。
③ 乔还田:《读〈北洋军阀史稿〉》,《人民日报》1985 年 3 月 15 日。
④ 来新夏:《我与北洋军阀研究——〈北洋军阀史〉的撰写缘由》,《学术界》2001 年第 5 期。

世文社编辑部编辑的《民国经世文编》（经世文社，1914年），刘寿林编撰的《辛亥以后十七年职官年表》（沈云龙，《近代中国史料丛刊续编》第五辑，文海出版社，1974年）和1914年3月广益书局印行的《袁大总统书牍汇编》等等。解放初期，范文澜、翦伯赞等史学前辈曾主持编写一套《中国近代史资料丛刊》，"北洋军阀"也是其中一种，来新夏是"北洋军阀"这一专题编委会委员之一，但是，后来由于种种原因，这一专题没有完成。直到20世纪80年代，国内才陆续出版了《北洋陆军史料（1912—1916）》《北洋军阀史料选辑》（二册）①。但是，这些史料选辑均不够全面。因此，要研究北洋军阀史，亟需一部比较完整和系统的资料汇编。《北洋军阀史稿》的完成，来新夏发现了许多新资料，引起了他三十年前参与编纂《中国近代史资料丛刊·北洋军阀》的情思，并且北洋军阀专题是中国近代史资料丛刊的最后一种，由于这一专题的长期阙如，致使丛刊未能及时配套。1985年秋，上海人民出版社为补足这套丛刊，特派该社编审叶亚廉躬临天津，面商北洋军阀资料的编辑出版问题并有多次信件往还。1986年，来新夏教授与上海人民出版社负责人就编辑出版北洋军阀资料问题作具体磋商，并订立了编辑出版协议。此后，来新夏力邀张树勇、焦静宜和娄向哲等一批中青年学者参与资料的编撰，并身体力行地既负责全书的编辑体例、选材取舍和审定全稿工作，又承担具体分册的编选、整理、标点工作。经过两方七年的不懈努力，到1993年，《中国近代史资料丛刊·北洋军阀》的全部付印，为这套丛刊画上了圆满的句号。

来新夏主编的这套《中国近代史资料丛刊·北洋军阀》共五册，达300余万字，前四册按北洋军阀的兴亡历程，并围绕各阶段中的几个重要问题分别汇编资料，第五册包括军阀人物小志、大事记、书目提要、论文摘要和附表等。1988年这套资料汇编第一册出版后，受到学术界的关注，菲楠在《历史档案》1989年第3期中以《中国近代史资料丛刊——北洋军阀》为题，进行了介绍。在这套资料书全部出版后，莫建来在《民国档案》1994年第3期以《一部蕴藏丰富、编选科学的史料巨著：〈中国近代史资料丛刊·北洋军阀〉简介》为题，对这套资料进行了点评。这套资料汇编的出版，为北洋军阀史研究者提供了极大的便利，对于北洋军阀史研究的开展无疑具有重要的推动作用。

---

① 张侠：《北洋陆军史料（1912—1916）》，北京：中国社会科学出版社，1981年；杜春和：《北洋军阀史料选辑》，北京：中国社会科学出版社，1981年6月。

2.3 成熟阶段（20世纪90年代中期到21世纪初）

这个阶段，来新夏关于北洋军阀史研究的主要成就是，主编《北洋军阀史》通史性巨著，使北洋军阀史研究跃上新台阶。来新夏既编写了专著，也编辑了资料汇编，在北洋军阀史研究上，可谓是功德圆满了。但是，他不满足于此，"我总以为应该再努力以赴，把《北洋军阀史稿》撰写为真正意义上的通史性著述——《北洋军阀史》。于是重读《北洋军阀史稿》，发现确有增订余地，反复思考，重新草拟写作提要"①。20世纪80年代初中期，史学界尽管也先后出版了《袁世凯与北洋军阀》《中华民国史纲》《皖系军阀与日本》②等有关北洋军阀史的著作，但确实缺乏一部真正意义上的把北洋军阀史作为专史研究的通史性专著。因此，来教授邀请他的学生焦静宜、莫建来、张树勇、刘本军和日本的中国近代史学者水野明、贵志俊彦等合作者，从1994年开始，至2000年交付出版，用了六年时间，搜集资料，考辨史料，撰写而成。

作者在马克思主义理论指导下，运用辩证唯物主义观点和方法，以实事求是的精神考辨史料，论述史事，以探求历史的真实面貌。与《北洋军阀史略》和《北洋军阀史稿》这两部专著相比，这部著作体系更加完善，详细地记叙了北洋军阀集团的兴起、发展、派系纷争、衰落直至灭亡的整个过程，从章节的安排上，也可以看出作者力图从军事力量上的壮大到政治权益上的角逐的角度，揭示军事力量导致北洋军阀起家、发展到覆灭的规律；资料上以《中国近代史资料丛刊·北洋军阀》为支撑，辅以其他广泛的资料，有国内马克思主义学者的文集，如《李大钊文集》；有如《北洋德华日报》这样的报刊资料；有中国第二历史档案馆藏档及台湾版的《袁世凯奏折专集》等文献资料；在开篇绪论中，该书就一些理论问题进行阐述，确定了北洋军阀史研究的对象、阶段划分，创新地阐释了北洋军阀的定义，全面地探讨了北洋军阀的特点，从正反两方面恰当地评价了北洋军阀在历史上的作用，对新中国五十年来北洋军阀史研究的动态情况作了总结；并附录有大事年表、北洋人物志、参考书提要等工具书。

这部《北洋军阀史》出版后，好评如潮。《人民日报》于2001年7月28日在《学术动态》版发表评介"这部百余万字的《北洋军阀史》给人以耳目一新的感觉。该书结构严谨，内容翔实，论述充分，观点鲜明，文字流畅，反映出作者在北洋军阀史研究方面的深厚功力，代表了现阶段该领域的总体研究水

① 来新夏：《我与北洋军阀史研究——〈北洋军阀史〉的撰写缘由》，《学术界》2001年第5期。

② 谢本书：《袁世凯与北洋军阀》，上海：上海人民出版社，1984年；张宪文：《中华民国史纲》，郑州：河南人民出版社，1985年；章伯锋：《皖系军阀与日本》，成都：四川人民出版社，1988年。

平"。《光明日报》于 2001 年 11 月 1 日于书评版以半版篇幅介绍成果完成的历程。《北京日报》《今晚报》《历史教学》等报刊随后也均有报道。这部著作也引起了国内著名学者特别是京津地区学者的关注，他们撰写专文进行了评价，如中国人民大学历史系教授、著名史学家戴逸评论《北洋军阀史》的三个优点是"内容充实，史事详明，条理清晰；史料丰富，辩证考信，根据充分；观点鲜明，颇多新意"①。中国人民大学中共党史系教授、博士生导师陈明显认为此书有三个优点："第一，具备了敏锐的'发现'意识。第二，史料丰富，真实可信，论证充分。第三，观点鲜明，颇多新意。作者在书中作了细致而翔实的论述，北洋军阀史研究领域从此有了全面系统的通史性专著，有了科学的总结性成果。这部新著面世，标志着北洋军阀史的研究达到了一个新的高度。"② 北京大学历史系教授张注洪认为《北洋军阀史》"第一，选用资料原始翔实，力求反映历史真实。第二，论述观点正确得当，具有深刻的理论内涵。第三，整体结构严谨合理，形式内容堪称统一"③。此外，天津社会科学院研究员罗澍伟也对此书进行了点评："《北洋军阀史》是迄今为止研究北洋军阀最为详尽的著作，代表了作者几十年的学术功力。是书对于北洋军阀的出现，能够沿波讨源，钩沉致远；对于北洋军阀的统治，能够条分缕析，剖毫析芒。'绪论'高屋建瓴，笔补造化，对此前的北洋军阀研究作了全面、精审的概括，登堂入室，嘉惠学者；'附录'网罗剔抉，囊括巨细，就全书的编年、人物与资料运用作了必要的补充，文无剩语，极便应用。"④由于《北洋军阀史》获得学术界的一致肯定，2003 年获得第三届中国高校人文社会科学研究优秀成果二等奖。

第 3 章　对北洋军阀史研究有关学术理论的探索和争鸣 (本章略)

3.1　来新夏对军阀的定义的研究

3.2　来新夏对有关北洋军阀史理论的研究

3.2.1　关于北洋军阀兴起的原因问题
3.2.2　关于北洋军阀集团的地位和作用问题

① 戴逸：《功力深厚的佳作——读来新夏教授〈北洋军阀史〉》，《中华读书报》2001 年 5 月 23 日。

② 陈明显、黄黎：《"植根于博，持之以韧"——读来新夏等著〈北洋军阀史〉》，《民国档案》2003 年第 2 期。

③ 张注洪：《北洋军阀史研究的丰硕成果——读来新夏等著〈北洋军阀史〉》，南开大学地方文献研究室编：《来新夏教授学术研讨会纪念集》，乌鲁木齐：新疆大学出版社，2002 年，第 243—246 页。

④ 罗澍伟：《〈北洋军阀史〉——五十年的学术之旅》，《天津社会科学》，2001 年第 6 期。

3.2.3 关于北洋军阀集团的阶级基础问题

3.2.4 关于北洋军阀史的划阶段问题

3.2.5 关于北洋军阀集团的特点问题

3.2.6 北洋军阀集团分裂割据局面的形成原因

第4章 来新夏对有关北洋军阀史具体史实的研究（本章略）

4.1 来新夏对北洋军阀战争史的研究

4.1.1 关于"二次革命"战争

4.1.2 关于直皖战争的研究

4.1.3 关于第一次直奉战争的研究

4.1.4 关于第二次直奉战争的研究

4.2 来新夏对"袁世凯与日本帝国主义关系"的研究

第5章 来新夏对北洋军阀史资料的收集与编纂： 两部《北洋军阀》之比较研究（本章略）

第6章 来新夏研究北洋军阀史的学术特点及启示

6.1 来新夏研究北洋军阀史的学术特点

来新夏教授从事北洋军阀史的研究达五十多年，成果斐然。在研究过程中，形成了一些鲜明的特点。

6.1.1 重视资料的搜集、运用和汇编

史学的对象是史料，不是文词。史学的工作是整理史料，不是做艺术的建设，不是去扶持或推倒这个运动，或那个主义。史学便是史料学，史料学便是比较方法之应用。①来新夏认为："资料是写作的基础，而积累资料又是基础的基础。"②他还像顾炎武等前辈学者那样，提倡"挑水于河"、"采铜于山"，尽可能地发掘原始资料。因此，来新夏在写每一本著作前，都尽可能地搜集第一

---

① 傅斯年：《史学方法导论》（傅斯年史学文辑），北京：中国人民大学出版社，2004年，第2页。

② 孙黎明、徐亚男：《学者 事业家——访南开大学图书馆长来新夏教授》，《情报资料工作》1988年第4期。

手、原始的档案资料。此外，他还注意搜集笔记、方志、传记、专集、杂著、报刊和汇编等各种不同类型的可靠资料。在写《北洋军阀史略》一书的过程中，来新夏除了在华北大学就读期间参与整理北洋军阀的史料外，他来到南开大学后，没有放弃对北洋军阀史的研究，在天津周围搜集"北洋军阀"的资料。后来，参与编辑《中国近代史资料丛刊·北洋军阀》时，搜集了更多资料。尽管在 20 世纪六七十年代社会动乱的困难的条件下，来新夏教授仍然默默地搜集资料，为编写《北洋军阀史稿》作了资料上的准备。20 世纪 90 年代前后，他更是与他的学生们一道共同编纂了有 300 余万字的大型资料汇编——《中国近代史资料丛刊·北洋军阀》，并以此为基础，在 20 世纪末完成了《北洋军阀史》的撰写工作。在积累了丰富的资料后，来新夏主张采用排比资料、认真分析、发现矛盾、深入研究、反复比证和求取结论的方法，进行考察核实和具体分析。在使用资料时应当以一当十，慎重选用，不遗漏有价值的资料，也不滥用和堆砌十分无意义的资料，务使资料各得其用。

来新夏在史料运用上的探讨和努力得到同仁很好的评价，在论述来新夏在《北洋军阀史》中的史料运用时，北京大学历史系张注洪教授认为，所用史料堪称广泛、深入、准确、精细。所谓"广泛"，是指该书不仅引用大量第一手、原始档案资料，如中国第二历史档案馆所藏北洋政府已刊未刊档案，还利用其他传记、专集、方志、笔记、汇编、报刊等各种不同类型的可靠资料，不仅利用《政府公报》等中央政权资料，也利用地方、地区的奏稿、报告等；不仅利用袁世凯、张作霖、吴佩孚等重要人物的文集，也利用有关人物孙中山、黄兴等人的文集；不仅利用中国学者编纂的北洋军阀史料，也利用《清末民初政情内幕》等国外学者编辑的史料；不仅利用解放前出版的《最近三十年中国政治史》等有价值的著述，还利用建国后出版的大量北洋政府史料。所谓"深入"，是指作者利用说明深层次、关键问题的别人没有用过的新史料。比如袁世凯《养寿园奏议》清抄本，是袁世凯编练新军的文件汇编，是研究北洋军阀集团兴起、发展与形成的基本文献资料，作者不引用项城袁氏宗祠藏版本，而用 1987 年天津古籍出版社的全刊本。所谓"准确"，是指作者善于引用各种准确的史料或经过考证堪称准确的回忆录等资料。有的史料如日本向袁世凯提出的"二十一条件"，大都沿用王芸生著《六十年来中国与日本》第 6 卷中的转述材料，本书作者则引用保存于台湾中央研究院所藏外交部档案原档的汉文本原件，当更为准确。所谓"精细"，指作者运用史料做到精密细致。如作者从《白狼始末记》中引用白朗在甘肃洮州的布告中提出的七项政治主张时，指出这布告显然是经过删改的：其第一条的空白，是为"袁世凯"三字而讳。然后作者指出从中可略窥白朗反对袁世凯统治、希望建立新政府的政治主张。于此可见，本书具有相当广泛的史料来源，比较深入的内情了解，颇为准确的史实根据、反复考核的资料印证，这就足以保证它可以达到很高的学术质量。①

6.1.2　重视理论的研究

理论的研究是史学研究的基本建设。北洋军阀史是新开辟的研究领域，史学界不同意见甚多，疑义迭出，众说纷纭。这就需要从理论上进行界定。来新夏从上世纪 80 年代初，就开始进行理论的探讨。在《略论北洋军阀史研究中的几个问题》中，来新夏教授着重探讨了"北洋军阀史"和"北洋军阀统治时期史"这两个不同含义的概念、北洋军阀史的阶段划分问题和北洋军阀集团的特点，亮出了与他人不同的学术观点。《北洋军阀史研究札记三题》从军事力量、社会思潮、帝国主义侵华政策以及袁世凯个人作用等方面分析了北洋军阀集团的形成问题，对北洋军阀集团作用也进行了新的估计和评价，并对怎样正确看待民初统一与割据问题进行了分析。《略论民国军阀史的研究》认为军阀是"以儒家文化为中心，以封建伦常为纽带，形成一种层次性宝塔式的统治体系，等级隶属关系异常明显"。在北洋军阀集团形成问题上，新增了从经济方面考察；对于北洋军阀集团的阶级基础问题，认为是"以封建地主经济为主要的社会基础，它的某些部分在一定时期带有资产阶级性质"。对于北洋军阀史的阶段划分问题和北洋军阀集团的特点，也专门撰写论文进行阐释。莫建来教授认为这些文章"或力排众议，提出自己的独到见解，或折中诸说，断以己见，形成新的观点，论据充分，论述缜密，具有较强的说服力，每每有一锤定音之效"②。这些理论问题的探讨，对于北洋军阀史事的研究，无疑具有重要的指导意义。

6.1.3　高屋建瓴地进行整体性的研究

由于北洋军阀经历了以辛亥革命和五四运动为标识的中国政治制度和革命性质的兴替变化，头绪纷繁复杂，不太易于整体把握，因此，目前史学界对北洋军阀史所做的研究，主要集中在对有关人物、事件等个案问题与局部现象进行探讨的微观层面，完整论述这一段历史的宏观研究成果甚少。撰写通史性专著虽然有难点，却也有其独特的长处，这就是它的全面性和系统性，可以更好地把握一个事物的发展脉络。来新夏的北洋军阀史研究从《北洋军阀史略》到《北洋军阀史稿》再到《北洋军阀史》，一次比一次详细和全面，始终做的是

---

① 张注洪：《北洋军阀史研究的丰硕成果——读来新夏等著〈北洋军阀史〉》，《来新夏教授学术研讨会纪念集》，第 243—245 页。

② 莫建来：《来新夏教授和北洋军阀史研究》，《来新夏教授学术研讨会纪念集》，第 239 页。

通史性的研究，力图构建北洋军阀的兴起、发展、派系纷争、衰落直至灭亡的整个过程。

6.1.4 重视"为人"之学

"从多年的教学与实践中我发现，人们为了论史证史，需从浩繁的史籍中去搜集资料时，大都是穷年累月，孜孜不倦，各自为政地检读爬梳，最后完成一种或几种个人论著，但却没有给后人留下方便。如果有一些人肯分门别类查资料底数，编写一些工具书，那不就可让另一些人不走或少走重复路吗？这就是由少数人为多数人摆好'梯子'，或者说甘当'铺路石子'。"来新夏在长期的北洋军阀史研究中就甘当"梯子"和"铺路石子"①。他认为投入大量时间和精力在丰厚的资料和提要的基础上作学问能有所发明，独抒新见，写出论著来固属可贵，但更应提倡一种"为人"之学。

6.1.4.1 来新夏针对北洋军阀史的研究状况，多次进行综述总结，以对后来的研究进行引导和启迪

来新夏很重视对北洋军阀史研究动态作综述分析，就这些年来北洋军阀史研究的进展作一述评，对于交流信息，推动研究工作进一步深入，无疑是有益的。他认为"一个人要把本领域的文献看完或绝大部分看完，是有困难的，因此就需要有一些搞动态情报的服务性工作。我们由于不注意动态分析，许多课题往往落在后面，甚至重复劳动。动态综述与分析应放在科研课题的高度来对待。这是节省人力资源的好办法"②。自从研究北洋军阀史以来，来新夏在上世纪80年代就撰写了《关于北洋军阀史的文献》《近年来北洋军阀和地方军阀史的研究》《略论民国军阀史的研究》《关于军阀史的研究》等论文③；90年代又写了《北洋军阀史研究四十年》《北洋军阀史文献述略》《五十年来北洋军阀史研究述论》④等；新世纪之初还撰写了《北洋军阀与日本：二十世纪末中国学者的研究》⑤等论文。如此众多的文献以及研究的综述分析，大大方便了后来的研究者对现阶段北洋军阀史研究的学术前沿的了解和把握，推动了北洋军

---

① 来新夏、柳家英：《植根于博 专务乎精——来新夏教授访谈录》，《历史教学问题》2000年第3期。

② 来新夏：《关于军阀史的研究》，《西南军阀史研究丛刊》第三辑，昆明：云南人民出版社，1985年3月。

③ 来新夏：《关于北洋军阀史的文献》，《中学历史》1982年第2期；来新夏、焦静宜：《近年来北洋军阀和地方军阀史的研究》，《西南军阀史研究丛刊》第二辑，贵阳：贵州人民出版社，1983年；来新夏：《关于军阀史的研究》，《西南军阀史研究丛刊》第三辑，昆明：云南人民出版社，1985年。

④ 来新夏：《北洋军阀史研究四十年》，《历史教学》1991年第8期；来新夏：《北洋军阀史文献述略》，《民国档案》1995年第4期；来新夏、莫建来：《五十年来北洋军阀史研究述论》，《社会科学战线》1999年第5期。

⑤ 来新夏：《北洋军阀与日本：二十世纪末中国学者的研究》，《学术月刊》2004年第8期。

阀史研究更好的开展。

6.1.4.2　来新夏十分重视工具书的编写

编写工具书是来新夏"为人"之学的重要体现。这主要是受其老师陈垣的影响，陈垣不以编工具书为小道。他把"工具"提到与"材料"、"方法"共为治学三大要件的高度。不为俗见所扰，指出"兹事甚细，智者不为，不为终不能得其用"。陈垣亲自编写的《中西回史日历》和《二十史朔闰表》成为治中国古代史的必备工具书。来新夏认为："在资料浩繁、问题众多的研究领域中，工具书的需要十分迫切。而军阀史研究中对这方面没有足够的重视。"①因此，在《北洋军阀史稿》中附录了《北洋军阀人物小志》，在《中国近代史资料丛刊·北洋军阀》第五册中收录了军阀人物小志、参考书目提要、参考文献索引及附表。在《北洋军阀史》也附录了《北洋军阀人物志》和《参考书目提要》。此外，《近三百年人物年谱知见录》中也收录了如袁世凯等北洋军阀的年谱和如蔡锷等其他北洋军阀时期人物的年谱。这些工具书的编写，为他人研究北洋军阀史提供了极大便利，节省了大量的翻检之劳。

6.1.5　立足于勤、持之以韧的治学精神

在北洋军阀史研究过程中，来新夏笔耕不辍，勤奋治学，坚持不懈，完成了三部著作、一部资料汇编和十几篇的高质量论文。在治学上，来新夏认为应有勤奋和坚韧的精神。来新夏在研究北洋军阀史过程中，就发扬了勤奋和坚韧的精神。

来新夏认为，立足于勤是求学的基点，手、耳、心和脑都要勤，要勤写、勤听、勤读、勤思。四勤的根本在勤读，勤读才能博涉。在整理北洋军阀档案时，来新夏不仅读档案，还仔细读了丁文江的《民国军事近纪》、文公直的《最近三十年中国军事史》和陶菊隐的《督军团传》等等有关北洋军阀的旧著。在读的过程中要善于发现问题，有疑就要追根究底，即所谓"勤思"。疑而后思，思而后得。来新夏在阅读档案与旧著中，发现两者不同之处，这引起他的疑问和思考。四勤最后是"勤写"。"勤写"要积少成多，由片段成整篇，由多篇成专著。这不仅是积累，而且也是一种磨砺。来新夏在阅读北洋军阀档案时，他就记了两册黄草纸本的笔记，在写北洋军阀史著作前，还写了综述。

与"勤"相连的还必须有一种坚韧性。韧是中华民族的优秀品质，谁要没有韧性，遇到事情就会被打垮。从解放初整理北洋军阀的档案，到现在已经五十余年，来新夏教授一直从事着北洋军阀史的研究，反复增补，精益求精治史，

---

① 来新夏：《关于军阀史的研究》，《西南军阀史研究丛刊》第三辑，昆明：云南人民出版社，1985年。

力戒浮躁，五十年著一书。即使在"文革"的艰辛岁月中，被人说成"放着人民的历史不写，非要去研究军阀，可见跟他们气息相通"的罪状，也没有放弃。他把《北洋军阀史略》修订成《北洋军阀史稿》，又进而写成《北洋军阀史》。来新夏没有在某一阶段上陶然自醉，裹足不前，而是不断地挑战，不断地创新，不断地前进。这充满艰辛的历程，如果没有持久的毅力，是坚持不下来的。"我的这一历程充满着坎坷艰难，而自己也备遭人忌，受到恶意的诽谤、抨击，甚至是背后捅刀；但并没有损我毫毛，更未能阻止我坚持不懈终底于成。"①这句话体现了来新夏教授这种锲而不舍、永不止步的学术精神。来新夏就是用这种"持之以韧"的精神，在北洋军阀史研究之路上不断地前进。

6.2　来新夏的北洋军阀史研究对当代史学研究的启示

新中国成立伊始，华北大学历史研究室的北洋军阀档案整理工作，让来新夏进入到"北洋军阀"这个陌生的学科领域，成为他一生在历史学领域中的中心研究课题。透视来新夏教授研究北洋军阀史的整个过程及特点，寻绎他的学术成就、治史思想和治学方法，我们可以得到很多深刻的启示。

6.2.1　进行史学研究必须具有非凡的勇气

新中国成立之初的学术研究环境远没有现在宽松，政治气氛极浓，要作出与当时革命史研究不甚合拍的研究，需要极大的学术勇气。新中国成立后，有很大一部分人认为我国是无产阶级领导的社会主义国家，不能去研究倒退的、落后的阶级和集团，不能去研究反面人物。但是历史不仅是客观存在的，也是一个整体，不能因人为的因素被忽略了，就认为这段历史就不存在了。在革命史学科体系的指导下，20世纪50至60年代，广大中国近现代史研究者对人民群众的反帝反封建斗争给予了高度的重视。太平天国、义和团、辛亥革命的研究经久不衰。这一时期的革命人物、革命事件受到了前所未有的重视，而对统治阶级营垒的人物却研究不够，也使得从辛亥革命到五四运动这段历史除了新文化运动外，几乎等于空白。孙思白教授就指出："我们的学术、教育界首先着重讲解、学习、论述中国近现代革命史和中共党史，这是有十分重大现实意义，十分必要的。但是，历史的运动是对立统一的运动，民国史（包含军阀史）的研究与革命史、党史的研究决不是相互排斥，而是相互促进的。历史这门学科具有规律性、借鉴性、知识性。学习历史不限于正面，也要懂得反面。中国近现代先后发生的旧式的与新型的民主革命都埋根于中国近现代社会矛盾之中。

---

① 来新夏：《我和北洋军阀史研究》，《福建论坛》（文史哲版）1999年第3期。

我党领导新民主主义革命在制定路线、策略、方针时都离不开对民国史上军阀势力统治下的政治、经济、社会情况作深入的调查分析。"①彭明教授也认为"学习中国近、现代史，学习中国革命史和党史，不清楚北洋军阀，便对许多政治现象无从理解，对许多问题也就无从说明它们的来龙去脉"②。

来新夏在研究北洋军阀史过程中曾承受着人们的不解和无形的压力。1952年，来新夏教授第一次在刊物上连续发表《北洋军阀统治时期》的讲课记录时，便有人说"这是舍正道而不由，走偏锋而猎奇"。1957年5月《北洋军阀史略》的出版，一方面使来新夏感到兴奋，另一方面，面对当时越来越严峻的政治形势，尤其是听到荣孟源先生因倡导研究民国史而被划为右派，又让来新夏感到沉重的压力。后来在"文革"期间来新夏的一个罪名就是写军阀史，但来新夏教授不为所动，坚持自己的学术思想与研究主旨，表现了可贵的学术勇气。

6.2.2 史料对于史学研究的基础性作用

一个史学观点或理论的说服力主要来自于大量完整系统可靠史料的支撑。因此，要对所研究的问题有全面的了解，就须以"上穷碧落下黄泉"的精神去搜集史料。历史学是一门实证科学，历史学研究的基础就是必须占有充分可信的史料。"研究必须充分地占有材料，分析它的各种发展形式，探寻这些形式的内在联系。只有这项工作完成以后，现实的运动才能适当地叙述出来"③。著名马克思主义史学家范文澜非常重视档案的作用，在来新夏等学者整理北洋军阀档案时，范文澜讲了档案与研究工作的关系，从档案中搜求资料如披沙拣金，确实很艰难，但这是研究工作"从根做起"的重要一步。只有这样，才能基础广泛而扎实。从此"从根做起"的教诲就深植于来新夏的头脑之中，使他终身受益。

来新夏认为，"专攻一经"的"从根做起"确实艰难烦劳，不易"立竿见影"地获得效应；但这是人文科学研究的一般规律。来新夏在《我学中国近代史》④一文中极其真诚地对有志于学术的的学者们提出建议：能在将要步入学术殿堂之际，不妨发扬范文澜教授的"坐冷板凳"和"吃冷猪肉"的"二冷"精神，"泡"在档案之海中，"从根做起"，去寻求自己的学术未来。

① 孙思白：《试论军阀史的研究及其相关的几个问题》，《贵州社会科学》1982 年第 6 期。

② 彭明：《北洋军阀研究纲要》，《教学与研究》1980 年第 5 期。

③ 马克思：《资本论·1872 年第二版跋》，《马克思恩格斯选集》第 2 卷，北京：人民出版社，1995 年，第 111 页。

④ 《近代史研究》2003 年第 3 期。

6.2.3　史学研究需要"植根于博、专务乎精"治学方法

来新夏认为学术应该博涉多通，不能拘于一端，这样才能思路开阔，相辅相成，取得更大的学术成果。在整理北洋军阀档案之前，来新夏对这一专题知之甚少。于是一边整理档案，一边尽可能地阅读包括正史、野史、杂史、史话、官书和私著在内的有关北洋军阀的著作。通过这样日复一日地阅读档案和著作，并把两者相结合进行了一些思考，来新夏打下了深厚的北洋军阀史研究根基。这为日后来新夏开展北洋军阀史的深入研究奠定了扎实的基础。在具备了一定的历史学基础之后，来新夏又深入到目录学、文献学、方志学、图书馆学等各个领域，先后写出了本领域本学科的重要著作，这些领域的学问反过来又对他的史学研究有所助益。

结　论

风风雨雨五十余年，来新夏以他独特的学术热忱和毅力在北洋军阀史这一研究领域上，默默耕耘着。从20世纪50年代的拓荒，到20世纪80至90年代的辛勤耕耘，而今取得了硕果累累。可以说，建国后，北洋军阀史领域研究所取得的建树，来新夏是作出突出贡献的。他不仅在北洋军阀史的理论研究上有诸多突破，如确定了北洋军阀史研究的对象、阶段划分，创新地阐释了北洋军阀的定义，全面地探讨了北洋军阀的特点，从正反两方面恰当地评价了北洋军阀在历史中的作用；而且他撰写的多篇研究综述及主编的《中国近代史资料丛刊·北洋军阀》也推动和有助于其他学者开展北洋军阀史研究。以后相当长一段时间内，在北洋军阀史系统性研究方面，学人将难以超越来新夏的学术成就。作为北洋军阀史研究的奠基者和辛勤耕耘者，来新夏是当之无愧的。他自己也认为是"在该领域中已完成自己应尽的职责"，"终于做了一件有益于社会的事"。

在研究北洋军阀史的过程中，来新夏形成了自己特有的学术特点。这种独特的治学方法，是值得史学家和青年一代史学工作者学习和借鉴的。首先，来新夏重视资料的搜集、运用和汇编。来新夏先是参与了北洋军阀档案的整理，而后在京津周围地区搜集资料，再是扩展到全国范围，甚至台湾及海外。来新夏在资料搜集上，不仅范围广，而且强调搜集第一手资料。其次，来新夏对北洋军阀史的研究是高屋建瓴的整体性的研究。大多数学者对北洋军阀史的研究只是对个别人物或个别事件、个别战争进行剖析，属于微观的个案研究，而来新夏不畏北洋军阀史线索复杂、资料分散的困难，毅然对北洋军阀史进行全方位的宏观研究。这种大气磅礴的不畏艰险的精神是可贵的。再次，来新夏对北

洋军阀史进行了五十余年的勤耕细耘，尽管初期遭到了各种非议、"文革"的破坏，但是他依然坚守在这块学术之土上。改革开放后，随着观点的更新，新的档案资料的发掘，以及来新夏的学术视野的不断拓宽，来新夏与时俱进，推陈出新，不断突破，在北洋军阀史研究领域中取得一个个举世公认的成就。这种执著的治史精神同样值得我们学习和发扬。

当然，来新夏对北洋军阀史的研究，也不能说是尽善尽美的。如在理论研究中、在某些战役分析中，有些观点还不够全面；主编的《中国近代史资料丛刊·北洋军阀》在被引用率方面，现在尚不如章伯锋主编的资料集。

来新夏的"立足于勤、持之以韧"的治学精神，"植根于博、专务乎精"的治学方法值得后人学习，他的客观求实、审慎平允的治史风格，奠基铺路、嘉惠后学的奉献精神，都值得我们加以继承与发扬。

作者为福建师范大学社会历史学院硕士研究生。

本文为中国近代史专业硕士学位论文，原文 5.5 万字。指导教师：高峻教授；论文答辩日期：2007 年 5 月；学位授予日期：2007 年 6 月。

2003 年 7 月《北洋军阀史》获教育部颁发的第三届中国高校人文社会科学研究优秀成果著作二等奖。

三　来先生与南开大学分校

天津图书馆学教育的拓荒者——来新夏先生

郝瑞芳

1978 年是恢复高考的第二年，经过十年动乱后的中国百废待兴，人才匮乏，为了尽快培养出更多的国家有用之才，也为了圆那些因为"文革"而未能走进大学校门的莘莘学子一个大学梦，教育部在原招生数量的基础上在全国又进行了扩大招生。天津市以南开大学和天津大学为依托组建了八所分校，扩大招收了几千名走读学生。一时间，读大学的热潮滚滚，我也正是在这一年从南开大学历史系毕业，成为南开大学第一分校的一名教师，并跟随来新夏先生创办图书馆学专业。转瞬三十六年过去，当年艰难创业的情景历历在目，宛如眼前，也令我更加深切地缅怀我的老师来新夏先生。

图书馆学专业的创立

当年天津成立的几所分校在招生之初都是单一的专业设置，譬如南开大学第一分校就全部是物理专业。这些学生入学第一年主要是以补习高中课程为主，辅以部分大学基础课。到第二年即 1979 年，天津市教委考虑到社会的需求及未来学生的分配问题，开始对 8 所分校进行了重组，组建了南开大学分校（原南大第一分校）、天津职业大学（原南大第二分校）、天津理工大学、天津城建学院等，并由各校组织专家调研，准备筹建一些社会急需的专业。南大分校位于南大东门对面的河沿路口，是利用原卫津路中学旧址，当时仅有一座教学楼（包括各办公室和公共设施在内）和一个小操场，办学、办公条件非常简陋。即使这样，南开大学的部分专家教授还是在分校领导的热诚聘请下来此兼职，并经调研后创建了图书馆学、科技英语、企业管理等专业，来新夏先生即为这一批南大分校的初创者之一。

创办图书馆学专业是来新夏先生首先提出的。来先生是历史系教师，对古典目录学已有深入研究，这一创意的提出是具有一定的胆略与深谋远虑的。因为在 1979 年之前，全国高等院校只有北京大学和武汉大学设有图书馆学系，当时社会上很少有人知道，甚至有人认为图书馆不过就是借书还书而已，并不了解图书馆学是一门学问。正是在这样一个背景条件下，来新夏先生力排众议，以他的远见卓识与勇气，在学校的领导会议上慷慨陈词，向与会人员提出创办图书馆学专业的理由与重要性。来先生不仅陈述了建立图书馆学专业的科学依据，而且提出培养这个专业人才的迫切性。他告诉大家的"信息"（这在当时是个新名词）是：北大和武大两校每年培养出来的毕业生也就不足百人，而全国各级各类图书馆数以万计，对专业人才的供需可谓杯水车薪，在"知识爆炸"的时代，与知识直接相关的图书馆学专业前途无量，设立这个专业是非常必要、也是非常及时的。正是在来先生的力争下，南大分校通过了建立图书馆学专业的决议，并由学有专长的来先生担任图书馆学专业的第一任主任。这是自新中国建立以来继北大和武大以后诞生的第一个图书馆学专业。

来先生在南大分校设立图书馆学专业的创举，不仅为天津市图书馆界培养了大批杰出的人才，更是对推动我国图书馆学教育的发展做出了卓越的贡献。继南大分校创办图书馆学专业之后，全国各地的许多高校如雨后春笋般相继开设了该专业，使图书馆学专业教育得到了长足的发展。

艰难的创业之路

1979 年初夏，来新夏先生开始了图书馆学专业的筹备工作。学校领导可能考虑到我和一同分配去的同学刘铁锚与来先生的师生关系更利于工作，分配我俩做他的助手，由此，来先生带领着我们两个刚刚走出校门的学生开始了繁重的日常工作。其实我心里一直认为这是我们与来先生的缘分，因为一年前来先生"文革"后第一次上讲台，就是给我们这一届学生讲"古典目录学"，他以渊博的学术功底旁征博引，将一门很枯燥的课程讲得收放自如，深入浅出，真是引人入胜。其中讲到校雠学时，他从文字学的角度形象生动地阐释"雠"字的来源和词义，令我至今难忘。来先生的博学和风采让大家折服，以至于因为当时听课的人越来越多而三换教室，成为南大的一段佳话。如今能在先生的领导下工作，我感到很荣幸并充满了信心。

图书馆学专业的建立只是万里长征刚刚迈出第一步，更艰苦的工作还在后面。无教学方案、无专业教师、无专业教材、无参考资料、无实验设备，等等，真可谓是白手起家。尤其开始选专业时的一段往事让我记忆犹新，那就是图书馆学专业首先面临如何招来学生的问题。当年暑假前，学校组织学生自行选择专业，科技英语、企业管理两个专业是热门，第一次报名图书馆专业的学生才四十来人，还不足一个班。学校领导为了平衡各专业人数，决定重新报名，报名前特别召开了一次全校师生大会，请各专业主任介绍专业情况，以供学生报名时参考。记得那次大会是在南开大学大礼堂举行，来先生上台以后，从中国图书馆事业的辉煌成就说起，介绍了中国图书馆事业在世界图书馆发展史上的重要地位和影响，以及当时图书馆学专业的状况和未来发展前景等，他激昂慷慨、热情洋溢的讲话深深感染着学生们。第二次报名时，图书馆专业竟然一跃从一个班扩成三个班，共招了 132 名学生。多年以后，来先生参加第一届学生毕业三十年聚会时，大家忆起当年的往事，还感谢来先生当年的"诱导"才选择了自己一生的发展道路。

来先生在办学过程中始终把教学工作放在首位。先是制定培养方案。来先生在参考北大和武大的培养方案基础上，又深入天津市公共图书馆、高校图书馆、科研机构图书馆等各类图书馆进行调研，考察了具体工作后，制定了"突出专业特色，厚基础、重实践"为原则的培养方案。由于图书馆是一个收纳百川、集众学科门类的知识宝库，所以要求工作人员要有广博的知识基础，但又要具备扎实的专业水平，同时由于图书馆工作是一项实践性很强的工作，还必须具有很好的实践能力，只有这样，才能够培养出符合社会需要的合格人才。因此，决定了教学课程主要由三部分构成：公共基础课、专业基础课和专业课。其中专业基础课是重中之重，包括文科基础综合、理科基础综合、工科基础综合和艺术综合赏析等。可以说，这样的专业基础课设置当时在全国各高校绝无仅有，从而成为南开大学分校图书馆专业的办学特色之一。

来先生对师资水平要求很高，甚至宁缺毋滥。因为此前还没有人开过这类文、理、工基础综合知识的课程，所以面临着既难请教师又缺乏教材的困难。为此，来先生想了若干办法，如把每门课程拆分成几个部分，每一部分由专科教师分别讲授，要求每个任课教师负责的部分可以不须精深，而要扎实广博，使学生更多了解各学科知识的概况。即使这样，对

1979 年为南大分校图书馆专业第一届学生开设古典目录学课程。

任何一个教师来说也都是崭新的、有相对难度的，所以聘请教师仍是一个很大的难题。尽管如此，来先生凭借广泛的社会关系在天大、南大及各高校中多处联系，确定人选，有的来先生还亲自登门拜访，先后聘请了不少高水平的老师，终于把这三门综合基础课成功开设了。

为了克服缺乏教材的困难，来先生就动员所有任课的教师们边编讲义边授课，学生们也很配合，在课堂上以记笔记为主。现在一些学生手里还保存着当年使用过的油印教材和课堂笔记，如今都成了南大分校图书馆学专业创业期珍贵的"历史文物"。

艺术综合赏析也是具有创新性的专业基础课之一。艺术类如绘画、音乐、书法等以讲座的形式每周开一次，使学生既得到艺术的熏陶也获得相关知识，很受学生欢迎。难得的是来先生竟请到了天津美术学院教授、著名书画家王颂馀先生来校讲座；来先生还请他的老师、著名书法家启功先生为我们题写了墨宝，这两幅卷轴作为图书馆学系的传家宝一直被珍存至今。这些在分校可都是十分轰动的事情，吸引了不少其他专业的学生来"蹭课"，可见曾被不看好的图书馆学专业当时办得多么生机勃勃！

重师资　育新人

重师资是为了育新人，是来先生办学的不二法门。

首先是培养师资。由于建系之初系里没有一个自己的专业教师，来新夏先生就采取两条腿走路的办法。开始主要是先"请进来"，将天津市各类型图书馆中原北大、武大图书馆学专业往届毕业、现已富有工作经验的优秀专家请来担任专业教师为学生授课；其次是"走出去"，将系里非本专业出身的教师派往北大、武大进修，及到北大函授班学习；其三是网罗国内有志从事图书馆学专业教育的中年学者调入学校任教；其四是招聘北大、武大刚毕业的学生作为后备力量。经过几年的努力，南开大学分校图书馆学系就建立起一支老中青相结合的专业教师队伍。我就是"走出去"方法的受益者之一。我和刘铁锚都是学历史专业出身，虽听过来先生的古典目录学课，但毕竟对图书馆学专业知之甚少，来先生和北大图书馆学系联系密切，得知北大要办函授班，立即提供各种条件送我们参加学习。我们于1980年3月至1982年12月完成了北京大学图书馆学函授专修科的学习并获得毕业证书。之后，我还先后到武汉大学、华东师范大学、北京师范大学等进修了部分专业课和专业基础课。在来先生的关心和培养下，我终于走上大学讲台，一边学习一边开始讲授"图书馆学概论"课，同时刘铁锚也讲授了有关专业课。我们虽然都得到了学生们的认可，但来先生是一位治学非常严谨的人，总是不断提出更高的要求，为了确保教学质量，他甚至多次亲自随堂听课，给予鼓励的同时并指出不足，使我们不断提高自己的教学水平。如今想来，仍心存感激！

1981 年邀请美国大学图书馆学专业教师贝尔曼夫人来分校短期讲学，
并与本校教师建立联系（左一郝瑞芳，左五李莉，左六韩宇骐）。

对作育人才，来先生有超前意识。他的眼光不仅局限于课堂，而是根据图书馆学专业发展的趋势，为让学生得到更多新知识、新信息而开拓更多的途径。为了扩大学生的视野，来先生经常聘请中科院、社科院的著名学者以及一些归国华人知名专家来校讲学或讲座，使师生们了解国内外学术前沿的信息，大家感到受益匪浅。同时，他还倡导大家在教读之余做一些科研工作，所以常有一些老师和学生到来先生家里去请教问题，他不仅热情接待，还往往在和师生们的讨论中碰撞出新点子，而且无论是谁出了成果，他都给予鼓励并设法推荐发表，在 80 年代初来先生创办并主持的《津图学刊》上就曾刊载过不少分校图书馆学专业师生的文章。

除此之外，来先生很重视教学与实践相结合。他亲自到各处联系，组织了几届学生到北京的中科院、社科院、北京图书馆（即现国家图书馆）、北京大学图书馆、清华大学等条件设施好的大图书馆参观实习。记得刘铁锚说 80 年代初有一次跟来先生去北京办事，当时条件和经费有限，住的是便宜的地下室招待所，一天要跑好几个地方，不是挤公交就是走路，到晚上累得够呛，而年已六旬的来先生却为办学而乐此不疲。另一方面，他还要求学生自觉利用寒暑假到图书馆实习，每学期开学后提交一份实习报告，以检验教学与实践结合的具体效果。

在来先生的不懈努力下，南开大学分校图书馆学专业当时在全国高校中很快脱颖而出并颇有名气，不久，又增加了情报专业而成为图书馆学系，以至后来又发展壮大（1999 年南大分校并入天津师范大学，在此基础上扩建为该校管理学院）。南大分校图书馆学系的荣光之一是为天津市图书馆界培养了最早一批专业人才。第一届学生毕业时受到天津市各级各类图书馆的热烈欢迎，其中品学兼优的学生更是被争抢，这都是来先生领导下的图书馆学系历经艰难的创业之路而结出的硕果啊！1983 年，来先生在南开大学本部又筹办图书馆学系并获得教育部批准，于次年开始招生。来先生在五年时间内连续创办了两个图书馆学系，在天津乃至全国图书馆学教育史上都可称为前所未有的奇迹。

来新夏先生为南开大学分校图书馆学系的建立与发展呕心沥血，使它逐步发展壮大到今天。忆往昔，使我们更加感谢先生所付出的一切，更加敬佩先生的博学多才，更加缅怀先生的大智大勇。

作者为天津师范大学教师。

本文刊于《忆弢盦：来新夏先生纪念文集》，焦静宜编，天津古籍出版社 2015 年版。

追 忆 当 年

南开大学分校图书馆学系首届（1979级）毕业生
纪念来新夏先生逝世三周年座谈会记录

（根据现场录音整理）

时　间：2017年1月6日
地　点：南开大学图书馆会议室
参加者：南开大学分校图书馆学专业首届毕业生
主持人：郝瑞芳（天津师范大学教师，南开大学分校图书馆学专业79级辅导员）
录音整理者：王刚（南开大学图书馆馆长助理，分校图书馆学专业首届毕业生）

郝瑞芳老师：

　　南开大学分校的图书馆学专业是天津教育史上的第一个图书馆学专业，她的创始人就是来新夏先生。而你们是分校图书馆学专业的第一届学生，从这个意义上来说，这是我们师生都引以为自豪的。

　　来先生逝世以后大家一直有个愿望——回顾当年的求学经历，追忆图书馆学系的创业过程，以此来纪念我们尊敬的来新夏先生。今天，来了这么多同学，大家都是怀着同样的心情。那我先开个头儿吧。

　　你们这一届被称为79级，其实是1978年入学的，南大分校最初只设了一个专业，就是物理专业。后来学校就考虑是不是再分一些专业，以解决将来的毕业生分配问题。大约是1979年5月左右的时候就召开了论证会，其中就请到了来新夏先生。在会议上来先生就提出了创建图书馆学专业的建议，而且论证了开设这个专业的依据、当时全国高校图书馆专业的设置情况，以及社会上对图书馆专业人员的需求等。从当时情况来说，全国各级、各类图书馆不少。然而当时只有北京大学和武汉大学有图书馆学系。经过一番力争，终于通过了这个论证，最后南大也下达了文件。是全国第三所开设这个专业的高校。由于南大分校后来并到师大里去了，师大又迁到新校区，所以有关原始档案资料都找不到了。这是很不应该的，也是这次活动的很大的遗憾。我后来找到曾就读我们学院档案专业的一个学生，在师大档案馆找了半天，也没有找到。有关第一届学生的成绩单啊、学校的一些教学计划啊，等等，都没有了。所以我们的这次座谈既是纪念来先生，也可以作为一个口述史了。

创办专业一开始，来先生首先考察了武汉大学和北京大学教学情况，并根据咱们自己的特点和实际情况来制定教学计划。这个教学计划大致的情况来先生在有关文章里也提到了，当时来先生的理念是什么呢？我认为主要是"厚基础"，他是根据图书馆工作的性质，不管是搞采购的、编目的、咨询的或者是其他等等方面的工作，你都不可能就面对一个方向，比如我就面对搞文学的，我就面对搞物理的。即使有文科和理科这样大的分类，但是它都是很多学科的一个综合的东西，必须懂得各个方面的基础，所以来先生就提出来"宽基础"。从他的教学计划以及后来咱们开设的课程也可以体现这一点。所以咱们在座的也可以根据你们当年上课学习的情况和后来参加工作的情况来谈谈自己的体会吧！

杨静（天津职业技术师范大学图书馆）：

刚才郝老师说到来先生当时的教学理念，我特别有亲身感受的就是它的"厚基础"。我记得外语基础课就有英语、日语、科技英语。虽然有的课学的时间并不是很长，也许是一个学期，也许是两个学期，但它的铺垫确实给我们的工作带来帮助。我从 1983 年一直在图书馆工作。先在采编部搞采购，干了十多年，然后到期刊部、信息部，流通部虽然没去过，但采编部和流通部工作紧密相连，涉及好多学科，都是借助于上学期间打下了一定的基础。特别在学科分类这块，我们还学了一些理工科的东西。有机械啊、电子啊、化工啊这一些内容，这样对我们在分类的时候特别有用，很清楚这本书属于哪类学科，那本属于哪类学科。知识的深度虽然没有那么专深，但我们了解了基础，对我们图书馆专业人员的分编这块工作起了很大的作用。这是第一点。再有特别有体会的就是来先生对我们图书馆事业抱着一种特别大的期望。当时我印象最深的是开大会重新分专业。来先生的那场讲话，动员大家到图书馆学专业学习。那场讲话对我们来说，是我们通过选择专业而决定今后命运的一个讲话，当时我听了来先生的讲话非常受鼓舞，当时就决定报图书馆专业。虽然当时对图书馆没有了解那么多。但听了来先生的讲话之后，感到好像我们是带着一种使命来学图书馆专业。因为那时刚开始改革，所以要改变图书馆传统模式，要有一种新的理念，几乎每个图书馆专业的同学都记得来先生那次非常激昂的讲话。现在有时跟同学开玩笑时说，要是没有来先生那个讲话，我们怎么跑图书馆来呢。但是后来我们真正到图书馆工作之后，却又感到高校对图书馆重视程度，远远没有来先生在南大图书馆任馆长时地位那么高，我在高校工作三十多年了，还是深有感觉。根据我多年工作经验来说，图书馆对学科建设的地位也是很重要的。尤其王娟萍他们在南大查新方面的工作，对南大的科研发展肯定有相当大的贡献，但在二线或三线的学校这方面还是差得挺远的。

林宏庠（天津药物研究院图书馆）：

我是被分配到药物研究院图书馆的。这里对图书馆也不太重视。因为我是图书馆专业毕业的，所以就在那当图书馆馆长了。那个图书馆也不小，属于北京医药管理总局下属的一个单位，挺大的，而且特别专业。都是药物啊、化学啊，没有闲白的东西。买来书使用中图法进行分类，我在那个单位确实也做了不少工作，编目和做卡片目录，把学到的知识都用上了。图书馆总共5个人，连采带编什么工作都做，后来又减到2～3人。一般单位对图书馆确实不太重视，对于我们学的东西更不了解，到单位一说，大家才知道图书馆还有分类、编目这些专业性的工作。我们单位过去的图书资料都是往那一堆，要用根本找不到，图书摆放很不系统。我们研究院图书馆挺大的，藏书也有二三十万册，所以要加强图书馆管理，我深有体会。

王娟萍（南开大学图书馆）：

我是一直站在图书馆服务一线的。我上学时第一年其实是在天大分校上的。我的同学赵敬英在咱们南开大学分校，她就告诉我图书馆学专业怎么怎么好，而且从家长的角度也感觉图书馆多好啊！就一定让我转学。通过几番周折，最后我才到了南大分校图书馆学专业。当然，来先生的第一场演讲，吸引大家来报这个专业，可惜我没听到。来了之后确实感触到来先生真的很有想法，很有魄力，正因为他是非常有影响力的人物，知识渊博，高瞻远瞩，他才能够创办这个专业。来先生一方面非常重视专业基础，另一方面又让我们要接触到方方面面的学科，要知识广博。来先生请了很多大牌儿老师给我们授课，我们是挺受益的。包括我现在南开有时候碰到给我们讲中国史的孙立群老师，讲的慷慨激昂的，我现在还能想起他讲课的样子，对于中国史的了解我都是从他那儿得来的。包括江老师讲世界史，还有刚才提到的请美院的王颂馀先生这样的大家，要没有这样的学习的机会，我们是听不到他们来讲课的。

创办图书馆专业伊始立即创造条件设立资料室供同学们自习（中坐者为 79 级文科班王月香）。

我最受益于来先生请的化学院钱廷宝老师的文摘检索课。他讲化学文摘，我一下子对这个索引体系特别有兴趣，就找到钱廷宝钱老师，最后我的毕业论文是他带的。非常幸运的是，我分配到天大图书馆之后，又一直在信息咨询部工作，后来又到情报室，全是跟检索相关的。我在天大工作了二十一年。后来 2004 年 11 月份，我到了南开，一直坚守的还是做跟检索相关的信息服务与科技查新，现在叫学科服务，我一直坚守着。现在分管的还是这块工作，所以跟检索工作建立渊源真是从那个时候开始的。这么多年我哪个部门都没去过。在国内能三十多年坚持在一个岗位上、从事一件事业的真的不多，我一直坚守在这，所以从这一点上我挺感谢来先生的。

就像刚才杨静说的，很多同学就因为听了他的第一次演讲，来报了图书馆学专业，现在回过头来看，我们所有同学最后结果都是挺好的，至少进入这一行业到现在都没有下岗。我的那些天大分校的同学，都是学工科的，分到企业了，后来很多早早地下岗了。但是我们这些同学后期发展都是挺好的，尤其现在随着时代的发展，整个图书馆学教学一线非常重视时政这一块，当时来先生办学所主导的正是要面对时代需求这样一个理念。虽然他没有用时政这个词，但已经在他们办学思路和课程设置上体现出来了南大的"公能"办学理念。他实际上要求我们了解图书馆学就像是临床医学一样的实践经验非常强的这么一个学科，所以想办法提供了多方面的条件，使得你能够很丰富，虽然说有些了解的是概况，但是你必须知道这些，现在图书馆学作为一门服务部门，这就足够了。所以说接受图书馆学的教育是幸运的。

现在对于图书馆的资源建设很重视，每年学校给我们投入两千万，净投入啊，学校的建设需要钱，图书馆真的是花钱的地方。现在图书馆也做了很多的改变，向着数字化发展，向着空间服务来发展，像现在说的基础服务，采编、借阅等，阅览，现在都是开放式的阅览，还有一些对于学科服务，像我们的科技查新、参考咨询等。另外还有现在做的叫为决策咨询的智库服务，我们会利用一些工具，做一些学科影响力的分析、研究趋势的一些分析等等，这是过去没有想到的，所以说我这一生都在图书馆，我也喜欢图书馆。这一点上我也很荣幸，在来先生工作过的地方能够一直发展。尤其深有感触的是，我们是第一届，我们毕业后进入图书馆界正是图书馆青黄不接的时候，使我们得到很多的发展机会，的确这样。现在想想，我如果没有转到这个专业，继续学工的话，可能也已经下岗了，所以我在图书馆的这个岗位上还要一直干下去。

张贵荣（天津师范大学管理学院）：

我毕业以后，在来先生主管分校图书馆学系期间给来先生做教学秘书，一直在来先生身边工作，受益匪浅，所以对来先生的教育思想还有所了解。刚才郝老师也提到，来先生在创办专业过程中，在人才的培养上，很重视厚基础，我认为实际上来先生的教育思想（分）两个方面，厚基础是一个方面，还有一个是"宽口径"。厚基础方面大家刚才都谈了，开这么多课，确实如此。我给来先生做教学秘书期间，到处请老师，全是非常棒的。像主修课科技方面的一些老师，如生科院张龙光，非常棒，因为我爱人在那工作，知道那都是非常棒的大教授们。另外像咱们这些专业课请的老师，基本上都是天津市这个领域当中的知名专家学者，大多数都是馆长吧，像财大桑老师，还有王荣授、钟守真，这些都是北大毕业的，而且在专业图书馆工作，又都是有工作经验的。还有教英语的医大的韩宇骐老师，教我们日语的是李约瑟先生；还有教你们那个科技发展史的，刚才已谈到从教育方面请了很多专家。另外，来先生教育思想的"宽口径"，开阔了咱们的眼界，上学期间他请了方方面面的专家、名人做专题讲座，这一块儿是很厉害的。除天津市的以外，比如我们图书馆界的老前辈、市图书馆馆长黄钰生老先生、联合国图书馆万秋芳等等，绝对都是大家，都是通过来先生的各种关系请来的。

刚才杨静提到南大图书馆在学校地位高，是来先生本身学术地位带来的，来先生的学术影响同时也使咱们这个专业在社会上受到重视，在这方面我个人感受最深。毕业之后，来先生为了让我讲课，派我出去学习，到北图，到上海图书馆，都受到热情接待，觉得是来先生的学生，就特别受重视，特别在上海，吴忠涛就开玩笑："你得给我们进修费。"我说行，你找来先生要去吧，找来先生就不敢了。在当时的北图（国家图书馆）也是，黄俊贵当时任国家图书馆编目部主任（后来到广东省馆当馆长），远接高迎，问寒问暖，亲自给我安排住处，还请我吃饭，真是来先生就用他的学术影响，为咱们奠定基础。另外，我印象很深的就是来先生在对外交流上，使得咱们教学计划能够和国内北大、武大保持一致，或者说不落后于他们。来先生和他们接触非常密切，这点我印象非常深。来先生让我去北大找李纪有，李纪有只要有新计划，就无偿的给我们复印过来，如果有书，不论是正式出版的还是油印的，咱们就互相有交流。当然这些到后来来先生在总校这边建系了更加繁忙了之后，这边基本就中断了。

办学初期，外地到咱们系来学习的很多，当教学秘书的时候我亲自接待过的，比如像河北大学、山西大学，新疆的学校，还有浙大都到咱这儿来学习，要咱的教学计划，要咱的教材，我记得当时浙大的夏勇，等等。兄弟院校来交流，先生总是特别交待的，同行来了一定要热情招待，学术上交流绝不保留，也是给了其他院校很多帮助，人家对咱特感谢。所以我的意思是说，来先生确实给咱们铺了很多路，使咱们能够有今天。这个感受确实很深，想了很多，可能表达有些时候表达不出来。总的来说，来先生为咱做了很多很多，他经常这样讲，他甘愿做"人梯"，让咱们踩着他的肩膀可以上去。由于各方面原因，没有达到来先生所寄托的那样，确实愧对老人家。我就说这些。

何怡（天津医科大学图书馆）：

刚才大家都说了咱们设立专业之初的情况，我也特别有体会。来先生给咱们选的这些老师真是都非常优秀，非常棒的老师。像天大范铮老师，给我们上的文检课，使我们受益非常大；当然还有我们医大图书馆的馆长韩宇骐老师，他的英语是从教会学的，非常好。还有南大历史系的白新良老师上的"图书文献选读"课，我觉得我的古代文献的知识都是从他那儿开始的，因为我们就是应届高中生嘛，很缺乏古汉语方面的知识。当然还有王颂馀王先生的书法课，也真的是很棒的。现在回想起来才知道，来先生给我们请的老师都是非常难得的，使我们受益匪浅！还有一点我觉得应该特别提一下，就是80年代初来先生创办的《津图学刊》，也是给我们这届图书馆人搭建了很好的学术平台，我们可以写文章啊，可以搞学术研究，可惜现在没有这个刊了，但是在当时确实给了我们一个非常好的锻炼、学习的机会。还有，来先生一直特别重视图书馆人的职称问题，到处呼吁设立高校图书馆界、图书馆系专业职称的评定机构，所以我们在专业上都有努力的方向，之后也评上了职称。大家之前都说的挺多的，我就补充说这几点。到现在我们都退休了，也没有像王娟萍馆长这样还在继续工作。所以我再想说的一点就是，来先生九十二岁还在笔耕不辍，虽然我们做不到他的高度，可是我们也要活到老，学到老，创造一个有质量的老年生活，这也就是来先生给我的一个启发吧！

王月香（天津中医药大学图书馆）：

　　刚才各位同学说得都比较全面了，我也不多说了，因为我也非常有同感。一个是从专业设置全面，组织优秀的师资力量，我们都是非常受益。我们所学的这些东西都为我们的工作打下了很好的基础。我也是从 1983 年毕业分配到天津中医药大学工作到退休，一直在图书馆这个岗位上。我对学图书馆这个专业从来不后悔，我非常热爱这个事业，这些都来自我们大学期间来先生对我们的教导。还有一个就是刚才何老师说到的，我们应该向来先生学习，活到老，学到老，笔耕不辍。虽然我们也写不了什么，但退休了还要注意不断学习和知识的更新，因为我们的生活需要更新知识，比如像微信。我始终受益来先生对我们的教育，我们应该像来先生学习。

南开大学分校创办初期来先生和分校总支书记乔沙（左一）与国家海洋信息中心负责人纽因义研究商讨学生毕业实践问题。

孙培丽（天津新华职业大学图书馆）：

　　自从 1983 年毕业以后跟各位同学都很少见面。今天来开这个座谈会真感到荣幸，作为来先生的学生，我进了二教局工作之后呢，在这点上很骄傲。因为新华职大属二教局，现在叫成人教育管理局，它是老大哥。一进去之后，他们就说你是南开大学分校图书馆学系毕业的，你系主任是来先生。我说是啊，您这还挺了解。我们这个校长说来先生赫赫有名，而且他也比较喜欢文史。再说来先生办学的这个"宽口径，厚基础"。我觉得对于我来说，在工作三十多年中，这个基础教育受益匪浅。因为成人教育学校跟正规的高校不太一样，工作人员少，专业教师也少。我去了以后，在学校学到的专业知识反而能够有发挥的平台，宽口径厚基础使我们知识面宽，哪个专业的知识咱们都接触过，都有一定的了解。因为有这点基础，我们学校评估各个学系整理资料的时候，就得把图书馆的孙培丽调来干这个。我们学校虽然是成人教育，但开的系很多，各系的资料在需要整理的时候，就用上了我们学过的分类了，所以我觉得就是所学的专业给了我这个平台。同时，我还能在那里从事教学。新华职大有档案专业，有写作专业，中文有实用写作课。他们就说，其他老师都特别专，他们都是专业比较单一，所以学生们都特别欢迎我这个图书管理的课。因为在机关里，学校里，企事业单位里，都有工会，工会系统都有图书馆，但是他们不懂分类法，图书来了之后就杂乱无章，所以就让我讲课，对他们很实用。现在看来作为来先生的学生，特别是第一届的图书馆学系的学生，至今我觉得不仅不后悔，而且很荣幸。我就说这些。

潘英（天津医科大学图书馆）：

我上了图书馆学专业以后，我特别感谢来先生。为什么？因为分校一开始只有物理专业，其实我上中学的时候特别喜欢物理，可是在那个年代初中毕业之后就工作了，当了四年纺织女工，没有学过高中物理，等到进了分校学大学物理的时候，哎呀，那感觉真是太难了。要真是四年都学物理，我都不知道能不能毕业。所以，我真是特别感谢来先生创办了图书馆学专业，为天津市的图书馆界培养那么多专业人才，也让我一生受益。我特别喜欢图书馆工作，喜欢图书馆这个环境，让我这一生都感到非常幸福。我不但像其他同学一样不后悔，而且特别感恩这个工作。我很喜欢跟读者接触，因为我后来在期刊、阅览部门工作，都是直接面对读者，我就觉得老师和同学都像亲人，他们也特别认可我的工作，我那个时候也学了林老师的"社会心理学"课，知道了角色互换，把自己当作读者，所以现在学校里有很多的朋友，同学、老师也特别客气、特别尊敬，所以我非常感恩这份工作。太谢谢来先生！他是我生命中的一位贵人，真的是改变了我的命运。我女儿是学西班牙语的，她说她不想再学语言了。我就建议她考虑图书馆学，让我欣慰的是女儿给我的一句话说，"以后我的工作是造福人类幸福的工作"。

崔利文（天津市河北区图书馆）：

我也特别感谢来先生创办这个图书馆专业，我也是受益匪浅。我跟你一样，我如果继续学物理，真不知道自己能否毕业，真是这样。然后选择了图书馆专业，觉得挺适合自己，虽然我的工作单位是个区馆，但是我在这个小舞台上，受来先生和这么多优秀老师的影响，尽管在业务上没有很大成就，但个人觉得也无愧于老师教诲。因为小馆吧，它反而需要的东西特别多，什么都得会，我只是在外面实习了一年，但领导特别重视，就把我调到辅导部，在那儿接触到工会图书馆、学校图书馆、中小学图书馆，得到很多锻炼。后来我们创办图书馆学中专，我在那担任讲课，确实也教了很多学生。我也秉承来先生的敬业精神，交了很多朋友。我接触的那些人，对我的工作特别认可。我的知识和工作能力离不开来先生和那些优秀老师的谆谆教诲，他们为我后来工作的顺利奠定了好的基础。再值得一说的是，我跟来先生好像有不解之缘：我后来的工作与近代史有关，我之前并不喜欢近代史，来先生对近代史研究的敬业精神、对历史的客观的分析影响了我，使我在之后的工作中，能以客观的分析方法教育学生，怎么树立正确的历史观。总之，挺感谢来先生，感谢这个专业，拓宽了我的领域，即使工作调换，仍可以很快融入到近代史教研工作中去了，在工作中也做出一点小的、应该的成果吧，不能说是贡献。我就说这么多，谢谢大家。

徐久龄（天津师范大学图书馆）：

关于来先生，关于我们专业，我写过三五篇文章吧。《图书情报工作》约我一个稿，我也写了。学图书馆专业，我是受天津市图书馆老师们的影响，当时"文革"中没有人去图书馆，我刚接触《化学文摘》《工程索引》。《化学文摘》上号前面有个 P 字，我问王金明老师这是什么？王老师就说这是专利，然后我又接触到专利了。尤其黄钰生老师，黄老师就是讲到了图书馆，就是"知书识字"四个字。"知书"，几百万本书你都知道吗？但是你应该知道。这本书是干什么的。还有一个"识字"，汉语行，英语行不行？日语行不行？我们当时就是开两门外语嘛。后来并到了师大，教学课程里面还开两门，现在只弄了一门，一门就把我们途径都给缩小了，原来我们都能考外大的那个专业的硕士，现在都考不了了，因为你没有二外。没有二外就不能考，所以说教学这方面来先生都是想在前头，走在前头。我写过一个他有七剑流星，咱们都说过七剑流星，就是办学过程中我们讲了大量的讲座，这个就特别有意义，从天空到地下，就是海阔天空吧，都讲了。记得当时咱们实验激光的时候不少同学都躲了，实际上激光没那么厉害。要从我来说呢，报考南大分校是不应该考上的考上了，因为我只有二十五天的准备时间，就是离报名二十五天。爱图书馆专业是因为有来先生，后来一有了图书馆专业，我马上就报名了。进了图书馆专业以后我觉得不错，《工程索引》等，那时我都能找。咱们大伙去情报所实习去，我能告诉大伙怎么查，怎么弄。现在一看已经电子化了，我说要是早电子化我就不至于那么费劲了。还有一个事儿就是我、王娟萍还有贾凤山我们三个同学，请钱廷宝老师做我们的导师，就是论文导师。贾凤山现在是河西区委书记，一直就没有时间多聊两句，我们是共同敬重这事业。我再说几句来先生的笔耕不辍吧，哎呀真是，我头几天还看到他的文章了，后来，也是在今晚报上看到来先生没了，我心里的感觉真是都没法说。

郝老师：

我再补充一点，不知大家有没有印象。当初咱们的教材因为不是单一学科的，而是文科基础和理科基础、工科基础，都是一门综合性的课程，所以没有现成的教材。包括北大、武大这两所学校是最早设置这个专业的学校，他们也没有这样的教材。所以咱们那时候的教材都是老师们边讲、边编，咱们边印，大家都记得吧？这一点说实在的真是不容易。那时候来先生要求每一个上课的老师都要自己编写教材，然后我们送去打字油印，再发给你们，作为你们学习用的教材。有的讲义无法打字，比如"中国图书文献选读"涉及古汉语，就是请人手工刻蜡版油印的。所以说咱们的教材是根据这个学科的性质和专业的特殊性。还有，来先生不仅注重于各学科、综合学科的基础知识的教学，同时还很重视学生的实践技能，培养大家的动

系里购置的旧打字机深受同学们欢迎，情报班幺伟存利用课余时间练习打字。

手能力。对于技能这方面，大家应该记得，那时候学打字，咱们系里买了好多台二手的打字机，你们这第一届学生是最勤奋的。我记得特别清楚，中午你们都不休息，在那练打字，所以动手能力强也是南大分校图书馆系毕业生在社会上广受欢迎的原因之一。

1982 年夏赴北京探望实习学生时在借住的宿舍和学生们聊天（左起：庞学金、徐久龄、李玉进）。

王娟萍：

　　大家说了之后，我又想到了来先生非常重视教学实践的一件事。应该是在1982 年，把咱们三个班 100 多人拉到北京去实习。这个工程是非常大的，而且那时候又没有专门的经费，但是全都凭着来先生的影响力，到哪都能畅通无阻。这么一个队伍吃、喝、拉、撒、睡都安排得特别好。我们非常受益的，是到各个地方去看。我们大都是高中毕业生，从来没出去过，这次能够到北京，去国家图书馆，去国家信息研究所，人家都很热情的。这些都是来先生的影响力，就像张贵荣介绍的，一说是来先生的学生到哪都受到欢迎。一直到现在，我们都是图书馆界嘛，有时开会出差了，人家总说你们来先生怎么怎么样。都在关注着。

郝老师：

　　就刚王娟萍说到重实践这方面吧，我还记得一件事。你们每年放寒假或暑假，来先生都要求你们到你们能够去的图书馆或其他一些有关的部门、资料室去实习，开学以后每人写一篇实践报告。记得吗？大家！对，不但让你们学好知识，也要走到实践当中去，进行学习和摸索实践经验。

张贵荣：

　　我们搞教学的，来先生也要求必须得实践中去，不知道郝老师还记得么，要到他任馆长的南大图书馆干一年，对吧？我跟钟老师后来关系那么好，除了在南大图书馆干一年，我还得每周到钟老师所在的情报站，到她那儿去干。在那儿边干边学，直到1984年我开始讲课。南开大学本部这边建图书馆学系，第一学期就有我的课，就是因为这个，来先生要求我必须去北京去上海，到北京、上海各去了一个月，在那儿听课、实践了，在那儿学习完回来再上讲台。刚刚郝老师提到要求编讲义，当时没讲义不让你上课啊，必须得写。挺费劲地写了那么多，来先生亲自给我改，我印象最深的是写到卡片式目录那一部分，卡片式目录最早出现在南宋时候，就是南宋学者李焘，他写资治通鉴续篇用到了卡片，我就把这个内容写到教材里了，把李焘名字给写错了：应该是寿下边四点儿，我写的是三点水的涛，来先生亲自给改正了。改完之后说这样不行，你学术上得严谨，印象特别的深。来先生要求上讲台讲课除了必须写讲义，还得试讲。当时钟守真和吴还第，在吴还第家试讲。后来就不行了，有些老师讲课不受学生欢迎，就是因为这些人不写讲义，不试讲，随便上讲台，那根本不行。来先生那会儿（插话：来先生那会儿非常严谨），对，非常严谨。无论教学也好，写作也好，都很认真地带青年教师。新教师来了必须有老教师带，带着你成长，后来这些做法全完了。

郝老师：

我第一次给你们讲图书馆学基础的时候，来先生亲自到教室听我的课，把我吓得够呛，哈哈，说明来先生在这方面是非常认真，非常严格的，而且也特别注重培养年轻教师。因为刚一开始办学，尤其你们那一届，聘请外面的教师特别多，包括专业的教师，主要是图书馆的馆长什么的，但是他们主要是从事实践工作的，来先生感到还有些不足，因此后来就侧重培养本校的教师，还有那时从外边引进的有武大的刘小林老师，等等，所以对于培养年轻教师这方面也是非常注重，做出了非常大的贡献。

徐久龄：

再有就是分配那会儿，咱们是第一届，解决了天津市三十多年来图书馆界专业人员需求的饥渴。当时市计委有个计划处，分配时到那一说，哎呀你们一下子来了一百多人，过去北大、武大分配来的，三十年也没几个，到你们这一届，一下子能给我们解这么大的渴。确实是，我们第一届毕业生都专业对口进入了各级各类图书情报机构工作，更主要是给社会提供了一批专业人才，为天津解决了很大的问题。

郝老师：

　　今天，为了纪念我们共同的老师、南大分校图书馆学系的创办人来新夏先生，让大家毕业三十多年以后又聚在一起，是很难得很有意义的一次机会，所以都很激动，都谈了很多。其实算一算，我们今天也才是来先生当年的年纪，可是他正是在这个年纪又开创了一番事业，造福于我们，更造福于社会，这对我们应是一种激励，是一个榜样。所以我们应该继续向老师学习，再鼓余勇，像来先生那样，过好有意义的晚年。就说这些，与在座的各位同学共勉！

　　2008 年 12 月南大分校图书馆学系首届（1979 级）学生入校三十周年、毕业二十五周年聚会合影（左八为来先生，左九为乔沙）。

图书馆专业是我一生幸福的选择

潘　英

今日缅怀我们的恩师来新夏先生，我的心情久久不能平静。1979 年在报考专业的动员大会上，来先生慷慨激昂的演讲深深地打动了我。他的一段话使我对图书馆员充满了向往与崇拜，他说："在国外，图书馆员有很高的社会地位。出国过安检的时候，一看你是图书馆员，马上过！"

来先生创办的图书馆学专业不仅为各类图书馆培养和输送了非常急需的专业人才，也为我们图书馆学专业的学生提供了非常好的工作岗位和就业机会。我觉得来先生就是我生命中的一位贵人。上中学时我特别喜欢物理课，中学毕业工作四年后报考了南大分校物理专业。因为我没有读过高中物理，大一读大学物理时感觉物理课太难学了！比哪门课都难！真不知道如果我一直读物理学，能不能读到大学毕业。

感谢来先生创办了图书馆学专业。进入这个专业后，我感觉如鱼得水般的畅快。博大精深的基础课、专业课以及操作技能让我倍感兴趣，四年的专业学习让我们学到了很多很扎实的专业知识和技能，这让我们走上工作岗位后很快就能承担起馆领导交给的工作任务。林秉贤老师讲授的《社会心理学》课程我非常喜欢，记得那门课我考了 95 分。我特别喜欢这门课里讲的角色扮演法。在采编部工作几年后，我主动跟馆长要求去图书馆新开设的西文专业书借阅室工作，我想要接触读者，为读者服务。角色扮演法让我多方位地想读者之所想，急读者之所急。我把每一位读者都当作自己的亲人和朋友一样来对待。有一天，当一位外校的读者由衷地对我说："走过这么多图书馆没见过您这么好的老师"时，我心里想的是：在本校读者面前，我代表的是图书馆的形象；在外校读者面前，我代表的是医科大学的形象；在外省市读者面前，我代表的是天津人的形象；在外国人面前，我代表的是中国人的形象。林秉贤老师讲授的角色扮演法为我多年的读者服务工作增光添彩。每当我走在路上，遇上我不知姓名的老师和学生叫我一声"潘老师"时，我都会感到格外的高兴和满足。我对图书馆工作怀有一颗感恩之心，因为这份工作让我快乐，让我幸福。

由于我对图书馆工作的喜欢和热爱，在女儿学西班牙语毕业后不再想继续读语言学的情况下，我向她推荐了图书馆学。她硕士论文的研究方向是机构知识库。令我非常惊喜的是，不仅她自己对这个专业很感兴趣，而且有三个导师抢着要作她的博导。女儿明年博士毕业，她以开放获取作为自己博士论文的研究方向。女儿把她未来即将从事的工作提升到了一个无比崇高的境界——造福于人类的事业。

作者为天津医科大学图书馆研究馆员。

1983 年 7 月与分校图书馆学系 79 级情报班毕业生合影。

"厚基础"的办学思路让我受益

何 怡

2017年1月6日上午应邀参加在南开大学图书馆举行的南开百年校庆丛书之来新夏先生文集学术史料征集座谈会。会上，大家一起回顾了来先生创办南开大学分校图书馆学专业的整个历程，重温了我们大学生活的点点滴滴，再次唤起了我们对青春年华的美好回忆。

1983年7月，我从南开大学分校图书馆学系毕业后，被分配到天津医科大学图书馆工作至2014年9月退休。在参考咨询部一直从事医学文献检索、科技查新、文献检索课教学等工作。在工作岗位上深深体会到，四年的大学图书馆专业教育，给我打下了坚实的业务基础。

下面我想就两方面简要地回顾一下我们79级图书馆学专业当时的情况。

一、课程设置

在课程设置上，当时来先生提出的"厚基础"办学思路，主要考虑有利于学生的培养，即在较广博的学科知识基础上，安排必要的专业课。分为三类：1. 基础课：包括英语、日语等语言课和中国通史、现代汉语、心理学、计算机程序设计等学科课；2. 专业基础课：包括图书馆学基础、普通目录学和中、外文工具书等；3. 专业课：包括分类学、情报检索语言和中、西文编目等。另外，还不定期地举办文学、基础科学等专题讲座以及邀请国内外知名专家的特约讲座。

二、师资队伍

我们有幸得到诸多名师的传道、授业、解惑，从各个方面给我日后的做人、工作及学术研究以重要影响。当时各位老师的音容笑貌仍然历历在目，无不学识渊博、情操高洁。如讲授"书画与欣赏"的王颂馀先生，是大名鼎鼎的中国著名书法家、山水画家。他为人谦和，每次都非常耐心细致地解答我们的问题。

讲授"情报检索语言"的范铮教授（我国图书馆界著名学者、专家，原天津大学图书馆研究馆员、教授，曾获得美国传记学会【ABI】荣誉奖章）业精于勤、自强不息的精神长久地影响着我。参加工作尤其在参考咨询部承担科技查新、文献检索以后，我时常以范铮教授为榜样，在数字化信息资源的环境下，不断地学习和掌握最新的电子信息资源的检索技能，努力为医学科研人员提供高质量的信息服务。讲授"图书文献选读"的白新良教授（南开大学历史学院）有较重的地方口音，听他的课需要慢慢地适应，但他出口成章的知识储备和幽默风趣的讲课风格让我喜欢并坚持修完了这门课程。在他的课上，我第一次接触到了我国最早的一部诗歌总集——《诗经》，印象很深。讲授"图书馆专业英语"的韩宇骐教授（原天津医科大学图书馆副馆长），业务水平精湛，但他为人处世谦逊、温和、低调。

来先生离开我们已经快三年了。我们在缅怀、追思他为我国图书馆教育事业的发展所做出的杰出贡献的同时，更应该学习他的"有生之年，誓不挂笔""难得人生老更忙"的精神，活到老学到老，做有益于社会的人。

作者为天津医科大学图书馆研究馆员。

追忆创办分校图书馆学专业的来先生

徐久龄

回顾我的大半生，总是遇到好人。我国改革开放后，赶上一年内能有两次高考，我被录取上大学，是人生一幸；而有机会遇到来新夏先生，更成为我的终身之幸。

创办专业全国第三

来先生在 1979 年任南开大学分校图书馆学系主任，我们共 132 名学生受教于该系，分为二个专业：图书馆学专业（含文、理科，90 人）、情报学专业（42 人）。虽然现在可能各大学都有类似专业或相近专业，但我们仍可以自豪地说，南大分校图书馆专业是全国第三（当时仅北京大学和武汉大学有此专业）！

南大分校以著名学府南开大学为依托，却是天津市属高校。即便如此，她的建立，对我们这些求知若渴的莘莘学子如久旱逢甘霖，更何况我还进入了自己热爱的图书馆学专业。

我选择图书馆专业是有渊源的。读初中时，由于家境困难，爱书而无力买书，就在故乡的新华书店中代为买书人取书而能趁机"博览群书"，当然只限于那个新华书店所购进的书籍。后来来津求学（1965 年上中专），仍利用休息时间在天津的新华书店中找那些开架的书店内读书。参加工作以后，有位同事告诉我，才知道了位于承德道 16 号的天津图书馆。可以说，我是战战兢兢走进知识殿堂的。如果没有图书馆的那些老师们，我也绝没有考上大学的希望，更不用说现在成为高等学府中最高职别的工作人员。而且那时在图书馆里，我之所以能在知识的海洋中遨游，古今中外自由翱翔，全是图书馆的老师们辛勤培育的结果，他们教会了我检索工具的使用，教会了查阅各国专利，教会了我许多原来不懂的知识……使我更深刻理解了图书馆的重要性，于是我就在工作之余，有时间就都交给了图书馆。我自己是图书馆的受益者，所以我愿意成为一名图书馆工作者，以为广大的读者服务为职志。

课程设置呕心沥血

南大分校在我们入学后的第二年开设图书馆学专业，这对我无疑是求之不得的。进入图书馆学专业后，我如鱼得水，学得格外投入。然而筚路蓝缕，当时的一些课程虽然还没能跳出"七见刘歆"窠臼，但我们在学习中很能体会系主任来先生独运匠心的深意，比如我们有王颂馀先生的"书画欣赏"课，有孙丕容先生的"古汉语"课，有李约瑟先生所教授的"日本语"课……别看这里是分校，但来先生请来的都是当时天津各高校知名的老师。为了扩大学生们的知识面，系里还开

1981 年夏邀请来分校讲学的外国学者在南开大学图书馆对分校 79 级同学进行专业实践指导。

设了各种科技讲座，特别充分利用有限的外国学者来津的机会，为学生们介绍国外图书馆的情况。令人难忘的是，当时美国国会图书馆馆员万秋芳女士对我们说："your user is all right."（你的读者永远正确）。这种服务理念无疑应该是图书馆员的座右铭，而当时的我们对这一说法感到好奇，在与这位女学者对话时问到"如果在为读者服务过程中遇到无理要求，您怎么办"时，她给予了这样的回答，与我对图书馆的认识产生共鸣，更加增强了我选择图书馆学专业的信心和决心。

学习期间，来先生在条件困难的情况下，特意为同学们配备了两台机械英文打字机，还请杨文侠老师讲授使用英文打字机的手法。这对我来说真是喜出望外，来先生当时曾说要培养的是图书馆的学者，但却又能从基本技能着眼，于是我利用别人休息的时间用心练习打字，颇有收获。十多年以后开始进入计算机时代，这对经过训练的我们来说并没有什么障碍，在不少人畏难的计算机面前，对当时的五笔打字法，我只用了几天就能掌握了，而且有时连自己都不知为何能输入得那样快捷而且准确。以后在图书馆工作和大学教学中，都能运用自如。难道不该感谢来先生吗？

钻研学问惜时如金

我们那届学生由于众所周知的原因，入学时年龄差距相当大，但大家都有一个信念：学习、学习、再学习，不辜负人民的委托和国家的选拔，要倍加珍惜大学学习的机会。因分校在当时是初创，许多运作还属于逐渐适应正规大学教育的阶段，所以我们这些大龄学生不但肩负着学习的重任，有时还要参加一些学习之外的社会工作。

机会偶然，使我有机会去来先生的家中送信，却不意在来先生的书房门上，发现贴着"闲谈不超过3分钟"的字样。当我把信件交给来先生之后，来先生问了一句"还有事吗？"我一时有些拘谨，只好悻悻地离开了。此后虽然又去过来先生家，但始终没有长时间逗留。如今想来，"问学"与"闲谈"毕竟是两回事，可惜那时年轻懵懂，错过了向来先生请教的机会。

来先生的高效率是令人敬佩的。他勇于任事，又教学科研兼善，故惜时如金，律己且及人。记得一位学长在论文写作过程中求教来先生，先生要求尽快完成，这位学长说中午总要睡上一觉，先生说我都没有这样的习惯。足见先生的惜时精神。

我毕业后就教于来先生的唯一途径——今晚报。先生的大笔如椽，严谨不苟，填一字则多，改一字则不成，令人感佩。每每见到老师的文章发表，心中十分欣喜，拜读之后，由衷的感念。然而不幸的事还是从今晚报上得知：一位先生的文章中传来了先生逝世的消息。现在网络发达，赶紧上网查询，心中还是不愿相信，明明上周还看到先生的文章……不曾想竟是先生的绝笔！略改叶帅诗以悼：

导师伟业垂千古，侪辈跟随愧望尘。

作者为天津师范大学教授。

本文刊于《萧山记忆》第 8 辑（纪念来新夏专辑），杭州市萧山区人民政府地方志办公室编，浙江人民出版社 2015 年 1 月出版，第 39—41 页。

文 献 存 真

试论图书馆学教育的发展与改革

来新夏

【原编者按】本文系作者于 1983 年 4 月教育部在武汉召开的"图书馆学情报学教育工作座谈会"上所提交的论文。其中"三层楼制"的建议部分曾在全体大会上作过口头发言,后为《大学图书馆通讯》第 5 期所发表。现为保持全文完整依旧收入。

(一)问题的提出

为了加快四化速度,开创社会主义建设的新局面;掌握科学技术和开发亿万人民的智力,将成为日益迫切的任务,而开发图书资料资源恰恰正是实现上述任务的一条重要渠道。因此,当代许多国家都把图书资料同能源、材料并列为现代社会中的三大支柱,称它为"第二资源"或"无形财富"。但是随着科学技术发展速度的愈来愈快,图书资料更以惊人的速度增长着。从我国图书不大快的增长量来看:1911 年以前有目可查的图书为 181755 种;1911 年至 1949 年的三十八年中约为 10 万种;1949 年至 1979 年的三十年中约为 504781 种(新书 335185 种)。那就是说解放后三十年出版的新书已是辛亥革命至解放前三十八出版图书的 3.35 倍,是清以前历代图书总和的 1.8 倍。世界上图书增长率则更为迅速,如 1950 年至 1970 年,平均每年增长 4%。这就形成人们常说的"知识爆炸"现象。面临这种"知识爆炸"的形势,就必然要求图书事业加速发展。而决定能否实现这一事业加速发展的最主要的基因,则是需要有大量具备图书专业知识的人才。但是,环顾我国图书事业的现状则又明显地使人感到两者存在着较大的差距。根据 1981 年的不完全统计,全国各类型图书馆、室有 25 万多个,专职工作人员有 143000 多人,其中受过专业训练的有 3000 多人,约占

2%左右。又根据最近对天津市 28 所高校图书馆人才结构初步调查，共有工作人员 704 人，其中业务人员 571 人，而受过专业训练的只有 21 人，占全部业务人员的 3.6%强，这就迫切需要一定数量的专业人员来补充；可是，若考察人员的输送来源，则不免使人感到问题的严重性。我国现有由部、省、市批准建立的图书馆学系或专修班的在校生是 1500 人左右，加上函授和业余教育的学生方有 3000 多人。假设以目前这些教育机构的规模，并在现有图书馆业务人员不增的情况下，要使专业人才能达到占全部业务人员的 20%（人才结构的更新每年最多七八百人），那么最少需要四十多年，而这四十多年间的社会发展、知识膨胀、机构增设、人员扩编等等变化又是多么令人难以估量！这种局面将使专业教育与专业需求永远处于你追我赶而赶不上的窘境。要摆脱这一窘境，只有加速图书馆学教育的发展。这就是我的第一点结论。

那么，图书馆学专业教育究竟应该如何发展呢？是不是仍然按照几十年来习惯了的旧模式按部就班地来兴办专业呢？这从数量上、类型上、速度上的要求看，似乎都难以适应。因之，必须从体制上有所改革，必须在现有基础上进行多类型、多层次的改革，以满足各类型图书馆的不同需要。图书馆学教育必须改革，便是我的第二点结论。

一兴一革，这是历史赋予当代的要求与使命，对于这种兴革可以允许多种设想，可以走不同的道路。殊途同归，万流归海。我只是想提出一些不成熟的臆念作为万流中的一支细流，为图书馆学教育事业的汪洋大海倾入一勺水。

（二）兴办新专业首要解决的问题

发展图书馆学专业教育的主要途径就是改变目前我国专业教育机构不足的情况。根据最近的资料，美国的图书馆学院、系星罗棋布于全国，在四十六个州中都创立了为数不等的图书馆学教育机构，其中加利福尼亚和伊利诺宜斯两州各有二十多个这类机构。而我国全国只有十七所高等院校有这类系科或专修班，有些地区如西南、西北尚为空白。因之，每当论及发展问题时，往往提出"合理布局"的说法。"合理布局"之说是无可非议的，但它决不应只理解为地区布局问题，而应考虑到类型的布局、任务的布局等等。比如有些空白地区应该增设；有些重点学校已具备办专业条件（指师资、教材等）也应该兴办；有些历史久、条件好的老专业便应该承担提高或母机的任务；有些地方所办专业除本科外还应全面承担地区的培训、函授等业余教育任务；各地专业不要搞清一色模式，而应分别赋予特色，使它各有侧重。所有这些都应理解为是"合理布局"。"合理布局"应作为兴办新专业的指导思想。

但是，当具体着手兴办一个新专业时，还有些等待解决的问题。根据近几年创办新专业的体会，我认为必须首先解决计划、师资、教材和教学方法等方面的问题。

1. 制定教学计划

制定教学计划是开办新专业的重要环节，它关系到培养目标和课程设置。为了制定出既适合社会需要，又符合教学实际的教学计划，必须采取集思广益，谨慎从事的态度，经过借鉴征询、反复推敲、多次修改，最后拟定草案。

南开大学分校在初办专业拟定计划时，一面搜集已办专业的各校计划，一面邀请图书馆学界人士提方案，然后对这些计划进行分析、比较综合，提出了初步意见。在培养目标问题上，认为培养出来的人才不仅能处理当前图书馆的日常工作，同时还能够承担学术研究与参考咨询工作，并有志于实现图书事业现代化的历史任务。在课程设置上，当时是有过争论的，主要有两种设想，一种设想认为既是图书馆学专业，就要专在图书馆学上，学生以学本专业为主，其他课程尽量减少，达到图书馆学本身的专精。第二种设想是一部分同志根据自己多年的实际工作经验提出来的。他们认为：图书馆工作涉及的知识范围广，技术性强，作为一名图书馆专业人员必须具备广博的知识和必要的语言工具。在雄厚的学科知识的基础上，然后再求得专业知识的专精。同时也只有在广博的学科知识的基础上才能求得专精。又认为，图书馆学的专业课都是实践性较强的学科。日后，通过实际工作的锻炼，在理论同实际紧密结合的过程中，专业知识会提高得更快。经过讨论，大家认为从实际工作需要考虑，后一种设想比较切实可行，有利于学生的培养，便决定采用这种设想——即在较广博的学科知识基础上，安排必要的专业课。具体安排是，四年共开设 36 门课，2574 学时，分为三类：

（1）基础课——共 21 门。包括语言课和学科课，共 1800 学时。

（2）专业基础课——共 7 门。包括中外文工具书使用法、图书馆学基础等课程，共 360 学时。

（3）专业课——共 8 门，包括分类、编目、情报、文献等课程，共 414 学时。

另外还举办一些不定期讲座，如文学讲座、基础科学讲座以及邀请国内外专家的特约讲座等，借以丰富知识、开阔眼界、活跃教学方式。

当然，教学计划的制定是一个不断充实、不断完善的过程。它的主要依据是国家的需要和教育的本身规律；它的制定方法是集思广益，进行分析、比较与综合，并根据教学实践的发展不断进行调整，以求达到更好的效果。

2. 多种方式，组建师资队伍

教师是保证教学的首要条件，没有教学就谈不上办学，其他各项工作也无法开展。我们清楚地认识到，能否建设一支专业师资队伍，不仅是能否保证教学工作正常进行的重大问题，而且是关系到专业存亡的重大问题，因此组建教师队伍成为新建专业的头等大事，也是所遇到的最大困难之一。鉴于我国图书馆教育事业的落后，这方面的人才是难以迅速找到的。于是我们采取了用多种方式，组建师资队伍的方法。从不同的渠道挖掘人才的潜力，采用不同的形式服务于本专业的教学工作。

①培养后备力量

青年教师是教师队伍中的后备军，他们精力充沛、刻苦好学、较少保守思想。培养他们发挥作用，使他们尽快成材，是新办专业当前需要，也是一项长期的任务。因此，给他们进修和实践的机会，大胆使用。具体做法，一是明确任务，提出要求，定期检查，即安排每人独立承担一门主课，规定上课的时间，提出备课和上课的要求，定期检查备课情况，这样使青年教师身有压力，干有目标，调动了青年教师的积极性。二是业务进修，系统学习。进修中的提高与在实践中提高相结合，以较快地胜任教学工作。

②调入专职人员

我国图书馆学专业人员本来不多，十年动乱中也有一些人的专长得不到发挥。他们的专业方向问题长期得不到解决。如能通过社会调查，及时发现专业人员，经过原所在单位的同意后，使他们归队，这不仅充实了教师队伍，也发挥了他们的专长。

③调动社会闲散人员的积极性

目前社会上有一部分图书馆界、教育界的同志年老退休，他们多数具有丰富的工作经验和知识才能，其中大多数人精力充沛，愿意把自己的有生之年和自己的知识才能贡献给社会，也可以把他们请来，作为招聘教师补充到教师队伍中去。

④挖掘在职专业人员的潜力

有一些在职专业人员和教师，在完成本单位工作的同时，还有精力，也有时间再承担一部分教学工作，他们经验比较丰富，业务水平较高，有一定的教学能力，如把他们作为兼职教师，不仅能解决师资缺乏的困难，还可以保证教学质量。

⑤经常邀请各地、各单位专家学者做报告

3. 多种方式进行教材建设

教材是学生学习和教师教学的主要依据，是进行教学工作的重要条件，因此教材建设是专业建设的另一个重要组成部分。由于图书馆学长期得不到应有的重视，图书馆学教材和参考资料很缺乏，对初办专业的单位，尤其感到困难。因此加强教材建设必须引起相当的重视。为了解决教材问题，我们采取了两条腿走路的办法。

一是自力更生，自编自印：几年来南开大学分校图书馆学系坚持自力更生，自编自印的教材有以下各种：

①《中国图书文献选读》，②《中文工具书使用法》，③《西文工具书》，④《图书馆目录》，⑤《古典目录学浅说》，⑥《藏书建设》，⑦《科技史》，⑧《图书馆学专业英语》，⑨《中国古代图书事业史讲授提纲》等。

二是进行外购和资料交换：新建专业虽尽力自编教材，但由于主客观条件限制，远远不能满足教学的实际需要。因此，必须与兄弟院校专业和有关专业单位联系购买，或通过资料交换等形式解决。

二者并行基本上可以满足教学需要。

4. 教学方法

①强调基础学科的教学

我们的培养目标是为各种类型的图书馆培养研究图书馆学理论和从事图书馆实际工作的人才，培养出来的这些学生，既要适应图书馆工作的当前需要，又要适应图书馆工作的长远需要。因此应使学生有较强的适应性，而加强基础学科的教学是增强学生适应性的基础。同时，当前科学发展的趋势是学科越分越细，综合科学、边缘科学越来越多，作为知识宝库的图书馆应该遵循这一科学发展的客观规律，充分发挥图书资料的作用。而图书馆的分类编目、咨询等一系列工作正是使图书资料最大限度地发挥作用的重要手段，作为一个图书馆工作者要完成这些工作没有广博的知识是不行的，因此必须加强对学生的基础学科的教学，使之广泛地掌握各门基础学科的知识。

②基础学科的教学要突出专业特点

在教学方式上，我们没有按照一般传统的做法那样，把学生安排到其他系科去学基础课，而是保留了本专业学生的建制。请有关学科的教师到本专业来讲课，要求在教学内容上突出本专业的特点。如在讲授历史课时，我们要求任课教师，在讲课过程中，要对文化事业、图书事业的发展史有所侧重。如在古汉语的教学中，我们要求教师编写适合于图书馆学专业使用的讲义，讲授的内容主要是关于中国古代图书事业的历史记载。这样既学到了学科基础知识，又了解了有关图书方面的知识。

③培养学生的基本技能

图书馆学专业同其他一般学科的区别之一是实践性较强。它要求学生不仅要懂得理论，而且要具有在图书馆工作的实际能力，掌握一定的技能。这一问题在我们办学过程中得到了应有的重视。由于图书馆工作技能的掌握，是需要长时间的训练才能奏效的，于是我们进行基础课教学的同时，就组织学生搞了一些力所能及，而又能引起兴趣的活动。如打字是图书馆员的基本功，我们就买了几台旧打字机，每班发一台，又找了一些有打字经验的同志给学生辅导，学生利用课间、午休就可以练上一阵。这样，既丰富了学生的业余活动，又学到了本领。

（三）图书馆学专业教育改革的两种设想

上面所述的是指目前发展新专业时首先应加注意并须妥予解决的几个问题，它可以应图书事业的发展而输送一部分专业人才；但从改变人才结构、提高人才素质、争取提前解决更新换代等问题来看，那么旧的教育体制就有进行改革的必要。探讨改革问题首先要立足在两点上：一是急四化之所急；二是从实际出发，不生搬外国体制。从这两点出发，我认为可以作两种设想：

1. 在新办专业试行双学位制①

图书馆学专业人才是掌握知识宝库，指引人们走向书山学海的人。他们需要博涉旁通，有广博的学科知识，善于为人解疑祛惑。因此，要求他们除了具有图书馆学专业知识外，还应具备较丰富而坚实的各种学科知识。过去图书馆事业的落后和图书馆专业人员未受到应有的重视，都与忽视这方面问题有关。因为人们误解图书馆工作人员是单纯地技术操作，而不认识它是在广泛学术基础上为教学科研承担参考咨询工作的学术服务工作。为了提高我国图书馆工作的水平，改变社会上长期存在的偏见，高等院校应主动承担起培养既有较深学科知识，又有图书馆学专业知识的人才的任务。而完成这项任务的最佳途径莫如采用双学位制。这是根据我国国情，并参考国外研究生院制而设想的一种专

---

① 参见李纪有：《举办双学位图书馆学专业的设想》，《大学图书馆通讯》1983 年第 5 期。

业体制。

　　双学位制的意思是图书馆学专业的招生来源不再是高中毕业生而是已取得其他学科学士学位的大学本科毕业生。学制二年，在这二年中主要学习语言工具及图书馆学专业课。可开设以下课程：

①外语（英、德、日、俄）选学二种

②图书馆学基础

③分类与主题

④图书馆目录

⑤工具书使用法（包括中外文的自然科学与社会科学工具书）

⑥情报学概论

⑦中国图书事业史

⑧科技文献概论

⑨国外图书馆与图书馆学

⑩选修课

⑪实习

⑫论文

　　经过二年专业训练后，通过论文答辩，可授予图书馆学学士学位。他们的去处是三大系统大中型图书馆的中层骨干人员和大专院校教学科研人员。他们经过几年工作实践，就可以独立承担指导与解决本单位业务问题，成为中层负责人或学术带头人。

　　关于双学位生与硕士生是否可以折算，也可能有人认为硕士是向高深发展，而双学位则是横面铺开，在学识造诣上有差别。我们可以承认这一差别，但在工作上应是同等要求与待遇，即经过实习期后都将转为助研与讲师。双学位生经过两年工作实践可以报考硕士研究生，其在学时间应比本科报考生缩短，但至少有一年，通过论文答辩可授予硕士学位。或者采用在职研究生制。

　　这种双学位制在已有专业中推行困难较多，因为改变多年固定模式需要冲破若干障碍与阻力，而在新设专业推行则比较容易：一是不论采用什么体制，新专业都是从头做起，没有任何阻力；二是，可以相对地节省人力物力；三是提高图书事业人才结构的成分，加速图书馆学专业人才的培养的周转率。

　　这种双学位制不仅可在图书馆学领域推行，而且在管理学、外语和教育学（旧大学教育院系有所谓副系之说）等学科领域都可试行，这将对我国文化教育事业的发展与提高有重要意义。

2. 在已有专业试行高、中、初三层楼制

如果说双学位制适用于新办专业，那么在已有专业中，为了稳步进行可以设想试行一种多层次培养方式，即所谓"三层楼制"。

三层楼制是对应图书事业需要不同类型人员而设想的。它可以不过多地牵动原有的本科四年制，而只是把四年划为二二制，再加上研究生制，即构成三层楼的结构型式。它的来源仍旧是高中毕业生或同等学力者通过统考招收，在招生时务必明确宣布图书馆学专业本科生实行二二制，中间要经过一次筛选。全学程分为二阶段。

第一阶段两年。这一阶段的培养要求是能担当各类型图书馆的具体业务工作，即要求学生具备图书馆学方面的基本知识与基本技能。因此，课程内容分三类，一是学科知识，二是语言工具，三是专业知识。这一阶段的教学侧重于技能操作训练。（具体课程设置见附表）

经过两年学习，进行过关考试（外语、综合业务知识），根据社会需要及学生水平确定 2/3 或 1/2 比例，截取前列名次部分升入第二阶段，其余部分按大专毕业生的学历安排工作，作为初级图书专业人员，主要去向是图书馆，承担各类型馆的具体业务工作。这部分人员经过至少两年的工作实践，通过自修图书专业理论性课程而确具一定业务水平者，即可以作为中级图书业务人员使用；应允许他们以本科毕业生同等学力报考双学士生和硕士生。更应该鼓励他们坚守岗位，通过国家自学考试，累积成绩，取得本科大学生学历，并据学位法规定授予学士学位。

第二阶段也是两年。升入第二阶段的学生应在已有基础上向理论阶段发展，要扩大知识面，掌握多种技能。这一阶段的课程内容也分三类：一是语言训练，二是专业理论课，三是选修课（课程设置见附表）。这一阶段的最后一学期进行全流程的实习，并撰写论文或毕业设计。凡成绩及格，可按照学位法和有关具体规定授予学士学位或准予毕业。他们的去向主要是图书情报单位，作为中级图书专业人员，独立承担各单位的部门工作，应具备指导和解决本单位实际工作中问题的能力。经过两年的工作实践可允许他们报考硕士研究生。

附　"三层楼制"课程设置规划草案

（一）前两年课程设置

学年学期	公共课	专业课	学科课
第一学年 第一学期 （周学时 26）	政治（2） 外语（6） 古汉语（4） 体育（2）	图书馆学基础（4）	高等数学（4） 中国通史（4）
第二学期 （周学时 26）	政治（2） 外语（6） 古汉语（4） 体育（2）	普通目录学（4） 图书馆目录（4） （实习二周） 藏书建设（2）	中国近代史（2）
第二学年 第一学期 （周学时 26）	政治（2） 外语（4） 写作（4） 体育（2）	图书分类（6） （实习二周） 中国图书事业史（3）	社科基础知识（3） 心理学（2）
第二学期 （周学时 23）	政治（2） 外语（4） 体育（2）	读者工作（2） 工具书使用（4） 现代化技术（2）	自然科学基础知识（3） 逻辑学（2） 物理概论（2）

（二）后两年课程设置

学年学期	公共课	专业课	学科课
第三学年 第一学期 （周学时 24）	政治（2） 外语（4） 二外（2）	情报学概论（4） 西文编目（4） 专科目录学（4）	计算机基础（4）
第二学期 （周学时 24）	政治（2） 外语（4） 二外（2）	情报检索语言（4） 西文工具书（4） 古籍整理（4） 国外图书馆（2）	统计学（2）
第四学年 第一学期 （周学时 16）	政治（2） 二外（2）	科技文献检索（4） 选修课（2） （大学图书馆学、儿童 图书馆学……）	科技史（4） 选修课（2） （中国文学史、中国史 学史、西方文学史、书 画鉴赏）
第二学期 （周学时 10）	政治（2） 二外（2）	论文（6）	实习（一个月）

在本科四年制中推行划分两阶段的二二制有其一定的优越性：

一是打破大学生的大锅饭思想，消除学习吃力者的负担。原来凡考入大学就是平稳的四年，最后以所谓合格水平的本科学士生毕业，其结果虽同是学士生，但彼此差距甚大。个别人还可能优游轻取，致使在四年学习过程中，无法体现奖勤惩懒的精神。而二二制则可鼓励学生奋发争先，让他们在入学之初就知道在二年后将面临又一次筛选而自强不息。这对于选拔人才，鼓舞士气是一种制度上的保证。至于有部分学生由于基础和资质的差异或因其他客观条件的干扰，继续学习确有困难，那么，早日走上工作岗位，发挥作用，比疲惫沉重地拖完四年要有益得多，愉快得多。

二是调动和促进专业课教师的积极性与进取心。每个专业课教师必须对同一课程具有承担初级与中级两种不同类型的能力。这个教师可以避免分担两种不同的课程，而只需积极地就其本身所承担的一种课程去准备两种类型。这样，他既可熟练本身这门专业课程，又可比较好地完成工作量。而教师编制又可相对地精悍。这是一举三得的办法。至于新参加教学的教师可先从基础知识入手，易于见功，而前面又悬有第二阶段理论提高课为目标，尤便于进取。

三是满足社会需要。目前各图书资料单位最感迫切的是需要具有专业基础知识并能实际操作的初级专业人员。二年制的大专生既比中专生具有系统知识，能提高初级人员的素质；又有培养发展前途，出人才的周转率也高。而各单位更新了这部分结构，就等于奠定了一块稳固的基石。

四是有利于解决在职教育问题。在职教育是改变图书事业人才结构的重要措施之一，但在目前教育点较少、教学力量薄弱的现状下，由某一专业承担解决在职教育问题，在师资设备、教学组织各方面都有困难。尤其对解决较多数需要获得二年制大专学历的在职人员的教育问题，则任务更为艰苦。而"三层楼"制的第一阶段既符合这部分在职人员要求，又可不另行费力，而只需逐年附招一部分在职人员。这是既简便又有效的两利办法，可以取得一石二鸟的效益。

高等院校中的第一、二阶段就是设想中的两层楼结构。第三层楼就是研究生阶段。它可以根据目前研究生招收办法略作变通来加以推行，我想以实行研究生班制为宜，理由是：

（1）研究生的培养应改变那种师徒相承的一脉单传办法，因为这种近血缘的学术关系，好像一桶水倒到另一水桶中一样，纵然倒的十分认真（像导师倾囊相授那样），终究还是要减少一点，这样一桶倒一桶（一代传一代），最后水净桶空，于学术发展何等不利！而实行研究生班，可以由若干教师学者开设一主众辅的各种专门课，那么触类旁通，交错融会，博取众长，绽放新葩，发挥杂交优势。这像从若干细流汇成的大河中去挑水一样，不但不会减少，而且是取之不尽，用之不竭的。

（2）图书事业由于长期受到漠视，关于这一学术领域中的若干重要理论需要广泛开展研究，而且队伍建设需要大量的师资。因此，高级图书专业人才是非常急迫需要的。研究生班一次培养数量可以超过导师制近几十倍，甚至更多些。

研究生培养目标是图书馆学领域中的高级人员，他们的去向主要是三大系统的主要图书馆、高校及科研单位，承担教学、科研与参考咨询工作。他们将在图书馆学领域中的某一专门方面提出创见，对图书事业各方面工作进行理论性的总结概括，并指导与解决一些共同性的疑难问题。

三层楼制的优越性在于：一是在一个专业内培养多类型人员，可节省办学中的人力、物力和财力；二是适应当前我国图书馆界各类型人员均感不足的现实，在大体十年左右可以进行两轮更新；三是在已有专业推行时可以不大牵动原有体制而收移步不变形的效益。

（四）简短的结语

图书馆学专业教育的发展与改革确是当前值得探讨的重要课题，我既无丰富的办学经验，又缺乏足够的图书馆学基本理论素养，是没有发言权的。虽然，文中有些提法是根据实践经验感到行之有效而希望得到指正以改进工作的，但是更多内容则是我闭门造车的臆想，尤其是改革部分的设想，更是一种主观上的愿望。它是否符合这一学科的本身规律，是否能付之于实践，到底有多大实际效益，都尚在疑似之间，而更大的可能是一些不切实际、违背客观规律的一孔之见。我衷心希望以此求教于同志们，得到批评与指正。

本文原刊于《津图学刊》1983 年第 1 期·总 1 号。

南开大学分校图书馆学系首届毕业生名录

序号	姓名	性别	班级	分配工作单位	备注
1	白小燕	女	文科班	天津外国语学院图书馆	现更名为天津外国语大学图书馆
2	陈顺发	男	文科班	天津市西郊区委宣传部	现更名为天津市西青区委宣传部
3	崔利文	女	文科班	天津市河北区图书馆	
4	崔荣波	男	文科班	天津市广播电视局	
5	崔荣秀	女	文科班	天津市河西区图书馆	
6	丁小云	女	文科班	南开大学图书馆	
7	董英莉	女	文科班	南开大学分校图书馆学系	现并入天津师范大学管理学院
8	韩梅	女	文科班	天津商学院图书馆	现更名为天津商业大学图书馆
9	金甦文	女	文科班	天津大学建筑分校图书馆	现并入天津城建大学图书馆
10	李纪伟	男	文科班	天津财经学院图书馆	现更名为天津财经大学图书馆
11	李玉进	男	文科班	南开大学分校图书馆学系	现并入天津师范大学管理学院
12	李湛梅	女	文科班	天津市出版局	
13	刘光慧	女	文科班	南开大学分校图书馆	现并入天津师范大学管理学院
14	刘广华	女	文科班	天津市河北区少儿图书馆	
15	刘平	女	文科班	南开大学图书馆	
16	刘淑敏	女	文科班	天津职业大学图书馆	
17	陆平舟	男	文科班	天津市委办公厅图书馆	
18	马红	女	文科班	天津财经学院图书馆	现更名为天津财经大学图书馆
19	马晓梅	女	文科班	南开大学图书馆	
20	牟克	男	文科班	大港油田职工大学	现并入天津职业技术师范大学
21	潘英	女	文科班	天津医学院图书馆	现更名为天津医科大学图书馆
22	庞学金	男	文科班	南开大学分校图书馆	现并入天津师范大学图书馆
23	邵汝梅	女	文科班	天津市红桥区图书馆	
24	宋绍焕	女	文科班	天津市南开区党校	
25	宋志伟	男	文科班	团市委天津青年报社	
26	宋智军	女	文科班	天津纺织工学院图书馆	现更名为天津工业大学图书馆
27	孙培丽	女	文科班	天津新华业余大学图书馆	现更名为天津新华职工大学图书馆
28	汤靖姬	女	文科班	天津卫生干部进修学院	现并入天津医学高等专科学校
29	田燕	女	文科班	天津师范专科学校图书馆	现并入天津师范大学图书馆
30	王德恒	男	文科班	天津市化工局情报所	
31	王阁	女	文科班	天津图书馆	

续表

序号	姓名	性别	班级	分配工作单位	备注
32	王和英	男	文科班	天津师范大学图书馆	
33	王月香	女	文科班	天津中医学院图书馆	现更名为天津中医药大学图书馆
34	魏国	男	文科班	天津日报社资料室	
35	肖朝宾	男	文科班	南开大学分校图书馆学系	现并入天津师范大学管理学院
36	徐久龄	男	文科班	南开大学分校图书馆	现并入天津师范大学图书馆
37	许世英	男	文科班	天津农学院图书馆	
38	杨静	女	文科班	天津技工师范学院图书馆	现更名为天津职业技术师范大学图书馆
39	杨媛	女	文科班	天津市农行管理干部学院图书馆	
40	易钢	男	文科班	南开大学图书馆	
41	张保华	男	文科班	天津市东郊区党校	现更名为天津市东丽区党校
42	张慧哲	女	文科班	天津市人民医院图书馆	现更名为天津肿瘤医院图书馆
43	张鸾英	女	文科班	天津市南开区图书馆	
44	赵炳芳	女	文科班	天津市医学科学技术情报研究所	现更名为天津市医学科学技术信息研究所
45	丛玲	女	理科班	天津大学图书馆	
46	董纪玲	女	理科班	天津市第一轻工业学校图书馆	
47	付德金	男	理科班	天津市静海县图书馆	现更名为天津市静海区图书馆
48	耿鸣	女	理科班	天津大学分校图书馆	现并入天津理工大学图书馆
49	郝永刚	男	理科班	天津市武清县图书馆	现更名为天津市武清区图书馆
50	何怡	女	理科班	天津医学院图书馆	现更名为天津医科大学图书馆
51	姜力	女	理科班	南开大学分校图书馆	现并入天津师范大学图书馆
52	孔书荣	女	理科班	天津市教育科学研究所	现更名为天津市教育科学院
53	李丽媛	女	理科班	天津市河东区党校	
54	李树明	男	理科班	天津市北郊区图书馆	现更名为天津市北辰区图书馆
55	李志芹	女	理科班	天津图书馆	
56	林宏庠	男	理科班	中药研究所情报室	现更名为天津药物研究院图书馆
57	刘金芝	女	理科班	天津市医学科学技术情报研究所	现更名为天津市医学科学技术信息研究所
58	刘津华	女	理科班	天津财经学院图书馆	现更名为天津财经大学图书馆
59	刘淑娥	女	理科班	天津财贸管理干部学院图书馆	
60	刘星	女	理科班	天津日报社资料室	
61	刘瑛	女	理科班	中医学院图书馆	现更名为天津中医药大学图书馆
62	吕福谦	男	理科班	天津市红桥区党校	
63	倪慧琴	女	理科班	天津市档案馆	
64	宁惠丽	女	理科班	天津大学建筑分校图书馆	现并入天津城建大学图书馆

续表

序号	姓名	性别	班级	分配工作单位	备注
65	庞瑞兰	女	理科班	天津市河北区党校	
66	宋起泉	男	理科班	南开大学图书馆	
67	宋孝慈	女	理科班	天津市和平区图书馆	
68	孙洪芬	女	理科班	天津财经学院图书馆	现更名为天津财经大学图书馆
69	王刚	男	理科班	南开大学图书馆	
70	王继增	男	理科班	天津市蓟县图书馆	现更名为天津市蓟州区图书馆
71	王建华	女	理科班	天津武清师范学校图书馆	现并入天津师范大学图书馆
72	王娟萍	女	理科班	天津大学图书馆	
73	王全芳	女	理科班	天津市一轻局职工大学	
74	王汝芳	男	理科班	天津民航学院图书馆	现更名为中国民航大学图书馆
75	王晓玲	女	理科班	天津市少儿图书馆	
76	武延惠	女	理科班	天津体育学院图书馆	
77	徐斌	女	理科班	天津社会科学院图书馆	
78	阎岩	女	理科班	天津教育学院图书馆	现并入天津师范大学图书馆
79	杨司戎	男	理科班	天津市冶金局党校图书馆	现并入天津冶金职业学院图书馆
80	张工长	女	理科班	天津外贸学院图书馆	现并入南开大学图书馆
81	张贵荣	男	理科班	南开大学分校图书馆学系	现并入天津师范大学管理学院
82	张红云	女	理科班	天津纺织工业学校图书馆	
83	张晖	男	理科班	天津市化工研究院资料室	现更名为中海油天津化工研究设计院
84	张嘉华	女	理科班	天津市委办公厅资料室	
85	张津春	男	理科班	天津市市委党校图书馆	
86	张森	女	理科班	天津医学院图书馆	现更名为天津医科大学图书馆
87	张月英	女	理科班	天津市冶金局党校	
88	赵敬英	女	理科班	天津财经学院图书馆	现更名为天津财经大学图书馆
89	赵丕伏	女	理科班	天津纺织工学院	现更名为天津工业大学图书馆
90	郑会珍	女	理科班	天津市南开区党校	
91	边虹	男	情报班	天津市技工师范学院图书馆	现更名为天津市职业技术师范大学图书馆
92	陈波	男	情报班	天津科技情报研究所	现更名为天津科学技术信息研究所
93	陈飞崝	男	情报班	天津海洋局情报所	现更名为国家海洋局信息研究所
94	程梅青	女	情报班	天津科技情报研究所	现更名为天津科学技术信息研究所
95	郭芯丽	女	情报班	南开大学政法学院资料室	南开大学周恩来政府学院资料室
96	韩李军	男	情报班	天津市东郊区科学技术委员会	现更名为天津市东丽区科学技术委员会
97	韩云云	女	情报班	天津科技情报研究所	现更名为天津科学技术信息研究所
98	贾凤山	男	情报班	天津市宝坻县科学技术委员会	现更名为天津市宝坻区科学技术委员会
99	贾西兰	女	情报班	北京工业大学科技情报室	
100	李淑华	女	情报班	天津科技情报研究所	现更名为天津科学技术信息研究所

续表

序号	姓名	性别	班级	分配工作单位	备注
101	李岩	女	情报班	天津科技情报研究所	现更名为天津科学技术信息研究所
102	刘津刚	男	情报班	天津市委办公厅资料室	
103	刘琪	男	情报班	南开大学化学学院资料室	
104	刘素心	女	情报班	天津市第二机械工业局	现更名为中环电子信息集团有限公司
105	刘晓岚	女	情报班	天津轻工业学院图书馆	现更名为天津科技大学图书馆
106	刘亚平	女	情报班	天津市肿瘤研究所资料室	现并入天津肿瘤医院图书馆
107	路伟玉	女	情报班	天津科技情报研究所	现更名为天津科学技术信息研究所
108	吕娜	女	情报班	天津市医学科学技术情报研究所	现更名为天津市医学科学技术信息研究所
109	彭健	男	情报班	天津市食品工业研究所情报室	
110	史雅静	女	情报班	中药研究所植物药编辑部	现更名为天津药物研究院植物药编辑部
111	宋洪勋	男	情报班	天津一轻文体公司研究室	
112	宋丽莉	女	情报班	天津市第二机械工业局	现更名为中环电子信息集团有限公司
113	孙云琪	女	情报班	天津市丝绸研究所情报室	
114	王存荣	女	情报班	天津科技情报研究所	现更名为天津科学技术信息研究所
115	王萍	女	情报班	天津市医学科学技术情报研究所	现更名为天津市医学科学技术信息研究所
116	吴惠珍	女	情报班	针织研究所全国针织工业情报站	
117	邢萃茹	女	情报班	天津科技情报研究所	现更名为天津科学技术信息研究所
118	徐惠娟	女	情报班	天津大学冶金分校图书馆	现并入天津理工大学图书馆
119	杨新叶	男	情报班	天津第一石油公司情报室	
120	幺伟存	男	情报班	冶金设计院情报室	
121	叶元民	男	情报班	天津科技情报研究所	现更名为天津科学技术信息研究所
122	苑旭萍	女	情报班	天津市第二机械工业局	现更名为中环电子信息集团有限公司
123	张斌	男	情报班	天津市医学科学技术情报研究所	现更名为天津市医学科学技术信息研究所
124	张桂芬	女	情报班	天津市一机局情报所	
125	张建民	男	情报班	天津家用电器研究所	
126	张鹏	男	情报班	天津钢铁研究所	
127	张青	女	情报班	天津科技情报研究所	现更名为天津科学技术信息研究所
128	张秀华	女	情报班	南开大学分校图书馆学系	现并入天津师范大学管理学院
129	赵津传	男	情报班	南开大学经济研究所	
130	赵世明	男	情报班	天津市化工局情报所	
131	赵云生	男	情报班	天津无线电联合公司情报室	
132	郑丽娟	女	情报班	天津冶金规划设计院	

备注：本表为本届（1979级）毕业生分配去向情况，后有工作调动者未作统计。

关于南开分校 79 级专业分解情况的报告

（报告文字部分略）

南开大学分校 79 级学生专业调整一览表（节录）

原专业名称	学生数	调整方案		培养目标	拟分配去向	备注
		拟改向何专业（或专门化）	学生数			
图书馆学	132	图书馆与科技情报学专业（Ⅰ组）	44	具有广博和扎实的基础知识，对自然科学图书、社会科学图书、科技情报三个方面具有某一个方面的较专门知识技能的专业工作者和一部分科研、教学人才。	1. 图书馆学专业师资；2. 高等院校图书馆及部分公共图书馆。	
		图书馆与科技情报学专业（Ⅱ组）	46		同上	
		图书馆与科技情报学专业（科技情报组）	42		市科委所属科技情报研究所、各工业局的情报室以及大专院校。	

南开大学分校

1982 年 2 月 12 日

报：市文教委员会
　　南开大学
送：黄志刚同志、刘刚同志、白桦同志

南开大学档案馆藏档

关于分校今年招生等三个问题向常委会汇报提纲（1982）

南开大学党委：

分校现有三个问题，请党委讨论决定：

一、关于今年分校招生问题。

经与有关部门协商，我校决定今年计划招生 130 人，具体计划如下：

（一）应用物理专业，招收 30 人，从理工类招生；（二）工业企业管理专业，招收 70 人，从理工类招生；（三）图书馆学专业，招收 30 人，今年从文史类招生。

其他专业。如数学、科技英语、档案专业今年暂不招生；化学专业待 79 级毕业后停办。

二、关于建系的问题。

今年招生的三个专业，拟一律过渡到系的建制。关于三个系的名称和系主任人选，提出初步意见如下：

应用物理系　系主任　刘　健（兼）　副系主任　刘玉波（1965 年毕业北
　　　　　　　大电子系）　徐　强（1962 年毕业河北大学）

企业管理系　系主任　陈炳富（兼）　副系主任　纪凯林（兼）

图书馆学系　系主任　来新夏（兼）

三、关于筹建新专业的设想。

根据天津市的需要和我校条件，准备经过积极筹备。建立：（一）法律专业；（二）秘书（暂定名）专业。也可以考虑建立文史系，下设档案专业和秘书专业。关于古籍专业，我校无条件筹办。但可以考虑从秘书专业中抽出少数学生在高年级增多古籍方面的课程和训练，培养少量从事古籍工作的人才。

南大分校党总支

一九八二年五月十二日

南开大学档案馆藏档

关于举办高等学校图书馆专业干部进修班的报告

根据教育部（82）教高一字 0 75 号转发《关于举办高等学校图书馆专业干部进修班的暂行规定》的通知精神，现将我系接受 1983 年度进修班教学安排报告如下：

（一）组织领导

进修班领导组由以下人员组成：

领导小组组长　　刘　焱　　（总校副教务长）

　　　副组长　　乔　沙　　（分校副校长）

　　　副组长　　来新夏　　（总校历史系副教授、分校图书馆学系系主任
　　　　　　　　　　　　　　兼任进修班班主任）

　　秘　书　曹焕旭　　郝瑞芳

（二）进修班学员人数及来源

1. 教育部统一分配二十人，已由总校批准供给食宿条件。

2. 天津市高教委员会分配二十人，市内走读。

（三）办班时间：半年制（1983 年 2 月 21 日—7 月 10 日）

（四）教学计划

课程	周学时	任课教师	职　称
图书馆学基础	2	马志清	天大图书馆副馆长
分类与主题	4	王荣授	图书馆学系教师
图书馆目录	4	钟守真	图书馆学系兼任教师
中文工具书	2	惠世荣	天津商学院图书馆馆员
外文工具书	2	范　铮	天津大学图书馆副研究员
图书事业史	2	来新夏	图书馆学系主任
高校图书馆工作	2	吴清波 韩宇骐	南开大学图书馆副馆长 天津医学院图书馆副馆长

共计 7 门课，周学时 18。为方便学员学习和考试，7 门课分段进行，学完一门考一门。

前半学期开设	后半学期开设
图书馆学基础	分类与主题
分类与主题	图书馆目录
图书馆目录	外文工具书
中文工具书	高校图书馆工作
图书事业史	

南开大学分校图书馆学系
专业干部进修班领导小组
1982 年 12 月

主送：教育部
　　　全国高校图书馆工作委员会秘书处
抄送：文委、南开大学

南开大学档案馆藏档

四　来先生与南开大学图书馆学教育

来新夏先生与图书馆学教育

柯 平

来新夏先生是南开大学图书馆学系创办人，也是改革开放以后我国当代图书馆学教育的早期开拓者。在来新夏先生九十初度暨从教六十五周年之际，特撰此文，表示衷心的祝贺。

一、创办两个图书馆学系，开创天津图书馆学教育事业

世界图书馆学教育始于 1887 年杜威在哥伦比亚大学创办的图书馆管理学校，我国图书馆学教育发端于 1920 年创办的文华图专。长期以来，我国图书馆学办学点主要是南北两大家：北有"北大"，南有"武大"，图书馆学教育整体规模小，发展缓慢，无法满足图书馆事业的发展要求。

改革开放迎来了高等教育事业的春天，也迎来了全国图书馆学教育的春天。就在图书馆事业百废待兴之际，全国急缺图书馆专业人才，于是各地开始酝酿兴办图书馆学专业。

在教育界落实政策之际，1978 年来新夏先生的"历史问题"得以结论。1979年，南开大学随大学兴办分校之风，在八里台就近办起了一所分校。当分校开始分专业之时，来新夏先生首倡并受命筹建图书馆学专业，任图书馆学专业主任，从此便与图书馆学教育事业结下了不解之缘。来新夏先生以高度的责任感，全力以赴，阅读了大量图书馆学著作，掌握了图书馆专业知识，在半年时间里，组织起了生源。当时分校的学生是预科班，没有分专业，学生们纷纷选报外语和企管类专业，图书馆学专业不足一个班，来新夏先生给学生们作了一次专业演讲，十分成功，学生选择图书馆学专业的积极性高涨，图书馆学专业一下子增加到三个班。我刚来南开时，就接触了一批分校的毕业生，说当年来新夏先生的演讲特别吸引人，把图书馆学的前途讲得鼓舞人心，他们当年就是听了来新夏先生的演说最后选定图书馆学专业，走上了图书馆的道路。

在分校，没有专职教师，来新夏先生就四处邀聘；没有教材，就组织编印。很快让图书馆学专业在分校办得有声有色。分校图书馆学专业稳步发展，也积累了新专业的办学经验。

1980 年，来新夏先生在主持创办南开大学分校图书馆学专业实践的基础上，开始考虑创建南开大学图书馆学系，但是当时的图书馆学处于酝酿期，批准设立新专业非常困难。来新夏先生决心很大，他不仅邀请教育部图工委主任庄守经教授（原北京大学图书馆学系系主任、北京大学图书馆馆长）进行了实地考察，还得到了教育部科教司力易周同志非常积极地支持。1982 年夏，来新夏先生开始起草申请设立图书馆学系的相关材料，并造访当时的教育部高教司司长季啸风同志，得到了他的赞同。同时滕维藻校长对于创办图书馆学专业给予了大力支持，因此，学校向教育部提出了筹建图书馆学专业和图书发行专业的申请。

兴办图书馆学专业恰逢其时，1982 年 11 月，教育部正式将图书馆学情报学教育的问题提到议事日程，列入了工作计划。1983 年 4 月，全国图书馆学情报学教育工作座谈会在武汉召开。1983 年 8 月 8 日，教育部批复同意南开大学筹建图书馆学专业。11 月 12 日，学校正式决定设立图书馆学系，并由来新夏先生负责筹建。

来新夏先生在《烟雨平生：邃谷主人自述》回忆中说"1983 至 1984 年是我一生中被人称为'辉煌'的顶点"（见《天津记忆》第 50 期第 44 页）。的确，这两年重要职务接踵而至，1983 年 6 月"破格"晋升教授，1984 年连任南开大学图书馆学系主任、图书馆馆长、出版社社长兼总编辑，还有其他众多学术兼职。在一个大学，一人同时管理三个单位，对于一般人来说不可想象，非卓越之才能不可为。可能在他人看来，此诸多职务都是荣耀，而没有想到承受着更多的责任与使命，个中辛苦谁能知晓。我曾在郑州大学同时担任了图书馆学系主任和图书馆馆长，颇有些体悟，但与来新夏先生相比，无论是职务、影响和能力都相差甚远。在我看来，这许多兼职虽然辛苦，却有利于图书馆学系的建设与发展。

1984 年是南开大学图书馆学系创办之年，这一年来新夏先生为一个刚刚诞生的图书馆学教育"新生命"而奔波，为图书馆学新专业进行了充分准备、精心设计并付出了心血。先是组建了以来新夏先生为主任、张格为副主任、耿书豪为党支部副书记的三人领导班子，接着来新夏先生就带人到南方考察图书馆学系办学经验，访问了南京大学图书馆学专科班、华东师大图书馆学系、复旦大学分校图书馆学系以及武汉大学图书情报学院。回来后就着手制订首届本科生及进修班教学计划，确定任课教师。

来新夏先生勇于任事，既能干事，又能成事。1984 年 9 月，图书馆学专业开始招收本科生 33 人。至 1986 年共招本科生 100 人。来新夏先生当选南开大学校务委员会委员，体现了来新夏先生在南开大学的影响，也说明了图书馆学系在学校是很有地位的。

一人创办两个图书馆学系，并且同时担任图书馆学系主任、图书馆馆长和出版社社长，这在中国图书馆学教育史上是罕见的。

二、明确图书馆学系办系思想与发展道路

众所周知，图书馆学是一门实践性强的学科，图书馆学教育重视技能培养是理所当然。然而，来新夏先生对图书馆学教育有更深的理解，他从教育"博"与"专"的关系出发、从图书馆的实际特点出发，培养以博为基础的专业人才。在南开大学分校，他提出的办学方针是，不仅要学习图书馆管理方面的有关技能性操作课程，还要求学生能植根于"博"。于是广泛开设各种人文和自然学科方面的课程，培养了一批有学术根基和掌握管理技术的人才。在分校，来新夏先生亲自讲授图书馆史，还请名家来上课，如请涂宗涛先生主讲工具书，请潘明德先生主讲社会科学概论，请王颂馀先生主讲书法课等。

来新夏先生以一个教育家的气魄，白手起家，把图书馆学系办起来，并明确图书馆学系的办系思想与发展道路，重点抓"两才（材）"建设。

一个"才"是人才建设。办一个系，首先得有人，人才从哪里来？来新夏先生采取了"引""派""聘"并举之法。

"引"——引进教师和行政管理人员。图书馆学系一成立，最难的是没有教师，因此来新夏先生就花大力气调进教师，有图书馆学专业背景的，如李晓新（1982 年北京大学图书馆学专业本科毕业）、钟守真（1960 年北京大学图书馆学专业本科毕业）、王德恒（1983 年南开大学分校图书馆学专业本科毕业）、李培（1986 年西安电子科技大学情报工程专业毕业）、于良芝（1987 年华东师大图书馆学硕士毕业）、邵元溥（1987 年武汉大学图书馆学硕士毕业），也有非图书馆学专业背景的，如杨子竞（1954 年南开大学历史学本科毕业）、刘玉照（1969 年南开大学物理学专业本科毕业）。这些教师中，有刚从大学毕业慕名而来的，更多的是从工作单位"挖"来的，其间涉及调动，包括调动手续、住房安排、家属等许多问题都需要解决，实在不易。

引来了人如何使用，来新夏先生真正做到了人尽其才，才尽其用。根据教

1986 年 2 月聘请美国纽约州立大学奥本尼分校图书情报学院院长理查德·斯·霍尔希为图书情报学系客座教授并达成双方合作交流协议。图为在天津东站合影(左起: 吴廷华、钟守真、霍尔希夫妇、来新夏)。

师的学科背景安排教学, 例如,《历史教学》月刊编辑杨子竞调入后, 利用其历史学背景, 开展外国图书馆史、咨询、图书馆学教育等方面的教学与科研。南开大学物理系刘玉照调入后, 利用其技术优势, 投入到实验室建设中。那时, 该系引进教师的学科背景比较丰富, 从历史学到天文学, 再从化学到物理学等, 与之相配套的, 课程的设置兼具专业性和多样化。此外, 来新夏先生重视教师的职称, 重视教师的发展, 并在教师中发现人才、培养干部。例如, 钟守真从天津市电子工业局情报室调入后一年就担任了系副主任, 1992 年接任系主任。

"派" ——派教师出国进修提高。建系不久即争取名额派遣多名教师、学生到美国、英国、澳大利亚等地深造, 如钟守真教授 1987 年 9 月赴美国纽约州立大学（奥本尼）做访问学者一年。来新夏先生尤其重视青年教师的成长与提高, 青年教师于良芝来系五年, 来新夏先生派她前往英国拉夫堡大学攻读博士学位并从事博士后研究。

"聘" ——聘请兼职教师。例如, 1986 年聘请美国奥本尼纽约州立大学情报与图书馆学院院长霍尔希为客座教授, 并聘请美

1987 年 10 月南开大学聘请美国加州大学洛杉矶分校图书情报研究生院院长罗伯特·M. 海斯教授为图书情报学系客座教授致聘仪式 (左起: 系主任来新夏、校长母国光、海斯教授)。

籍华人吴廷华为副教授。1987 年聘请美国加州大学洛杉矶分校图书情报研究生院院长、教授罗伯特・M．海斯为客座教授。1991 年聘请美国俄亥俄大学图书馆馆长、研究员李华伟为客座教授等。

另一个"材"是教材建设。联合组织编写教材不仅推动图书馆学系的教学合作，而且也提高了教材的整体质量与水平。来新夏先生组织中山大学、南京大学等十一所高校联合编写一套"图书馆学情报学系列教程"，这套教材从 1986 年至 1995 年之间陆续推出，由南开大学出版社出版，一共 8 本，分别是《理论图书馆学教程》《社会科学文献检索与利用》《科技文献检索与利用》《目标管理与图书情报工作》《国际联机检索概论》《外国图书馆史简编》《文献编目教程》《图书馆学情报学档案学简明辞典》等。这套教材不仅在教学中使用，而且被许多高校所采纳，在图书馆学专业广泛使用，产生了较大的影响。

除了"两才"，来新夏先生还重视资料室和实验室的"两室"建设，为专业教学提供了支持和保障。图书馆学系资料室收藏有较丰富的专业资料，有图书 3676 册，期刊 155 种（其中专业期刊 102 种，相关期刊 53 种，外文期刊 11 种），过刊 780 册。此外，地方文献研究室有图书 2574 册，期刊 213 册。1986 年 12 月，现代技术实验室及图书保护技术实验室成立，管理规则、考核制度等健全，管理严格，对实验室工作人员有严格的培训和考核制度，在文科类实验室发展历史上具有开创性和模范性，多次得到学校的表彰，比如，1990 年 5 月该实验室被评为校级实验室工作先进集体，刘玉照被评为先进个人。

三、探索图书馆学人才培养模式

20 世纪 80 年代中期，全国图书馆学专业办学点迅速增多，据 1985 年统计，本科办学点达到 13 个，专科 25 个，中专教育从空白发展到 30 个。然而，图书馆学专业人才的标准是什么，应当如何培养，成为图书馆学教育界面临的重要问题。

1983 年 4 月，在武汉会议上，来新夏先生提出了著名的"三层楼"制，是对应图书馆事业需要不同类型人员而设想的，即将原有的四年制划为二二制，再加上研究生制，构成三层楼的结构模式。还进行了具体设计并论证其优越性，第一阶段两年侧重技能操作训练，设学科知识、语言工具、专业知识三类课程；经过考试进行第二阶段两年学习，向理论阶段发展，扩大知识面，掌握多种技能，设语言训练、专业理论、选修课三类课程；第三阶段以实行研究生班为宜，改革那种师徒相承的一脉单传方法，培养图书馆急需的高级专门人才。他的发言引起了高度关注，这一思想形成了论文《"三层楼"制初议》，发表于《大学图书馆学报》1983 年第 5 期，并被广泛引用，成为 20 世纪 80 年代我国图书馆学教育思想库的重要来源之一。

来新夏先生关于图书馆学教育的思想与"三层楼"制模式设计在图书馆学教育界产生了重要影响，他提出的从本科到研究生的一体化培养思想具有重要意义，所提出课程设计具有普遍的参考借鉴作用，提出的选修课程如"古籍整理""书画鉴定""建筑设计与科学管理""少年儿童图书馆学""视听资料管理与利用""图书保护学"等不仅在当年十分前卫，至今还有指导意义。

来新夏先生对于人才培养，不仅有理论探索，而且亲自实践。在南开图书馆学系，来新夏先生领导教师们进行了实践探索。以"两才"和"两室"建设作为图书馆学教育的坚实基石，逐步形成图书馆学人才培养的南开模式。

一是突显文化素质基础的课程设计。创建之初，按照学分制制定了教学计划，必修课为 104 学分，选修课为 31 学分，共 135 学分，并将选修课分为四组，前三组为外语、社会科学和自然科学方面的课程，第四组为图书馆学情报学方面的课程。

为重视本科生综合素质的培养，开设有书法、世界文化史、社会科学概论、科学史、天文学概论、信息科学导论等课程，而且聘请相关专业的知名人士任教，另外，南开历来重视本科生计算机和英语能力的培养，除了学校必修的大学英语外，每年开设普通英文文献选读、专业英语等课程，而且举办英语演讲比赛或英语角；计算机课程已经占到总课程数量的三分之一。

二是馆系合作模式。由于任系主任的来新夏先生从 1984 年至 1989 年一直兼任南开大学图书馆馆长，因此使馆系业务得以密切合作。联合举办大型学术活动，合作开展专业研究，理论与实践相结合，充分共享资源，在国内形成了馆系相互独立又融合一体的办学模式。图书馆学系与南开大学图书馆于 1990 年开创了系列系馆科学讨论会，并于 1990 年至 1992 年期间连续举办了三届，取得丰硕成果，通过加强系馆合作，共同提高了学术研究水平。

今天来看，这些探索仍然具有现实意义，突显文化素质基础正是近十年来一直强调的素质教育和宽口径培养，而馆系合作加强理论实践结合，也是今天开展实践教学的大趋势。

四、培养人才，重视质量

来新夏先生是著名的历史学家、方志学家和图书文献学家，也是一位图书馆学教育家。他潜心教学，不仅积累了丰富的历史学教学经验，还积累了丰富的文献学、图书馆学教学经验。1985 年 9 月，来新夏教授获南开大学教学质量优秀奖一等奖，并当选为天津市市级劳动模范。

　　来新夏先生主张教学改革从课程改革开始，他在"纵横'三学'求真知——来新夏先生访谈录"接受采访时说到，当时办学"首先是改变传统的图书馆学课程设置。原先的图书馆学专业课程有重见叠出的弊病，如中国书史、中国目录学史和中国图书馆史这三门课程在讲到图书的源流、分类、编目时都要涉及刘向、刘歆父子，所以，当时有学图书馆学要'七见向歆父子'的说法。于是，我就构想实施三史合一的课程，即以图书为中心，而将涉及与图书有关的各种事业，包括制作、搜求、典藏、分类和再编纂等包容进来，不仅最大限度地容纳了原来三种课程的内容，而且重新进行了编排和整合。为了将这一构想付诸实践，我就拟定提纲，组织人员，并亲自承担章节编写和删订通稿，先后完成了《中国古代图书事业史》和《中国近代图书事业史》的编写，应用于课堂，不仅使课程设置更趋科学合理，而且减轻了学生的学习负担"（见《天津记忆》第 54 期第 54 页）。

1988 年 6 月与南开大学图书情报学系首届本科生毕业师生合影（前排左起：于良芝、于新、李晓新、郑毓德、王崇明、张格、杨子竞、来新夏、耿书豪、苏宜、胡安朋、王德恒、陈得弟、余文波）。

在图书馆学系，来新夏教授高度重视教学，亲自授课，以多年来的教学艺术奉献给了图书馆学专业教学之中。他为学生主讲"中国古代图书事业史""社会科学文献检索与利用""图书馆学名著选读""文献整理"等课程。在教学中，他以渊博的学识，旁征博引，融会贯通，教学内容格外丰富，让学生大开眼界；他以非凡的口才，抓住学生的心理，让学生感觉到听课的享受。我虽没有听过来新夏先生的本科和研究生课，但听过他在图书馆学系和图书馆的讲座，他站在讲台前，开宗明义，转过身，一行板书，刚劲有力，让人赞不绝口，坐下来便是滔滔不绝。他的记忆力非凡，不带资料，一切尽在胸中，让人领略一个饱学之大家如何解说。他善口才，又善文章，正达一个优秀教师的教学科研双杰。

来新夏先生的教育思想，不只是重学生知识的"博"和专业的"技能"，而且要让学生具有研究基础和学术素质。在教学的同时，他注重培养学生的科研兴趣，提高学生初步的科研能力。1986 年 5 月，在来新夏先生的指示下，图书馆学系举办了首届"五四"科学讨论会，学生的 21 篇论文涉及图书馆学、情报学、目录学、方志学等多个领域。

五、大力开展科研与学科建设

大学必须教学与科研并重，要办好图书馆学教育，必须以专业人才培养为目标，以学科建设为依托。没有好的科研就没有好的教学，来新夏先生鼓励教师开展科研，发表论文，从 1984 年到 1993 年，全系教师共出版著作 49 种，发表论文 157 篇。在来新夏先生的努力下，图书馆学系形成良好的学术氛围，也形成了早期三大学科优势。

古典目录学。来新夏教授受教于著名史学家陈垣、目录学家余嘉锡诸先生，具有深厚的历史学与古典文献学功底，其《古典目录学浅说》（中华书局，1981年）是"文革"后较早的一部古典目录学专著，对我国古典目录学研究产生了较大影响。十年之后，经过修订出版了《古典目录学》（中华书局，1991 年）。其后，他主持了国家教委古籍整理研究委员会和国家教委社科基金项目，主编出版了《清代目录提要》（齐鲁书社，1997 年）、《古典目录学研究》（天津古籍出版社，1997 年）。他的研究生徐建华、徐健留系任教并在古典目录学上均有研究成果。

中国图书事业史。来新夏教授对中国图书事业史很有研究，并组织了系内科研力量出版了相关著作，如 1987 年来新夏教授所著的《中国古代图书事业史概要》由天津古籍出版社出版；1990 年来新夏教授等著的《中国古代图书事业

史》由上海人民出版社出版，该书列入周谷城主编《中国文化史丛书》；2000
年来新夏教授主持其多名硕士研究生所著的《中国近代图书事业史》由上海人
民出版社出版。这一系列著作的出版，使南开图书馆学系在中国图书事业史研
究上占有重要地位。

地方文献研究。建系以来，在来新夏教授的带领下，南大图书馆学系形成
了具有一定特色的地方文献研究团队，并取得了突出成绩。在地方志研究方面，
1987 年 10 月，时任系副主任张格和教师王德恒代表地方文献研究室出席全国
各省市自治区方志办公室负责人在桂林的集会，商定编写《中国地方志综览》
事宜。南开大学地方文献研究室被推举为两个发起单位之一。1988 年黄山书社
出版了由来新夏教授主编的《中国地方志综览（1949～1987）》。1990 年 8 月，
日本国独协大学经济学部部长齐藤博教授来校访问，议定独协大学与来新夏先
生主持的南开大学地方文献研究室合作进行"中日地方史志比较研究"项目及
研究人员交流事宜，经双方共同努力，项目成果《中日地方史志比较研究》以
中日两种文字分别在中国和日本出版，圆满、顺利地完成了这项国际合作。

研究机构在学科建设与发展中具有不可替代的重要作用。为加强学科建
设，来新夏教授创建专门研究机构。1984 年 4 月，学校研究并同意图书馆学系
与图书馆共同建立地方文献研究室，来新夏教授任主任，系副主任张格和图书
馆党支部书记张宪春任副主任，该研究室为教育部古籍整理研究工作委员会研
究机构，挂靠图书馆学系。1984 年下半年，图书馆学系与图书馆、地方文献研
究室、南大分校图书情报系联合举办学术讨论会。1986 年，由来新夏教授主编、
张格和张宪春任副主编的《天津地方风土丛书》第一辑（10 种）由天津古籍出
版社出版。1987 年 4 月，地方文献研究室与图书馆还联合举办了古籍整理培训
班。

六、发展图书馆学研究生教育

在来新夏先生的努力下，建立图书馆学硕士点，培养研究生。1986 年 7 月，
经国家教委批准，图书馆学系获得图书馆学硕士学位授予权，是当时全国高校
图书馆学专业五个硕士点（北京大学、武汉大学、华东师大、南京大学、南开
大学）之一。1987 年开始招收图书馆学专业的硕士研究生。在来新夏教授的主
持下，硕士研究生以少而精为特色，选拔严格，培养严格，从最初的每年招收
2 人到 1991 年增加为招生 5 人，1987 年到 1991 年共培养研究生 19 人。其间，
设有图书与图书馆事业（来新夏与杨子竞担任导师）、文献信息理论（钟守真担

任导师)、文献计量研究(苏宜担任导师)三个方向。后来增设了科技文献检索、情报理论与实践、信息咨询等方向。

来新夏教授重视研究生教育还体现在他亲自指导研究生,每年指导 1 至 2 人,除历史学方向研究生外,从 1987 年至 1992 年共培养图书馆学硕士研究生 8 人:徐健、王立清、刘小军、常军、余文波、秦迎华、陈红艳、黄颖,他们现都努力工作在不同岗位上。

七、重视继续教育

来新夏先生重视普及图书馆学教育,并身体力行开办多层次的学历教育与非学历教育,如 1987 年南大图书馆学系开始招收三年制的成人业余专科班学员,生源主要来自天津市、县的具有高中、中专学历的在职人员。1989 年 9 月还首次招收夜大图书馆学专科生共 56 人。

1988 年 6 月受国家教委全国高校图工委委托举办的第二期图书馆专业干部进修班结业师生合影。

来新夏先生重视图书馆员培养。经国家教委全国高校图工委批准和委托，从 1984 年起举办高校图书馆干部进修班，面向全国高等学校招收学员，主要对象是具有大专以上学历、在各院校图书馆或信息部门从事文献信息工作的在职人员，每期一年，学习期满成绩合格者，颁发进修结业证书。首期学员 57 人来自全国 52 所高校图书馆。以后进修期限分为半年制和一年制，每期招生约 30 人，截至 1988 年底，为全国高等学校培养了大约 550 名专业干部。全国高校图书馆干部进修班办出了经验，为全国图书馆培养了急需的专业干部和优秀人才，进一步扩大了图书馆学情报学系在国内图书馆界的影响。

八、适应新形势发展新学科专业

在来新夏先生的领导下，图书馆学系根据发展需要，不断调整培养目标和方向。建系初，仅设图书馆学专业，培养图书馆专门人才。1987 年制定的图书馆学专业培养目标是"培养能胜任图书馆管理、图书馆学教学及科学研究的专门人才，学生通过一定时间的校内外实习，培养独立从事图书馆工作的全面技能，以及具有运用现代化手段从事图书馆学专业工作的能力"。由于毕业生分配去向大多为高等院校、科研部门和大中型图书馆等重要岗位，因此随着社会的发展和现代科技的进步，为适应社会需要，不断调整培养目标。80 年代末 90 年代初，根据社会发展形势以及专业发展方向，图书馆学专业把培养目标调整为：面对大力发展信息产业的新形势，以"文献信息管理"为方向，培养符合社会需求的一专多能的合格人才。

为适应新形势，在来新夏先生的领导下，进行了多项举措：一是更改系名。1987 年 3 月 19 日，第六次校长办公会议审议批准"图书馆学系"更名为"图书馆学情报学系"。二是建立新专业。图书馆学系更名后，着手筹办新

1985 年 5 月参加南开大学赴美教育考察团对明尼苏达、西密执安等地 10 所大学举行考察访问（左起：朱光华、来新夏、李原、范恩涛）。

专业。1988 年 4 月 22 日，学校校务会议审议同意图书馆学情报学系筹办社会科学情报专业，计划每年招生 15 至 20 人。同年 11 月 9 日，国家教育委员会批准南开大学图书馆学情报学系增设社会科学情报专业（四年制）。1990 年开始招收社会科学情报专业本科生。三是增加教研室。1989 年上半年，根据发展需要，图书馆学情报学系建立图书馆学、社科情报两个教研室，分别由钟守真、杨子竞担任教研室主任。

九、图书馆学教育的国内外交流与合作

来新夏先生重视我国图书馆学教育的国际交流，20 世纪中叶，领导发起了与美国图书馆

1991 年 4 月在美国哥伦比亚大学作访问学者期间在该校图书馆东方馆办公室。

界的广泛合作，在图书馆学教育的国际交流与合作上作出了重要贡献。1985 年 5 月 11 日至 6 月 12 日，来新夏先生随校教育考察团赴美访问 10 所大学。1991 年成为哥伦比亚大学东方研究图书馆和东方研究所的访问学者，1993 年担任俄亥俄大学图书馆海外华人文献研究中心顾问。

1993 年 11 月，来新夏教授应邀赴台湾参加"两岸 21 世纪高等教育研讨会"，在大会作图书馆学教育的专题报告，并应台湾大学、政治大学、淡江大学等校邀请作"中国图书文化的历史价值"与"北洋军阀史的研究"等专题报告。

2002 年，在来新夏先生八十初度之际，大洋彼岸传来喜讯，美国华人图书

1991 年 5 月应邀访问美国普林斯顿大学。

馆员协会（Chinese American Librarian Association）授予来新夏教授 2002 年度"杰出贡献奖"。那一年，我刚调入南开，得到喜讯，特别高兴，这不仅仅是南开的骄傲，也是中国图书馆学教育界的骄傲，因为此前在中国大陆，仅有北京大学图书馆庄守经馆长获过此奖，而在大陆图书馆学教育界获此殊荣的，来新夏教授是第一人。在美国华人图书馆员协会给来新夏教授的获奖通知中评价说："作为图书馆学系的系主任，您聚拢了一支精干的教师队伍，为中国图书馆事业和图书馆教育培育了一大批人才。您使南开大学图书馆学系成为国际知名图书馆学教育机构，与国外建立了广泛的合作关系。"这一评价不仅包含了来新夏教授对中国图书馆学教育的贡献，也包含了来新夏教授对世界图书馆学教育的贡献。

1993 年 11 月在台北出席"第一届 21 世纪海峡两岸高等教育学术研讨会"，大会发言题为"中国图书馆学情报学教育的后顾与展望"（左五来新夏，左六钱荣堃）。

十、继往开来

自 1992 年初因为年龄原因从系主任岗位离职之后，来新夏先生有更多的时间从事国内外讲学与学术交流活动。他所作过的讲座不计其数，从不忘记为图书馆学系师生作讲座，他以"撞击与塑造""中国图书文化的历史价值""中华传统文化与海外文化的双向关系""读书与治学""中国藏书文化漫谈"等为题,向不同层次的图书馆人表达自己的学术思想和关注图书馆事业发展的情怀。

今天,来新夏先生仍然坚守在教育战线,他到各地讲学,培养图书馆学专业后学和图书馆员。他还用另外一种方式育人,每次见到他,他总是在书房电脑前工作,勤于著述,韧于治学,传播知识,教育后人。

我于 2003 年接任了由来新夏先生创办的南开大学图书馆学系主任,成为图书馆学系的第四任"掌门人"。从来新夏先生那里,我懂得了一种压力,如何承继好前辈奠定的图书馆学教育优良传统,将来新夏先生创办的图书馆学系发扬光大,这压力是历史赋予的责任与使命。从来新夏先生那里,我获得了一种动力,来新夏先生不仅仅创办了图书馆学系,而且留下了图书馆学教育的宝贵财富,其教育思想、办学的精神始终激励着南开图书馆人不畏艰难、奋勇向前。

全心投入并发展教育事业是对老一辈图书馆学教育家的最好报答。可喜的是,这几年来,来新夏先生创办的图书馆学系有了较快的发展:图书馆学成为学校的重点学科,连续获得图书馆学、情报学两个博士点,又获得了一级学科博士后科研流动站,曾被作为全国图书情报系的"七大豪门",宣传南开模式与南开经验。2010 年又获得了图书情报专业学位授权点,南开的图书情报教育在面向信息化、面向职业化、面向国际化等方面走在了全国的前列。

自我担任系主任以来,每年一到教师节,我都要带着新入校的硕士研究生和博士研究生去来新夏先生家,祝贺来新夏先生教师节快乐。在学生们献花之后,来新夏先生总要给学生们讲几句勉励的话,并和学生们一起合影留念。

今年的教师节,去的学生最多,来新夏先生的房子又在维修之中,只好分批拜见,来新夏先生还是那样热情地在"邃谷"书房接见学生,与学生交谈。他的教导、他的慈严、他的关心、他的爱护,乃至他那充满书香的书斋、他那凌晨就开启的电脑、他那正在写作的文稿,一点一滴都给学生们以极大的教育、启迪和鼓舞,让我领悟了一个图书馆人的精神,看到了一个教育家的伟大。

我心中便有了许多个美好的祝愿:祝来新夏先生健康长寿!祝来新夏先生创办的图书馆学系更加辉煌!祝来新夏先生奉献的图书馆学教育事业更加昌盛!

作者为南开大学教授、信息资源管理系原系主任。

本文原刊于《友声集——来新夏教授九十初度暨从教 65 周年纪念集》,孙勤主编,中华书局 2012 年版。

追忆当年

成如容易却艰辛

——记来新夏教授创办南开大学图书馆学系

张　格

改革开放以后，图书情报工作日显其重要。相应地这方面人才缺乏的情况亦益感突出。加强对图书情报理论的研究及人才的培养，成为当时的急需。但是高校中的相关专业却寥寥无几，这种状况已经引起政府部门和有识之士的关注。

时任南开大学历史系教师的来新夏教授看到了这一发展趋势，毅然决定在天津开辟图书情报学教育的新领域，于 1979 年锐身出任了南开大学分校（属天津市的院校，后并入天津师大）图书馆学专业的首任主任。在天津市建立了第一个培养图书馆学人才的本科专业。经过几年的努力，聚集了一批教学力量，积累了图书情报教育的初步经验。

来新夏教授考虑到南开大学人文学科的完整性和全国图书情报教育基地的布局，遂向南开大学和教育部提出在南开大学设置图书情报专业的建议方案，并充分论证了设置该专业的必要性和有利条件。经来先生奔走，得到了南开大学领导和教育部的支持。1983 年 1 月，南开大学图书馆学系获准正式成立。来先生担任系主任职务。

建系初期一无师资，二无设备，三无资料。学校配备了两名干部协助来先生工作。当年要招生，不仅需要编报招生计划、课程设置、教学计划，更重要的是调入人员，引入师资，购置设备，建立实验室、资料室等工作，短期内落实，确实时间紧迫，任务繁重。这时来先生已是花甲之年，却不知疲倦地日夜操劳。后来学校又任命来先生为图书馆馆长、出版社社长兼总编，他的担子又加重了许多。在学校领导及有关部门的大力支持下，经过紧张筹备，建系工作已大致就绪：初步组建了一支专兼结合的教师队伍，并聘请了外籍专家定期来

1987 年 7 月在兰州大学组织召开《图书馆学情报学档案学简明辞典》第三次编委会，任该书主编（右一）。

系授课；政工干部、管理人员、实验员、资料员都已先后到位，购置了一批急用的仪器设备和图书资料，建立了实验室和资料室。第一批本科生如期入学开课，图书馆学系顺利地迈出了第一步。

当时全国设图书馆学专业的重点大学不过四五所，其课程设置比较传统，教材有的也显得过时。但是他们为我国图书馆学教育积累了丰富的宝贵经验，我们多次前往请教和学习，成了我们直接借鉴和效法的榜样。来先生认为，面对新形势，创建我校新专业，我们必须高起点，高标准；办系必须面向现代化、面向未来；教师队伍必须精干高效、一专多能，不仅能开两门以上的必修课，还应有较强的研究能力；学生必须能学到新知识，还要掌握新技能。他很有信心地说，在借鉴国内外办学经验的基础上，我们应该后来居上，走上新路子。来先生从新时期培养高质量复合型人才的需求和加强素质教育的角度出发，在课程设置上加大了自然科学的课程比例，大大增加了外语和计算机课程的时间，增加了文化艺术方面的课程，并增设了现代化技术课，增加了实验课的课时。与此相适应，在教师队伍中，理工科教师占了相当的比例。这对文科学生虽有一定困难，但比纯文科的毕业生具有更强的适应能力和就业竞争的优势，使学生受益不浅。事实也证明了这一点，学生就业比较容易，有的毕业生就是因其熟练的专业外语水平，而被中央部门百里挑一选中的。

来先生十分重视教材建设。他要求教师授课要用好的教材，其他院校的优秀教材要拿来使用，没有合适的教材就组织人力抓紧编写。在来先生担任系主任期间就主持编写了《理论图书馆学教程》《社会科学文献检索与利用》《中国古代图书事业史》《科技文献检索与利用》《文献计量学教程》《目标管理与图书情报工作》《外国图书馆史简编》和《国际联机检索概论》等 8 种教材。来先生还组织全国范围内的图书馆、档案馆、情报所、图书情报学系 12 个单位的百名专业人员编写了中型工具书《图书馆学情报学档案学简明辞典》，收词 4000 多条，计 89 万字，吸收了最新知识和研究成果，使用者反映颇好。

为了让学生及时了解国外图书馆现代化建设和图书馆学教育的情况，聘请了在海外有一定地位影响的李华伟、赫尔希、吴廷华、汉斯等专家担任客座教授，定期来系授课或举办讲座，大大开阔了学生的眼界，也充实了师资力量。提高教师水平，在师资力量并不充裕的情况下，着眼未来与发展，来先生还决定派遣年轻教师出国进修或读学位。同时还多次与国外及台湾图书馆馆长和图书馆学系主任代表团进行学术工作交流，使教师更明确图书馆学教育的发展趋势和未来人才类型的要求。

　　来先生办系要求起点高，前瞻性强，立足现实，面向现代化和面向未来培养人才。图书馆建设现代化步伐的加快，要求学生必须掌握相关的知识和技术，因此建立"图书馆现代技术实验室"成了当时校内文科专业的一项"特殊要求"。来先生提出宁可别处少花钱，也要把实验室建设好。为此，调来了专业技术人才，购置了设备，设计了系列实验课，建立了一套科学的实验室管理制度。为了提高投资效益，实现了实验室及仪器的高使用率。学校实验设备处对此十分满意。经教育部装备司评估检查，认为在实验室建设和管理方面是"大学文科实验室中不多见的"，并拨付专款加强该实验室的建设。

　　改革开放以后，图书馆界逐步了解到国外图书情报管理方面的新观念、新技术、新发展，深感现有工作人员不能适应国内新时期工作的需要，纷纷要求进修提高。为此，来先生决定，克服困难，举办图书情报学进修班，招收了包括西藏在内的各省市的学员先后达数百人之多，这些人回单位后大都成了业务骨干，有的还担任了图书馆的领导职务。

　　建系不久，就被批准设立硕士点，招收硕士研究生。这样，加上本科班、专科班、进修班同时开设，形成了多层次的办学格局。

　　来先生在校内外兼职不少，尤其在校内任三个单位的一把手，使他深感肩头重担的分量。他上对领导的期许，下对几个单位头绪纷繁的工作，凭着他高度的责任感和忠于教育事业的敬业精神，坚持夜以继日地工作。他的工作作风是在其位谋其政，决不是"任职不管事"。他扎实务实，埋头苦干。在作系主任期间，不仅在大事上出谋划策，每遇难题亲自处理。如向上级请示汇报工作，礼聘学者名流，送往者，迎来者，吊有忧，贺有喜，事必躬亲。在业务上，研究生、本科生、进修班亲自授课，还组织编写教材，完成研究项目。既为作者，必亲自撰稿；既任主编之名，必尽主编之责。决不徒挂虚衔，沽名钓誉。与其合作的年轻教师每感深受教益。他孜孜不倦，自强不息。每天黎明即起，进行研究和写作，上班时在单位认真处理行政事务，经常下班后召集系领导班子布置、研究系务工作，晚上是他备课和计划次日工作的时间。多少年如一日，大家无不为他不知疲倦的工作精神所感动。还应顺便说一句，他的夫人承担了全部家务，是他的"后勤"保障，来先生感激之情时有流露。

由于来新夏教授在图书馆建设和图书馆学教育方面的突出贡献，今年获得华人图书馆界最高荣誉奖，是继原北大图书馆馆长兼图书馆学系系主任庄守经先生之后我国获此殊荣的第二人。

来先生的苦心经营，为图书馆学系的发展打下了坚实的基础。今天，图书馆学系不断发展与进步，作为该系的创办人，来先生功不可没。他退休之后，笔耕不辍，并仍在关心该系事业的前进，因为这其中曾倾注了他的心血和汗水。

作者为南开大学出版社原总编辑、图书馆学系原副系主任。

本文原刊于《来新夏教授学术研讨会纪念集》，南开大学地方文献研究室编，新疆大学出版社 2002 年版。

2004 年 10 月 31 日出席庆祝南开大学图书馆学系建系二十周年活动，在伯苓楼前与嘉宾和同仁合影（前排左七）。

我所认识的来新夏教授

于良芝

今年 6 月 8 日是来新夏教授八十华诞。对于他的朋友来说，这是一个值得庆贺的日子，也是一个触发感叙的日子。我们庆贺他的事业辉煌、身体康健、子孙满堂；我们也感谢他给予我们的友情、教诲和帮助。我们想借此机会对他说："来先生，我们很庆幸与您相识。"

我是 1987 年认识来先生的。当时，他是南开大学图书馆学系的系主任，而我则是一个慕名而来的年轻教师。说"慕名而来"，是因为在此之前，当我还是一个大学本科生的时候，我就读了来先生的《古典目录学浅说）等著作，这些语言清隽而思想深刻的著作令我对这位著名的学者和他创建的图书馆学系充满了好奇。当我从华东师范大学研究生毕业，我的老师——也是来先生的朋友——陈誉教授建议我到南开大学图书馆学系当一名教师的时候，我便欣然同意了。

从一定意义上说，来新夏的名字标志着南开大学图书馆学系史上一段非常重要的时期，他创建了图书馆学系，并带着她走向成熟。1987 年，这个系年仅三岁，但已经是我国著名的图书馆学系之一。当时她已经有了自己的实习室和资料室，现代化的实验室正在建设当中。除了本科生，她每年还招收一个进修班。这个进修班是我国最早的图书馆员在职培训基地之一。全系有 11 名教师，大多数是二三十岁的年轻人，即使是年纪稍长一些的老师，也给人一种朝气蓬勃、精力充沛的感觉。与我同年参加到这个队伍里来的还有两位年轻的同事，他们也都是刚刚毕业的硕士研究生。

我第一次见到来先生是在迎接新教师的冷餐会上。那是一个很轻松的冷餐会，没有正式的欢迎辞，也没有太多的寒暄，有的只是美味的食物和温馨融洽的交谈。但是，会后，我的心里却多了一层对图书馆学系的沉甸甸的使命感。后来我才注意到，这正是来先生的工作风格。在不经意中，把工作的责任和压力传递给你，催你奋进，促你向上。

在担任图书馆学系主任的时候，来先生还同时担任南开大学图书馆馆长和南开大学出版社社长。由于他的办公地点设在图书馆，所以系里的老师平时不

1985 年 9 月获得南开大学 1984—1985 年度教学质量优秀奖。

经常见到他。尽管如此，我们却时时能感到他的战略性领导和对具体工作的细致入微的安排。从 1987 年到 1992 年，我亲身经历或目睹的很多事情都可以说明来先生作为领导的远见和细心。

给我留下深刻印象的第一件事情是来先生对学科建设和教学质量的高度重视。图书馆学系建系不久，来先生就开始组织系里的教材和工具书建设。1987 年，我参加到图书馆学系的时候，第一批教材建设已接近尾声，从 1984 年到 1989 年，短短几年时间，系里的老师已经出版了《理论图书馆学教程》《科技文献检索》《社科文献检索与利用》《目标管理与图书情报工作》等高质量的教材，有些教材在全国图书馆学界产生了很大影响。例如《理论图书馆学教程》已被几所大学作为权威教材采用，在以后的岁月里，始终被视为"文献信息交流论"的代表作。

我到图书馆学系的时候，来先生正在主持《图书馆学情报学档案学简明辞典》的编写。由于第一个学期我没有承担任何课程，来先生便安排我协助辞典的编写工作。当时，图书馆学系还没有用于科研的电脑，所有编写工作，包括款目的排序，都是手工操作。来先生从联络款目撰写人到确定款目次序，每个细节都要一一审核。作为主编，他常常为了一个具体款目的确切定义把相关人员召集起来进行讨论。这部工具书历经数年的编写，于 20 世纪 90 年代初出版。直到今天，它依然是图书馆学、情报学、档案学领域最全面、最有权威性的工具书之一。90 年代初，图书馆学系的第二批教材也陆续出版，这包括《外国图书馆史简编》《比较图书馆学引论》等。

来先生十分重视教学质量。他以身作则，不仅对自己讲授的课程一丝不苟，而且关注其他老师的讲课效果。为了改善全系的教学质量，他将"教学经验交流"确定为 1988 年第二学期教师例会的主题，几乎每周都要组织一次教学方法讨论会。当我主讲的《图书馆学概论》在 1988 年全校教学质量评估中被评为"优秀课"时，他的欣慰溢于言表。1989 年，当他第一次见到我新婚的丈夫时，就对我丈夫说："作为一个年轻的教师，她的课讲得很好。"直到今天，我想到来先生的这句评语，还感到莫大的鼓励。

来先生也很重视系里的科研活动。他除了主持地方文献研究室的工作，每年还承担很多其他课题。此外，他还热情鼓励系里其他老师申请科研课题。我记得他经常对我们几个年轻老师说："不管是青年项目还是其他项目，你们尽管大胆申请，我很乐意给你们当班长。"

给我留下深刻印象的第二件事是来先生对英语教学的关注。尽管当时全球化还是一个陌生的概念，社会对英语学习也远不及今天狂热，来先生却已经见到英语对未来信息工作的重要，一再强调图书馆学系的学生要有过硬的英语水平。为了保证全系师生对英语教学的重视，在每年的迎新会上，他都要亲自动员，他还在全校统一开设的公共英语之外，为图书馆学系的学生增加了辅导课程，亲自安排辅导老师。他用自己的工资购置了鼓励英语学习的奖品。我至今还记得他向学生颁发的第一份奖品——一本最新的《新英汉词典》。由于他的高度重视，图书馆学系连续多次在全国四级考试中一次性过关率达 100%。直到今天，图书馆学系依然保持着重视学生英语素质的传统。

同样令我难忘的是来先生对师资培养的重视。在这方面，来先生一是注意对青年教师言传身教，二是积极为老师们争取到其他学校或国外深造的机会。1987 年正值第四届全国青年图书馆学情报学研讨会征集论文，来先生就借此机会对青年教师进行研究方法的培训。尽管当时他身兼数职，非常繁忙，还亲自给我们讲课，从研究过程到论文写作，他都讲得很细致。最后还动员所有的青年教师踊跃投稿。

当时图书馆学系建系不久，师资还比较薄弱，来先生一边继续吸引人才，一边积极鼓励年轻教师出国进修，并尽力为大家争取出国机会。我到图书馆学系时，正赶上系里的钟守真老师即将赴美进修，自 1987 年至 1990 年，图书馆学系先后有三人出国深造。钟老师学成归国后成为图书馆学系的第二任系主任。

我本人在南开大学的成长就直接得益于来先生对师资培养的关注。1987 年冬天，我到图书馆学系任教还不到半年，有一天，来先生委托当时的系总支书记耿书豪老师找年轻教师谈话。耿老师告诉我们，当时系里有一个赴美攻读博士学位的机会，我们任何人，只要满足对方学校的要求（其中一条是曾取得 550 分以上的托福成绩），系里将全力支持我们申请。这次机会由于我们都未曾考过托福而废弃了，但是这件事给了我很大震动。因为当时很多学校对出国都有一定限制，有些学校已经开始要求毕业生必须工作满五年才能申请出国。我从没有奢望出国深造，也从没有想到这个年轻的系会有如此魄力。虽然我没能得到这次机会，它却使我第一次决定把出国深造列入我的人生计划。不久，我就参加了托福和教育部组织的英语水平考试（EPT），这两次考试，来先生都给予了全力支持。

1992 年，我如愿以偿，赴英国攻读博士学位。临行前，我去向来先生告别。他看似随意地问我学成以后的打算，问我是否真的回国，令我想起那次轻松的冷餐会和它传递给我们的使命感。我知道，在这段看似随意的谈话中，来先生事实上在期待一种承诺，于是，我很郑重地作了肯定的回答。在我留学英国的几年里，我时时想起这段意味深长的对话。在我从未动摇的回国决定里，这段话起着非常重要的作用。

作为系主任，来先生在工作中总是力求公正。系里的老师，无论专业背景如何、毕业学校如何、与他本人关系如何，工作中付出的努力都能得到他的肯定；事业上进取的请求也都能得到他的支持。在我申请出国的过程中，我特别深切地感受到这一点。1988 年，我考完托福和 EPT 后，便开始热切地盼望出国进修的机会。1990 年，来先生果然又为我们争取到一个赴英国留学的名额。但是，得到这次机会的不是我，而是与我同期到系任教的另一位同事。我当时感到非常失望，来先生知道我的心情后，语重心长地对我说："为了咱们系的发展，我希望你们每个人都能出国深造，但是，由于机会有限，总得有人先走，有人后走，即使是我自己的研究生，我也不会给予特殊照顾。"的确，在来先生担任系主任的几年里，我们这些非南开大学的毕业生，从未因为出身或师门的缘故，事业发展受到影响。我们当中先后有数人出国留学，而来先生自己的研究生却始终兢兢业业地在国内工作。

1992 年，来先生因已到离休年龄从系主任的位置上退了下来，但是，他所创立的很多传统，如重视学科建设、重视英语教学却一直保留下来。他担任系主任时给予我们的培养、帮助、教诲已成为我们终生受益的财富。

作者为南开大学信息资源管理系教授。
本文原刊于《来新夏教授学术研讨会纪念集》，南开大学地方文献研究室编，新疆大学出版社 2002 年版。

来先生改变了我的一生

穆祥望

来新夏先生是改变了我一生的老师。

一次讲座使我踏上图书馆之路。1984 年考大学，阴差阳错地到了哲学系。大一期间，由于大部分课程都是公共基础课，读杂书、听讲座便成为课余时间的乐趣和消遣。有一次听说图书馆馆长来新夏教授要做讲座，在大学生心目中馆长都是大师级的学者，能听到馆长的讲座非常难得，我们如约而至。提前半个多小时赶到小礼堂，发现台上台下坐的全是人，连个插脚的地儿都没有，结果坐到了讲台的边上。来先生非常博学，讲座的水平非常高，没有讲稿但条理非常清晰，观点鲜明，逻辑缜密，问题分析和阐述丝丝入扣，可谓是高屋建瓴且深入浅出。他口才很好，妙语连珠，都是道理的讲述和历史的脉络，耐人寻味，同学们听得入了迷。两个小时的讲座，场内鸦雀无声，先生的个人魅力和渊博学识深深地感染了我。那次讲座之后，我开始仰慕这位大学者，是他为我打开了一扇门，让我看到了图书发展史中的"绚烂多彩"，看到了文化传承载体的"变化多端"，很想探究由书形成的历史，由书组成的真实世界，于是坚定了转而学习图书馆学的决心。

自转到图书馆学系，我的人生轨迹彻底改变了。在大学里，班上同学都觉得能遇上来先生这样的大师，真没枉然考南开，可以说，来先生给南开提高了知名度和声誉度。那时各中学对于毕业生的跟踪调研做得非常好，我们经常被中学请回去跟学弟学妹们交流。据我所知，相当多的南开学子谈到南开有大师级的教授，都举来先生这个例子，可见来先生的感染力有多么强。

一种精神让我受益终生。时任图书馆学系主任的来先生在"同意"我的转系申请和毕业留校时，都对我说了同样的话："你是学哲学的，希望你将辩证的思维和哲学的方法用于图书馆学之中，不唯上，不唯书，只唯实，要用发展的观点去看待图书馆实践。"从事实际工作之后才逐步体会到，先生的言传身教，其实就是在践行创新精神。一句话很短，但它激励了我一生，就显得很长，寓意无穷，这句话实际就是使我受益终生的一种先生具有的精神。先生曾用动态、能动的态度将中国图书史、中国目录学史和中国图书馆史三门课合并为一，即使图书馆学课程设置趋于合理，消除了课程之间的重复现象；又减轻了学生的学习负担，结束了当时学图书馆学"七见向歆父子"的现象，成为图书馆学科教学改革的范例。先生"衰年变法"，写出了富有心灵史意境的文史随笔教育我们。先生旺盛的学术生命和"常开新境"的学术风格值得我们永远学习。

先生的音容笑貌永存我们心中。

作者为南开大学图书馆党委书记、研究馆员。

本文刊于 2014 年 6 月 6 日《图书馆报》（第 215 期）第 A16 版"特别策划"。

1989 年在南开大学组织召开国家教委外国教材中心建设与管理工作经验交流会。

东风暗换年华

——我与来新夏先生近卅载的师生缘

唐承秀

1984 年我从河北承德考入南开大学，服从分配进入到哲学系，开始了憧憬已久的大学生活。但是，由于当时心仪的专业并不是哲学，因此，从入学之初的兴奋逐渐变得迷茫、不安。……

一次偶然的机会，路过主楼的一间教室，被独特的声音所吸引，这是第一次见到先生，只见他目光睿智，声音洪亮，正在讲有关图书历史的掌故，是在给图书馆学系的学生上课。不知不觉停下来"偷听"了一会儿。也许就是这次偶遇，注定了我与先生的师生缘。

大学一年级就在好奇、彷徨中度过，最终还是萌发了转系的念头，斟酌再三，还是感觉图书馆学专业比较适合自己的兴趣和性格，并且，在 80 年代中期，这个专业属于新兴的朝阳专业，大家对未来充满希望，就业前景也还不错。于是，义无反顾办了转系手续。现在想来，一时的决定竟定下一生的从业之路，与图书馆事业结下了不解之缘。1985 年，正值先生所组建的图书馆学系成立的第二年。作为系主任，先生在繁忙的工作、教研之余，对我们几位转系同学也时有关注和关心。听先生的课真是一种享受和学术的沐浴，先生给人的感觉是威严而博学，有点令我们这些大二学生望而生畏。但讲起课来，抑扬顿挫，引经据典；写起字来，竖行板书遒劲有力，别具一格。上学期间，听先生课的机会虽不多，却为我们今后的专业知识打下了坚实的基础和研究兴趣。

四年的专业学习终于在 1989 年画上句号。其中有三年的时间我们就住在新开湖老图书馆旁的宿舍，春夏秋冬里、朝霞夕阳下，都曾有我们在湖边流连的身影，老图书馆自然也是我们对往昔回忆中一个不可或缺的背景图片，湖光、馆舍定格在我们许多同学的记忆之中。没想到1989 年我有幸和另三位同班同学成为这座图书馆中的新兵。先生自然是当时决定留校人选的重要决策者之一，因此，能够与南开继续着渊源，实在要感谢先生和当时的馆领导做出的决定。

那时，先生身兼南开大学图书馆学系主任、图书馆馆长、出版社社长兼总编辑数职，公务甚为繁忙。作为一名新员工，其实也难能见到老馆长，但入职之初，我们拜见馆长的情形还依然历历在目，给我的感觉还是威严震慑。我们参加工作的第二年，也就是 1990 年，先生已经六十八岁，图书馆长届满离任。虽然我和先生在图书馆工作的时间交集并不多，但对我来说，还是要感谢先生引我走上工作岗位，开始我人生的又一个重要里程。

后来的一段时光里，虽然在图书馆里很难见到先生，但却常有机会到先生家中相聚，因为我的夫君徐建华是先生的研究生，我便和先生的弟子们成了周末先生家的常客。那时先生住在南开大学北村一个小单元房里，满满的藏书犹如进了知识宝库，我们的到来更是显得拥挤，空间狭促却很温馨，给我留下美好的记忆。让我印象深刻的还有先生家的饭菜，特别是红烧鱼，味道甚是独特。每次先生都要留我们吃晚餐，那时候食堂的饭菜种类不似今天这般丰富，所以在先生家打牙祭、享美食的情景，至今还记忆犹新。后来，我们这些学生们各有小家庭，也就很少再三五成群去先生家大吃大喝了。回想起来，生活中的先生不像课堂中、办公室里那般威严，是一位平易近人的儒雅长者。

时光荏苒，一切都在变化之中。2010 年，我的工作也有了变动，虽然性质未易，但地点却换到了天津财经大学，承担了一馆之责。

为了增添财经类大学的人文气息、活跃校园文化，我觉得积极举办一些有品位、有深度的文化与学术讲座，以扩大学生视野是大学图书馆的职责和本分所在。因此，在筹划 2011 年世界阅读日前后的系列活动时，首先想到的就是请先生来做一场讲座。先生时已八十九岁高龄，能否同意是个未知数。忐忑地给先生打电话说了自己的想法，没想到先生慨然应允，还郑重地说了一句"小唐的事我一定支持！"让我特别感动。

于是，在第十六个"世界阅读日"来临之际，2011 年 4 月 21 日下午，先生饶有兴致地为天津财经大学的师生们做了"读书与人生"的主题讲座。南开大

2011 年 4 月"世界读书日"在天津财经大学作题为"读书与人生"演讲。

学、天津科技大学、天津职业技术师范大学等兄弟院校的部分图书馆界同仁也慕名而来，聆听了这场充满人生智慧和文化底蕴的讲座。

那一天，礼堂里座无虚席，已是八十九岁高龄的先生，精神矍铄，声音沉稳有力，不减当年。以他个人多年读书治学的亲身体验，就如何爱书、读书、用书作了精辟的论述。倡导大家在对中华传统文化的学习和继承过程中，应取其精华、弃其糟粕，而对如何分辨精华和糟粕，先生认为，不应盲从别人的论断，应该在多读书的基础上形成自己的看法。

先生以他独有的儒雅和魅力征服了年轻的学子们，这是我上任后首位邀请的学术大家，他的到来，为财大校园，也为我工作的顺利开展，增添了一抹亮色。

在回去的路上，先生望着车窗外似曾相识而又陌生的景色，感慨近年来市区变化之巨，有很多地方都变得认不出来了。由此，我也心生感慨，东风暗换年华，漫漫人生路，也要经过不同的景色。像先生这样经历了大起大落、一波三折、一乎低谷、一乎高潮，还依然能恬然故我、潜心治学，真是难能可贵。无论环境如何变化，治学之心不改。先生真是我们后辈永远的榜样。

作者为天津财经大学图书馆馆长、研究馆员。

本文原刊于《友声集——来新夏教授九十初度暨从教 65 周年纪念集》，孙勤主编，中华书局 2012 年版，有删节。

邃谷幽思　学者风范

——访来新夏先生有感

冯凯悦

人生的际遇有时候是件很奇妙的事情，从未想见，我这样一个学识鄙陋、资历甚浅的小辈，能够在进入图书馆学的大门之初就有幸和来新夏先生结识，并且有机会为他做口述访谈。能够在这个过程中见识到来先生的学养风范，感受到来先生对后辈的关怀之情，于我自然是一件值得铭记的事情。而这次经历的缘起还要从我和来先生的一点渊源说起。

五年前，我初入南开大学信息资源管理系图书馆学专业，在系史教育中第一次了解到著名的历史学家来新夏先生原来就是我系的创始人，不禁心生亲切之感。后来我由于对历史学有着浓厚兴趣，双修了南开大学历史学院的课程，中国史专业。在此过程中，来先生在方志学、文献学、目录学、中国近现代史的学术成就不断给我带来新的震撼，尤其是每当学期初的第一堂课，历史系的老师们浏览花名册时发现我是图书馆学的学生，必然会问起我是否知道来新夏先生，来先生最近身体可好，我的心中都会洋溢起一种自豪之感。拥有这样一位大师级的老系主任相信是我们系所有学生共同的骄傲。

转眼四年的本科生活结束，我如愿以偿留在本校读研，并且有幸能够拜徐建华教授为研究生导师，而徐老师又正是来先生的得意弟子之一，正如来先生在《〈传统特色文献整理与收藏〉序》中所说："建华方当知命之年，学识已有一定基础，精力充盈，为大有为之年。虽曾隶门下，但观其成果，不禁有出蓝胜蓝之喜。……老朽于建华有厚望焉。"恰逢来先生九十大寿将临之际，徐老师有为来先生编纂一本图书馆学论文集的想法，考虑我曾经有过历史学的学习背景，就这样我幸运地获得了近距离接触来先生的机会。

来先生撰文常在末尾注明"于邃谷"，我以前常想梁实秋有雅舍小品，于雅舍中品人生百味，而来先生则于邃谷幽思，在邃谷中思衰年变法，因此总感到邃谷的神秘与辽远，却万万没想到邃谷就在南开园中，自己曾多次于门前匆匆而过，却从未想到自己与这样一个著名的地方擦肩而过。

迈上曲曲折折的楼梯，走过略显昏暗的过道，想到自己即将见到一位泰斗级的老先生，我不禁心中有些紧张。门一打开，一位皓首老人笑盈盈地站在我面前，厚厚的银发，睿智明亮的眼睛，简单的半袖衬衫，舒服轻便的拖鞋，朴素而随和。我鞠躬向来先生问好，来先生很亲切地招呼我进门，让我原本紧张的心情一下子放松下来。

　　来先生的书房不大，但是很明亮整洁。书房的门恰好对着窗，房间里浮动着微风，门口右边的架子上放着启功先生亲手写的"邃谷"匾额，让我不禁为老先生取名的雅趣和恰当感到由衷的赞叹。房门的左侧是一个将近一面墙大的书架，上面摆满了各种大部头的著作，正对面是一个较矮的书柜，书柜上方挂着一幅几乎等身的来先生的半身油画像，画面上的来先生和真实的来先生都面对着我，同样挂着慈祥的微笑，窗外的光洒在来先生整齐的银发上，跳动成细碎的光晕。他亲切地问我的情况，嘱咐我一定不要因为帮忙编书而耽误学业，临别还送我一本散发着油墨香的《砚边馀墨》，并亲笔题字"凯悦小友雅正"，让我颇有受宠若惊之感。

　　第一次拜访过后，我们开始着手准备来先生的论文集目录，每次到邃谷向来先生请教意见都让我受益匪浅。来先生治学严谨，每次交给他的材料，他都极认真的看过，然后用笔在材料上或注或删。每当我拿到来先生标注过的材料，都不禁有一种惭愧感油然而生，也总是想起肖复兴曾撰文写叶圣陶先生为他亲笔改作文，文章上满是注释，甚至有缠了血绷带的比喻，这种对老先生们的尊重之情恐怕只有我们这些亲身经历过的人才能真切感受，单凭言语或文字实在难以尽述。

　　来先生虽然著作等身，但是为人极为谦逊，还记得有一次我把做好的口述访谈提纲拿给先生审阅，来先生一定要我把"大师""泰斗"这样的词勾掉，然后对我说："这些词不能随便用的，我为人不喜欢这些虚的东西，做学问要扎实（踏实）一点。"让我无法不对来先生的高尚品格肃然起敬。

　　可能做学问、搞学术究其根本就是要追求真理，老先生一生都在寻求真知，因此讨厌虚伪，也厌恶官僚，但是对学生却是无微不至的关照，每次到来先生家，他都会问起我们自身的一些情况，然后叮嘱我们合理分配时间。来先生自己极其珍惜时间，这点不仅他多次撰文提及，而且他现在笔耕不辍的行为可能更是其珍惜时间的明证，但同时，老先生对其他人，甚至我们这些小辈的时间同样珍惜。有一次我们想为先生的所有研究生建一个新的通讯录，但是来先生手边并没有现成的联系方式，我就提议我们去学校校友办公室去找这些信息，但来先生一定不许，说怕耽误我们的时间。看着老先生为节省我们这些小辈的一点时间，放下手头的工作，翻箱倒柜地找不太常用的电话簿，虽然来先生精神很好，但腿脚毕竟不是很灵便，这样的先生怎能不让我们从心底感激和崇敬？

值此来先生九十寿辰之际，作为徒孙，我们真心希望来先生能够身体健康，福寿康宁，能够继续在邃谷中为我们撰写更多的文章，无论是学术研究还是漫谈随笔，都能够带给我们无尽的思考，都是我们宝贵的精神财富。而我也将继续努力，做好来先生口述史的访谈研究，让老先生的人生经历和道德品质能够感动和感染更多的人。人生的很多际遇都可遇而不可求，我想只有加倍努力才能报偿我的幸运吧。

作者为南开大学信息资源管理系硕士研究生。

本文原刊于《友声集——来新夏教授九十初度暨从教 65 周年纪念集》，孙勤主编，中华书局 2012 年版。

2009 年教师节在家中接受学子们献花（左四为信息资源管理系主任柯平）。

因编辑《来新夏文集》而结缘来先生

王　茜

　　我与来先生结缘是因为一部正在编辑中的《来新夏文集》。由徐建华教授引荐我参与文集的整理编辑工作，从 2013 年初开始，那也是我第一次见到来先生。初次进到邃谷楼，来先生的书房卧室整面墙壁都是书架，书架上满满的书，陈列有序，我不禁肃然起敬，年逾九旬的老人藏书如此丰富，想必平生的学术造诣也不可斗量。至于将书房名作邃谷，来先生是这样解释的："非谷而曰谷，何也？惟其深也。无楼而曰楼，何也？惟其高也。惟高与深，斯学者所止焉尔。邃谷楼者，余读书所也。沉酣潜研，钻坚仰高，得乎书而体乎道，邃然而自适焉。"

　　⋯⋯

　　来先生对待学术工作的态度是极为严谨的。因为文集的缘故，近一年多我都和来先生保持着联系，每个月都要到先生家中去一两次。从最初的选文到后期的分卷，来先生都曾提出过意见建议。2013 年 10 月，文集基本成型，我便分次把四百多万字的初稿打印好送至邃谷楼，先生对于其中的一些编排问题都会在旁附注标出，他对文字认真负责的态度是我们晚辈一生都要学习的。

　　来先生笔耕不辍，直到生命的尽头。几乎每次到书房见来先生，都会看到他在电脑前工作，先生晚年的文章都是通过电脑文档完成的，对于 word 软件的使用、文档文件的查找，可以说先生是不逊于我们这些年轻人的。其他老人晚年也就是读读书看看报，而来先生却是著书登报刊文的老人，来先生曾和我说，他每两三天就会写出一篇文章，现在写随笔更多了一些了。他用他的文字展示着他的学术思想、生活态度，引领着后起学者前进。

　　生活中的来先生和蔼而亲切。每次到先生家中，他都会问问我的近况，了解一下现在的图书馆学系以及各位教授的研究方向，虽然先生是老系主任，可是先生却秉持这样一个观点："不在其位不谋其事，我丝毫不干预。干预后人，会让后人没法工作。"先生只关心，不品评，留给后人更多的发展空间。平时聊完文集，先生还会主动和我说说他年轻时候的南开、建立图书馆学系的前后。他对我说："图书馆学教育要有基本知识基本素质。一个要掌握计算机，一个要

1991 年秋在日本独协大学讲授"中华文化的传递"课后与听课学院生合影。

掌握外语，一个要掌握检索。这三个是基本条件，才能念别的课程。"他主张传统与时尚并行相结合，中国图书几千年的历史不能不知道，传统的教学不能丢。先生还将他的《邃谷文录》《古典目录学》《旅津八十年》题字赠我，我获益匪浅，从先生的文字中更深地体会到先生的学术思想。

文集现收录来先生撰写文章千余篇，约四百多万字，涵盖了图书馆学、历史学、方志学、文献学等诸多学科，以及先生晚年所撰随笔等。因为种种原因牵绊，未能在先生生前出版，真是莫大遗憾。我等晚辈学子会在今后的学习生活中践行来先生的教诲，孜孜不倦，学以致用。

作者为南开大学信息资源管理系硕士研究生。

本文原刊于《萧山图书馆工作》2014 年第 2 期（总第 172 期），有删节。

文 献 存 真

"三层楼"制初议

来新夏

为了加快四化速度，开创社会主义新局面，掌握科学技术和开发亿万人民的智力将成为日益迫切的任务，而开发图书资料资源恰恰正是实现上述任务的一条重要渠道。要保证这条渠道的畅通，需要有大量具备图书专业知识的人才；但环顾现状，却是专业教育与专业需要处于一种供不应求的窘境。要摆脱这一窘境，只有加速图书馆学教育的发展。不过，如仍然按照几十年来习惯了的旧模式按部就班地发展，那无论从数量上、类型上、速度上看，似乎都难以适应。因之，必须在现有基础上进行多类型、多层次的改革以满足各类型图书馆的不同需要。

改革是历史赋予当代的要求与使命，是全国人民人心之所向。图书馆教育的改革则是关系着改变人才结构、提高人才素质、争取提前解决更新换代问题的要务。探讨这个问题，首先要立足在两点上：一是急四化之所急，二是从实际国情出发，不生搬外国体制。至于方案设想，应允许多样，使殊途同归，万流入海。我只是想提出一些不成熟的臆念作为万流中的一支细流，为图书馆学教育事业的汪洋大海倾入一勺水。

为了图书馆学教育改革的稳步进行是否可以设想试行一种多层次的培养方式，即所谓"三层楼"制。"三层楼"制是对应图书事业需要不同类型人员而设想的，它可以不过多地牵动原有的本科四年制，而只是把四年划为二二制，再加上研究生制，即构成"三层楼"的结构型式。它的招生来源仍旧是高中毕业或同等学力者通过统考招收。在招生时务必明确宣布图书馆学专业本科生实行二二制，中间要经过一次筛选。全学程分为二阶段。

第一阶段二年，这一阶段的培养要求是能担当各类型图书馆的具体业务工作，即要求学生具备图书馆学方面的基本知识与基本技能，因此，课程内容确定为三类。

一是学科知识：设"自然科学基础知识""社会科学基础知识"等课。

二是语言工具：设"图书馆学专业古汉语""现代汉语""写作""外语"（英、日任定一种）及中外文"工具书使用法"等课。

三是专业知识：设"图书馆学基础""普通目录学""分类与编目""图书馆现代技术""科技文献概论"等课。

第一阶段的教学侧重于技能操作训练。

经过两年学习，进行过关考试（外语、综合业务知识），根据社会需求量及学生水平确定大致 2/3 或 1/2 的比例，截取前列名次部分升入第二阶段。其余部分给予大专毕业生的学历安排工作，作为初级图书专业人员（中专毕业生应视作图书馆中技术人员系统），主要去向是图书馆，承担各类型图书馆的具体业务工作。这部分人员至少经过两年的工作实践，并通过自修图书专业理论性课程而确具一定业务水平者，可以作为中级图书业务人员使用；也应允许他们以本科毕业生的同等学力报考双学位和硕士生；更应该鼓励他们坚守岗位，通过国家自学考试，累积成绩，取得本科大学生学历，并可据学位法规定授予学士学位。

第二阶段也是两年，升入第二阶段的学生应在已有基础上向理论阶段发展，要扩大知识面，掌握多种技能。这一阶段的课程内容也分三类。

一是语言训练：设"中外图书文献选读"、外语（第二、三外语）。

二是专业理论：设"分科目录学""分类学""主题法""中国图书事业史""外国图书馆""藏书建设""读者工作""图书馆学理论研讨""科技史"等课。

三是选修课：设"古籍整理""书画鉴定""软件""建筑设计与科学管理""少年儿童图书馆学""视听资料的管理与利用""图书保护学""文学史""史学史""心理学"等。

这一阶段的最后一学期进行全流程的实习，并撰写论文或毕业设计。凡成绩及格，可按照学位法和有关具体规定授予学士学位或准予毕业。他们的去向主要是图书情报单位，作为中级图书专业人员，独立承担各单位的部门工作，应具备指导和解决本部门、单位实际工作问题的能力。经过两年的工作实践可允许他们报考硕士研究生。

在本科四年制中推行划分两阶段的二二制有其一定的优越性：

一是打破大学生的大锅饭思想，消除学习吃力的负担。原来凡考入大学，就是平稳的四年大学生活，最后以所谓合格水平的本科学士生毕业，其结果虽同是学士生而彼此差距甚大，个别人还可能优游轻取，致使在四年学习过程中，无法体现奖勤惩懒的精神，而二二制则可鼓励学生奋发争先，让他们在入学之初就知道在两年后还将面临又一次筛选而自强不息。这对于选拔人才、鼓舞士气无疑是一种制度上的保证。至于有部分学生由于基础和资质的差异或其他客观条件的干扰，继续学习确有困难，那么，早日走上工作岗位，发挥应有的作用，比疲惫沉重地拖完四年要有益得多，愉快得多。

二是调动和促进专业课教师的积极性与进取心。每个专业课教师必须对同一课程具有承担初级与中级两种不同类型内容的能力。这样，一个教师在一定阶段内只需积极地就本身所承担的一种课程内容去准备两种讲述类型，可以避免分担两种不同课程，就能比较好地完成教学工作量，而教师编制又可相对地精悍些。这是一举三得的好办法。至于新参加教学的教师可先从第一阶段的基础知识课入手，易于见功，而前面又悬有第二阶段的理论提高课为目标，尤便于进取。

三是满足社会需要，目前各图书资料单位最感迫切的是需要具有专业基础知识并能实际操作的初级专业人员。二年制的大专生既比中专生更具有系统知识，能提高初级人员的素质，又有培养发展前途。对于实际工作，可使人才周转率加快。初级人员的有计划更新就等于为图书事业奠定了一块稳固的基石。

四是有利于解决在职教育问题。在职教育是改变图书事业人才结构的重要措施，但在目前教育点较少、教学力量薄弱的现状下，由某一专业承担解决在职教育问题，无论在师资配备、教学组织各方面都有困难。尤其对解决较多数需要获得二年制大专学历的在职人员教育问题，则任务更为艰苦，而"三层楼"制的第一阶段既符合这部分在职人员的要求，又可不另行费力，而只需逐年附招一部分在职人员。这是既简便又有效的两利办法，可以取得一石二鸟的效益。

高等院校中的第一、二阶段就是设想中的两层楼结构。第三层楼就是研究生阶段。它可以根据目前研究生招收办法略作变通来加以推行，那就是以实行研究生班为宜，理由是：

（1）研究生的培养应改变那种师徒相承的一脉单传办法，因为这种近血缘的学术关系，好像一桶水倒到另一水桶中一样，纵然倒的十分认真仔细（像导师倾囊相授那样），终究还是要减少一点。这样一桶倒一桶（一代传一代），最后水净桶空，对学术发展不利；而实行研究生班，可以由若干教师学者开设一主众辅的各种专门课，那么触类旁通、交错融合，博取众长，定能绽放新葩、发挥杂交优势的。这像从由若干细流汇成的大河中去挑水一样，不但不会减少，而且是取之不尽、用之不竭的。

（2）图书事业由于长期受到漠视，关于这一学术领域中的若干重要理论需要广泛开展研究，队伍建设需要大量的师资，故此，高级图书专业人才是非常急迫需要的。研究生班一次培养数量可以超过导师制几近十倍，甚至更多些。

研究生这一层楼的培养目标是图书馆学领域中的高级人员，他们的去向主要是三大系统的主要图书馆、高校及科研单位，承担教学、科研与参考咨询工作。他们将在图书馆学领域中的某一专门方面提出创见，对图书事业各方面工作进行理论性的总结概括，并指导与解决一些共同性的疑难问题。

"三层楼"制的优越性在于：一是在一个专业内培养多类型人员，可节省办学中的人力、物力和财力，至少避免增设多套行政机构及人员；二是适应当前我国图书馆学界各类型人员均感不足的现实，希望在十年左右可以进行两轮更新；三是在已有专业中推行可以不大牵动原有体制而起到移步不变形的妙用。

图书馆学教育的改革是当前值得探讨的重要课题之一。我既无丰富的办学经验，又缺乏足够的图书馆学的基本理论的素养，是没有发言权的；但出于希望图书馆学教育事业能蓬勃发展的主观愿望，而闭门造车地提出一点个人臆想。至于它是否符合这一学科的本身规律，是否能付之于实践，到底有多大实际效益，都尚在疑似之间，而更大的可能是一些不切实际、违背客观规律的一孔之见。我衷心希望以此求教于同志们，得到批评与指正。

一九八三年四月于武汉

本文原刊于《大学图书馆学报》1983 年第 5 期。

南开大学关于增设图书馆学专业的请示

教育部：

　　为贯彻最近教育部召开的全国高等学校图书馆工作会议关于加强和发展图书馆学专业教育的精神，为了给国家培养急需的图书馆学专业人才，根据我校条件，拟增设图书馆学专业，并于 1982 年正式招收四年制本科生 20 名。

　　我校从 1979 年起，已在分校开设了图书馆学专业，现有在校四年制学生 132 名，专业课专职和兼职教师 19 名（不含公共课），计划四年内开设 21 门专业课的专兼职教师除两门外，均已配齐，并已编好了 9 种教材，积累了一些教学经验，这都为本校筹办图书馆学专业准备了条件。

　　以上意见是否妥当，请批复。

　　附：南开大学图书馆学专业教学计划

南开大学（盖章）

一九八一年十一月五日

南开大学档案馆藏档

南开大学图书馆学专业教学计划（草稿）

一、培养目标

本专业培养德智体全面发展的、具有一定社会主义觉悟和图书馆学专业的理论知识及实际工作技能，并能从事图书馆学研究、教学和图书馆及情报单位工作的专门人材。

二、学制和招生

本专业学制为四年，前二年基本学习基础课，后二年基本学习专业课。从二年级开始划分为文科和理科两个专业方向，以适应社会的不同需要。

1982 年暑假，招收图书馆学专业学生 20 名；招收《中国图书事业史》研究生 2 名。（其后如何招生视发展规模再定）

三、课程设置

1. 基础课和一部分专业课作为文理两科的共同必修课，同时开课。

2. 其中带有文理不同性质的专业课，两个学科分别上课，文科的必修课作为理科的选修课，理科的必修课做为文科的选修课。

为实现上述培养目标和适应文理分科的需要，拟设置如下几个方面的课程：

1. 公共课：

（1）政治理论课：哲学、党史、政治经济学。

（2）共同必修课：数学、物理、化学、中国史、世界史、英语、体育、现代汉语、科技基础知识讲座、图书馆学知识讲座。

（3）专业课：图书馆概论，读者工作、应用技术、图书管理、图书事业史、普通目录学。

2. 文科必修课（理科选修）：古代汉语、古籍整理、版本、文学史、外国作家与作品、社科工具检索法、史学史。

3. 理科必修课（文科选修）：科技情报、科技发展史、科技检索工具使用法、第二外语、电子计算机基础和应用、科技文献讲座。

课程及时间安排见附表：

课程名称	总时数	每周上课时数							
		1	2	3	4	5	6	7	8
哲学	72	2	2						
数学	144	4	4						
物理									
现代汉语	72	2	2						
外语	360	4	4	4	4	4			
图书馆学知识讲座	72	2	2						
科技知识讲座	256	3	3	2	2	2	2		
政治经济学	72			2	2				
中国通史	72			4					
世界通史	72				4				
化学	72			2	2				
图书馆学概论	72				4				
中国图书事业史	72			4					
体育	144	2	2	2	2				
党史	72					2	2		
图书管理学	252					6	4	4	
读者工作	72						2	2	
应用技术	36						2		
普通目录学	72						4		
古汉语（文）	180						4	4	2
第二外语（理）									
社科工具书（文）	72							4	
科技工具书（理）									
古籍版本和整理（文）	72							2	2
科技文献讲座（理）									
文学史（文）	72					4			
科技发展史（理）									
外国作家作品（文）	72						4		
计算机应用（理）									

续表

课程名称	总时数	每周上课时数							
		1	2	3	4	5	6	7	8
史学史（文）	72					4			
情报学（理）									
总计	2596	19	19	20	20	20	22	18	4

南开大学档案馆藏档

关于与美国高校学术交流合作给校领导的函*

恩滂、国光、大燧校长：

此次访美，我曾与奥本尼大学图书馆及图书情报学院负责人商谈双方交流合作问题，情况曾向范校长汇报。该校馆院非常重视两校具体合作项目，即认真研究并迅即于 6 月 18 日制订合作方案（原件中译并附上）。我认为这种积极反响是对我校声誉的敬仰及学校实力的影响，也是一种友好的表现，似应力促实现以提高我校在国际交流中的能量并推动与改进系馆工作，借以使我馆系较快跻于国内先进行列与国际图书馆界开展交流，为此提出如下三项建议：

（一）根据对方建议，它是积极热情可行性较强的，因此可以复函同意以此建议为基础进一步磋商具体协议条文。

（二）来函提到第一次派人来我馆系了解情况是本年 9 月，我们要求立即批转有关部门作出安排，至迟在 7 月 20 日前发出邀请。

（三）上二项得到校领导批准后我们将拟定具体合作方案及进行计划送请审核。

以上三项是否可行特请

批复　此致

敬礼

图书馆馆长　图书馆学系主任

来新夏（盖章）

1985.7.6

南开大学档案馆藏档

---

* 标题为本书编者所加。

图书馆学系申请建立实验室的紧急报告

图书馆学专业是一门应用性学科，也是文理兼有的综合学科。"图书馆现代技术"、"图书保护技术"和"计算机应用"等课程均需辅之以大量实验，必须建立相应的实验室，才能基本保证教学质量。为保证按时开出实验课，我系自1984年10月起即多次向学校有关部门提出申请报告，但迄无结果。下学期就要开设"图书馆现代技术"课，明年就要开"计算机应用课"和"图书保护技术"课，实属燃眉之急，切盼学校予以支持，以应急需。

现将我系所需实验室及设备器材列后：

一、现代技术与计算机实验室

随着信息文献数量的猛增和多种载体的出现，用现代化技术处理、存储信息及管理图书馆是势在必行，为贯彻教育为现代化建设服务的方针，我系加强了现代化课程的设置，仅"现代技术"和"计算机应用"课，总课时将超过300学时，若无实验相配合，只能是纸上谈兵，教学质量无法保证。"现代技术"和"计算机应用"课所需实验器材如下：

实验题目	所需器材	数量	单价	金额（元）
（以下具体内容略）				

上列实验，除"照相和反拍"、"录音复制"、"放映技术"可利用我校公用设备暂时解决外，其余实验还无法进行。尤其是缩微技术，既是学生必须掌握的技术，我校又无此设备，亟盼学校能尽快购置此类设备，以应教学急需。

时间已十分紧迫，购置、安装、调试、备课均需时间，希望领导尽早批示。

二、图书保护实验室

图书馆以其大量图书、文献的保存、流通发挥着它为社会服务的职能，但由于纸张的老化、虫蛀、霉坏、破损等问题，严重地影响了其社会作用的发挥。"图书保护技术"课就是研究图书文献的防老化、防虫、防霉和缺损修补等问题的，这门课程实践性很强，学生必须通过实验来掌握这些技术。"图书保护实验室"可供进行纸张分析实验、纸张老化实验、防老化实验、防虫实验和防霉技术等实验。

该实验室所需主要仪器设备如下：

仪器名称及型号	数量	单价	总价（元）
（以下具体内容略）			

上述两个实验室实属必要和急需。实验课如何开，实验室如何建，请领导尽快批示。

图书馆学系

1986.3.28

南开大学档案馆藏档

关于图书馆学系增设情报专业的请示报告

教务处并转教务长、校长：

科技情报工作、科学研究和科学管理，是科技工作的三个不可缺少的组成部分。随着我国四化建设快速发展，尤其是对外开放政策的贯彻与专利制度的执行，科技情报工作已经引起人们的高度重视。现在，大至国家、小至企业，各级情报组织机构纷纷建立，已初步形成了一支专职科技情报工作者队伍，情报工作在四化建设中的重要作用越来越明显。但是这支队伍的专业素质和数量还远远不能适应四化建设的迫切需要。国家科委主任武衡同志曾两次向我系主任建议，希望我们尽快建立情报专业，以满足社会急需。

面对社会迫切需要，完全有设情报专业的必要。我们考虑在图书馆学系增设情报学专业，条件也是基本具备的。

当前，图书工作与情报工作趋于一体化，它们之间互相交叉渗透，不少专业基础课是共同的，因此这部分课程的开设是不困难的。在专业课方面，我系现有的教师也是完全可以胜任的。如：

钟守真，六〇年毕业于北大，讲师，现已通过学校审定，拟聘为副教授。调来前在二机局情报所从事情报研究工作；

苏宜，五八年南京大学毕业，从事天文学研究多年，调来前为中国科学院副研究员，我系拟改聘为副教授。该同志对计算机软件、天体测量等有一定研究，现任我系高等数学和计算机原理与应用等课程；

吴廷华，副教授，曾获加、美双硕士学位。原任美国华盛顿哈瓦大学东南亚图书馆馆长。在国外从事图书情报研究工作多年。近年内，一直为我系学生讲授图书情报现代化管理方面课程；

王崇德，副研究员，现任分校图书情报学系主任。曾任桂林市情报所所长，并被聘为中国科协现代化管理讲师团成员。可为我系开设情报计量学、情报方法论等课程；

王荣授，现任南开大学分校图书情报学系副系主任，讲授情报学概论、主题法等课，已在我系兼课；

胡安朋，六四年毕业于安徽大学，讲师，二十年来，一直从事科技情报的研究与咨询服务工作，现担任科技情报检索等课程；

　　潘民德，六三年北大毕业，天津市医学情报研究所副所长，一直为我系讲授情报学理论课，效果良好。目前正积极联系调入我系任教；

　　杨小同，八四年毕业于北大图书情报学系，是专攻计算机应用的。

　　此外，我们还拟与美国奥本尼大学图书情报学院、加州大学洛杉矶图书情报学院互派教师，合作培养研究生。在天津也还有一批具有较高水平的专业人员，可作为我系的兼职教师。目前我系已开设的情报专业的课程有：高等数学、情报学概论、情报检索原理、科技文献检索、参考咨询与工具书、图书情报现代技术、图书情报现代化管理、计算机原理、FORTRAN 语言与程序设计等必修课。根据上列师资力量开设情报专业全部课程是可以胜任的，教学质量也是完全可以保证的。

　　总之，在图书馆学系内增设情报学专业，确实是四化建设的迫切需要，同时我们有责任、有条件承担这一任务。

　　以上报告，请审批。

图书馆学系

一九八六年四月七日

南开大学档案馆藏档

系务会议记录

时间：1987 年 6 月 4 日

地点：来新夏家

出席：来新夏　钟守真　杨子竞　张　格　耿书豪

主持：来新夏

记录：白智勇

会议主要内容：讨论关于《图书馆学情报学档案学简明辞典》编纂工作等问题

　　一、关于《图书馆学情报学档案学简明辞典》编纂问题

　　《图书馆学情报学档案学简明辞典》第二次编委会即初稿审定会于 1987 年 5 月 21 日至 30 日在湘潭大学召开。辞典主编、常务编委、部分编委及撰写人员共 16 人参加了会议。本辞典是由南开大学、湘潭大学、兰州大学、中国人民解放军空军政治学院、南京大学、湖南大学、湖北高校图书馆工作委员会、中山大学、南京工学院、华中师范大学、内蒙古大学、内蒙古电视大学等 12 个单位集体编写的。

　　会议作出了十条决定。

　　在这次审定会后，凡需要增加、删减、合并的词条，各专题编委回到本单位或本地区后应迅速组织编写，并于 6 月 18 日前报南开大学图书情报学系转本辞典主编办公室备查。

　　各专题编委务于 6 月 30 日前向常委编委交稿，一式两份，并由常务编委向主编电告交稿情况。

　　各专题编委务请于 6 月 30 前将本专题所用参考资料目录报兰州大学图书情报系。

　　会议决定于 7 月 15 日至 8 月 5 日在兰州大学召开辞典终审会。

　　经到会常委研究，决定聘请兰州大学（王正宇）、湖南大学图书馆（张白影）、空军政治学院图书档案系（具体人员待本单位申报主编办公室）为编委单位。

　　会议闭幕式上，由主编来新夏教授对辞典编纂工作进行了初步总结，提出

了定稿要求，同时转达了 4 月下旬向高教一司李进才副司长汇报辞典编纂的情况。李副司长对此表示极大的关注，并嘱将此次会议纪要报送教委高教一司备案。

荀昌荣让广州李玉峰等参加会议的事没有事先请示。

南京大学这次开会没有去人，不知原因，派钟守真同志去南京大学了解情况。

二、我系参加兰州定稿会人员

来新夏　张　格　杨子竞　钟守真

出版社焦静宜

三、在湘潭大学开的初稿会议花亏 300 元，主办单位南开大学来新夏资助 200 元。

四、兰州定稿会再资助一点，由张格写报告请示学校补贴。

兰州定稿会审稿工作，分组审稿分 3—4 组，头几天涉略，分组审，互换二审。

定分组名单。

兰州会议名单表、坐次分配问题由常委会决定。

五、武汉大学彭斐章教授、北京大学朱天俊教授 7 日到我系。8 日上午进行答辩，中午请吃饭。8 日下午彭先生作访苏等地区报告，朱天俊先生座谈。晚上朱先生与 84 级学生座谈。两位先生报酬先定 50 元。

六、给我系出国读学位一名额，88 年或 89 年出去，经研究派杨小同去。

七、选修课问题

科技史 6 名学生申请不考试，经研究应参加考试，不考没成绩记入成绩总表。

八、黄惠强想转系，由耿老师找黄惠强谈话。

九、7 月初我系派二人到浙江、河北省去宣传招生。

十、进修班活动与杨老师商量，6 月 13 日结束考试，6 月 15 日去北京。

十一、杨子竞接替钟守真系副主任工作，钟守真准备出国。

南开大学档案馆藏档

关于申请招收图书馆学专业第二学位生的请示报告

我系（南开大学图书馆学情报学系）接到关于高校培养第二学位的试行办法的通知后，经认真研究，认为我系目前执行此办法的必要性和可能性均已具备，并要求今年开始招生。理由如下：

1. 培养高层次人才是我国图书馆情报事业发展的战略需要。去年 6 月，李鹏主任在全国高校图书情报工作会议讲话中进一步强调图书出版工作及培养人才的重要性。现在我国从事图书情报工作的大专毕业生与日俱增，但大多缺乏图书情报专业训练，有必要借鉴国外经验，开辟第二学位新渠道，加速培养高层次人才，使他们的知识结构更趋合理，即既具有一门专业知识与外语知识，又具有图书情报的专业知识，更能适应目前图书情报工作对师资、科研人员和业务、管理骨干的急需，从而有效地为四化建设服务。

2. 我系受全国高校图书馆工作委员会的重托，先后已举办了四届全国高校图书馆专业干部进修班，对培训在职专业人员积累了一定的经验，教育质量各单位都普遍表示满意，去年招收进修班时，我系生源名列第一。但从长远考虑，这种形式恐难以持久。再则培训时间较短，加上未经考试，水平不齐，也在一定程度上影响了质量。南京大学已试点举办第二学位班，受到普遍欢迎。但南京大学只招理科生，名额也有限，开办文科班第二学位班的呼声很高，我系切望能在这方面为图书馆学教育作出贡献。

3. 我系师资力量足以承担开办第二学位班的任务。我系现有教授 1 名、副教授 4 名、讲师 6 名，兼职正副教授 8 名。从教师的知识结构看，除具有图书馆学科的职称外，还有中文、历史、哲学、图书馆学、情报工程、化学、物理、数学、天文学、计算机等知识背景。在全国高校图书馆学专业中，我系是五个硕士学位授权点之一，1986 年起，我系已招收了硕士学位研究生。从我系课程设置与教材建设看，现已成龙配套，基本符合高校专业目录要求。在结构上，我系已初步建立了以现代化技术为重点的课程体系。我系一贯重视外语能力的培养，我们采取措施，加强了外语教学，在全国外语统考中，我系本科生成绩在校内名列前茅。

根据上述情况，我们申请：

1. 自 1988 年秋季起，我系招收攻读图书馆学专业第二学位学生 20 人（收文科生）。

2. 入学考试科目：

A. 外语（英、俄、日任选）；

B. 政治（哲学、政治经济学、中国革命史、时事政策）；

C. 综合知识（古代汉语、中国史、文学知识）。

特此报告，望予审查批准。

南开大学图书馆学情报学系（盖章）

1988 年 3 月 10 日

南开大学档案馆藏档

关于请求准予系主任来新夏教授缓退的报告

　　来新夏，1923年生，教授，现任图书馆学情报学系主任、南开大学地方文献研究室主任、系学术委员会主任、系职务评聘委员会主任、系学位评定分会主席等职。

　　按国家及我校有关离退休的文件规定，来新夏同志现年67岁，到了离职年龄，但由于本系的特殊情况和需要，系党政负责同志经认真研究，一致认为目前还特别需要来新夏同志继续留任系主任等职务，否则，必将给系、专业的建设带来极为不利的影响，理由如下：

　　1. 来新夏同志亲自创建两个图书馆学系（本校和分校），熟悉该专业办学路子，并有一套完整设想和长远计划。

　　2. 是我系学术带头人，在图书馆学界影响很大。来新夏同志是我系唯一的正教授，也是国内图书馆学界有影响的为数不多的学者之一。来新夏同志担任此职已经初步开展了国内外的学术合作和交流，而且有希望得到更大的发展。

　　3. 来新夏同志有很强的事业心，全力关注本系的学科建设，工作极为负责，直接决定着本系的建设方向和重大事务的处理。

　　4. 身体健康、精力充沛，担任系主任工作在体力上、能力上都游刃有余。

　　5. 目前还难以找到此职继任人。现在本系内除来新夏同志外尚无高级正职；校内学者中搞图书情报专业或在该学科中有影响的名教授恐一时难以找到。

　　6. 来新夏同志在我系师生干部中享有很高威信，是我系主要领导核心之一。来的留任极有有利于我系的安定、团结和队伍的发展。

　　目前在全国数十个图书馆学专业中，我系正处于迅速上升阶段。为了使我系保持一个相对稳定的局面并求得学科的继续发展，我们深切感到来新夏同志继续留任的必要性。恳切希望学校能批准来新夏同志缓退三年，这将是对我系的极大关心。特此报告，盼批准。

图书馆学情报学系（盖章）
中共图书情报系总支（盖章）
1990.4.12

南开大学档案馆藏档

《南开周报》报道七则

南开到处有亲人

图书馆学系 84 级　西饶卓玛

藏历年，是我们藏族人民一年当中最隆重的节日。今年，正巧与春节赶上同一天。离开父母后的第一个春节，我是在南开亲人们体贴入微的关心和照顾中愉快地度过的。

初一那天我起得很早。按我们藏族的风俗是天上还挂着星星时就起床到河里去挑二桶新鲜水，然后在河边生起一堆火，伙伴们围坐在火堆旁谈论过年的情况，用这新鲜水烧茶。香喷喷的酥油茶真甜！我正独自甜蜜地回忆着家乡的一切，忽然，敲门声把我惊醒。原来，是辅导员老师来带我到系主任来新夏教授家去拜年。来先生见了我亲热地问寒问暖，还特地留我在他家吃饭、看电视。当他给自己的孙儿孙女们巧克力时，真没想到他首先递给了我一盒。我仿佛一下回到了家里，见到了自己的父母一样，激动得眼泪都流出来了。中午，围着可口的菜肴，一家人坐在桌旁，来先生又是站起来首先祝我在新的一年里学习上取得更大的进步。一声声碰杯祝酒的声音，使我仿佛又回到家里喝着叫人陶醉的青稞酒。我能和本系的领导一起度过节日，真高兴。

傍晚，副系主任张格老师又来把我接到他家。刚进门，全家人都迎了上来，尤其是张老师的母亲，一开口就带着一种温和的性格，我本来有点畏生的心理一下全没了。我在张老师家一直玩到晚九点，才由张老师骑车把我送回宿舍。一天的时间就这样过去了，我躺在床上却激动得怎么也睡不着。

第二天早晨我还没起床，于红同学又来接我上他们家去玩。他们全家老小对我都很热情，尤其是两位老人，待我就像自己的孩子一样。晚上回到学校，刚走进宿舍门口，正在值班室等着我的辅导员老师就迎了出来，听值班大嫂说，老师已在此等了我三个钟头了。这样，我又被接到家住天大的辅导员老师家中。在以后的几天里，仍不断有老师和同学来请我到他们家去玩，家住校外的老师还留下地址，欢迎我随时到他们家去做客。生活在南开，真是到处有亲人啊！

《南开周报》1985 年 4 月 8 日第三版

图书馆学系与十院校合编《理论图书馆学教程》

本月初，由我校和中山大学、南京大学、湘潭大学等十一所高等学校图书馆学基础理论教师共同编写《理论图书馆学教程》会议在武汉召开。我校图书馆学系主任来新夏教授将主持本书定稿工作并写序言。该书由我校出版社列入1986 年度出版计划，于 8 月份出版发行。 （图书馆学系）

《南开大学》1985 年 4 月 22 日第二版

来新夏教授为学生讲思想品德课

图书馆学系主任来新夏针对同学思想、学习、生活等各方面存在的问题，教育同学在学习上要立足于勤，持之以韧，根植于博，专务乎精。在生活上要纵向看，在事业上横向看，不能把自己看成已经成才，还只能说是人才的预备队。必须经过刻苦的学习和磨炼，才能成为真正的人才。为了达到这一目的，他要求学生既要有敢于成才的勇气，又要有善于成才的韧性。 （图讯）

《南开周报》1985 年 11 月 11 日第二版

彭斐章教授来校作报告

应图书馆、图书情报学系邀请，武汉大学图书情报学院院长彭斐章教授、北京大学图书馆学系副主任朱天俊副教授于 6 月 8 日来校。彭斐章作了关于苏联及保加利亚图书馆事业的考察报告，听讲的除我校馆、系师生、工作人员外，还有天津市各高校图书馆馆长及工作人员近三百人。朱天俊副教授与师生进行了座谈，就共同关心的教学问题作了讨论。 （图杨）

《南开周报》1987 年 6 月 15 日第二版

图书馆学情报学系制订措施整顿教风学风

图书馆学情报学系认真贯彻落实学校关于整顿教风、学风的决定，组织师生座谈会，反省该系在教风、学风方面存在的问题，在全面调查研究的基础上，制订出端正"两风"的具体措施。

这个措施包括：

1. 充分发挥党团组织的作用，党政干部齐抓共管。学生工作办公室要在提高学生对整顿学风的认识上下功夫，班导师要切实做好主管班级的工作，系里每月召开一次班导师会议，研究解决学生工作中存在的问题。

2. 加强教学引导和管理。包括整顿和规范课程，修订本科生、研究生必修、选修课的教学大纲；端正教学作风，严肃课堂秩序。教师要认真备课，及时批改作业，认真执行点名制度，及时反映考勤情况，定期组织教学研究活动，交流教学经验，研究、分析教学工作中的问题，提高教学质量；系领导成员坚持听课制度，了解教学情况，组织观摩教学。

3. 严格组织考试，采取 A、B 卷的方式，由系审定。严肃考场纪律，使考试成绩真实反映教学情况和学生的学习情况。

4. 认真执行考勤规定，迟到、早退、无故不到者每周由系办公室公布一次，违纪者按校规处理。

5. 组织师生分别学习教师岗位责任制、大学生行为准则和学校有关规定。

6. 班导师深入学生中去，指导学生的课外学习，提倡学生在学好课程的基础上，结合学习内容撰写学术论文，每年召开学生科学讨论会，开展评比活动。

（图强）

《南开周报》1990 年 4 月 23 日第二版

台湾图书馆访问团访问我校

台湾图书馆访问团于 9 月 10 日访问我校，参观了我校新、老图书馆，并就台湾图书馆专业教育、台湾图书馆自动化作业、台湾图书馆事业现状、台湾图书馆咨询系统网络计划、天津市图书馆事业及专业教育情况等议题与我校有关学者进行了座谈。

我校图书馆学系及分校科技情报系来新夏教授、王崇德教授、钟守真副教授等也分别介绍了我校图书馆教育的有关情况。座谈会在友好、热烈的气氛中进行。

代表团还将赴北京、武汉、杭州、上海等地访问。　　　　　　（外事处）

《南开周报》1990 年 9 月 21 日第二版

图书馆学情报学系认真搞好教材建设

图书馆学情报学系建系六年来，一直把编写专业教材和教学参考书当做一项重点工作来抓。他们或集中力量选题攻关，或与兄弟院校的学者协作，已先后出版教材 10 余种，不但弥补了我国图书馆学情报学教材的不足，同时也促使该系教师的学术水平显著提高。

该系拟编的"图书馆学情报学系列教程"中，《社会科学文献检索与利用》《理论图书馆学教程》《目标管理与图书情报工作》《科技文献检索与利用》《国际联机检索概论》等已出版。这套教材被中国图书馆学会评为 1990 年"优秀教材奖"，并为许多高校采用。该系列教程之中《外国图书馆史简编》也已付印。

由来新夏教授等编著的《中国古代图书事业史》列为周谷城主编的"中国文化丛书"之一，已由上海人民出版社出版，它是一本学术性较强的可作为大学教材的专著。他著的《古典目录学》被列为国家教委"七五"规划项目，即将由中华书局出版。《图书馆学情报学档案学简明辞典》是由来新夏主编，该系诸多教师参加，与其他十二所院校协作编写的工具书，年内也将出版。《简明外国人物词典》是由杨子竞协同本校杨生茂教授主编的工具书，已经由天津教育出版社出版。该系的青年教师除参加上述若干专著或工具书编撰工作外，还参与编写或编译其他参考书与工具书、如邵元薄与他人合译的《信息环境的演变》已由书目文献出版社出版。徐建华承担了《科技工具书及其检索简介》的部分撰稿工作。该书已由山西科学教育出版社出版。　　　　　（图书情报系）

《南开周报》1990 年 10 月 15 日第二版

五　来先生与南开大学图书馆

来新夏先生图书馆学思想与成就研究

徐建华　　冯凯悦

1　引言

来新夏先生是我国著名的历史学、方志学、古典目录学和图书馆学家，其《北洋军阀史》《方志学概论》《古典目录学》和《中国图书事业史》等专著分别是这四个领域的入门必读，也可称为奠基之作，至今在学术界仍大有影响。近年来，来新夏先生将学术与文化融会贯通，凭借其"学术随笔"，完成了由研究学者向文化学者的转型，被文化界誉为"纵横三学，自成一家"。通常，人们对于"三学"的理解是历史学、目录学和图书文献学，然而，我们认为这种说法尚有值得商榷的余地：就学科体系而言，图书文献学并非一个严格的学术概念，和历史学、目录学也不是一个级别的学科分类体系。严格来讲，来新夏先生的研究成就主要集中在近现代史、古典目录学、方志学、图书事业史和图书馆学几方面，他的研究成果对奠定这些领域的学术基础都起到了非常重要的作用，在各领域的学术地位也不相伯仲，不应该忽略任何一方面的成就。按照现今的学科体系，图书事业史应归入图书馆学，因此，应该说来新夏先生纵横历史学、古典目录学、图书馆学和方志学"四学"，而非"三学"。

来新夏先生师承陈垣、余嘉锡和范文澜先生，因此，他在史料搜集和编纂，乃至古典目录学、文献学等领域均有很深造诣。"文革"结束后，凭借深厚而扎实的功底，迅速搭建起古典目录学、方志学的学科结构，这种学术积淀与宏观视角为他进入图书馆学，并最终形成自己特有的学术体系起到了重要作用。不同于另外"三学"对文献资料的偏重，来新夏先生在图书馆学方面的研究和思考还与他的图书馆实践紧密相连，这与他改革开放后在图书馆界的积极活动有很大关系。1979 年，来新夏先生在南开大学分校创办图书馆学专业，担任专业主任；1981 年，在他倡导下建立的天津市高校图书情报工作委员会成立，并长期担任常务副主任；1983 年，创办天津高校图工委的机关刊物——图书馆学学术期刊《津图学刊》，且任主编长达二十余年；1984 年，担任南开大学图书馆馆长，同年在南开大学本校创建图书馆学系，任系主任；1991 年，作为天津高校图书情报工作委员会访美考察团副团长，对美国高校图书馆进行了深入的考察[1]。可以说来新夏先生的图书馆研究与实践几乎覆盖了图书馆教育、事业和研究三大领域，在教育界、业界和研究界"三界"均有成就。缘此，我们不妨套用前文，称他"纵横三界，自成一家"。

　　如今，来新夏先生已经年届九旬，而中国图书馆学界恰逢思辨与实证的方法之争、学术规范不断加强的关键时期，图书馆事业发展则处于国家"十二五"文化大发展的机遇与转折的重要时期，图书馆教育则处于专业化教育、职业化教育共同发展、进程同步加速的特殊时期。因此，研究总结来新夏的图书馆学思想和成就，回溯并梳理其思想渊源和发展脉络，对推动图书馆学教育、事业、研究的发展将会大有裨益。

2　来新夏先生图书馆历程的阶段性特征

2.1　1979—1983 年：结缘图书馆

　　1979 年，来新夏先生受命在南开大学分校创办图书馆学专业，并担任专业主任，开始了他的图书馆生涯。在办学实践中，他发现这个领域不仅急需大量专业的人才，更需要学科内部的改革与推进，由此他开始重视图书馆学研究，而发端正是他同年发表的《喜迎图书馆事业的春天》，文中提到"愿将图书馆学作为我的第二本业……不惜精力地去从事中国古代图书事业史和古典目录学等科目的学习和探讨"。事实上，来新夏先生也确是从这两个方向入手的，这在他1980 年的两篇文章中可以找到根据：其一是《试论〈中国古代图书事业史〉的研究对象与划阶段问题》，该文不仅对研究对象进行了深入细致的探讨，更通过对中国古代图书事业的创始、兴起、发展、兴盛四个阶段的划分和描述，概述了中国古代图书事业的发展过程，其对中国图书馆史研究的阶段划分思想一直延续下来，几乎可以算是《中国古代图书事业史》一书的提纲；其二是《版本、校勘考证与目录学：〈目录学浅谈〉之七》，作为来新夏先生古典目录学系列文章当中的最后一篇，突破了以往在古典目录学学科内部的研究，从学科关系辨析的角度出发，概述了古典目录学相关学科的基础理论，从宏观上构筑了图书馆学在古典文献领域的整体框架。

　　来新夏先生此时的图书馆学研究尚未完全脱离其历史学和目录学的研究

视角和方法，惟其如此，作为一个非图书馆出身的学者，其不同寻常的学术视角也为其日后的图书馆实践及图书馆学研究带来深切影响。

2.2　1984—1991 年：全面拓展期

1984 年，来新夏先生在南开大学本部创立了图书馆学系，担任系主任。在教学过程中，他逐步构建起特有的教育理念，比如，"三层楼"制的多层次培养模式，即对应图书事业需要不同类型人员，在不过多地牵动原有的本科四年制的前提下，把四年划为二二制，再加上研究生制，从而构成新兴的图书馆教育结构型式[2]。这种教育模式虽然没有实现，但如今图书情报专业硕士（MLIS）却与之有一定的相似性。

不久，来新夏先生开始担任南开大学图书馆馆长，并逐渐将视角转向图书馆改革与发展问题上。他从实际工作经验出发，认为图书馆应从机构、管理体制、基础工作、工作手段、人员结构[3]等方面进行改革，不仅提出中国高校图书馆职能要从被动、静态的传统"知识宝库"型图书馆向"知识喷泉"型图书馆转变的观点，更积极提倡由高校图书馆开设"文献检索与利用"课程，并通过全国高校图工委等机构呼吁改革僵化的旧职称评定体系

1984 年 2 月被任为南开大学图书馆馆长。

[4]，为此后中国图书馆进入快速发展时期做出了积极努力。

80 年代后期，来新夏先生图书馆学思想日臻成熟，他通过研究图书馆学基础课程，发现其中重叠交叉严重，因而，调整了图书馆史的课程，形成他的代表作《中国古代图书事业史》和《中国近代图书事业史》，奠定了他在中国图书馆学界的学术地位。

同时，来新夏先生在担任南开大学图书馆馆长期间还推动了多项改革，其中尤以对内提高员工待遇，开创通过与国外图书馆合作交流的人才培养机制来完成"岗位人才"储备，以及对外通过提高图书馆服务质量来提升图书馆在学校教学科研中的地位两大成果最为突出。这些工作成果也开拓了来新夏先生晚

年在图书馆管理领域的研究视角，丰富完善了他的图书馆教育理念。

可以说自 1984 到 1991 年，是来新夏先生图书馆学学术思想从历史学、古典目录学中独立出来，稳步发展成熟的时期；是通过图书馆教育与管理实践的不断拓展和深入，其图书馆管理和改革思想不断成熟和发展的时期。虽然此时来先生已经年近古稀，但是他在图书馆领域的探索和推进并没有停滞，而是开始进入全面提升的时期。

2.3 1992—2002 年：体系成熟期

90 年代前期，来新夏先生行政职务逐步减少，而图书馆学思想却厚积薄发，开始自成体系。其标志之一就是来新夏先生的研究开始转向古籍保护和藏书文化中，而他自己也正是在研究领域的转变过程之中逐步完成自己由专业学者向文化学者的过渡。两个方向的研究与中国图书事业史和古典目录学有明显的学术渊源，地区藏书文化的研究还是他 80 年代在方志学领域取得重大进展之后的融会贯通之作，因此，标志之说并不夸张。值得注意的是，来新夏先生的藏书文化研究较为关注藏书家的文化心态和人文精神层面的建树，由于中国现代图书馆是从西方传入，学者多关注国外图书馆学人文精神和职业道德，而忽略了中国藏书家的文化心理和精神追求，来新夏先生的溯源研究对解决我国图书馆学界目前面临的职业化进程中的各种问题未尝不是一种新的视角。可见，来新夏先生已经充分将自己涉猎的四个学科融会贯通，思想体系日臻成熟，并逐步确立了特有的人本和宏观的思考角度。

此时，《中国古代图书事业史》《图书馆学情报学档案学简明辞典》《古籍整理散论》《古典目录学研究》和《中国近代图书事业史》等著作先后付梓，逐步搭建起来新夏先生自己的学术和思想体系。虽然这一时期，先生的著作多关注于中国的传统文化和古代典籍，但是他的学术视域并非仅限于此。在这期间，他先后接到美国哥伦比亚大学东方

2010 年 8 月在天津中国私家藏书论坛上发言。

图书馆和东方研究所的邀请赴美讲学，后又以天津图工委赴美考察团副团长的身份对美国俄亥俄州六所高等院校的图书馆进行考察，根据自己的经历和思考，从经费、藏书、馆舍、设备、服务、人员素质和电脑化程度[5]七个方面分析了中美高校图书馆之间的差距。至今，我们所进行的中外图书馆差异研究，依然会从这七个角度入手，寻找我国高校图书馆未来发展的方向。

2002 年，来新夏先生获得美国华人图书馆协会"杰出贡献奖"，这一奖项可以说是继国内图书馆学界对来新夏先生图书馆学思想和成就的肯定之后，国际图书馆界对他推动中国图书馆教育、事业和研究发展，以及促进国内外图书馆界交流所做贡献的极大肯定。

这十年来，来新夏先生不仅将古今图书馆学研究融会贯通，更通过不断的出国访问、考察、交流，将自己的视域贯通古今，中西结合，逐步呈现出思想日趋成熟，体系逐渐完善之态。而他促进中外图书馆交流合作所取得的成就，更是得到了国际图书馆界的肯定。

2.4 2003 年至今："纵横三界，自成一家"

八十大寿之后，来新夏先生的学术研究开始打破学科与学科之间、学科与文化之间的界限，而为这一融合提供保障的正是他的人本视角和宏观发展的眼界。米寿之后，耄耋之年的来新夏先生仍然持续关注图书馆事业发展，并通过自己的影响力，为基层图书馆员的权利与需求积极奔走。此外，他从职业教育角度出发，结合以往教育改革研究成果，提出图书馆员再塑造理论，该理论秉承了他一贯重视图书馆教育的思想，同时也为中国图书情报未来的发展做了科学分析和展望。

另外值得一提的是，来新夏先生学术随笔日有所成，从研究型学者转变为文化学者也是在这个时期完成的，在图书馆领域独树一帜，为提高图书馆学者的社会地位和社会影响力，争取图书馆界的话语权起到了积极作用。

从时间纵轴回顾来新夏先生的图书馆学思想沿革和图书馆工作实践，可以发现：他的图书馆学思想经历了一个由文献到人文、由理论到实践、由事业到文化的过程，而贯穿其中的是他推动图书馆教育和改革以及关注图书馆文化和人文精神这两条主线，其思想基础正是来新夏先生深厚的历史学功底及其自身博大的人文情怀。

强调来新夏先生的人文主义倾向，并非说他不重视技术，相反他非常重视现代信息技术对图书馆学研究和实践的支持作用。早在 80 年代初，他亲自参与编写的《社会科学文献检索与利用》，其中专设一章题为"电子计算机社会科学文献检索系统简介"，这在当时是比较鲜见的。同时他还十分看重国内外图书情报界的交流，至今重视学科建设与英语能力依然是南开图书馆学系的传统[6]。可见，来新夏先生重视传统和人本并非固步自封、墨守陈规，而是对"技术至上"主义进行批判性思考的结果，这种批判性思维也是他多年来学术思想中始终坚持的信条。

整体来看，来新夏的图书馆学研究和工作阶段性特征非常明显，每个时段都有新的研究成果和成就，并且不断扩充自己的研究视野和实践范畴，在思想深度和高度上也逐步推进。然而，他将人本主义的思想与图书馆学真正的融会贯通则是古稀之年以后的事情，这种经过时间和具体工作实践积淀下来的思维体系形成了他独有的风格，即从时间线索来看，从教育和改革入手，而成于人文主义的思考和文化层面的解读，这是来新夏先生能够"自成一家"的根本原因。

3 来新夏先生的图书馆成就

3.1 图书馆学教育理念与办学实践

改革开放后，来新夏先生本着为国家培养人才的初衷，投身图书馆教育工作，是中国图书馆学界的著名教育家。

来新夏先生花甲之年投身图书馆学，因此，对图书馆学能够有更为客观而清醒的认识。这种批判性思维源自于他的历史学背景——从宏观和发展的角度看待问题。他率先发现中国图书史、目录史、图书馆史三门课程内容交叉重复严重，据此对整个课程体系实施改革，合并为"中国古代图书事业史"，被誉为"三史合一"[7]。此后，他进一步编纂了"中国近代图书事业史"，基本上捋清了中国图书事业的发展脉络，优化了中国图书馆学教育的内容和体系。他在课程结构改革方面的另一项成就是搭建了自成系统的新课程结构，该结构与其设计的"三三制"培养模式相适应，并且重视实践，突出了图书馆学学科特点。此外还要求学生广泛涉猎，不仅有第二外语，还增设学科课，具有极强的实用价值。他还十分重视师资力量的培养和课程教材建设，在他主持下出版的南开大学《图书馆学情报学系列教程》，是图书馆学界首套成系统的教材。

随后，来新夏先生还创造性地设计了"三三制"的培养模式，即将本科教育分解成两个阶段，同时重视职业教育，并在研究生教育中变传统的导师制为教师学者开始"一主众辅"的专业课程的研究生班[8]，为解决图书馆专业教育和职业教育之间交叉所带来的矛盾提供了可行的解决策略。这一构想秉持了他的宏观视角、批判性思维和实用主义理念。在来新夏先生的办学实践中，一以贯之的就是培养"有用人才"的理念，因此，他既看重图书馆学教学中中国图书事业史的传承，也看重专业英语的培训；在师资力量的培养中既看重多学科人才的引进，也重视培养教师职业认同感，这种务实的教育理念是非常可贵的。

3.2　图书馆管理理念与馆长工作

图书馆学是整个学科体系中为数不多以机构来命名的学科之一，这就决定了它与图书馆这一机构紧密相连的关系。来新夏先生之所以能够在进入这一领域后，迅速了解该领域的特点和问题，是与他担任南开大学图书馆馆长的实际工作分不开的。在担任南开大学图书馆馆长的十年间，他主要通过不断改革来实现自己对内和对外的管理理念，而这种管理理念可以从他的管理和发展研究中看出思想脉络和特点。

来新夏先生的图书馆管理研究有两大主要特点，其一是"人本"理念，其二是从实际管理工作角度出发。他撰文研究的图书馆人力资源管理（分为图书馆和图书馆员为研究对象两个角度）[9]、体制改革与业务管理[10]、危机管理[11]等问题均有一定的前瞻性，他强调图书馆管理应该重视适应性和合理性，核心是对图书馆员的管理，要通过科学的管理手段塑造具有专业素养和职业道德的新时代图书馆员，这些思想至今仍影响着整个图书馆界。

图书馆管理与发展是关联非常紧密的两个研究方向，来新夏先生关于图书馆发展的研究，也可分为两个部分，其一是图书馆学发展研究，从图书馆学发展而言，他认为未来图书信息学会更加重视业务实习和社会实践[12]，而图书情报学则还应该重视历史遗产[13]，体现了来新夏先生对传统与现代不可偏废的学术理念。其二是图书馆实践发展研究，这部分内容与图书馆管理联系极为紧密，而来新夏先生的图书馆发展思想是与改革紧密相连的，正是针对高校图书馆管理过程中出现的问题，他提出"信息"和"教育"两大职能，成为之后相当长一段时间内高校图书馆发展的主要趋势[14]。

比较而言，来新夏先生的图书馆管理与发展研究除突出他动态发展的看问题的视角外，在研究方法上，还较早地应用了管理学中的案例研究方法和历史学中基于史料的推理演绎法，这些都拓宽了研究视野，丰富了图书馆学的研究方法。

来新夏先生的馆长工作的核心理念就是"人"，这点体现在他对内构建人才管理体系和对外强调通过服务来提升高校图书馆的地位两项主要工作中。来新夏先生秉持的人才观是一种专业的和开放的人才观，即在图书馆掌握用人自主权的同时，构建一种专业的人才评审机制，并强调馆员的自我提升和岗位培训，在岗位责任制和考核奖惩制的框架下实现"老有所安，中有所用，青有所学"，从管理模式上推动了南开大学图书馆改革和职业化的进程。从战略管理的角度来讲，他依然重视"人"的作用，而这里的"人"则具体化为每一位图书馆的用户。正是这种立足用户的思想激发了他提升图书馆服务的决心，这其中值得关注的是他所强调的对用户信息能力的培养。为此，他积极呼吁由高校图书馆开展"文献检索与利用"课，并带头组织全国高校图书馆"社科文献检索与利用"师资培训班，为提升全国高校师生的信息素养与信息能力储备了大量的人才资源。

3.3 《津图学刊》创刊历程和一贯原则

《津图学刊》是天津高校图工委的机关刊物，1983 年创办以来，受到图书馆学界的重视，成为天津图书馆界非常重要的交流平台。这一刊物是来新夏先生一手创办的，因此，它所坚持的办刊原则事实上也反映了来新夏先生的学术准则和学术操守。

来新夏先生不仅是《津图学刊》的创办人，还任该刊主编近二十年，对《津图学刊》怀有很深的感情。他曾形象的用"非婚生子"来形容这类"内刊（即非正式期刊）"，虽然是幽默的口吻，但是其办刊初期的艰辛依然可以从字里行间感觉出来。直至 1993 年，《津图学刊》的会刊发行号和刊号才被批准，此时来新夏先生喜不能寐，几乎忘掉自己已近古稀之年，为刊物取得合法身份欢呼[15]。而他为《津图学刊》如此辛劳的真正目的则是希望通过《津图学刊》这一平台，使"广大高校图书馆人员从此可以不仰人鼻息而自有园地。研究的成果，经验的点滴，都将通过这一刊物而广为传播，让人们不再漠视我们这些掌管信息和知识的人"[16]。这种专业的视角是图书馆人特有的，其中所蕴含的社会影响力的问题，时至今日事实上仍是图书馆界亟待提升的方面。

《津图学刊》虽非核心期刊，但是其办刊特色和学术规范却得到了广泛认可：比如强调学术道德，《津图学刊》是我国各类期刊中较早关注学术道德的刊物，为营造良好的学术交流平台肃清了风气；此外，该刊召集了一大批海外归国的学者，对学术规范进行严格要求，来新夏先生为了兼顾规范性和学术价值，不仅自己以身作则在该刊发表多篇文章，更专门向不同研究方向的权威约稿，以期提高《津图学刊》的学术水平；另外，《津图学刊》在来新夏先生的人本思想和人文关怀的影响下，重视对知识和作者的尊重，他在刊物经费不足的情况下，依然坚持不收取版面费，希望能够尽己所能，降低知识成本。

这种尊重知识的态度和对学术道德的坚守不仅在当时显得至关重要，在现今各种学术不端事件频频发生的时代，来新夏先生的这些原则依然具有积极的意义和价值。虽然由于国家停办机关刊物，使得《津图学刊》也难以逃脱停刊的命运，但是来新夏先生的办刊理念却得以保存，至今仍具有很高的现实价值和意义。

3.4　古籍保护、藏书文化及其他研究成果概述

来新夏先生作为历史学和古典目录学出身的学者，对古籍价值和藏书文化的理解非同一般，同时，他多次撰文强调中国古代图书文化的价值，如果说 1991年的《略说中国图书文化》是他学术思想中该领域研究的萌芽的话，那么依照来新夏先生一贯重视"丰厚的资料"的严谨学风，以记述详实准确为特色的《南开大学图书馆古籍藏书概览》可谓是其在该领域的发轫之作。随后他定义了中国藏书文化的基本概念，指出中国藏书文化的基本理论是以藏为主、藏用结合[17]，强调"仁人爱物"的人文主义精神[18]，并结合他对方志学的研究，撰写了多篇介绍中国古代藏书家的文章，从不同学科的角度来看，都具有极高的学术价值。

来新夏先生涉猎极广，除了以上研究以外，他还对诸多相关领域都进行过深入研究，包括美国图书馆建设研究、图书馆学期刊的生存现状和发展研究，以及通过给各种图书馆学专著作序，对专著所关注的领域阐述自己的观点。这些研究都凸显了来新夏先生的独特的学术视角和深厚的学术造诣，从而形成其图书馆学思想和成就的重要组成部分。

4　结论

来新夏先生是著名的图书馆学家，他不仅家学颇深，而且在历史学、古典目录学等方面都有很深造诣，成果斐然。他以花甲之年投身图书馆学，并利用多年积淀下来的历史学功底，对中国图书馆学教育的内容、模式和理念进行重新审视，在图书馆事业改革和发展中，坚持以"人"为本和宏观开放的视角，在实践中不断调整策略，在图书馆学研究中不断深化发展，形成了自己的思想体系，共同促进了图书馆教育界、业界以及研究界的发展，是对中国图书馆学界做出巨大贡献，产生深远影响的一位学者。

来新夏先生结缘图书馆业已卅年有余，他的图书馆思想从来都是宏观开放

的，不仅重视学科之间的融合，还十分重视人文精神层面的思考，而这种开放的态度、专业的视角和人本的文化理念，是如今图书馆界最缺乏的三种"软实力"。图书馆界的发展不仅需要学者和工作者们不断贡献智力成果，更需要从来新夏先生这样的图书馆学家身上挖掘发展的动力，只有如此，才能在图书馆改革的关键时期，把图书馆真正推到良性发展的轨道上，促进我国图书馆事业的进步。

参考文献

1 来新夏. 来新夏自订学术简谱［N］.［2011-09-24］. HTTP://blog.163.com/zhuyanmin2009@yeah/blog/static/1099914002011824927 1121/.

2 来新夏.《三层楼》制初议［J］. 大学图书馆通讯，1983（5）.

3 来新夏. 新时期的新任务——论高校图书馆的改革［J］. 大学图书馆学报，1984（5）.

4 王淑贵，夏家善. 振兴高校图书馆事业的开路先锋——著名图书馆事业家来新夏先生纪实［G］//南开大学地方文献研究室. 来新夏教授学术研讨会纪念集，乌鲁木齐：新疆大学出版社，2002：69.

5 来新夏. 美国大学图书馆巡礼［J］. 群言，1985（7）.

6 于良芝. 我所认识的来新夏教授［G］//南开大学地方文献研究室. 来新夏教授学术研讨会纪念集. 乌鲁木齐：新疆大学出版社，2002：132.

7 焦静宜. 来新夏教授学术述略［G］//南开大学地方文献研究室. 来新夏教授学术研讨会纪念集. 乌鲁木齐：新疆大学出版社，2002：218.

8 来新夏. 试论图书馆学教育的发展与改革［J］. 津图学刊，1983（1）.

9 来新夏. 人与思想［J］. 津图学刊，1983（3）.

10 来新夏. 新时期的新任务——论高校图书馆的改革［J］. 大学图书馆学报，1984（5）.

11 来新夏. 要注意改革中的新问题［J］. 大学图书馆学报，1985（1）.

12 来新夏. 中国图书馆学信息学教育的回顾与展望［J］. 津图学刊，1994（2）.

13 来新夏. 中国的图书馆学情报学教育及其未来［J］. 教育数据与图书馆学，29 卷（2）.

14 来新夏. 把高校图书馆办成研究型图书馆（代序）［J］. 河北科技图苑，2006（6）.

15　来新夏. 非婚生子的喜悦——祝《河北科技图苑》公开发行[J]. 河北科技图苑，1996（2）.

16　来新夏. 风雨十五年[J]. 津图学刊，1998（4）.

17　来新夏. 中国藏书文化的基本理论[J]. 书城，1997（5）.

18　来新夏. 中国的藏书文化与人文主义精神[J]. 图书馆，1997（5）.

作者徐建华为南开大学商学院信息资源管理系教授；冯凯悦为南开大学商学院信息资源管理系图书馆学 2011 级硕士研究生。

本文原刊于《国家图书馆学刊》2012 年第 3 期（总第 61 期）。

2012 年 6 月 1 日在南开大学图书馆举办的"一蓑烟雨任平生——来新夏先生九十初度著述展"上与学生代表及图书馆同仁合影（左一为专程来贺的 85 岁老学生刘桂升）。

追 忆 当 年

振兴高校图书馆事业的开路先锋

——著名图书馆事业家来新夏先生纪实

王淑贵　夏家善

　　经过二十年的改革，我国高校图书馆事业已进入一个网络化发展的新时期。面对今日的巨变，我们不能忘记那些铸造昨日辉煌的改革开路先锋们。20世纪80年代初，改革的春风吹遍了祖国大地，我国高校图书馆事业在他们的推动下，走出了"文革"时期的低谷，进入了一个空前振兴发展的黄金时期。来新夏先生就是当年这些改革家们中的一员勇将。二十多年来，他致力于推动高校图书馆事业的改革发展，成绩卓著，蜚声海内外。90年代曾被英国剑桥大学国际传记中心收入《亚太和远东地区名人录》。最近，又获美国华人图书馆员协会最高荣誉"杰出贡献奖"。在庆贺先生八十华诞的日子里，看到这位至今还"浸润在火红火红的生活中"的老人，禁不住忆起他为高校图书馆事业发展倾注的心血、付出的辛苦、做出的贡献，更激起我们对他的敬重之情。

一、甘为改革鼓与呼

　　谁都知道，来新夏先生有着不同寻常的特殊经历，大半生都是在坎坷中度过的。青壮年时代，长期受压抑，虽有壮志才华，都不得施展。进入花甲之年，适逢改革开放的大好形势。从此，他如鱼得水，青春焕发，投身到了改革的大潮中，为之推波助澜，成了高校图书馆事业改革的开路先锋。有人称他是"老骥伏枥，志在千里"，他却不以为然，认为"老骥伏枥，志在千里"未免昂扬之气不足，当是"老骥出枥，志在万里"①。豪迈之情溢于言表。

多少年来，来新夏先生潜心读书治学，深得益于图书馆，与图书馆结下了深厚的情缘，他深知图书馆对于高校教学科研的重要性。改革春风乍起，他多么希望图书馆也得到振兴与发展啊。于是，改革图书馆便成了他晚年事业的起点。

80 年代初，来新夏先生首先领命创建南开大学分校图书馆学系，开始接触高校图书馆界，便为高校图书馆的重要地位和作用而奔走呼唤，促进了全国高校图书馆工作委员会的成立，并参加了《高校图书馆工作条例》的讨论，为确立高校图书馆的学术性服务机构的重要地位起到了重要作用，很快便在全国高校图书馆界成为有影响的人物。

1984 年冬在南开大学图书馆馆长室（老馆 208）处理公务。

全国高校图书馆工作委员会成立不久，在来新夏先生的积极倡导和推动下，天津市也于 1981 年 11 月成立了高校图书馆工作委员会，他担任常务副主任。从此，结束了天津高校图书馆界一盘散沙的局面。1983 年，来先生又努力促成创办了《津图学刊》，并亲自担任主编。1984 年，来新夏先生被任命为南开大学图书馆馆长，并受命创建南开大学图书馆学系，使他有机会从理论到实践上去思考探索图书馆事业的改革。先生虽然身在天津，但他对改革的思考始终没有局限于一市一校，而是站在中国高校图书馆事业整体发展的高度上，思考图书馆的改革与振兴。那时，他便对高校图书馆的职能进行深刻思考，他认为，长期以来人们对图书馆的认识仅停留在"知识宝库"上，这仅是静态的、被动的传统图书馆。要适应高等教育不断发展的需要，高校图书馆不能仅仅是"知识的宝库"，而应成为"知识喷泉"。他形象地解释"喷泉"的内涵，勾画出现代图书馆主动提供知识信息的特性。他还常说，高校图书馆不仅要主动地提供知识信息，还要担当起教育读者学会利用图书馆、检索文献的技能与方法的

---

① 《出枥集·老骥出枥》，新世界出版社，2002 年。

重担，要"授人以渔"，不要"授人以鱼"。这是他对高校图书馆开设"文献检索与利用课"的初步思考。1983 年 10 月，在全国高校图书馆工作委员会秘书处召开的"高等院校普遍开设文检课"的专题研讨会上，他积极促成了这项工作的开展，成为高校图书馆开设文献检索课的初创人。

长期以来，由于高校图书馆的地位低下，不受重视，专业技术职称的评审权始终掌握在文化部门，没有自主权，致使高校图书馆专业技术职称的评定几乎处于停滞状态，严重挫伤了图书馆专业技术人员的积极性，直接影响了专业队伍的建设。面对这个长期得不到解决的问题，来新夏先生深深感到改革职称评定体制，掌握评审自主权，是高校图书馆加强队伍建设的当务之急，他决心为之奔走呼唤。

1984 年 4 月，在西安召开的全国高校图书馆工作经验交流会上，来新夏先生慷慨激昂地陈述旧的职称评定体制的诸多弊端，大声疾呼改革旧体制势在必行，得到广大图书馆同仁的热烈响应。为了解决这个问题，由来新夏先生及吴观国、单行、张厚涵四人发起，向当时的国务院总理和教委主任上书，请求改革现行的高校图书馆职称评定体制。这一举动，受到了图书馆界和国家教委的极大关注，很快获得批准。这一改革的成功，犹如一石激起千层浪，引发了大家对高校图书馆改革的一系列思考，促使高校图书馆界的思想空前活跃，精神空前振奋。至今，在高校图书馆界还广传着"四条汉子"的美誉，就是指的这件事。

正是由于他们的奔走呼唤，人们欣喜地感受到高校图书馆事业的改革已进入了一个"黄金时代"。来新夏先生在全国高校图书馆界的影响和威望越来越大，被选为全国高校图书馆工作委员会的常委。

正是这股改革的春风，使图书馆界人心思变，打破过去一校一市的封闭局面，加强了开放、交流、协作。促进改革更广泛深入地发展，已成为人们的共同愿望。1985 年 7 月，在北京召开全国图书馆工作会议期间，来新夏先生发起召集河北省、山西省、内蒙古自治区、北京市的高校图书馆工作委员会的秘书长，商量成立华北高校图协的问题。大家一拍即合，当即便研究起草了有关章程文件，同年 9 月便成立了华北高校图书馆协会。从此，由华北高校图协主持，每年召开一次学术年会和秘书长联席会，交流改革经验，研究改革中的问题，协调图书馆工作。华北图协的成立，使沉默封闭了多年的高校图书馆界同仁们都深深感到，这种组织形式，为大家提供互相交流、互相学习、互相协作的机会，使大家眼界宽了，天地广了，高校图书馆界的学术气氛和思想空前活跃。十几年来，大家对这个组织支持和参与的热情始终不减，凝聚力越来越强，团结协作一直延续至今。这在全国各大区也是少有的。

　　大家敬重协会的创建人来新夏先生，谁都亲身感受到他对华北图协的发展倾注了怎样的心血。先生虽然年纪越来越大，但每次召开华北高校图协会议，他几乎都亲自参加。每次会议他都针对改革中的问题，发表引人深思的演说，从理论和实践上，启发大家的思考，使人们深深获益，有力地推动了各馆改革的深入。

二、锐意进取敢为先

　　来新夏先生担任南开大学图书馆馆长，便把图书馆作为高校图书馆改革的实验基地，努力探索改革的新路。

　　图书馆工作千头万绪，来新夏先生上任后首先做的一件事便是努力提高图书馆在学校的地位。一方面他常亲自到学校奔波往来，用自己多年治学的感受，苦心婆口地说服学校领导，阐述图书馆对办好一个高等学校的重要性，并极力为图书馆争得应有的待遇；另一方面，他又为图书馆的工作人员打气，形象地将图书馆比喻为"皇冠上的明珠"，是"树根"，提高图书馆人员对自身工作价值和重要性的认识。使图书馆的地位空前提高，经费也得到大幅度增加。在人事制度上，他争得了用人自主权，改变了过去图书馆专门安置老、弱、病、残人员的状况。图书馆工作人员在职称评定诸多方面也得到了与教师同等的待遇，使图书馆员感受到了自己工作的意义，从而增加了自豪感和自信心。

　　在此基础上，来新夏先生又在图书馆进行了一系列改革的探索。

　　首先，打破旧的管理体制，适应图书馆现代化发展需要，重建业务部室，建立健全各项规章制度，实行了岗位责任制和考核奖罚制。在人才使用上，制定了"老有所安，中有所用，青有所学"的原则，使多年工作在一线的老同

1985 年为建立图书馆岗位责任制深入征求和听取有工作经验的老同志意见。

志退到二线，成立研究室，让他们安下心来，研究图书馆改革问题，为馆里出谋划策。一些中年业务骨干，被提到部门岗位，给他们压担子，让他们在实干中增长才干。对年轻人，则为他们创造机会，让他们在岗学习进修，提高水平。各层次的人都各得其所，人心顺了，工作热情空前高涨。

尤其使南开大学图书馆人至今还津津乐道的一件事，是来新夏先生在任期间，为大家解决业务职称问题。当时，图书馆已多年没有正式评过职称，许多早已具备条件的同志不能评上应有的职称，专业技术人员的积极性受到压抑，技术队伍结构也严重失衡。面对这种局面，来新夏先生不顾个人得失，不怕得罪上级领导，多次为图书馆争取指标，逐步解决了多年积压的问题，为后来的职称评定工作疏通了道路。

多年以来，旧的人事制度一直困扰着图书馆，严重地影响着专业技术队伍的建设。来新夏先生到任后，毅然打破了这个制度，争取到图书馆的用人自主权，实行对社会招聘制度。图书馆几次向社会招聘了一些业务骨干，大大充实了专业队伍。此举，得到全国高校图工委的热情肯定，曾在1986年《大学图书馆学报》的"发展中的高校图书馆事业"一文中热情赞扬南开大学图书馆开了人事制度改革的先河。

作为一位图书馆的管理学家，来新夏先生深知，提高人员素质，对于加强队伍建设的重要性。他提供岗位培训，"岗位成才"。南开大学图书馆很早便送出一批又一批非图书馆专业毕业生脱产进修学习图书馆学；让图书馆学专业毕业人员学习其他专业和外语；鼓励大家读在职研究生；送没有大专以上学历的人员去夜大、函大、业大、电大进修学习，同时，还送一些外语人才去国外进修。使图书馆的专业队伍素质得到明显的提高，有效地改善了队伍的整体

1987年10月受聘为国家教委图书资料专业职务评审委员会副主任委员。

结构。

在加强图书馆内部改革的同时，来新夏先生十分重视不断提高服务质量，倡导在图书馆开展"爱馆、爱书、爱读者，为教学科研提供优质服务"的活动，引进竞争机制，用以表彰先进，促进读者服务工作。这一形式至今还在图书馆运用。

国家教委关于开设"文献检索与利用课"通知下达后，来新夏教授立即在南开大学图书馆组织成立了"文献检索课教研室"，设有专职教师为全校开设文献检索课。并于1984年，受国家教委委托，在南开大学图书馆举办了全国高校图书馆的"社科文献检索与利用"师资培训班，培养了大批最初开设文献课的师资人才。

为向国外高校图书馆先进经验学习，来新夏先生率先打破图书馆封闭的局面，打开了高校图书馆与国外先进国家高校图书馆交流互访的大门。1985年，他赴美考察访问。后又组织天津市高校图书馆代表团赴美学习。建立了许多国际间的交流关系，签定了互访协议。从此，开通了南开大学图书馆与国外高校图书馆交流的渠道。这在全国高校图书馆中是为数不多的。

南开大学图书馆的改革初见成效。来新夏先生欣喜地看到"改革的春风吹拂着图书馆这个古老而又有新貌的地方，使人幸福地感受到春天的清新气息在沁人心脾"。事业振兴的前景时时激荡着老人那颗青春勃发的心。但他也冷静地看到，在这"长江万里的形势下，不可避免地会有一些始料所不及或新形势下冒出新问题"，他不断探索着解决这些矛盾、问题的方法。1985年，他在《大学图书馆通讯》上发表了题为"要注意改革中的新问题"的文章，阐述了在推动南开大学图书馆改革中探索解决的"提高服务质量和多创收入的关系""数量和质量的关系""体力与脑力劳动的关系""组织手段与政治思想的关系"等问题，产生了很大反响，南开大学图书馆的改革引起了高校图书馆界的关注。1986年，在全国高校图书馆改革经验交流会上，来新夏先生做了"前进中的南开大学图书馆"的经验报告，受到与会者瞩目。

随着南开大学图书馆的发展，老馆舍已不敷使用。来新夏先生亲自奔波于教委和学校间，筹集经费，争取到邵逸夫先生的捐资和学校的助资，使南开大学图书馆列入第一批新建馆舍的行列。新馆筹建中，他倾尽心血，亲自征集设计方案，反复征求图书馆上上下下的意见，确立最佳方案，并亲自领导、过问新馆施工的筹划。

1990 年落成的南开大学新馆。大楼两侧墙壁上"图书馆"三字即为来新夏先生所题。

　　在来新夏先生的带领下，南开大学图书馆锐意改革，不断进取，在本馆事业发展史上写下了辉煌的一页。眼见着一座现代化的新馆舍大楼平地而起，他无比激动与欣慰，他深深地感到，自己在任期间没有愧对图书馆事业和后人。

三、化作春泥更护花

　　新馆的落成，来新夏先生欣喜万分，他又开始筹划如何将南开大学图书馆建成具有现代化水平的新型图书馆。刚刚踏上自己人生道路的一个高峰，正要向新的更高峰迈进之际，来新夏先生到了离休的年龄。面对方兴未艾的图书馆事业和还未来得及实施的计划，老人思绪万千，百感交集。心中充满着壮志未酬的遗憾，还夹杂着对事业意犹未尽的眷恋。图书馆事业，是他辛勤耕耘过的一片热土啊！

　　来新夏先生离休后，并没有多少卸任后的失落，他仍然心系图书馆事业，很快又开辟了自己事业的新天地。他被聘为天津市高校图书情报工作委员会的顾问，并继续担任《津图学刊》的主编。

　　多年来，来新夏先生对《津图学刊》倾注了自己满腔的热忱，浇灌着这块园地，使它不断成长。如今，他有更多时间关心它了。为了使它成为影响更大的公开刊物，1994 年，他又费尽心血，亲自到有关部门奔波往来，终将刊物转为有正式刊号的出版物。为了提高刊物的质量，他严把每一篇稿子的质量关，并按规定亲自到编辑部审稿开会。在这片沃土上，他用辛勤的汗水，培育了一批又一批新人，活跃着图书馆界的学术气氛，推动着图书馆事业的发展。

　　与此同时，对天津市高校图书馆事业和华北高校图协的发展，来新夏先生始终挂在心上，他常常亲自参加各种会议，参与筹划，为晚辈们出谋划策，推动图书馆事业发展。人们至今还记得，1995 年，在华北地区高校图书馆协作委员会成立十周年的大会上，先生激动万分，基于对中国高校图书馆事业改革的深刻思考，他热情洋溢地为大家作了题为"撞击与塑造"的演说。他以一个历史学家的深刻思辨，考察了中国图书馆事业发展的历史和现状，提出了"五次撞击"的理论，这在图书馆学界还是前无仅有的。报告对这五次撞击进行了深刻阐述。在总结了改革的经验和教训后，来新夏先生向人们大声疾呼："面临转型社会的现实，不应终日哀叹和沉沦在负效应中，而是要清醒地看到正效应，要转负效应为正效应。努力缩短适应转型期的过程"；"我们要有自己的理想，但不要空想和幻想。我们是掌握精神财富的百万富翁，但不是断绝烟火的穴居野人。我们不单纯去追逐金钱，而是善于利用市场经济带来的若干有利条件，站在服务社会的立场上，机智地运用经营头脑，脚踏实地去闯出一条路"；"我们即将昂首峙立在跨世纪的桥梁上，环顾四方，以宽厚的胸膛去拥抱新的文化时代，因为理想和现实的撞击，不是使人消沉，而是促人奋发"。当提到第五次撞击"信息时代"时，老人更是信心百倍，"中国图书馆事业终将重现辉煌！中国的图书馆人也终将受到社会的公正评价和应有的尊重！"听着他那鼓舞人心的报告，一睹他那风发的意气和飞扬的神采，人们深深感受到了这位长者的勃勃壮志。谁都难以相信，他已是年近八旬的老人了。

　　写到此，我们禁不住为来新夏先生这种奋发的精神深深感动，眼前浮现出一幅"莫道桑榆晚，为霞尚满天"的美好境界。

　　作者王淑贵为南开大学图书馆研究馆员；夏家善为南开大学图书馆原党总支书记、研究馆员。

　　本文原刊于《来新夏教授学术研讨会纪念集》，南开大学地方文献研究室编，新疆大学出版社 2002 年版。

来先生印象记

李广生

"来先生精力过人"，这几乎是每个与来先生相识人的口头禅。说来也怪，我与来先生共事近二十年竟没有见他打过一个哈欠，给我的感觉是来先生从早到晚总有使不完的劲儿。有人问来先生的生活规律，来先生答曰："顺其自然。"早上醒来绝不睡懒觉，有时我们还在梦中，来先生的一篇散文或随笔已经问世了。来先生的豪言壮语是："只要早晨起来，依然天天向上。"

"顺其自然"是来先生的养生之本，有时我们在饭桌上问来先生："您有没有忌口的食品？"来先生答曰："没有，想吃的正是身体所需要的。"好身体，加上勤奋，使来先生的学识过人。我总结学界对来先生的学术称呼，大概有如下几种，即"历史学家""方志学家""图书馆学家""目录学家"以及"杂家"等等。

最近，我读来先生的《出枥集》，来先生在总结他六十年的笔耕舌耘时，说他的成就，只有十六个字，那就是："立足于勤，持之以韧，植根于博，专务乎精"。这十六个字，言简意赅，是催人奋进的至理名言。

我是 1984 年和来先生共事的，那时来先生已年过花甲。这一年也是来先生的"辉煌"起点：1月份，来先生被学校任命为图书馆学系主任；2月份，被任命为图书馆馆长；4月份，被任命为国家教委古委会直属地方文献研究室主任；8月份，被任命为学校出版社社长兼总编辑……来先生虽然有诸多头衔，也有多个办公地点，但他的"大本营"是图书馆。

1984 年我任图书馆社科借阅部主任，负责图书馆最大一个部的业务和行政管理工作。80 年代各行各业都在改革，图书馆也不例外，也可能是社科部有代表性，以来先生为首的馆领导把社科部作为图书馆改革的试点，并在馆的创收中拿出 400 元作改革"经费"。当时我"受宠若惊"，努力实施，全部同事也积极参与，还真总结出一套管理改革办法，起到了推动全馆工作的作用，受到学校表扬。也正因此，我与来先生工作上的紧密接触开始了。

1985 年 6 月，我调任图书馆办公室主任，10 月被任命为馆长助理。

给来先生当助手可真不容易。因为他的精力太充沛了，在来先生的日历表上没有"星期天"，他的办公地点有时设在家里，星期日或晚上在他家开会是常事。但是来先生开会布置工作决不拖泥带水，他既虚心听取大家意见，又敢于"拍板"决定重大问题。作为来先生的助手，工作中难免发生失误。失误受到批评是理所当然的，但是来先生批评你的同时，敢于承担责任，他总是把失误揽在自己身上。他说在图书馆工作中的失误都和他馆长有关。这正是来先生的高贵品质。也正是因为如此，来先生赢得了全馆同志的尊重。我敢保证这种尊重是出于内心的。

　　来先生在图书馆工作中，特别注重馆员的素质教育，他认为"一切工作需要人去思考、去进行和完成"。因此要实现教育性服务，必须提高馆员的素质。来先生在谈到图书馆在学校教学科研中的地位和作用时指出：图书馆正像树干和树根的关系那样，它是为教育科研技术储存和输送的树根，在地平线下默默无闻地担负着传递知识与输送信息的神圣职责；它不仅有疏导科研渠道、通畅教学脉络的后勤功能，而且还以预见新学科的产生与发展，及时地为教学科研的新需求储草备料，起到推动和指导新兴学科发展的尖兵作用。来先生这段话至今在图书馆界广泛流传，成为指导图书馆工作的重要思想。

　　来先生认为"在提高馆员素质问题上，提高青年馆员的素质尤为重要"。来先生说："青年馆员是事业的未来，把他们培养成知识丰富、才能出众、风度典雅、表里如一、内外皆美的一代新人，是一项具有战略意义的工作。"因此，作为馆长，他要求青年馆员要做到"勤、韧、新"，"勤是办任何事情的立足点，是让有限的生命之灯发挥更大光热的最佳途径，坚韧不拔之志是在日常平凡工作中取得不平凡成就的民族精神，而新则是要有所追求，不抱残守缺，要'赶时代'，而不是'赶时髦'，只要立足于勤，持之于韧，不断更新，就能迅速成长、成熟，成为事业中的骨干和脊梁"。来先生对青年馆员的要求，正是他"奋发成大家"的写照。来先生自 1941 年至 2000 年发表出版了论著 700 余万字，可谓硕果累累，这正是"勤、韧、新"的收获。无论生活和事业，来先生永远是青年的榜样。

　　今年是来先生八十初度，6 月 8 日在天津市政府招待中心（美都大酒店）召开"来新夏教授八十寿辰暨学术研讨会"。这次会议是由教育部全国高校图书情报工作指导委员会、教育部全国高校古籍整理研究工作委员会、天津市地方志编修委员会、天津市高校图书情报工作委员会、南开大学地方文献研究室、《津图学刊》编辑部主办的。全国各地的专家学者 160 多人到会祝贺，场面十分热烈。大家欢聚一堂，一方面向来先生祝寿，一方面就来先生致力的历史学、方志学、图书文献学以及随笔创作诸方面进行研讨。发言者争先恐后，他们是：

2004 年 10 月 19 日在"来新夏教授赠书仪式"上与南开大学图书馆全体领导成员合影（右二为馆长阎世平）。

原南开大学党委书记、天津市人大常委会副主任李原，天津市教委副主任马建标，全国高校图工委秘书长朱强，教育部全国高校古籍整理研究委员会秘书长杨忠，中国图书馆学报主编李万健，天津市地方志编修委员会副主任郭凤岐，河南省志办顾问杨静琦，天津工业大学校长李家俊，山西省地方志学会副会长曹振武，南开大学教授宁宗一、刘泽华、范曾，以及门生代表徐建华等。来先生的家乡浙江杭州萧山区党委和政府不仅发来了贺电，还派代表专程出席了会议。会议收到的贺诗、贺联、寿字数十件，与会同志都以不同形式对来先生的学识、为人、成就表示了赞誉和祝贺。

这次会议来先生还收到了一个"最大贺礼"——美国华人图书馆员协会为肯定和表彰来先生在华人图书馆界的卓越贡献和深远影响，特授予他 2002 年度"杰出贡献奖"。这是来先生的莫大荣誉，也是中国图书馆界的骄傲。今年 7 月 25 日在西安召开的"中国图书馆学会 2002 年度学术年会"上，美国华人图书馆员协会秘书长程曾双修女士在专门发言中对来先生的成就表示祝贺。

我敬佩我师来新夏教授，愿我师健康长寿。

作者为南开大学图书馆副馆长、研究馆员。

本文原刊于《来新夏教授学术研讨会纪念集》，南开大学地方文献研究室编，新疆大学出版社 2002 年版。

我在来师领导下工作

江晓敏

　　我是 1978 年通过全国统一考试进入南开大学历史系学习的。在一个星期的入学教育之后，开始上的第一堂课，即是由来师讲授的《中国历史文选》。来师当时虽已年过半百，历经坎坷，仍气宇轩昂、步履矫健，炯炯的目光里透着一丝威严。文选的篇目为来师自定，广泛取材于十三经、二十四史及历代笔记、政书、家训等等。每讲一篇，来师总要就其时代背景多加介绍，而不只拘泥于字词的讲解。来师思维敏捷，学识渊博，讲起课来旁征博引，鞭辟入里，兼之口才极佳，言语之中永远保持着一份自信和洒脱。每每谈及历史事件或历史人物，似亲临其境，如数家珍，且言之有物、深入浅出，逐渐引领我们走进博大精深的中国史学领域。听来师讲课，真是一种享受，《中国历史文选》遂成为最受我们学生欢迎的课程之一。时间已经过去了二十多年，我至今仍仔细保存着当时上课所用的教材。尽管只是油印的零篇散页，却带给我许多美好的回忆，珍贵无比。

　　入学一段时间后，逐渐得知来师原为辅仁大学的高才生，曾师从于余嘉锡、陈垣等著名学者，较高的天赋和孜孜以求的刻苦努力，使来师无论在历史学、目录学，抑或其他国学领域，都有着渊博的学识和深厚的造诣。在他几十年的教学生涯中，先后教授过中国历史文选、中国通史、古典目录学、历史档案学、鸦片战争史专题以及北洋军阀史专题等多门课程。令我印象深刻的一件事是全班同学曾和来师及师母一道去看京剧《火烧望海楼》，此戏是来师根据近代史上有名的"天津教案"编写而成。剧情生动有趣，语言诙谐幽默，很难令人相信这是出自一位历史教师的手笔，着实让人深切感受了古人所谓"才高八斗""学富五车"乃非妄言也。平时在课间休息时，同学们也总是围着来师询问学业方面的问题，尽管我们的身份是大学生，但是由于十年动乱，所学知识有限，所提的问题现在想想十分幼稚可笑，对来师的解答亦不尽明白。记得来师在谈到《快阁师石山房丛书》《小方壶斋舆地丛钞》等书籍时，我就如坠五里雾中，来师重复了几次也还是弄不明白。来师从不讥笑我们的孤陋寡闻，往往在一点一拨、答题解惑之外，顺势指示门径，指导我们学习历史从何处入手，应该读哪些书，使我等在学习专业知识的同时，也初步接触到治学的方法。在后来的若干年里，我也经常接受来师这方面的指导，一生受用不尽。

在我们上学期间，国家的政治形势发生了急遽的变化，逐步摆脱了历次政治运动和十年动乱给社会和人民带来的种种恶劣影响，尊重知识、尊重人才被提到了日益重要的地位，来师的生活也翻开了新的一页，除讲课外，他的多学科的学术造诣和多方面的潜能不断被"开发"和"利用"，在他广泛涉猎的图书馆学、方志学等领域声誉鹊起，活动亦渐趋增多。在南开校园里，经常可以看到来师匆匆往来的身影。此时的来师，精神矍铄，自信洒脱，仿佛焕发了第二青春。记得那年我曾为撰写毕业论文之事造访来师府上，简朴的住房，到处堆满了书籍。在书桌对面的墙壁上，当时挂着一面小木牌，上刻"黄花晚节"四个字。"黄花"乃菊花之谓，宋人韩琦有诗云："不羞老圃秋容淡，且看黄花晚节香"，赞叹菊花傲霜而开，老而弥坚。想来来师是以此自勉，时时提醒自己励志奋进，永不止步。在许多年里，无论是身处逆境，蜗居斗室，也要潜心向学，兀兀穷年，这便是来师坚毅的性格特征。

毕业两年后，我从天津市政协调回母校图书馆，命运又一次安排我近距离接触来师——作为他领导下的一名工作人员。当时来师已成为南开炙手可热的人物，身兼图书馆学系主任、图书馆馆长、出版社社长兼总编辑等要职。我调回南开，要感谢来师的鼎力相助，而到图书馆工作，能够近距离感受学术大师的风范，亦是我愿意调入南开图书馆工作的原因之一。作为部属，从 80 年代到 90 年代，我更多感受到的是来师精力充沛和治事威严的一面。尽管身兼数职，来师仍习惯于事必躬亲，重大事务很少假手他人，他身上所蕴藏的管理才能得到充分的发挥。在任八年，来师对图书馆的建设和馆藏图书的增加殚精竭虑，贡献良多，如台湾影印出版的《文渊阁四库全书》《全国地方志丛书》等，都是在来师任上斥巨资购入的大套书籍。

在来师做馆长的期间，给我印象颇深的是他为提高图书馆的地位而不遗余力地奔走呼号。为了多解决几个人的职称问题，来师曾反复去学校争取，一而再、再而三，使得在"文革"以后第一次职称评定中，图书馆的很多人都得到了满意的结果。得知学校有出国进修的名额后，来师尽力为图书馆找各方游说，在系里老师出国还未普及的 80 年代，图书馆就已经先后派出二人通过考试竞争，得以去美国和英国进修，既为图书馆的现代化建设培养人才，又使出国人员得到提高自身素质的机会，怎能不令其铭感五内？在得知香港邵逸夫先生要为大陆捐款，专门用于修建图书馆的消息后，来师立即派人去教育部力争，终致南开成为邵氏捐款的首批受益者。

还有一件与我自己有关的事情。调入图书馆不久，我曾经有一个考取在职研究生的机会。但是来师当时不同意，并勉励我说只要工作努力，以后在职称晋升等各方面都不会比别人差。慑于馆长的威严，我只得心存遗憾，喏喏而退。过了两年，到我晋升职称的时候，却面临与比我早半年毕业的一个同事竞争的局面。当时馆里有所谓硬件之说，若此我明显处于下风。记得我一时委屈着急，就到来师面前哭鼻子，说我按照先生所说放弃了考研的念头，努力工作，可到头来总是要受到毕业年限等硬件的限制，终归要落在别人后面。来师当时除好言劝慰外，并未许诺我什么，可事后却找学校反复交涉，终于多争取了一个名额，使各方皆大欢喜。

　　上个世纪 90 年代，来师先后离开了图书馆以及其他部门的领导岗位，但是学术活动有增无减，愈加繁忙。历史学、图书馆学、方志学，来师纵横驰骋于广阔的学术领域，《近三百年人物年谱知见录》《林则徐年谱》《古典目录学研究》《结网录》《北洋军阀史》等专著层层迭出；来师的学识和口才已然名闻遐迩，各地踵门执经请益、邀请讲学者络绎不绝，真可谓教泽流风广被，威震大漠南北。但是就我个人而言，摆脱了上下级关系，不必慑于馆长的威严束手束脚，在其后至今的十多年中，我与来师又回到师生契合的氛围之中，时有交往。能够经常在来师面前讨教学问，聆听教诲，使我受益良多。来师本有意收我做他的关门弟子，由于一念之差，我放弃了这个机会，故而今生仅及门墙，至今每念及此，仍不禁扼腕叹息。

　　来师并未因我不是入室弟子而另眼相待，在我的记忆中，来师对学生很少厉言愠色，90 年代之后，褪去层层光环的来师更多的流露出亲切温和的一面。本人因为资质平平，生性疏懒，很少自觉用功，近二十年来，经常是在来师的指令和"鞭赶"，甚至戏言"柿子就拣软的捏"的敦促之下，我才做一点儿事。刚到图书馆不久，来师即命我参加编写《河北地方志提要》《中国古代图书事业史》等，并命与陈作仪先生一道编辑《南开大学图书馆藏善本书目》，后来又参加了《清人目录提要》等书的撰写工作。通过这些写作，迫使我读了相当数量的有关图书事业史、古典目录学、版本学方面的著作，初窥到这一领域的堂奥。尤其是通过整理、编辑馆藏善本书目，将书本上的目录、版本知识付诸实践，梳理了多年积累下来的馆藏目录、版本中的疑难问题，实在是一个难得的锻炼机会。正因为有此次的实践为基础，才有了后来长达 20000 字的《南开大学图书馆古籍藏书概览》一文的出炉。终是由于资质驽钝，这么多年来，耳提面命、亲聆教诲，我从来师处学到的却不过仅是皮毛而已。记得两年前协助来师整理纂辑《清文选》一书，从首议收录标准，作者断限，入选范围等，皆由来师指导我先初拟，再由他酌定；确定篇目后，由我初步进行标点、注释，来师逐篇审阅，纠谬补缺，退我再改，最后由他通阅定稿。在来师几乎是单一教授之下，我自觉学问长进了一大截。在送交出版社之前，来师为该书撰写了一篇序言。尽管只有短短数千字，并不妨碍来师从历史学家的角度，对清代散文作了独特的总结分析，文词焕发，气势浑厚，言之有物，鞭辟入里，充分印证了来师学问的广博和对清人事功与思想研究的深邃，裨益后学甚多。

在作学生的二十多年里，我目睹了来师在生活中的大悲喜。长年驰骋于历史学、方志学、图书馆学等领域，潜心研究、径径自守，终在天命之年厚积薄发，硕果累累；花甲之年青春焕发，不仅在学术领域，在宦海生涯中亦业绩斐然，成就辉煌；古稀之年学无止境，习用电脑，将一篇篇令人击节赞赏的随笔源源敲出。长久以来，更为难得的是来师永葆青春、励志奋进的高尚情操。前半生际遇坎坷、身居陋

1985 年图书馆的新年联欢会（左二为副校长王大璵）。

室，来师矢勤矢慎，目睇手纂，六十岁时立志：以"花甲少年"的龙马精神，树千里之志；七十岁时合十上苍"台阶还要再上"；八十岁自励"只要早上起床，依然天天向上"。八十寿诞刚过，来师已经开始为九十岁将要推出的《清人笔记随录》日夜忙碌，在身体欠佳，且患目疾的情况下，依然多方核对史料，笔耕不辍。

仰望参天大树，我等永远只是一株小苗。我们衷心祝愿来师生命之树常绿，期颐之寿可享！

作者为南开大学图书馆古籍部主任、研究馆员。

本文原刊于《来新夏教授学术研讨会纪念集》，南开大学地方文献研究室编，新疆大学出版社 2002 年版，原题为"永葆青春，天天向上"，有删节。

我眼中的来新夏先生

沈国强

　　来新夏先生是"纵横三学，自成一家"的大学问家，他博览群书，知识渊博，博学多才，治学严谨，而且在逆境中甘守寂寞，孜孜不倦，锲而不舍，是人世楷模。因他的勤奋，使他在学术上获得丰硕的成果，在学界出类拔萃。我一直对他十分佩服与崇拜，决心学习他这种精神，并取得一些成果。我尤其佩服他的口才，他讲课从不看讲稿，口若悬河，滔滔不绝。1979 年 4 月 2 日，刚改革开放，他在市科学会堂讲的目录学讲座，听众有千人，全场座无虚席，真是空前。我有机会第一次聆听了他的报告，学术报告讲了两个多钟头，全场鸦雀无声，专心聆听他的精彩讲演。这次，给我留下的深刻印象，是他功底厚，口才好，从心里佩服他。

　　1979 年，他在南开大学分校创办了图书馆学专业，同年 12 月 10 日、17 日，我经由市图书馆学会推荐，被他邀请到系里讲授"工具书基本知识"，第一次讲，因感冒没能讲好，但他很体谅我，又请我接着去讲了第二次。1981 年，他邀请我到系里讲"科技目录学"课，这是我国图书馆学界第一次开设这门课。这一届毕业生，现在是许多公共图书馆、大学图书馆、信息研究所的业务骨干、领导人（馆长、部主任）。1995 年，我又被邀请到图书情报学系讲了"索引、文摘的编制与使用"课。

　　1980 年 2 月，经他推荐，我调到南开大学图书馆工作。1984 年，他被南开大学校长任命为南开大学图书馆馆长。我十分高兴，因为能有机会向他学习与请教。

　　在任馆长六年期间，他全身心地投入工作，和普通馆员一样坐班，以身作则做好领导工作。同时，1983 年，他创办图书情报学系后，他又任校务委员、图书情报学系主任、出版社社长兼总编辑、教育部地方文献研究室主任、《津图学刊》主编等职务。尽管身兼数职，工作十分繁忙，但哪项工作都安排得井井有条，同样作出重大的贡献与很大的成绩，使图书馆、出版社面貌焕然一新，令人刮目相看，校领导与广大师生都很满意。这充分说明他领导有方，管理得当，工作能力很强。在图书馆担任馆长时，他进行一系列的改革与创新。进行机构调整，实行定岗、定量、职称评聘、人事公开招聘，奖励与惩罚相结合，发放奖金，调动了广大馆员的积极性，收到很好的效果，大家由衷敬佩。他还鼓励馆员写文章，搞科研，出书，多出成果，使图书馆在学校的地位大大提高，校领导对图书馆的工作很重视，我和许多馆员一样，解决了中、高级职称问题，我们也扬眉吐气，地位也提高了。所以，我们十分感激他。

他对南大图书馆最大的贡献是：经过他的不懈努力，争取到香港文化名人、慈善家邵逸夫赞助 1000 万港元，国家出资 300 万元人民币，花了很多的精力与时间，费尽周折，建成图书馆新馆（文科馆），使南大图书资料有很好的硬件，为广大师生提供良好的读书与信息服务。

他离休后，仍笔耕不辍，继续从事写作，为学术界作贡献。对于他的笔耕不辍精神，恩师启功还写了诗句赞扬他："难得人生老更忙，新翁八十不寻常"；"往事崎岖成一笑，今朝典籍满堆床。"

为了表彰他对南开大学的贡献，在他九十年初度时，图书馆为他举办了"一蓑烟雨任平生——来新夏先生九十初度著述展"。6 月 1 日，我参加了在图书馆新馆大厅举行的展览开幕式，副校长佟家栋、馆长张毅和许多的师生、馆员向他表示敬意；6 月 8 日，南开大学为他隆重举行祝寿大会，校长龚克讲话，向他表示祝贺。同时还举行了"南开大学来新夏教授九十初度暨从教 65 周年学术研讨会"。先生的治学精神，他的丰硕成果，是宝贵的财富，永存在学术界，永存在我们的心中，值得我们学习，继续发扬光大。

2014 年 4 月 10 日写于南开大学西南村

作者为南开大学图书馆研究馆员。

本文原刊民盟天津市委会主办《天津盟讯》2014 年第 1 期（总第 35 期），有删节。

来先生与图书馆

唐　澈

来新夏先生在改革开放之后的上世纪 80 年代，受命领导南开大学图书馆，担任馆长六年，不仅将南开大学图书馆推向全国名馆之列，而且践行了他的图书馆思想与理想。

来先生是一位敢想敢干而且有办法的老馆长，这位当时六十多岁的馆长有着年轻人都没有的精神状态与魄力。来先生探索如何办好图书馆，提出治馆方针"老有所安、中有所为、青有所学"，在新馆建设方面花了很大心血。据当时担任总支秘书的陈成桂回忆，当时图书馆的人员结构比较复杂，来先生提出要办好图书馆，馆员素质是一个关键，一个是专业背景，一个是外语知识，还有计算机的使用。于是他就请人对职工进行培训，请名人到图书馆做讲座，拓展馆员的知识面。另外，图书馆在社会上两次公开招聘馆员，这也是他的一个新举措，这些招聘进来的人给图书馆增添了活力。针对人员流动性大的问题，来先生在馆里多次作报告，要同志们树立"根"的观念，"来先生说图书馆事业就像一棵大树的根一样埋在地下，通过吸收各种营养输送到大树的树干和叶脉，使这棵大树能够繁茂昌盛，但是树根是默默无闻的。他要求我们一定要有无私奉献的精神，要求我们提前到馆，把图书馆的卫生做好，以一个干净的环境迎接读者，他自己也以身作则，又要教学，还要管图书馆的工作，每次都提前十分钟甚至半个小时到图书馆，这种奉献精神也带动了我们，慢慢地对自己的工作岗位产生了感情。"来先生在图书馆处理了很多棘手的问题，例如图书馆员的职称一直是个老大难，经过来先生的努力，很多老同志的职称得到了很好的解决，仅 1986 年就一次性解决了 12 个人的副高职称，那个时候南开大学图书馆的高级职称是全国最多的。陈成桂感慨地说："来先生在做事方面敢作敢为敢担当，作为馆长他遇事不推脱，有事情找他拍板，他很利索，从不拖延。"

来先生是一位严格要求又善待馆员的好馆长，他很关心馆员的生活，平时严厉，但对于馆员的具体困难他总是想方设法帮助解决，从细微之处体现关爱。谈到这方面，南开大学图书馆王雷深有体会地说："做来先生的部下我觉得非常踏实。来先生对馆员要求非常严，但是也非常爱护。有一件事印象比较深，那

时老图书馆的一个书库限
制开放，规定国外读者不
许进入。有一个国外读者
执意要进，跟馆员发生了
口角，来先生就把这个读
者以及管外事的老师叫到
办公室，严厉批评这个读
者不遵守图书馆制度。之
后又对馆员进行了教育，
说处理这类事情的时候一
定要冷静，不要引起纠纷。
这说明来先生对馆员既疼
爱保护，还要求严格。"

在南开大学图书馆接待著名华裔作家韩素音，展示馆
藏校史资料。

作者为南开大学商学院信息资源管理系硕士研究生。

本文原刊于 2014 年 6 月 6 日《图书馆报》(第 215 期) 第 A17 版 "特别策
划"。

1992 年 3 月在日本任教期间访问天理大学图书馆，与金子和正教授在该馆善本书库。

1997 年 5 月在加拿大不列颠哥伦比亚大学图书馆访问（左为馆长周鄜美筠）。

2008 年 10 月应邀访问国内设施先进的杭州图书馆新馆，徜徉在社科阅览室的群籍中。

$$\boxed{\text{文 献 存 真}}$$

试论教育性服务

——把高校图书馆建设成造就"四有"人才的重要基地

来新夏

图书馆的根本性质是服务，但服务将随着形势的发展而有不同的档次。早些年，高校图书馆的性质属于供应性，这就给社会造成一种图书馆工作只是"借借还还"的错觉。随着信息时代的到来，大量知识蜂拥而至，单纯供应显然难以适应，而不得不提倡选择性服务，即要求馆员从大量知识中向读者选优推荐；但目前趋势又要求高校图书馆工作必须再有所提高，这就是要推行教育性服务，担负起"服务育人"的神圣职责。这种要求不是主观愿望的需求，而是客观实际的需要。

这个客观实际是什么呢？

随着教育体制改革的逐步深化，不能不看到高校在教学、科研工作上所出现的一些新趋势。如由单纯传授知识转向广泛开发智力；知识结构由封闭性的专业固守转向沟通性的多学科交叉渗透；由单一的课堂讲授灌输转向自学、求索和研讨等等。这些新的趋势都日益促进着图书馆作为"第二课堂"的作用。把图书馆作为造就"四有"人才重要基地的要求也日益迫切。但是，要实现这一目标就不能不把服务工作提到教育性的较高境界上来。

一、教育性服务的基点

一切工作需要人去思考、去进行和完成。因此，图书馆人员素质如何将是实现教育性服务的重要关键。高校图书馆人员的素质差和结构不合理是历史的遗留和社会偏见的影响。这种不正常现象如果容其存留，那么其他都将无从谈起。要想有所改变必须首先从提高对图书馆的认识入手。

　　高校图书馆在学校中的地位和作用，正像树干和树根的关系那样，它是为教育和科研技术储存和输送养料的树根，在地平线下默默无闻地担负着传递知识与输送信息的神圣职责。它不仅有疏导科研渠道、通畅教学脉络的后勤功能，而且还以预见新学科的产生与发展，及时地为教学科研的新需求储草备料，起到推动和指导新兴学科发展的尖兵作用。

　　有了正确的认识，提高素质才有方向。提高素质的根本问题是提高政治素质。我馆除不断加强坚持四项基本原则和三个面向等方针政策的经常教育外，近二年来着重加强组织建设工作，陆续发展党员十一人，为三中全会前三十年发展总人数的二倍半，并严格党的生活、加强新党员的教育，发挥党的核心保垒作用。为了使工作人员的行为有所遵循，经过反复讨论研究，制定了《服务规范条例》二十条，并以此为准绳，持续开展三爱一优（爱书、爱馆、爱读者和优质服务）活动，取得较好的效果。

　　提高业务素质是保证教育性服务的基础，对于图书馆人员的业务要求是什么，过去说法不一，我们认为应具备三个方面：一是要有丰富的学科知识；二是要有贯通的专业知识，包括传统的专业知识、手工操作的技能知识和现代化科技知识；三是要有一定的专精方向。但衡之目前状况尚有较大差距。为了缩小和消除这种差距，可从进修提高和调整结构两方面着手。在进修提高方面，我馆采取了七种途径，即：脱产进修、半脱产进修、在岗进修、专题研究、学术论坛、出国进修和邀请外籍随访来校人员中具有专业知识和技能的家属协助工作等。不论途径如何，都应注意到以下几点：

　　1. 立足于工作，进修要对口。进修提高是为更好地承担教育性服务工作，只有工作好才能获得进修的优遇。

　　2. 提倡分层次进修。要普及与提高并重，要从个人实际出发，循序渐进，有人要补习文化，有人可以从事著书立说，不能好高骛远，切忌一刀切。

　　3. 进修既是人人机会均等，也要竞争选优。

　　4. 进修要结合人员结构与设岗考虑。

　　注意了人员的进修提高对调动人员的积极性和队伍稳定，特别是提高工作质量，改变社会偏见都有明显的效果，特别在发挥中青年知识分子作用上是一条有效的途径。

　　进修只是提高队伍素质的一个方面，更重要的还在于调整结构使之最趋合理。目前，综合性高校图书馆以采取三种结合的结构形式为宜，即一是老中青结合，二是高中初结合，三是文理工结合，每个部门有了这三种结合不仅工作有层次、知识少偏缺，而且定岗明确，接班有序。

在提高人员素质问题上，提高青年馆员的素质尤为重要。青年馆员在各馆比重都比较大，他们是事业的未来，把他们培养成知识丰富、才能出众、风度典雅、表里如一、内外皆美的一代新人，无疑是一项具有战略意义的工作。我们对青年馆员的要求是勤、韧、新。勤是办任何事情的立足点，是让有限的生命之灯发挥更大光热的最佳途径；坚韧不拔之志是能在日常平凡工作中取得不平凡成就的民族精神；而新则是要有所追求，不抱残守缺，要"赶时代"而不"赶时髦"。只要立足于勤、持之以韧，不断更新，就能迅速成长、成熟，成为图书馆事业中的骨干和脊梁。

各层次人员的素质有所提高，结构调整比较合理，然后以相对稳定并有文字定型的规章制度为依据，实行层层负责、逐级管理、从严治馆，那就有可能把馆办成"风尚良好、纪律严明、敬业乐业、文明融洽"的教学科研基地，也才有可能较好地开展教育性服务。

二、如何进行教育性服务

图书馆是一种服务性事业，但决不是某些持社会偏见的人所误认为的那种一般性服务性行业。它随着时代的进展赋予自己以特定的内容。当前，它已由"供应性"经过"选择性"而达到寓教育于服务的"教育性服务"阶段。"教育性服务"是一种高层次服务。其重要作用已无需多所论证，而更重要的问题在于如何进行。近年来，我们推行了三种教育性服务：

一是了解图书馆的教育。由于我国中学图书馆事业发展缓慢，多数大学生并不十分了解图书馆，也就无从谈起利用图书馆。初入学的个别大学生还不敢进图书馆，更有出笑话和洋相的，如从卡片盒中拉破穿孔，拿出书卡向借书台借书，甚至极个别的青年教师因不会查目录而几年来都"拜托"系资料员代为借书。这就充分证明使读者了解图书馆的迫切性。了解图书馆教育的主要内容指什么？它包括本馆藏书特点、工作机构和流程、利用手段等等，特别是目录体系的介绍直接关系到发挥图书馆的作用问题。进行这项教育可以通过各种不同的手段：一种是文字宣传，我们专门编印了《读者指南》，散发给新生作为手册，在这本小册子中解决如下四个问题，即：①了解图书馆的概况及藏书特点；②弄清图书馆的服务设施及书刊借阅办法；③熟悉图书馆目录的体系及排检法；④掌握常用工具书的查找、利用方法。同时还编制了一套录像，不仅有静态的介绍，而且有动态的指导。一书一像使新生得到图书馆和如何利用它的完整概念。馆长还应学生和团委之邀定时向全校学生讲"如何利用图书馆"。这就引起学生对图书馆的关注，一部分学生曾自动组织"义务图书馆员协会"，帮助图书馆作宣传服务工作。我们还在目录室设目录咨询员，由内部采编各类人员轮值，对现行的书名目、作者目、分类目的使用进行解答，辅导同学爱护目录，听取读者意见。这样既进行了图书馆目录的教育，又密切了与读者的关系。

二是了解书的教育。图书浩如烟海，如果无目的地涉猎，旷日持久，难穷无涯的知识，因此对于如何选读书是教育性服务中很重要的一环。图书有版本异同，内容良窳，用途不一等等，这就需要有比较广阔的书的知识：既要储存书的各种信息，又要能较快捷地从中寻求所需的知识，更需确定读书的最佳方案。我们为此采取了三项相应对策：

（1）揭示馆藏：这是使读者了解究竟有哪些类书可供选择的首要步骤。我们利用"新书通报栏"和"新书展出"的形式尽快将最新书讯通报；并设立有关图书知识的壁报栏，灌输书的基础知识。同时，根据系和教师的要求，互相配合，编制专题性书本目录，如《馆藏西文工具书目录》《馆藏善本书目录》《馆藏美国史参考书目录》等等，用以较完整地揭示馆藏。

（2）跟踪服务：为了更好地满足教学需求，我们的文理科流通阅览部分除比较多量地进行开架外，还加强与教师密切联系，实行跟踪服务，在每学期末要求任课教师提交下学期所任课需陈设在阅览室的课程参考书单，我们即据此结合库藏实际分学科在文理阅览室分别开架阅览（不外借），这样既保证学生有必读参考书，又缓解复本不足、外借紧张的局面。这些书一学期中随着课程进度和教师要求而有所更迭。同时，主管流通阅览人员还不断到各系从资料室和教师处了解对图书的要求，主管借阅人员定期分析读者流量和倾向，适时地调整各开架借书点的上架书，采编人员也根据教学科研的需要缓急调节工作进程，这样可以变被动的供应为主动的跟踪，发挥应有的教育作用。

（3）咨询辅导：这是使读者了解书的重要教育手段，是解决疑难的高层次服务。它教育读者掌握检索知识和工具书使用方法，为读者提供扫除读书障碍的条件。咨询辅导的最根本方式是遵照国家教委规定，由图书馆开设《文献检索与利用》这一课程，进行比较系统的通论性教育，并由有条件的系开设专业性课程如《生物学文献检索与利用》等。这就为读者补充了检索知识。我们又将所订 2700 余种外刊中的经济门类篇目输入微机，接受有关经济学的论文咨询；在文理阅览室设置咨询台；通过书面问答解决疑难。但这种服务不是有问必答、百问不厌的供应性，不是简单地提供成品，而更多的应该给予"金针"，它是一种传授方法、疏导渠道的教育性服务。有的可以直接按需提供书单或答案，有的则不给吃现成饭，而是指明路径，让读者自己去搜寻获取，如提问某名人传记，即不能直接解答其传记在某处，而是答以寻求传记应通过那些工具书，举一反三，这就使读者可以掌握一种方法。

三是阅读道德的教育。由于某些读者文明素养不足，不断出现缺乏阅读道德的现象，根据近年统计，其恶劣行为有撕、画、卷、藏、拿等情况。如对于自己喜爱的照片插图不顾原书价值撕去；有些书上涂画了个人的所谓见解，有的见解贫乏，语言低俗，有的更是涂些无聊的字句与画面；有的将平整完好图书一卷塞入书包、裤袋，有的为便于独占，乱架放置使他人无从阅读；有的甚至违章私自带出……这些现象不仅有损馆藏，妨碍教学与科研，也污染这些人的精神生活，养成不良习惯。图书馆对此不能熟视无睹，充耳不闻，必须进行严格的阅读道德教育。订出具体防范和惩罚措施固属重要，但更重要的是对"执法者"的支持作主。有的馆员因制止读者不良行为遭到反唇相讥，甚至辱骂，那就不能迁就因循，而应挺身而出，维护正义，作出果断的决定，这样才能逐步消除歪风而树立正气，很好地完成本身的教育职能。

提倡教育性服务，推行教育性服务，必将有利于提高图书馆的地位，纠正社会上的种种偏见，增强图书馆人员的事业信念，为培养"四有"人才发挥其应有的重要的作用。

本文原刊于《南开教育论丛》1987年第3期"教育改革研究专栏"。

关于新建图书馆的申请报告

　　为迎接新的技术革命，为把我校建设成为在国际享有更高声誉的高等学府，为使我校在国内各重点大学中处于领先地位，搞好我校图书馆建设是势在必行、势逼处此的。图书馆的建设除是教学和科研的基础、以提供资料和信息的保证外，它在学校的发展上，应该是先行的，至少是同步的，否则，学校的教学与科研工作必受严重影响甚至根本上不去。

　　近二年来，我校教学和科研工作发展得快，系和专业的数目正翻了一番，而图书馆却没有做相应的发展。最近，我馆派出人员赴南方几个兄弟院校的图书馆考察，感受很强烈的一点是他们极重视图书馆的建设。如南京大学 17000 m² 的新馆不久前投入使用，复旦大学 13000 m² 新馆正在施工，武汉大学 15000m² 新馆主体工程已完工，现正进行内部装修，华东师大新馆 12300 m² 已设计施工，而他们的原馆舍本来已比我馆大，形势如此之严峻，我校如不急起直追，差距将越拉越大。

　　以我馆当前的实际情况而论，在现有的 11000 m² 建筑中：

　　一、主体建筑建于 1957 年，功能设计陈旧，只相当国外三四十年代水平，当然不适合使用新的现代化的技术设备。

　　二、旧书库 2000 m² 系 1958 年的简易建筑，应予报废。

　　三、全馆阅览座位共计一千个，中文报刊阅览室最大也只有二百个座位，读者常年拥挤，完全不能适应需要。

　　四、业务用房严重拥挤，许多工作由于没有工作地点而不能开展。

　　五、现在年进书量在十万册左右，需库容 500 m²，而书库已基本饱和，为了向读者提供阅览，只好挤占本来就不够用的阅览座位，形成恶性循环。

　　根据我校发展规划本科生 9000 人，研究生进修生等 6000 人的规模，根据教育部（79）教计字 472 号文件公布的基建标准，我校 12000 m²—15000 m² 新馆，并迅即筹建落实以保证 1990 年前投入使用，我们希望新馆建为研究型图书馆，有八十年代水平的现代化设备，开设各专业阅览室，按我校重点学科成立文献资料中心，集中尽可能多的信息资料以开展科学研究工作。

　　可以肯定，把我校图书馆工作搞上去，使我校图书馆在全国高校图书馆中处于领先地位，对我校的发展是完全必要的。

　　请审查指示。

图书馆

1984 年 6 月

南开大学档案馆藏档

1990 年 5 月在南开大
学图书馆新馆落成典礼上
讲话。

1990 年春在南开大学
图书馆新馆查阅资料。

图书馆岗位责任制

图书馆职责范围

《中华人民共和国高等学校图书馆工作条例》是加强高校图书馆建设的基本依据。其中对高校图书馆的性质、任务与职责范围作了如下的规定：高等学校图书馆是学校的图书资料情报中心，是为教学和科学研究服务的学术性机构，它的工作是教学科学研究工作的重要组成部分。高等学校图书馆应贯彻党的教育方针，为培养社会主义建设人才，发展教育科学文化事业，建设社会主义精神文明做出贡献，其主要任务是：

一、根据学校的性质和任务，采集各种形式的书刊资料，用科学的方法进行分编与保管。

二、根据教学、科学研究和课外阅读的需要，开展流通阅览和读者辅导工作。

三、配合学校政治思想教育工作，宣传马列主义、毛泽东思想及党和政府的政策法令。

四、开展查阅文献方法的教育和辅导工作。

五、开展参考咨询和情报服务工作。

六、统筹、协调全校的图书资料情报工作，并开展馆际协作活动。

七、培养图书馆专业干部。

八、进行图书馆学、目录学和情报学理论、技术方法及现代化手段应用的研究。

馆长工作职责

一、在校党委和分管图书馆工作的副校长的领导下，负责主持全馆工作，认真执行党的方针政策，贯彻校领导和图书馆委员会的决定和意见。

二、领导制订全馆的发展规划、计划与经费预算，领导拟定图书用房和设备增添计划，确定本馆的机构设置，并相应明确其职责。

三、领导组织制定各项规章制度、工作细则、岗位责任制和工作量制度，并组织贯彻执行。

四、负责制订全馆人员的发展规划，组织安排工作人员的业务培训与进修。

五、负责组织全馆的日常工作，搞好藏书建设，提高服务质量。

六、积极采用新技术和科学管理方法，开展学术研究活动，使各项业务工作做到标准化、规范化，根据需要与可能逐步实现全馆工作的现代化。

七、负责指导各系资料室的业务工作。每年召开一次资料室工作讨论会，交流系资料室工作经验，安排资料室工作人员的业务培训，协助人事处做好资料室人员的业务职称评定工作。

八、努力做好馆际协作、国内外交换和外事工作。

九、定期向校长和图书馆委员会报告工作。每学期向主管副校长汇报一次工作，每年向图书馆委员会报告工作一次，听取意见。

十、副馆长协助馆长完成各项工作。

南开大学档案馆藏档

团结奋进，再展鸿图

——图书馆两年来的工作情况

图书馆于 1984 年初调整领导班子以来，新班子在党委和校长的正确领导下，上下齐心，团结奋斗，着意改革，开拓进取，工作有所进展，面貌发生变化。主要的工作情况是：

一、积极改革、调整布局、调动各方面的积极因素

1984 年初，图书馆在深入调查研究、分析图书馆现状、广泛听取馆内外意见的基础上，又派出学习考察组学习全国先进馆的改革经验后，即制定了切合本馆实际的管理改革方案。首先着手调整布局。在部室结构上，为便利读者利用图书馆，减少内部工作矛盾，改变过去流通参考分立局面，使期刊、文科、理科各自一条龙。在人员安排上使具备"四化"条件的中青年业务骨干走上部室主任的第一线，并妥善地使退下来的老同志组成研究室，发挥赞画、咨询的作用，做到"老有所安、中有所用"。在业务工作管理方面，建立了岗位制、考核制、奖惩制"三制"管理办法，对部门和个人实际定额和计量管理，建立和健全一系列的管理制度和办法，完善业务操作规范，恢复和健全了业务统计工作，并建立了业务档案，使工作有章可循。管理办法的改革，理顺了图书馆内部工作中不适应、不合理、互相矛盾的各种关系，较好地改变了纪律涣散、职责不明、劳逸不均和吃大锅饭的现象，极大地调动了各方面的积极性，提高了工作水平、质量和效率。目前图书馆已呈现积极进取、严格管理、团结齐心、工作秩序稳定的正常运转局面。

二、加强队伍建设，提高两个素质

图书馆的业务干部是一支专业队伍，是高等学校教学科研队伍中的重要组成部分。但是由于过去对这支队伍的不重视，存在着数量不足、素质偏低、结构不合理的严重局面。为了改造这支队伍，建立合理的知识、年龄结构，更好地为教学科研服务，两年来，图书馆狠抓了这支队伍的建设工作，主要进行了四方面的工作：第一，健全党的组织，抓好党员队伍建设，在整党取得明显成果之后，党组织针对整党中党员暴露出的思想问题，开展联系实际、专题学习、

专题讨论和学习经验交流等多种形式，加强对党员的教育，使党员的政治素质和觉悟水平有了明显提高，在群众中积极发挥核心和模范带头作用。为了解决知识分子"入党难"问题，党组织加强对积极分子的培养考察，及时解决他们入党问题，仅这两年就发展新党员 11 名，是十一届三中全会前三十年间图书馆发展党员的 2 倍，这支队伍有生气，有战斗力，在图书馆改革和工作中发挥了极好的作用。第二，在全馆职工中开展"四有"教育和"爱馆、爱书、爱读者优质服务"的竞赛活动，相应制定了评比条件和考核检查办法并已形成制度。第三，通过多种途径进行在职培训。如对青年工作人员开办图书馆工作应知应会的基本知识讲习班，由馆长、书记、老馆员亲自讲课，使得"青有所学"。根据工作需要，利用专业学习时间开办外语、古汉语专业课，已办一年半。对有独立研究能力的同志鼓励他们钻研学术、总结经验、写作论文，并将成果推荐到专业刊物上发表。在部室内部开展业务研讨。另外，还有计划地选送人员脱产或半脱产的进修。从今年开始，全馆开办"学习论坛"供同志们发表见解、交流经验。通过这些形式，使工作人员的文化知识素质和专业能力不断提高。第四，按学校下达的指标向校内外招聘图书馆工作人员。1985 年招聘 6 人，他们热爱教育事业、热爱图书馆工作，进馆后勤勤恳恳、兢兢业业，很有成绩，深刻感到招聘办法是提高队伍素质、改善队伍结构极好的办法。这一点得到全国教委、图工委在工作报告中指名予以充分肯定。

三、开辟多种渠道，采取多种形式主动为教学、科研服务

图书馆是为教学科研服务的学术性机构，图书馆的改革如何适应学校教育改革的新形势，为多出人才、快出人才做出积极贡献是图书馆面临的重要任务。为此，图书馆采取了以下措施：

第一，下系调查，了解新建系科的专业设置和教学科研要求，有目的地提供书刊资料，逐步变单纯供应性服务为主动的选择性服务。

第二，抓好"用户教育"，培养学生的文献检索能力：①对新同学进行利用图书馆教育，编印了《读者指南》和图书馆介绍录像，介绍图书馆的概况及藏书范围、目录体系及检索途径工具书的功用及其使用、服务设施及书刊借阅规则，帮助他们掌握利用图书馆及查找文献的方法。②加强查目辅导，在目录室配备咨询员巡视指导。③开设文献检索课和讲座，使学生掌握文献检索的基本知识和运用技能。

第三，配合学生课外活动，努力扩大学生的知识面和信息量，为提高学生的阅读能力和思维水平创造良好条件。一方面扩大书刊采集面，另方面增设了综合阅览室，较集中、全面地放置各种知识性读物，开架自由阅览。为了扩大、

加速信息交流，图书馆除了从流通渠道发挥各种信息载体外，还着重做了两项工作：一是在馆门两旁设置橱窗式"新书通讯"，及时向读者传递新的书刊信息。二是增订信息报刊，设立动态专栏，随时向学生提供、报道各种学术信息。此外，还配合学校有关部门举办图书、绘画、书法、图片等展览和音乐欣赏活动，丰富学生课余文化生活，陶冶审美情趣，培养鉴赏能力。

第四，编制馆藏书本式目录，进行跟踪服务。图书馆编印了《馆藏美国史目录》《文博目录》《港台书目录》《馆藏西文工具书目录》和《馆藏善本书目录》等。其中《馆藏美国史目录》还流传到国外，向美国学的学者提供了参考书目。馆藏书本式目录的编制使读者了解馆藏，进而充分利用各种书刊，做到藏用结合、以用为主，发挥知识喷泉的作用。

第五，在流通部门制订了文明服务规范，开展优质服务竞赛，改善服务态度、提高服务质量。对一些老教师、老干部，根据要求，送书上门，深受他们赞扬。

四、积极开展技术研究和试验，促进图书馆现代化建设

为适应图书馆事业现代化建设的发展和需要，1984年初，图书馆在物质条件极艰难的情况下成立了技术部，仅在5个月时间内建设有120个座位的视听室，读者流通量每日多达700人次，深受全校师生欢迎。从设备坐席、服务项目考察、在全国高校中居领先地位。与此同时，技术部边干边学，积极开展计算机在图书馆的应用研究。其论文在全国会议上受到重视和好评。目前，仅靠两台苹果型微机，将1985年前西文期刊2600种输入硬盘，并将向读者提供计算机检索服务。

五、清理积压，整顿馆藏

图书积压是图书馆长期存在而难以解决的问题。1984年初新班子接任时，仅外文书就积压一万多册，相当现有全部编目人员一年的工作量。中文书也有一定数量的积压。新书积压，不能流通，教师意见很大，经济效益受到很大影响。这个老大难问题迫使新的领导班子下定清理积压的决心，在加强政治思想工作的同时采取定额管理，责令编目部门限期解决。到1985年底，自购外文图书积压问题已基本解决，中文图书已于1985年秋全部清底。目前，新书到馆后，西文书加工周期已不超过2个月，中文图书不超过一周。

图书馆在经费紧张、书价腾涨、馆舍拥挤、需求增大的情况下，加强藏书建设，解决书库饱和拥挤问题成为燃眉之急。图书馆为此成立专门小组，一方面细心剔旧，支援有关学校，调整书库布局，缓解藏书面积；另一方面，将过去多年未编旧藏和简编书进行整理、加工、编目，以提供使用来充实馆藏、开拓流通。同时，加强采访、审慎选购、增类减量。这就使目前库藏状态保

持良好。

这些工作的推进虽然遇到一些阻力，但终于能顺利取得成效的最根本原因是由于抓好两个团结：一是领导班子的团结。一切工作，只有领导班子在党的原则基础上团结一致，才能以身作则，集中意志和力量。图书馆总支十分重视这项工作并采取领导班子生活会措施，交流思想，消除隔阂，使领导班子两年来一直能形成一个拳头，发挥集体领导的作用。二是全馆上下的团结。鉴于过去流言蜚语多，隔阂猜测多，三五"友好"多，1984年初接管工作以来就提出"风雨同舟、群策群力""革命加友谊"的要求，发扬共同奋进的正气，遇到问题公平处理，调协说服。对于不利于团结的言行毫不含糊地批评处分，努力将不团结因素消融在未发之前，使同志间互相关心、彼此配合，心情愉快地工作。

其次，图书馆领导班子鉴于长期以来社会上对图书馆不重视的偏见，便多次反复向工作人员进行"职业自尊"教育，鼓舞全体人员首先自己重视自己的职业，要昂首阔步，要正确认识自己的价值和作用。为此，图书馆打破过去基本"与世隔绝"的封闭状态，展开与国内外图书馆界的交往，提高本馆在图书馆界的地位，争取有利条件，如陈述理由，向国家教委争取到理科物理专业教材中心的重点设置，另外获得北京地区以外唯一的赴英进修名额，开创了馆员出国的先例，振奋了人心。最近又与美国奥本尼大学图书馆建立交换馆员的协议草案。同时，馆领导班子还积极为馆员的学术前途创造条件，认真负责审改文稿，千方百计推荐发表出版。两年来，仅在《大学图书馆通讯》《津图学刊》等专业刊物上即发表论文十余篇。一位青年馆员的译著也已列入校出版社出版计划，准备出版。

上述这些措施，都起到鼓舞士气、坚定信念，大大有利于工作的推动。

第三，图书馆两年来工作得以顺利推进，还得力于各方面的积极支持与帮助，教务科研部门提供信息，给以工作上的指导，后勤部门在财务、工务诸方面都及时协助，解决困难，各系所体谅图书馆的困难条件，不苛求、多帮助，特别在专业业务上，中文系、历史系、图书馆学系等都采取合作共事态度，完成若干种书目。全校研究生、本科生积极配合，遵守规定，尽力减除工作阻力并不计报酬为图书馆辛勤服务。正是这种八方支援、众志成城，才使图书馆有可能顺利地前进。

两年来，图书馆虽然做了一些工作，但距离适应一个重点大学的要求还很远，工作中缺点和不足也很多，特别是馆舍的急待新建（全国重点大学近年均已重建万平米以上新馆），经费的希望增拨，人员的要求充实提高，这些人、财、物问题，学校是有困难的，但为了把南开大学办成第一流大学，加强加速图书馆建设已是迫在眉睫的当务之急，图书馆现已全部完成应有的资料、计划书、建设方案，随时准备提供并接受提出论证的任务。

南开大学档案馆藏档

向国外高校专业学者介绍南开大学图书馆自然科学藏书特色及管理利用情况（左一为环境科学系主任戴树桂）。

向来访的外国人文学者介绍南开大学图书馆藏古籍文献（左三为副校长高静）。

关于申请世界银行贷款引进计算机设备的报告*

国光、大璜校长：

电子计算机的应用是图书馆现代化的重要标志。我校为国内外著名大学，为搞好教学与科研工作，图书馆开发、应用电子计算机实为当务之急，刻不容缓。

我馆于 1984 年组建了技术部，成立计算机应用研究室，在校领导的关怀与支持下，购置了两台微型机（Apple II 及 IBM—PC/XT）。一年来，已在 PC/XT 上开发了西文期刊管理系统，将馆藏西文期刊 2600 种输入硬盘，效果良好，下学期将向读者提供检索服务。12 月 5 日，技术部在"计算机在图书馆应用学术交流会"（在北京召开的全国性的大型会议）上宣读报告很得好评。但从整体来看，无论硬件设备和软件开发项目，与北大、复旦、南京大学相比，差距确实很大。如：

南京大学图书馆现有 IBM—PC/XT 型机 3 台，打印机 2 台，激光条形码阅读设备 2 台，已开发项目有：①流通管理，②期刊管理，③采购管理。今年仍计划进 IBM—PC/XT 微型机。

复旦大学图书馆现有 DPS6 小型机 1 台，终端 2 台，磁盘机 1 台，打印机 1 台。已搞项目有：①着手在 PC/XT 上移植我国的条形码图书流通系统，并研制 PC/XT 作为 DPS6 的智能终端；②完善条形码阅读设备并推广应用。今年仍准备进 PC/XT 微机。

北京大学图书馆现有 VAX—11/750 超小型机 1 台，终端 14 台，磁带机 2 台，磁盘机 1 台，激光打印机 1 台。已搞项目为：①西文联合通报，②中文 MARC。

对比之下，我馆如不从现在起立即急起直追，则差距必将愈来愈大，我们希望 1986 年在没有中小型机的情况下，先解决 IBM—PC/X 微机 4 台，开发文科图书流通管理系统和西文图书编目系统等 2 个项目。理由是：

文科借书处每天接待读者 1000 多人次，而出纳手续全凭手工操作，读者

---

* 此标题为本书编者所加。

排长队等候，再加一些其他原因，常常发生一些不必要的、不愉快的问题，如果使用计算机，则可代替借书登记、还书注销、排卡插卡等劳动工序，而且准确率高，遇到某书已借出，则可迅速查出何人何时所借，效益是极高的。

西文图书编目在图书馆业务工作中难度是较大的，分编著录等程序均甚复杂，因此加工周期长，积压问题难予解决，但如使用计算机，则一些费时费力的手续得以迅速解决而且准确性高。这种使新书尽快及时投入流通，向教师科研人员提供信息，效益甚至是无法估量的。

最近全国高校图工委秘书处在调查第一批世界银行贷款院校引进计算机图书馆使用情况。据了解，第一批共有 28 所院校，而第二批亦有相当数目，当前已大势所趋，形势逼人，我馆的计算机应用问题必须从速解决。

特此报请批示。

图书馆

1986.1.20

来新夏馆长附言：

日前汇报工作时，国光校长曾问及图书馆设备问题，认为已落后于形势，我早已深感其事之急待解决。曾于去年冬向校领导写呈设备报告，但迄无批示。国光校长也告以未见，旋即复印送呈审阅。目前以缓急而论急待先行解决计算机问题。经研究写呈报告如上，请审批为幸。

来新夏

1.21

又，过去世界银行贷款曾为各校图书馆装备计算机共 28 所，获教委图书工作委员会秘书长告知，有些校按照规定给予图书馆，如天津大学、复旦大学，有些校则以此名义另移别用，我校是否属于后一情况，未敢肯定，附呈高校图工委调查通知，请校长审阅。

来新夏再上

1.21

南开大学档案馆藏档

南开大学图书馆"七·五"设想要点

（讨论稿·1986 年 2 月）

一、认识、情况和目标
二、图书情报工作的管理体制
三、加强专业队伍建设
四、工作手段的现代化
五、加强管理、提高工作水平与服务质量
六、馆舍与经费
七、附件

一、科学劳动要以利用前人的成果和今人的协作为条件。图书馆是向科学劳动者提供这些条件的重要场所，为了实现在"七·五"期间把我校办成全国重点综合性研究型大学的目标，并为九十年代学校的发展打好基础，做好图书情报工作是最基本的条件之一。

我校图书馆是一个有基础的老馆，藏书质量较高，有一批经过训练的专业工作人员，经过几年的调整，工作有一定的恢复和发展。但是，总观我校图书情报工作的现状尚不能适应教学与科研工作发展的要求，与先进的兄弟单位相比，尚有不少差距，比较突出的是：①管理体制比较分散，系、所资料室已达二十多个，人、才、物浪费现象比较严重。②图书情报人员素质较差。以总馆为例，目前青工与临时工合计占整个人员的一半，大专以上文化水平的工作人员所占比例，低于全国高校馆的总平均数。③馆舍小，现代化设备少，这方面在全国排队，我们不是前几名，而是十几名或二十几名。在"七·五"期间要想实现把我校建成全国重点综合性研究型大学，并保证在九十年代大发展时期能跻身于前列，我校图书情报工作必须要有一个较大的发展。

在"七·五"期间我校图书情报工作要做到：理顺关系，建立起科学的管理体制和有效率的管理系统，人、财、物的条件有明显的改变，服务质量和工作水平要有大幅度的提高，要扩大服务领域，提高服务质量，树立信心、事业心、责任心，争做地区与全国图书情报网络布局与资料布局的中心馆（概括起来，我们的目标是"一扩、二提、树三心、争上游"）。

二、建立起以统一领导为主，布局合理，有利于发挥效益的图书、情报、资料工作体制。理顺关系，建立起科学的管理体制，加强对图书情报工作的宏观控制和指导，是做好工作的前提。现在国内外图书情报管理工作发展的总趋势是向集中化方向发展，知识、信息量的激增，使任何单位都无力做到"小而全"，只有走标准化、网络化、集中化的道路，在分工合作的基础上做到"大而全"，求得共同发展。我校现行图书情报管理体制是分散型的，近年来分散的倾向又有所发展，"七·五"期间，我们必须改变这种状况，确实实行校长领导下的总馆馆长负责制的全校统一领导的图书情报工作管理体制。学校设总图书馆，院或相近几个系、所设分图书馆，统一归总馆馆长领导，原系、所资料室不再管理图书报刊的借阅工作，集中力量做专业情报资料工作，资料室实行总馆与所在系、所双重领导，以系、所领导为主。（附件一）

三、加强专业队伍建设。

做好图书情报工作的关键是要有一支数量足、素质高、结构合理、有事业心的专业工作队伍。我校现有队伍中专业工作人员占比例小，专业工作人员中理工专业毕业的少（现总馆没有本校理科专业毕业生）、外语水平普遍偏低，由于政策不落实等原因，多数人员事业心不够强。"七·五"期间我们要从以下几个方面切实抓好图书情报专业技术干部队伍的建设工作：①从落实政策入手，切实做到在定级、晋职、进修、工资福利待遇等方面与同档次教学、科研人员享受同等待遇，以此来稳定、提高现有专业人员，并吸收更多的知识分子来搞图书、情报工作。②以鼓励性措施，如准保留原有职称系列可对口选择工作岗位，有些工作可实行弹性工作时间等，来争取部分教学、科研人员来从事图书情报工作。③每年给总馆和分馆选留 5 名以上大学毕业生。④多种途径培养和招聘专业工作人员，包括社会招工、办专业培训班等。⑤定岗、定编实行聘任制等。

到1990年全校图书情报专业人员可定为300人，临时工与勤工俭学指标除外。①专业结构可达到社会科学、自然科学、图书情报三类专业人员各占30%，外语专业人员占10%。②文化结构达到大专以上占2/3，中专占1/3。③职称结构比例达到：高级职称20%，中级40%，初级职称40%。④年龄结构为高级人员平均50岁，中级人员平均40岁，初级人员平均30岁。（附件二）

四、图书情报工作现代化是提高工作水平与服务质量的根本出路，其主要标志是在图书情报工作中应用电子计算机与配套的缩微、复制、声像、保护等先进技术。这个目标在发达国家已基本实现，预计我国九十年代也将在主要城市实现这个目标。我校作为国家的重点教学、科研单位，应充分发挥技术、设备优势，先走一步，在"七·五"期间做好有关的基础工作，培训出一批专业人员，添置有关的设备，完成本校范围内的网络化试验工作，初步实现本校图书情报工作手段的现代化。（附件三）

五、加强管理、提高工作水平与服务质量。

图书情报工作是一项科学性、技术性很强的专业工作，必须实行科学管理，按图书情报工作本身的规律与要求去做。"七·五"期间要严格按国家统一要求实现图书情报工作的标准化、规范化、制度化，明确岗位责任，建立行之有效的考核、检查、奖惩措施，调动各类人员的积极性，初步建立起有效率的图书情报工作系统。

馆藏建设要突出重点，发挥优势，在照顾一般的原则下，集中人力、物力、财力，保证与发展重点学科资料，争取做全国的资料布局中心。重点资料收藏的学科范围，按学校的重点学科，参照我校原有馆藏的基础，经调查研究后写出报告，报学校批准后执行。（附件四）

服务工作要提高质量，开拓新的服务领域。学校图书情报工作的最终目的是为教学与科学研究服务，为师生利用图书报刊、情报资料提供方便。"七·五"期间仍然要把借书、阅览等基本服务工作作为重点工作来抓，千方百计地改善服务态度，提高服务质量，降低拒借率和拒阅率，扩大开架借书、阅览范围，简化借阅手续，增加座位，改善条件，延长开馆时间，针对这些项目的国内外指标，结合我们具体情况，每学期做一次系统研究分析，切实保证逐步把我们的服务工作做得更好一些。（附件五）

"七·五"期间建立起全校总目录和新书主题目录，使图书馆真正成为全校图书资料的查询中心。

"七·五"期间要创造条件，加强宣传辅导工作、文献的开发、情报信息的提供与文献课教学等研究性的服务工作，切实把这些工作开展起来。（附件六）

进一步在全馆开展"三爱一优"活动，树立全心全意为读者服务的思想，逐步做到使图书馆的服务体系随时都能处于最佳运转状态，对读者的要求能通过各种渠道予以满足，发挥整体的服务效益，变被动服务为主动服务，变供应型服务为选择型服务。

六、馆舍与经费

我校图书馆馆舍在国内高校来说是五十年代的高水平，八十年代许多学校都超过了我们，就面积大小来算，在全国高校中已降为第　位，是几所全国重点综合性大学中最小的一个，实际上也早已不够使用，限制了我们正常工作的开展，如文科研究生入库选书问题，之所以至今难以解决，馆舍不足是重要原因之一。在五年之内，如仍不增加馆舍，研究生入库不但解决不了，阅览室也将全部关闭变成书库。因此，"七·五"期间，必须下决心解决馆舍问题。这可以从三个方面来办：①1990 年前建起 2000m² 现代化设备配套的新馆舍；②在新馆未建成前，每年新建临时馆舍或在教学区增拨临时馆舍用房 500 m² 以上，以解决急需；③调整现有馆舍，提高房屋的使用率。但这方面的余地已经很小。（附件七）

　　图书经费不足将是今后几年面临的一个严重问题。一方面因教学和科研的发展对书刊的需求不断增加，另一方面，书刊却不断涨价。1985 年比 1984 年涨价 60％以上，今后还将以每年 20％的幅度上涨，因此，学校在经费上应给予一定保证。图书馆常年购书经费的综合指标可按学校经费收入的 8％、科研经费收入的 10％考虑。建筑费、设备费、工资费另算。

附件：
　　一、南开大学图书情报工作管理体制意见稿
　　二、加强图书情报专业队伍建设的意见
　　三、南开大学图书情报工作手段现代化规划
　　四、馆藏建设重点的调查报告
　　五、图书馆各项工作的指标
　　六、南开大学文献课教学计划
　　七、筹建新馆舍的意见

南开大学档案馆藏档

对《关于适当提高一点勤工俭学报酬和给贺恒祯同志补贴的报告》的批复[*]

馆领导：

我部贺恒祯同志率中文系两位勤工俭学的同学整理西侧新书库六楼线装书近半月了，其整理的办法基本是按 1958 年大跃进时的分类和登录为排架顺序，为了便于检索，除少数原有书套外（因书套上有书名和索书号），对无书套的书都写了索书片（索书片包括分类和书名、登录号）如：

经
18235
礼记

以便检索，这道工序完成后，便进入做书目阶段。

目前的情况是：该书库多年来未做卫生，书上积土很多，只好边整理，边做卫生，尘土呛人，咳嗽不止，两个同学不得不戴口罩和头巾，3 月 25 日其中一个同学表示由于太脏，影响健康，不想来了，另一个同学尚能坚持，但希适当提高一点每日的勤工俭学报酬。

我馆各阅览室一日三个单元开放，凡参加值夜班的同志除放假外，每晚还有五角钱的夜餐费，整理新书库六楼线装书比晚上值班同志更为辛苦，是否可以考虑在整理这批线装书时期，每月给贺恒祯同志补助 10—15 元，由晚上夜餐费中支出，即按贺恒祯同志值了二十至三十个晚班对待。至于勤工俭学的同学也请适当提高一点报酬，如实际劳动五天，按七天计算。不知妥否，请指示。

特藏部

1987.3.26

---

* 标题为本书编者所加。

来新夏馆长批复：

我到现场实地调查，工作环境与条件确实艰苦，应考虑给以补助和略有提高，具体如何解决、经费是否从 800 元中解决，请广生研究解决（可与陈作仪商量），将结果告我。

来新夏

1987.3.26

李广生副馆长批复：

经馆长同意，学生勤工俭学一天按 1.5 日计酬；陈作仪、贺恒祯每人每月补贴 10 元（共贰拾元）。

李广生

3.26

南开大学档案馆藏档

《南开大学》《南开周报》报道十一则

图书馆整党促改革出现新气象

图书馆新班子上任后，振奋革命精神，大力抓改革工作，使图书馆的各项工作出现了新气象。

新气象之一，是领导注重调查研究了。为了制定图书馆切实可行的工作计划，新任馆长和党支部书记分别召开了各种类型的座谈会，和二十多人进行了个别谈话。他们利用业余时间，走家串户，到在馆工作多年、有丰富经验的老同志和新任部主任家访问，听取他们对办馆的意见。他们还亲自走访了全校十六个系，听取教师对图书馆的意见和希望。

新气象之二，调整了馆内部室领导，全馆人员积极性高了。不久前，图书馆提拔了一批中年骨干担任部室的主要负责人，发挥了他们的聪明才智和积极作用。同时，对于因年老退下来的同志，保留原有待遇，转到研究组工作，使他们发挥业务指导和顾问、参谋的作用。对于青年，他们也根据需要，举办各种业务讲座，并制定培训计划。这样，"老有所安，中有所为，青有所学"，调动了全馆人员的积极性。

新气象之三，开始规划图书资料工作的现代化。为了适应新形势的需要，图书馆增加了技术、辅导、特藏三个部。技术部在人员少的情况下，克服种种困难，查阅了大量的文献资料，调研了津、京两地高校图书馆微型计算机的使用情况，并就如何在本馆进行微机试验与计算机系的教师多次研讨，制定了初步的规划。

新气象之四，积压待编图书，迅速得到清理。近两年，图书馆积压图书近两万册。图书馆领导把解决这个问题作为整顿的突破口。由于领导重视，有关同志主动加班，突击分编，近两个月已送编图书近九千册，4月份完成的工作量是以往月平均工作量的1.5倍。预计6月份将清理完毕，做到进书无积压。

新气象之五，主动为教学科研服务。为了使师生能及时了解新书入藏情况，由业务办公室在图书馆大门两侧，开辟了"新书通报"橱窗；为了使师生便于使用和了解图书馆，由辅导部完成了《怎样使用图书馆》小册子的编写工作。

另外，他们目前正在进行《南开大学图书馆》录像脚本的编写工作，准备 6 月份开拍，为秋季新生入学教育提供新内容。　　　　　　　　　　（李淑华）

《南开大学》1984 年 5 月 16 日第一版

图书馆开设善本书、特藏书阅览室

图书馆为了更好地为教学、科研服务，最近开设了善本书、特藏书阅览室，该室于本月 11 日正式开放。

我校图书馆所藏善本书、特藏书有元、明、清三代刻本、批校本、稿本和抄本，特藏书包括档案、文物和碑帖。这些书不仅是我校珍贵典籍，而且还是国家文物，读者必须倍加爱护。

凡我校教师持工作证借阅，研究生、文科毕业班学生因写论文需要，须持系办公室证明、指导教师签字和学生证借阅。　　　　　　　　　（图）

《南开大学》1984 年 2 月 20 日第一版

图书馆边整边改效果显著

【本刊讯】在过去的一年里，图书馆党政领导班子团结一致，上下齐心，带领全馆工作人员边整边改，以整党精神促进工作，使图书馆的工作有了新的发展，面貌有了新的变化。

他们在对馆内外、校内外广泛调研的基础上，分析弊端，结合实际，制定了以"三制"（责任制、考核制、奖惩制）为内容的管理改革方案，在全馆试行后建立了正常的工作秩序。根据新时期新形势的要求，本着合理、适应的原则，妥善地调整了管理体制。在"老有所安，中有所用，青有所学"的思想指导下，将符合"四化"要求的中青年业务骨干推上了领导第一线。现在，图书馆各部室领导成员大专学历的占 90% 以上，平均年龄已由原来的 54 岁降到 42 岁。为满足教学科研的需要，使广大师生及时用上好书、新书，他们还集中力量清理积压待编图书，取得突出成绩。现在中文书的分编加工已做到月清，西文书原来待编周期为一年多，有的达二至三年，现已缩短为半年。仅 1984 年已使 30 多万元码洋的外文原版图书提前投入使用，发挥了应有的智力效益。为了方便读者，解决读者"借书难"的问题，实行全日开放、开架借阅。图书馆已设九个开放点，连同各系资料室共开架借、阅图书近 50 万册，并为少数老知识分子和老干部送书上门。他们为了保证校内师生及时使用馆藏图书资料，对校外人员实行低价有偿服务。为加速图书馆现代化建设，新建的技术部在不到半年时间内，以少量经费建起了有 12 个座位的视听室，为师生提供声象服务，深受欢迎。现在计算机检索试验也正在抓紧调试。

最近，图书馆党政领导班子，按照整党决定，高标准，严要求，进行了集体和个人的对照检查。他们认真找出了存在的问题和不足，端正业务指导思想，明确办馆方针和原则，在全面总结1984 年工作的基础上，正在研究制定 1985 年的工作计划，准备在完善规章管理制度、加强基础工作、提高服

图书馆领导班子成员：孙书瑜、曹焕旭、来新夏、张宪春。

务质量、开展新技术手段、提高工作人员素质等方面，定出具体措施，使图书馆工作在新的一年为我校在重点院校评选中做出应有的贡献。　（本刊通讯员）

《南开大学》1985 年 2 月 4 日第四版

图书馆馆长来新夏就读者关心的几个问题答记者问

近日，本刊记者根据读者反映的问题，走访了图书馆馆长来新夏。现将采访情况简录如下：

记者：对进修生、电大、业大学生如何发证？

馆长：凡持有正式进修证的来校进修生，须交纳 30 元押金，发证 5 张，并酌情按人员比例发放公共阅览证。对本校的"电大""业大"学生，每人发借书证 2 张。

记者：对外单位读者收费问题，读者中有一些反映，请您把收费的标准和范围说一下好吗？

馆长：近几年，图书馆为本校万名师生搞好服务已感压力很大，因此，为了限制校外一般读者，我们不得不采取收费的办法。而对搞科研真正急需图书资料的单位和个人，我们仍然热情接待，应收费而有困难者可减免。

记者：罚款制度是怎样执行的？

馆长：目前执行罚款的范围是：私自将书刊携出阅览室，撕毁、污损、勾画图书的，在馆内随地吐痰、吸烟或大声喧哗等一些违反阅览制度和危及安全的人。

记者：本校师生看"珍""善"本图书也需要收费吗？

馆长："珍""善"本图书资料是我国宝贵的文化遗产，可以说是"国宝"了，为能妥善保存，使其长期发挥作用，我们规定每次翻阅前要洗手，禁止带水笔阅读，为读者摘记方便提供白纸和铅笔，并象征性地收费5分钱，主要目的是提醒读者要格外珍惜！

记者：部分读者反映，有的书总借不到，图书馆准备如何解决这个问题？

馆长：我馆采购入藏图书是根据经费数额和专业设置，入藏思想性、学术性较强，能够反映现代最新成果和各学科发展情况具有较高参考价值的图书资料。除教学指定参考书外，在一般情况下贯彻"品种宜多""复本宜少"的原则，凡学生应该必备的教科书，统一由教务处和各系负责解决；图书馆主要负责解决教师、学生参考用书，学生必读参考书，也只能做到按学生人数有比例地购置，不能做到人手一册，这就必然出现有些同学借不到指定参考书的现象。

记者：读者非常需要某种图书、而我校图书馆又没有入藏，怎么办呢？

馆长：可与我馆采访室联系补充或者与社科部联系，向国家图书馆或其他和我馆有协作关系的图书馆进行馆际互借。

记者：您准备如何把提高服务质量的工作抓好？

馆长：要把采、编、借工作抓好，多入藏高质量的书刊，提高分编的速度和质量；争取条件，以便增加座位，延长开馆时间。同时，结合岗位责任制在全馆持续开展"三爱一优"（爱馆、爱书、爱读者、优质服务）活动。增加工作人员的责任感和事业心。针对在第一线上工作的同志多数比较年轻的情况，我们已着重准备开展专业知识培训，提高这些同志的业务水平和思想素质，切实提高服务质量，改善服务态度。

《南开大学》1985 年 4 月 22 日第二版

参观美国大学图书馆散记

图书馆馆长　来新夏

初夏时节，我以一个月时间参观、访问了美国十所大学图书馆。现以片断观感寄语读者：

一、图书馆在学校中的独立地位，与学院平行。工作人员素质较高。如堪萨斯大学图书馆 150 人中，60 人有图书馆学和其他学科硕士学位。工作人员包括馆长全部招聘。

二、电脑已完全普及，检索十分方便，有的馆已有中文检索。如我到明尼苏达大学访问时，该校的东亚图书馆便分别以中外文检索到我在美国各图书馆入藏的 8 种著作，还可检索到各书的内容概略。但据已电脑化的西密执安大学的馆长说："电脑可提高工作效率、加速信息流通而不能省人力和省钱。"

三、读者服务工作人员文明礼貌，对待读者热情。门厅内设有咨询台，解答读者问题，帮助读者使用图书馆。复印机设备多，读者投币后自己复印，每页 5—10 美分。有的馆设有复印室，有一工作人员管收费，仍由读者自己印。美国普遍实行每周 5 个工作日制，但图书馆则为 6 天。阅览部门一般由晨 8 时至午夜 12 时连续开放。对借书过期规定极严，第一次警告，第二次罚款，决不宽假。

四、藏书量不等，但都各有重点和特色。除珍善本书库外几乎全部开架，任人入库选书。重视图书保护，为预防书刊老化损毁，有的馆已使用光盘存贮。一张 3.5 吋光盘可存贮书刊 50 万页。堪萨斯大学图书馆馆长说五年内可普遍使用。

另外，我还访问了印第安那大学、奥本尼大学、宾夕法尼亚州立大学、加州大学洛杉矶分校等图书馆学系和学院。大多把图书情报合称而招收其他学科的本科生来攻读学位。教学已摆脱传统内容而向信息咨询科学转变，如计算机应用、电传通讯、缩微运用、系统分析等，各院院长很关心我国图书情报教育状况，并希望与我校交换学位生与访问学者。

《南开大学》1985 年 9 月 16 日第四版

图书馆文明服务受称赞

"热情服务，感人至深。""社科部全体工作人员服务热情、周到，替同学考虑问题，实在值得学习。"图书馆各个部、室的意见本上写满了这样一些热情赞扬的话。一位刚刚借完书的同学对记者说："最近图书馆变化很大，气氛好像也与以前不同了。"图书馆之所以发生了这种变化，是他们开展文明礼貌服务，工作规范化的结果。

为了进一步改进和加强读者服务工作，本学期图书馆领导齐心协力抓精神文明建设，开展优质服务、开门评馆，从 4 月 1 日起开始执行《图书馆工作人员服务规范》。《规范》共十八条，从服务态度、衣容、礼貌用语、环境等各方面做出具体规定，深入开展爱书、爱馆、爱读者、优质服务活动。

领导带头执行《规范》

来先生珍藏的"南图"001 号馆徽。

开始实行时，阻力很大。例如为了便于读者监督，实行挂牌服务，许多人感到很不习惯。馆长来新夏先生戴上了一号牌。由于馆领导带头执行《规范》，现在，不仅全体第一线工作人员全部挂牌服务，自觉遵守《规范》，并通过文明礼貌服务影响、带动了服务对象，许多同学也自觉遵守制度了。

严格监督落实

在执行《规范》中，层层检查落实情况，月末各部室总结表彰，月中馆里检查一次，抽查两次。馆领导经常鼓励大家在严格遵守《规范》的同时，于读者有益的事也要放开去做。

提高服务质量的层次

《规范》中规定，工作人员要熟悉业务，主动帮助读者解答咨询问题。馆长来新夏说，礼貌服务还只是最低要求，还要达到对服务对象的理解，知道他们最需要什么书，如何帮他们解决困难。馆领导鼓励大家钻研业务，一心扑在事业上。馆里专门搞了"学习论坛"，每周利用一个下午进行业务学习交流。

图书管理更趋合理化

前一时期，图书馆调整了布局，腾出部分房间，把开架室与闭架室分开，增加开架，并开辟了一个目录室，设目录咨询员指导、服务、解答问题。记者随来新夏馆长走进文艺借书处时，一位同学正自觉地把书牌放到书架上抽出书的位置。据这里的工作人员介绍说，在文明礼貌服务中，同学们的这种良好习惯正在逐步形成。

（王巍）

《南开周报》1986 年 5 月 20 日第二版

1986 年北京大学、北京电影学院图书馆同仁来馆参观交流。

听取意见　改进工作　图书馆采取图书管理新措施

最近，经济系教师张春林同志向学校提出加强图书馆建设的一些看法。图书馆专门召开了一次座谈会，请张春林老师介绍北京大学图书馆的一些做法后，结合我校图书馆的情况，制订了改进措施，并已逐项落实。他们的具体做法是：

严格图书催还制度。馆藏图书复本量小，外文原版书一般每种只一册，如果一些读者借了不还，则形成长期"垄断"，别人就读不到。为此决定实行逾期罚款办法，以缓解借书难的矛盾，而确保教学、科研用书。

参考室实行"教学参考书单"制度。每学期末，由各系任课教师列出下学期所需教学参考用书书目，图书馆按月提出书并开架陈列，以保证同学们有必要的书看。

实行新书展览借阅。今后凡是到馆新书，先在文科借书处展出一周后入库，以使同学们了解新书信息。

加强期刊流通。以前期刊均全年合订，读者一次占用多册以至影响流通，现改为半年装订。

采用激光条形码进行开架书借阅。即借书证使条形码，借书时用激光笔扫描，将图书号码等有关信息输入计算机仅需几钞钟，大大缩短借书手续时间。现正由图书馆技术部积极准备。

图书馆还将在提高工作人员素质的基础上，完善预约借书，做好参考室、开架借书处书籍经常性替旧换新等工作。

（杨坚）

《南开周报》1987 年 4 月 13 日第二版

图书馆重视自身建设　全馆上下坚持业务学习

图书管理学，是一门伴随科学文化的发展而产生的学科。它的健全与发展，不仅能给教学和科研提供优质服务，还会对阅读和科研提供咨询和指导。如何为它正名，改变社会及某些图书馆工作人员自身对它的"借借还还、简单重复性劳动"，"与服务行业差不多"等错误看法，是我校图书馆领导一直十分关心和重视的问题。要扭转这种认识，他们认为首先是提高馆员素质，加强自身的业务建设。为此，馆长来新夏教授十分注意抓馆员的业务学习，以充实、扩展、提高他们的业务水平。

长期以来，他们一直坚持每星期二下午进行业务学习。为了提高学习质量，从去年 4 月份起，又利用这个时间举办"学习论坛"，邀请校内外同志讲授图书管理方面的有关知识。这一活动深受全体馆员的欢迎，部门负责人、老馆员、新同志都积极报名，把自己的工作提高到理论的高度来认识、讲授。馆长来新夏先生处处带头，在去年的十几讲中，他带头讲了第一讲。今年，又以《天津近代史研究》为题，为"学习论坛"开了个好头。朱一玄先生的《如何收集整理资料》、叶嘉莹教授的《中国诗词的赏析》、张学正副教授的《当代文艺思潮》也都为大家开拓了视野。

"学习论坛"还是馆领导发现人才、培养人才的好途径。他们积极鼓励青年人登台参讲，发现他们讲述的内容有新意，就帮助他们提高认识，鼓励他们写成文章，然后为之推荐到有关刊物上去发表。青年馆员冒乃健的《关于理科学生借阅文科书籍的分析》，江晓敏、陈作仪的《编辑"南开大学图书馆馆藏古籍善本书目"的随记》等文章，就是他们推荐给《津图学刊》发表的。这一活动的开展，不但使全体馆员尤其是年轻的同志们认识到图书管理工作的重要和自我价值，还提高了大家的业务水平。一种好学上进、钻研业务的风气正在年轻人中形成。有的人还用业余时间从事翻译或写作，陈俊生同志工作之余自学日语，和他人合作翻译的《松下的经营哲学》一书，就是在馆领导的关心鼓励下完成和出版的。这本书在华北书市上，成了我校出版社的畅销书之一。

现在，图书馆的学术空气日益浓厚，各部门的业务学习，不再是泛泛杂谈，而是结合讲座，联系本部门工作深入探讨。如他们从读者借阅图书的统计数字中研究读者心理，了解借阅规律，并从文理科读者互借图书的扩大面，看到了文理科交叉的趋势，及时为交叉学科建立辅助书库、设立专题目录。同时，准许文理科教师打破界限，互进对方书库查阅图书。他们还与系资料室加强联系，进行跟踪服务。他们编写的《英美文学目录》《南开大学图书馆馆藏古籍善本书目》《文博图书目录》及为某些课程的开设而设置的"教学参考书架""图书展览"等，都为各系教学、科研提供了很大方便和帮助。　　　　（万舒）

《南开周报》1987 年 4 月 20 日第三版

完善借书过期罚款制度　图书馆提出两项新措施

图书馆于去年实行借书过期罚款以来取得了明显效果。最近，为完善这项制度又补充以下两项措施：

一、为高龄教师上门服务。本校 65 岁以上、副教授以上的高龄教师（含其他系列相当职称），由图书馆借阅部建立专档，提供办理借书、还书手续服务。

高龄教师可电话或信件通知图书馆借阅部，即派人上门办理借、还书手续。除有读者预约由图书馆派人上门取书外，高龄教师所借书可自动延期续借。验证时由图书馆派专人上门办理。

二、为保证教师及科研人员教学、科研参考用书，特规定借书证中恢复使用二张"一学期借书证"。请教师及科研人员于借书时向借书处办理手续。（商建）

《南开周报》1988 年 1 月 18 日第一版

学生投书反映图书馆服务问题
母校长批示："一定要不断改进我们的工作"

10 月 20 日，几位同学给母国光校长写信，反映图书馆在管理和服务方面存在的问题，涉及借书处和览阅室的开放时间、工作人员素质、闭架书拒借率、语音听力室入室规定等。母校长对此十分重视并作了批示："一定要不断改进我们的工作"，"对学生的服务是我们应该加强的重点"。图书馆负责同志当即召开会议落实母校长批示。来新夏馆长表示，同学们的意见对进一步改进图书馆的工作是一个促进，应该虚心听取，认真对待，并责成图书馆办公室进行调查处理。

经调查核实发现，同学们所反映的问题，基本是存在的。例如，通过在总书库所作的统计表明，目前文科图书拒借率已高达 49% 以上，远远超过了规定的标准。这主要是由于我校经费紧张，藏书复本量低（每种书的复本量由原来的 1:8 降到现在的 1:3.8）造成的。我校是综合性大学，学科多、专业广，藏书应力求齐全。这样就应把复本量压缩到最低限度。购买的新书，除保证参考室和版本库需要外，每种书能外借的不过一二册。全校现有 15000 名读者，发放的借书证已超过 10 万张，借书目标稍一集中，就会发生查到目录借不到书的现象。同时，图书馆部分临时工的素质和工作态度也确实亟需提高和改进。

语音听力室不允许同学将自己的磁带带入听力室是为了避免馆藏磁带的丢失和保证视听座位的充分利用。过去曾有个别读者趁工作人员不备，用个人的劣质录音带芯，换取馆藏带芯。造成馆藏损失；还有个别读者，自带音乐带入内，长久占据已经十分紧张的座位，使许多读者无法利用听力设备。

图书馆表示，尽管存在新馆落成，忙于准备搬迁和其他一些客观原因，全体工作人员一定要把思想统一在"一切为了读者"这个基本点上；要切实加强工作纪律，注重职业道德，抓好业务培训，争取把图书馆办得让读者满意。

（校办）

《南开周报》1989 年 11 月 13 日第二版

扩大自动化管理　图书馆计算机借书处向读者开放

新图书馆搬迁结束后，老馆的调整工作又逐步展开，经流通部工作人员的努力，原文科计算机开架借书处和原理科计算机开架借书处已合并成"中文图书计算机借书处"，现已正式接待读者。

调整后的计算机借书处文科图书由原来的 1 万 5 千册增加到 5 万册，包括马列著作、哲学、社会学、政治、经济、语言艺术和历史八大类；理科图书经过适当补充，藏书已近 5 万册，包括数、理、化、计算机和生物五大类，近期准备再挑选一些电子和环境科学两类图书，以满足广大同学的需要。

调整后的计算机借书处，主要面对本科生，扩大了本科生的借书量：文科系的同学一次可借文科图书三本、理科图书一本，理科系同学一次可借理科书三本、文科书一本。书库全部实行开架借书，读者可进入书库自行选书。

（于红）

《南开周报》1990 年 9 月 21 日第二版

附　全国高校图工委　华北图协

天津高校图工委　《津图学刊》

来新夏先生与高校图书馆

阎英琏

二十年前，我认识了来先生。由于我在天津市文教委员会、天津市高等教育局工作的经历，而与来先生交往、合作、共事了二十年。这二十年，也可以说是我对他在高校图书馆界投身、贡献见证的二十年。

1981 年 9 月，教育部召开全国高等学校图书馆工作会议后，天津市高校图书馆工作委员会成立了。当时，来先生在南开大学执教，并兼任南开大学分校图书馆学专业主任。经市文教委员会批准，来先生为首届天津市高校图书馆工作委员会副主任。从那时起，他对高校图书馆事业的投入，热情不减。

高校图书馆工作委员会成立不久，在高教局的支持下，筹划开辟一块高校图书馆的学术研究园地。于是 1983 年 12 月，《津图学刊》试刊面世，来先生始任主编，至今已达二十年。在他的主持下，《津图学刊》的公开出版、办刊宗旨、编辑思想，以至封面设计、卷首内容、版式安排、编校、印刷等方面，无不浸透着他的心血。正如他在"风雨十五年"一文中说，"备尝甜酸苦辣"，"历经喜怒哀乐"，至今仍"努力不懈地追求未来"。

1984 年至 1990 年来先生任南开大学图书馆馆长期间，天津高校图书馆工作委员会秘书处设在南开馆内，他对秘书处的工作提供了不少方便，给予人力、物力等方面的支持。这个时期，是秘书处发挥作用的鼎盛时期，这与来先生的支持是分不开的。

1985 年，在南开大学召开并成立了华北地区高校图书馆协作委员会，这是华北地区高校图书馆的大区协作组织。近二十年来，这种协作形式，对华北地区高校图书馆的信息互通、资源共享、经验交流、学术研讨、人员培训等方面都做了不少工作。来先生是这一协作组织的倡议和发起人之一，是成立大会的主持人。

1987 年 6 月，国家教育委员会召开了第三次全国高校图书馆工作会议，来先生任常务委员。他曾为高校图书馆的地位、作用、争取支持等方面，疾声进

1987 年秋主持天津市高等院校图书工作委员会工作会议（左三为天津市高教局副局长金永清）。

言，奔走宣示。

二十春，又二十秋，来先生为天津市、华北地区以至全国高校图书馆事业，作出了重要贡献。近悉，来先生被美国华人图书馆员协会授予华人图书馆界最高荣誉——"杰出贡献奖"。他在图书馆界的影响，蜚声海内外。

80 年代初，来先生曾说："我是闯入图书馆界的新兵。"切莫忘记，在他步入图书馆队伍时，已是耳顺之年了。这个年龄，对有些人来讲，移情于儿孙绕膝、鱼鸟花虫、退归林下、颐养天年，已属情理之中。而来先生在他生命的旅程中，此时正是一番事业的开始，万里扶摇不畏始。令人折服的是，二十年后的今天，他热烈依旧。

他之所以对工作、事业如此投入，是因为他热爱生活，追求完美。正如他在《枫林唱晚》代序中所说："……我要像枫树那样，总能浸润在火红火红的生活中。"工作是他生活的重要组成部分，他力求把工作浸染成枫叶的颜色，呈现给人们"成片的耀眼火红和一种热辣辣的舒适"。

人们习惯把改变职业和工作单位称作"跳槽"，来先生具有比"跳槽"还高超的本事——"跨槽"。他往往把图书馆、编辑、出版、史学、方志、古籍等领域中的工作齐头并进，因为他有驾驭工作的能力，这种能力来源于他

天津高校图工委早期成员单位的图书馆馆长们在天津大学图书馆研究工作(右一为天津大学图书馆馆长马志清，右二为天津市教委高教处处长阎英琏)。

的学识渊博，他的"植根于博，务求乎精"的治学精神，使他能在跨领域的研究和活动中，融贯古今，触类旁通，相得益彰，游刃有余。

他虽年事已高，但文思却远离"衰颓"，因为他学识的积淀，来源于"勤"。他要求学生手、耳、口、心都要勤，就是要勤写、勤听、勤读、勤思，他自己就是这样做的。他"从青年时起，就养成随手札录的习惯"。我们目睹过，来先生在讲演、作报告时，"随时取用，得心应手"的情景。读来先生晚年的随笔，时感"大海的漫涌"，也有"小溪的流淌"；时有"枫叶的火红"，也有"绿叶的清纯"。勤读、博涉使他才思活跃、深邃、永不枯涩。

"苍龙日暮还行雨，老树春深更著花"。我们期盼着来先生以他的精勤、博学和睿智，在耄耋之年，继续谱写人生热烈而绚烂的篇章。

作者为天津市高校图工委副主任、《津图学刊》副主编。

本文原刊于《来新夏教授学术研讨会纪念集》，南开大学地方文献研究室编，新疆大学出版社 2002 年版。

追忆当年

教育部高等学校图书情报工作指导委员会祝词

李晓明　朱　强

敬爱的来先生：

　　值此各方人士欢聚一堂、共庆先生八十华诞之际，请允许我们分别代表教育部高等学校图书情报工作指导委员会，代表我们未能到场的同事们，并以我们个人的名义，向您致以热烈的祝贺和崇高的敬意。衷心地祝愿您：身体健康，万事顺意，天天都有好心情！

　　时光如箭、如梭、如电，转瞬间，我们与您相识已历二十个年头。遥想二十年前，我们刚刚跨出大学校门，可谓初出茅庐，懵懵懂懂地来到刚刚成立的高校图工委秘书处。在工作中，与您，以及一批与您年龄相仿的老同志有了接触。其时正值高等教育复苏，高校图书馆事业百废待兴，困难重重。然而，每遇关键时刻，都有包括您在内的、以号称"四条汉子"为首的一批老馆长，或拍案而起，或挺身而出，为高校图书馆的改革和发展摇旗呐喊、擂鼓助威、煽风点火、出谋划策，有力地支持了图工委的工作，高校图书馆事业取得了空前的进步。当时那些老馆长，多数是由于各种原因而"发配"到图书馆的，也大多年过半百甚至年逾花甲，但在你们身上却见不到丝毫的惆怅或颓唐，个个精神抖擞、雄姿英发，一腔热情、满腹经纶，为开创高校图书馆事业的新局面，立下了汗马功劳。而我们由于你们的言传身教，也在实践中经受了锻炼，逐步地成长起来。

　　当时的来先生，说话如钟，行走如风，一身而肩图书馆馆长、出版社社长、图书馆学系主任三职，煞是了得；抓行政、教学生、做研究，工作压力之大、事务之繁重，可想而知。但每次与先生见面，未见半点倦态，令人于惊诧之余，不胜感佩之至。及至后来于闲谈之中，或旁人述及，得知先生曾历经坎坷，饱受磨难，却矢志不渝，坚持自己的为人、为学，崇敬之情，油然而生。而今先生年及八旬，去职既久，依然勤于治学，笔耕不辍，操劳于《津图学刊》，时见有新著发表。去年得拜读《我好想读博啊》一文，其笔锋犀利，一如既往，赤子之心，丝毫未改。每念及此，使晚辈如我等者，顿觉汗颜，屡屡收起懈怠之心，重新振作起来。

今日庆贺先生八十寿辰，实乃喜事。人生八十，已非稀奇，科学家研究表明，正常人的寿命，应为 120 岁以上。依此，可见先生不过刚刚迈入老年之门槛尔。故我们已另有期待——犹待以"米"，更期以"茶"。届时我们将以更隆重热烈的形式给先生祝寿。

再次敬祝先生健康长寿！

2002 年 6 月 8 日

李晓明，教育部高等学校图书情报工作指导委员会副主任；朱强，教育部高等学校图书情报工作指导委员会副主任兼秘书长。

本祝词原刊于《来新夏教授学术研讨会纪念集》，南开大学地方文献研究室编，新疆大学出版社 2002 年版。

天津市高等学校图书情报工作委员会祝词

马建标

值此来新夏教授八十初度暨来新夏教授学术研讨会之际，我谨代表天津市高校图书情报工作委员会，表示衷心的祝贺！恭祝来先生身体健康，精神愉快！

来新夏教授步履春秋，永智不惑，潜心研究，学术有成。我虽与来先生共事时间不长，但他在学术界的声望早有耳闻。

来新夏教授在图书馆学、文献学、方志学和近现代史等领域，著述颇多，甚有建树。在天津市教育委员会主管的高校图书情报工作委员会及《津图学刊》工作等方面，都做出了重要贡献。

来新夏教授自1951年到南开大学任教，至今已达半个世纪，他除研究工作外，还在教学岗位上担负着教书育人的重任。至今已是桃李满天下。今天来先生和几代传人欢聚一堂就可见一斑。

来新夏教授虽然年事已高，但他依然老骥伏枥，志在千里，为事业勇往直前。这种精神值得我们每一个人学习。祝来新夏教授为之奋斗的事业更加辉煌！

2002年6月

马建标，天津市教育委员会副主任。

本祝词原刊于《来新夏教授学术研讨会纪念集》，南开大学地方文献研究室编，新疆大学出版社2002年版。

架起"华北地区高校图协"友谊桥

杨 华

　　来新夏先生虽然长我将近二十岁，但他对我这个无名的小字辈却十分热情、十分真挚、十分谦逊，我感到他十分和蔼可亲，他是我人生的榜样。在三十来年的交往中，我和来新夏先生建立了亦师亦友的关系，我们相互之间也是最相知的。

　　2006 年 9 月在天津蓟县出席华北图协第二十届学术年会（左一为天津市高校图工委秘书长李广生）。

　　回想 1985 年 7 月在北京参加全国图书馆工作会议期间，我和来新夏先生同住在京丰宾馆 815 房间。在住下的当天夜里，来新夏先生跟我促膝长谈，使我深切地认识到：为了进一步加强团结、奋勇前进，很有必要建立区域性组织来推动高校图书馆事业的发展，捍卫应有的权利。于是第二天晚上就在我们住的房间，来新夏先生负责召开了由各地代表参加的筹备会议。会上一致同意成立华北地区高校图协。会后，在华北各省、自治区、直辖市教育厅（高教局）行政领导部门的重视和支持下，华北地区高校图协从酝酿到付诸实施，只用了短短的两个月就在天津南开大学宣告成立，并且共同签订了《华北地区高等学校图书馆协作委员会协议书》。

弹指间，华北地区高校图协至今已走过了 29 个春秋。二十九年来，遵照《图协协议书》的宗旨，开展互通信息、资源共享、交流经验、切磋学术、培养人才及相关共同商定的项目，为华北地区高校图书馆的建设和事业的发展发挥了重要的作用，如今已成功举办了一次专业队伍建设学术研讨会和 27 次学术年会。在馆际协作方面，华北地区高校图协曾发起并组织经济较发达地区的各高校图书馆向山西、内蒙古等地贫困落后山区学校捐赠图书的活动。同时，一些经常性、连续性的联系、交流活动还有一个非常重要的作用，那就是在华北地区图书馆上空架起了一座友谊的桥梁，加强了各地图书馆人员之间的联系，增进了相互之间的感情。这个"平台"的搭建和"机会"的提供以及"友谊之桥"的架起，正是来新夏先生对华北地区高校图协所倾注的热情与心血。

多年来图协人有一个梦想——会旗，终于在 2010 年 9 月在北戴河举行的第二十四届学术年会上实现，图协创始人来新夏先生为会旗亲笔题字。来新夏先生六十三岁倡议组建华北地区高校图协，七十三岁在河北省石家庄市参加了图协十年庆典，八十三岁在北戴河又参加了图协的二十年庆典。但使人遗憾的是，来新夏先生有一个愿望未能实现，他曾说："我与同志们约定：我将尽力保护自己，满怀信心地争取与老少朋友们共庆华北地区高校图协的三十年庆典。"来新夏先生：明年，我们将和在天国的您一起共庆华北地区高校图协成立三十周年！

作者为河北省高等院校图书情报工作委员会秘书长。

本文刊于 2014 年 6 月 6 日《图书馆报》（第 215 期）第 A17 版"特别策划"，有删节。

与来新夏教授一起在《津图学刊》的日子

于良芝

2000 年春天，我结束了在英国的学习和工作回到南开大学。回到天津的第二天，我去向送我出国的老系主任来新夏教授郑重报到。那时，来先生虽然从他担任的众多职务（南开大学图书馆学系主任、南开大学图书馆馆长、南开大学出版社社长）上退下来，但依然是他亲手创办的《津图学刊》的主编。他见到我很高兴，邀请我承担《津图学刊》英文文摘的编辑工作，就这样，我非正式地加入了《津图学刊》编辑团队。此后不久，来先生又邀请我做《津图学刊》的副主编之一（当时的另两位副主编是曾经担任天津教委高教处处长的阎英琏女士和曾经担任天津师范大学图书馆馆长的张凤岭教授），从那时起，我每周在编辑部工作半天，在来先生的亲自指导下学习杂志编辑工作，直到 2004 年《津图学刊》根据新闻出版总署的报刊经营政策而停刊。

《津图学刊》是天津市高校图书情报工作委员会的会刊，1982 年 12 月创刊，先是 32 开本季刊，后改为 16 开本双月刊。2000 年时的《津图学刊》编辑部位于天津师范大学北院图书馆一楼，来先生需要从南开大学北村的住所乘出租车到编辑部。每个周二的下午，当我踩着上班的钟点跨进编辑部时，来先生通常都已经坐在桌前审阅稿子了。我和阎老师、张老师以及编辑柳家英老师（后来是南开大学图书馆梁淑玲老师）也都尽快各就各位，审稿、组稿或校对稿子。周二下午是编辑部人员最齐的日子，但除了讨论稿件，大家一般顾不上寒暄和聊天。然而，在我的记忆中，每个周二都是我最充实而快乐的日子。下午结束的时候，我们一般把没有看完的稿子带回家看，我或者柳老师（后来是梁老师）会陪同来先生出去找出租车。这个时候，来先生就会问我一些生活或工作上的事情。那几年正好是我的教授职称屡报屡败的年份，每到申报职称的季节，来先生就会趁这个短暂的聊天时间，给我鼓励或安慰。那时候我从来先生身上学到的最重要的为人之道是"无怨无悔"——不因别人对自己所做的事情沉浸于怨恨之中，也不因自己对别人所做的事情沉浸于悔恨之中。

编辑部最轻松快乐的团聚时光是每年年底的聚餐。每年都是来先生请客，选某个周二晚上在编辑部附近的餐厅相聚。这时候来先生会像年轻人一样兴奋，还会给我们讲一些他经历的有趣事情。我记得的一件趣事是耄耋之年的来先生与天津高校图工委秘书长李广生老师一起出差，来先生步行的速度和耐力令李老师叫苦不迭。另外一件趣事是，一次聚餐时刻，来先生告诉我们他可以盘腿而坐相当长时间。说着他就放下手里的筷子，当场在餐厅的椅子上表演给我们看，令进来上菜的服务生惊羡不已。

这些琐事代表了我在《津图学刊》的温馨时刻，也是我终生难忘的，但我在这里必须记录下来先生处理的与《津图学刊》相关的几件大事。

第一件事是版面费问题。《津图学刊》在其运行的二十多年间，基本上没有向作者收取过版面费（最后两年对加急稿件收取过 300 元的加急审理费）；相反，她还为作者提供一定的稿酬。2000 年时很多杂志已经开始收取每篇稿件上千元甚至更多的版面费。《津图学刊》虽然有天津市教委和协办单位的支持，但办刊经费依然紧缺。我记得我们曾经为是否收取版面费进行过讨论，但来先生坚持认为，每篇文章都是作者智力创作的成果，饱含了作者的智慧和心血，不能给他们足够的稿酬已是对他们劳动的万分不敬，不能再收版面费。为了弥补办刊经费的不足，来先生尝试了很多其他办法。我至今还记得的两种办法是：（1）对全国高校图书馆馆舍进行有偿宣传（做封二或封三）；（2）适当刊登和图书馆相关的广告。版面费问题也让我想起了与办刊经费相关的另外一件事：每年的三八妇女节，编辑部的女老师都能收到来自《津图学刊》的礼物，不过这些礼物基本上都是编辑部的财务主管阎老师用卖废旧报纸的钱购置的。

第二件事是对学术不端问题的处理。2000 年前后，学术界的剽窃或一稿多投现象已非罕见。我参加《津图学刊》之前，《津图学刊》发表的一篇论文就曾遭遇剽窃——它被剽窃者署上自己的名字，在另外一份刊物上发表。来先生感叹学术道德水平的下降，要求我们特别关注来稿的真实性和原始性，必要的时候要进行查重（当时还不存在查重软件）。由于来先生严格把关，《津图学刊》坚决杜绝剽窃论文，也很少发表一稿多投论文。

第三件事是对刊物质量的关注。2000 年时《津图学刊》为国家社会科学二级学刊，却不是任何机构评定的核心期刊。当时很多机构在评定职称时已经要求特定数量的核心期刊论文，因此非核心期刊很难收到一流的投稿。《津图学刊》收到的绝大多数投稿都是泛泛而论的议论文，很少看到经验研究论文或批判分析论文，有些投稿甚至具有明显的随意性。记得我们曾一次性收到一位作者发来的六七篇文章，我们猜测作者很可能是位在读研究生，把某个学期的作业一次性发来，期待我们从中挑出一部分发表。《津图学刊》就是在这样的情境下力图办出特色和水平。为了提高刊物质量，来先生采取了几项措施。我们首先在来稿须知中刻意融进了研究论文的要素，引导作者撰写研究论文。其次，考虑到天津作者占作者队伍的比例最大，来先生于2000年前后在天津市的数所高校图书馆和天津市图书馆举办撰写学术论文的讲座。再次，主动向承担国家自然科学基金和国家哲学社会科学基金课题的研究者约稿。记得我当时承担的工作之一就是跟踪每年得以立项的国家级课题，然后选择与《津图学刊》宗旨相关的课题进行约稿。来先生亲自起草约稿函。此外，关注细节。来先生认为，编辑部虽然无法完全控制投稿质量，但必须保证形式方面的质量（如英文文摘的语言、参考文献的格式、机读目录类论文的标识等）。记得有一次我们编辑中国科学院文献信息中心文榕生老师的一篇论文，由于论文涉及编目过程中冷僻作者姓名的处理问题，很多字无法从计算机直接输入，而需要单独造字。为了保证造字的准确性，我们特意用特快专递将二校的校对稿寄文老师审核。这件事给文老师留下了深刻印象，他也从此成为《津图学刊》的朋友。在来先生的强调下，2000年以后发表的所有论文的英文文摘都由我亲自根据中文文摘翻译，不再采用作者所附的英文文摘。正是因为来先生对刊物质量的高度关注，《津图学刊》以其非核心期刊的定位，产生了令人瞩目的影响。2003年12月，在《津图学刊》创刊二十周年之际，我们根据CNKI数据库里反映的引用数据，统计了自1994年到2002年间她对CNKI收录图书馆学刊物的影响因子。结果显示，在这段时间，《津图学刊》的影响因子稳步提高，2002年是1994年的将近三倍。在《津图学刊》停刊之后，它发表的论文依然被大量引用。在CNKI数据库的"参考文献"字段查询发现，2004年至2011年，《津图学刊》被大约5389篇文献引用，平均每年有近600篇引用文献。

第四件事是告别《津图学刊》。2003年7月14日，《中共中央办公厅、国务院办公厅关于进一步治理党政部门报刊散滥和利用职权发行，减轻基层和农民负担的通知》（中办发〔2003〕19号）出台。7月19日，新闻出版总署根据这一文件精神制定了具体实施细则，要求省、自治区、直辖市党政各部门所办报刊，原则上划转到省级党报集团、广电集团、出版集团；省级和省级以下政法、公安、财政、税务、工商、计生、交通、检验检疫、环保、消防等部门所属行业性协会、学会、研究会等不办报刊，已办的一律停办。《津图学刊》作为天津市教委和天津高校图工委主办的刊物，应在停办之列。那段时间，来先生心里极其矛盾：一方面，新闻出版总署的政策需要服从；另一方面，《津图学刊》和她的读者及作者队伍又让来先生万分不舍。在内心最矛盾的日子里，来先生甚至考虑过是否争取以书代刊，让《津图学刊》存续。他在跟我谈到这一可能性时说，"这样做主要是为作者们考虑，以书代刊至少不至于让他们完全失去

《津图学刊》这一交流平台"。但考虑到来先生年事已高，而经营以书代刊的交流平台将比正式刊物更加艰难，我对这个主意表达了怀疑。2004 年，《津图学刊》在走过二十余年辉煌岁月后，正式宣布停刊。

从我为《津图学刊》编辑英文文摘算起，我与《津图学刊》只有四年缘分，但我却从来先生身上学到了很多终生受益的知识和道理。谢谢来先生曾为我提供了参与经营学术刊物的机会，使我获得了教学科研之外的另一种专业活动体验。

作者为南开大学商学院信息资源管理系教授。

本文原刊于《友声集——来新夏教授九十初度暨从教 65 周年纪念集》，孙勤主编，中华书局 2012 年版。

1996 年 8 月在北京出席第六十二届国际图联大会。

人间年复来新夏

张　伶

初见来新夏先生是在我刚刚走上工作岗位的第一天。对于年轻的我来说，大学图书馆工作格外神圣——书籍层叠包罗万象，向往知识的人们面对文明宝物时总会感受到一种绵延了千百年的震撼，这其中的馆长恐怕更是令人仰视。出乎意料的，到南开大学图书馆第一天上班，便被告知来馆长要见我。惊讶？喜悦？紧张？期待？兼而有之。配着之前的听闻，我对先生的形象做了多种假设，但在志忑于大学者的威严中推开馆长室的房门，眼前的画面在述说着：啊，这就是先生。通至屋顶的书架，摆满桌子的典籍和一个戴着宽边眼镜专心致志读书的学者。或许还要加上隐隐环动的书香，还有透过窗棂斜射进来的金色夕阳。由二维变成三维，由抽象变为具体，和谐朴素的场景有着一种不同寻常的氛围。也许先生看出了我的紧张，竟先和我聊了家常，稍后才表达了对我这个新馆员的要求和希望，由此，在先生的领导下工作，开启了我人生中一个新的阶段。

我与先生更深交往则是源自一桩"剽窃案"。早在千禧之年，我的一篇文章有幸发表在先生主编的一份办了十七八年的专业刊物《津图学刊》上，却未曾想被读者举报，说我的文章与东北一份同样性质刊物所发的文章，除了署名不同外，全文相同。我找来那篇证明我是"抄袭者"的文章，只一眼便怒极而笑：不仅纹丝不动地将我的原文照搬，署名为二人，而且还打了个"时间差"——把我提交学术会议的论文抢先发表在我之前！岂有此理，这种侵犯他人著作权的行为必须被诉诸法律。先生作为该刊主编，得知此事便召我去了解情况，我说明了原委并表示准备上诉。先生为人处世一向通达，如其敦厚温良的外表。他建议我不必着急，可先向剽窃者们写封信查究一下，如对方道个歉，认个错，也就大度些，放人一马。我自是接受了长辈的建议，不料得到的复信却是满篇无赖之言。署名的第一作者与第二作者先后回复，其中表示无奈的第二作者是一位小有名气的学者，竟也是无辜的牵连对象，他在复信提到第一剽窃者是其大学同学，此前已多次擅自署用其名发表论文，虽经多次劝阻，仍然"屡教不改"。包括此次的论文盗用事件也是在他不知情的情况下被署名的。至于第一作者，不提那油嘴滑舌的道歉，单单是剽窃的理由也让人贻笑大方："××（指剽窃者的本业）工作者的地位是低下而不被看重的，舞文弄墨纯是为了晋升职称，加点工资。"更有甚者，这位剽窃者竟然不满被他盗用名义的无辜者对他的批评，埋怨第二作者"指责我不该不与他商量就私自加上他的名字，甚至提出与我绝交"。甚至还向我提出："俗语说：不打不相识，我希望通过此事，您我能相知相交，成为异地好朋友。我会尽我所能在今后的日子里报答您的宽厚之心，原谅之举。"如此不知羞耻，简直利令智昏到令人瞠目！

先生一向治学严谨，讲求规范，对学术腐败行为深恶痛绝，不但鄙视这类肆无忌惮的剽窃行为，而且抄袭者这种憨脸皮厚了无愧意的架势让先生这般的儒雅学者也愤怒了。为了秉持公正，明辨是非，先生挥笔写就《笑得想哭》一文刊于报端，斥责抄袭者明明是全文剽窃，却轻描淡写为"舞文弄墨"，明明是违反学术道德，硬说是为职称、工资所迫，指出："此乃小偷哲学，偷了东西还振振有词诬他人是'逼良为娼'"，"已经不懂得'耻之于人大矣'的人生起码的道德规范，已经不是让人哭笑不得，而是让人笑得想哭"！

身为教育家的先生，一辈子都在启人与自启中前行。坚持读书更未放弃过撰著文章，总结前人智慧再传给后学，一生踏实做学问，不要那些浮躁虚无的头衔，真正地将思想点化成灵光的存在。先生这样的领路人，睿智而正直，修学更是修心，我一直至为钦佩。然而当下中国的学术界，风气并不算良好。近年接连曝出的学术腐败可见一斑，却也只是管中窥豹，让大众有了冰山一角的了解。不说那挪用研究经费数千万的、学术造假装作有大成果的，单单是屡禁不止的抄袭，就让真正的研究者们心力交瘁。更何况很多还身为人师，竟为一时之利而未能做出良好的表率，如何教导学生养成正确的学术习惯！

先生身为学问大家，对于中国学术界寄予厚望，愿后辈们乘青云之势将学问做深做好，所以早在十几年前，先生便写了这样的文章，笑剽窃者的无耻，哭学术道

2000年秋组织天津高校图书馆馆长研讨班，进行业务交流。

德的败坏，伸张正义，斥责歪风，让后人明辨事理，倡导纯正学风。我感激先生为我发声，更感念他为天下大势的忧心和远见，真真做到了教师的本分，学者的风范。此前的我只是属意些粗浅成果，自那之后，才真正开启了以后十几年至今的研究生涯。认真严谨，独立前瞻，都是先生为人为学所引导，使我不再拘泥于细枝末节的得失，终成一名学者。

先生仙逝，世间又少了一位前辈大家、人生导师。无论是生活中的风趣幽默、宽厚仁爱，可同学生、好友们一起共享美食之乐；抑或是研究中的博学融通、认真严谨，学海再苦乐做舟，一次次地用手中纸笔平定狂澜，想必先生此去归途，当是"也无风雨也无晴"。人间年复来新夏，文化园地才能有一次次的枝繁叶茂，姹紫嫣红。先生虽然去了，但是留下的学问、思想，依旧蓬勃着新生。

作者为南开大学周恩来政府管理学院教授。

本文原刊于《忆弢盦：来新夏先生纪念文集》，焦静宜编，天津古籍出版社2015年版。

文 献 存 真

天津市高等学校图书馆协作情况的调查与思考

来新夏　于良芝　王晓文

前　言

　　90 年代初，当中国的图书馆事业依旧徘徊于发展的低谷，等待着回升的时候，时代又向它提出了新的挑战。挑战首先来自于新世纪的迫近——图书馆事业能否以更先进的水平跨入 21 世纪，便取决于这世纪末的冲刺；其次来自于经济改革的浪潮——在这一浪潮中涌现出的读者需要的质和量都有了巨大提高；第三来自于继续上涨的书刊价格——国家财力还不能保证图书馆有充足的购书经费。

　　图书馆界的有识之士指出，协作协调是我们在世纪末的冲刺中走出低谷，赶超世纪的捷径。

　　我们不禁深思：现阶段图书馆协作协调的状况如何？我们能否以整体的力量去摆脱国家经济困难、图书馆经费短缺的处境？我国图书馆界能否作为一个真正聚合的整体携手跨入新世纪？

　　1990 年下半年，我们带着这些问题以问卷的方式调查了天津市 75％的高等学校图书馆，其目的在于了解天津市高校图书馆的协作协调状况，并希望通过对这次调查结果的分析以推动全国图书馆协作的发展。

调查结果的描述

我们调查的重点集中在以下方面：

一、天津市高校图书馆的协作范围

我国图书馆事业的管理体制将整个图书馆事业划分为包括高校图书馆系

统在内的若干子系统。整个社会与整个图书馆事业对高校图书馆的生存和发展都起着重要的制约作用，因此我们不能不注意到以下几个问题：高校图书馆系统内部，各馆之间的联系如何？高校图书馆与其他类型图书馆的关系如何？高校图书馆的社会化程度或为社会提供服务的能力如何？我们在调查中发现：

（1）100%的高等学校图书馆与其他高校图书馆存在一定程度的协作关系。

（2）40%的高校图书馆与公共图书馆开展协作。

（3）20%的高校图书馆与专业图书馆存在协作关系。

（4）高校图书馆目前还仅以有偿服务的形式向全社会提供一定程度的服务。

总之，天津高校图书馆系统的协作并非绝对空白。它既然处于一个变革的时代和环境之中，便不能不受其影响。阮冈纳赞早就告诉我们，图书馆是一个不断生长着的有机体，因而它总是处于调整自身、完善自身以更好地适应外部环境的运动过程之中。图书馆从长期的孤立分散状态走向横向联合正是图书馆界自我完善的一场深刻变革。许多因素的相互作用导致了这场变革的出现。那么，究竟哪些因素在更大程度上影响了天津高校图书馆现有协作活动的开展？为此，我们考察了推动天津市高校图书馆协作的若干动力因素。

二、图书馆协作的动力

调查这一问题的目的在于了解天津市高校图书馆对其外部环境的关注程度以及他们根据环境的要求调整自身的灵敏程度，从而揭示出天津市高校图书馆的协作是具有较强目的性的呢？还是盲目的和被动的呢？

表一　图书馆协作动力因素的影响范围

动力因素	受影响的图书馆占被调查馆的比例
上级指示	50%
经费短缺	40%
读者需要增长	18%
舆论界的呼吁	18%

被上述环境推入协作轨道的天津市高校图书馆是否确在广阔的领域中开展着正规的协作？

三、图书馆协作的领域

在世界范围内，随着图书馆事业整体化趋势的日益加强，图书馆协作也在不断地扩大自己的领域。我们重点考察了一些传统的协作项目，如共同编制书目数据、互借与交换文献、分工采购、共同研究重大理论问题、交换馆员等项目在天津市高校图书馆中的普及程度，调查结果如下：

图书馆的外部环境因素促使它们走向协作，但要使这种协作广泛、稳定、持久地开展下去则依赖于图书馆自身严密系统的组织管理，如签订书面协议、设置专门的协调组织、专门的信使服务、专用的文献传输设备，定期发表通告，定期召开会议，严格保持和定期分析有关记录等等。天津市高校图书馆系统内部已开展了一定程度的协作，它们是否在完善的组织管理下发挥着应有的效能呢？这一问题构成了我们此次调查的又一重点。

表二　图书馆协作项目的普及范围

协作项目	开展馆占被调查馆的比例
互借与交换书刊	76%
共同研究重大理论问题	50%
共同生产书目数据	30%
分工采购	0
交换馆员	0

四、图书馆协作活动的组织管理

下表粗略地反映了天津市高等学校图书馆协作活动的组织管理状况：

表三　组织管理手段在图书馆协作中的应用状况

组织管理手段／图书馆比例	馆内是否设专人负责协作事务		与其他馆协作的依据			是否记录与统计协作情况		互借文献的传输手段			与其他馆保持联系的手段			
	有	无	听从专门组织的安排	依据事先签订的书面协议	根据传统	有	无	邮政	汽车等专门工具	人力取送	计算机网络	邮政系统	专门信使	无确定手段
	50%	50%	35%	15%	50%	25%	75%	40%	0%	60%	0%	70%	10%	20%

五、计算机在各馆中的使用及其在协作中的作用

表四 计算机在图书馆业务活动和图书馆协作中的使用状况

使用领域	占被调查馆的比例
未使用计算机	60％
检索	26％
流通	10％
管理	10％
编目	10％
其他	10％

关于调查结果分析

显而易见，"文革"以后，天津市高校图书馆系统的协作已卓有成效。主要表现在：（1）负责高校图书馆协调的"图工委"日益成熟，其影响不断扩大。（2）在高校图书情报工作委员会的倡导下，各高校图书馆已经不同程度地建立了联系并共同开展过一些重大活动。（3）我们已初步摸清了天津市高校图书馆界文献资源的分布情况，为图书馆协作的深入开展奠定了坚实的基础。

然而，当我们把观察的目光转向世界图书馆协作的潮流，转向我们面临的经费短缺、书刊价格暴涨的困境，当我们把取得的成绩与图书馆协作的巨大潜能加以比较，我们认为应该用更多的笔墨来分析调查中发现的问题。

一、高校图书馆系统还处于相对的自我封闭状态

调查结果表明：虽然几乎所有的高校图书馆都自觉或不自觉地被纳入了图书馆协作和资源共享的轨道，然而整个图书馆系统与外界的联系是非常有限的。以天津市图书馆和各区图书馆为主体的公共图书馆拥有相当丰富的藏书，但只有少数高校图书馆与这些馆开展合作。以各研究单位的图书馆为主体的科学与专业图书馆拥有先进的设备、新颖的文献资料和较高水平的工作人员，是天津市图书馆事业非常重要的组成部分，但有机会利用这部分资源的高校图书馆却为数寥寥。高校图书馆的社会化程度（即向全社会提供文献资料服务的程度）亦很低，校园之外，能够享受高校图书馆文献资料的，仅是少数能够并愿意偿付费用的团体或单位。

造成上述自我封闭状态的原因很多。首先，现阶段我国图书馆事业实行分

散型管理体制，体制的刚性使高校图书馆系统无力突破长期以来的条块分割的局面。其次，在很多图书馆中，协作意识还比较淡薄，已经形成的系统内的协作在很大程度上归功于高校图书情报工作委员会的倡导，而在这面旗帜之外，各图书馆缺少与其他类型图书馆开展协作的主动性与热情。第三，所有的高校图书馆都承担着为教学和科研服务的双重繁重任务，但是，几年来，它们几乎无一例外地经历着书刊涨价、经费不足的窘境，他们不得不一再减少书刊订购量。而与此同时，由于社会教育的发展，搞活经济及个人书刊购买能力相对下降等因素的影响，社会对图书馆的需求量迅猛增长。捉襟见肘的高校图书馆还无力应付如此庞大的社会阅读需要。在这种状况下，高校图书馆向公共图书馆（特别是区级公共图书馆）及全社会的封闭，无异于一种自我保护，这是一种值得谅解的遗憾现实。

二、图书馆间的协作还过于被动和盲目，无助于克服经费短缺与读者需要的矛盾

如前所述，图书馆事业整体化的趋势已将天津市高校图书馆卷进了协作的潮流。然而，我们在调查中发现，这种投入表现出巨大的被动性和盲目性。

首先，协作活动的开展似乎未考虑到协作的目的。调查结果表明：导致协作的最重要最普遍的动力因素之一是经费短缺，但是能够以较小投资取得较大效益的分工采购、馆际互借、联合生产书目数据、共建储藏图书馆等协作活动却未得到重视，这些项目或不普及，或不深入，或不规范。以馆际互借为例，天津市高校图书馆虽然比较普遍地开展了这一协作，但是由于没有分工采购和联合目录作为基础，这一活动根本无法发挥应有的作用。我们有理由认为，这种协作与其说是图书馆主动适应环境需要的结果，不如说是政策的产物。

第二，许多图书馆认为它们走向协作的直接甚至唯一的动力是执行上级指示。这似乎表明国家控制图书馆事业的能力是很强的，然而我们决不能忽视问题的另一面：如果我们的图书馆开展合作的动力主要来自上级，那么这种合作必然是被动的，因而必然缺少生气和创造性。

第三，读者需要尚未成为图书馆协作的主要动力。调查结果表明，只有少数图书馆在走向协作时考虑过读者需要的因素。

由于目的不明，也由于缺少主动性和创造性，致使我们开展已久的图书馆协作不能发挥应有的效果。我们至今没有形成全市高校图书馆的文献联合报导体系。在问及通过何种途径了解其他馆的藏书时，多数图书馆回答没有任何途径。各图书馆至今也未形成规范的文献互借体系，绝大多数图书馆互借文献的唯一途径是使用"高校图工委"发放的通用借书证，这些借书证不仅数量有限（1987年以来，在全市所有高校中发放总数为200张），而且没有保留任何关于它们使用情况的记录和统计，这使各高校馆满足读者需要的能力还基本局限于各自的文献收藏体系之内。

三、缺少具体的组织管理措施

高校图书馆情报工作委员会虽然在图书馆协作的宏观控制方面做出了贡献，但高校图书馆的日常协作活动依旧缺少严格的组织管理。这主要表现为：

（1）各图书馆开展协作活动的深度与广度差异很大，这说明全市高校图书馆还没有形成长期的、稳定的、正规的协作网络。

（2）已开展的图书馆协作活动缺少统筹安排，未实现配套协作。如分工采购、联合编目与馆际互借之间不协调。天津市高校图书馆联合目录工作十分薄弱，各馆之间信息交流渠道不畅，这意味着馆际互借缺少坚实的基础。而目前开展的馆际互借业务则由于范围狭小、管理不善，难以成为分工采购的后盾。

（3）参与协作的图书馆没有共同常设的通讯人员，没有专门的文献传输设备，对图书馆的协作情况缺少记录与总结，相当一部分图书馆甚至没有专门的组织或人员负责对外联络。除高校图工委等协调组织的活动经费外，没有维持图书馆日常协作活动的专门投资。各馆之间也缺少具有约束力的合同或协定，管理不善导致诸如馆际互借、分工采购、联合编目等协作项目无法顺利开展。

四、图书馆自动化与标准化进程缺少统一规划

在计算机的应用方面，各馆之间差异巨大，整个系统的自动化进程没有一个整体规划。图书馆向自动化的投入还没有对协作协调产生有力的影响。在标准化方面，各馆虽然在基础业务活动中逐渐采用了基本一致的标准，但是标准化以前所采用的旧的规范与标准却作为历史遗留问题在多数图书馆中保存了下来，从而使标准化进程变得更加复杂。

调查后的思索

在我们结束了对这次调查结果的描述与分析之后，一系列困惑未解的问题依然萦绕脑际，令我们深思：为什么我们进行了长时间的努力却未能使我们的协作趋向规范化？为什么我们建立了负责该系统协作协调的组织却不能对图书馆间的日常协作活动实现有效的管理？为什么我们一面把经费短缺的责任推向

社会，一面却把重复订购与被迫减少订购量的苦果留给自己？在本世纪结束前我们能否改变这种状况？我们应该抓住时代提供的哪些契机才有助于改变这种状况？等等。我们对这些问题的思索或许可以作为本篇调查报告的结语。

一、问题产生的根源

为什么我们不断地呼唤合作，图书馆协作却依旧进展缓慢，问题重重？

1. 传统观念的桎梏与认识上的失误是造成这种状况的重要原因。

图书馆协作协调首先是图书馆事业自身一场深刻的变革，它意味着图书馆事业的高度社会化，不可避免地受到传统的社会心态的严重束缚。这种缘于自给自足的自然经济和稀少的社会交往的传统社会心态的最重要特征就是封闭自守。经过两千年封建社会的沉淀，它几乎渗透于我们的民族文化之中。在不同的时期它可能表现为不同的形式。建国以后的很长一段时间里，我国一方面实行高度集中的计划经济，国家统管了人、财、物的分配，另一方面，国家对经济生活和其他社会生活的控制和管理主要通过各行政部门来实现。在这种经济和社会条件下，封闭自守的社会心态就突出地表现为对公有制的依赖和关注本部门得失的本位主义。在社会财富尚不能满足需要的时候，单位和个人习惯于向国家索取而不习惯于彼此扶持。这种封闭性时时阻碍着高度社会化的图书馆协作的开展。图书馆合作中长期表现出的被动性与盲目性的根源就在于此。

图书馆协作协调还是一场涉及社会生活许多方面的社会变革。一方面，图书馆活动是社会的科学文化生活的组成部分。它的行为方式的变革必将影响整个社会的科学文化生活。另一方面，广大读者来自社会的各个方面，他们是图书馆协作协调的直接受益者，图书馆合作改变了他们获取文献的深度与广度，大大提高了他们的需要被满足的程度。于是图书馆合作便通过读者将其影响渗透到了社会生活的各方面。此外，图书馆协作正日益突破"馆"际协作的限制，将协作的范围扩大到包括一切相关部门。

对于图书馆协作这种社会变革的性质，我们长期认识不足，我们始终把它仅仅视作图书馆内部的自身调整，是可以通过图书馆自身加以完成的。这样的认识使我们一再忽略图书馆协作的广泛的社会基础，从而使我们在屡次的努力中都没有充分利用来自政府、读者及社会其他方面的大力支持。

2. 自上而下的协调策略、图书馆事业的投资机制不利于图书馆协作的开展。

观念的桎梏及认识上的偏差使图书馆协作中来自下方（各具体图书馆及其读者）的动力明显不足，加之我国现有的图书馆事业管理体制，图书馆的合作道路便采取了自上而下的协调策略，由图书馆事业管理机构出面组建图书馆的协作协调组织并由上级主管部门投资维持其日常活动，图书馆协作协调组织在成立之初就缺少牢固的群众基础。

这种先天不足又因我们国家图书馆事业的投资机制而加剧。我国绝大多数图书馆隶属于不同的行政管理部门，该部门负责图书馆的投资管理和使用。各具体图书馆从本部门的利益出发，无意于将本来就相对不足的投资拨出一部分来支持图书馆协作协调活动。这种被国外学者称之为"无痛苦的合作"使各图书馆不太关注图书馆协作的社会效益。

这种自上而下的协调策略和图书馆事业投资机制使各种图书馆协作协调组织无法发挥其应有的效能，这就不可避免地导致图书馆协作缺乏严格的组织管理。

3. 信息不灵也是协作不利的重要原因。在天津市高校图书馆系统，信息不灵表现为：（1）图书馆协作活动的执行者缺少图书馆协作的组织管理知识。（2）不了解国外图书馆协作的经验与发展趋势。（3）不甚了解国内其他系统其他地区图书馆协作的状况。（4）各图书馆内部对协作的理论方面的思索缺乏兴趣。

二、世纪末的契机

对图书馆协作来说，世纪末的冲刺是很关键的。这不仅由于协作是我们在新世纪到来前克服困境将图书馆事业推向前进的重要途径，而且因为时代为我们提供了许多契机。

首先，图书馆现代化建设正在全面展开。图书馆现代化技术曾将国外许多图书馆推向了不以他们的意志为转移的协作的轨道。它的普及亦必将推动我国图书馆协作的发展。

其次，我国图书馆界已普遍感受到图书馆事业所面临的困境，馆内馆外，一片忧患意识。在未来若干年内，我们依旧面临一个不太乐观的投资环境，因此，全国图书馆界对协作协调的紧迫感大为加强。此外，随着改革开放的深入，商品经济的发展，社会化程度的提高，图书馆界的协作意识也将增强。

第三，80 年代可谓高校图书馆大兴土木的年代，许多高校图书馆都更新了馆舍和设备，为图书馆协作的开展提供了良好的工作环境和条件。

我们期待着天津市高等学校图书馆能抓住这些契机，将图书馆协作协调活动推向新的高峰。

本文原刊于《津图学刊》1992 年第 4 期。

欢乐的十年　艰辛的十年

——全国高校图工委成立十周年有感

来新夏

十年，说长不长，说短不短。欢乐使我们感到不长，艰辛使我们感到不短。

欢乐出于人们的信念。时间刚刚迈入 80 年代，在祖国的心脏——北京云集了来自全国各地的一群高校图书馆工作者。人们看到自己所从事的事业闪现了辉煌的前景，于是回忆、展望，说啊、笑啊！就在这种欢乐的合奏曲中迎来了自己的组织——全国高校图书馆工作委员会的诞生，从此，这个组织成了转动我们事业的轴心。它的转动给成千上万高校图书馆的男女老少增添了活力——无论《规程》的制订，异地心声的呼应，社会地位的改变，全部事业的猛进都给人们带来了欢乐。

艰辛出于人们的拼搏。任何一条路都是人走出来的。我们的路也是披荆斩棘，跋山涉水走出来的。排除矛盾，求存在，求发展。殚思竭虑去争取各方面的理解和支持；奋斗苦干去证实本身蕴藏的能量。要摆脱附庸，挺起腰杆，招来了多少讥讽嘲弄。争取人财物还得费尽八方周折。换颜改貌必然从生命的账单上开列了"透支"，大步前进不知走穿了多少鞋底。

欢乐和艰辛是成就事业的二大支柱，没有欢乐得不到鼓舞，没有艰辛只能屈从衰落。用欢乐的信念催动艰辛的拼搏，去编织我们事业的锦绣。愿高校图书情报工作委员会在欢乐和艰辛的交响乐曲声中发展、壮大自己的事业，在 90 年代里，迈着雄健的步伐奔向第二个高潮。

本文原刊于《大学图书馆学报》1991 年第 6 期。

廿年风雨廿年情

——写在《津图学刊》创刊二十周年之际

来新夏

　　二十年，在历史的轨道上只是一瞬，但在人生和事业上却是一条漫长之路。人生之路并不是一帆风顺，而会有程度不同的辛酸艰难，但只要敢于拼搏奋斗，终会穿越险阻，昂首前进的。《津图学刊》的事业之路，亦复如此；但它终于从童年、少年走到成年。在二十年刊庆的日子，不仅是我们主办其事的几个人感到难以言喻的兴奋，更给图书馆界的朋友们带来极大的欢乐，因为他们亲眼看到常年呵护关爱的稚嫩绿芽，经过玉树亭立的少年，而即将起步走向参天大树的雄壮。

　　《津图学刊》之所以能有今天这样的发展，是靠众人捧柴，我们的主管单位天津市教委一直在对刊物浇灌和扶植；各高校图书馆从经济和道义上给以全力的支持；各地的作者和读者经常给以热情的关怀；编委会和编辑部的同仁们则同心协力，风雨同舟。所有这些，都在激励和鞭策我们必须办好刊物。我们的回答只有一个，那就是一定把刊物办下去，办得更好，为图书馆界朋友们坚守住这块难得的园地，在与时俱进的思想指导下力求生存、发展！

　　作为《津图学刊》的创始人和经办者之一的我，伴随着《津图学刊》的每一前进步伐，有过种种情感上的起伏。我曾因广大图书馆界人员不再仰人鼻息，能有可供自己驰骋的园地而踌躇满志；也曾因刊物的日新月异，总在不断展现新的面貌而愉悦；但我也曾因财力的困窘，人力的不足而仰屋长叹，又因年检、整顿、评估等例行要务，不得不奔走呼号，多方陈说。不过我又很幸运，每当我身陷困境时，总会有不少可资信任和依靠的人士援手相助，从隙缝中拉着我的手走向豁朗，呈现出柳暗花明又一村的胜境。社会也总是一次又一次地把这副重担放在我和我的同事们的肩上。

　　我已年逾八旬，但我不承认发挥"余热"的说法。我自信我依然具有充沛的"热力"。歌德曾经说过：人如果从八十岁往后活，那么有一半人就会是天才。诗哲的意思是，八十岁以后的人，大多是经历了无数的风雨晴朗，周历了多少崎岖通途，充满着异味的甜酸苦辣，阅尽了世间百态，终于积累了弥足珍贵的经验教训，那么自然会像天才那样去面对一切，战胜一切。

憧憬未来，看到未来，是人生最大的幸福。"廿年风雨廿年情"，我和《津图学刊》已把命运系在一起。我和我的同事们将不负所有帮助过我们的朋友们的期望。我们亦将倾全力，为图书馆界的朋友们和广大的读者、作者，把《津图学刊》办成更完美，更有特色，更为人们所喜爱的一份学术性的专业刊物！

我和我的同事们深深地感谢二十年来所有对《津图学刊》关爱的朋友们！

写于《津图学刊》创刊二十周年之际，时年八十一岁

本文原刊于《津图学刊》2003 年第 6 期。

2003 年 12 月在《津图学刊》创刊二十周年纪念会上讲话。

廿年风雨廿年情

——祝华北地区高校图协成立二十周年

来新夏

华北地区高校图协自 1985 年 9 月成立至今，已走过了二十年。这二十年，可以用"廿年风雨廿年情"来概括。

这二十年，的确是顶风冒雨的二十年。回想二十年前的上世纪 80 年代中期，国家已进入拨乱反正，百业待兴，改革开放的历史阶段，人们也正从十年浩劫中摆脱出来，民心思治，正待崛起。长期受到漠视和冷落的高校图书馆界也开始复兴，成立了全国高校图工委，树立起团结的旗帜，积极推行各项工作；但是，在习惯势力的长期压抑下，难以展现自己应有的风采，甚至在 1985 年的全国图书馆会议期间，仍然没有得到应有的一席之地，致使我们与会者感到愤愤不平，于是我和吴观国、单行、张厚涵三人，在高校图书馆界同仁的支持下，与有关方面展开论争，争取高校图书馆事业的顺畅发展和应有的平等地位。虽然我们被某些心胸狭隘者强加上"四条汉子"的"恶谥"，但我们终于争取到图书馆界的鼎立之势。在全国高校图书馆界同仁的共同努力下，出现了高校图书馆事业的黄金时代。会议期间，我和河北省高校图工委代表杨华同志同居一室，促膝长谈，深切认识到为了进一步加强团结，奋勇前进，很有必要建立区域性组织来推动事业的发展，捍卫应有的权利。经过五省、自治区、直辖市高校图工委负责人的讨论磋商，众议金同，遂草拟章程，决定建立华北地区高校图协，并在同年 9 月 16 日在五省、自治区、直辖市教育行政领导部门的同意下，于天津召开成立会议。在天津市高教局副局长金永清、南开大学副校长范恩滂主持下，共同签订协议。规定每年召开大会，由五省、自治区、直辖市高校图工委轮流值年。从此，华北五省市自治区的高校图书馆人在华北地区高校图协的旗帜下，团结一致，共求发展，迈着稳重的步伐，在不很平坦的道路上，克服各种人力、物力、财力的困难，年复一年地创造业绩，积累成果，获取了今天焕然一新的面貌。在此，我以图协倡议人的名义，向与会全体代表致谢，并期待五省、自治区、直辖市全体高校图书馆同仁始终不渝地给予图协以支持。

华北地区高校图协之所以能在二十年艰难行程中获得生存与发展，并取得成就，只靠一个"情"字。在初创时期，我们靠的是一股"热情"。在发展进程中，我们得到国家和各地区教育行政领导部门的"关怀之情"。华北地区高校图协之所以能顺利而迅速地发展，不能不念及全国高校图工委的老少朋友庄守经、萧自力、李晓明、朱强等的深挚"友情"。华北图协工作的推动与发展，可以毫无愧色地说，是我们和各地图工委的负责人同乘风雨之舟的"共济之情"；而更为重要的是全国高校图书馆界成千上万的一代代图书馆人，以似海的"深情"作为我们华北地区高校图协注入活力的无穷源头。我们经历了艰难的昨天和成就的今天，我们也必将迎来辉煌的明天。我六十三岁时倡议组建华北地区高校图协，七十三岁时在河北省石家庄市参加十年庆典，如今八十三岁参加了二十年庆典。在此，我与同志们约定：我将尽力保护自己，满怀信心地争取与老少朋友们共庆华北地区高校图协的三十年庆典！（代表们长时间鼓掌）我诚挚地希望我们共同遵照本次大会的主旨——"同在图协，同做贡献，发展友谊，搞好协作"，奋起拼搏，珍惜既往，创造未来。

　　祝华北地区高校图协二十周年大会暨第十九届学术年会圆满成功，祝朋友们身心两健，工作顺遂！

（2005 年 9 月 16 日上午）

本文原刊于《河北科技图苑》2005 年第 6 期。

2011 年 9 月在天津出席由南开大学图书馆主办的华北图协第二十五届年会（右一为南开大学图书馆党委书记穆祥望）。

天津高校图工委工作通讯八则

天津市高校图工委暨《津图学刊》举办论文写作研究班

为配合图书情报工作适应日益深化的改革开放形势和社会主义经济体制的建立；提高各级专业人员，特别是中级职称人员对待实际问题的调查研究能力，撰写调研报告和学术论文的水平；并为评定专业技术职称提供必备条件，天津高校图情工委暨《津图学刊》编委会于 1993 年 7 月 16 日至 25 日，举办了天津市首届图书情报工作人员论文写作研究班。

参加该班的是天津各高校图书馆具有中级以上专业技术职称或大本毕业从事图书情报工作两年的人员。由全国高校图工委常委、天津高校图工委咨询委员会副主任、《津图学刊》主编、南开大学教授来新夏先生等七位在天津市具有高级职称的专家学者任教，以讲授为主，讨论和自学为辅。研讨班进行了"选题""科研与论文写作""论文中数字与数据的处理""藏书调查与调查报告的撰写""计算机与论文写作""论文的逻辑与语言""投稿程序与撰写格式"等专题的讲授。结业后交论文习作一篇，择优在《津图学刊》上发表。《津图学刊》编辑部向学员每人赠送一套《津图学刊》和《社科文献检索与利用》一书，作为资料以备学员参考借鉴。

研讨班虽仅有十天时间，但授课内容充实，切合实际。教师阵容强大，组织周密，取得了良好的效果。同时，此研讨班又是阶段性与延续性的统一，即在结业后《津图学刊》编辑部将继续辅导学员撰写论文，使其能将所学知识加以运用、提高。这一举措受到学员的普遍欢迎。

天津高教局教学处长、高校图工委秘书长阎英琏女士参加了研讨班的结业式，对此研讨班的成绩予以充分肯定。她督促学员再接再厉，在学术领域上超越自己，超越前人，以期为天津图书情报事业的发展贡献自己的力量。结业式上还向学员颁发结业证书以鼓励学员增强信心，取得更大成绩。学员们纷纷表示参加此次研讨班收效甚丰，开阔了眼界，增强了信心。尤其一些在图书馆工作十几年的老同志体会更深，他们说自己一直进行事务性的工作，有些知识在工作中虽已接触但理论认识不够，也就放弃了钻研，经此学习对过去工作中遇到的问题有了一次再认识，眼界豁然开朗，这必将为日后工作打下良好的理论基础，为自己的学术研究指明了方向和方法，并在原有的实践基础上提高了理论水平。

研讨班将以此为起点继续举办下去，相信通过研讨班的开办，天津高校图书馆人员素质将得以普遍提高，天津的图书情报事业也必将呈现一派新景象。

（图讯）

《津图学刊》1993 年第 4 期

华北地区高校图协第九届学术年会圆满结束

华北地区高等学校图书馆协作委员会第九届学术年会于 1995 年 9 月 22 日在石家庄召开，25 日圆满结束。本届年会由河北省高校图工委主办。大会收到论文材料 64 篇。到会的 113 名代表来自华北五省、自治区、直辖市教委（教育厅、高教局）和高校图工委及 62 所高校图书馆，参加会议的代表是华北地区高校图协历届年会人数最多的一次。

今年 9 月，是华北地区高校图协成立十周年纪念月，会同举行了"庆祝华北地区高校图协成立十周年茶话会"。倡议成立华北地区高校图协的第一位发起人来新夏教授，在发言中回顾了图协成立的背景及图协十年来所取得的协作成绩。他高度赞扬了华北五省、市、区高校图工委及各高校图书馆的协作精神。参加成立华北地区高校图协筹备会议的赵侃、王永安、杨华三位同志，从不同方面对图协十年来的工作进行了回顾。参加茶话会的华北五省、市、区图工委的负责同志及代表也先后发了言。

河北省教委副主任于春深同志和高教处长侯侠同志出席了会议的开幕式。来新夏教授在开幕式上作了题为《撞击与塑造》的报告，引起与会代表的强烈反响。杨东梁教授、潘永祥研究馆员就国际图联有关问题在在大会上作了专题报告。另有 5 名代表同志在大会发言时宣讲了自己撰写的论文或做经验介绍。会议还分成 3 个分会场就高校图书馆期刊工作的有关问题进行了讨论。研讨的问题几乎覆盖了高校图书馆期刊工作的方方面面，总的指导思想是：在当前改革大潮的新形势下，站在国内外图书馆界发展的大环境中，如何对我们高校图书馆期刊工作进行再认识，改变传统的、旧的管理和服务方式及模式，搞好为教学、科研工作的信息咨询服务，参与经济建设和社会发展。

大家通过对高校图书馆期刊工作如何适应社会主义市场经济的发展诸问题的深入讨论，探讨了整个高校图书馆工作在社会主义经济体制下如何实现自我价值，更好地为高校教育、教学、科研服务的问题。在一些主要问题取得共识的基础上，代表们指出：高校图书馆期刊工作要适应社会主义市场经济的发展，必须进一步发展和深化我国图书馆市场理论，以便更好地发挥高校图书馆馆藏期刊文献在两个文明建设中的应有作用。

会议闭幕时，河北省高校图工委副主任兼秘书长杨华同志作了总结发言，天津市高校图工委主任孙衍广同志在闭幕式最后发言时，代表天津市高校图工委表示：决心在今年河北省高校图工委工作的基础上，努力做好下一届的值年工作，在华北地区各高校图工委及各高校图书馆的支持下，借明年 IFLA 大会的东风，把第十届学术年会办圆满、办成功，为提高图书馆的管理水平、学术水平，为高校图书馆事业的蓬勃发展尽力。　　　　（河北省高校图工委供稿）

天津市部分退离任老馆长座谈会顺利召开

1996 年 2 月 1 日上午 10 时，天津市部分退离任老馆长座谈会在天津师范大学召开。

天津高校图工委秘书长阎英琏致欢迎词，图工委咨委会副主任兼《津图学刊》主编来新夏教授宣布议题：讨论天津高校图书馆近况、前景及将在本市召开的华北地区高校图协第十届年会的征文参考题。

会场气氛欢快、和谐，各位老馆长畅所欲言，各抒己见，大家一致认为目前天津高校图书馆的社会化和自动化建设尚欠不足。医科大学韩宇骐老馆长详细讲述了美国加州大学旧金山医学院图书馆的情况，认为高校图书馆自动化势在必行；天津大学严宗达教授也指出资源共享离不开自动化；师范大学计儒森老馆长介绍了美国纽约图书馆建馆 100 周年纪念活动实况以及对哈佛大学、麻省理工学院等图书馆的参观纪实，着重提出了大学图书馆的社会化问题。最后年逾八旬的财经学院刘伯午老馆长追述了自己多年的治馆经验，并提出许多宝贵建议。

此会充分显示了这些虽已离任但仍心系图书馆事业的老馆长的一片诚挚之心。下午 2 时，会议顺利结束。

华北地区高校图协第十届年会纪要（节录）

华北地区高等学校图书馆协作委员会第十届年会于 1996 年 9 月 2 日在天津纺织工学院隆重召开，9 月 5 日圆满结束。大会由本届值年主席单位天津市高校图工委主持，会务工作由天津六所高校分别承担，兄弟省市自治区高校图工委也给予了大力支持和协助。

与会者有来自华北地区 83 所高等学校图书馆代表和五省市自治区高校图工委负责人 109 名，列席代表 67 名，国家教委、天津市教委和天津纺织工学院各级领导 7 名，特邀国内外图书馆界著名专家 3 名，来宾 3 名，工作人员 6 名，还有五个企业集团公司的负责人共 200 余人。大会收到论文 130 篇。

大会于 9 月 2 日上午举行了开幕式。开幕式由全国高校图工委常委、华北地区高校图协主要负责人来新夏教授主持。天津市教委赵宝琪副主任致开幕词，国家教委条装司王富副司长致祝词，天津纺织工学院崔永芳副院长致欢迎词，出席开幕式的还有国家教委图情处董哲潜处长、李晓明副处长、全国高校图工委副主任庄守经研究员、美国俄亥俄大学院长级馆长李华伟博士、美国普林斯顿大学图书馆中国古籍善本联合编目主任艾思仁博士、天津纺织工学院邱冠雄院长和五省市自治区高校图工委负责人等。

本届年会以"面向 21 世纪的大学图书馆"为主题，突出学术性、导向性和实效性。开幕式前，由大会邀请中国人民大学图书馆馆长、第六十二届 IFLA 大会中国组委会委员杨东梁教授向全体代表介绍了第六十二届国际图联大会的情况；开幕式后，李华伟博士作了《美国大学图书馆的现代化管理》的报告，艾思仁博士作了《中国古籍与 21 世纪的高校图书馆》的报告，这些发言、报告，受到了与会代表们的欢迎，反响热烈。

……

大会期间，由天津市高校图工委负责主持召开了两次五省市自治区高校图工委秘书长会议，听取了天津市高校图工委阎英琏秘书长关于本届年会筹备工作、会议安排及经费预算的报告，商定下一届值年工作由内蒙古自治区高校图工委承担并负责筹备第十一届年会。第十一届年会的中心议题是："两个文明建设与高校图书馆"。会议还商定由《津图学刊》编辑部负责筹备出版第十届年会学术论文集。

大会于 9 月 4 日下午举行了闭幕式。闭幕式由来新夏教授主持，阎英琏秘书长作了总结发言，并进行了值年主席单位的交接工作。内蒙古自治区高校图工委赵必克秘书长发表了热情洋溢的讲话，充分肯定本届年会开得圆满成功，并代表北京市、河北省、山西省和内蒙古自治区的高校图工委及代表向天津市高校图工委、天津市承办会务工作的各高校图书馆的领导及工作人员致以由衷的谢忱，同时表示一定积极筹办第十一届年会，以草原人的赤诚心意欢迎兄弟省市高校图书馆领导和工作人员届时光临大会。华北图协负责人和与会代表热切希望 1997 年如期召开第十一届年会。最后，由天津市教委高教处张福中处长致闭幕词。

本届年会，经过五省市自治区高校图工委和全体代表的共同努力，圆满地完成了大会的议程，达到了切磋学术，交流经验，沟通信息，加深了解，增进友谊的预期目的。

本届年会取得了积极的成果。大会希望华北地区各高校图书馆，锐意进取，以崭新的工作面貌来迎接图书馆事业新时代的到来。　　（天津市高校图工委）

《津图学刊》1996 年第 4 期

首届全国高校图书馆学专业期刊研讨会纪要

由《大学图书馆学报》编辑部和《津图学刊》编辑部联合发起召开的首届全国高校图书馆学专业期刊研讨会于 1997 年 7 月 8 日至 10 日在天津理工学院图书馆举行。参加会议的有全国 12 家高校期刊编辑部代表，共 18 人。《津图学刊》编委会成员列席了会议。

会议开幕式由全国高校图工委常委、《津图学刊》主编来新夏教授主持。天津理工学院副院长陶惠民教授致欢迎词，天津新闻出版管理局报刊处李炳寅处长出席会议并讲话。在两天的研讨会上，12 家期刊编辑部的代表就各自的办刊情况、成绩、经验以及存在的问题作了较充分的发言，尤其围绕办刊的方向、质量和今后发展等问题进行了较深入的探讨。大家畅所欲言，各抒己见，切磋交流，气氛热烈。

代表们认为，要办好我们的专业期刊，必须坚持"两为"方向，贯彻"双百"方针，牢牢把握办刊宗旨，把理论和实际紧密结合起来，既突出学术性，又强调实践性，正确处理理论研究和应用研究的关系，密切关注当前的前沿、热点问题，求实创新，以期对图书馆学、情报学的理论研究和高校图书馆的实际工作起到引导、推动作用。作为专业期刊，我们要立稳脚跟，求得发展，一定要办出特色。这种特色，既指各刊所独具的风格、特点，也指高校图书馆学专业期刊作为一个整体所表现出来的风格、特点。在这方面，应该说，我们有着人才和知识信息的优势，要扬己之长。质量是办刊的生命，要坚持质量第一的原则，质量包括思想理论深度、专业研究水平和编校印制三个主要方面，要在这三个方面动脑筋、用气力，当前在编辑的标准化、规范化上更应多下功夫。代表们还就稿件的处理、扩大发行量、解决经费困难等问题，广泛交换了意见。

全国高校图工委副秘书长、《大学图书馆学报》主编李晓明介绍了国家教委"'211 工程'高等教育文献保障系统"的进展情况，受到与会者的欢迎。

本届研讨会，经过全体代表的共同努力，圆满地完成了会议的议程，达到了交流经验、互通信息、切磋工作、增进友谊的预期目的。代表们希望兄弟期刊编辑部今后加强联系，在适当的时候召开第二届研讨会，以促进高校图书馆学专业期刊的兴旺、发展。

《津图学刊》1997 年第三期

"天津市 1998 年高校图书馆馆长研讨会" 举行

为了适应图书馆发展的新形势，提高图书馆的管理水平，加强馆际联系，切磋共同关心的问题，1998 年 6 月 12～14 日，天津市高校图工委委托《津图学刊》编辑部和中国人民解放军海军后勤学院图书馆在中国人民解放军海军后勤学院举办了 "天津市 1998 年高校图书馆馆长研讨会"。组织馆长赴北京参观了清华大学和北京大学图书馆；举办了由来新夏、钟守真、宁宗一教授主讲的 "中国图书馆发展史"、"天津信息港工程"、"图书馆美学" 等讲座，并研讨了共同关心的问题。

《津图学刊》1999 年第 2 期

天津高校图工委组织所属部分高校 图书馆馆长赴沪宁高校图书馆访问调研

高校图书馆基本完成自动化集成管理系统的升级和更新以后，如何加快数字化建设，是目前高校图书馆面临的重要课题，也是讨论的热点问题。围绕这一课

题，针对天津高校图书馆数字化建设的具体情况，以推动天津高校图书馆数字化建设为旨归，4月16日至21日，天津高校图工委组织本市部分高校图书馆馆长赴沪、宁访问调研。参加调研的有南开大学、天津大学、天津师范大学、天津工业大学、天津理工学院、天津财经学院、天津商学院等13所高校的图书馆馆长。

此次访问调研由图工委副主任、天津教委高教处董刚处长，图工委顾问、《津图学刊》名誉主编来新夏教授带队，图工委副主任兼秘书长、南开大学图书馆馆长阎世平教授具体组织。

调研活动得到上海市高校图工委和江苏省高校图工委的大力支持。两地的秘书处对调研活动做了精心安排。访问团所到之处均受到热情友好的接待。上海市高校图工委秘书长庄琦先生，介绍了上海市图书馆数字化建设及网络图书馆的情况，并安排代表团访问了复旦大学图书馆、同济大学图书馆、交通大学图书馆、上海大学图书馆。江苏省高校图工委秘书长杨克义先生详尽地介绍了"江苏省高等教育文献保障系统"的有关情况，并安排代表团访问了南京大学图书馆、南京师范大学图书馆、苏州大学图书馆。

此次调研活动时间紧凑，任务明确，对天津高校图书馆数字化建设起到了很大的推动作用，获得了圆满成功。日前天津教委领导听取了访问团的汇报。各馆馆长都表示要认真学习上海和江苏两地的好经验，在做好本校图书馆数字化建设的基础上，为加快天津高校图书馆数字化建设的整体水平做贡献。

（天津高校图工委秘书处）

《津图学刊》2001年第2期

华北五省、市、自治区"高校网上图书馆"
馆长研讨会在大连举行

2001年7月20日至24日，华北五省、市、自治区"高校网上图书馆"馆长研讨会在大连举行。此次会议由天津高校图工委委托《津图学刊》承办，大连博菲特软件有限公司协办。华北高校图协负责人、天津高校图工委顾问、《津图学刊》名誉主编来新夏教授出席并主持了会议。

此次会议时间紧凑，主题突出。会议特邀大连博菲特软件有限公司总经理王晓平女士做了"网上图书馆教育"专题报告；邀请南开大学图书馆副馆长李广生同志向与会馆长汇报了"沪宁高校图书馆网络化进展"及"天津高校文献信息保障体系建设"的有关情况。此外，会议还特别安排了6位馆长做了业务

交流发言，使会议开得生动活泼、圆满成功。

　　出席会议的各高校图书馆馆长及业务骨干 60 余人。华北五省、市、自治区高校图工委秘书长应邀出席了馆长研讨会。

《津图学刊》2001 年第 4 期

附　《津图学刊》大事记（1983—1998）

1983 年 12 月，《津图学刊》试刊出版。主编来新夏。编辑部设在南开大学图书馆内。

1984 年 3 月，《津图学刊》开始内部发行。

1984 年，《津图学刊》第二期开始，获天津市第 377 号报刊登记证。

1992 年 3 月 21 日和 1992 年 9 月 17 日，天津市高等教育局两次行文，津高教教［1992］143 号"关于《津图学刊》转为公开发行刊物的申请"，主送天津市新闻出版管理局，抄报中共天津市委宣传部。

1993 年 3 月 3 日，天津市高等教育局发文，高教教［1993］30 号"关于天津市高等学校图书情报工作委员会换届、秘书处易址的通知"，《津图学刊》编辑部随秘书处易址，由南开大学图书馆迁至天津师范大学北院图书馆 307 室。

1994 年 1 月，天津市高等教育局接天津市新闻出版管理局 1 月 17 日津新书报字［1994］18 号函复，并转发了中华人民共和国新闻出版署 1993 年 12 月 6 日新书期［1993］1610 号给天津市新闻出版管理局的批复。同意《津图学刊》编入国内统一刊号，公开发行。明确该刊为 32 开本，季刊，由天津市高等教育局与天津市高等学校图书情报工作委员会主办，高教局为主要主办单位并主管。

1994 年 2 月 17 日，天津市出版局给《津图学刊》颁发了报刊登记证。国内统一刊号：CN12—1237/G2；国际标准刊号：ISSN1005—8753。

1994 年 3 月 11 日，国际连续出版物数据系统中国国家中心给《津图学刊》颁发了 ISSN 证书，它是为获得国际标准连续出版物号（ISSN）及期刊识别题名（Key Title）的凭证。

1994 年底，《津图学刊》加入了全国非邮发期刊的联合征订。

1994 年 12 月，《中国图书馆学刊》1994 年第 4 期载文，依据《图书馆学期刊编辑规范》的指标，对 1993 年全国图书馆学 54 种期刊（占同类刊物总数的 94％）的基本情况进行统计、评比，《津图学刊》列全国第十九名，为全国高校图书馆期刊的第二名。

1995 年《中国图书馆学报》第 3 期载文，对 1994 年全国图书馆期刊各项指标排名，《津图学刊》列全国第十二名。

1996 年 5 月，《津图学刊》在天津市教育信息网建网五周年优秀教育信息刊物评比中，被评为优秀信息刊物特等奖。获天津市教育信息网中心站、天津市教育情报研究会颁发的奖状。

1996年6月，接天津市新闻出版管理局"关于我市部分期刊参加'中国出版成就展'展示的通知"，《津图学刊》入选参加了1996年7月13—18日在北京展览馆举办的"中国出版成就展"。

1997年4月23日，在天津市期刊评估，评优总结大会上，天津市新闻出版管理局领导宣布，《津图学刊》为三级刊物。

1997年11月25日，天津市教育委员会行文，津教委高［1997］46号"关于《津图学刊》法人代表及编辑部人员调整的通知"，通知天津市高校图工委暨《津图学刊》编委会：根据国家有关部门对事业单位法人代表的规定，市高校图工委主办的《津图学刊》法人代表由天津市教育委员会副局级巡视员、市高校图工委主任孙衍广担任。

      编辑部   主   编：来新夏   孙衍广

                副主编：阎英琏   张福中   张凤岭

                编   辑：邢 媛 廉 军

1998年2月18日，天津市编制委员会颁发了"天津市事业单位法人证书"。注册字号：164006810；代码标识：40136400—8。

1998年5月7日，经中国人民银行审查同意，颁发了"开户许可证"。营业执照编号：164006810；统一标识代码：40136400—8。

1998年6月8日，天津市新闻出版管理局津新出报字［1998］137号文"关于天津市1997年度期刊评估结果的通知"公布，《津图学刊》被评为二级刊物。

1998年6月9日，天津市工商管理局颁发了"广告许可证"。《津图学刊》可发布国内广告。许可证号：津工商广字3—263。

1998年4月28日，接天津市新闻出版管理局"关于我市期刊参加'98新加坡书展的通知"，作为部分受欢迎的期刊被遴选参加了6月12—21日在新加坡举办的世界书展。

《津图学刊》1998年第4期

六　来先生与南开大学出版社

来新夏编辑出版思想述略

陈 鑫

【摘要】来新夏不仅是一位著名学者，同时也是一位重要的编辑出版家。他的编辑经历跨越近 70 年之久。在实践中，他提出了一系列重要观点，形成了对编辑出版事业的独到见解。其编辑出版思想的形成既源于他的丰富经验，也源于他的学术背景和学者身份。他的史家视野，使他能够站在编辑出版史和图书事业史的高度，通古今之变，重视传承但不泥古守旧，赶时代但不赶时髦。他的学者、作者身份，使他能够多角度思考编辑出版工作，提出"学""术"兼备、能"文"能"武"的要求。他的读书人身份，使他格外关注图书出版事业的社会责任与文化使命。来新夏的思想对当今编辑出版事业具有重要启示意义。

【关键词】来新夏；编辑出版思想；图书事业史；社会文化效益

已故著名学者来新夏先生（1923—2014）的学术经历颇为丰富，且具有多重面相。以往学界的关注主要集中在他开辟并深耕的众多学术领域、取得的学术成就，以及他晚年将学术"还之于民"的随笔写作。然而纵观来新夏一生，可以发现他不仅是著作等身的学问家、作家，同时也是名副其实的出版家。来新夏担任过期刊编辑、图书编辑，从事过文献编辑。改革开放前期，计划经济体制向社会主义市场经济体制过渡，出版业正发生重大转变之时，他担任了南开大学出版社的社长兼总编辑。在长期实践中，来新夏形成了自己的编辑思想。他的经验与思考为当代出版业的发展和编辑学的完善，留下了宝贵财富。

本文通过回顾来新夏的编辑生涯，梳理他有关编辑出版工作的主要观点，力图概括出他的编辑出版思想特点。希望能为学界同仁进一步开展研究提供助益。

一、跨越近七十年的编辑实践

早在 1945 年抗战胜利不久，中国文化服务社创立了北平分社，筹办新刊

《文化月刊》。此时，已困处沦陷区八年、正在辅仁大学读书的来新夏在编辑部兼任编辑员，从此进入了编辑出版行业。

1951年，来新夏任教南开大学历史系。此时，天津的历史学人刚刚创办了《历史教学》，这是中华人民共和国成立后国内最早创办的历史专业刊物之一。他们知道来新夏当过编辑，于是邀他参加编委并兼任值班编辑。这一时期，来新夏参与并逐渐熟悉了组稿、编辑、排印、校对、发行等一整套出版流程。他从事这份兼职将近十年，工作中体验到当编辑"无穷的乐趣"①。

不料，1960年，因曾"在《文艺与生活》杂志任助理编辑四个月的历史问题，在审干中受到严格的政审"。在没有正式结论的情况下，他受到"内控"，被剥夺参与教学、研究工作的权利，不能参加社会活动，不能写署名文章。在随后的政治运动中，来新夏屡受冲击。直至十八年后，问题才得以落实解决，重新恢复教研工作。②

1984年，已经年过花甲的来新夏终于"时来运转"，迎来了施展才华的机会，也迎来了事业发展的高峰。他曾感慨："遥望远天，苍松翠柏的矫健，正以岁寒后凋的精神在召唤我作新的开始。"在一般人已在准备退休的年龄，来新夏得到任用，接连被任命为南开大学图书馆学系首任系主任、图书馆馆长，并成为南开大学出版社首任社长兼总编辑③。友人纷纷戏称此时的他成为了"来半天""大人物"④。

由于南开大学出版社是刚刚复建的单位，人力、资金、设备都很缺乏，工作条件也很艰苦。面对繁杂的事务，来新夏事必躬亲。在大气氛的激励下，他想尽力把事办好。在他主持下，出版社健全机构、建章立制、引进人才、策划选题，逐渐走上正轨。他与同事们决定，将出版社定位为"学者型出版社"，并根据当时出版社的经济状况，提出"小有余"的经营方针⑤。

来新夏在出版社连续担任了两个任期的领导工作。期间，南开社在严峻的出版形势下筚路蓝缕、不断前进，逐渐形成了一支精干的编辑、出版、发行队伍，建立起机构齐全的生产经营体系，出版了近千种教材、学术著作和教辅读

① 来新夏. 编辑苦乐[J]. 编辑之友，2012（7）：卷首语.

② 来新夏. 旅津八十年[M]. 天津：南开大学出版社，2014：346.

③ 来新夏. 80后[M]. 哈尔滨：北方文艺出版社，2008：84.

④ 刘泽华. 从往事说来公的学术韧性[M]. 忆弢盦——来新夏先生纪念文集. 天津：天津古籍出版社，2015：561；宁宗一. 我心中的来新夏先生[M]. 忆弢盦——来新夏先生纪念文集. 天津：天津古籍出版社，2015：489.

⑤ 来新夏. 我与南开大学出版社——贺南开大学出版社三十年社庆（N）. 南开大学报，2013-5-31.

物，有近百种图书获得省部级奖项，并积极争取到世界银行贷款，为出版社的未来发展打下基础，成为走在全国前列的高校出版社①。

来新夏主持编辑、编纂了大量图书文献，即使在 1990 年他离休后也没有闲下。他主编的图书有《中国近代史资料丛刊·北洋军阀》《天津风土丛书》《天津通志·旧志点校卷》《天津大词典》《天津建卫六百周年丛书》《中国地方志综览》《图书馆学情报学档案学简明辞典》等。来新夏既是学者，又是编辑，既是作者，又是出版人。编辑事业与他的学术生涯相始相终、相辅相成、互相促进、相得益彰。

二、来新夏关于编辑出版工作的主要观点

来新夏就职的南开大学出版社，是一家颇具历史传统却又刚刚复建的出版社。其初创于 1929 年，1936 年于日本侵略华北之际停办，吴大任、陈省身、万家宝（曹禺）、吴大猷等都曾任出版社编辑②。1983 年，经国家教委和文化部批准复建，成为改革开放后较早建立的高校出版社。作为一所综合性大学下属的出版社，南开大学出版社有其自身特点，无论是办社宗旨、责任使命、服务对象、生存模式等都需要有明确的定位。

来新夏上任后，期待将南开大学出版社办成一家学者型的出版社，并提出了一系列办社思路和举措。他的经验做法曾在不同场合做过阐述，现在南开大学档案中保存有出版社会议纪要、相关规定、文件等文，可资考索。特别是来新夏在晚年写下了《我与南开大学出版社》《老编辑寄语》《我喜欢的编辑》《编辑苦乐》《过年读书》等文，从这些文章中我们也可以读到来新夏自己总结的办社心得、编辑思想。此外，笔者还对南开大学出版社一些老编辑进行了专门访问，对来新夏办社的举措进行了回顾。

概括起来，来新夏关于编辑出版的观点主要体现在以下三个方面。

1. 培养"学者型"编辑

来新夏认为，人才是建社、建好社的重要资源，他尤其重视对编辑的培养。在出版社的会议纪要中，我们可以看到来新夏对"对见习编辑培养的几项规定"，南开大学出版社草创之时，为了让几位编辑全面了解工作，来新夏定下规矩，

① 崔国良. 怀念来新夏先生[M]. 忆弢盦——来新夏先生纪念文集. 天津：天津古籍出版社，2015：83；张敬双. 十年回顾与展望[M]. 南开新闻出版史料. 天津：南开大学出版社，1999：132—139.

② 关于早期南开大学出版社情况的报告. 南开新闻出版史料. 天津：南开大学出版社，1999：130—131.

新人第一年要在出版社各部门进行轮流顶岗。之所以这样安排，是因为在他心中，编辑不能只懂得编稿，更要做到"全天候"。这是借鉴了他自己早年从事期刊编辑时的经验。他要求新人熟悉从选题、审读、写审读报告、设计版面到校对、发行、写简介和书评的整个流程。这样可以明了每个环节的甘苦和彼此衔接的流程，避免产生不必要的误解。不仅如此，在出版社各方面条件还很紧张的情况下，来新夏坚持送编辑们外出参加专业培训，以便让他们尽快掌握业务。

来新夏说，他很迷信"编辑不是作文老师"的说法。他曾强调，编辑不应只会改错字、语法和标点等技术性的工作，更重要的是，要有"一门专业、多门杂学"作为基础。他认为，编辑技能只是"术"，一般通过三两个月的实践就可以学会。但编辑决不能满足于此，必须还要有"学"，才能使眼界更开阔。这就是他常说的，"学""术"兼备。来新夏鼓励编辑们撰写学术文章，不只写编辑类的论文，更要写研究其他学科的论文。他指出，编辑要把自己铸造成一个"编辑家"而不是"编辑匠"，要做"学者型"编辑①。

来新夏还提出，编辑要懂得以"醇""疵"比例来确定稿件是否可以采用②。"醇""疵"之说出自韩愈《读荀子》："孔子删《诗》《书》，笔削《春秋》，合于道者著之，离于道者黜去之，故《诗》《书》《春秋》无疵。""孟氏，醇乎醇者也。荀与扬，大醇而小疵。"③来新夏引"醇""疵"比例之说，其用意在于要求编辑分辨稿件的思想、观点。这是对编辑的更高要求。

来新夏希望，编辑要养成写编辑手记的习惯，记录下工作中的得与失，随时总结，以便改进。同时，他还要求责任编辑在图书出版之后，积极撰写推介文章、组织书评。这样做不仅是为了营销、扩大影响，更是一种锻炼。通过写书评，可以提升编辑对内容的理解，把握稿件的精华。来新夏定下规矩，书评正式发表后，出版社会给编辑额外发一份稿费，以示鼓励④。

来新夏晚年回忆往事说，他的高要求曾让编辑们叫苦连天，感到负担重，但等到编辑们渐渐成熟，对各项工作都能轻松应对后，感到了"乐从苦来"⑤。

2. 强调编辑、作者"互为衣食父母"的关系

由于自己便是一位学者、作者，来新夏深知编辑与作者关系的重要性。他

---

① 来新夏. 老编辑寄语[J]. 编辑之友，2009（2）：卷首语.

② 来新夏. 我与南开大学出版社——贺南开大学出版社三十年社庆（N）. 南开大学报，2013-5-31.

③ 韩愈. 读荀子[M]. 韩愈文集汇校笺注（1）. 北京：中华书局，2010：111—118.

④ 据笔者对崔国良、焦静宜的访谈记录.

⑤ 来新夏. 编辑苦乐[J]. 编辑之友，2012（7）：卷首语.

常常建议编辑们换位思考。来新夏认为，编辑和作者既是对手，也是伙伴。根据亲身体验，他将二者关系定位作"互为衣食父母"。他指出，编辑与作者"合则两利，不合者俱伤"。如果没有编辑，作者的著作只能藏之名山，无出头之日；如果没有作者，编辑也将无事可做①。

　　约稿是编辑与作者接触之始，对此来新夏非常重视，鼓励主动出击。他说："编辑不要当收购站的收购员，坐等人家送货上门，而是要当采购员，看准作者，组织稿源。"②为了发现作者、联系作者，他要求编辑们每年参加两次学术会议。不明就里者会将这两次出差看作是给编辑的"福利"，其实这一安排大有深意、一举多得。通过参会，编辑们可以了解到学术研究的前沿动态，及时物色新的选题。同时，学术会议也是一个难得的与众多学者见面的机会。编辑参会可以加深和学界的联系，更可以发现优秀的新作者，构建作者网③。

　　来新夏指出，编辑要善于发现新作者。在与作者的互动中，要用"两只眼"：一只眼看名家名作，一只眼看普通作者。他说，编辑高手往往能从普通作者的作品中发现佳作，甚至在工作中，帮助一些作者从稚嫩走向成熟。来新夏教导编辑说，许多有名的前辈作家常感念那些发现他们的编辑，有些知名编辑也常会倾全力帮助作者成功④。

　　来新夏站在作者的角度，现身说法，建议编辑约稿时最好与作者互相沟通，了解彼此的意图，收到稿件后，尽快提出裁决意见，免得作者期待多日，杳无音信。在改稿过程中，编辑也要充分尊重作者原意。来新夏认为，编辑应该"少动手而多动脑"。他指出，编辑有时由于缺乏某些领域的专业知识，或与作者的年辈相隔太大，互不理解，把作者原意改反了。他告诫编辑，不要不尊重作者的行文习惯，更不要把作者的某些思想火花视作非主流而大肆斧削。如发现不妥之处，要约作者商榷，最好请作者自己动手，编辑只作些技术性修改。如果稿件确实不合格，纵然有"关系"、有市场，也应双手奉还。来新夏认为，在发稿阶段作者也应包含一些话语权，甚至装帧封面也应征询作者的意见。他举例说，有些编辑自作主张，给学术性著作弄个花里胡哨的封面，还饰称时尚，令作者啼笑皆非⑤。

　　来新夏曾感叹，正是由于构建起了一支数量可观、学术上有成就的作者队

　　① 来新夏. 我喜欢的编辑[N]. 文汇读书周报. 2013-1-11.
　　② 来新夏. 老编辑寄语[J]. 编辑之友，2009（2）：卷首语. 又见笔者对焦静宜的访谈.
　　③ 来新夏. 我与南开大学出版社——贺南开大学出版社三十年社庆（N）. 南开大学报，2013-5-31.
　　④ 来新夏. 老编辑寄语[J]. 编辑之友，2009（2）：卷首语.
　　⑤ 来新夏. 我喜欢的编辑[N]. 文汇读书周报. 2013-1-11.

伍，才使得南开社从默默无闻成长为在海内外初具影响的出版社。作者们"以脑汁和心血熔铸、凝炼成各种专著教材，像母亲以乳汁哺育婴儿"，使出版社不断壮大①。

3. 投入市场但不迎合市场

来新夏任职南开大学出版社时，由于多方面原因，全国出版业正处于"萧条过渡时期"②。出版社既是生产经营性单位，同时又负有宣传教育、发展科学文化事业的责任，如何找准定位，关系到出版社的生死存亡。南开大学出版社虽然是一家高校出版社，但也必须面对计划经济向社会主义市场经济转变带来的阵痛。

当时出版行业处于低谷，图书市场良莠不齐、竞争激烈，学术著作和高层次教材的出版严重亏损。为了应对这种挑战，同时为了打造本社的品牌声誉，站稳一席之地、谋划长远，来新夏与南开大学出版社同人定下了"小有余"的经营方针，并采取了"以收补歉"的经营策略。他们坚持社会效益、经济效益并重，以配合教学、繁荣学术为己任，力求寻找到实现综合效益的平衡点。

"小有余"方针并非"小富即安"、胸无大志，而是根据当时的经济状况，从自身定位出发，从学术、文化发展的责任出发，制定的经济收益目标。其含义是既要在经营中实现盈利，但又不能只追求经济效益。具体来说，就是在选题与经营中"以收补歉"。所谓"以收补歉"，即以出版畅销书获得的盈余，补贴长线产品、学术著作可能造成的经济损失③。

来新夏并非不重视畅销书。他认为，畅销书是出版社市场影响力、知名度的重要指标，也是策划能力、业务流程、加工制作水准和市场营销能力的重要体现。这些正是出版社的"生存之基和生命之源"④。他指出，光求库存增长，不重市场销路，决非明智之举⑤。但来新夏还是希望出版社在创建之初避免只"瞩目在'钱'上"⑥。他认为，如果不想编有价值、行之久远的常销书，每出一本书，好像狗熊掰棒子，随掰随丢，再版量微乎其微，这样既难坐享良性

① 来新夏. 回顾与展望[M]. 南开新闻出版史料. 天津：南开大学出版社，1999：445.
② 来新夏. 回顾与展望[M]. 南开新闻出版史料. 天津：南开大学出版社，1999：446.
③ 来新夏. 回顾与展望[M]. 南开新闻出版史料. 天津：南开大学出版社，1999：446.
④ 来新夏、徐建华. 天津出版印象[J]. 出版广角，2005（3）：16—19.
⑤ 来新夏. 何必如此拥挤[N]. 中华读书报，1998-4-29.
⑥ 来新夏. 我与南开大学出版社——贺南开大学出版社三十年社庆（N）. 南开大学报，2013-5-31.

循环的赢利，也难创造品牌、实现可持续发展①。

来新夏希望，出版社要抱着"有一点余力多出一本书"的宗旨，尽力协助作者多开辟一些渠道，解决学术性书籍的出版困难②。当时国家和社会支持出版的资金还很少。在学校和出版社资金也都很困难的情况下，南开社建立了自己的出版基金，专门资助教材和学术著作出版。虽然因此降低了经济效益，但学术界和全社会却得到更大的效益。

20世纪80年代，南开大学在费孝通先生的支持下，在全国首先建立起社会学专业，但是国内没有可以使用的教材。为此，南开大学出版社率先翻译引进了一批国外较好的教材，如出版了苏联安德烈耶娃的《社会心理学》、美国克特·W.巴克主编的《社会心理学》、美国刘易斯·科塞等著《社会学导论》、日本富永健一主编的《经济社会学》、古畑和孝的《人际关系社会心理学》等，缓解了我国新建社会学专业对教材的急需，同时推动中国学者自己编写的教材，如《教育社会学概论》等③。

来新夏在任期间，南开大学出版社策划、出版了一批长期颇具影响力的学术著作，如《尔雅今注》《欧洲哲学通史（上下卷）》《中国文艺思潮史稿》《比较文学论集》《三江侗语》《中国史学史资料编年（上册）》《清史史料学初稿》《天津近代史》《江浙财阀与国民政府（1927-1937）》《南开大学校史（1919-1949）》《日本近代外交史》《周作人年谱》《中国古代小说艺术论发微》《契约论研究》《价格学原理》等；出版了具有通识性的"大学生知识丛书"，包括《漫话英美文学》《法律与自由》《中外军事法庭审判日本战犯——关于南京大屠杀》《中国经济特区》等；重要工具书《社会学参考书目》《资本论辞典》《图书馆学情报学档案学简明辞典》《台湾事典》等；以及地方志《青州市志》等④。

特别是在一些需要长期关注、较高投入的图书选题策划上，展现了来新夏作为编辑出版家的眼光与定力。比如，由吴廷璆主编的《日本史》在南开大学出版社出版，成就了一段学林的佳话。吴廷璆先生是中国日本史研究的开拓者，上世纪80年代初受教育部委托主持我国第一部日本通史的编写工作。来新夏得

①　来新夏. 老编辑寄语[J]. 编辑之友，2009（2）：卷首语.

②　来新夏. 回顾与展望[M]. 南开新闻出版史料. 天津：南开大学出版社，1999：446.

③　崔国良. 不断更新知识 出版新学科教材 为社会主义市场经济服务. 南开新闻出版史料.天津：南开大学出版社，1999：475—481.

④　南开大学出版社社务委员会编. 南开大学出版社成立64周年重建10周年纪念册.南开大学出版社，1993.

知这一消息，认为这是一部不可多得的学术著述，"必将在学术史上占有一席之地"，于是力主克服种种困难，一定要出版这部著作。《日本史》是一部逾百万字的大部头著作，众多国内日本史领域的专家参与，工作量极其庞大。吴廷璆先生作为主持者，年届八旬，但坚持亲力亲为，一丝不苟，统一修改。这部书稿经过前后十年，终于在 1994 年出版面世。此时，来新夏已从出版社退休。八十四岁高龄的吴廷璆先生亲自登三楼将题写了上下款的《日本史》送到来新夏家中，共享著作出版的喜悦。此后，这部《日本史》屡获大奖，连连重印，成为南开大学出版社的"看家书"①。

为了维护品牌声誉，来新夏在审查选题时，坚持抵制一味迎合市场、格调低下的选题。他常以没有出过一本被评审为"不良读物"的书而自豪②。在来新夏与同事们的努力下，南开大学出版社终于渡越险阻，办出声色。

三、来新夏编辑出版思想的特点

来新夏编辑出版思想的形成既源于他丰富的实践经验，也源于他独特的学术背景和学者身份。作为编辑出版家的他，还拥有学者、作者、读书人等多重身份。每一重身份都让他可以从不同的角度，以不同的使命感，来思考编辑出版事业。因此，他的编辑出版思想是颇具独到之处的，拥有超越时代的价值，对当今的从业者仍具有重要的启示意义。

1. 以史家视野，站在图书事业发展史的高度，通古今之变

编辑学是一门新兴学科，但编辑事业在中国却有着悠久的历史传统。编辑学在中国诞生，并非偶然，有其深厚的土壤和优秀的基因作为支持③。来新夏深知中国编辑传统的重要价值。刚刚担任出版社社长、总编辑之时，他为了找准定位，便计划从中国编辑事业发展的历史脉络中寻找思路。他曾计划写一部《中国古代编辑事业简编》，不久便拟出了一份写作提纲初稿。但是由于事务繁忙，一直未能成书。晚年，他将这份《〈中国古代编辑事业简编〉写作提纲》发

① 焦静宜. 书生情谊——吴廷璆、来新夏二位先生的往来. 南开大学报 2016 年 5 月 13 日 3 版.
② 来新夏. 我与南开大学出版社——贺南开大学出版社三十年社庆（N）. 南开大学报，2013-5-31.
③ 潘树广. 编辑学[M]. 苏州：苏州大学出版社，1997：1—21；刘文峰. 编辑学[M]. 合肥：安徽人民出版社. 1988：10—15.

表①。这份提纲思路明晰、严谨缜密，从中可以看到来新夏的治学思路和编辑思想。在提纲中，来新夏从考订"编辑"一词的源头和词意演变入手，指出中国古代的编辑事业，是沿着收集资料整理成书一条路线发展下来的。他用最精炼的文字，对先秦、两汉、魏晋南北朝、唐宋、明清各个时期编辑事业的整体状况、特点、成就，进行了精准的概括、勾勒。提纲虽然篇幅不大，但将中国古代编辑事业的发展史梳理得清晰明了，体现了来新夏作为历史学家的深厚功力。

虽然来新夏后来并没有以此为基础完成一部"编辑事业史"，但他先后领衔写出了《中国古代图书事业史》《中国近代图书事业史》（后合为《中国图书事业史》），在学界、业界广受好评。从历史发展脉络中思索自身定位，这是来新夏作为一位历史学者的思维特点，也为他编辑出版思想的形成提供了重要支点。

来新夏重视传承但并不泥古守旧，赶时代而不赶时髦。由于对历史发展大势了然于胸，所以能够通古今之变。无论传承与创新，他都能够以此为标准，做到鉴往知来，顺势而为。

来新夏乐于接触新事物、了解新事物、使用新事物，但始终保持着自己的独立思考。上世纪 80 年代，计算机刚刚进入我国社会。来新夏便在图书馆学教学中增加相应内容，在图书馆管理工作中引进计算机。南开大学出版社也推出了一系列计算机专业书籍。随着激光照排技术出现，铅排时代加在编辑身上的沉重负担逐渐解除，编辑改稿、查核引文都变得轻松起来。来新夏对此表示肯定和赞誉。晚年，他还于八十高龄学习电脑打字，并坚持用电脑写作，直至去世。不过，来新夏不断提醒，信息化时代的年轻编辑也不要过分依赖计算机，"因机废书"，如果每天只是数字数行，则将沦为编辑匠。他反复强调，"磨刀不误砍柴工"，编辑还是理应具有学术素养，不应与书日益疏远②。

在技术革新之外，体制革新也是来新夏所关注的问题。他任职期间，中国出版业面临着旧的出版体制与新的市场格局之间的矛盾。体制改革势在必行。但同时，来新夏表示，各出版社所处的环境是大同小异的，因此出版人也不要因此推卸责任，过分强调旧体制的约束，这样会忽略自身存在的问题、自己应负的责任③。

2. 以多重身份，多角度思考，强调"学""术"兼备、能文能武

来新夏编辑出版思想的另一大特点是他对编辑技巧、组织协调能力和学术

① 来新夏.《中国古代编辑事业简编》的写作提纲[J]. 编辑之友，2013（4）.

② 来新夏. 编辑苦乐[J]. 编辑之友，2012（7）：卷首语.

③ 来新夏、徐建华. 天津出版印象[J]. 出版广角，2005（3）：16—19.

能力的综合并重。他认为，不学无术、有学无术、不学有术都是不能成为令人满意的编辑，真正的好编辑必须有学有术、文武全才。

这一思想首先源自工作需要。南开大学出版社是一家高校出版社，其创办目的是"紧紧围绕本校教学和科研任务，着重出版学术专著、教材和教学参考书"①。针对这一任务，来新夏和南开大学出版社同人提出了办"学术型出版社"的定位。建"学术型出版社"当然需要一支"学者型编辑"队伍，编辑学术专著、高水平教材必须要有相匹配的知识结构和一定的学术能力。正是出于这样的考虑，来新夏要求编辑在熟悉编辑技术之外，还要掌握"一门专业、多门杂学"。

不过进一步推究，如果出版社负责人本身没有过硬的学术能力和足够的学术自信，恐怕也很难对编辑们提出"学""术"兼备的要求。学术恰恰是来新夏的优势。他深具家学渊源又师出名门，从幼年开始，就在祖父来裕恂的悉心指导下开始了读书生涯。考入辅仁大学后，他受到陈垣、余嘉锡、张星烺、启功等大学者的指点。其后，又在华北大学读范文澜教授的研究生。来新夏自身学养扎实、研究领域广阔，在历史学、目录学、文献学等方面均卓有建树，"纵横三学，自成一家"，享誉学界。他希望培养学者型编辑，而他本人便是这样的优秀典型。也正是因为他具有多重身份，使他可以了解学者、作者、编辑各自的需要与困难，换位思考，妥善解决各类问题。

同时，来新夏并不是在"象牙塔"里孤芳自赏的书生。他自身具备很强的组织协调能力，也清楚编辑出版是一项实践性极强的工作。来新夏曾说，当一名编辑的确不容易，要和作者、管理部门、出版部门、市场、读者多方面接触，如果没有宽容的度量和超人的睿智是很难得心应手的②。特别是要做一名编辑家、出版家，更需要有大将风度，严格执行标准、勇于改正错误，还要有斩关夺寨的精神和勇气。因此他希望编辑们能做到学术兼备、能文能武，练出"上马擒贼，下马草露布"的本领。

3. 以读书人意识，关注社会责任，重视文化担当

来新夏常常称自己只是一个"读书人"。这看似谦称，其实并不简单。读书人，也就是知识分子。在来新夏的成长环境和学术语境下，寻根溯源，读书人其实就是指中国古代士农工商四民中的"士"。古人说："士不可以不弘毅，

---

① 文化部同意建立南开大学出版社（出字第 1389 号文件）[M]. 南开新闻出版史料. 天津：南开大学出版社，1999：443.

② 来新夏. 老编辑寄语[J]. 编辑之友，2009（2）：卷首语.

任重而道远。""士当以天下为
己任。"可以说读书人这一自我
定位，蕴含着深沉的社会文化
担当。

　　重视社会文化责任是来新
夏一以贯之的思想，这不仅体
现在编辑出版工作中，也体现
在他从事的学术研究、学科建
设、随笔创作及其他各项工作
之中。在治学中，来新夏提倡
作"为人"之学，甘当"铺路
石子"。在随笔写作中，他特别
强调要将学术"还之于民"。在
工作中，编辑出版，毫无疑问，
也是一种"为人""为民"的工
作。无论是图书编辑、文献编

2013 年 5 月为南开大学出版社三十年社庆题词。

辑、期刊编辑，都是为作者、为读者服务的。

　　作为出版社的负责人，来新夏不能不考虑经济效益，但他决不一味迎合市
场。在当时，低劣的武侠小说、言情小说和中小学辅导资料滥销，图书市场竞
争无序，经营压力很大。但南开大学出版社保持定力，拒绝诱惑，没有出版一
本这样的读物。在南开大学出版社的选题会上，经过讨论，一致认为要把主要
精力集中在出好大专学校的教材和学术专著上，突出自己的特色①。

　　在来新夏心中，选题是出版社的生命线，有好选题就有好书，就能产生
"双效"，经济效益、社会效益双丰收②。出版社必须出畅销书，但绝不是庸
俗读物，而是符合南开大学出版社责任定位的、面向大众的知识性普及性读
物。例如，南开大学出版社此时出版过一套《大学生知识丛书》。来新夏在书
的总序中写到，出版这套书的目的是"为扩大大学生的知识领域，培养他们
具备分析和解决问题的能力，提高他们的思想、文化素养，丰富他们的精神
生活"。由于定位准确，《大学生知识丛书》第一本《灵魂的奥秘》一经推出，
便被书市列为畅销书之一，广受欢迎。这一时期，南开大学出版社的出版物

---

　　① 崔国良. 注重社会效益把大学出版社办出特色来[M]. 南开新闻出版史料. 天津：南开大学出版社，
1999：462—468.

　　② 来新夏. 我与南开大学出版社——贺南开大学出版社三十年社庆（N）. 南开大学报，2013-5-31.

多次获得"全国畅销书"的美誉①。在出版教材、专著时，来新夏同样看重其社会文化效益。他和南开同仁提出，出版教材的注意力要放在填补空白、解决急需方面，力争在短期内协助各院校摆脱油印教材的困扰。学术专著的重点则放在对现实问题的研究成果和有理论创见方面②。

在来新夏看来，编辑出版人要更多关注社会文化效益。他不断呼吁让学者型编辑多起来，就是为了"使文化事业正常发展，使中华文化源远流长"③。由此可见，编辑出版在来新夏心中并不是一份普通的工作，而是承担着巨大责任的事业。他作为"读书人"的社会责任意识与文化担当精神，值得当代编辑出版人引为镜鉴，对照自省。

作者为南开大学党委宣传部副编审。

本文原刊于《中国出版史研究》2018 年第 2 期（总第 12 期）。

---

① 来新夏.《大学生知识丛书》总序[M]. 南开新闻出版史料. 天津：南开大学出版社，1999：444；崔国良.潜心经营把出版社办出声色来[M]. 南开新闻出版史料. 天津：南开大学出版社，1999：469.

② 来新夏. 回顾与展望[M]. 南开新闻出版史料. 天津：南开大学出版社，1999：446.

③ 来新夏. 老编辑寄语[J]. 编辑之友，2009（2）：卷首语.

追忆当年

庆贺南开大学出版社成立五周年

张允什

南开大学出版社成立五周年了，可庆，可贺！

南开大学出版社坚持为教学科研服务，积极宣传党的政策，路子对头，方向正确，已在国内外产生了一定的影响。有些出版物获得了国家教委和省、市级嘉奖。特别是在过去两年的北京图书交易会上，不少出版物受到广大读者的欢迎，有的被评为全国优秀畅销书。

同时，面向全国高等院校出版了六十余种经济、文学、史学、哲学、社会学、东方艺术等学科及理科教材和多种学术专著，为提高教学水平和促进学术交流起到了积极的作用。如所周知，由于多方面的原因，目前出版学术著作非常困难，而南开大学出版社为繁荣学术甘愿承担风险和付出艰辛，因此特别值得人们尊敬。

为了给广大学生提供精神食粮，该社出版了"大学生知识丛书"和"国外社会学译丛"。这些书籍既有知识性、科学性又有实用性，对当代大学生的科学素养、思维方式和精神状态，无疑会产生较大的影响。

我以为他们之所以在短短的五年中从无到有、从小到大地逐步发展起来是与广大读者的支持、帮助分不开的。为了赢得读者就必须从读者的需要出发，为读者办"实事"。希望他们为改善我校教材质量，使广大师生尽快摆脱油印讲义的困境等方面继续努力。同时要让广大读者通过出版物感到强烈的时代气息——新成就、新思想，新观念。

今后出版工作要有一个更大的发展。这种发展，不仅是量的增加，尤其是质的提高。在"七五"计划中，国家教委已把南开大学出版社建设列入规划。世界银行将贷款帮助出版社改建印刷厂。我相信在国家教委的大力支持下，通过大家的努力，南开大学出版社一定会向广大读者奉献更多的学术价值高、适

合人们精神文化生活需要的优秀读物，为提高我校教学和学术水平，为促进社
会主义精神文明建设，做出新的贡献。

作者为南开大学化学系教授、原主管副校长。

本文原刊于《南开周报》1988 年 5 月 5 日第一版 "庆祝南开大学出版社成
立五周年专号"。

和来先生在南开大学出版社共事

崔国良

南开大学出版社成立后，1983年3月我被任命为校直属出版社党支部书记（1987年12月建总支任总支书记）兼副社长。社长一职因学校考虑应由一位学术上有影响的教授来担任，暂时空缺。直到转年8月，才选定来新夏教授担任社长兼总编辑。我最早知道来先生还是在"文革"前见过他写的剧本《火烧望海楼》。那时候，他住在校门口东村的东头，我住在东村的南头。虽然有时见面，但从未直接接触过。不想，他被任命为社长兼总编辑后，立即亲临寒舍，使我很受感动。他主动了解出版社的情况，并且征求我对出版社发展的意见。从此我们就相处在一起，自1984年8月至1990年3月我们共事近六年，虽然有时在处理事情上，意见免不了产生抵牾，然均可做到坦诚相见。当时来先生同时担任校图书馆、图书情报学系和出版社三个部门领导工作，因此出版社主要由我配合并辅助来先生掌管社务，有大事我向他汇报，许多事他也事先与我商量。一般涉外事宜他都委托我参加或处理。总地来说还是默契。

来先生在建社和发展中做出了许多贡献。择其要者，仅举几件列下：

来先生主政出版社期间，在坚持大学出版社为教学科研服务的宗旨方面，显而易见是明确的，因此在掌握发展方向和业务上都比较稳当，没有出现过重大的政治和学术上的纰缪。当时正是全国出版行业处于低谷，且又时有各种不健康的思潮干扰的时期，南开大学出版社正当初创阶段，需要扩大经营积累资金，但我社在思想上还是比较明确的。虽然也遇到过一些错误思潮侵袭，但我社在来先生的主持下都抵制住了。因此，上级出版机关的领导给我社较高的评价——"起步晚，路子正，步子大，出了很多好书，没出一本坏书"。

来先生的领导作风是注意抓大事，讲原则。比如建立社务会制度。出版社能在建社初期的艰难条件下健康发展，在很大程度上取决于当时的社务会制度。社务会定期召开，由来先生主持，社领导成员和各科室、部门负责人参加。社里大事都要拿到社务会上讨论决定，争取做到公平、公正、公开。各种意见和看法摆到桌面上，虽有时出现争议，但有透明度，使群众的意见能够及时反映，社里的长、短期计划大家心里有数。再如，作为领导班子成员，来先生不谋私利，严格要求自己。他在任六年，除学校规定的每月 30 元职务津贴外，在出版社从未多拿过一分钱。有一次，年终分奖金，每人都有一份，但来先生坚持不取，送到家里又给退回来。他当时在三个部门主持工作，但他只拿系里的一份。他给社里组稿，仅地方志就十余部，也从来没拿过组稿费。来先生以身作则，给大家树立了榜样。至今回想，我同样也感到问心无愧。

　　他还注意编辑队伍的建设。特别是在建社初期，编辑多是由教学岗位转轨的，对编辑业务比较生疏。他主持社里建立了业务学习制度，每月都组织编辑进行业务知识的学习。为了充实编辑力量，社里每年都向学校争取指标，从各系选留多种专业的本科生和硕士生，并给这些新生力量提供学习和进修机会。来先生提倡编辑人员要学有专长，鼓励编辑做学术研究工作，藉以提高编辑队伍的学术和业务水平，同时还可以了解相关学科的学术发展动态。为此，还规定了编辑每年都可有两次参加相关学科的学术会议或活动的机会。我也受益于这一举措，在岗期间，我与二位同事合作编纂了《南开话剧运动史料（1909—1922）》和《南开话剧运动史料（1923—1949）》。这两部 80 万言的史料书的出版，填补了我国话剧史，特别是早期短缺的北方话剧史料的空白，从而使南开话剧成为在我国早期话剧由文明戏向现代戏剧转变的里程碑性的标志。这就使得南开话剧首次载入中国话剧史册。

　　1985 年 10 月出版社承办的"曹禺七十五周年诞辰暨戏剧活动六十周年学术讨论会"开幕式（前排左起：崔国良、来新夏、王大璐、吴大任、滕维藻、曹禺）。

　　1985 年 10 月是曹禺诞辰七十五周年、从事话剧活动六十周年。我们中国话剧文学研究会筹备组的几个人有一个想法，就是计划在这个时候召开一个学术讨论会来纪念这位校友在我国话剧史上的卓越贡献；而且建议这个会在曹禺的母校南开大学召开。我把这个想法同来先生讲了，求得他的支持。他立即表示同意，由南开大学出版社作为一项学术活动来筹办，并委托我起草报告给学校。经学校批准，我作为大会秘书长负责具体操办。会议终于在 1985 年 10 月 4—6 日召开了。来先生作为东道主在会上做了《曹禺生平及其剧作》报告。曹禺先生亲自到会做了激情洋溢的讲话，他说："我永远忘不了南开对我的培养和教育，我的一生是和南开大学联系在一起的。"曹禺这一次来津是他的最后一次与南开和天津告别。而这次会议却是全国首次曹禺戏剧学术讨论会，为曹禺研究的深入开展起了一个动员的作用，为以后的国内国际学术讨论会开了先河。

南开大学出版社大楼

　　由于出版社重视编辑队伍的业务建设和学术研究活动，不但使编辑队伍很快熟悉了业务，提高了自身的学术水平，一些编辑不仅组织和编辑了好书，自己也能著书写文章，从而在学术界扩大了出版社的影响，提高了知名度。

　　来先生还关心出版社的硬件建设，为南开大学的出版大楼建设做出了贡献。出版社最初可以说是白手起家的。建社初期，一缺人员，二无办公室，三无出版印刷设备，一切从零开始。最困难时十来个编辑只有一间办公室，新来的编辑每人只能分到两个抽屉用来放东西。当时虽然是以原学报为基础，但又不能动用学报的人员和设备。没有经费找学校借，而没有印刷厂是主要困难，当时印刷条件异常紧张，市里印刷厂不接我社任务，我们只好向市出版局求援。

市出版局只同意给南郊区的一个集体所有制的印刷厂接受我社的活计。这样远远满足不了我社出书数量的需要，更不要说高质量的印制要求。这时，我们得到了一个信息：国家教委将得到一个世界银行无息贷款的教材建设项目。这是一个极好的消息。来先生先派我去国家教委联系。在关键时刻，来先生亲自出马去国家教委争取。国家教委的教材办公室季啸风主任，原为商务印书馆副总编辑，与来先生旧有过从，几次力争，终于争得了将南开大学出版社列入全国八大教材出版基地之一的位置（其他七校为中国人民大学、北师大、清华、复旦、上海交大、武汉大学、西安交大，后来又有扩展），南开承担三北（华北、东北、西北）地区高校文科教材出版任务，同时争取到了出版大楼基建面积8500m²。项目批准后，又组织设计施工等一系列的后续工作。特别是开始资金不到位，迟迟不能开工，最后来先生决定动用了出版社50万元启动资金才开始施工。中间经过几次申请追加资金，学校也自筹部分资金。到1992年出版大楼投入使用。印刷厂成为全国定点中型印刷出版基地。南开大学出版社终于有了自己的办公用房和较好的印制条件，成为有完整的系统配套的出版单位。

　　在出版创议方面，在80年代中期，来先生就注意到了提高大学生综合素质的问题，为此，我们曾与武汉大学等校倡议出版《大学生知识丛书》。当时，鉴于高等学校在"文革"中断档多年所造成的大学生知识面狭窄的弊端，有必要出版一套辅导大学生增强基础知识，拓展学生专业知识范围的丛书。开始参加的单位还有北京大学和中国人民大学，由来先生主持召开了一个专题会议商定出版原则和数量，定名为《大学生知识丛书》，由各社自行确定选题、数量不拘，均纳入这套系列丛书中。但是后来赶上出版行业的第一次大滑坡，北大、武大先后宣布退出。最后，来先生和我社领导商议决定在经费不宽裕的情况下，由南开独家出版这套丛书。来先生为这套丛书写了总序，他满腔热忱地表达了南开大学出版社的初衷和期望，其中说：

　　　　当前，我国正处在"大腾飞"的光辉时代，无涯的知识正在蜂拥而至，知识结构在日益繁密，那些纯求单一的陈旧观念将障碍着人类智能的发挥，知识"杂处"和"交叉渗透"将是这一时代的新要求。大学生是知识的继承、深化与增殖者，扩大大学生的知识领域，培养他们具备分析和解决问题的能力，提高他们思想文化素养，丰富他们的精神生活，都将有助于造就合格的"四化"建设人才。为此，南开大学出版社不惜以微薄之力，独承其作，决定出版一套《大学生知识丛书》，向大学生贡献自己的赤忱。

　　《大学生知识丛书》主要面向大学本科生，兼及各种办学形式的大专生、中学教师和广大自学青年。我们希望借助这套丛书使他们在所攻的专业之外，再从其他专业知识中吮吸养料，加深对本专业的触类旁通，也许相互融合会产生出人们始料所未及的新领域，那将是这套丛书所引以自豪的。

《大学生知识丛书》的作者不拘一格，欢迎学有造诣的老年、风华正茂的中年和脱颖而出的青年，能以这套丛书为自己的园地辛勤耕耘，公开自己所积存的精神财富。尤其欢迎有一批研究生和大学生能为自己的伙伴写书。

《大学生知识丛书》注重知识性、科学性、先进性和实用性，注意介绍新科学、边缘学科和应用学科的有关知识，特别要求通过接受知识而熟悉如何掌握与运用知识的方法。

《大学生知识丛书》不排序列，不分学科，兼收并蓄，诸体并存。成长固属可喜，但成长过程中的风风雨雨则正企待作者与读者的支持与批评。

这套丛书自 1986 年至 1990 年先后出版了《灵魂的奥秘》《法律与自由》《漫话英美文学》《中国经济特区》《中外军事法庭审判日本战犯——关于南京大屠杀》和《宗教：精神还乡的信仰系统》等，在社会上和大学生中收到了良好的反响。有的曾经多次重印，成为优秀畅销书，并且获优秀成果奖，有的还成为优秀的爱国主义教材。

为了加强学生的基础知识和发扬祖国的优秀文化传统，为青年或专业工作者提供合用的工具书，来先生提议南开大学出版社出版系列南开辞书。根据南开大学学科门类比较齐全、学术基础比较雄厚的条件，分别出版专业性和知识性比较强的工具书，定名"南开辞书"。当时我责编了徐朝华教授的《尔雅今注》（1987），是一部我国最早的百科辞书《尔雅》的今注本。随后又有《中国古代法学辞典》（1989）和《资本论辞典》（1989）、《台湾事典》（1990），来先生还主编了《图书馆学情报学档案学简明辞典》（1991）等；后来，又有《六用成语词典》（1991）和《英汉双解最新学生多用词典》（1992）成为了我社的畅销书。至今已经出版了系列英语词典和经济类辞书，还有即将出版的《同义词词典》等，已经形成了我社的一个有特色的辞书系列。

尤其还应提到的是，来先生自己也身体力行，为出版社约组了一批高水平的学术著述。如吴廷璆教授主编的《日本史》，是建国以来由中国学者撰著的第一部日本通史，出版后即获优秀科研成果奖和天津市优秀图书一等奖，不仅成为该学术领域内的权威性著述，而且十余年来多次重印，是一部既有社会效益又有经济效益的"双效"书。朱凤瀚教授撰著的《古代中国青铜器》最初列入计划时仅是一部 40 万字的教材，但来先生从其架构和思路上认定这是一部有价值的学术著述，应该耐心等待它的成熟，随着作者学养和科研成果的逐渐丰厚，最终扩充为 120 余万字的图文并茂的工具性著述，成为成就作者学术道路的奠基石，后被评为二十世纪文博考古最佳图书之一。杨志玖教授以元代史研究享誉中外，80 年代，当来先生得知杨先生正在集结此项研究成果的信息后，立即派人向杨先生约稿，尽管杨先生由于目疾和其他方面科研工作的需要以至十几年后才交稿，但这部凝聚着这位史学大家一生心血的著作《元代回族史稿》，最终由南开大学出版社出版，这不能不说是南开大学出版社的一件幸事。

转眼十几年过去了，虽然，来先生和我都先后离开了出版岗位，但我们的友谊仍然不断。近年先生还为我编写的书撰写了既诚挚又激励我的一篇热情洋溢的序，使我又受益匪浅。

作者为南开大学出版社原总支书记兼副社长、编审。

本文原刊于《来新夏教授学术研讨会纪念集》，南开大学地方文献研究室编，新疆大学出版社 2002 年版。

采访南大出版社社长来先生

倪斯霆

上世纪 80 年代，天津出现一张专门评介图书的报纸。作为报社记者，我受命采访了京津众多劫后余生的老作家、老学者，他们中的每一位，今天看来都是可载入史册的巨匠鸿儒。来新夏先生便是其中一位。

……

1983 年，南开大学出版社成立，来先生被任命为总编辑。短短五年，他便将该社带入全国一流大学出版社行列，受到学界瞩目。1988 年初，领导安排我去采访该社。记得是春节后一个乍暖还寒的早上，经该社副社长崔国良先生之介，我在南大出版社见到来先生。虽然此前我对他的北洋史等学术成就已很熟悉，但初次见面，来先生的容貌装束却仍让我感到惊奇：高大魁梧的身躯，配上金丝眼镜与笔挺的深褐色西装，使他显得高深莫测，而言谈举止间的儒雅之风，更是让他尽显绅士风度。当时我想，如果在他白衬衣领口再打上领结，简直就是西方电影中绅士派儿教授的典型。然而更让我惊奇的是，当我单刀直入问起出版社在五年之内成绩斐然的原因时，来先生脱口而出："五年来我们已为 21 所高校出版了整整 60 部教材。之所以有此成绩，是因为我们已在津、京、沪及武汉、广州等地建立了一支数量可观、学术上卓有成就的作者队伍。尤其是南大校内 22 个系、49 个专业、12 个研究所的 129 位教授、485 位副教授、872 位讲师及一大批博士、硕士研究生，是我社得以取得成绩的基本保障。尤其可喜的是，在七五计划中，国家教委已把我社列入规划，世界银行将贷款帮助我们改造印刷厂，这样到 1990 年预计出书可达到 160 种 4800 万字。"在如数家珍地说出如上情况与数字时，来先生没看一点资料，完全是即兴随口而出。我当时虽叹服来先生超强的记忆力，但也仅仅是归结于他对业务的熟悉与敬业精神。

真正让我领教来先生的记忆力，是二十多年后。那次采访完毕，我写的专稿虽被几家读书类报刊转载，但我却一直无缘再见到先生，其间也没有任何联系。2011 年底，我应邀参加在南开大学举行的《天津记忆》百期纪念会。那天早上，当我开车来到专家楼时，在我前面停下的一辆车里走出了来先生。我赶忙停车跑过去边搀扶边自报家门，岂料来先生不假思索地笑呵呵说："知道，《天津书讯报》的名记，采访过我！"这下我可真服了，时过二十多年仍有如此记忆，不是记忆力超强是什么！

　　作者为天津市通俗文学研究专家、原《天津书讯报》记者。
　　本文刊于 2014 年 7 月 9 日《今晚报》第 21 版"今晚副刊"，原题为"来先生的记忆力"，有删节。

　　在 1985 年 4 月 26 日举行的天津市出版工作者协会第一次代表大会上被推选为该协会副主席（左七起：出版局局长谢国祥、学会主席孙五川、来新夏）。

留给第二故乡的礼物

——《旅津八十年》荣登《中国好书榜》

吴中亚　焦若暘

　　《旅津八十年》是著名历史学家、方志学家、图书文献学家来新夏先生生前面世的最后一部文集，今年 1 月由南开大学出版社出版。甫一问世，即受到学术界和出版界的一致追捧，4 月荣登"中国好书榜"。来新夏先生虽已于 3 月末遽然远行，但读其书思其人，让我们更深切地感到这部著述是来先生留给第二故乡的礼物。

　　来新夏（1923—2014），浙江萧山人。1942 年考入北平辅仁大学历史学系，师从陈垣、张星烺、余嘉锡、启功诸名师。在抗战最艰苦的条件下发愤读书，连续四年以优异成绩获一等奖学金而得以完成学业。大学毕业后回津，1949 年 1 月被保送至华北大学二部学习，期满后随范文澜先生读研究生，主攻中国近代史。1951 年奉调至南开大学，由助教循阶晋升为教授。来新夏治学严谨，功底深厚，研究成果宏富，且多为开创之作，如《北洋军阀史略》（湖北人民出版社 1957 年版）、《古典目录学浅说》（中华书局 1981 年版）、《方志学概论》（福建人民出版社 1983 年版）等都是新中国成立以后相关学科的第一部著作。来新夏的每一项研究都具有很强的持续性和精益求精的探索性，如《近三百年人物年谱知见录（增订本）》（中华书局 2010 年版）、《清人笔记随录》（中华书局 2007 年版）、《林则徐年谱长编》（上海交通大学出版社 2011 年版）、《书目答问汇补》（中华书局 2010 年版）等著述都历经几十年不断修订增补，日臻完善，始终保持学术领先地位。来新夏一生笔耕不辍，有学术专著 30 余种面世及古籍整理多种，其中《北洋军阀史略》（湖北人民出版社 1957 年版）、《古典目录学》（中华书局 1991 年版）等著述还多次被译介至日、韩等国；另有《中国地方志》（台湾商务印书馆 1995 年版）、《来新夏书话》（台湾学生书局 2000 年版）、《千年不灭的荣光》（台湾文字复兴有限公司 2001 年版）等在台湾地区出版发行并受到学界同仁广泛关注。他晚年尤以学术随笔著称，志在用学术随笔的形式把知识化艰深为平易，以"反哺民众"，成文 800 余篇，又结集出版《冷眼热心》（上海人民出版社版）、《不辍集》（商务印书馆版）、《邃谷师友》（新世界出版社版）等随笔集30余种。

来新夏先生虽少小离家并以故乡萧山山水人文而自豪，但纵观其人生，可知先生7岁至津门，其间虽有辗转，但其接受学校教育，从事教育事业，涉足学术研究皆由天津肇始，可谓他乡作故乡，与津结缘八十年。来先生著作等身，且对寓居大半生的天津地域文史研究贡献尤多：曾在我社出版的《天津近代史》堪为近代天津历史奠基之作；先生主持之"天津风土丛书"与"天津建卫六百周年丛书"为研治天津史必备之参考；先生审订过数部天津新志书，贡献有诸多理论性及指导性意见；先生还撰作上百篇关于天津之学术随笔与回忆文章，为津沽文化建设身体力行，大声鼓吹呼吁……多年来，其人其书已在学术界乃至出版界享有盛誉。

2012年，来新夏先生九十初度，各方友朋以《友声集》《来新夏随笔选》《九秩弢盦》（《天津记忆》印行）等为贺。2013年，来先生忙中抽暇，整理关涉天津历史文化研究的文章80余篇，并结集名《旅津八十年》。得知来先生此书定稿，我社立即主动上门约稿。来先生在南开大学从教六十余年，笔耕舌耘，桃李满园，虽屡拒"大师"、"巨擘"的称号，但他确是声名远播的学术大家，因此，及时抓住此选题，并出一精品，定将成为我社为出版事业发展贡献的亮点。

对我社的约稿，来先生慨然应允。《旅津八十年》内容含五卷：卷一，天津史事；卷二，天津回忆；卷三，天津碑刻；卷四，天津的人；卷五，天津的书。来新夏先生忘年交王振良先生在"来新夏的第二故乡（代序）"中称："今先生汇零散于一编，地域之风土民情，师友之音容笑貌，史事之明晰深刻，行迹之坎坷纡徐，则可一览而尽收眼中也"，而书末所附《旅津八十年记事》"则更是先生六十余载困顿与奋起之见证"。在编辑工作中，深感此文集内容丰富，作者笔力精健。尤卷三"天津碑刻"是来先生为津门所撰碑记六篇，在全书各卷中所占篇幅最小，却体现了作者卓越的学术与文字功力。其中《大悲禅院沿革记》以翔实朴茂、客观重史之文风记述了天津名刹大悲禅院三百年来之境况，被津门民众颂称为"功德无量"。现此碑与清代大学者朱彝尊撰文的《大悲院记》并立于大雄宝殿之侧。此书另一大特点，是《旅津八十年》配有珍贵历史照片60余帧，为天津知名青年地方史学者王振良从多年收藏中精选并提供，可使读者一睹津门当年别样风情，加之印制效果清晰精美，如同镶嵌在文字中的艺术品。

我社为编辑《旅津八十年》精心做了简洁淡雅的装帧设计，封面设计由青年设计师齐珏选取老天津鼓楼剪影为图案，书名"旅津八十年"为九旬高龄的来先生亲笔所书，封四印章"也无风雨也无晴"系来先生从自存多种闲章中选定，以表其高阔旷达的人生态度。各卷之间隔页以著名的解放桥剪影为背景，内文仅在书眉设计一浪花图案，既反映天津的河（海河）海（渤海）文化底蕴，又暗寓来先生所经历波澜起伏之人生。为保证《旅津八十年》印刷质量，特以80 克胶版纸印制，其图文并茂的双重效果，使全书成为内在质量与外观装帧均取得业界高度评价的图书佳品。

　　"中国好书榜"是"百道网"聚合国内外几百个来源的图书评论和专家推荐书单数据，并结合选书专业组探访求证和样书翻阅过滤而成，是一个综合性的中国好书榜中榜。《旅津八十年》以丰富的内涵记述了天津的人文史事，展示了一位年逾九旬学者的学术功力和人生情怀，"中国好书榜"正反映了广大读者的心声。当初，我们是怀着对来新夏先生的钦敬之情发现选题，并认真做了这部书的。如今，我们在深切缅怀来新夏先生的同时，更愿意借助"中国好书榜"让更多的人多读书，读好书，像来先生那样做一个真正的"读书人"！

　　作者均为南开大学出版社编辑。
　　本文略删原刊于 2014 年 9 月 1 日"百道网·中国好书榜（2014—4）"，原题为"《旅津八十年》：发现好选题，慧眼与积淀"，此为原稿。

文 献 存 真

我与南开大学出版社

——贺南开大学出版社 30 年社庆

来新夏

1984 年 8 月，我被任命为南开大学出版社首任社长兼总编辑。当时，我已是南开大学图书馆馆长和图书馆学系主任，懵然不知为什么又加此重任，以致引起一部分喜欢评说和窥伺者的多方猜测，并深挖查寻我的幕后。结果是一无所获。我想这也许是落实政策后的一种补偿。

我到出版社时，出版社已经从学报编辑部和中文系等单位调集一些人员，搭起了班子，但领导层人员一直未配齐。时经一年，我方到任，出版社才算完整齐备，开始正常的运转。当时我已承担着两个实职职务，既又受命，只能尽力去做，先从掌握"大政方针"入手——健全机构、制定规章制度、引进人才、策划选题等工作。先已到任的支部书记兼副社长崔国良先生很积极配合我，主动分担了日常行政工作。崔先生由中文系调来，为人耿直豪爽，遇事直言不讳。虽然脾气有些急躁，但心中不存芥蒂。领导层的无间合作，成为办好社的重要保证，在此基础上，一切措施将会顺畅推行。我和崔先生的合作直到我 1992年任满离开出版社。这是我在任期内保持平稳发展的关键所在。

没有规矩，不能成方圆。草创时期制定规章制度，是十分必要的。大家由不同单位调集一起，不能各吹各的号。如何凝聚力量，为同一目标奋进呢？我在到任之初，就先将出版社定位为学术性兼经营性的机构，避免在建社之初，就瞩目在"钱"上。我首先决定建立社务会制度，每月召开一次，由社和部门领导组成，汇总各种意见和建议，经过讨论和协商，共同作出决定，以体现集体领导和上下沟通的意愿。根据当时出版社的经济状况，我提出"小有余"的经营方针：出书要有学术含量，要取得经济上赢利和社会良好效应，既要出畅销书，以维持全社的生计；又要有长销书，以提高出版社的社会声誉，维持长治久安的发展。在我的任期内，出版社正处于初创时期，虽然人少力薄，但办社目标基本达到，而且没有出过一本被评审为"不良读物"的书。

人才是建社、建好社的重要资源。一个新建单位，仅凭各方人力支援是不够的，必须更多地引进人才，加强培训。所以当

1987 年春在天津举行的华北图书订货会上与南开大学出版社同仁合影。左起：丁福原、杜然、王真、来新夏、崔国良、胡晓清、庞标、焦静宜、张蓓。

年规定：凡是新到社的编辑人员必须周历出版社的各个部门，轮流顶岗。这样，编辑可以了解到各环节的甘苦和彼此衔接的流程，可以避免产生某些不必要的误解。为了提高编辑素质，我要求编辑人员每年选择参加两次社会上的学术活动，以便了解学术前沿信息，及时抓住好选题和合适作者。这可能是我在建社之初，工作中侧重编辑而忽略行政人员培训的缺点。虽然领导工作各有分工，但我还是有一定责任。听说当时和以后，行政人员有所抱怨，是应该的，至今我对此事还心有歉意。

选题是出版社的生命线，有好选题就有好书，就能产生双效。因此，我非常重视选题，规定每季度开一次选题会，讨论和筛选选题。我的思路是以编辑工作为重心，所以选题会只有与编辑工作相关的人员参加，甚至连分管行政的领导都不能参加选题会和干预编辑事务，当时曾引起部分人员的不满。这是我办社时一件自以为得意，但却是颇为偏颇的做法。不久，我意识到这种做法不妥，但没有公开承认改正，而是渐渐有所变动。选题的来源不外两途：一是作者主动来稿，这是作者看得起这家出版社，二是编辑向作者邀约得到的选题。我赞成前者，因为出版社主动性大，而后者必须审慎，否则一旦稿子不称意，则很难处理。当全稿交来出版社后，编辑就将承担其职务中的中心工作——审读和编辑。我很迷信"编辑不是作文老师"的说法，不能只停留在改稿中。我曾向编辑强调，编辑不应只改错字、语法和标点。要发现优秀作者，培养后学成熟，要宏观全局，微观细节，以醇、疵比例来确定该稿是否采用。如有需改

动处，当与作者商量，最好请作者自己动手，编辑只是最后的通稿。一审后的二、三审是保证书稿质量水平的关键，虽只抽查部分，但应认真审阅，能从滴水看到大海，由此来确定书稿的优良等级，可惜多年来只剩下一种流程，用以符合三审制而已。

事业初创，诸事艰难。当时，南开大学出版社位于全国高校出版社前列，为了保障实力增长，我对出版社的行政工作，比较注重财务进出，管理较严，在财务上实行"一支笔"。我在收入上，始终贯彻"小有余"的方针。在经济结构上，学术与经营并重，以畅销书的盈余补助学术性较强等长销书的不足。对日常用途，则比较苛细，可能也遭到有些人"抠门"的疵议。当时，为了树立廉洁办社的形象，对员工生活的改善和提高关注不够。至今反思，我未免"左"了点，缺乏对现实的更多考虑。

我认为一个单位不仅要有和谐的气氛，更要有良好的风气。因此，我对员工违反职业道德的行为，都认真严肃处理。有一位副总编辑和一位编辑室主任利用职务之便，除在他人书稿上挂"著者"之名外，还"分润"这部书的稿酬。事后被原作者举报，经我核实后，通过组织程序，让他们离社，另行安排。期间虽有人说情，包括学校的个别领导，都被我婉拒了。这一举动对全社员工，特别是新到社的年轻人，有所警惕，为以后良好的社风奠定了初步基础。

南开大学出版社在不够平坦的道路上走过了三十年，自我离任后，至今已更迭了六任社长。虽然由于客观条件的影响和主观性格的各异，每一任都显现不同的办社风格，但走发展道路的总方向一直未变。我因享高年，得以伴随出版社走过这三十年，虽然眼见它的发展、成长，但终究限于所见所闻不足，难作出全面恰当的评说。我只能回忆我主持工作那几年的所作所为，忠实地叙述。是耶？非耶？留待他人讲论。"人去政声后"，我很注重离任后同仁们的评论，因为那是无顾忌的实话。在我离任后很久，有一位女总支书记说到我在任那几年为"来新夏时代"，以示与他人的不同；又有一位资深编辑至今犹念念不忘当年各部门轮训的效应。我的人生宗旨是：我在我所处的时代，尽力做好我应做的事。同仁们的真情评论，对我是莫大的激励。我感谢所有爱我、支持我的人。我更祝愿南开大学出版社在未来的岁月里，能沿着正确轨道，发展得更兴旺，更有好名声。

2013 年 4 月下旬写于南开大学邃谷

原刊于《南开大学报》2013 年 5 月 31 日

1984 年度出版社概况年表

单位名称：南开大学出版社	年末职工达到人数 45 人，其中固定职工 34 人。（出版社加填：其中编辑、翻译人员 13 人）
单位性质：事业	
经济类型：全民	全年平均职工人数 35.8 人，其中固定职工 28.2 人。
主管机关：南开大学	
单位最初建立时间：1983 年 5 月	
本年重要改变 　　本社 1983 年 5 月在文科学报编辑部的基础上成立，1984 年初具规模。1984 年 10 月，校党委派来新夏同志为出版社总编兼社长。 　　本社为党委领导下的总编负责制。	说明： 　　本社职工中有文理科学报编辑部的编辑 6 人，因其不做本社图书编辑工作，所以出版社编辑 13 人中不包括他们。

1984 年出版社主要财务成本指标年报

指标名称	本年实际	指标名称	本年实际
产品销售收入	123	固定资产原价年末数	3
产品销售税金	0.0598	固定资产原价全年平均余额	
产品销售成本	94	固定资产净值年末数	3
产品销售利润	0.28	固定资产净值全年平均余额	
资金占用费	28	国家投入流动资金年末数	150
		定额流动资金年末平均余额	
		每千印张出版物成本（元）	60.35
		附　出版物总定价	154.54
		出版物总印张	25608.86

计算单位：万元（小数点后留两位）

南开大学档案馆藏档

1985 年度出版社概况年表

单位名称：南开大学出版社	年末全部职工到达人数 53 人，其中固定职工 41 人。（出版社加填：其中编辑、翻译人员 21 人）
单位性质：事业	
经济类型：全民	
主管机关：南开大学	全年平均职工人数 48.42 人，其中固定职工 37.9 人。
单位最初建立时间：1983 年 5 月	
本年内重要改变： 　　无	说明事项： 　　本社编辑人员包括图书编辑 12 人，美术编辑 3 人，文理科学报编辑 6 人，学报的编辑不做图书。

1985 年出版社主要财务成本指标年报

指标名称	本年实际	指标名称	本年实际
产品销售收入	248.4	固定资产原价年末数	4.46
产品销售税金	488	固定资产净值年末数	4.05
产品销售成本	168.98		
产品销售费用	4.18	每千印张出版物成本（元）	87
产品销售利润	70.36	附：出版物定价总金额	249
营业外收支净额	0.07	出版物总印张	28346
税后利润	70.43		

计算单位：万元（小数点后留两位）

南开大学档案馆藏档

教育部文件

关于你校出版社、印刷厂基建设计任务书的批复

〔85〕教基字 025 号

南开大学:

你校南报字〔1984〕145 号文收悉。经研究,现批复如下:

一、你校的出版社、印刷厂除承担学校本身的出版、印刷任务外,主要应承担教育部部分文科教材的出版印刷任务(年出书 100 种,排字 3000 万字,印装 5 万令纸)。

二、出版社、印刷厂的人员编制除学校本身按我部有关规定应配备的以外,承担部下达任务部分单独核给编制 170 人,其中出版社 50 人,印刷厂 120 人。

三、同意出版社、印刷厂新建各类用房建筑面积 11900 平方米,其中出版社 1300 平方米(含编辑、校对、美工、资料阅览、会议办公、发行等用房);印刷厂 5600 平方米(含铸字排字、制版、装订、印刷、维修等车间及纸库、成品半成品库、工具库、汽车库、变电室、锅炉房等附属用房);职工住宅、单身宿舍及食堂 5000 平方米。总投资 350 万元,其中建筑安装工程 244 万元;其他基本建设 6 万元;设备购置 100 万元(详见附表)。

四、出版社、印刷厂的具体建设地点,应结合你校总体建设规划安排确定。其中生活用房部分要与学校现有用房统筹安排,避免各搞一套,分散建设。

请据此安排工作。

附件:出版社、印刷厂基建计划工程项目表

教育部
一九八五年二月二日

抄送:天津市计委、建委、高教局、建行一支行

附件：

出版社、印刷厂基建计划工程项目表

工程项目	建筑面积（M²）	投资（万元）	备注
总计	11900	350	
一、建筑安装工程	11900	244	
1. 出版社用房	1300	20	
2. 印刷厂厂房	5300	122	含纸库、成品库等辅助用房
3. 变电室	100	10	含设备
4. 锅炉房	200	7	含设备
5. 职工住宅及单宿	5000	85	含食堂
二、其他基本建设		6	勘设费
三、设备购置		100	

南开大学档案馆藏档

第二次社务会议纪要

　　1985 年 11 月 2 日召开社务会议。出席会议的有来新夏、邱成希、侯维锜、崔国良、李兴云，两个办公室主任张敬双、温克勤列席。

　　会议研究决定问题如下：

　　1. 社务会议每月初举行例会，由两位办公室主任汇总并提出议题及召集时间。

　　2. 由来先生介绍南方之行及当前出版界的情况。（从略）

　　3. 研究人事问题。

　　经研究决定，出版社增设《大学生知识丛书》编辑室，和文科编辑室合署办公。马光琅同志仍任编辑室主任，焦静宜同志任编辑室副主任。马光琅侧重抓文科编辑室的工作，焦静宜侧重抓《大学生知识丛书》编辑室的工作。

　　4. 会上来先生对出版社各位领导的分工又进一步进行了明确。

　　编辑方面：文史哲由邱成希同志分管。其余各科侯维锜同志分管。《大学生知识丛书》由侯维锜同志分管。有关业务如审稿签发等事宜一般分别由两位副总编签发。特殊问题再跟来总商定。

　　社务方面：由崔国良同志和李兴云同志负责。一般问题由二人商定，重大事件跟来先生商定。

　　凡社内重大问题，均由社务会议讨论决定。

　　具体执行机构是总编室和办公室。编务由张敬双同志负责；社务方面由温克勤同志负责。相关问题由两个办公室协调。

　　5. 关于出差审批手续。

　　学术出差由分管副总编批准。编辑每年可参加两次学术活动，可不报批，一般由编辑室主任同意即可，但必须向总编室打招呼。超出两次的必须向编辑室分管副总编打报告，经批准后方能与会。凡编辑参加的会议，都要写出会议情况及会议主要内容的报告，交总编室，定期交流，做到信息反馈。

　　行政出差由李兴云同志批准。

　　出版、发行业务出差由崔国良同志批准。

出差报销问题：由批准人签字报销。

6. 关于签订约稿和出版合同问题。议定：先由编辑（或责编）同作者商定合同条款，经编辑室主任、分管副总编同意后，授权编辑（或责编）代表出版社同作者签定。凡今年1月1日以后收到的稿子，已经出书的都要补签出版合同，凡已经发稿或即将发稿的，都要立即着手签定出版合同。总编室负责催办和保存档案的工作。

7. 关于《盐务史》《侯德榜》《战后澳大利亚统计资料》等三部征订数较少的书稿处理问题。议定：凡征订数超过一千册的均同意付印，没有超过千册的由责编与作者交涉解决办法。

8. 责编在排校付印中的责任。

第一校样，出版科必须立即给责编。由责编在两天内看完版式交回出版科，由校对室校对。一校样原则上不给作者看，如责编认为应该给作者看时，一般不得改动稿子，如确需小有改动，则必须由责编将作者的改动移到原稿及校对人员的校样上。第二校由校对室校，第三校由责编通看一遍。最后由责编点校签付印。

9. 关于外编费、校对费的计算标准。根据目前财政的情况，一般仍以见样书为准，理科图书以出一校样为准。出书周期过长的书，由发稿之日算起满一年即可按出书对待。

外编费以每年4月和10月为结算期。

10. 会议研究了最近封面设计中存在问题，认为主要问题是：满地太多，色调雷同、平淡。提出今后设计封面要分出档次，提出不同的要求，签发的总编、副总编要把好质量关。

南开大学档案馆藏档

第三次社务会议纪要

时　间：1985 年 12 月 12 日
主持人：来新夏
参加人员：社领导及科室以上干部

会议就四个问题进行了讨论，并做出如下决定：

一、由侯维锜同志汇报全国总编会议精神：

（汇报内容有文件从略）

汇报过程中，大家就出版界今年的两大冲击波：1. 新武侠小说的泛滥。2. 图书征订数的锐减。联系我们的实际进行了讨论。在议论第一个问题时，大家回顾了我社两年多来所出的书，认为我们在坚持出版方针、出版范围以及业务指导思想上是正确的。我们出的书大都是教材、学术著作及普及读物，没有出过一本新武侠小说之类的东西。大家认为，我们应当继续坚持正确方向，为学校的教学科研，为建设社会主义的两个文明服务。

在议论到第二个问题时，大家深深感到出版业萧条对我们的影响。据出版科反映，目前新华书店征订数锐减。大家认识到摆在我们面前的任务是很艰巨的，但根据我们 1985 年的实践，只要我们积极努力，克服困难的办法是有的。大家明确了两条：1. 在继续坚持正确出版方向的前提下，千方百计开拓财源，从而做到以丰补欠。2. 根据目前情况，明年要稳定或压缩出版计划，重点抓好提高图书质量。

全国总编会议还指出了今后应注意的苗头，就是单纯为追求利润，过多的出那些没有多少学术价值的练习参考答案和复习提要之类的图书。我们社也出了一些这类图书。今后对这类图书要注意控制，做到少出或基本不出，集中精力多出教材。

二、讨论 1986 年出版计划：

会议对计划草稿进行了研究，提出原则性意见，决定由邱成希同志负责，组织总编室、各编辑室提出修改方案。

1. 重点突出教材建设，我们要用主要精力抓好教材的组织、编辑和出版工作。

2. 1986 年出版种数稳定在 1985 年的水平上，出书 60 种左右。

3. 今年把力量放在提高质量上。从图书的内容、编辑加工、装帧设计到校对、印刷、出版、发行都要严要求、高要求，使图书质量在 1986 年有一个显著的提高。各科室应结合年终总结找出自己工作中的差距并明确自己努力的方向。

三、来先生就书稿编辑中的几个问题又做了进一步的说明：

1. 今后总编、副总编做编辑时，稿子加工完成以后，一定要交编辑室二审，然后再三审，流程手续一定完备。

2. 今后要加强三审工作。三审对全书的内容、编辑体例、装帧设计、插图插页做全面审查，可抽查全书的十分之一至五分之一的内容。终审意见应有记录，与其他有关材料一起存档。

3. 作者投来的稿子，不管是手写稿还是油印稿，不管是铅印稿还是成本书，我们一律视为作者的原始稿，编审时一定要按我们的要求认真加工。不要因为作者的稿子是铅印或是成本书就稍加疏忽。

4. 有关作者和编辑的关系问题。我们欢迎和鼓励编辑同志们写书在本社出版，编辑和别人合作写书在本社出版也欢迎，但已是作者的投稿，我社编辑不能作为合作者而署名。

四、会议决定全社从个人到各科室都要搞一次年终总结，总结我们的成绩和经验，克服我们的不足。通过自下而上的总结，最后全社做出全年的总结。具体安排和要求由崔国良同志作动员时讲。社务方面由崔国良、李兴云同志负责，编辑方面由侯维锜同志负责。

南开大学档案馆藏档

1987 年出版社机构设置情况

一、行政机构

总编　社长：来新夏

副总编：邱成希（87.9.3 免职）

　　　　马光琅（87.5.21 任职）

副社长：崔国良（兼）

　　　　李兴云（87.9.3 免职）

总编室主任：张敬双

文科第一编辑室主任：丁福元

文科第二编辑室主任：焦静宜

理科编辑室主任：王　真

办公室主任：浦富弟

出版科科长：薄国起　　　副科长：宋书平

发行科科长：易　刚　　　副科长：孙晓勇

财务科科长：孟庆荣

二、党务机构

党总支书记：崔国良

委员：王家骅　丁福元　浦富弟　霍彩素

总支办公室秘书：霍彩素（兼）

行政党支部书记：孟庆荣（兼）

委员：薄国起（兼）　霍彩素（兼）

文科编辑室党支部书记：丁福元（兼）

委员：陈　岩（兼）　朱金成（兼）

理科编辑室、总编室党支部书记：王家骅（兼）

印刷厂党支部书记：浦富弟（兼）

三、学报编辑部

文科学报编辑部

理科学报编辑部

1987 年 9 月 3 日，学报编辑部同出版社正式分开，邱成希同志任学报编辑部主任。

出版社
1987.12

南开大学档案馆藏档

坚持定期召开的社务会。

世界银行贷款教材建设项目
南开大学子项目可行性报告

一、总说明

南开大学是一所有七十年历史的综合性大学，是周恩来总理的母校。全校现设有三个学院：研究生院、经济学院、成人教育学院。文科有文、史、哲、经济、国际经济、金融、外文、旅游、图书情报、东方艺术等学科；理科有数、理、化、生物、电子、计算机系统科学等学科，共 22 个系、49 个专业。有 28 个博士学位点、64 个硕士学位点，还有博士后进修班。全校共开设课程 1600 门。还有数学、光学、分子生物学、高分子、国际经济、交通经济、历史等 12 个研究所。

全校共有教授 129 人、副教授 485 人、讲师 872 人。在校学生已达 11000 人，其中有本科生 6328 人、专科生 725 人、硕士研究生 1532 人、博士研究生 148 人、函授和夜大学学生 1847 人。

南开大学实行开放式办学方针。除与国内建立了交流合作关系外，还积极开展对外学术交流。目前已与美、英、法、日本、联邦德国、加拿大、澳大利亚及南斯拉夫等国的 26 所大学建立了校际交流关系。世界著名科学家陈省身、杨振宁、李政道、李卓敏等都是我校的名誉教授，有的担任了研究所所长、名誉所长或研究室主任，并且每年在我校讲学和进行科学研究。

随着对外开放和学术交流的开展，我校的教材、专著急待出版和提高排、印、装质量，包括油印讲义的改造，以适应国内外对我校教材和专著的需要。

南开大学出版社是国家教委指定的全国教材出版中心之一，重点承担华北地区大专院校的教材出版和供应。每年要完成国家教委下达的教材 100 种、3000 万字、5 万令纸的出版任务。自 1982 年出版社成立以来，出版了经济、文科、理科及东方艺术等学科的教材、专著共 300 余种，其中为天津及华北地区 21 所院校出版了五六十种教材。1987 年出版教材及专著约 100 种、2000 万字、2 万令纸。年油印讲义 500 种、5000 万字、2750 令纸。

我校印刷厂建于解放前。建国后主要承担校内的教材、讲义的印刷任务。近年陆续增添设备，至今铅印已具备一定的生产能力。我校曾两次举办印刷技工班，培训技工。校印刷厂现有正式职工仅 33 名、合同工 9 名，加上设备陈旧（有的是抗战时期的日本设备，早应报废），现仅能印刷校刊、零活、讲义及少量教材、图书，年产量不足 1000 万字、5000 令纸。目前，仅我校及出版社所需出版教材和讲义的印刷任务与校印刷厂目前的实际印刷能力的矛盾已极为突出，尽其全力仅能解决出版社所出教材及专著的 12.5%，而地方印刷厂又无力承担周期要求紧迫、印量不大的高校教材。当然，更难以解决天津和华北各大专院校的教材出版任务。面对上述繁重的出版、印刷任务，扩大和充实我校印刷厂，增添先进设备，提高印刷技术，增加排、印、装的生产能力是十分迫切的要求。

二、扩建我校出版社印刷厂的必要性（略）

三、子项目可行性（略）

四、财务可行性（略）

五、子项目的效益预测（略）

六、子项目的管理和监督（略）

七、国内配套资金计划及分年度落实方案（略）

八、子项目的组织及分工

为了保证教材建设贷款项目的顺利进行，我校拟组成专门机构，组织实施。由张允什副校长、翁心光副校长负责牵头，由出版社、基建处、生产设备处、总务处、贷款办、印刷厂组成工作班子。具体机构及任务如下：

筹备组负责人：

张允什（主管出版社的副校长）

翁心光（主管后勤的副校长）

来新夏（出版社社长兼总编辑）

成员：

杜品良（总务长）

崔国良（出版社副社长）

项目办公室负责人：

崔国良（出版社副社长）

基建处主要负责新建厂房的设计、施工以及内部装修工作。

生产设备处主要负责设备的采购工作。

总务处主要负责设备的运输工作。

贷款办主要负责设备的招标、验收工作。

印刷厂主要负责技工培训，设备安装、调试、投产工作。

南开大学

一九八七年十二月

南开大学档案馆藏档

潜心经营　把出版社办出声色来

——出版《大学生知识丛书》《国外社会学丛书》的体会

崔国良

大学出版社如何由生产型转变为生产经营型，尤其是后起的大学出版社如何在全国出版社蓬勃兴起中求得生存，并且办出声色来，这是一个新的重要课题。

我社成立初期，虽然人少，但全体人员发扬了"拼搏"精神，编辑人均年编书 6 种，约 150 万字。但是，总出书量少（35—68 种）。而能列入教委的推荐教材又更少（仅有 4 种）。因此，社会影响小，新华书店的订数上不去。我们向新华书店了解，他们说，我们对你们不了解。并且说，他们大多注意订京沪版图书。我们希望王府井书店能为我们设立专柜，建立特约关系。他们的回答是："我们地方太狭窄，你们的图书品种也少，没有条件设专柜。"其实，我们了解主要是我们没有畅销书。尤其是我们刚刚建社就遇到了图书市场萧条，而且全国出版社由近 300 家发展到近 500 家。在这种情况下，我们怎么办？如何才能在全国扩大影响，亮出我们的牌子，引起书店和社会的注意？

我们反复思索、研究。经过几年来的摸索，我们在出版《大学生知识丛书》和《国外社会学丛书》的过程中，创出点路子，有了初步的影响。《国外社会学丛书》中，《社会心理学》（[美]克特·W. 巴克主编）在 1986 年获得"全国优秀畅销书"奖，《人际关系社会心理学》（[日]古畑和孝著）获得了 1987 年"全国优秀畅销书"奖。《大学生知识丛书》在今年 5 月份中央电视台新增设的"百科"专题节目中，被入选作为开播的第一个节目连续播放两次；还将在北京电视台 6 月份的节目中重播两次，在国内产生了并将继续产生较大的影响。在天津举办的华北书市上，《大学生知识丛书》中《灵魂的奥秘》一书被列为二十种畅销书的第八本。这就引起了社会的注意。北京、上海、南京市的最大的书店，因此都希望我社把每年的出版计划提前给他们看，表示"如果有同类书，我们优先订你们的。"

在出版这两套丛书的过程中，我们的初步体会是，必须沿着正确的出版方针，潜心经营，才能把出版社办出点声色来，才能在众多出版社的竞争中发展自己。

一、坚持出版方针，细心找准选题

（一）坚持大学出版社的学术性质，不迎合潮流。

采取什么办法才能在图书市场的萧条局势中打开一个局面，才能站住脚跟呢？是迎合潮流，搞点武侠小说或者言情小说？这样既能受到书店的重视，又能有较好的经济效益。当时，正值要取得世界银行贷款，要求我们基建工程上马，而我们无处筹措这笔款项，有同志推荐我社出一批言情小说，这样就可解决这笔基建筹款。但我们没有选择这条路。我们不迎合潮流，不搞不利于社会主义精神文明建设的东西，决定坚持大学出版社的学术性质。我们必须拿出有学术水平的东西，为教学、科研，为培养四化建设的合格人才服务，在这个服务中发展自己。

（二）坚持发展四化建设中的短缺学科。

我们在否定了上述选题之后，把视线转向我们校内，分析了我校的发展状况，也分析了我校的优势和长处。我们认为要为社会主义四化服务，必须从国家需要出发，发展急需学科，于是我们集中力量抓好国家急需的价格学、旅游学、计算机等一批应用学科的系列教材和丛书。而什么是我们的优势呢？我们重点分析了社会学这个新学科，觉得这个学课有许多优势：1. 社会学是我校在粉碎"四人帮"以后，在全国最早恢复建立的一个学科；2. 由著名社会学家费孝通支持在全国最早办起一个社会学教师进修班，请国内外社会学专家来校为进修班讲课，为许多学校社会学专业或新开社会学课程培训了教师。因此，我校这个学科在国内有一定影响；3. 这个学科刚刚恢复，人员和教材奇缺。如何解这个问题？出版社与社会学系和中国社会科学院社会学研究所的领导开会专门研究解决办法，经过讨论认为：（1）要组织力量编写一批教材，解决我国社会学教学人员、研究人员和社会各方面培养人才的需要。但是，这个学科多年停办，编写人员缺乏，又缺乏教学和实践经验，要编写一套有较高水平的教材一时不容易办到，可是，目前又急需这类教材和参考书；因此，（2）经过研究决定，先引进一批国外比较成熟的、又可以为我们借鉴的教材或参考书。最后，决定立即组织人力，翻译出版一套《国外社会学丛书》。几年来，我们已出版了5 种，其中有苏联安德列耶娃主编的《社会心理学》、美国巴克主编的《社会心理学》、日本富永健一主编的《经济社会学》、日本古畑和孝著《人际关系社会心理学》和苏联科兹洛夫主编的《社会学研究的方法论问题》。

这套书出版后，受到了社会各界的普遍欢迎。国家教委文科教材办公室选定苏联的《社会心理学》和《社会学研究的方法论问题》作为向全国推荐的教学参考书。国内许多社会学的研究者和教师都把这些书作为重要参考书。

（三）坚持为培养社会主义四化建设合格人才贡献力量。

我们除了在上述新学科建设中做贡献外，还明确提出为培养合格的大学生，丰富他们的知识，扩大他们的视野，提高他们的文化素质做工作。

本来我们和几家兄弟出版社准备合作出版一套《大学生知识丛书》，由于一些条件变化，目前由我们一家出这套丛书。我们对这套丛书的设想也是坚持"要赶时代，不赶时髦"的方针，不去投大学生中一些不健康的喜好，而是着眼于从时代对我国大学生的要求出发，从多方面提高他们的素质。当前这一阶段的在校大学生大多出生在"文革"中，他们缺乏古今中外的一些基本知识，特别是近年来入学的学生绝大部分年龄小，社会接触面较窄，而且由于中学时代文理科分家带来的弊病，使大学生的知识面比较狭窄，从而影响了他们的文化素养、思想水平，他们渴望了解相关学科或更广范围的知识领域，以全面提高自己的素质。但限于课程设置，难于一时改变目前的状况。这样，通过课外读物来帮助大学生扩大知识领域，培养独立分析问题和解决问题的能力，提高思想文化素养，丰富精神生活，为培养和造就合格的"四化"人才提供了新的途径。因此，我们克服人力、物力上的困难，下了最大的决心，要为大学生组织出版一套知识丛书。

在组织选题方面，我们是请专家写小书，使这套《丛书》具有自己的特色：

1. 注重传授基础知识，求实求新。求实而不陈旧庸滥，求新而不偏异猎奇。这套丛书，有别于其他种类的大学生丛书。近年来地方出版社已经出版了多种供大学生阅读的丛书，特色不同，效果亦不同。我们对目前已有的丛书进行了比较、研究，并且举行学生座谈会摸清情况，我们是根据来自教学第一线的反映，有针对性地制定了注重知识性这一方针的。通过目前销售反馈的信息，说明这一方针是符合当前大学生的实际需要的。

我们要求这套丛书以提供基础知识为主，着重扩大学生的知识面，要有知识性、科学性、先进性、实用性、开拓性，注意介绍新学科、边缘学科和应用学科的知识。在写作方法上提倡"事信言文"的严谨治学态度，风格力求新颖、活泼、深入浅出，还要适合大学生的口味，既注意本丛书读者面的较高层次，又有意安排一些适合文科大学生阅读的理科读物和适合理科大学生阅读的文科读物。

2. 寓教育于传授知识中。我们出版这套《丛书》的目的是扩大学生的知识面；同时，也对青年进行正确的世界观教育，并且贯彻有针对性地对学生进行思想教育。为了帮助学生树立正确的世界观和认识世界的能力，我们组织了《灵魂的奥秘》的选题，这本书以丰富的自然科学知识引导青年树立辩证唯物主义的认识论，并且对当前青年所关心的问题给以正确引导，如青年们对弗洛伊德学说很感兴趣，社会上出了大量的弗洛伊德著作，但是如何正确而全面地认识他的理论和思想却较少涉及。《灵魂的奥秘》却辟了专章《灵魂深处——意识不到的精神》，着重介绍了弗洛伊德的学说，肯定了他"在人类认识史上提出一些值得重视研究的问题"和贡献，同时指出了他的理论上的错误观点。这本书一出版就受到广大青年学生的欢迎，在半年时间里连续印刷 3 次，已达 5 万册；仅在华北书市上就售出 3000 册。又如针对学生中对西方的民主和自由的片面理解和错误认识，我们及时出版了《法律与自由》这部书。这部书具体、详细和系统地介绍了从亚里士多德、西塞罗到斯宾诺莎、孟德斯鸠直至康德、黑格尔等位西方重要的、有影响的思想家和法学家关于法律和自由的关系的基本理论观点，分析了他们的理论产生的时代，在当时的进步意义和作用，同时扼要地指出了他们理论上的局限。该书还系统地介绍了马克思主义经典作家对这些问题的精辟论述，引导学生全面、正确地了解和认识这些问题。《漫话英美文学》一书向青年介绍了英美文学的几个基本来源和它的发展，丰富了学生的精神生活和文化知识。《中国经济特区》则全面地介绍了我国在改革开放方针指引下，在我国发生的举世瞩目的新的经济特区的状况。这些书籍的出版都从不同的侧面扩大了学生的视野。

二、适应读者需要，精心组织出版

为了使这两套《丛书》能在社会上产生较大影响，我们调查、访问、了解了读者的心理和愿望。在此基础上，我们从各方面搞好出版工作，并且根据书店和社会的要求和流通规律，认真抓好各个环节的工作。

（一）深入了解读者，精心搞好装帧设计

建社初期我们认为只要图书内容好，有学术价值，就会在学术界和社会上取得好的声誉。事实上不尽这样，有的图书内容较好，而装帧不好，就不能引起人们的注意；如果不但在内容上有水平，而且在形式上也讲究，才能取得更好的声誉。这是在我们出版了一些图书以后，才逐渐认识了这个问题。如美国《社会心理学》，由于封面用色鲜明，文字醒人夺目。人们在众多的图书中，一眼就看到了《社会心理学》。它吸引了众多的读者产生兴趣，滋生了购买的愿望。这使我们意识到要想使我们的图书占领一定的市场，也必须在装帧设计上下功夫。于是，我们就丛书封面的设计，组织了设计人员设计草图，并且在学生中广泛征求了他们的意见，最后设计出了一个简洁明快的、富有时代风姿的封面图案。又如《人际关系社会心理学》一书，我们认为该书可能成为一种畅销书，必须在封面设计上多费心血，于是请设计人员苦心构思，结果设计出一个构图新颖别致、灰绿色地、藕荷色画面的图案，这是一个有特色的图案，并且在色彩上做到鲜艳，又不落俗套。再加上每本书的封面和书脊都有醒目的大字书名标题，使封面引人注目、惹人喜爱。因此，该书吸引了更多的读者。

好的畅销书固然决定于思路敏捷而能提出社会需要的好选题和正确、丰富而新鲜的思想内容；而通过别致新颖构思和色彩绚丽的图书封面，也会使图书在人们中间产生广泛而深刻的影响。

（二）及时抓好印装是保证图书畅销的必要条件。

我们体会到要使一本好书成为畅销书，还必须在印装方面精心做好组织工作。上述两本获奖的图书，在这方面也是下了不少工夫的。

首先，必须果断做出决策。在《人际关系社会心理学》排印过程中，我们得到了信息，上海也即将出版一本选题内容相近的《人际关系大全》，而且更受到书店的重视。在我们得知这个信息以后，社里立即决定加速出版《人际关系社会心理学》，要抢先占领市场。任务确定后，我们立即组织出版部门同印刷厂搞好协作，使图书出版及时保质保量。初版出书后，抢先在全国各地发行，并立即受到社会各方面的欢迎，5 万册书很快销售一空。于是，我们决定乘势组织再次征订。特别是，我们得知 1987 年北京春季图书交易会还要评选"全国优秀畅销书"奖的时候，时间矛盾就更加突出了。我们决定在征订数报来之前，先预印一批书，以保证供应。上述两种获奖畅销书都在一个月之内赶印出 5 万册。

三、树立经营思想，潜心搞好发行

在组织编辑、出版人员出版了好书以后，图书能否畅销，便取决于发行工作是否搞得好。即使是一本畅销书，如果发行工作没有运筹好，不可能能得到"全国优秀畅销书奖"。为了做好发行工作，我们研究决定对准既定目标，组织好战役，战务求取胜：

（一）注意信息反馈，及早发运，占领图书市场。例如，《人际关系社会心理学》的发行，为了抢在《人际关系大全》之前，能够在上海销售，我们便组织好发运工作，使《人际关系社会心理学》早日运到上海抢先发行。因此，该书在上海占领了市场，上海的《文汇报·读书周报》在头版头条位置主动刊发了书影，并做了扼要介绍。

　　（二）抓住时机，组织好战役，扩大销售市场。《人际关系社会心理学》初版发行以后，很快销售一空，于是我们准备重印。这时，我们对当时的市场形势做了分析：全国即将出现一个销售高峰，4 月份各地举办书市及看样定货会，并且在北京图书交易会上光明日报、中国青年报、中央电视台等十单位还将举行"全国优秀畅销书"评选活动。于是我们决定把以北京图交会为主要目标的全国各地的书市作为一个战役来打。一方面我们组织人到全国各地去组织销售市场；一方面我们重点组织好北京这个最有影响的书市。第一步在书市开始之前，我们主动和王府井书店联系，协助他们备货。并且委托东城崇文区店作为代销店。第二步，在书市期间，我们及时了解市场情况，主动组织供货。开市后的第一天，东崇区店只用半天时间就把 500 本《人际关系社会心理学》销售一空。他们当天打长途电话给我们再要 3000 本。我们了解了这个信息后，抓住时机，全力以赴做好供应工作。为了同书店搞好协作，保证第三天星期日的销售高峰，我们第二天把书送到北京。星期天不到一天时间就销售 1200 册。该区店经理很受感动，他们准备给我社写一封感谢信，我们表示不必，这是我们双方共同协作应该办的事情。北京书市期间，我们先后三次派人去北京了解销售情况，扩大销售市场。在最后三天，在原有代销点不敢再进货时，我们又联系了第三个点——海淀区店，他们表示愿意再进 2000 本，供最后一个星期天销售。我们愿意赶送这 2000 本书。这样，在十天的北京书市期间，单是《人际关系社会心理学》一书，就销了近 10000 册。因此，该书在 1987 年北京评选的十大"全国优秀畅销书"中列为第三位，为我社争得了声誉。目前，美国的《社会心理学》和日本的《人际关系社会心理学》都先后印行了 3 次，分别印行 13 万册和 15 万册。

　　（三）开辟多种渠道，搞好图书宣传工作。我们目前仍然处于建社初期阶段，书店和社会都还对我们不够了解，我们必须开辟多种渠道，采取多种形式向书店和社会宣传我们的出版社和图书，以期人们对我们有更多的了解，扩大我们的影响和我们的图书市场。特别是通过对重点图书的宣传，这种影响和效果就更为显著。我们从编辑、出版和发行几个方面，潜心经营，争取获得了"全国优秀畅销书奖"，这本身就是一个最大的宣传。我们通过 1986 年和 1987 年先后两年连续获得"全国优秀畅销书奖"，就使全国各级新华书店了解到南开大学

1987 年 4 月为成功策划并编发《大学生知识丛书》接受中央电视台"百科"专题节目的采访。

出版社有全国畅销书，这就引起了他们的重视。

我们还重点抓了首先向各类宣传形式的宣传单位做宣传，求得他们的了解，然后，请他们为我们提供宣传阵地。《大学生知识丛书》先在《中国青年报》发了消息，他们还同意给我们发评论文章。今年 5 月 8 日和 12 日中央电视台先后两次向全国推荐这套丛书，在社会上引起了广泛的注意。6 月 4 日和 8 日还将在北京电视台 17 频道晚 8：30 分时再次重播。目前，这套丛书不足半年时间多数都重印了。《灵魂的奥秘》已经重印 3 次，先后共印 5 万册。

此外，我们每年都在报纸上发当年新书广告，并且采取座谈、发单页宣传品等形式进行宣传，以期社会对我们有更多的了解。

作者为南开大学出版社原总支书记兼副社长、编审。
本文原刊于《科技出版》1988 年第 2 期。

《南开周报》报道二则

简　讯

不久前，天津市出版工作者协会成立，我校出版社总编辑兼社长来新夏教授当选为副主席。

《南开周报》1985 年 8 月 20 日第二版

出版社庆祝成立五周年
五年来共出版发行图书 301 种，其中许多获得教委及省市级的奖励

【本报讯】今年 5 月是南开大学出版社成立五周年。本月 10 日，出版社举行座谈会，庆祝成立五周年。母国光校长、张允什副校长出席会议并讲话。出版社社长兼总编辑来新夏教授在讲话中回顾了出版社五年来走过的道路，同时提出了新的发展目标。

会上，出版社负责同志宣读了国家教委高等学校优秀教材奖、全国优秀畅销书奖以及天津市哲学社会科学优秀成果奖获得者名单，向获奖者表示祝贺。

出席会议的作者与编辑进行了广泛的座谈。

【又讯】为庆祝成立五周年，出版社将举办图片展览。

《南开周报》1988 年 5 月 6 日第一版

七　来先生与南开大学地方文献研究室

来新夏先生与新方志编修事业

郭凤岐

1994 年，来先生在为我的《方志论评》一书所作的序中曾经写道："郭凤岐君毕业于南开大学中文系，与我有师生之情；他于 1990 年初投身志界，与我有同行之雅；后又应邀兼任我所主持之地方文献研究室研究员，又与我有同事之谊。有此三同，且不时就志学商讨评论，相互沟通，遂益增了解。"来先生讲得情真意切。特别是我走进志门的十二年时光，与先生朝夕相处，风雨同舟，结下了深厚的忘年情缘。来先生在历史、方志、图书、文献诸多学科的广博知识，是难以伦比的；来先生撰写出版的史籍、论著、散文、随笔、剧本等，多达几十种，是望尘莫及的；来先生的勤奋精神、治学严谨、学术深湛等，是有口皆碑的；来先生的思维敏锐、讲话口才、文笔才华、为人正直等，是令人钦佩的。我感叹自己的笨拙之笔，不能把这些抒发出来。本文只就来先生对新方志的编修，谈以下四点。

（一）新编地方志的奠基者

编修地方志，在中国已有两千多年的优良传统。就各个朝代说，代代有志，连绵不断；但就届次来说，间隔较长，约五十年编修一次，形成了修志的跳跃式发展。新中国成立以后，又三十多年基本没有修志，致使历史上最后一次修志到本次编修新志，其间有很长一段时间差。比如天津历史上最后一部志书《天津志略》，是 1931 年编修的，到 20 世纪 80 年代首届修志，之间中断了五十多年。所以参加本届修志的同志，既没有修志的经验，也不懂修志理论，甚至不知道地方志为何物；即使是其他学科的专家，在修志这一行上同样也是新手。因此地方志理论培训十分重要。

80 年代初，中国地方志指导小组尚未成立，由中国地方史志协会组织了华东、中南、西北、华北四片修志人员，分地区举办了地方志研讨班。来新夏先生往返奔波，承担了组织和主讲任务。这次研讨班培养了新中国第一批志人，这些同志后来都成了全国各地新编志书的骨干，对于启动本届修志起到了重要作用。

1982 年 10 月中国地方志协会研究班在天津蓟县结业纪念（坐者第二排左九为来新夏先生、左十二为南开大学副校长娄平、左十三为中国地方志协会副会长董一博）。

举办这次研讨班的时候，天津市地方志机构还没有成立。1991 年 7 月，也就是我到地方志工作的第二年，为了补上这一课，同来先生商量再办一次培训班。来先生非常支持，提出与他主持的、教委批准可以办班的地方文献研究室联合举办，按正规的培训进行，经学习考核合格者，颁发结业证书。于是培训班在蓟县和南开大学分两段进行，前后半个多月，集中讲了十几课，来先生亲自担任主讲，又为天津修志培养了百十名骨干，此后的修志十多年来，天津又办了一二十次修志班，几乎每一次来先生都为主讲。

为了加强修志理论指导，来先生邀约了当时地方志领域为数不多的专家，主编了《方志学概论》一书（1983 年福建人民出版社出版），这是第一届新志编修伊始，出版最早、也是最好的地方志理论专著之一，成了修志人员必读的教科书。此后来先生还撰写了《志域探步》（1993 年南开大学出版社出版）、《中国地方志》（1995 年台湾商务印书馆出版）等多部专著。1998 年我们在台湾进行史志学术交流时，还在宜兰县史志馆发现了来先生的一部地方志理论专著。为了便于修志人员查阅文献，来先生还组织人员编写《中国地方志综览（1949～

1987)》（1988 年黄山书社出版）。来先生是享誉海内外的史志专家，为中国地方志的启动和发展起了不可磨灭的重要作用。

（二）地方志编修工作的实践者

地方志理论研究难，地方志编修实践更难；地方志系统以外的专家参与地方志编修工作的比较少，十多年来业外专家始终参与地方志编修的更少。据我所知，像来先生这样高层次、高年龄的专家，一二十年来一直参与新志编修实践的，在全国屈指可数。

志稿的评审，是志书编修过程中的重要关节，修志同仁最害怕这一关，但又非过这一关不可。专家们真杀实砍地对志稿评头论足，常使编修人员头上禁不住冒汗。但是这是志书提高质量的关键一环，也是新志编修中创造性的举措。来先生是志书评稿会上的首席专家，全国许多省市区的评稿会，如浙江、江苏、山西、河北等，都请他前去参加。天津已召开的几十次评稿会，来先生基本上都参加了。每部志稿百万言左右，来先生都认真审读，并且写出文字的评审意见。每次评稿会都打头发言，提出真知灼见，对志稿的修改具有举足轻重的意义。特别是他指出的一些史实方面的硬伤，更是为志书起到了把关作用。天津的评稿会还是以评代训的课堂，每部区县志稿评审，都请各区县的修志人员参加，专家们的评审发言，是宣讲修志理论、专业知识和地方常识的生动课堂。

志书评论，包括为志书所作的序，大多属于方志应用理论。这种应用理论，对于修志工作者来说，比纯理论更有实际效用。十多年来，来先生为多部新编志书作序，并写了大量志评。全国一些名城名志和天津大多数区县志和部分《天津通志》分志，都有他的赐笔。这些志评，不仅总结了志书的得失，扩大了志书影响，而且对具体指导修志大为有益。

来先生还担任了天津市地方志编修委员会顾问，以及天津和外地不少新编志书的顾问。他这个

1988 年春在河北省盐山县进行基层修志工作调研。

1993 年 9 月应邀在兰州为甘肃省地方志主编培训班讲授"主编职责与技巧"。

顾问不是顾而不问，而是尽职尽责，具体介入志书编修。我 90 年代初刚来到市志办，来先生就向我提出对天津十几部旧志进行点校出版，在他的倡导下开始运作后，他亲自担任主编、审定，并承担了《志余随笔》的具体点校工作，使 500 多万字的《天津通志·旧志点校卷》顺利出版问世。他具体参与志书篇目的制定，如对《蓟县志》篇目设计就起了重要作用；他还为志书的重要篇章拟定提纲，如《河东区志》大直沽篇等。来先生既是新编志书的理论家、批评家，又是实际工作的参与者。天津和外省市的一些志书，渗透着来先生大量的心血和智慧。

（三）地方志比较研究的先驱者

有比较才有鉴别。比较研究是深化学术研究的有效方法。但是把比较研究引入地方志学术研究的，在我国首当其事的是来先生。这个比较不仅是新编志书与旧志的比较，也不仅是天津新编志书与外省市新编志书的比较，而且还是中国海峡两岸新编志书的比较，特别是中国新编志书与国外志书类的比较。

1991 年，来先生与日本独协大学教授齐藤博先生，经过多次组织商讨和学术交流，在广泛深入的比较研究基础上，历时四

1999 年 8 月在山西平遥指导第二届修志工作。

年，完成了近 30 万字的《中日地方史志比较研究》著作。收入中方论文 9 篇（日文本 7 篇），日方 5 篇，作者大都为中日地方史志方面知名专家学者。分别于 1995 年与 1996 年由日本学文社和中国南开大学出版社出版。该书是我国出版的中外学者比较研究地方史志的第一部论著，"它既标识着中日地方史志学者学术合作研究的开端，也反映了当代两国地方史志的研究水平"。

经过来先生和我与香港大学亚洲研究中心研究员林天蔚先生近一年的策划，1997 年底至 1998 年初，由天津市地方志办公室和南开大学地方文献研究室共同主办了"中国（海峡两岸）地方史志比较研究讨论会"。来自台湾、香港地区专家和加拿大、美国、日本等国外学者及大

港台地区暨海外学者赠送的纪念牌。

陆省区市的专家学者 60 余人参加了会议。天津市有关领导出席会议，并讲了话、接见了海外学者。提交会议的论文 23 篇，就海峡两岸、中国与外国、新志与旧志等史志理论问题，进行了广泛深入的比较研究，如此正规的大型地方史志比较研讨会，在天津社会科学界是头一次，在全国方志界也首开先河。来先生在会上宣讲了《关于比较方志学学科建设的思考》，在全国第一个提出了"比较方志学"学科建设的命题，并进行了深刻的探讨，受到与会学者的普遍关注。会后由天津市地方志办公室编入了正式出版的《海峡两岸地方史志比较研究文集》（天津社会科学院出版社 1998 年 10 月版），这是这一领域的第一本专集。

1998 年 11 月，我作为团长，率大陆 8 个省市区的史志专家学者 32 人，赴台湾参加了"海峡两岸地方史志、地方博物馆学术研讨会"。参加这次会议的除大陆和台湾著名专家学者外，还有香港地区和美国、日本、加拿大、新西兰等国的高层次专家，共 120 多人。这次研讨会，是中国大陆组团与台湾进行地方志交流的首创之举。会上来先生首先发言，宣读了《新编方志的人文价值》的论文。这次研讨会，全面而准确地介绍了大陆修志的情况，同时考察了台湾修

志的状况。这次研讨会突出的特点是，在主讲人宣讲自己的论文后，先由评议人进行评议，然后与会专家学者向主讲人提出问题，主讲人进行答辩，从而形成面对面的学术交流和交锋。在某种意义上说，是大陆与台湾、中国与外国地方史志编修的一次生动活泼的比较研究学术会议。

1999 年，我们又组织和兄弟省市的史志专家学者赴美国犹他州，成功地举办了地方志与家谱学术研讨会。虽然来先生没有参加这次会议，但这是我们与来先生共同策划的天津、台湾研讨会的继续。通过这次会议，实地了解到犹他州每个县也都编修了类似我们的地方志类的书，会议也带有比较研究的性质。使中国史志学者走出国门，大开眼界，进一步从"修志是中国独有传统"的误区中解放了出来。

（四）修志理论和实践的创新者

古人云："七十不逾矩"。一般人认为，年岁大了思想就趋于保守了。来先生却不然。在多年的共事中，我深切感受到，来先生精力充沛，思维敏锐，与时俱进，勇于创新。除上述比较方志学的首创外，为了弥补志书下限距离出书时间过远，而全部延长下限又难以做到的缺憾，来先生首倡在志后附设经济和社会发展纪略，既省时省力，又补救了下限之不足。这一方式为许多新编志书所采用。

来先生大力支持新编志书创新。大事记在志书中是放前还是置后，在我市专家学者中曾有争论。有的学者认为大事记起检索作用，主张放在志后，甚至志书中间。我们考虑，志书的大事记除检索功能外，还起着全志"纲"的作用。因为志书是横排门类的，大事记作为经线可以纵贯历史大事，于是提出了放在志前的意见。在《蓟县志》评稿会上，来先生对我说："我们所提意见是学者意见，如何放置你们决定，不要影响你们的工作。"我听后非常感动。这不仅是对我工作的支持，而且表明了来先生开阔的胸怀。

关于民国时期志书的纪年，也是在我市评稿会上几经争议的问题，有的老同志主张用民国纪年，当然这是对的。但是修志之初，市志办搞了一个书写规定，要求从民国开始采用公元纪年。为了保持各部志书纪年的一致性，我们意见还是按书写规定办理。南开大学出版社负责《蓟县志》的责任编辑，在处理这部志书时，把民国时期的公元纪年改为了民国纪年。我向责编提出了这个问题，责编说这是根据来先生的学术思想修改的。我说用民国纪年无可非议，但是既然有这一规定，请责编再同来先生商量。结果得到来先生支持，又改为了公元纪年。

来先生对我提出的志书下限贴近现实，加强志书的著述性、学术性也都给予大力支持和倡导。来先生写道：郭君在"论及新志之社会作用、近期新志之表述方式以及如何提高新志学术水平诸论题，颇能独抒胸臆，自陈新意而发人深思，引人入胜。我市《南开区志》等志书篇目，一改既定模式，创新力度很大，有的修志同仁一时都难以认同，来先生却给予充分肯定，这样的创新受到各方称赞，《南开区志》荣获天津市第七届社会科学优秀成果二等奖，这是至今我市新编志书获此殊荣的最高奖项。其他凡是有创新的，来先生都热情鼓励。

来先生有修正原来观点、吸纳新观念的大家风范。如入志人物的"生不立传"，是历来的著述原则。在编修新志中，为了强化人文内涵，更好地表现区县、行业的人文荟萃，并且使已收集到的珍贵资料能在志书中保存下来，我们天津的新编志书在全国最早尝试了在志书设生人简介。开始一些专家学者对此有不同看法，来先生起初也不大同意。但是当看到其尝试受到各方好评，逐渐为各地志书所接受时，来先生毫不含糊地转变观念。1997 年 3 月，在《天津通志·出版志》评稿会上，他高度评价该志的生人简介，说这是新编志书的创新。他当即兴奋地表示赞同，这也证明来先生修志观念的发展和创新。

对于反对志书创新的论调，来先生都给予坚决驳斥。某大学有一位先生，不顾事实，对新编志书横加指责。其中有一条，将新志把汪伪政权放入"附录"的创新，说成是"感情用事"。对此，来先生撰写了多篇文章，发表于《光明日报》《天津史志》等报刊上，有情、有理、有据、有力地进行批评，满腔热情地赞颂新志的创新之举，不遗余力地维护新编志书的声誉。志界同仁对来先生这种勇于任事的精神十分钦佩和敬仰。

"人生贵相知"，"芳草春长在"。我们由衷地祝愿来先生健康长寿，祝愿来先生的方志学术思想名扬四海！

2002 年 4 月 26 日初稿
2002 年 5 月 10 日修改

作者为天津市地方志编修委员会原副主任兼秘书长、南开大学地方文献研究室兼职研究员。

本文原刊于《来新夏教授学术研讨会纪念集》，南开大学地方文献研究室编，新疆大学出版社 2002 年版。

追忆当年

教育部全国高等院校古籍整理
研究工作委员会祝词

杨 忠

尊敬的会议主席，
尊敬的来新夏先生：

我们全国高校古籍整理研究工作委员会作为参与发起"来新夏教授学术研讨会"的单位，原定由高校古委会主任安平秋先生到会的，但他数天前应邀赴山东大学参加博士生毕业论文答辩会，因病住院治疗，至今尚在济南的医院里，无法来天津参与这次盛会。他委托我到会，代表他和全国高校古委会向来新夏先生表示祝贺，祝贺来新夏先生八十大寿，祝贺来新夏教授学术研讨会成功召开！

今天我们大家在这里聚会，其中不少人还是从外地赶来的。我们的共同心愿是向来新夏先生表示祝贺，这不光是对来新夏先生八十大寿表示祝福，更主要的是向一位卓有成就的前辈学者表示敬意。

来新夏先生的学术成就是多方面的，正如他的自选集《邃谷文录》四卷所反映出的那样。来先生在历史学特别是近代史研究、方志学研究、图书文献学研究和随笔书话的创作方面都取得了令人瞩目的成就。来先生在近代史研究方面有《中国近代史述丛》《近三百年人物年谱知见录》《林则徐年谱新编》等著作，特别是他对北洋军阀史的研究，更具有开创性意义。从 50 年代的《北洋军阀史略》到 90 年代出版著名的《中国近代史资料丛刊》之一的《北洋军阀》五册，到 2000 年出版《北洋军阀史》，在学术界产生了广泛的影响。他对地方文献的研究也是硕果累累，令人羡慕。他的《方志学概论》《中国地方志综览》，是方志学界较早的研究成果，加上其后出版的《志域探步》《中日地方史志比较研究》等著作，对于推动方志学的发展起了显著的作用。他还致力于天津地方文献的发掘与整理，主编了《天津近代史》《天津风土丛书》《天津大辞典》等，对于天津的文化建设作出了贡献。他于 80 年代出版的《古典目录学浅说》，是"文革"之后目录学研究领域最早的研究成果之一，在当时有较大影响，并被一些高校用作教材或教学参考书。90 年代出版的《清代目录提要》也是学术界常用的工具书。此外，来新夏先生还撰写或主编了《古籍整理散论》《中国古代图书事业史》《中国近代图书事业史》《社会科学文献检索与利用》《图书馆学情报学档案学简明辞典》和多种图书馆与情报学系列教材，为中国古文献学、图书馆学的学科建设和图书馆事业的发展作出了重大贡献。来新夏先生还是一位著名的散文作家，他的学术随笔如《冷眼热心》《且去填词》《路与书》《枫林唱晚》《一苇争流》等都以隽永的笔触传播文史知识，深入浅出，引人入胜。

　　来新夏先生著作等身，学术成果引人注目。此外，他还为南开大学图书馆的建设与发展和图书馆学系的建设与发展作出了卓越贡献。作为一位有远见的图书馆领导者和负责任的图书馆学系的管理者，他为中国图书馆事业和图书馆教育培养了大批人才，使南开大学图书馆学系成为国内外著名的图书馆教育机构。为此，来新夏先生荣获 2002 年度美国华人图书馆员协会颁发的"杰出贡献奖"。这件事正好为我们今天的研讨会锦上添花，是值得庆贺的。

2007 年 4 月受聘北京大学古文献研究中心兼职教授（左为中心主任安平秋）。

来新夏先生主持的南开大学地方文献研究室是我们全国高校古委会直接联系的科研机构，他本人也曾担任全国高校古籍整理研究工作委员会委员，为我国的古籍整理研究事业和古文献学学科建设作出过贡献。因此，我们和来新夏先生有了交往，虽然不在同一城市、同一学校，但我们始终关注着来新夏先生的学术活动，为来先生的学术成就而欣喜。如今来新夏先生已八十高寿，但仍笔耕不辍，套用曹操的话就是："老骥伏枥，志在千里；烈士暮年，壮心不已。"我们企盼着能不断见到来先生的大著。为此，我们由衷地祝愿来新夏先生健康长寿！

谢谢大家！

2002 年 6 月

杨忠，全国高等院校古籍整理研究工作委员会秘书长。

本文原刊于《来新夏教授学术研讨会纪念集》，南开大学地方文献研究室编，新疆大学出版社 2002 年版。

来新夏教授在首届新志编修事业上创五项第一

杨静琦

我与来新夏教授相识于 1981 年 8 月，是中国地方史志协会在山西省太原市晋祠举行的成立大会上，当时我们都当选为协会理事。为此，在而后的二十多年的修志工作中，我有机会多次向来教授请教，并请他到河南省讲学。特别是在修志工作过程中，我发现了一个珍贵的资料，即查到了记述来教授祖籍是河南省许昌市鄢陵县。其先祖在北宋靖康之难后随宋室南迁到浙江省萧山县。来氏先祖任南宋建都于杭州后的第一任绍兴府知府。来教授亦认定祖籍在河南，从而我们是河南老乡了。他热心关照祖籍家乡的修志工作。我请他具体指导《许昌市志》和《鄢陵县志》的编纂，并请为两部志书写序。来教授为《许昌市志》和《鄢陵县志》写的序，学术水平很高，又非常实际，有益于推动县志为现实服务，促进了当地社会主义两个文明建设的发展。

以上所言，仅是来教授对本届社会主义新方志事业发展，作出贡献的一朵璀璨鲜花，而花团似锦的贡献是他为社会主义新方志事业的发展创下了五个第一。这首先是来新夏教授出身于方志世家，他的祖父来裕恂先生就是一位方志专家，更是一位中国语言文字学专家。老先生曾两度参加浙江省《萧山县志》的编纂，更于 1948 年激烈的战争环境中，艰苦的生活条件下，一手完成了 70 万字的民国最后一部志书——《萧山县志稿》。来教授承继家学，自幼对地方志富有深情，他大学毕业后在教学和科研工作中就熟悉地运用地方志书的资料。为此，在 1979 年中共中央领导批示在全国编纂当代社会主义新方志之时，来教授以自身所具有的深厚的方志学理论基础，与全国社会科学界高层次的专家学者共同发起编修地方志。1980 年，在天津市召开成立中国地方史志协会预备会，来教授受梁寒冰同志委托，在会上作了《总结旧志，创编新志》的发言，提出了在新时期创编社会主义新志书的若干创见和思路，其中核心思想和许多提法成为而后指导全国地方志编纂工作的规范和原则。会后，他将这篇发言修订成《略论地方志的研究状况与趋势》一文，正式发表在《天津社会科学》杂志上（后由日本学者译为日文，在《东洋史学报》发表）。这是本届修志在全国发表的第一篇方志学论文。可称是为编纂社会主义新方志在方志理论准备上作出了首要贡献。这应该是首项第一。

来教授创的第二项第一，是他于 1983 年组织编写并出版了全国第一本方志学专著，即《方志学概论》。《概论》的编辑成书，是来教授在 1981 至 1982 年期间以中国地方史志协会理事的职责，为全国修志工作的开展，组织举办华东、华中、华北、西北各大区修志人员培训班上的讲稿。来教授风尘仆仆忙碌于苏州、武汉、蓟县、太原各地培训班上，培训班为全国各省、市（地）、县（市）培训修志主编和编辑。之后，更把各班的讲稿作了认真修改、加工，编辑出版了《方志学概论》，由福建人民出版社出版。来教授创的这一项第一，是为全国编纂社会主义新方志奠定了人才基础，提供了方志学理论基础知识。

1982 年 5 月参加"旧志整理工作座谈会"前接受中国地方史志协会委托在武汉东湖宾馆草拟《中国地方志整理规划（1982~1990）》（草案）。

来教授创出的第三项第一，是他于 1983 年在洛阳市召开的中国地方史志规划会议上的发言，和与规划会议同时举办的河南省修志人员培训班上的讲课。其中提出了新编社会主义地方志书的四项质量标准。当年，河南省地方志编纂委员会总编室，借中国地方史志规划会议在洛阳召开的良机，在洛阳市举办了全省、地（市）、县志主编和编辑 1000 多人的培训班，邀请参加中国地方史志规划会议的十几位专家，到河南省的培训班上讲课 13 次。其中讲课的有董一博、朱士嘉、傅振伦、谭其骧、侯仁之、来新夏等全国知名度很高的专家。来教授讲了新编地方志的四项标准：一、政治标准：坚持以马克思主义、毛泽东思想为指导，明确"修志就是为社会主义服务，为两个文明建设服务"的目的。具体说，政治标准包含指导思想和政策要求两项内容；二、论述标准：要注意三个方面，一是全面性，使志书能成为提供全面资料的一部书，二是时代性，要以新材料体现出时代特点；三是地方性，要使新志书在共性基础上突出地方特色以表达个性；三、资料标准：志书要重视资料，以资料为论述的基础，而不能成为资料汇编。使用资料既要广征博引，又要严加考辨甄选，对旧志资料要正确地以批判继承的观点对待；四、结构与文字标准：应广采诸体，综合表述，文风端正，严谨朴实，不滥用辞藻，不虚誉，不溢美。以上四条新编社会主义新方志的质量标准，是来新夏教授在全国修志工作发展的关键时期首次提出的，对全国提高志书质量有重要意义。至今未见有人能突破此论。这应是来教授创的第三项第一。同时，来教授还十分重视旧志整理工作，在此从略。

来教授创的第四项第一，是 1996 年在中日两国分别以中、日两国文字出版的《中日地方史志比较研究》两部方志学专著。两书主编均为来新夏和齐藤博。中文版《中日地方史志比较研究》书中收入"中国地方史志的研究"的几篇文章，介绍了《中国纂修新方志工作的回顾与展望》《新方志与现代科学结合——谈河南省新编县（市、区）志创新尝试》和《中国〈慈溪县志〉与日本〈广岛新志〉的比较》等 9 篇文章；收入"日本地方史志的研究"5 篇文章。中文版本的《比较研究》一书全书共 27.1 万字，出版 1200 册。为大 32 开精装本加封套，印制装帧精美，由南开大学出版社出版。《中日地方史志比较研究》一书的出版意义重大，是来新夏教授当年到日本讲学，把中国新方志编纂与研究全面推向国际学术界的第一部书。应是来教授为本届社会主义新方志事业的发展创下的第四项第一。当时来教授还到美国去讲学，讲中国地方志与地方文献学，带去了河南省地方志编委会总编室的有关地方志资料书。如《河南地方志综录》《河南地方志提要》《河南地方志佚书目录》《河南史志资料》等多集。来教授是把中国地方志的编纂与研究进一步推向了全世界，今已发现在美国有利用来教授带去的河南地方志资料出版的英文专著。

来教授创的第五项第一，是 1997 年 12 月 29 日由来教授主持的南开大学地方文献研究室和天津市地方志办公室，共同发起召开的"海峡两岸史志比较研讨会"。这是中国海峡两岸史志界首次正式开展交流，参加会议的有来自台湾、香港和国外的专家学者，有中国地方志协会和各省、市地方史志机构的领导、专家，有天津市史志界、社科界、高等院校的专家学者等 60 多人。会议研讨了海峡两岸地方志编修的比较、比较方志学科的建设，以及修志的热点和难点探讨等问题。会上一方面广泛研讨了修志的学术问题，还相互交换了已出版的志书。这次"海峡两岸史志比较研讨会"后，更启动了海峡两岸以及中外史志学术交流的继续进行。1998 年 11 月 30 日至 12 月 9 日，来新夏教授又与天津市地方志编修委员会秘书长郭凤岐等一行一同赴台，参加了"海峡两岸地方史志、地方博物馆学术研讨会"。大陆各省、市方志学、地方博物馆学学者赴会者 32

人，到会的还有台湾、香港和美国、日本、新西兰、加拿大的学者，共125人。研讨会讨论发言热烈。总之，来新夏教授参与发起的1997"海峡两岸史志比较研究"，开创了海峡两岸地方史志界的文化交流，不仅推动了海峡两岸在地方史志文化上的认同，更有重要的政治意义，有益于祖国的和平统一。这应是来新夏教授创下的更重要的一项第一。

2004年12月23日在家乡浙江萧山市志办座谈关于对第二届修志的意见（右六）。

　　总之，来新夏教授为中国首届社会主义新方志事业的发展创下了五项第一，作出了重大贡献。同时，他更热心地、执着地、勤勤恳恳地、严肃认真地参与地方志编纂工作实践，在修志工作开展的二十多年中，全国各省、市（区）的一些市（地）、县（市、区）方志编纂工作会议上，评稿、评书会议上都有来教授参加，为方志编辑们授业解惑，为志书编纂出谋献策，提高质量。他参评的志书有的评为全国一等奖，如，《萧山县志》等。来新夏教授是当代新方志编纂和新方志学发展的重要奠基人之一，是当代海内外顶尖著名的方志学专家。同时他更是博学多才的史学家、古典目录学家，是图书馆学、地方文献学等多学科的国内外知名度极高的专家，几十年的辛勤耕耘，研究硕果累累。如有《近三百年人物年谱知见录》《北洋军阀史》《结网录》《林则徐年谱》《天津近代史》《中国地方志综览》《中国古代图书事业史》《图书馆学情报学档案学简明辞典》《古典目录学》《志域探步》《北洋军阀》（中国近代史资料丛刊）等多种著作。可惜限于笔者的学识局限性，无力详作介绍。

　　另外，当年来教授十分关注祖籍《鄢陵县志》的编修，由于在县志中突出了地方特色，如来教授亲自撰写的序言中，就浓彩重墨地写了鄢陵县的花卉，说"鄢陵蒔花殆有千年历史，古有'花都'、'花县'之美誉，尤以蜡梅名葩，久负'鄢陵蜡梅冠天下'之令名，是志乃于经济编中特立《花卉》专章，此犹宋范成大《吴郡志》之志园林，今萧山志之志围垦、青州志之志烟草，皆以彰其地方之特色"。《鄢陵县志》地方特色浓，花卉专章写的好，县志于 1989 年出版后，为现实服务的功能大显身手。在全面改革开放，发展社会主义市场经济的大好形势下，鄢陵县调整农业经济结构，发展花卉生产，建成了海内外有知名度的花卉生产基地，花卉产业已成为该县的支柱产业。中央电视台、报刊新闻媒体对此有多次报导，影响极大。一些典型户种花致富，年收入达万元以上。花卉生产促进了鄢陵县经济发展。以上仅是从新闻媒体报导中得知的粗线条的资料，详情有待进一步深入调查后再谈。不过，以上简略情况已说明来教授在修志工作中下功夫，促进了用志，为发展先进生产力作出了贡献。我更以此新成就为来教授八十大寿祝贺。

作者为中国地方志协会常务理事、河南省地方志编委会总编室原副主任。
本文原刊于《来新夏教授学术研讨会纪念集》，南开大学地方文献研究室编，新疆大学出版社 2002 年版。

亦师亦友　可敬可亲

——怀念来新夏先生

林衍经

惊悉来新夏先生辞世的噩耗，我痛感当代学界失去了一位学问淹贯、多业（历史学、方志学、图书文献学）并举兼善、闻名于世的大家，不胜悲伤！三十多年来，来先生在我脑海里留下了亦师亦友、可敬可亲的深刻印象。现在，感情冲击波激发了我的思绪，与来先生结识以来交往中的一件件往事，又一一在眼前浮现了出来……

1981年7月25日至8月1日，中国地方史志协会暨首届地方史志学术研讨会在山西省太原市举行。28日下午，大会分五个专业组进行讨论，我们高等院校组讨论了方志学教学、特别是方志学教材编写问题。会上，决定高等院校历史系相互合作，集体编写《方志学概论》一书，作为高校历史系学生与各省地方志编纂工作者的培训教材，并公推来先生负责主编。于是来先生在当晚即召集安徽大学、宁夏大学、福建师大、江苏师院（苏州大学前身）、辽宁师院、贵阳师院、南开大学等院校历史系与会人员，初步商讨了教材编写事宜，并要求大家互不通气，各自独立起草一份《方志学概论》编写大纲，于10月20日前寄给他。这件事，使我对他勇当重任、善于谋划的工作精神，有了真切的感受，不愧是一位众望所归的学者。

当年10月31日至11月4日，参加教材编写的同志又一次聚会，在南开大学讨论教材编写问题。在来先生主持下，我们围绕由各校提交的编写大纲展开了热烈而又深入的讨论，确定了《方志学概论》的编写方针，并在各校提交的编写大纲的基础上，拟定出统一的编写大纲，用协商的方式分配了编写任务，对写作体例和初稿试讲等问题做了具体安排。这次会议，使我对来先生的学术民主作风和领导能力有了更多的感受，敬佩之情和信任感油然而生。会议结束的当晚，我离津返肥。万万没想到，当我在11点20分走出招待所大门，准备登上会议安排的车子赶往火车站时，不意年已花甲的来先生为送我上车，特意从家里赶来，在寒风中伫立，与我握手道别。这是我终生难忘的一个场景。

1992 年 4 月，他在日本讲学满一年，回国后便给我来信，说是与日本独协大学齐藤博教授议定，将中日史志合作项目选编为《中日地方史志比较研究》论文集，因此邀约我写一篇论史志关系的文章。我应命写出初稿后，他仔细作了审读，提了两条很中肯的意见：一是近世学者的史志关系之说反映不够，尚存疏漏，应再搜求；二是文后附注之文应力求详尽，讲究规范，版本应齐备。真诚坦率、严谨治学的学者风范，在字里行间流露，让我深受教益。

1996 年 5 月上旬，全国地方志第二次工作会议在北京举行，来先生和我都有幸参加了这次盛会。会议期间，听取了时任中共中央政治局委员、国务委员、中国地方志指导小组组长李铁映同志作的《求真存实，修志资治，服务当代，垂鉴后世》的重要讲话；国务院总理李鹏在中南海接见会议代表，并作了"努力做好新编地方志的工作"的讲话。会下交流时来先生问我："你对这次大会的印象如何？"我应声兴奋地回答："党和国家对地方志工作十分重视。"他也以振奋和坚毅的语气对我说："是啊，党和国家这么重视和支持地方志工作，地方志事业前途光明，我们更应当努力哪！"这时，他已年逾古稀，却从不以年迈自叹，而一心想着的仍是为地方志事业的发展尽力，实在令我敬佩。

2004 年 10 月在北京举行的"地方文献国际学术研讨会"上作大会发言。

新世纪以来，我曾多次与来先生聚首。中国国家图书馆于 2004 年 10 月 12 日至 14 日在北京举办"地方文献国际学术研讨会"，来先生在大会上宣读了题为《中国地方志的史料价值及其利用》的论文，他精神矍铄，中气十足，给我留下了"健康老人"的良好印象。我当时提交的论文是《地方志旅游资料的价值及其利用》，与来先生的大作都畅论了地方志的社会作用。他对我的这一选题表示赞同，说："方志研究应当在方志资源开发利用方面多尽心，这是我们的责任。"

2008 年 12 月中旬，浙江省桐乡市洲泉镇举行镇志稿评议会。2010 年 10 月，《方志百科全书》编委会议在北京举行。这两次会，来先生虽年事已高，由夫人焦静宜先生陪同赴会，但看上去气色不错，发表意见思路清晰，声音洪亮。在洲泉评稿会的间隙，他还特意坐到我旁边来，不耻下问，向我征询他为《萧山市志》所撰序的意见。来先生这种虚己受人、尊重他人的高尚品格，我将永远铭记在心，向他学习。

来新夏先生生于 1923 年，比我年长 7 岁。论年岁，他是我的兄长之辈。从共同献身于地方志事业来说，我们又是交往多年、多次合作共事的朋友。论学识专长，他功底深厚，成就卓著，著作等身，堪称是我的良师。如今，来先生仙逝了，我失去了一位可敬可亲的良师益友，十分悲恸！痛定思痛，纪念来先生的最好方式，就是遵照来先生的生前嘱咐，为中国地方志事业兴旺发达的光明前途，努力再努力，生命不息，战斗不止！

斯人已逝，风范长存！来先生的精神，将永远激励我为中国地方志事业的繁荣昌盛努力奋斗。

作者为安徽大学历史系教授、中国地方志协会常务理事。

本文原刊于《萧山记忆》第 8 辑（纪念来新夏专辑），杭州市萧山区人民政府地方志办公室编，浙江人民出版社 2015 年 1 月出版。

我的修志启蒙老师

孙　乔

2014 年三四月间，我赴深圳探亲，每日必读的《晶报》放在桌上，那天是 4 月 3 日，翻到"人文正刊"栏目，一个醒目的标题映入眼帘——"追忆来新夏先生"，作者阿滢。我十分愕然，来老师去世了，是真的吗？随即给报社打电话探问，得到阿滢先生的肯定答复，并告知来老师家的电话。那一整天，我的脑海里不时地浮现出三十二年前在苏州举办的全国第一期方志研究班上的学习情景以及来新夏老师的身影，还有他对我的关怀……

踏上征途

20 世纪 80 年代初，全国掀起盛世修志的热潮，我被阴差阳错地推上浪尖，成为皖北商贸重镇——蚌埠市的一名女史官，由省推荐去苏州方志研究班学习。1982 年 5 月 8 日我踏上南去的火车，很快到了苏州站。出了站就见到一个陌生而又亲切的牌子："地方志研究班"，接站的同志和车子早已等候，汽车直接开到了地区招待所，全体学员就住在那里。这个研究班是中国地方史志协会会同江苏省社会科学院委托南开大学历史系和江苏师范学院举办的全国第一期地方志研究班，参加学习的是华东地区六省（山东、安徽、江西、浙江、江苏、福建）一市（上海）共计 159 人（附通讯录）。研究班 10 号正式开学，在江苏师范学院大礼堂举行的开学仪式热烈而隆重。中国地方史志协会领导梁寒冰和江苏省社会科学院领导出席了会议并发言，着重讲了办班的宗旨、意义，并预祝办班成功。会上宣布了研究班的领导组织成员：

领导小组组长许符实（江苏省社会科学院党组书记、副院长），副组长张梦白（江苏师范学院历史系副主任、苏州历史学会会长）、来新夏（南开大学历史系副教授、南开大学分校图书馆学专业主任，中国地方史志协会理事）。

领导小组下设两个组：教学组组长来新夏，副组长吴奈夫（江苏师院历史系讲师，苏州历史学会秘书长）、陆振岳（江苏师院历史系讲师、苏州地方史研究室）；总务组组长李宪庆（南开大学历史系办公室主任）、副组长胡振民、闻立鼎（均为江苏师院历史系工作人员）。

会议结束时全体人员合影，留下了珍贵的历史纪念。

1982 年 5 月 10 日中国地方志协会第一期研究班在苏州开学纪念（坐者第二排左八为来新夏先生）。

胜读十年

开学后的第二天即进入紧张的学习阶段。第一堂启蒙课就是来新夏老师上的。他可是来自著名的南开学府啊！他衣着朴素，面带微笑介绍了自己，他以研究班领导、教学组长的身份，首先讲了这次办班的目的，分析了当前的修志形势，简明扼要地介绍了方志、方志学的概念和基本理论，并强调我们要继承发扬修志的优良传统，编修新一代方志，需要我们这一代人去担当等等。一堂课下来，对我们这些未接触过地方志的人来说，似一付催化剂，又像听到了临战前的鼓声，心中有些躁动，也有些隐隐的不安。

第三天，老师们排山倒海般的讲课开始了。共有九位老师，如吴奈夫、金召祥（江苏师院）、周春元（贵阳师院）、傅贵九（南开大学）、林衍经（安徽大学）、邸富生（辽宁师院）、陈明猷（宁夏大学）、林正秋（杭州师院）、季士家（江苏社科院）等。他们均是各院校的历史系老师，并从事地方史志的研究。基本上一天一课，老师们分别就方志的起源和发展、方志学的形成和研究，编纂新方志的指导思想、原则、要求和方法等系统而深入浅出地讲述了有关知识，内容丰富，专业性很强。我们白天听讲，晚上按省分组讨论，我们安徽组带队是省志办资料征集处负责人欧阳发，他和我们一起先复习当天的讲课内容，核对笔记（因我们有些同志对讲课中的一些方志名称、概念不太清楚，加上有的老师地方口音重，听不太懂，而讲课的油印稿是后发的），然后谈感受。为了检查讲课的效果，来新夏老师和吴奈夫老师还分别到各小组听取意见。有一次来老师就来到我们安徽小组参加讨论。在谈到如何编修方志问题时，我发言认为：修志必须是政府行为，要向全市人民发安民告示，并要大力地宣传群众等。他听后十分赞同，给予肯定。还有一次，他召集了各组部分同志座谈会，主要征求对讲稿的意见，我也去参加了。大家在一致肯定讲课内容的同时，提出如要使讲稿成为系统的教材，还应再统一篇目，删繁补缺，并希望最好能尽快问世等。来老师很认真地听了大家的想法，并表示一定按照同志们在讨论中提的意见和要求，进一步组织修改并尽快出版，以满足各地修志人员的迫切需求。

十多天的授课很快结束，我们的收获是满满的，特别是对我这个未涉足过这一领域的方志盲来说，无疑是为我打开了通向修志的大门，在我面前尽现的是绚丽夺目的地方志画卷，它的内涵是那么源远流长、博大精深，它的生命力又是那么顽强旺盛、永不止息，我感到身上的担子太重太重，我能担负起这一继往开来的重任吗？修志对我们这个城市来说可是一张白纸啊！

二十天的学习既紧张又丰富多彩，研究班组织了一次到灵岩山采风，还有两天由各组自行安排。我们安徽组的同志集体到无锡游览一次，然后又用一天时间参观了苏州的名胜古迹，我个人则利用中午、傍晚休息时间去看了苏州的街市风貌。最有意思的是有一个晚上研究班还组织全体学员去听了一次苏州评弹，可对我们中一些北方人来说，虽然一句都听不懂，为了礼貌也只好坚持到底。

在这二十天中，来自六省一市的同志们朝夕相处，同堂共读，虽叫不出名字，但面孔都有点熟悉，大家见面都点点头。要分别了，还真有点舍不得，一位来自山东的同志以他

1982 年 5 月 10 日下午在苏州主持举办的华东地区地方志研究班讲授《方志学概论》第一课。

那齐鲁的豪放给老师、同学、招待所同志都写了热情洋溢的佳作，代表了我们全体学员的心声。我把底稿全部集来了（附原件），一直收藏着。

临结业前，我到办公室去见来新夏和吴奈夫两位老师，向他们告别，感谢他们为我们提供了这次极好的学习机会，再次征求他们对我们下一步修志工作的意见，并请他们留言纪念，他们欣然命笔。来新夏老师的题词为：

> 编史修志，知人论世，为千秋大业。班昭成一代之史，孙乔领一方之志。后来居上，拭目以待。
>
> 八二年五月中国地方史志协会在姑苏举办研究班，蚌埠市志办负责人孙乔同志与焉。因思汉有班昭以一女子而续成汉书，获誉学林，但以女子修志者尚无，孙乔同志后来居上，开女子修志新居，思之兴奋，临别书赠孙乔同志。
>
> 来新夏　82.5.28

我想，来老师能为我题字，可能因为这次来参加研究班学习的女同志不多，六省一市只有九名（山东一人，安徽六人，福建一人，其他地区一人），而具体负责一个地区修志的只我一人。

不负重望

研究班学习结束后，我们回到了工作岗位，按照老师的讲课要求，首先制定了修志工作计划。在市领导的重视和支持下，经过一年多的努力，全市成立了各级修志组织，调配了专、兼职修志人员，并广泛开展了资料的征集工作。为了保证修志工作的良好进行，我们不忘老师嘱咐，狠抓了修志队伍的建设。到1984年，全市共有修志人员1001人，为了不断提高修志水平，共举办各种形式和层次的学习班143次。参加学习的计有5000余人次。我们所用的教材，开始就以苏州方志研究班的讲课油印稿为参考，1983年8月来新夏老师主编的《方志学概论》问世后，又以此为依据，并参照全国的修志经验，结合本市的修志情况，编写了讲课提纲，深得修志人员的欢迎。至1989年，经过对资料的精心筛选，先后整理汇编了《市志资料》《专辑》等20册计280万字，为修志打下坚实的基础。1990年，各类专业志全部完成计700万字，在此基础上浓缩成300万字的市志总纂讨论稿，并分别于1991年10月和1992年8月召开了评稿会，得到省志领导、专家和兄弟市志办同志的充分肯定，它凝聚了全市修志人员的心血和智慧。1993 年我因病离职休养,《蚌埠市志》于 1995 年 10 月由继任领导编纂出版(我只参与了部分篇章的总纂工作),至此,圆满完成了蚌埠第一部方志的编修任务。十年修志虽然付出很多,但终在一张修志的白纸上众手绘出了蚌埠这个地方如何从一个淮河岸边的小渔村演变发展成为现代城市的历史画卷,心已足矣。同时也见证了修志伊始,苏州方志研究班的老师心血没有白费,特别是来新夏老师事后精心主编的《方志学概论》一书,在培养新中国第一代修志人方面起了重要的、引领的作用,并已结出丰硕成果,他可以欣慰了。

2014 年 4 月

作者为安徽省蚌埠市地方志办公室原主任、编审。

本文原刊于《江苏地方志》2014 年第 6 期(总第 154 期)。

我随来老编大书

李国庆

何为大书？用力超常、部帙超常、价值超常，三者咸备而编成之书也。

不知从何开始，自己作为书童，往来于馆校之间，为来新夏先生送书上门，耳濡目染，从来老那里窥视到一点儿治学门径。尤其是近年来，来老让我直接参与编制了几部大书，于是获得了向来老讨教的最佳时机。在几部大书相继问世后，来老怀揣无愧之心，驾鹤仙去。自己现凭记忆，整理斯文，纪念来老，并与同道共享。

一、编制《清代经世文全编》

2005 年新年伊始，一天早上，来老打来电话，命我过去。来到府上，来老指着一捆捆用报纸裹着的文件包对我说："这是我早年干的活儿，里面全是经世文。"我听罢，似懂非懂。来老接着解释说："经世文是当朝人议论政事得失的单篇文章。从清初开始，就有好事者将单篇经世文经过挑选编制成集，多名为'经世文编'，是单篇经世文的总集。"来老继而又说："今天请你过来，商量一件事：我想向国家清史编纂委员会申报一个项目，就是《清代经世文选编》。以这些旧稿为基础，再从其他传世的'经世文编'中精选出若干篇，汇总起来，编制点校一部《清代经世文选编》，这也是我多年以来的一个想法。想请你协助我落实一下这个事。"

我听后，既高兴，又茫然，真不知如何落实。在后来的谈话中，来老进一步谈了自己的大致想法和具体落实步骤：如何申报项目，如何着手筹备，如何组建项目组，如何开展工作，等等。我这才明白，来老早已运筹帷幄，胸有成竹。接下来的工作，就是按照来老的设计，一步一步干就可以了。

在编纂《选编》过程中，一个难点就是网罗传世的清代各个时期编印的《清代经世文编》。来老说："《选编》看似简单，其实不然。需要网罗众本，把清代各个时期编印的《清代经世文编》找齐，从中遴选名家名篇，这样的《选编》才能有代表性。"自己凭借多年与图书馆同行打交道形成的人脉关系，几经努力，几乎全部搞到，包括清陆耀辑《切问斋文钞》三十卷，贺长龄辑《皇朝经世文编》一百二十卷，张鹏飞辑《皇朝经世文编补》一百二十卷，饶玉成辑《皇朝经世文续编》一百二十卷，三画堂主人辑《皇朝经世文新增时务洋务续编》四十八卷，陈忠倚辑《皇朝经世文三编》八十卷，麦仲华辑《皇朝经世文新编》三十二卷，求自强斋主人辑《皇朝经济文编》一百二十八卷，宜今室主人辑《皇朝经济文新编》六十二卷，邵之棠辑《皇朝经世文统编》一百零七卷，何良栋辑《皇朝经世文四编》五十二卷，求是斋辑《皇朝经世文编五集》三十二卷，甘韩辑《皇朝经世文新编续集》二十一卷，王延熙、王树敏辑《皇朝道咸同光奏议》六十四卷，于宝轩辑《皇朝蓄艾文编》八十卷等二十二种。在这些《经世文编》中，有的是来老个人的藏书，有的来自北师大馆、吉林馆、浙江馆、南开大学馆及天津馆等多家藏书，为完成本项目奠定了基础。

在南开大学地方文献研究室里，有两架藏书都是"经世文编"的底本复印件。来老编制《选编》的多年夙愿现已经实现。这个《选编》项目，始于2006年初，到2009年12月31日结项，历时四年完成定稿。选录清代经世文作品1100篇，精装6册，200万字。顺利通过专家组鉴定，认为《清代经世文选编》在编辑、点校等方面，达到了国家清史编纂委员会制定的《文献整理工作通则》规定的质量标准，并认为这个《选编》的学术价值主要体现在以下几个方面：本书是清史研究领域的一项新成果，是研究清史问题的重要参考书，填补了清史研究领域的一项空白，为读者提供了一部了解清代各界人士撰写的"议论政事得失情况"的清史文献专集，具有史鉴作用，颇具实用价值，可供当代施政者参考。

在完成《选编》这个项目后，来老提议将这些二十种《清代经世文编》合而印之，题名《清代经世文全编》，2010年12月交付学苑出版社正式出版，共170册（正文168册，目录2册）。在《全编》出版《前言》中，来老说道："《全编》之成，既蒙各藏者惠借底本，又承学苑出版社不惜斥资付印，终为学林增一参考用书。欣观厥成，不胜欢悦，稍叙其事，并向有关方面致谢！"

二、编制《清代科举人物家传资料汇编》

编制《清代科举人物家传资料汇编》，与国家新编《清史》有直接关系。2002年8月，国家批准建议纂修《清史》报告，11月成立由十四部委组成之领导小组，12月12日成立清史编纂委员会，清史编纂工程于焉肇始。编史之始，即整理出版《文献丛刊》《档案丛刊》，二者广收各种史料，均为清史编纂工程之重要组成部分。既可供修撰清史之用，提高著作质量，也为抢救、保护、开发清代文化资源，继承和弘扬历史文化遗产做了实事。

2005 年末，文津书店总经理董光和先生专程来津，拟拜见来新夏先生，为其编印之方志丛书索序。作为董光和先生的多年书友，我陪同他到来老府上。在说完正事之后的闲谈当中，言及清史《文献丛刊》事。自己向来老请教："能否对近年由台湾出版的《硃卷集成》进行重编，每种只择取文前履历部分，削掉文中八股文部分，形成简编，收入《文献丛刊》，不知此意可否？"来老说："这个想法可以，不过要是申报清史项目，还需进行充分论证，同时还需征求有关方面的意见。"来老的这个指导性意见，对我们来说十分重要。接下来的工作，就是围绕来老的这个意见办的。

一是联系收藏硃卷文献大户——上海图书馆。陈先行先生是我多年的同行，在互通馆藏文献方面，有成熟路径和经验。在得知我们的想法和要求后，陈先行先生答应："全力支持！"就这样解决了主要硃卷文献的来源问题。二是联系出版社——学苑出版社。徐建军副社长是我多年的合作伙伴同行，在交流选题和论证方面，观点和想法往往一致或接近，交流不存在障碍。在得知我们的想法和要求后，徐建军副社长答应："积极配合！"就这样解决了出版问题。三是联系项目单位——清史编纂委员会。在学苑出版社和有关人士游说下，很快达到准确消息："可以考虑立项！"就这样基本解决了项目申报问题。

在落实了上述三个方面工作后，我和董光和先生再次来到南开大学，拜见来老并作简要汇报，同时恳请来老担任本书主编。来老说："担任主编，有不劳而获之嫌。既然大家这么看重我，又是这么一个好选题，我也只好答应。"来老深思一会儿。说道："这个项目的上马，意在为新编清史提供文献，所以质量第一，万不可大意，更不须粗制滥造。我提出几点想法，供你们参考：一是要取原本进行扫描付印，不能直接使用台湾出版的《硃卷集成》；二是台湾出版的《硃卷集成》，只限上海一馆所藏，且当中存在缺漏等不足，尚有些馆可以进补一些；三是要排成单版，不搞上下双栏。"

在来老直接指导下，经过有关各方的努力，本书收入清史《文献丛刊》项目，用上海馆所藏底本进行复印，同时增补天津馆等几家馆藏，较之台湾出版的《硃卷集成》有所增益。本书前后历时两年，2006 年 12 月由学苑出版社正式出版，共 101 册（正文 100 册，索引 1 册）。

三、编制《书目答问汇补》

2006 年初，为了提高业务理论水平，我参加了由天津师范大学设立的历时二年的"古典文献研究生班"系统专业学习。当时，来新夏先生主讲"古籍文献整理"课程。一天，讲张之洞撰《书目答问》一书，在课间休息时，来老取出一部线装本《书目答问》让大家看。我取阅后向来老建议："此书需要修复和配置函套，交学生来办吧！"来老笑允，再三叮嘱千万保管好，他特别补充说道："此书经历不一般，一是属于查抄退赔之物，二是在余师（指余嘉锡先生）指导下的研读成果。"

我得到原本后窃喜：即可看到来老墨笔真迹，又可为来老做件实事。此书经过部门员工妙手修复之后，一部配有函套、修复齐整的稿本《书目答问》，呈给来老。我问来老道："您老的这部批校本为何不整理？"来老答道："此稿整理，谈何容易！我人老目花，早年用蝇头小楷写的字已经看不清楚。这部书稿还有不足，需要

2004 年春在天津图书馆历史文献部研究生班讲授"古籍整理"课。

寻找一些资料。精力不及，整理无期。"流露出了无可奈何的语气。我接过话题说道："学生能否试试，协助您整理这个书稿？"来老说："可以的，若能这样就好了。"

这是我利用进修机会，承担的比较大的一个研究项目。其间无数次来到来老家，聆听来老指导。来老说："整理这个稿本，需要做几个工作：一是访求当世诸家的批校稿本；二是收集清季以来刊印众本；三是遵照各家成果取得之先后，于同一条目之下，一一胪列，复加按语，始成《书目答问汇补》。"来老说："《汇补》所称之'汇'，乃汇录之意；所称之'补'，乃补正之意，亦即汇录诸家对张之洞《书目答问》的补正成果为一帙，故以'汇补'为名。"《汇补》在收录范围方面，重在收录各家批校本，突出"各家批校成果"，这一点有别于范

希曾作的《书目答问补正》。这是《汇补》所具有的学术价值的一个方面。

在来老的指导下，我开始斯稿整理之役，前后历时八年而藏事。《汇补》共收录了十三家批校成果，多为清末民国时期和当代名家，包括王秉恩贵阳刻本、江人度笺补本、叶德辉斠补本、伦明批校本、孙人和批校本、范希曾补正本、蒙文通按语、刘明阳批校本、韦力批校稿本、赵祖铭校勘记、邵瑞彭批校本、高熙曾批校本及张振佩批校本，可以称为一部集大成性的批校本成果。这部来老自称"扛鼎之作"的《书目答问汇补》，2011 年 4 月由中华书局出版，书局为此书专门召开了首发式，并荣获 2011 年全国优秀古籍图书一等奖。

四、编制《萧山丛书》

2011 年 7 月的一天，我蹬自行车到南开大学来老府上。来老说，想了解一下国家图书馆藏清鲁燮光编的《萧山丛书》情况。我打电话给国图同行，请帮助调阅一下此书。很快得到答复："关于我馆藏善本《萧山丛书》，我查看了一下，情况如下：《萧山丛书》十一种十六卷，9 册，共 580 拍，清鲁燮光编，鲁氏壶隐居藏本。除第六册《固陵杂录》抄的字不太清晰外，其八册抄得都比较好，只是用纸较薄——透字，没有叶码。该书的馆藏号是：10837。"

经过几次交流，后来得到了国图藏的这部抄本《萧山丛书》。为着手编辑新辑《萧山丛书》打下文献基础。嗣后，来老与萧山政府有关方面进行实际协商，历经了立项、审批、筹划经费、拟定体例、确定第一辑入选书目等具体工作，确定了分辑编纂刊行，自 2013 年始，分年出版，每年一辑十册，共成一函。影印出版，每种之前加冠一篇前言。在《萧山丛书》卷首，来老撰写总序，内容包括四个部分。来老在讲述了丛书起源和地方丛书之后，引出了要重点谈的鲁燮光所编《萧山丛书》和新编《萧山丛书》。文曰：

> 萧山之有丛书，始于鲁燮光所编《萧山丛书》。燮光生平，据民国二十四年本《萧山县志稿》卷十九所载，有云：
>
> "鲁燮光字瑶仙，晚号卓叟，原籍山阴，其先世自清初来萧山，居西河下。燮光以廪贡生选授慈溪训导，俸满，保升知县，历署山西和顺等县令，光绪时，晋省存饥，办赈颇力，巡抚李秉衡大器之。性好学，手不释卷，初选辑《永兴集》一百数十卷，遭乱残缺。晚年著《萧山儒学志》八卷、《湘湖水利志》四卷、《西河志》一卷，均未刻。在山西著有《山右访碑录》一卷。重游泮水，寿九十余。"

今萧山区志办复考知其生卒年为清嘉庆二十二年（1817）生，宣统二年卒（1910），享年九十三岁。若与丛书所收各书中跋语及边识相校，与鲁氏生卒，大致不差。萧邑地情各书于此多失载。

《萧山丛书》有刻有抄，均以其壶隐居藏本乌丝阑纸存录，共收书十一种，除王思任尺牍选本为明人外，其余十种，均为清人撰著，而鲁燮光所著达八种。原稿存国家图书馆，我所见为萧山区志办扫描本。所收各书均为萧人，于研究乡邦文献，颇有裨助。其各书序跋批语，多有可取之处。惜仅有一辑，入民国后中断。

自鲁编丛书后，垂百余年，萧山无丛书。新编《萧山丛书》创意于数年前，后经萧山区志办与南开大学地方文献研究室交流磋商，于 2011 年定议合

2007 年 2 月 1 日 "来新夏方志馆" 在故乡萧山开馆，次年 3 月留影。

作，历经立项、审批、筹划经费、拟定体例、确定第一辑入选书目等，确定分辑编纂刊行，自 2013 年始，分年出版，每年一辑十册，共成一函。所收各书为免次生错讹，悉加影印，分邀专人各撰前言一篇，稍尽导读之任。

新编《萧山丛书》第一辑，收书十种，遍及四部。撰者多为萧籍著名学者，如毛奇龄兄弟、王绍兰父子、汪辉祖父子、任辰旦及鲁燮光等。由于各书篇幅不一，有合数种为一册者，以求各册厚薄相当，而不以时代为序也。

萧山为历史古邑，人文荟萃，乡邦文献充盈，《萧山丛书》第一辑，选目入书，颇费周章。整理编次，又多所考虑。2013 年，选编工作始蒇事，

所选多名人名著，版本亦尽量选优。书成差强人意，惟初生之物，其形必
丑。《萧山丛书》虽非初生，但中断百年，不免疏漏，今后各辑，责任更
显繁重。至祈乡老贤达，学者名流多所指正，尤望惠予评说，挖掘幽隐，
提供选目。在事诸君，殚精竭虑，并此致谢。

2014 年春节后，来老看到了由学苑出版社印制的新辑《萧山丛书》初稿。
令人十分遗憾的是，来老没有看到正式出版物。而令人稍感欣慰的是，来老谋
划在前，我等晚辈将继续完善之。新辑《萧山丛书》第一辑，在近期即将出版。
第二辑将在 2014 年底正式出版。同时编制出了拟入《萧山丛书》的底本目录，
收录明清以来古籍多达二百种。这部《萧山丛书》的相继问世出版，将以最好
的方式告慰来新夏先生这位萧山贤达。

作者为天津图书馆历史文献部主任、研究馆员。
本文原刊于《藏书家》第 19 辑，齐鲁书社 2015 年 2 月版。

文　献　存　真

地方文献学学科建设与人才培养

来新夏

　　地方文献的研究近年已逐渐进入部分学者的视野，并已获有一定的研究成果。自本世纪以来，北京、萧山及台北等地，已多次举办地方文献国际学术讨论会。地方文献学的学科建设和培养专业人才工作，已成为当务之急，本文即对此提出个人的一些设想。

　　中国是历来重视文献的大国，早在春秋时，孔子就把文献的作用提高到文献足不足是能否讲述一国状况的主要依据，并载之于儒家经典《论语·八佾》中。刘邦攻入咸阳，命萧何收集遗留的图籍，使刘邦"具知天下厄塞，户口多少，强弱之处，民所疾苦者"（《史记·萧相国世家》）。为汉朝的建国提供了重要的参考依据。这些文献依据的基础是各地方送呈的地方资料，亦即地方文献。隋炀帝大业时曾"普诏天下诸郡，条其风俗、物产、地图，上于尚书"（《隋书·经籍志》）。这是政府明令地方呈报地方文献的开创。相沿以来，各时代均十分重视地方文献领域，而使它愈来愈多地拥有经过整理的大量资源，乃至有待发掘的积存资源。近十余年来地方文献的搜集、整理利用工作，日益彰显。浙江、山东、山西、广东、福建、湖南、北京、天津、西北各省以及港、澳、台地区，纷纷展开地方文献的研究与编纂工作，并在海内外多次举行以地方文献为主题的国际学术研讨会，使地方文献在学术领域中日显其重要。因而如何建立地方文献学学科的议题，也就必然提上我们学术研讨的日程上来。

　　一门专门学科的建设究竟需要具备哪些条件？我认为：

　　1. 必须有一定的学术宗旨。

　　2. 必须有相沿较久的历史发展过程。

　　3. 必须有丰富的内容。

　　4. 必须有大量有关本身的各种形式的原始资料的积存，并保存比较完整，足供研究者作研究根据。

5. 必须拥有足够数量的研究者和广阔的研究空间。

6. 必须对现实社会各方面有借鉴利用和教育作用。

如果按照上述条件来衡量，我们可就现实状况，作如下的回答：

1. 文献学的学术宗旨是"考究文献积存，辨识学术价值，力求经世致用"。

2. 中国的文献发展史有二千余年的发展历程，在这一漫长的历程中，逐渐完善文献的搜集、典藏、整理、考辨、利用的全过程。其成果在世界地方文献研究发展史上居于前列。

3. 中国地方文献既有大量积存，遂形成其丰富的内容。它包含地方志书、宗族谱系、碑刻拓片、公私档案、图册簿录以及种种非书资料（音像、缩微、机读和电子等形式）等。

4. 中国地方文献有各种不同形式的原始资料，如地方志具备起源早、持续久、类型全、数量多等四大特点，仅宋至民国的方志就有8624种，如以有清一代计，有5700余种，如以民国时期河南一省计，三十八年间编纂志书有91种，再加建国后新编志书万余种，数量不可谓少，应是地方文献之大宗。最近国家正式颁布的《地方志工作条例》第三条规定："地方志书是指全面系统地记述本行政区域自然、政治、经济、文化和社会的历史与现状的资料性文献。"这一属性的确认，完全适用于地方文献。又如档案也是地方文献的大宗，古今中外各国从中央到地方，无不有档案之收藏，仅举一例以见一斑，如中国第二历史档案馆所藏，截至1985年底，所藏有140多万卷，排架长度达34000米。又如宗谱，我国几乎每个宗族皆有谱，而且不止一谱。据武新立《中国的家谱及其学术价值》一文曾称，现存于国内外的中国家谱已超过4万种（《历史研究》1988年第4期）。实际上，这是二十年前的统计，目前远不止此，仅上海图书馆目前的约计，已有18000余种13万余册。这些宗谱对研究家族的来源、形成、繁衍，以及人口的迁移路线和社会诸方面现象，可均有较详细的记述，对社会史、家族史、人口史、地域史的研究，可提供极其丰富的史源。其他如私人日记、商业账册、图像照片、建筑蓝图及设计书等等，无不妥善保存于相应机构。地方文献数量之巨，可称浩如烟海。虽近年已有所开发利用，但与储存量相比，远远不能相称。它为研究者留下极大量的研究根据。

5. 地方文献历来为各时期所庋藏和利用，地方文献观念亦为人们所熟知。但明确地方文献这一定名，则在1941年，是当时广东图书馆馆长杜定友在韶关提出。他提出保存广东地方文献为办馆第一方针，并规定地方文献包括史料、人物、出版三方面。这一创意非常值得注意，但失之于泛，因为这三方面的文献不一定都具有地方性内容，湖南雷树德先生在所著《地方文献与地方文献学论考》一文中称："记录有关于某地区的知识信息的一切载体"均属于地方文献（《津图学刊》1997 年第 3 期）。所以我认为应从文献内容来界定地方文献的定义，只要是反映本地区的社会、政治、历史、地理、经济、军事、物产资源等各方面地情，不论其载体形式如何，即使是零篇散页，也应归属于地方文献。最近天津图书馆的张岩又从馆藏旧版外文文献中挖掘出地方文献资料，为地方文献大大扩充了积存，开辟了新的研究领域。

至于从事地方文献整理研究的人员目前已形成一个庞大的队伍，即以地方志研究人员而论，已号称十万大军，再加上图书馆、档案馆、高等院校、科研机构等各种地方文献的从业人员，数量之巨，实难估计。有些地方已在着手汇集地方文献，编纂地方丛书，如江苏省的《江苏丛书》、山西的《山西文库》、广东的《岭南丛书》；一省之内也出现若干县级丛书，浙江省就有《绍兴丛书》《义乌丛书》《温州丛书》等。南开大学地方文献研究室与萧山市志办年前曾有过编纂《萧山丛书》的策划，并已开列书目。最近陈桥驿教授还提出编纂《萧山丛书》的刍议。尤其值得注意的是内蒙古大学张利馆长主编的《中国西部地区地方文献资源论稿》的完稿。我在为这本专著所写的序言中曾做出如下的评论说：

> 在这部书中，作者采取了一种大视角、全方位的研究模式，首次对我国西部大开发所辖区域范围内的图书、档案、方志、文博等各个文化系统的各种类型、各种载体、各个文种的地方文献资源及其开发利用进行了比较全面系统的揭示和研究。（内蒙古大学出版社 2007 年版）

这是前所未有的研究课题，足以证明研究群体和研究领域的日益扩大。与此同时，有关地方文献的专门性论文在图书、档案以及某些文史专刊上不断发表，也为进一步编纂与研究提供必要的参考。

6. 近年各图书馆从国家馆到地方馆以及若干高校馆，都设有地方文献部门，为利用地方文献承担参考咨询工作，为现实社会建设提供有关资料。为此，我曾写二文，即《旧地方志资料在经济建设中的作用》和《论新编方志的人文价值》（《三学集》，中华书局 2002 年 9 月版），可供参考。

因此，我认为地方文献目前已进展到可以建设专门学科的时机。这个问题已被学者认识并提出自己的看法，如湖南雷树德先生在《地方文献与地方文献学论考》一文中说：

本来，按理地方文献应归之于文献学的门下。这里主要是考虑到文献学更多地把重点放在文献及文献发展规律的研究上，且有时称之为图书学，而苏联有称为书志学；又因文献学更多地是一门传统的古老的科学，而地方文献学则是一门新的更注重时代特色的科学，研究这门科学，应该更注意现代文献处理、整序方法，更应该注重开发和利用，所以将其上位类确定为文献信息学比文献学更加合理。(《津图学刊》1997 年第 3 期）

这一建议有其一定的合理性。但是作者着眼点在于处理、整序的方法上。我认为：对于一门学科的归属，应注意其积存和内涵。至于方法，任何人对任何事物都是运用当代的方法，而使其具有时代特色；如果强调方法，那会忽略了对地方文献的搜求、典藏、整理、考辨的完整程序。至于产生信息，乃是任何研究必然产生的结果似无特别标举的必要。而在教育部学科目录中曾在历史学下列有历史文献方向，在文学下列有古典文献方向等类似项目，如果建立学科，则地方文献方向运作起来，比较方便。

为了建设专门学科，相随而至的是培养这方面的人才，广东骆伟先生在所撰《地方文献工作中几个问题的述评》中，曾有过建议说：

人员是这项工作的主体，其素质的高低，直接影响地方文献工作质量。目前，人才培养主要靠实践工作、知识传播和学术交流，有条件可进行业务教育和进修再教育，使之制度化，务使从业人员具有一定学历，精博知识，综合能力强的高素质专业人才。(《第二届地方文献国际学术研讨会论文集》，国家图书馆出版社 2009 年版）

就目前状况而言，我再提出两条具体措施：

一是正规教育，在高等院校人文学科领域，申报成立地方文献专业，设立相关课程，进行大专或大本教育。过去北京师范大学和宁波大学均设过这类专业，有这方面的经验，可资参考。

二是培训教育，这是近几十年经常使用的办法，上世纪 80 年代当全国广泛开展新编方志工作时，首先在全国划分华北、西北、东南、中南四个地区，聘请专家，巡回讲课，全面进行培训，为新编方志工作提供了切实有效的保证。目前，可就现有从事修志、整档、图书等部门工作人员中，选取优秀人员进行期限不同的专业培训，如已有大本学历者，也可以用开设研究生班之类的培训方式。

建设学科和培育人才则需更多的人员付出极大辛劳，进行如下的推动工作：

1. 总结地方文献前此的研究成果。浙江、广东、湖南、西北等地，俱已有这方面的论文。

2. 进行专题研究：对地方文献的源流发展、整理研究作深入探讨，并展示未来的趋向。历次地方文献各种国际学术研讨会所提交的论文，多已编纂成册，为进一步研究工作奠定了基础，可选编为正式出版物。

2008 年 3 月 17 日在萧山举行的"地方文献国际学术研讨会"上主宾合影（左起：方晨光、来新阳、来新夏、安平秋）。

3. 编写教材：对地方文献的定义界说、基本理论、学说发展和利用功能等方面，约集专家，分头进行，编写系统、全面、完整而适用的入门教材。据知浙江袁逸先生已拟就一份《地方文献概论》的纲目，希望有志者能给予合作。

4. 撰写专著：这是丰富完善学科理论，奠定学科基础，确立学术地位的必要途径。已故文献专家林天蔚教授的遗作《地方文献研究与分论》和内蒙古大学张利先生即将出版的《中国西部地区地方文献资源论稿》都是精心研究的专著。专著的日增，将巩固地方文献的学术地位。

如果上述各项工作都能在不长时期内有令人瞩目的成绩和丰硕的成果，那么，地方文献学科的建立，自然水到渠成，而大量专业人才的涌现，也必指日可待。我期待这一现实很快地到来！

本文原刊于《地方文献国际学术研讨会论文集·萧山》，沈迪云主编，三晋出版社 2010 年版。

关于建立"地方文献资料研究中心"的请示报告

一、建立"地方文献资料研究中心"的意义：

地方史志的编写是我国的优良传统。卷帙浩繁的地方史志是我国丰富的文化宝库之一，它对于研究我国的历史，如政治、经济、军事、文化教育、科学技术、人物、风俗等方面都提供了极其丰富的珍贵资料。对于今天加速发展社会科学和自然科学，建设高度的社会主义物质文明和精神文明，以及适应国际斗争和交往的需要，也能提供有益的借鉴。所以，加强对地方文献资料的研究，具有重要的现实意义。解放以来，特别是三中全会以后，全国很多省、市、县积极开展地方史志的编写工作，从而对地方文献的研究成为必不可少而紧迫的工作，然而由于历史条件的限制，大量主要文献散藏全国各地，有的珍贵文献本来数量不多，加之屡遭兵燹，已成孤本善刻，且被藏之秘室，难于流传，这就给研究整理地方文献造成很大的困难，因而加强对地方文献的搜集和研究已成为当前一项重要任务。在国外，这项工作的开展已有上百年的历史，现在日、美等国也都投入了很大的力量。在我国，解放以来也做了一些工作，但远不能满足需要，甚至可以说此项工作近年来才提上日程。我校图书馆方志藏书较多，以此为基础建立"地方文献资料研究中心"，广泛搜集文献资料，并进行研究，不仅是一项很有意义的工作，而且也是可行的。

二、有利条件：

1. 我校图书馆现存大量地方史志文献，共计有近三千种，约占志书总量的三分之一，为我校建立该中心提供了物质条件和基本保证。

2. 来新夏教授在全国方志研究中有较大的影响。他现任教育部全国高校古籍整理工作委员会委员、中国地方史志协会理事、中国地方志指导小组旧志整理工作委员会委员、中国历史文献研究会常务理事等职，各地地方志编写机构均与来教授保持密切联系，我们可以及时掌握全国地方史志的研究动态。

3. 现有成果：

①《方志学概论》 专著，来新夏主编，福建人民出版社出版，是中国地方史志协会委托八院校编写的高校教材。

②《地方志提要》 专著，来新夏主编，已完成初稿。

③《地方志史论文集》 中国地方史志协会编选组编，来新夏担任执行编辑，中华书局即将出版。

④《地方史志的研究状况及趋势》 学术论文，来新夏著，约 2 万字，已发表，并被译为日文，收入日本东北大学《东洋史论集》。

⑤ 此外还有有关方面的论文若干篇。

4. 教育部已经为来新夏教授主持的地方志整理研究工作拨出专用经费。（见教育部文件〔4〕教育一字 010 号）

三、机构归属：

由我校图书馆学系和图书馆合办。

四、人员编制：

拟设专职研究人员 10 人。此编制数已以南开大学名义报部申请。目前研究人员如下：

主　　任：来新夏　教授，图书馆馆长，图书馆系系主任

副 主 任：张宪春　张　格

研究人员：

　　　　　陈依依　助理研究员，专职人员

　　　　　王德恒　助教（现在化工局），兼职

　　　　　曹焕旭　助理研究员，兼职

　　　　　端木留　助理研究员，兼职

共七人，以后拟陆续增加专职研究人员，并不断改善人员构成。

五、工作规划：

1. 集中方志资料，拟购原刊本或复制。

2. 编纂《天津地方志经济资料》。

3. 目前已着手进行《河北省地方志提要》的编纂工作。已完成初稿四分之一。

此规划已经校长签发，于 1984 年 1 月 24 日报部。详细研究计划待机构成立后制订。

六、需要条件：

1. 工作用房：目前学校办公用房紧张，暂从图书馆借用，并望学校能及早解决。

2. 经费：1984 年拟申请经费 3 万元人民币，必要时得用一定外汇。

3. 设备：拟逐步配备照相器材和复印设备。

以上报告当否，请

教务处并转

教务长　　　　　　　审批

校长

南开大学图书馆

南开大学图书馆学系

1984.3.10

南开大学档案馆藏档

1994 年春在南开大学地方文献研究室查阅古籍资料。

南开大学地方文献研究室成员：王崇明、张格、耿书豪、来新夏、郭凤岐、徐健。

1984 年第五次校行政会议纪要

校长办公室

1984 年 4 月 20 日上午，由王峰山副校长主持召开了 1984 年第五次校行政会议。王大璐、赵景员、李万华、来新夏、李国骥出席了会议。教务处、出版社、金融系、图书馆负责同志列席了会议。

一、会议审定了 1984—1985 年学年度校历（文件另发）。

二、会议审定了"奖学金暂行条例"，并讨论了进一步改革助学金发放办法，将部分助学金用于勤工俭学问题，决定由人事处提出意见，提交校行政会审定。

三、听取了出版社关于教育部高校出版工作会议精神的汇报，决定：1. 安排时间向下传达此次会议精神；2. 由出版社牵头，教务处协助制定教材建设计划；3. 由总务长负责制定出版社基本建设计划。

四、会议同意金融学系建立农业金融专业。

五、研究并同意图书馆学系与图书馆共同建立地方文献资料研究室，并由教务处和图书馆学系进一步研究筹建地方文献资料研究中心事宜。

六、会议听取了图书馆关于图书馆工作要点的汇报。

送：党委书记、副书记，校长、副校长，秉泃，教务长，总务长，经济学院院长，图书馆馆长
发：各系各单位

南开大学档案馆藏档

南开大学关于"地方文献研究室"研究计划
及申请补助费的报告

南报字（1984）148 号

高教一司：

我校"地方文献研究室"在教育部的关怀和支持下，已经正式成立。该室现有研究人员 5 人，业余研究人员 5 人，来新夏教授任研究室主任。该研究室现正在积极筹建地方文献研究中心，到 1990 年，计划扩编至 20 人。

自该研究室成立以来，已完成的工作有：（1）来新夏教授主编的专著《方志学概论》，已出版，拟修订再版；（2）《河北省地方志提要》，已完成近百部，约 8 万字；（3）发表论文"明清所修天津卫志试探"；（4）"天津地方风土丛书"，今年内可有 3 种书完稿。

该研究室现已接受三项任务：

1.《河北省地方志提要》，系中国地方志小组所属旧志整理工作委员会委托的项目，将以专著形式出版，约六十余万字，1986 年完成。

2."天津地方风土丛书"，系天津市出版局委托该研究室主编，并承担部分具体编写任务，第一批 10 种，可于 1985 年内出版。

3. 天津旧志整理资料，系天津地方史志委员会委托，拟于 1985 年开始，1987 年完成，成果以"天津旧志资料汇编"形式出版。

我校"地方文献研究室"是新建的研究室，图书资料有限，缺乏必要的设备，为保证该研究室上述任务按时或提前完成，该研究室需要在 1985 年购买 2 万元图书资料，另外购买佳能 400 型复印机一台，需 3 万元。由于我校文科科研经费很紧张，仅能维持一般研究项目日常开支，特向教育部申请 5 万元，作为 1985 年度我校"地方文献研究室"设备和资料补助费专款拨发。

妥否，请审批。

南开大学

一九八四年十一月十三日

访日工作汇报

外事处：

从 1991 年 9 月至 1992 年 3 月我应日本独协大学之邀访问该校并进行《中日地方史志比较研究》合作项目的落实，在此期间，我进行如下几项工作：

（一）在独协大学作《中国传统文化的传递》和《中国地方志研究》的专题讲座。

（二）撰写《清代前期的商业、商人与社会风尚》论文二万余字，将在《独协经济》1992 年第 1 期全文发表。

（三）应邀对明治大学、关西大学、广岛大学等校进行学术交流并参观访问。

（四）落实《中日地方史志比较研究》合作项目，并与参与合作的教授讨论选题，交谈研究内容，讨论论文内容，企划出版中文本问题。

（五）为南开大学出版社争取到《中日地方史志比较研究论文集》及《汉文典》的出版权益并获得一定的资助金。

（六）参观日本外交史料文献馆、东洋文库、国会图书馆、金泽文库、静嘉堂文库、斯通文库、天理图书馆等单位了解藏书情况，特别是日藏汉籍的情况。

（七）参加"辛亥革命研究会"、"中国近代史研究会"、"汉字圈文化研究会"、"亚洲文化与环境研究会"等团体的学术讨论会。

（八）与日本著名教授山根幸夫、野泽丰、久保田文次、江口圭一、寺地遵、大庭脩、西岛定生、尾崎康等进行学术会晤，交流学术成果。

（九）在东京、名古屋、大阪、广岛等地参观博物馆及历史遗迹，了解日本历史与民情。

通过这些活动，我感到有以下几点成效：

（一）对日本的历史学、图书文献学等领域的学术状况与发展趋势有基本了解，有助于个人在这些方面的研究。

（二）全部落实《中日地方史志比较研究》的合作计划，并为我校出版社争取到出版论文集的权益。

（三）与日方交往中有些过去和我校未建立关系的学校都表达了与我校友好交往的愿望，如明治大学、关西大学、独协大学均表示愿与我校作进一步交流合作，并希望建立友好关系。

（四）在访问关西大学时，该校东方文化研究所学者希望在目录学及中国传统文化方面有所合作与交流，并表示拟在明春邀我进行学术访问与合作研究。

专此　即致

敬礼

来新夏

1992.4

1996年"中日地方史志比较研究"顺利结项后，日方合作者齐藤博教授邀请来新夏先生再访独协大学。

《中日地方史志比较研究》获奖证书。

八　来新夏先生与人才培养

师恩难忘

李德福

京城 9 月，暑热已渐渐退去，清爽的秋风吹得窗外一片深绿。这天上午，我刚在办公室坐下翻阅案头的文件，手机突然响起，一看是来自南开的座机号码。对来自母校的音讯我从不敢怠慢，赶紧起身接听——

是焦老师的声音。焦静宜老师既是来先生的夫人，又是我一位中学同学的姐姐，早年也是南开历史系的学生，毕业留校后长期从事编辑出版工作，为人谦和、善良、学养深厚。来门弟子们都说，先生之所以高寿并且八九十岁时仍笔耕不辍，写出那么多的史著、杂文、随笔等锦绣文章，与焦老师在生活上的悉心照料和学术上心领神会的默契帮助不无关系。

电话中，焦老师提及来先生逝世周年纪念文集，约我写一篇回忆来先生的短文。其实我早有此意。作为先生的入室弟子，先生辞世时我未及前往送别，遗憾不已，虽过后专程去家里的先生遗像前叩拜祭奠，仍难表无尽的哀思。作一篇追忆先生的文字，或是纪念先生的最适合的方式。

捋一捋思绪，不由得想起三十多年前的往事——1982 年春，我们 78 级中国史专业四十多名同学中，一多半报考了研究生。80 年代的大学生是国家稀缺的人力资源，各大机关、院校、企事业单位都争抢着要人，谁也不愁找工作的问题。然而，那是一个追求学问的年代，纯粹的、没有功利之心的书生意气的年代，许多同学还是选择了继续升学深造。考研结束后，我们都焦急地等待着考试成绩，不久，辅导员王连荣老师告诉我们几个成绩不错的同学说，她得到消息是全班就你们几个人每项成绩都在及格以上，肯定能录取了，其他同学都有一门或两门的成绩未达 60 分，还在等教育部的新规定才能决定能否录取，所以，你们几个就不用再考虑毕业分配问题了。王老师还特地告诉我，我报考的导师来新夏先生已经看过了我的本科毕业论文，认为功底不错、思路开阔、文笔挺好等等，意思是录取没有问题。其实，我本科期间因为心底里认为明代是中古时代汉族人的王朝，是本族的正统，所以主要选修的是明史类的课程。后来改为报考来先生指导的民国史方向的研究生，是在报名后才开始突击准备该方向专业史和专业基础史考试的。好在那时年轻、记忆力好，又善于钻书本、拉框架、捋思路，好像那时任何考试对我都不是太难的事。

说起与来先生的缘分，真是"源远流长"。我从先生生前赠我的《旅津八十年》一书中才知道，老人家少年读初中是在天津"究真中学"。这所19世纪末天津基督教公理会创办的学校，坐落于河北区昆纬路，它的历史比现著名的南开中学还早。新中国成立后，究真中学改名为天津市第三十中学，我的初中和高中也是在这所学校读的。其次，先生少年时曾家住河北区律纬路择仁里，二十多年前这里已拆建成一座居民大楼，仍叫择仁里，而我恰巧也在这座大楼里有套房子，我和先生先后在择仁里这块土地上生活过。其三，先生是南开那一辈学人中公认的"杂家"，而我虽称不上什么"家"，却也自幼喜阅杂书，上了大学乃至读硕士、博士，头脑里都没有什么"专业意识"；他是历史学出身，却又跨越了方志学、图书文献学诸学科，还编过剧本，不仅当教授，还做过图书馆馆长、出版社社长等多种行当；而我也是从事过诸多职业，教过书、也写过几本书，从军到老山前线参过战，还干过处长、出版社社长、副校长、副市长、督察专员等。任何经历虽都如过眼烟云，但每个人毕竟都是三十多年的在职工作年限，所以从这点来说，也算见识过形形色色。回顾人生，茫茫人海中，我与先生的缘分，所谓"不是一家人，难进一家门"，真是如此。

对来先生学识之渊博、口才与思维之敏捷，不用我等晚辈评价，我只讲一件事足见老人家的包容之心——

1985年初春，离82级硕士生应提交毕业论文的截止日期仅有两个多月了，而我的论文还没有动笔，甚至连写什么题目都没定。究其原因，还是因为看了不少杂书，没有把写毕业论文当成头等大事，有些像现在的小青年。但事到临头，内心也有点儿急啊！平时遇到着急事或想问题时，我喜欢一圈圈地绕着操场散步，那次连走了两天，忽然想到何不以给袁世凯"翻案"为题呢？当时想，首先，袁是"中华民国"正统的第一位正式大总统，写他符合民国史方向研究生的专业范畴；其次，无论国民党时期还是新中国成立后若干年，各方面史著、文章对他都是千篇一律地骂倒，而1985年正值改革开放初期，提倡"解放思想"给了研究者空间和余地，正可从新的视角做纠正文章。我内心想定后并没有马上跟先生说，因为毕竟"文革"刚过不久，很多人还心有余悸，而且学术界也时常小有风浪，所以有些担心能否得到先生的认可。如果被否掉再更换其他的题目，恐怕就来不及赶上答辩了。那时南开已越来越重用先生，筹建新系和各种兼职已经够他忙的了，我真希望他可能无暇顾及我要写的具体内容。有了成熟的构思，三万多字的论文很快就写出来了：材料没有新的，个别有的也是转引的二手资料；但思辨问题的方法和视角与以往论者全然不同，得出的诸方面结论当然也就不一样了。

　　现在看来，其实很简单，因为除了普通的刑事犯罪，对任何一位政治家所做的事情，甲认为对的，乙可能认为是错，反之也一样。况且古今中外的政治家们嘴上说的、纸上写的与心里想的，会是一致的吗？但那是 20 世纪 80 年代，人们还不敢或不完全会去思考诸如袁世凯、李鸿章甚至慈禧太后究竟做的哪些事情，对中国近代社会发展是起了正向作用的。直到 90 年代以后，学术界的评价才开始松动。先生作为学者，早在 50 年代就写过北洋军阀史专著，对袁的评价自然要符合当时社会的主流观点，我交上这篇几万字的《关于袁世凯集团若干问题的辨析》后，内心忐忑，生怕被否掉。然而，想不到的是先生在认真审阅了原稿以后仅批改了几十字，就同意我将论文送到校打印室打印装订（当时还是铅字打印），并以他在史学界的名望请来一流学者参加我的硕士论文答辩会。记得有两位还是专门从北京请来的，其中一位是李宗一先生。李先生曾写过颇有影响的《袁世凯》一书，当时还担任着中国社科院近代史所所长，是近代史学界大牌级人物，由他担任我这个硕士生的论文答辩会主席，这在今天也是不可想象的，包括后来我在中国人民大学博士毕业的论文答辩，也没有如此阵仗。

　　导师对学生的作用不在于具体教了什么、讲了什么，尤其是对我们那一代恢复高考后走进大学、自学自悟能力都比较强而又学文科的学生来说，对与己不同观点、想法的包容和鼓励，是比什么都重要的。先生的身教言教，我揣度这就是他所一贯主张的"和而不同"理念的体现吧。后来，正是在这篇论文的基础上，我又写了《袁世凯与清末民初的中国政治》一书。这本书，几年前被袁世凯的家乡河南省安阳市要了数十册，专门摆放在袁氏陵墓管理处展厅内的展柜里。该管理处的负责人对我说，自从中国结束帝制建立了共和制，袁世凯是经过国会全体议员选举程序的第一任正式大总统，中山先生或是临时的、或是后来在广州被部分南方议员推举就任的，法统上不如袁正宗。如果袁氏陵墓展厅内陈列的都是写着"窃国大盗""罪恶一生"之类观点的书，也是对他的不公、对共和体制下首任国家元首职位的不敬，你看世界上有哪个现代国家全盘否定自己的国家元首？他们就没有做过错事？好在有你这本书放在这里，总算是公允的。

　　来先生是学问广博的"杂家"，但更是研究和评说清末民初那段历史的专家。先生已于去年仙逝，在另一个世界里，以先生的好奇心必会去打探他所研究和评说过的那些历史人物，也会告诉袁大总统历史的评价会越来越究真求实、越来越公道公允的。

作者为中央党校巡视员。

本文原刊于《忆弢盦：来新夏先生纪念文集》，焦静宜编，天津古籍出版社
2015 年版。

来新夏先生的治学之道

徐建华

业师来新夏先生，幼年发蒙，得祖父来裕恂公耳提面命、悉心调教，为日后学术研究的成功培养了浓厚的兴趣、打下了坚实的小学基础。在负笈求学之路上，迭遇良师，广采众家之长，其中影响最大的大约是陈垣、余嘉锡、范文澜三位先生，他们的学识、风骨、眼界，成就了今天来先生的学术高度和境界。仔细考察一下，来先生的治学之道大致有如下特点：

第一，开创性。

纵观来新夏先生的学术经历，他的许多学术成果都具有开拓意义。除却论文不算，专著之中，成为本领域或建国后本学科第一部学术著作的大致有：1957年出版的《北洋军阀史略》，1981年出版的《古典目录学浅说》，1983年出版的《方志学概论》《近三百年人物年谱知见录》，1984年出版的《林则徐年谱》，1990年出版的《中国古代图书事业史》，2000年出版的《中国近代图书事业史》和1993年出版的《中日地方史志比较研究》，以及即将出版的《清经世文选编》等，无不为本领域的开拓或本学科的建设起到了奠基石的作用。

第二，连续性。

连续性大约是来先生学术之道中最具特色的。在学术研究中，资料的阅读、发现是渐进的，随着阅读量的扩大和新资料的出现，认识和观点发生变化是学术常态，这也就是时人"常悔少作"的由来。高明者当不断将自己的最新研究成果向读者提供，将著作修订出版，这不仅是对读者负责，更是对学者自身的学术生涯负责。读者从中不仅可以了解本领域的最新研究进展，同时还可了解到作者的学术进境和心路历程，为自己的读书治学之路，树立一个良好的榜样与示范。只有这样，方能真正做到"不悔少作"。当然，这是需要范文澜先生提倡的"板凳宁坐十年冷，文章不写半句空"精神的，来先生可以说是真正遵循师教做到了这一点的不多的学者之一。他的学术研究连续性贯穿于多个领域：

1957年出版了《北洋军阀史略》，1983年修订为《北洋军阀史稿》，2000年第三次修订成《北洋军阀史》，由十几万字增补到百万字。

1981年出版了《古典目录学浅说》，1991年增补为《古典目录学》。

1983 年出版了《方志学概论》，1995 年经修订成《中国地方志》，由台湾商务印书馆出版。

1983 年出版了《近三百年人物年谱知见录》，2011 年又由中华书局出版了增订本。

1985 年出版了《林则徐年谱》；1997 年，第四次修订成近 70 万字的皇皇巨帙《林则徐年谱新编》；2011 年 9 月，再一次增订成近 90 万字《林则徐年谱长编》。

1990 年出版了《中国古代图书事业史》，2000 年出版了《中国近代图书事业史》，2010 年汇补成《中国图书事业史》。

第三，周延性。

学术做到一定程度，就应该考虑如何在专业领域之内全覆盖的问题，以使自己的学术见解能够得到更为全面的传播，同时亦使不同类型的读者都能够各得其所，因此，在形成学术成果时就应考虑到多种表达形态，尽最大可能地做到学科内的全覆盖。来先生在诸多领域的学术研究就是这样做的：

在北洋军阀研究领域，来先生除了不断修订代表本领域最高学术成就的专著之外，还主持编辑了五巨册、三百余万字的大型资料汇编——《中国近代史资料丛刊》之一的《北洋军阀》，同时还出版了通俗著作《来新夏说北洋》。

在古典目录学领域，不仅有学术著作《古典目录学浅说》《古典目录学》，还有论文集《古典目录学研究》，工具书《书目答问汇补》《清代目录提要》《清人笔记随录》，以及即将出版的《古典目录学读本》。

在地方志领域，先是出版一般性教材《方志学概论》，继而修订成《中国地方志》，此外，还有研究文集《志域探步》《中日地方史志比较研究》，工具书《中国地方志综览》《河北地方志提要》，旧志整理的《天津通志·旧志点校卷》等。

在年谱领域，不仅创纪录地四次修订出版《林则徐年谱新编》之外，还编写了通俗性的著作《中国的年谱与家谱》和研究性工具书《近三百年人物年谱知见录》。

在中国图书事业史领域，先出古代的，再出近代的，最后汇总成整体的《中国图书事业史》，同时还有简本的《中国古代图书事业史概要》。

第四，利他性。

陈垣、余嘉锡先生均为史学大师、学术名家，都对目录学研究和工具书编制情有独钟。作为二位先生的高足，来先生自然是继承衣钵，身体力行，以为人作嫁、甘当人梯的精神，由目录学入手，编制了涉及多个学术领域的工具书和资料书，自利利他，嘉惠学林。如：《近三百年人物年谱知见录》《林则徐年谱》《书目答问汇补》《清代目录提要》《清人笔记随录》《中国地方志综览》《河北地方志提要》《清代科举人物家传资料汇编》与索引，《清经世文选编》《中国近代史资料丛刊·北洋军阀》《天津通志·旧志点校卷》《图书馆学情报学档案学简明辞典》等等。尤其是《书目答问汇补》，是来先生二十岁时发愿，八十九岁成书，几七十年，令人赞叹。

来先生的学术利他性还体现在他晚年的学术随笔上。离休之后的古稀之年，又以一种再次超越自我的过人气概，以其清新流畅、平实老到的文笔，深厚的文化学养和对现实与人生的把握，以及独到的文学感悟力，将历史与现实、学术与生活、人情与世态融为一体，娓娓道来，在学术界独树一帜，卓然成家。目前已出版《冷眼热心》《路与书》《依

1987年6月主持硕士研究生徐建华毕业论文答辩，答辩委员有天津社科院历史所研究员涂宗涛（左一）、北京大学图书馆学系教授朱天俊（左二）、武汉大学图书情报学院院长彭斐章。

然集》《枫林唱晚》《邃谷谈往》《来新夏书话》《一苇争流》《且去填词》《出枥集》《访景寻情》《交融集》《邃谷师友》《邃谷书缘》等近二十种，数百万字。这既是一个文化奇迹，同时也是来先生对于中国文化传承的历史担当。衰年变法，浑然天成。

作者为南开大学商学院信息资源管理系教授。

本文原刊于《友声集——来新夏教授九十初度暨从教65周年纪念集》，孙勤主编，中华书局2012年版。

我的导师来新夏先生

王红勇

　　二十九年前，年轻的我负笈北上，投到来新夏先生门下攻读北洋军阀史研究生。三年寒暑，得来先生耳提面命，多方关照，对于我的成长，助益良多。毕业后返乡从政，虽然离开了学术界，但对于来先生，依然景仰之心不减，以不同方式，常加问候。而来先生对于我，也还是关爱依旧，对我的个人发展、职业生涯、待人处事、婚姻家庭、小孩教育等各个方面，以他几十年丰富而睿智的人生经验，时有点拨。比如我工作之初，在山东省委宣传部编辑刊物，缺乏经验，来先生不仅在办刊原则、编辑方针、栏目设计、审稿要点等给予具体而细致的指导，同时还不时纡尊赐稿，使得这个刊物在国内同类型刊物中，特色明显，得到了各方的一致好评。今年是来先生的鲐背之年，作为先生的早年弟子，自然不能置身事外，谨以此文，为先生寿。

　　来先生一生著述宏富、著作等身、学贯古今、卓然成家，成就涉及诸多文史领域，大致有：历史学、文献学、目录学、方志学、图书馆学、鸦片战争史、北洋军阀史、图书事业史以及清人笔记研究等等。离休之后，依然笔耕不辍，在继续从事学术活动、完成预定研究课题的同时，又于古稀之年，以一种再次超越自我的过人气概和对社会、对历史的责任与担当，迈入了学术普及领域，以其流畅、平实的文笔，深厚的文化学养和对现实与人生的感悟，使其学者随笔独树一帜，成为当代随笔名家之一。目前已出版《冷眼热心》《路与书》《依然集》《枫林唱晚》《邃谷谈往》《来新夏书话》《一苇争流》《且去填词》《出枥集》《访景寻情》《交融集》《邃谷师友》《邃谷书缘》等近二十种，令人敬佩。

　　来先生的许多学术成果在学术界都具有开拓意义，影响深远。除却论文，其若干专著成为本领域或建国后本学科第一部学术著作，如《北洋军阀史略》《古典目录学浅说》《方志学概论》《林则徐年谱》《中国古代图书事业史》等，无不为本领域的开拓或本学科的建设起到了奠基石的作用。其中许多学术成果，经多次修订，日臻完善，并且，为了适应不同读者的不同需求，还有针对性地写作与出版了不同层次的著作，有目的地普及和扩大了学术的影响面。如《北洋军阀史》，经1957年、1983年、2000年三次修订出版；除此之外，为便于北洋军阀史研究和节省其他研究者的翻检之劳，来先生又主持编辑了五巨册三百余万字的大型资料汇编——《中国近代史料丛刊》之一的《北洋军阀》，80年代中期，我正在先生门下读研，有幸参加了其中的资料整理工作，得到了扎实的治学基本功训练。

来先生的人生境界可谓是高山景行，其养成除了自身修养之外，家学、师承之功，不可没也。

1986 年夏与北洋军阀史、古典目录学两个专业方向的在读研究生合影（左起：林文军、徐建华、来新夏、国庆、王红勇）。

来先生出生于浙江杭州一个诗礼传家的书香门第，自幼随其祖父来裕恂老先生开蒙读书。来裕恂老先生是一位曾有秀才功名、兼具维新救国思想的饱学之士，为晚清经学大师俞樾高足，有着深厚的国学根底。他曾于清光绪年间远赴日本寻求救国之道，回国后，不满清廷腐败，激于爱国义愤，摒绝外务，潜心著述，历时四年，终于完成《汉文典》四卷。辛亥革命后，敝屣荣华，只在教育部门和学校任职，并参加地方志的编纂。公余和赋闲时，笔耕不辍，除《汉文典》外，还有《萧山县志稿》、《匏园诗集》正续篇、《玉皇山志》、《中国文学史》和《易学通论》等多种著述。作为长孙，在祖父的严格督导与教诲下，来新夏先生受到了比较严格、良好的启蒙教育与训练，为一生的学术成就打下了坚实的基础。

来新夏先生的就学经历迭遇良师，这是一般人所难能企及的，其中影响最大的当属陈垣和范文澜两位先生。陈垣先生的影响至少在三个方面贯穿于来先生的一生。一是学术风骨：抗日战争时期，陈垣先生由于各种原因，未能去大后方而留在了沦陷的北平，学者的风骨使他决不与日伪合作，即使在最困难时期仍表现出对民族前途充满希望，治学不辍，写下了著名的《滇黔佛教考》《通鉴胡注表微》等充满民族气节的著作流传于后世。来先生在"文化大革命"前与"文化大革命"中遭受不公平待遇和迫害期间，决然不放弃学术研究，与陈垣先生的身教不无关系。二是陈垣先生作为学者肯于为人作嫁，编制工具书的思想与做法，也使来先生一生提倡"为人"之学，并身体力行。即使在"文化大革命"的特殊年代，屡遭摧残，仍痴心不改，历经二十多年，撰成《近三百年人物年谱知见录》以及后来撰写和主编的《清代目录提要》《清人笔记随录》《河北地方志提要》《中国地方志综览》《图书馆学情报学档案学简明辞典》《书目答问汇补》《清代科举人物家传资料汇编》等工具书，嘉惠学林。三是陈垣先生将做人与做学问结合起来，一生注意仪容，书写端正。来先生也是如此，待人接物注重仪容礼貌，从不以不修边幅自诩，尤其面对学生时，更是一丝不苟。

范文澜先生"板凳宁坐十年冷，文章不写半句空"的治学精神，也给了来新夏先生以深刻的影响，使他终生以求实、求真和严谨的精神贯穿于整个学术生涯中，并经常以此警醒和教育我们，传之后辈。

"老骥伏枥，志在千里；烈士暮年，壮心不已"，来先生虽已年届九旬，仍不自以为老，努力不已。在学术方面，还将给我们奉献出《古典目录学读本》《来新夏文集》和鸿篇巨制的《清经世文选编》以及多部学术随笔，实在是令人感佩和景仰。作为学生，在汗颜之余，谨以最崇敬的心情，恭祝来先生寿比南山，学术之树常青！

作者为中共山东省委宣传部常务副部长。

本文原刊于《友声集——来新夏教授九十初度暨从教 65 周年纪念集》，孙勤主编，中华书局 2012 年版，有删节。

来新夏师与北洋军阀史研究

莫建来

一

　　二十五年前的 1986 年，我从浙江师范大学历史系考入南开大学历史系，师从来新夏先生攻读中国近代史专业的硕士研究生。来师是北洋军阀史研究名家，当时他正应上海人民出版社之约，主持编纂《中国近代史资料丛刊》的最后一种专题资料——《北洋军阀》。为使我们几位新入门的弟子在资料搜集与整理这一史学研究的基本功方面得到一些实际的训练，来师安排我们在《北洋军阀》专题资料的编纂中做一些辅助性工作。我们先遵师嘱，认真学习了他主编的《北洋军阀史稿》一书及其他有关专著，同时又把新中国成立以来有关北洋军阀研究的论文基本上通览了一遍。在对北洋军阀史的基本史实和学术研究动态有了大致了解后，我们开始接触具体的资料，实际参与到《北洋军阀》专题资料的搜集与整理工作之中。在此过程中，我们很自然地确定了把北洋军阀史作为自己在硕士研究生阶段的研习方向。

　　研究生毕业后，我因留校奉职的关系，较之其他师兄弟有了更多聆听来师教诲的机会。特别是后来来师着手撰著《北洋军阀史》这一通史性学术专著时，可能觉得我在该领域已有一些研究功底和成果积累，邀约我加入了该书的作者队伍，承担其中一些章节的编写。在将近十年编写、磨砺该书的过程中，我与来师接触更多了，我们围绕北洋军阀史研究和《北洋军阀史》编写诸多具体问题而反反复复进行商讨与沟通的情景，至今历历在目。在来师的耳提面命和要求点拨下，我终于比较顺利地完成了书稿的撰写，同时经此历练，也多少领悟到了一些治学的方法和窍门。惟因自己智质樗栎，未能尽得来师真传而光大北洋军阀史的研究。记得来师在给我撰写的《皖系军阀统治史稿》一书所作的序言中勉励我道："我甚望建来锲而不舍，更加广搜博采，精雕细刻，再尽十年潜研之功，由三十余万字之《皖系军阀统治史稿》走向五十余万字之《皖系军阀统治史》，俾我以逾九之年，获见桃李之盛开，又何其乐也！建来其勉旃！"时光飞逝，来师的九十大寿已经临近，而我并没能奉上他所希望获见的《皖系军阀统治史》为之寿，这是我颇感愧疚的地方。但我想，对于前辈的学术薪火，传承与光大固然重要，而梳理与总结也是不容或缺。梳理与总结不单是为了表达一份纪念，也是为了更好地传承与光大。从这个意义上说，在来师九十大寿即将来临之际，对他所涉及的一些主要学术研究领域，包括北洋军阀史领域的研究历程及成果进行梳理，并作出客观评价，还是很有必要的。因为，这毕竟是来师孜孜矻矻穷六十年之功潜心耕作的一块学术园地，也是他确立在学界崇高地位与影响的一个重要研究领域。当然，对来师在北洋军阀研究领域的学术经历与建树进行梳理与总结，责无旁贷该由我这位北洋史专业方向的弟子来做。

二

北洋军阀是中国近现代史上一个恶名昭彰而又有着重要地位的政治军事集团。这一集团肇兴并活跃于辛亥革命前后中国社会经历重大震荡与变革的特殊历史时期，又曾在一定时期内把持了对全国的统治权（即使不够完整和有力）而叱咤风云、拨弄历史，它的兴衰起落及其制造的政争、割据、混战种种历史的客观现象，给人们留下了诸多需加认真研究与论定的重要课题。因此，北洋军阀史的研究无疑地应是中国近现代史研究中的重要领域之一。但在过去较长一段时间里，由于种种原因，这一研究领域却备受漠视与冷遇，没能像近现代史研究中的其他领域如太平天国、戊戌变法、辛亥革命、五四运动等那样掀起过热潮，受到更多人的青睐。业师来新夏先生独具卓识，早在建国初期即开始涉足这块多数人不屑一顾或不愿多顾的荒凉园地。六十多年来，虽然物换星移，人事变幻，但来师对北洋军阀史却是痴情不改，一直无怨无悔地在这块园地里耕耘着，可谓毕生寝馈于此。他先后向学术界奉献了一系列令人称羡的重要成果，包括被称为北洋军阀史研究"三部曲"的《北洋军阀史略》《北洋军阀史稿》《北洋军阀史》三部学术专著和 5 卷 300 余万字的大型专题资料《中国近代史资料丛刊·北洋军阀》等。这些佳构巨制的接踵面世，使北洋军阀史研究无疑地成为来师博涉多通的学术研究中最令人瞩目的一个领域，也成为近现代史研究中熠熠生辉的一个亮点。

来师涉足北洋军阀史领域，最早是从整理有关北洋军阀的档案开始的。1949 年 9 月，来师结束了在华北大学的政治学习，被分配到由该校副校长范文澜教授主持的历史研究室工作。当时，历史研究室的主要任务，是对入城后从北洋军阀人物家中和某些单位收缴移送来的百余麻袋藏档进行整理。在历时半年多的整理这批藏档的过程中，来师对北洋军阀从兴起以至覆灭的历史过程及其内部错综复杂的派系关系等有了较为清晰的认识，并很快对这一全新的学术领域产生了浓厚兴趣。从此，他便与北洋军阀史结下了不解之缘，成为这块学术园地里最执著的耕耘者。

1951 年春，来师奉调到南开大学工作。在教学之余，他开始利用以前在整理档案时所积累的一些资料，对北洋军阀史正式进行专门性的研究，并于翌年在《历史教学》上连续发表了题为《北洋军阀统治时期》的讲稿，引起了学术界同仁的关注。不久，在范文澜、翦伯赞等史学界前辈的倡导与主持下，中国史学会开始启动《中国近代史资料丛刊》这一大型资料丛书的编辑整理工程。来师当时虽尚不及而立之年，但由于已在北洋军阀史研究领域崭露头角，因而也获邀参与了北洋军阀专题的资料搜集及整理工作。这一专题后来虽然因故中辍，没能像其他十余种专题那样结出硕果，但来师却意外地接触了不少有关资料，这为他后来继续从事这方面的研究打下了良好的基础。

1956 年，来师应湖北人民出版社的邀约，开始着手撰写北洋军阀方面的专著。他在《北洋军阀统治时期》一文的基础上加以扩充和改订，经过一年多时间的潜心撰写，终于在 1957 年完成了《北洋军阀史略》一书。这是来师的第一部学术专著，也是新中国第一部系统论述北洋军阀兴亡历史的专著。来师在撰写此书的过程中，力求以历史唯物主义的观点和方法，将北洋军阀集团的兴衰变化作为一个历史整体进行考察，探求其成败兴亡的历史根源与内在联系。因此，这部书虽然篇幅不大，才十几万字，但却是一气呵成，具有结构严谨，条理清晰，内容明畅的特点。这部书出版后，在学术界产生了较大影响，成为当时治近现代史者案头必备的参考书；而且被日本学者译成日文，先后由桃源社和风光社两家出版社出版，在日本学术界风行一时。

《北洋军阀史略》出版后不久，来师即遭致投闲置散的命运，被迫中断北洋军阀史的研究工作。直至 70 年代末，随着政治气氛的日渐宽松以及民国史研究的悄然兴起，他才又重理旧业，对北洋军阀史这块荒芜园地进行新一轮的耕耘。当时，学术界非常关心来师所从事的北洋军阀史研究，不少新知旧雨纷纷敦促他对其二十年前的处女作《北洋军阀史略》进行修订再版，以应社会之需。来师受此鼓舞，立即投入了修订前作的紧张工作之中。他翻检查阅了大量的文献资料，并对北洋军阀史的研究对象、分期问题以及北洋军阀的特点、地位、影响等重大问题重新进行了审视和研究，并发表了专题成果。在此基础上，他拟定了具体的修订方案，并邀约合作者，开始对《北洋军阀史略》一书进行全方位的修订。1983 年，修订工作完成。来师将修订稿易名为《北洋军阀史稿》，仍交由湖北人民出版社出版。《北洋军阀史稿》虽然脱胎于《北洋军阀史略》，是在《史略》的基础上修订而成的，但它并非一般意义上的修订之作，而是在量（篇幅）和质（内容）上都有较大的改观。民国史专家孙思白教授曾对《史稿》与《史略》的不同作了如下四方面的概括：（1）它在好些地方补充运用了已刊的档案、未刊的资料和译稿；（2）它吸取了回忆性文章和近年来的研究成果；（3）它对若干问题作了新的分析和论断；（4）它丰富了若干具体情节内容。并由此得出结论：《史稿》与《史略》看似有递嬗的联系，但实际上它应说是一部新著了。将《史稿》定性为新著，无疑是贴切的。它表明来师在北洋军阀史研究方面已经超越过去，上了一个新的台阶。

《北洋军阀史稿》面世后，来师开始把研究工作的重心转到北洋军阀文献资料的整理这一北洋军阀史研究的基础性工作之上。他把目光再次投向了三十年前曾参与编纂但却中途夭折的《中国近代史资料丛刊·北洋军阀》这一项目，并与亟谋完成丛刊补缺任务的上海人民出版社达成了合作意向。由于北洋军阀的资料涉及范围较广，有许多资料尚未经时间筛选和学术考辨；有的又往往由于当时不同派系的政治需要而真伪参半；有些不仅已有较多的印本，还有近期的重印本，因此，资料搜求与整理工作的难度之大是可想而知的。但来师知难而进，只用了三四年时间，即主持完成了这套大型专题资料的编辑整理工作。1993 年春，这套资料全部面世（第一册于 1988 年先期出版）。全书共三百余万字，分为五册。前四册系按北洋军阀兴亡历程中所呈现的阶段性，并围绕各阶段的几个重要问题选编而成，其中北洋军阀建军（1895—1912 年）为第一册，袁世凯的统治与洪宪帝制（1912—1916 年）为第二册，皖系军阀与直皖战争（1916—1920 年）为第三册，两次直奉战争与直奉军阀（1920—1928 年）为第四册，而第五册为参考检索工具书。就资料选编整理而言，这套书有以下几方面特点：（1）资料收录紧紧围绕北洋军阀兴亡这一主线。（2）资料的选录范围相当广泛，涉及档案、传记、专集、杂著、报刊和资料汇编等方面。（3）选录的资料均经严格筛选与考辨，可供研究者直接利用。这套大型专题资料的出版，弥补了《中国近代史资料丛刊》因最后一种专题长期阙如而迟迟未能配套的缺憾，使之终成完璧，也使来师了却一桩牵挂了三十年的学术心愿；更为重要的，它为中国近现代史有关领域教学与研究的深入，包括来师自己在北洋军阀史研究领域百尺竿头，更进一步，提供了丰富的史料，打下了坚实的基础。

在编辑整理北洋军阀专题资料的过程中，来师接触了大量的文献资料，对北洋军阀史实的把握更加丰富，对诸多问题的认识也更为深入，因而益感《北洋军阀史稿》之不足而思重新编撰一部真正意义上的北洋军阀通史性著述。1993 年《中国近代史资料丛刊·北洋军阀》出版后，已年届古稀的来师没顾得上稍事休息，又立即邀约合作者，紧张地投入了撰著北洋军阀通史的工作之中。经过近十个寒暑，数易其稿，一部洋洋洒洒一百余万言，完整、系统、详尽、客观地论述北洋军阀兴起、发展、纷争、衰落直到覆灭全过程的北洋军阀通史性专著——《北洋军阀史》，终于在 2000 年底由南开大学出版社出版面世。

　　《北洋军阀史》是一部专门研究和完整论述北洋军阀集团兴起、发展、纷争、衰落以至覆灭全过程的通史性著述，上起 1895 年袁世凯小站练兵，下迄 1928 年张学良"东北易帜"。这部著作凝结了来师毕生研究北洋军阀史的心血覃思，堪称他在该领域内的集大成之作；同时，这部尽显学术功力，饱含学术精髓，填补了北洋军阀通史性著述空白的著作，无疑也是代表了现阶段该领域总体研究水平的标志性成果。作者在撰著本书过程中，对该领域内一些关乎全局而又颇有疑义的问题进行了深入研究，对建国后五十年来北洋军阀史研究的基本情况进行了系统梳理，加上资料积累极其充分，又能坚持以马克思主义唯物史观为指导的著书原则，因此，这部书在章节架构、史实厘定、内容编排、观点论列、史料征引等方面，均有独到之处。为此，这部书出版后，立即赢得了学术界的肯定与好评。著名史学家戴逸教授评价该书是一部"功力深厚的佳作"，认为它有三个明显的优点：一是内容充实，史事详明，条理清晰；二是史料丰富，辩证考信，根据充分，堪称信史；三是观点鲜明，颇多新意，自成一家之说。著名党史专家张注洪教授认为该书有三大特点：（1）选用资料原始翔实，力求反映历史真实；（2）论述观点正确得当，具有深刻的理论内涵；（3）整体结构严谨合理，形式内容堪称统一。并称誉它是："史学界同类书中少有的范体"，"为北洋军阀史的总体研究的深入发展及其研究体系的形成奠定了良好的基础"。只要细心研读一下《北洋军阀史》这部书，就不难发现，这些分析与评价是客观中肯的，没有虚美的成分。2003 年，《北洋军阀史》荣获教育部第三届人文社会科学优秀学术成果历史类二等奖。2011 年 5 月，中国出版集团东方出版中心鉴于《北洋军阀史》的传世价值，重新印行了本书，收录入由中国出版集团发起并实施的"中国文库"之中。

　　除上述这些代表性成果外，来师在北洋军阀史研究方面还发表有许多闪现着学术思想灵光与火花的论文，在学术界也颇有影响。如在北洋军阀史研究中，首先碰到的一个问题就是如何给"军阀"下定义、立界说。由于"军阀"这一称谓从其产生和使用情况看，只是用作贬义的政治性通俗名称，而非严格意义上的政治概念，因此，要对它作出科学的界定，殊属不易。但这一问题又不容含混其词、模糊处理，因为它直接关系到人们对军阀本质的认识，更关系到对诸多历史人物功过是非的评价。来师为此撰写了《论近代军阀的定义》一文，专门对这一问题进行探讨。他论列了中外学者关于"军阀"定义的各种观点，并对这些定义多集中于从私兵、地盘和武治（直接的军事统治）三方面来立论提出了异议。他认为私兵、地盘和武治只是作为军阀应具备的基本条件，而不是决定本质的东西；拿这三项和军阀特别是北洋军阀的现实情况相比量，往往有不相符合者；给军阀下定义固然应包含条件，但最终须取决于本质，而最体现本质的是在一定思想指导下的行为，或说行动准则。基于这样的认识，他给军阀下了如下定义："以北洋军阀为代表的近代军阀是以一定军事力量为支柱，以一定地域为依托，在'中体西用'思想指导下，以封建关系为纽带，以帝国主义为奥援，参与各项政治、军事及社会活动，罔顾公义，而以只图私利为行使权力之目的之个人和集团。"显然，这一定义较之其他关于"军阀"的种种定义，立论更全面深刻、更缜密到位，也更有说服力。又如关于北洋军阀集团形成的原因问题，长期以来都认为它是近代中国半封建半殖民地社会的产物。民国史专家李新、彭明等均持此说。这一观点实际上是受到毛泽东在《中国的红色政权为什么能够存在》一文中论述军阀时所持观点的影响。从宏观上看这一观点无疑是可以被接受的，但缺乏深入具体的分析与说明。因为，中国自1840年第一次鸦片战争后就逐步沦为半封建半殖民地社会，为什么直到19世纪末才孕育北洋军阀这一怪胎呢？可见，仅仅从近代中国半封建半殖民社会性质的角度去揭示北洋军阀产生的原因，既显得笼统，也有些苍白。来师识见及此，又专门撰文对这一问题作进一步的论述，提出了更为接近历史的客观实际的观点。他认为，北洋军阀集团的成因，首先是由于鸦片战争后清朝的衰朽和旧军的腐败，迫使统治者为维持其政权的存在与延续而需要建立一支新式军队；其次是当时的社会思潮和资本主义的发展，为建设一支新式军队提供了思想和物质基础；再次是列强侵华策略改为通过支持代理人而物色了袁世凯这类人物；而袁世凯在掌握一定权势后，又善于运用权术，抓住时机，使这支武装力量日益发展壮大，终于形成了一个政治军事集团。由于北洋军阀史是新开辟的研究领域，因此，争议问题甚多，疑义迭出。来师对一些有较多争议又较为重要的理论问题，如北洋军阀的社会基础和阶级属性、北洋军阀的特点与历史作用，以及北洋军阀史的划阶段问题等，几乎都有专文论述。这些文章或力排众议，提出自己的独到见解；或折中诸说，断以己见，形成新的观点，论据充分，论述缜密，具有较强的说服力，每每有一锤定音之效。

来师对北洋军阀史的研究，经历了六十余年的漫长路途。他的这一学术历程，既充满了普通人难以想象的坎坷艰难，也取得了一般人难以企及的学术成就。值此来师九十华诞之际，我谨行文对来师在北洋军阀史研究方面的大致情况作一梳理与介绍，以表达对先生的钦仰之情与纪念之意。我们衷心地祝愿来师身体健康，生命之树常青，学术之花常开！

作者为南开大学出版社编审、社长助理。

本文原刊于《友声集——来新夏教授九十初度暨从教 65 周年纪念集》，孙勤主编，中华书局 2012 年版。

2002 年 6 月 8 日在"来新夏教授学术研讨会"上与早期弟子合影（左起：莫建来、焦静宜、来新夏、刘小军、徐建华）。

羡鱼莫如结网

——记恩师来新夏先生对我的关怀与教诲

刘小军

每年的教师节我都要回到南开大学北村教师公寓看望恩师来新夏先生。今年我特意带上了我的研究生大斌。大斌不是我的第一个研究生，但是他今年考上了南开大学的经济学博士。大斌木讷寡言，秉性与我很接近，对于先生甚为仰慕。见到鹤发童颜的先生，尽管先生一如往常见到晚辈那样和蔼可亲，大斌依然十分拘谨，手足无措间深深地向先生鞠上一躬。看着多少有些羞涩的大斌，感动着他对先生的敬意，而此时的情景把我的思绪带回到了二十多年前……

二十多年前，经历了高考失败的我心中充满着迷茫。高考失误让我与心仪已久的武汉大学失之交臂，进入了自己不是很情愿的湘潭大学图书情报专业学习。羞愧、悔恨和彷徨交织，心里感觉空落落的，顿时觉得人生失去了目标。一个来自湘南小县城的十八岁青年，孤独无助，当时心中多么渴望能够有人给自己指明方向。但内心好强的我依然不肯放弃，一头扎进了图书馆。"我为什么会失败？别人为什么能成功？上大学为了什么？人活着是为了什么？它的意义何在？人世间为什么充满了那么多的不平等和痛苦？善有善报吗？……"带着满腹的疑问，我毫无头绪地游历于经史子集间，期待从古今中外大师的著述中找到答案。结果自然可想而知。一个原本学识有限，刚刚进入大学的学生，自然没有披沙沥金的能力。面对先贤们的字字玑珠，自己还是满头雾水。除了迷失于知识的大海，徒添了颓废。日子在浑浑噩噩中度过，内心忍受的其实是更大的煎熬。

机缘巧合，大学三年级的时候，系里请来了刚刚从美国访问归来的南开大学来新夏教授进行学术讲座。来先生在当时的图书馆学界已经是如雷贯耳，而我们学校因为地处偏僻难得有机会能亲眼一睹大学者的风采。我和大家一样心中充满期待，当然，还有不同的一点：希望将心中的疑惑当面向先生请教。终于见到先生了：风度翩翩，睿智。而演讲更精彩——时而慷慨激昂，时而娓娓而谈，先生抑扬顿挫间，将如何看待自己的专业，如何厘定知识体系和结构，如何做学问，如何处理博学和专精的关系，如何做人，如何看待人生，如何看待理想和现实，如何面对失败和成功等等问题一一解答。自始至终我全神贯注，仿佛有久旱逢甘霖之感，如醍醐灌顶，心胸倍感开阔。当雷鸣般的掌声响起时，我才如同受佛家之开悟般的喜悦中回过神来。演讲结束了，我却一直没有机会向先生提问，可我心中的疑惑消融大半，同时也暗下决心，一定要投入先生门下，耳提面命，时刻得先生之教诲。

自此，我如浪子回头，学习勤奋用功。毕业前夕，毫不犹豫地报考了南开大学的研究生。功夫不负有心人，最终我幸运地进入先生门下，成为先生的入室弟子。

第一次去先生家中求教，让我有诸多意外。没想到先生家中如此简朴，与我想象中的大教授家有天壤之别。没想到先生家如此多的书，以至于家中多少有些凌乱，但有序。没想到先生全然没有威严，只是和我拉家常，不经意间就提出了要求。先要我多读书，多用功，要上对得起国家和父母，下对得

1992 年 7 月邃谷弟子们聚集南开园贺七十寿，并修改《中国近代图书事业史》稿（左起：陈红艳、刘小军、徐健、来新夏、余文波、黄颖、常军、王立清）。

起自己，不要虚度光阴；治学先要做人，做人才是根本，做人就是做好身边的小事。没想到师母是那样慈祥，嘘寒问暖，让我有回家的感觉。

研究生的生活其实平淡无奇。上课、念书、查资料，进入南开学府，投入名师门下的激动心情过去后，心里对自己毫无进步感觉有些焦虑和不安。跃跃欲试中，写了一篇小文期待先生的首肯。那时候没有电脑，都是手写。抄好后，带着几分沾沾自喜，兴冲冲去了先生家中。先生仔细阅读我的文章，一改往昔的平易近人，满脸的严肃让我惴惴不安。终于，先生开口说话了。先生先是一丝不苟地指出了我文章的错别字以及语句表达上的明显错误，然后就立论行文之规矩给了我一番教导，最后语重心长地告诫说，做学问和做人一样，要踏踏

实实，不要图虚名，名利那是身外之物，做学问要坐得冷板凳。纵然才高八斗，若不脚踏实地，那也是缺乏根基。学富五车，是点点积累得来的。要练好基本功，不要急功近利。先生的教诲让我无地自容，我也明白了自己在读书明理和做人之间还需要好好修为。

羞愧间，我抬头看到先生书房中悬挂的一匾额，上书由启功先生书写的"邃谷"二字，当时不明此中之意。回去后翻阅资料才明白取意出自《汉书·董仲舒传》的"临渊羡鱼，不如退而结网"，意为做学问应该低调，读书做学问要求"邃密"和"虚怀若谷"，来不得半点虚假，原来先生之"邃谷"也有如此深意。先生家学渊源，早年求学时期又得陈垣等大师指点，加之天赋极高，在古典目录学、地方志、北洋军阀史和图书馆学等诸多研究领域成绩斐然，颇负盛名。先生治学严谨，成名之后，每日依然坚持早起读书并笔耕不辍。反观自身，心浮气躁，实乃读书人之大忌。"结网"还是"羡鱼"，当下有了感悟，而如何"退而结网"还得向先生学习，也许是一辈子的事情。

先生虽然读书做人上对我和其他弟子要求十分严格，但生活上却对我们无微不至地关心。尤其是我家境贫寒，尤得先生偏爱。逢年过节，先生必定叫上我们去家中小聚，一来解我们思念亲人之苦，二来也为我们改善伙食。有一次家中因为盖房需要借钱却四处告贷无门，父母成天愁眉苦脸，我也因此无心学习。万般无奈之际，先生得知了此事，马上自掏腰包把钱借给了我，并嘱咐我不要为这种小事担忧。在感激中，心里更添了对先生的敬重。毕业前夕，我工作没有着落，先生亲自帮我联系工作单位，并推荐我到天津商学院图书馆工作。在我眼里，先生与我已经情同父子。毕业后，我工作和生活上遇到困难，还经常向先生求助。先生搬家，我也不惜力气为先生藏书打捆，时值盛夏，汗流浃背也乐此不疲。

让我铭记终生的是先生参加了我的婚礼。工作之初，收入低，家底薄，根本不可能举办像样的婚礼。单位领导和同事对我十分关照，帮我在学校工会的活动室举办了简单的结婚典礼。由于父母远在湖南老家，家里也难以支付来回路费和其他费用，所以父母不能来天津。可是再简单的婚礼也得有长辈参加才好。先生和师母知情后，当即提出要以我父母身份参加我的婚礼，令我潸然泪下。心中常反问自己何德何能独得先生如此厚爱。婚礼那天，先生和师母带给了我新婚的礼物，还代表我父母发表了热情洋溢的讲话，使我倍感温暖。滴水之恩，亦当以涌泉相报。先生与师母如此大恩大德，此生难报，唯有谨遵师训，做好事，做好人。

大学图书馆工作，在大多数人眼里其实是没有多少创意，更谈不上有学问，像天津商学院这种普通大学的图书馆的工作，他们更认为不值得一提了，根本就用不着研究生。更何况我头顶还有名师弟子的光环，在众人眼里，我一定会孤傲不驯。但我心里清楚，自己并没有多少学问，更清楚自己应该按照先生的要求多"结网"，少"羡鱼"。每天打开水，我抢着帮岁数大的同事捎上，时时还伴着微笑。分配我看阅览室，整理书架、擦书桌、扫地，这些别人觉得是卫生工作的繁琐小事，我做得认认真真，心平气和。排目录卡片是一件枯燥之极的事情，我也能从中自得其乐。我和同事成了朋友，和学生成了朋友，在平静中"结"好了"网"。

　　一次偶尔的机会，学校事业发展需要选拔一批有硕士学位的年轻教师攻读博士学位，因人数不够选择面扩大到非教学部门，我再次幸运地被列入候选名单，但前提是必须转行学习经济学。我此前从没有学习过经济学，时间短，要考取博士研究生几乎没有可能。在我困惑之时，先生一方面鼓励我坦然面对困难，指出不同专业虽千差万别，但读书做人的道理还是一样。另一方面为我介绍南开大学国际经济研究所博士生导师蒋哲时先生对我进行指导和点拨。经过简单的思想斗争，我全身心投入了考试准备，并最终再次误打误撞捕得了又一条"鱼"——获得重回南开攻读博士研究生的学习机会。

　　转到一个截然不同的专业，没少经甜酸苦辣，个中滋味心知肚明。但先生之教诲，让自己在历练中趋淡然。或偶有挫折而不气馁，或小有成绩而不自负。后来能执三尺教鞭，心里也时刻警示自己以先生教诲严于律己以免误人子弟。多年来先生的言传身教，也使自己养成了勤奋念书的习惯，并时常结合身边之事反思，每有所悟，不忘告知学生共同分享。

　　回顾自己走过的人生道路，自见先生之日起，就离不开先生的印记。工作、生活和学习中有了成绩也不忘向先生汇报。由于才疏学浅，天赋不够，无法得先生学术之万一，实在是此生之憾事。然先生"邃谷"之精神，自以为能得一味，勤"结网"，少"羡鱼"，亦不负先生之期望。若假以时日能只"结网"，不"羡鱼"，并由大斌他们传承之，岂不快哉！

　　作者为天津商业大学教授、经济学院院长。
　　本文原刊于《友声集——来新夏教授九十初度暨从教 65 周年纪念集》，孙勤主编，中华书局 2012 年版。

一生事业的依傍

王立清

1988 年 9 月，我考取了南开大学图书馆学情报学系的硕士研究生，成为来新夏先生的入门弟子。这一机遇，不仅使我有幸亲聆先生的教诲，而且切身体会了先生的学术风范和严谨的治学方法，以致受益终身。此前，我本科生期间也曾聆听过来先生的目录学讲座和中国古代图书事业史的课程，深深地被先生渊博的学识和极好的口才所感染和吸引，但那仅仅似对星空的仰望，除了敬仰还有距离。

两年半的研究生学习生活使我有机会更为深入地接触和了解自己的导师来先生。"立足于勤，持之以韧"是先生一生精神的写照，当时，来先生除了教学科研，还身兼图书馆馆长、图书馆学情报学系主任、南开大学出版社社长等数个行政职务，事务繁忙，但他对于学生的培养和教育不仅没有一点懈怠，反而倾注了更多的心血。多年之后，我有了自己的研究生，愈加佩服和领会先生指导学生的独到之处和良苦用心。

来先生极为注重培养研究生的科研能力，体现在教学实践中就是紧密结合培养方向，尽早明确研究选题，把关课程选择。我研究生入学之时，恰逢先生带着历史学的丰硕成果转攻"中国图书事业史"方向，鉴于这方面国内研究的空白，先生规划着中国图书事业史的研究蓝图，并把我们带入了一个全新的学术领域。先生治学严谨，布局确当，他首先在宏观上把中国图书事业史划分为古代和近代两个阶段，然后组织精干的专业队伍分别进行研究、著述。当时先生主持的《中国古代图书事业史》基本完稿，已着手中国图书事业史近代部分的编写工作，他的构想是：把中国近代图书事业分成若干专题，作为学位论文题目由研究生们任选，先撰成资料较充实、论述亦较完整的论文，再经统一编纂而成为浑然一体的学术专著。先生认为，这是"对中国近代图书事业作一次总括性论述的试探"。做这件事，先生坚持了十年，先后有八位研究生加入其中，我是较早进入这一研究领域的成员之一。

记得刚一入学，先生就给我提出了明确的研究方向，即中国近代图书事业史。同时也给予了我充分的选题自由，允许我在这个大的研究范围内选择自己

感兴趣的主题作为硕士生阶段的研究题目。围绕此目标，来先生指导我完成了
硕士阶段的课程选择，并开列了一系列的阅读书目，同时还让我到南京、上海
等地搜集查阅相关资料。于是，我携带先生的介绍信，遍访有关名师，查阅图
书文献，寻求研究视角。在华东师大，我见到了著名的洋务运动史专家夏东元
教授，就洋务运动时期的西书流入和翻译情况进行了讨教，从而触发了写作思
路。这样，在先生的指导下，我熟悉了各种研究方法，又有了文献调研、实地
走访的基础，在硕二开始时就确定了硕士毕业论文的研究题目——"中国近代
译书之宏观研究"，准备对中国近代的译书进行梳理和研究。在硕士论文的写作
过程中，我得到先生的悉心指导，大到研究方法的应用、研究内容的论述，小
至文献资料的引用、复核，我更进一步地领略了先生历史学、目录学和方志学
的深厚功力以及严谨的治学态度。按照来先生的初期设想和规划，随着师兄和
历年师妹、师弟们一篇篇硕士论文的完成，逐渐积累了中国近代图书事业史的
专题研究资料。1992 年夏，先生召集我们回到南开园，就事先拟好的《中国近
代图书事业史》写作大纲进行了讨论，将近代部分界定为 1840 年至 1949 年，
并按照历史发展进程将全书划分为两次鸦片战争时期、太平天国时期、洋务运
动时期、戊戌变法时期、辛亥革命以前十年、北洋军阀统治时期、十年内战时
期、抗日战争时期、解放战争时期等九章，首章"绪论"为全书的主旨概述，
由先生亲撰。当时，我们几个已经在北京、秦皇岛等地工作的弟子，都专程回
到天津，在讨论书稿的同时，恰逢先生七十寿辰，师生欢聚一堂的热烈情景恍
如昨日！

　　正如先生所言，这部书是"由三代师生苦心经营十多年"，"数易其稿"，
终由来先生笔削点染完成。2000 年，《中国近代图书事业史》由上海人民出版
社正式出版，实现了先生"要把中国近代图书事业所承受的传统文化的吹拂，
西方文化的影响，破土而出的新生气息和无端肆虐的血与火，描绘出一幅供人
赏鉴，备人参考，引人深思，发人猛醒的历史图卷"的研究设想。先生独立成
文的《绪论》统领全书，高屋建瓴，更是点睛之笔。这部书首开中国近代图书
事业史研究先河，因此获得中国图书馆学会第二届图书馆学情报学学术成果奖
著作一等奖。此后，该书与 1990 年出版的《中国古代图书事业史》重新编排合
为一书，成为一部贯通古今的《中国图书事业史》，2009 年由上海人民出版社
出版，成为将中国书史、中国目录学史、中国图书馆史"三史融为一体"的通
史性著述，使具有"南开"特色的中国图书事业史研究在图书馆学领域始终独
占鳌头。

　　先生对弟子在学业上的要求是很严格的。先生曾师从陈垣、余嘉锡、启功

等名师，受益于老师的严格训练，所以会遵从这一传统和习惯。但这种严格并不是严厉的斥责，而是以身作则，认真批改作业，指出问题和不足，并要求我们仔细修改。记忆中每次给先生交作业时，多少会有一些忐忑，先生渊博的学识和流畅的文笔让我们这些学生很自然地心生敬畏，所以对先生交代的功课也会格外用心。来先生是一位很敬业的导师，几乎每次都会对我们的文章做出批注和修改，包括错字、标点等等。有时，我们修改后的内容，先生还会再次过目，甚至返回再改，直至满意为止。在先生的引领下，我学会了如何撰写学术论文，掌握了如何采用适当的研究方法，懂得了如何从事科研活动，知道了什么是严谨治学。

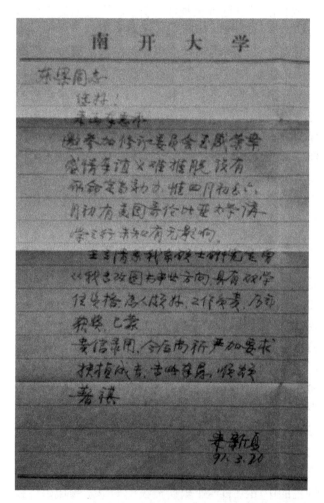

1991 年 3 月为弟子王立清进业致中国人民大学图书馆馆长杨东梁函（王立清提供）。

来先生虽然在学业上要求很严，但同时在生活上又能给予我们父执般的慈爱和关怀。来先生不仅学问做得好，而且是一个很懂生活，也很能理解学生的好老师。我们这些学生可以无拘束地去先生家，都在先生家不止吃过一次饭。每逢在先生家上课或讨论问题遇上饭点时，先生总会主动招呼我们留下吃饭，让这些异乡学子倍感家的温暖。虽然多年后已记不得在先生家品尝了什么菜，但先生用高压锅焖米饭的香味还记忆犹新，因为先生家的米饭要比南开食堂的米饭好吃很多很多。先生家藏书满架的书房兼工作室是弟子们求学问道之所，当年先生在这里与我们的对谈如沐春风，谆谆教诲至今犹在耳畔。

　　来先生不仅对学生竭尽传道授业解惑之责，更是努力地为学生搭建广阔的成长平台。我的第一篇论文就是在先生提携下发表在当时高校颇有名气的《津图学刊》上，文章源自一篇课程作业，先生发现后指导我进行了多次修改，又推荐给该刊发表。这对于当时还是本科生的我来说是莫大的鼓舞和振奋，也极大地激发了我的自信，并从此与学术研究结缘前行。读研期间，先生会鼓励我们参加一些学术会议，以开阔视野；有时会带着我们结识一些学界前辈，参与讨论一些学术问题。在学术交流中，先生深厚的传统文化底蕴，风趣幽默的语言，激情饱满的精神面貌，甚至他西服革履、一丝不苟的着装，都让弟子们感到今生能以来师为师而骄傲。1991 年我硕士毕业之际，来先生得知我想去北京工作的愿望，主动为我写推荐信，托朋友探问应届生需求事宜。更令我感动的是先生仙逝后，焦老师传给我的一封来先生手札的影印件，此札为硬笔所书，是 1991 年 3 月 20 日来先生致中国人民大学图书馆馆长杨东梁的一封信，其中写道："……王立清系我系硕士研究生，曾从我专攻图书事业方向，具有双学位资格，为人颇好，工作负责，历年获奖，已蒙贵馆录用，今后尚祈严加要求扶植成长，专此奉恳……"后来，我在网上搜到了这封信札原件的图片，乃为此札的收藏者展出以示哀悼来先生。看着这熟悉的笔迹，想着先生的音容笑貌，追忆着先生对我们这些学生充满关爱的点点滴滴，内心充满感恩和怀念之情。

　　我硕士毕业后到中国人民大学工作，此间，每逢先生来京开会或讲学，若我知晓，一定会去看望先生，汇报工作和生活情况。尤其是先生得知我考取了北京大学信息管理系王余光老师的博士生之后，尤为高兴，在交谈中还特意表扬了我的上进心，并嘱咐我处理好学习和工作的关系。工作后我曾回过南开，见过几次先生。最后一次是 2012 年的 9 月份，这一年先生已九十高龄。当时我去南开大学做研究生保送的宣传工作，抽暇去家探望了先生，焦老师开门见到我时格外高兴，先生在书房接待了我，书架、地上依旧都是书，电脑旁放着刚打印出来的稿子。先生看上去面色红润，思维还是那么敏锐，表达还是那么清晰，这一次见面交谈了 40 多分钟，谈话内容从先生近期的出访活动和学术写作，到我的工作生活状况，似乎想穷尽所有的话题，辞行时仍感言犹未尽。看着先生健朗的身体，听着先生铿锵有力的话语，我心中坚定地认为先生如此健康定当活过百岁，我们师生还会有很多次这样愉悦的谈话和交流。不曾想这竟是与先生的最后一次会面，这一场景也永久地定格在了我记忆的长河中。

　　1991 年离开先生身边，至今已有二十四载春秋。期间，虽不再频繁近距离地接触，但从断断续续的互动交流以及媒体的报道中，先生不断地给学界带来惊喜，让学生我钦佩有加。1997年来先生七十四岁，开始学习用电脑写作。先生预见人老了手会发抖，无法写字，但如果用键盘输入就可避免这样的问题，还能继续工作，我深知先生一直以来是视学问为生命的，先生的这种超前意识和与时俱进精神，令我敬佩不已！此后，古稀之年的来先生开启了"衰年变法"——为"反馈民众"而写随笔，糅合了知识性、趣味性和丰富的真情实感，实现了历史与文学的从容对接，出版了《路与书》《冷眼热心》《枫林唱晚》《学不厌集》《一苇争流》《谈史说戏》等20余种数百万字的随笔散文，凸显了先生深厚的文化底蕴、清新流畅的写实风格以及豁达从容的人生感悟，堪称奇迹。我眼中、心中的先生从来都是这样的：勤勉、坚韧、博学、严谨、睿智、求新、真诚、儒雅、慈祥、大气、乐观……

来先生曾在接受采访时说过："一个人一生中会遇到许多老师，他们以毕生的精力教学生知识与做人之道，为自己的学生奠定一生事业的基础，给以深远的影响。过去把老师排在'天地君亲师'之列，说明在给自己生命的父母之外，就是为我们开通事业通衢的老师，所以学生有自称'受业'的说法。有的老师甚至成为自己一生事业的依傍，使你终生难忘。"在我求学的路上一样曾遇诸多老师，授我知识，伴我成长，给我影响。来先生对我而言，则是上述所言的"成为自己一生事业的依傍"而终生难忘。

谨以此文缅怀恩师来新夏先生，感念之情，文不尽意！

作者为中国人民大学信息资源管理学院教授。
本文原刊于2015年4月3日《南开大学报》第3版"副刊"。

邃谷自订学术简谱

1923 年，一岁

夏历六月初八日（1923 年 7 月 21 日），出生于浙江省杭州市中城三元坊，原籍为浙江省萧山县长河镇。

1927 年，五岁

春节，开始从祖父来裕恂先生受蒙学教育，以三、百、千、千为顺序，朝夕诵读。

一年半，卒业。祖父又为讲解《幼学琼林》《龙文鞭影》等蒙学书中历史故事。

1929 年，七岁

4 月间，因父来大雄先生供职天津北宁铁路局，随母由杭赴津。为居津之始。

9 月初，入天津扶轮小学，读一年级。开始接受正规教育。

1930 年，八岁

继续在扶轮小学读二年级。

1931 年，九岁

9 月间，因父工作变动，去处未定，随母暂返原籍萧山，寄居西兴镇外祖家，入该镇铁陵关小学读三年级。

1932 年，十岁

9 月间，因父仍回天津任职，又随母由原籍返津，转学天津基督教公理会所办的究真中学附小，读四年级。

1933 年，十一岁

6 月间，父就职于江苏昆山。7 月初，母携我赴昆山。8 月底，父离昆去南京铁道部任职，又携全家赴南京。我转入南京新菜市小学读五年级。

1934 年，十二岁

继续在新菜市小学读书。

开始诵读《古文选钞》。祖父来裕恂先生从《古文观止》中圈选部分文章，函嘱用毛笔在毛边纸上手抄各篇，要求熟读背诵，并亲为选本题"古文选钞"，为我后来进业奠定初基。

开始临颜真卿《东方画赞》。

1935 年，十三岁

6 月底，毕业于新菜市小学。

9 月初，考入金陵大学附中，读初中一年级。

1936 年，十四岁

4 月间，父受铁道部门委派，回天津北宁铁路局工作，偕母与二弟新阳同行。我因不便期中转学，遂寄住附中宿舍。由于无人管束，任性而为，经常挟中外小说数种，去玄武湖租船卧读，不意学年终结，因旷课过多，成绩不佳，得"留级"处分。自感愧恧，悄然离校，只身北归。父母虽未严责，但冷遇不交谈者逾月。

9 月初，入天津究真中学，重读初中一年级。因留级打击而始知奋发。学期考试成绩，名列前茅。从此直至大学毕业，成绩未出前三名。

1937 年，十五岁

7 月 7 日，日寇在河北省宛平县卢沟桥无理制造事端，中华民族的全民抗战自此开端。

7 月 29 日，日寇对天津狂轰滥炸，父母奉祖母携我与二弟新阳离家逃难，投奔居住意租界内之友人。中途因日机俯射，乃偕六岁二弟与父母走散，历经二日，辗转寻求，备尝艰险，始重获团聚。

8 月间，全家僦居法租界。

9 月初，考入旅津广东中学，插班初中二年级，直至高中毕业。

1939 年，十七岁

年初，《古文选钞》全部修毕，进而读诵《古文观止》，并试写短篇文言文。

9 月，升入旅津广东中学高中一年级。自武进谢国捷老师（时任国文老师）家借读藏书，于两年内读毕前四史与两唐书，并在谢师指导下，开始从两汉书与两唐书中搜集汉唐改元之有关资料。

1940 年，十八岁

春，开始撰写《汉唐改元释例》。

9 月，以优良成绩升入高中二年级文科班。

10 月，全家由一般住房迁居楼房，我独居楼梯间。虽光线昏暗，却怡然自得，作为读书处，命名"邃谷楼"，并自撰《邃谷楼记》，寄请祖父删定，得到批改与鼓励。

冬，写成《诗经的删诗问题》一文，刊诸报端，为正式成文之始。

1941 年，十九岁

1 月，撰《清末小说之倾向》。

5 月，撰《谈文人诔墓之文》。

7 月至 10 月间，连续为《东亚晨报》副刊撰写《邃谷楼读书笔记》。

9 月，撰《桐城派古文义法》等文。

同月，升入高中三年级。

岁末，完成《汉唐改元释例》初稿。

1942 年，二十岁

3 月，撰《记〈近事丛残〉》一文，为撰写笔记提要之始。

8 月，考取北平辅仁大学历史学系。

9 月，就读于北平辅仁大学历史学系。在学四年，先后受教于陈垣、余嘉锡、张星烺、朱师辙、赵光贤、启功、柴德赓诸先生之门，渐窥学术门墙。每年以全班第一名获"勤"字奖章并奖学金。

1945 年，二十三岁

8 月，日本宣布投降，中国抗战胜利。

10 月至年底，在中国文化服务社北平分社兼任编辑部编辑员，筹办《文化月刊》。旋因未出刊而撤销，我即离职。

12 月 6 日，撰得《中国青铜器的使用时代及其影响》一文，为攻习考古学作业。

1946 年，二十四岁

2 月至 6 月，因毕业前夕课程早已修满，论文亦基本通过，业余时间比较充裕；又因当时已有室家之累，极谋兼差以小补生计。经好友陈整介绍，到世界科学社主办之《文艺与生活》任助理编辑，参与了第一至三期编稿工作。不意后即成一历史问题。

4 月，旧稿《汉唐改元释例》经陈垣师指导，重加修改成定稿，作为大学毕业论文。5 月间口试时，陈师以"颇有作意"相勖。

5 月底，以优异成绩毕业于辅仁大学史学系，获文学士学位。回天津谋职，以仰事俯畜。

9 月间，开始谋职，但一则社会尚未稳定，二则缺乏奥援，终于走上毕业即失业道路。失望之余，复自谢师处借读二十四史。历时二年，大体浏览一过，得其大要，但不如读前四史及两唐书时之精细。

1947 年，二十五岁

2 月间，经亲友介绍，在华北兴业公司担任文秘工作，月入仅敷一人生活。半年后，公司以资金周转不灵倒闭。

下半年，赋闲家居，集中精力继续读二十四史。

1948 年，二十六岁

2 月间，应聘至天津新学中学任教，为从事教学工作之始。

11 月，译自法文的短文《中学生的回忆》刊于《天津教育》创刊号，为首次译作。

1949 年，二十七岁

1 月中旬，天津解放，整个社会发生翻天覆地变化。"民主青年联合会"组织派人进校，宣传革命，领导旧校改造工作。

3 月间，我和同事张公骍经驻校"民青"组织穆青同志动员，推荐至北平华北大学二部学习。为显示革命意志与旧我割裂，我改名"禹一宁"，接受南下工作的政治培训，学习革命理论和政策文件，做南下准备。全部人员集中住宿，享受大灶供给制待遇。

9月间，学习结业，大部分学员分配南下，到新解放区工作。我被留在校历史研究室，师从范文澜教授，专攻中国近代史。

10月1日，中华人民共和国宣告成立。原华北大学历史研究室改隶于中国科学院，易名为历史研究所第三所，我被分配为研究实习员（相当于助教）。

10月，开始整理北洋军阀档案工作。

11月，为纪念太平天国起义百周年，所内在范文澜教授亲自主持下，组织撰写论文。我报认《太平天国底商业政策》一题。

1950年，二十八岁

2月，完成《太平天国底商业政策》一文，为试用新立场、新观点、新方法所写的第一篇论文，也是在中国近代史领域中所写的第一篇论文。此文后收入三联书店出版的《太平天国革命运动论文集》中。

5月，北洋军阀档案整理工作基本结束。得黄草纸写札记200余篇，积存卡片数百张。

6月，集中学习理论，指定《共产党宣言》《反杜林论》《论个人在历史上的作用问题》以及毛泽东著作中的《将革命进行到底》《新民主主义论》《论联合政府》等。以自学为主，每周讨论一次。

同月，抗美援朝战争爆发，不久中国科学院召开全院声援大会，并号召青年参军。我出于保家卫国的热情，当场报名，后以政审不合格，未遂初衷。乃转而投身于口诛笔伐行动中，奉范老之命开始撰《美帝侵略台湾简纪》一稿。

8月，开始读三朝《筹办夷务始末》。

10月22日，《太平天国的婚姻制度》一文载《光明日报》第六版，署名"禹一宁"。

12月，《美帝侵略台湾简纪》一稿完成，送请范老审阅。

1951年，二十九岁

1月，范老将《美帝侵略台湾简纪》稿发还，同意出版发表。该稿主要内容于2月28日刊于《人民日报》第二版，题为"美帝武装侵略台湾的罪行"，署名"禹一宁"。

2月，范老旧交、南开大学历史系系主任吴廷璆教授来所邀聘教师。范老以我父母妻儿均在天津，遂推荐我应聘。吴先生欣然接纳。

2月下旬，按期到南开大学报到，任历史系教师，并兼系秘书。

3月，吴廷璆先生参加中国人民赴朝慰问团，将所担任中国近代史课程交我接手。从此中国近代史成为我教学工作中之主要课程。在几十年的教学生涯中，在历史系我还担任过"中国历史文选""历史文写作""档案学概论""鸦片战争史专题""北洋军阀史专题"和"古典目录学""文献整理"等课程。

8月，《美帝侵略台湾简纪》由天津历史教学月刊社出版，共25000字，印行5000册，为我于新中国成立后第一本著述。

9月，奉派参加全国土改工作第二十三团，赴湖南桃源三阳区青云乡参加土改，担任工作队秘书。访贫问苦，扎根串联，历时九个月。

本年，应邀兼任创刊不久的《历史教学》杂志编委和值班编辑。

1952年，三十岁

5月，土改工作结束，工作团解散，人员回本单位报到。

7月至8月，学校号召教师学习苏联，集中突击学俄语，每日强记单词100个，两个月过关，结业考试侥幸获全校第二名。

8月至10月，在《历史教学》杂志发表题为《北洋军阀统治时期》的讲课记录，为研究北洋军阀史的第一篇成文。

9月，继续在历史系讲授中国近代史课程。同时还为文学院各系一年级生讲授中国革命史公共必修课。每周赴京听胡华同志大课，再回津后备课讲授。

10月，为巩固俄文学习成果，学校要求参加俄文著作《美国是武装干涉苏俄的积极组织者与参与者》一书的翻译工作，参与者三人，由我主持其事并通读定稿。因初学俄文功力浅薄，借助字典，以意串译，进度极慢，历时四年始勉强完成任务。

12月，继续读三朝《筹办夷务始末》，并随读随写题录。

同年，加入中国民主同盟。后曾任民盟天津市委文教委员会委员。

1953年，三十一岁

教学工作同时继续读《筹办夷务始末》，并撰写提要。

1955年，三十三岁

6月，在原有《北洋军阀统治时期》讲课记录的基础上，重新制定篇目，订补资料，条理文字，开始撰写《北洋军阀史略》一书，以应湖北人民出版社之约。

9月，北京通俗读物出版社为农村读者来系邀约编写"中国近代史丛书"，每册万字左右。我接受《第二次鸦片战争》一题，月余完成交稿。

同年，关注并参与中国近代史分期问题讨论。时任历史系中国史第二教研组副主任，并兼任中国史学会天津分会理事。

1956 年，三十四岁

1 月，《第二次鸦片战争》由通俗读物出版社出版，共 11000 字。

2 月，《北洋军阀史略》初稿完成，交湖北人民出版社审读。5 月，出版社提出若干条意见，要求修改。9 月，修改稿完成，交付出版社。

6 月，为丰富中国近代史教学内容，开始检读校图书馆藏清人年谱，随读随写提要，为撰著《近三百年人物年谱知见录》一书之肇始。

10 月 19 日至 21 日，南开大学第二次科学讨论会举行，在会上作"中国近代史分期问题"学术报告，提出"应以 1839 年作为中国近代史的开端年代"的看法。并于 10 月 27 日在《天津日报》学术专刊发表《读〈我们对中国近代史分期问题的初步意见〉一文的笔记》一文。

同月，《美国是武装干涉苏俄的积极组织者与参与者》一书翻译稿完成，交付三联书店。据后来知悉，该书又经三联书店邀请专家审改后始达出版水平，设非政治任务该书恐难出版。

11 月 10 日，为纪念孙中山先生诞辰九十周年，所撰《尊重和纪念孙中山先生的革命事业》一文刊于校报《人民南开》。

1957 年，三十五岁

1 月，主持修订《中国近代史教学大纲》，并选编《中国近代史参考资料》（上、下册，油印本），以供教学之需。

3 月 22 日，《略论中国近代史的开端年代》刊于《天津日报》学术专刊，以应不同观点的讨论。

5 月，《北洋军阀史略》由湖北人民出版社出版，共 11 万余字，印行 25000 册。这是新中国成立后第一本有关北洋军阀的学术专著，也是我研究北洋军阀史的第一本专著。

本年，辑注《程克日记摘抄》，其中多涉第二次直奉战争后北洋军阀各派系关系，后刊于《近代史资料》1958 年第 3 期。

1958 年，三十六岁

3 月，《美国是武装干涉苏俄的积极组织者与参与者（1918—1920）》（别辽兹金著）一书由三联书店出版，15 万余字，印行 2600 册。

6 月间，中华书局为出版《林则徐集》，曾将全部书稿送我审读。略加翻检，见其内容丰富，可供采择之资料俯拾皆是，于是在原有资料基础上，着手编纂《林则徐年谱》。

7 月，参与编辑的《中国农民起义论文集》由三联书店出版。其中收入我撰《试论光绪末年的广西人民大起义》和《谈民国初年白朗领导的农民起义》二文。

12 月，带领史三、史四年级同学到唐山开滦煤矿下井劳动，并编写《开滦煤矿史》。

1959 年，三十七岁

4 月间，《林则徐集》书稿审毕，送还中华书局。

5 月至 10 月间，编纂《林则徐年谱》，完成草稿。

6 月，应天津市京剧团之邀，为国庆十周年献礼，编写历史剧《火烧望海楼》案头本。

9 月，京剧"火烧望海楼"在天津中国大戏院公演，历时一月，上座不衰，得到评论界及社会的肯定。

10 月，"火烧望海楼"赴京献演，博得好评，获文化部二等奖。

1960 年，三十八岁

2 月，《火烧望海楼》经演出修订成定稿，由天津百花文艺出版社正式出版，列入"河北戏曲丛书"中，共 6 万字，与参与修改的该团编导张文轩共同署名。

2 月 16 日至 3 月 9 日，奉派随同学到河北省献县五公人民公社进行劳动锻炼和社会调查。

6 月，在全校统一布置下，与杨生茂、王玉哲先生和部分研究生及史一年级少数同学参加"中学历史课本组"，会同李光璧、吴雁南等北京、天津、山西、河北、内蒙古等地大学和中学历史老师编写华北地区中学历史课本。

9 月，因 1946 年在《文艺与生活》杂志任助理编辑四个月的历史问题，在审干中受到严格政治审查，一时难以定论，但仍被剥夺教学与研究工作的权利，不能参与社会活动，不能写署名文章，生活待遇保留。此处理方式即所谓"内控"。自此至 1978 年，问题才得以落实解决。前后共十八年。

10 月，处于投闲置散、百无聊赖境地，终日惶惶，无所事事。蛰居斗室，俯首书案，修订《林则徐年谱》。

1961 年，三十九岁

12 月，《林则徐年谱》稿经修订成初稿，近 30 万字。

1962 年，四十岁

1 月，对《林则徐年谱》进行再次修改清写，检校群籍，细加订正。

8 月，经过五年多的不断工作，终于在读了大量清人年谱的同步，写了 870 余篇书录，用小学生作文本，手写成近 50 万字的 10 本草稿，定名为《清人年谱知见录》。

1963 年，四十一岁

2 月，《林则徐年谱》第二稿清写完成，当时已难付枣梨，只得贮之敝篋。不意在"文化大革命"之初，此清稿竟遭丙丁之厄。幸草稿捆束置乱书堆中，得免于难。

3 月，检读校图书馆所藏清人文集与笔记，每读一种，辄写题录一篇。历时二年余，积稿盈尺，其文集提要名曰"结网录"，成二册，取"临渊羡鱼，不如退而结网"之意；笔记提要则名曰"清人笔记随录"，成一册。二者惜均于"文化大革命"时毁于火。

本年，历史系成立以杨志玖先生为负责人的"土地制度史研究室"，我被指派为成员之一。

1964 年，四十二岁

2 月至 5 月，先后被派至河北丰润、霸县参加农村"四清"运动。

9 月，《清人年谱知见录》经两年修订，又手写清稿 10 册，是为定稿。因清初有一些人虽入清而不顺清，不得以清人名之，乃易书名为《近三百年人物年谱知见录》。

1965 年，四十三岁

9 月，奉派到河北盐山参加农村"四清"。

1966 年，四十四岁

6 月，由盐山回校，校园形势已大变，大字报到处可见，人际间相对冷眼。系内大字报已对我点名揭发批判。

8 月 7 日,"文化大革命"之火在南开校园全面开花,时称"八七开花"。我和郑天挺等 17 人被宣布为首批"牛鬼蛇神",当日被剥夺人身权利,进行"劳动改造",在红卫兵及校工监督下清扫校园。

8 月中下旬,家中数次遭受红卫兵以"扫四旧"之名打砸抢,除财物外,包括二十四史在内的近千册线装书以及《近三百年人物年谱知见录》《林则徐年谱》《结网录》《清人笔记随录》等手稿,均付之丙丁,存留者片纸寸笺而已。

1967 年,四十五岁

继续在校园内清扫道路及厕所,不时被揪去接受批判。众"牛鬼蛇神"清扫校园时是南开大学校园最干净的年代。

1968 年,四十六岁

2 月,《北洋军阀史略》经日本明治大学教授岩崎富久男译为日文,易名为《中國軍閥の興亡》,由日本桃源社出版,颇为日本学术界所重视。当时岩崎教授无法了解我的处境,在其译序中深致关切之意。

1969 年,四十七岁

9 月,被确定为重点批判对象,隔离检查,与郑天挺、巩绍英等人共一室。我与郑老等五人随时被"提审"至"现场批判展览会"上示众。

1970 年,四十八岁

夏历六月初八,即我生日当天,被勒令携妻李贞下乡,到南郊区太平村公社翟庄子大队插队落户。家具衣物多以低价处理,而残篇断章皆捆载偕行。临行,唯挚友巩绍英教授不顾风险,亲来相送,并谆嘱务必将《近三百年人物年谱知见录》恢复重写,认为此书必为传世之作,内心颇受鼓舞。从此乡居四年,除每日照章下地劳动外,每日晚间一心整理残稿。《林则徐年谱》草稿和《近三百年人物年谱知见录》初稿虽均纸断笔裂,点划斑驳,唯字句犹能辨识,于是依次清正,历时三年,相继完成是二书第三稿。在厄运中得大安慰。《结网录》与《清人笔记随录》则无片纸遗存,惟俟诸异日。

1971 年,四十九岁

依然农耕。农民宽厚,不以下放人员为异类,得免批判之苦。坚信苦风凄雨终将过去，天生我材必有用。心情豁达，身体日健。

1972 年，五十岁

10 月 30 日，太平村公社召开下放人员会，传达天津市委关于下放人员回城政策文件。村内盛传下放人员将陆续调回，部分人已奔走于城乡间，以求早日回城。我则淡然处之，静待其变，继续整理、恢复旧稿。

1973 年，五十一岁

在乡农耕。

2 月，因残稿《林则徐年谱》及《近三百年人物年谱知见录》已整理完成，农事亦渐娴熟，非如初下乡时之艰难，时间更见充裕，乃就下乡时随身携来之有关古典目录学之卡片与笔记，开始撰写《古典目录学浅说》。

1974 年，五十二岁

3 月，《古典目录学浅说》初稿完成，约 10 余万字。

5 月间，学校通知我回校，开始办理返城各种手续，特别是办理"农转非"户口一事，孰知我于四年前已被销除城市户口。暗改个人户籍，实欠磊落，足见造反者之虚怯。

9 月下旬，举家迁回，安置于校农场由牲口棚改造之简易平房内。无牛棚之名，有牛棚之实。地面铺以煤渣碎石，夯平而已，阴天返潮之日，时有丝丝牛粪气息刺鼻，久之泰然。年余，方迁入校内。

10 月初，奉派参加法家著作《曹操诸葛亮选集》的校注工作。

"文化大革命"仍在进行，我非革命群众，又尚无定论，管束较宽，但仍在另册。路遇旧识，颔首而已。

1975 年，五十三岁

1 月，由于工余时间较充裕，参考图籍也较前方便，于是又将《林则徐年谱》三稿再加参校订正，计检校图籍 168 种，成文 34 万余言。是为第四稿，亦即定稿。

1976 年，五十四岁

调回历史系中国古代史教研室，承担为他人搜集资料工作。

1977 年，五十五岁

奉命参加由刘泽华主编、东站铁路工人参与的《中国古代史》新教材编写工作，主要为代他人撰写一些篇章，但不得署名。

1978 年，五十六岁

3 月，为历史系 75 级中国史专业开设"史籍目录学"课程，颇受欢迎。外系、外单位来听课者甚众，因解放后尚无人开过此类课程。

10 月，南开大学历史系党总支宣布《关于为"八七开花"中我系被迫害的同志平反的决定》。《决定》中说："经复查：此案纯属冤案。根据党委决定，党总支为上述十七位同志公开平反，恢复名誉，强加给这些同志的一切诬陷不实之词，全部推倒。与此有关的材料全部销毁，并为受株连的亲属消除影响。"我为十七人之一。

1979 年，五十七岁

3 月，历史问题查清，做出结论，恢复原有教学工作。

7 月，赴山西太原出席中国图书馆学会第一届学术会议，为自 1960 年被政治审查后近二十年来第一次参加学术活动。

8 月，《清人年谱的初步研究》一文在《南开大学学报》（哲学社会科学版）1979 年第 3 期刊出。此为"落实政策"后发表的第一篇学术论文。

9 月，奉派在南开大学分校创建图书馆学专业，被委任为专业主任。

10 月，应历史系 57 届学生胡校之邀到山东枣庄师范专科学校讲学，为二十年来第一次外出公开授课。

1980 年，五十八岁

2 月，应天津师范学院政史系主任陈继揆之邀，开始在该系兼课，讲授古典目录学。

5 月，出席在湖北武昌举行的中国历史文献研究会第一次学术年会，被补选为第一届理事会理事。该会系以发掘、整理和研究中国历史文献为宗旨的全国性学术团体。

6 月，整理点校清人叶梦珠所撰《阅世编》完成，交上海古籍出版社。

8 月，《试论"中国古代图书事业史"的研究对象与划阶段问题》一文撰成，并在《学术月刊》8 月号发表，即撰写《中国图书事业史》之写作提纲。

9 月，《古典目录学浅说》油印稿用于教学，并征求意见。

10 月，《清代目录学成就浅述》一文完成，作为中国图书馆学会第二□学讨论会论文。此文后刊于《历史研究》1981 年第 2 期。

1981 年，五十九岁

4 月，晋升副教授。

6 月，《阅世编》由上海古籍出版社出版，16 万余字，印行 8000 册。

7 月 25 日至 8 月 1 日，在山西太原出席中国地方史志协会成立大会暨首届地方史志学术讨论会，当选中国地方史志协会理事。并受大会委托，起草有关文件。

9 月，天津市高校图书馆工作委员会成立，经市文教委员会批准，任首届副主任。

10 月，《林则徐年谱》由上海人民出版社出版，共 34 万字，印行 7000 余册。

同月，《古典目录学浅说》由中华书局出版，15 万字，印行 13000 册。

11 月初，受中国地方史志协会委托，邀集安徽大学、宁夏大学等八院校有关人员，在南开大学举行《方志学概论》编写工作会议。确定编写方针、编写大纲，分配编写任务，并被推任主编。

1982 年，六十岁

1 月，参加天津地方史研究年会，提交论文《漫话地方志与文史资料》（油印本）。

5 月间，受中国地方史志协会委托，在苏州师范学院主持全国第一期地方志研究班。其间以《方志学概论》草稿第一次油印稿为教材，在研究班上试讲，又征求有关人员意见，进行修改。6 月间印成第二次油印稿，7 月间在太原、10 月间在蓟县的两期研究班上试用，由学员逐章讨论，并经梁寒冰、傅振伦数位专家审定，由我作最后一次修改后定稿，交福建人民出版社出版。

同月，应邀至浙江萧山指导编修县志工作，自少小离萧后第一次返回故乡。

6 月，《近三百年人物年谱知见录》经修改后，即交上海人民出版社。

7 月，中国历史文献研究会第三次学术年会在兰州举行。此次会议讨论修改了学会章程，并产生第二届理事会，当选该会常务理事。

8 月，西南军阀史研究会第二次学术讨论会在贵阳举行，向会议提交与焦静宜联合署名的《近年来北洋军阀和地方军阀史的研究》一文，后收入《西南第二辑。

……成河参加全国第一次清史学术讨论会，提交论文《清代前期的

……整理点校清人周亮工所撰《闽小纪》完成。

……在福州召开的"鸦片战争与林则徐学术讨论会"上决定增订《林则

……并列入将于 1985 年召开的"林则徐诞辰二百年纪念学术讨论会"的

……规划中。

1983 年，六十一岁

1 月，开始增订《林则徐年谱》。

4 月，《近三百年人物年谱知见录》由上海人民出版社出版，共 56 万字，印行精、平装本 32000 册。

同月，以 1980 年发表的有关中国图书事业史的论文为基础，撰写了近 4 万字的提纲，并油印成册。

6 月 8 日，晋升教授。

8 月，《方志学概论》由福建人民出版社出版，共 22 万字，印行 3800 册。

9 月，《中国近代史述丛》由齐鲁书社出版。该书共收录了 50 年代以来在近代史方面的习作 23 篇和一组读书笔记，30 余万字，印行 5000 余册。

同月，受中华书局邀约点校注释之《史记选》完成，并交稿。

同月，赴昆明参加西南军阀史研究会第三次学术讨论会，在大会作"关于军阀史的研究"主题发言，后经整理收入《西南军阀史研究丛刊》第三辑。

11 月，《北洋军阀史稿》由湖北人民出版社出版，共 36 万字，印行 7000 余册。

12 月，创办图书馆学、情报学、档案学专业期刊《津图学刊》，并任主编。开始为内部准印小 32 开本，后于 1993 年获准正式刊号，改为国际 16 开本公开发行。

年底，整理点校清人施鸿保所撰《闽杂记》完成。

1984 年，六十二岁

1 月，被任命为南开大学图书馆学系系主任。

2 月，被任命为南开大学图书馆馆长。

3 月，被评为天津市级劳动模范。

4 月，筹建由全国高等院校古籍整理与研究委员会直属南开大学地方文献

研究室获批准，担任室主任。

5月，《林则徐年谱》增订本完稿，计参阅书刊229种，较原谱增盐成文45万余字，较原谱约增近10万字。即交上海人民出版社。

同月，在南京参加首次中华民国史学术研讨会。

同月，《近三百年人物年谱知见录》获天津市哲学社会科学优秀成果二奖。

8月，被任命为南开大学出版社社长兼总编辑。

9月，修改1983年所撰有关中国图书事业史油印稿，定名为"中国古代图书事业史讲话"，并邀集合作者以此为基本依据，开始分头撰写《中国古代图书事业史》。

同月，经申请获教育部批准由图书馆学系主办高校图书馆专业教师进修班，第一期学员60人，学期一年。连续十年，培养全国高校专业教师及图书馆工作人员300余人。

10月，《结网录》由南开大学出版社正式出版，20余万字，印行7000册。该书是1980年至1983年间所写有关清史方面文章和札记的选集。以"文革"被焚读书笔记稿之名名之。

同月，在上海出席中国会党史学术研讨会。

11月，加入中国共产党。

12月，天津市图书馆学会第二次代表会议举行，当选该学会副理事长。

1985年，六十三岁

2月，《中国古代图书事业史讲话》稿在《津图学刊》1985年第1期刊出，至1986年第2期连载。

4月26日，天津市出版工作者协会第一次代表大会举行，当选该协会副主席。

同月，主编"天津风土丛书"，开始分工点校。

5月中旬，参加南开大学赴美教育考察团，历访旧金山、明尼苏达、堪萨斯、印地安那、宾夕法尼亚、西密执安、纽约、洛杉矶等地10所大学。6月初返校。

7月22日，在京发起筹备华北地区高等学校图书馆协作委员会（简称"华北图协"），9月在津召开成立会议。南开大学图书馆为第一届值年单位。

7月，《林则徐年谱》（增订本）由上海人民出版社出版。45万余字，印行精、平装本5000余册。连初印本计，共12000余册。

《_____纪》与《闽杂记》点校本合为一书，由福建人民出版社出版，

_____行 20000 余册。

_____海人民出版社副总编辑叶亚廉专程来津寓面商"中国近代史资料丛

共_____种《北洋军阀》的编辑出版问题。

_____，筹建南开大学新图书馆，设计初稿完成。

_____年，组织图书馆特藏部整理编辑《南开大学馆藏家族谱目录》和《南开

_____馆藏古籍善本书目录》，并刊印使用。

1986 年，六十四岁

1 月，在广州中山大学召开的理论图书馆学教程审稿会上，与会之南京大学、中山大学、湘潭大学等 12 所院校图书馆学系一致赞同编纂一部《图书馆学情报学档案学简明辞典》，由南开大学图书馆学情报学系负责筹组编委会，并推我任主编。

同月，在上海出席由复旦大学主办的首届国际中国文化学术讨论会，以论文《清代前期的图书事业》参会，并作专题发言。

同月，借赴沪参会之便，与上海人民出版社负责人就编辑出版北洋军阀资料问题作具体磋商，并订立了编辑出版协议，即开始工作。

4 月，主持制定《南开大学图书馆工作人员服务规范》并实施。自 1 日起按规定佩戴编号为"南图001"的馆徽接受读者监督。

春，《中国古代图书事业史》分撰各章陆续交齐，经集成初稿 70 万字油印本，由我初审，并再次订正提纲，退请原撰者修改；第三次集稿后，由我全面删订为 50 余万字，成油印二稿，分寄有关专家审定。

5 月，主编"天津风土丛书"各种相继完稿，为丛书撰写总序一篇。本丛书含天津地方文献 10 种，由天津古籍出版社陆续出版。

6 月，与惠世荣、王荣授合著《社会科学文献检索与利用》由南开大学出版社出版，共 23 万字。至 1988 年先后 3 次重印，达 14000 册。该书为我主编"图书馆学情报学系列教程"之一种，被列为高校图书馆学专业通用教材。

同月，全国高校图书馆第三次工作会议在北京召开，被聘为全国图书情报工作委员会常委。

同月，在天津主办华北图协第一届学术年会，在大会作题为"当前图书馆工作与专业人员素质要求"主题报告。

7 月，在承德召开《图书馆学情报学档案学简明辞典》第一次编委会，讨论编写体例及专题划分，议定词条具体内容。

同月，将历年与学生谈论整理历史文献的讲稿和笔记整理成《文献整理十讲》油印本，备开设研究生"文献整理"课使用。

8月，赴新疆伊犁参加"林则徐遣戍145年学术讨论会"。会后考察林公兴修水利遗迹，并应邀在乌鲁木齐为新疆编修新志工作者作"有关编修新志诸问题"报告。

夏，黑龙江方志学者齐红深倡议编纂《中国地方志综览》，由黑龙江省地方志研究所和南开大学地方文献研究室全面主持工作，并被推任主编。

秋，牵头组织南开大学、北京大学、中国人民大学、武汉大学四校出版社联合编辑出版《大学生知识丛书》，并在承德避暑山庄召开选题会，国家教委教材司司长季啸风应邀与会。

1987年，六十五岁

2月，各方对《中国古代图书事业史》的审读意见及建议基本集中，开始对全书修改，统一体例，查核史料，修饰文字。

3月，主编《天津近代史》完成，由南开大学出版社出版，28万余字，印行50000册。

4月下旬，在武汉召开《中国地方志综览》编辑筹备会议，制定书稿纲目，进行初步分工。10月中旬，在桂林召开编务会议，确定全书撰稿篇目。

5月，在湖南湘潭大学召开《图书馆学情报学档案学简明辞典》第二次编委会，审读词条初稿，进一步统一体例，最后确定词条，并分头修订。

7月，在兰州大学召开第三次编委会，按专题审查书稿，全稿原则通过。确定委托主编单位收尾定稿。

9月，在山西大同出席华北图协第二届学术年会，在大会作"进一步发挥高校图书馆两个职能"专题发言。

10月，《中国古代图书事业史概要》由天津古籍出版社出版，共5万字，印行3000册。此为编写中国古代图书事业史所写的细纲。

同月，《谈史说戏》一书由北京出版社出版，系多人合集，共22万字，印行2000册，其中收录我所写有关文章13篇。

同月，《北洋军阀》（"中国近代史资料丛刊"之一种）第一、二册稿交上海人民出版社。

11月，新图书馆奠基开工，争取到香港邵逸夫先生捐款1000万元港币，国家投资300万元人民币，馆舍面积11150平方米。后于1990年5月建成并投入使用。

冬,《中国古代图书事业史》定稿,共 30 万字,交上海人民出版社。

1988 年,六十六岁

2 月,在南宁召开《中国地方志综览》定稿会,经各副主编分工审阅和主编审定成稿后,交黄山书社。

同月,筹建南开大学出版大楼。经努力,申请"世界银行贷款教材建设项目"获准,并被任为筹备组负责人之一。

8 月,《北洋军阀》(中国近代史资料丛刊)第一册由上海人民出版社出版,共 77 万字。

秋,开始策划撰写《中国近代图书事业史》,拟定专题,确立大纲,由历年研究生分题研究,撰写初稿。

10 月,《中国地方志综览(1949—1987)》由黄山书社出版,共 76 万字,印行 5000 册。

同月,出版大楼基建开工。争取到世界银行贷款 56 万美元,获准总建筑面积 6900 平方米(含出版社、印刷厂),并购置先进彩印设备 2 台,派遣出国进修人员 1 名。该楼于 1991 年 3 月建成并投入使用。

年底,《图书馆学情报学档案学简明辞典》修订完成,交南开大学出版社。

本年,《图书馆学情报学系列教程》8 种由南开大学出版社先后出齐。

1989 年,六十七岁

元旦,浙江图书馆所藏先祖遗著《萧山县志稿》手稿整理完成,并撰说明一篇置于书前,交天津古籍出版社。

1 月,《北洋军阀》(中国近代史资料丛刊)第三册成稿,交上海人民出版社。7 月,第四、五册成稿。至此全部交稿。

2 月,应齐鲁书社之约,主编《清代目录提要》。

7 月,出席在烟台师范学院举行的全国首届中国近现代史史料学研讨会,参与发起中国近现代史史料学学会筹备工作。

9 月 5 日,应香港中文大学之邀访问该校图书馆,为期一周。

10 月,《北洋军阀史略》日译本(译名《中國軍閥の興亡》)由日本光风社再版。

12 月,应邀出席在复旦大学举行的"儒家思想与未来社会"国际学术讨论会,提交论文《儒家思想与〈史记〉》。其时其会,很有必要。

1990 年，六十八岁

1 月，南开大学图书馆馆长届满离任。

同月，经多方协调、筹备，校图书馆第一个计算机借书处开始使用。

2 月，主编《史记选》历时几近十年，终于由中华书局正式出版，共 26 万字，印行 2500 册。该书为"中国史学名著选"之一种。

3 月，校出版社社长兼总编辑任职期满，离任。

4 月，《中国古代图书事业史》由上海人民出版社出版，共 26 万字，印行3500 册（内含精装 1000 册）。为"中国文化史丛书"之一种。

8 月，出席《中国大百科全书》图书馆学分编委会在中国人民大学召开的审稿会，讨论分类目录及重要条目。该书第一版共 74 卷，于 1993 年出齐。

1991 年，六十九岁

1 月，《图书馆学情报学档案学简明辞典》由南开大学出版社出版，共 89 万字，印行精、平装本共 8000 册。

3 月，《古典目录学》由中华书局出版，共 19 万字，印行 2000 册。本书为国家教委"七五"规划教材。

4 月至 6 月，应美国哥伦比亚大学东方图书馆及东方研究所之邀赴美访问讲学。其间，奉派任天津高校图书情报工作委员会访美考察团副团长。6 月 5 日，由纽约赴哥伦布市迎候代表团，对俄亥俄州六所高校图书馆进行对口性访问交流。20 日，访问结束，代表团回国，我仍回哥伦比亚大学继续访问讲学工作。月底归国。

9 月 18 日，应日本独协大学之邀赴日，与该校齐藤博教授合作进行日本文部省科研项目"中日地方史志比较研究"。

9 月至次年 4 月，应聘任独协大学客座教授，为研究生讲授"中国地方志"及"中国传统文化的传递"二课。

10 月，先祖遗著《萧山县志稿》整理本由天津古籍出版社出版，共 80 万字，自资印行 500 册，分赠修志单位。

同月，与徐建华合著《中国的年谱与家谱》一书由山东教育出版社出版。共 5 万字，印行 14700 册。该书是"中国文化史知识丛书"之一种，我撰写年谱部分。

同月，列入"中华文化集粹丛书"之《薪传篇》（12 万字）和《明耻篇》（14 万字）二书由中国青年出版社出版。

1992 年，七十岁

2 月，南开大学图书馆学情报学系系主任任期满，离职。

3 月底，独协大学客座教授任满回国。

7 月，修改《文献整理十论》油印稿。改定为八论，即：论分类、论目录、论版本、论句读、论工具、论校勘、论考据、论传注等八篇，易名为《古籍整理散论》，交书目文献出版社。

9 月，被评定为享受国务院特殊津贴专家。

10 月，中国近现代史史料学学会成立大会暨第二次学术研讨会在烟台举行。该会系以推动中国近现代史史料学研究为宗旨的全国性学术团体。当选该会副会长。

1993 年，七十一岁

3 月至 4 月，《北洋军阀》（中国近代史资料丛刊）第二至五册由上海人民出版社陆续出版。至此，本套资料共 5 册，330 余万字，历时五年，全部出齐。

5 月，整理编辑近十年来参与地方志编纂与研究活动所写的文章与发言稿成《志域探步》一书，9 月由南开大学出版社正式出版，15 万余字，印行 2000 册，为我七十周岁纪念。

同月，《薪传篇》与《明耻篇》二书繁体字本由台湾书泉出版社出版。

7 月，为提高图书馆中级职称人员科研水平，组织以天津高校图工委、《津图学刊》编辑部牵头举办的天津市首届图书情报工作人员论文写作研讨班，我作首讲"论文选题"。

10 月，应美国俄亥俄大学图书馆馆长李华伟博士之邀，任该馆顾问，负责该馆海外华人文献研究中心资料征集工作。

11 月 1 日至 10 日，赴台湾淡江大学参加第一届"21 世纪海峡两岸高等教育学术研讨会"，作题为"中国的图书馆学情报学教育及其未来"的演讲。会后，由定居台北之二弟来新阳陪同游览太鲁阁等名胜。月底离台返校。

岁末，《清代目录提要》初稿完成，历时五年。交齐鲁书社。

1994 年，七十二岁

年初，《北洋军阀史》编写工作启动，要求各分撰者焦静宜、张树勇、莫建来、刘本军按照提纲，分头搜集资料，撰写初稿。

2 月，《中国的年谱与家谱》经修改增补后，由台湾商务印书馆以繁体字正式出版。

4月，邀约友人商讨编辑"中华幼学文库"，包括《三字经》《百家姓》《千字文》《千家诗》以及《杂字》等五种传统幼学读物，每种收集多种版本及注本于一书，每种卷首撰写前言一篇，说明主旨，为全书作导读。正文加标点和必要的注释与校勘，并附繁体字对照。

6月，《古籍整理散论》由书目文献出版社正式出版，分8篇，共13万字，印行800册。

9月，天津科学技术馆落成，所撰《天津科学技术馆落成碑记》在馆前上石。

同月，与日本史志学家齐藤博教授合作项目"中日地方史志比较研究"分别完成中、日文本。

12月，据《中国图书馆学刊》本年第4期刊布，经对全国图书馆学期刊统计、评比，主编之《津图学刊》列全国第十九名，为高校第二名。

1995年，七十三岁

年初，"中华幼学文库"诸作者相继交稿，经依次审定，4月间全书告成。9月，由南开大学出版社出版，共70万字，印行4000套。

5月，出席在黄山举行的中国近现代史史料学学会第四次学术讨论会。同年，此次会议论文集《抗日战争史料研究》由南开大学出版社出版，为学会第一部学术论文集，我撰序《永不忘记的黑色数字》以祭南京大屠杀死难的30万同胞。

6月，日文本《日中地方史誌の比較研究》由日本学文社出版。

9月，所著《中国地方志》由台湾商务印书馆出版，共20万字。

秋，在福州召开的"林则徐诞辰210年纪念会"上，林公后裔凌青先生、子东女士与林则徐基金会以香港回归在望，林公夙愿得偿，遂议定新编《林则徐年谱》以作纪念。

冬，应河西区政府之请，为正在复建的挂甲寺撰《津门挂甲寺沿革碑记》《重建挂甲寺碑记》。新寺于1997年7月底成。

1996年，七十四岁

1月，中文精装本《中日地方史志比较研究》由南开大学出版社正式出版，共27万字，印行1200册。

3月，60余万言之《林则徐年谱新编》定稿，参阅资料达271种，较增订本扩增一倍。

4月，《北洋军阀史》部分章节完稿。

6月8日至16日，再次访问日本独协大学，赠送中文本《中日地方史志比较研究》。与日本我孙子市市史编委会、京都市史编委会交流编史修志经验。参观京都、东京及奈良等地博物馆。

9月，华北图协第十届学术年会在天津举行，主持编辑出版学术论文集《面向21世纪的大学图书馆》一书。

10月，在中国近现代史史料学学会第二次会员代表大会暨第五次学术讨论会上当选该会常务副会长。

11月，开始策划进行《天津通志·旧志点校卷》点校工作。我于1985年首倡此事，今幸得市志办主任郭凤岐君响应。

1997年，七十五岁

1月，与《北洋军阀史》各分撰者讨论撰写中有关问题，调整任务，确定完稿时间。

同月，《冷眼热心——来新夏随笔》由上海东方出版中心出版，20余万字，印行1万册。该书为"当代中国学者随笔"之一种，是我第一本结集成书之随笔集。

同月，《清代目录提要》由齐鲁书社出版，共37万字，印行1700册。

2月，《天津通志·旧志点校卷》正式启动。邀约专人，分头承担天津12部旧志及相关著述的点校工作。该书被列为教育部古籍整理研究工作委员会资助项目。

3月，《古典目录学研究》一书由天津古籍出版社出版。共28万字，印行1000册。该书为国家教委人文社会科学规划项目，是有关古典目录学若干专题的论专集。

4月15日，飞抵美国亚特兰大。访问乔治亚州州立大学，在该校汉学研究中心作题为"中华文化与海外文化的双向关系"的演讲，并参观亚特兰大奥运场地。24日，离亚特兰大去俄亥俄州，访问俄亥俄大学图书馆，考察图书馆网络化问题。27日，离俄州去华盛顿，参观名胜。

5月1日，由华盛顿乘火车抵纽约，访问亲友。

5月5日至9日，应加拿大温哥华中华文化协会邀请，由纽约顺访温哥华。其间访问大不列颠哥伦比亚大学图书馆，在中华文化协会作题为"中华传统文化与海外文化的双向关系"演讲，并与温埠华人华侨学者座谈。

5月14日，由纽约启程回国。途经香港时访问香港大学、浸会大学等校，并应邀在浸会大学历史系作题为"中华文化的跨世纪展望"的演讲。18日，由香港飞返天津。

6月，《林则徐年谱新编》由南开大学出版社出版，以纪念一代伟人林则徐，庆祝香港回归祖国。全书共 67 万字，印行精、平装本 3000 册。

7月，《路与书》（"老人河丛书"之一）由中国青年出版社出版，共 16 万字，印行 5000 册。

同月，组织《津图学刊》与《大学图书馆学报》联合发起召开首届全国高校图书馆学专业期刊研讨会，全国 12 家高校期刊编辑代表参会，就提高办刊质量和今后发展进行深入探讨。

12 月 29 日至 1998 年 1 月 3 日，参与组织在天津召开"中国海峡两岸地方史志比较研究讨论会"，作题为"关于比较方志学建设的思考"的大会发言。

1998 年，七十六岁

年初，《北洋军阀史》全部草稿完成，约在百万字左右。由我通读全稿，审定内容，划一体例，润色文字，历时年余始成初稿。

2月，《依然集》由山西古籍出版社与山西教育出版社联合出版，共 21 万余字，印行 5000 册。该书是"当代学者文史丛谈"之一种。

3月，美国俄亥俄大学图书馆馆长李华伟博士面临退休，我相应辞去该馆顾问职务。

4月，受约主编的《史记选注》由齐鲁书社出版，共 37 万字，印行 5000 册。该书为"中国古典名著普及丛书"之一种。

春，《中国近代图书事业史》历时十年，经三代师生苦心经营，终于完成初稿，由我通读终审。

8月，应新疆维吾尔自治区党史办、新疆生产建设兵团党史办和乌鲁木齐市志办之邀赴乌市在讲习班主讲"史料学概论"，中国近现代史史料学学会秘书长李永璞教授同往。

10 月，所撰《长寿园碑记》镌刻于蓟县长城黄崖关景区长寿园内。

同月，《枫林唱晚》由南开大学出版社出版，共 17 万字，印行 2000 册。该书为"学识走笔·大学生文库"之一种。

11 月 30 日至 12 月 2 日，赴台湾中兴大学出席"海峡两岸地方史志地方博物馆学术研讨会"，作题为"论新编地方志的人文价值"的演讲。会后环行台湾全岛名胜遗迹。10 日，会议全部结束，回台北探望二弟。

12 月 17 日，由台北飞抵香港，应香港博物馆之邀，参加 18 至 19 日举行的"林则徐·鸦片战争与香港"国际会议，作题为"林则徐禁烟肃毒思想的历史与现实意义"的大会发言。

12月20日至25日，应澳门哲学会之邀，由香港去澳门参加"张东荪哲学思想讨论会"，作题为"张东荪其人其学"的演讲。25日会议结束，返校。

1999年，七十七岁

3月，《邃谷谈往》由天津百花文艺出版社出版，共17万字，印行4000册。该书为"说文谈史丛书"第二辑之一种。

4月，《北洋军阀史》初稿完成，又请分撰者传阅、提出意见，我作最后一次修改。

5月，《一苇争流》由广西人民出版社出版，共20万字，印行5000册。该书为"历史学家随笔丛书"之一种。

10月，《天津通志·旧志点校卷》上册由南开大学出版社出版，共247万字，印行1500册。中、下册已在校对中，全书出齐约700万字。

同月，因高龄不再担任中国近现代史史料学学会职务，被聘为该学会名誉会长。

2000年，七十八岁

1月，开始为自选文集《邃谷文录》搜集相关资料。

2月，《北洋军阀史》修改稿完成，交南开大学出版社。

夏，《中国近代图书事业史》经反复补订校核，终于定稿，交上海人民出版社。

6月，《天津大辞典》开始编撰，由天津市地方志办公室具体负责，我任主编之一。于12月底成稿。

10月，《来新夏书话》由台湾学生书局正式出版，共25万字，印行精、平装两种版本。

12月，《中国近代图书事业史》由上海人民出版社出版，共30万字，印行5100册。

同月，《北洋军阀史》（上、下册）由南开大学出版社出版，共102万字，印行精、平装本3000册。

2001年，七十九岁

1月至4月，《邃谷文录：来新夏自选文集》编选工作结束。分4卷，即：历史学卷、方志学卷、图书文献卷及杂著卷，170余万字。

3 月,《天津大辞典》由天津社会科学院出版社正式出版,收词条万余,共285 万字,印行 2000 册。

4 月,组织天津高校图工委所属 13 所院校图书馆馆长访问团赴沪、宁访问、调研复旦大学、南京大学等校图书馆数字化建设与管理情况。

春,在天津图书馆研究生班讲"古籍整理"课,历时半年。

5 月,主编《清文》选注本,由河北教育出版社出版,共 22 万字。为"历代文选丛书"之一。

7 月,在大连主持召开华北五省、市、自治区"高校网上图书馆"馆长研讨会,以此推动高校图书馆网络化建设。各地高校图书馆长及业务骨干 60 余人与会。

2002 年,八十岁

6 月,《邃谷文录:来新夏自选文集》(上、下册)由南开大学出版社正式出版,作为八十初度纪念。扉页有邃谷弟子以名画《白头红叶》致贺。

6 月 8 日,"来新夏教授学术研讨会"在津召开,各方学者、友朋近 200 人莅会。

6 月 16 日,获美国华人图书馆员协会(CALA)2002 年度"杰出贡献奖"。

同月,《出枥集》由新世界出版社出版。共 19 万字,印行 6000 册。专页惠题"谨以此书献给来新夏先生八十华诞"。

8 月,《来新夏教授学术讨论会论文集》由新疆大学出版社正式出版,南开大学地方文献研究室编,收录友朋评论 50 余篇。

同月,《三学集》由中华书局出版,共 43 万字,印行 1500 册。为"南开史学家论丛"之一种。

10 月 16 日至 25 日,应台湾汉学研究所之邀,赴台出席地方文献学术研讨会,并在大会作题为"地方文献与图书馆"的专题学术报告。会后,在台湾大学、政治大学及淡江大学等校作学术报告,并应邀访问台北大学。焦静宜女士一同赴会,并作大会发言。

10 月 29 日至 11 月 2 日,应绍兴图书馆之邀,出席该馆百年纪念,并在学术讨论会上作题为"古越藏书楼百年祭"的学术报告。

2003 年,八十一岁

春,为纪念天津建卫 600 周年(1404—2004),邀约津沽名流学者,相与咨谋,共定编纂"天津建卫 600 周年丛书",以为文献积存之祝,我被推任主编,共定 8 题，每册 10 万字，分头撰写，期以一年。

7 月 3 日，《北洋军阀史》一书获教育部颁发第三届中国高校人文社会科学研究优秀成果奖著作类历史学二等奖。

10 月 15 日，先室李贞女士卧病七年，医治无效，于本日午时辞世，享年八十岁。风雨共济近六十年，撰《空留寂寞在人间》一文，以示悼念。

同月，《古典目录学浅说》由中华书局重新出版，收入"国学入门丛书"，共 16 万字，印行 4000 册。距 1981 年初版已十二年矣。

11 月，《古籍整理讲义》由福建鹭江出版社出版，收入"名师讲义丛书"，共 29 万字，未标印数。该书为《古籍整理散论》增订本。

12 月，应邀赴宁波参加天一阁举办的第一届藏书文化节，在大会作藏书文化报告。会后赴普陀朝拜观音。归途经绍兴，拜谒明徐渭青藤书屋。

2004 年，八十二岁

春，"天津建卫 600 周年丛书"各分册陆续交稿，我即投入审稿、通稿工作。6 月中旬，全部定稿工作完成。交天津古籍出版社出版。

5 月 18 日至 20 日，应邀赴浙江海宁市，出席海宁市图书馆百年纪念，并在大会作题为"海宁藏书家浅析"的学术报告。该馆为中国第一家县级公共图书馆。因先祖裕恂先生曾于海宁任教，故赠先祖遗著《汉文典》《匏园诗集》《萧山县志稿》等书。其间，参观王国维、徐志摩、张宗祥等人纪念馆。21 日，归途道经嘉兴，至南湖，登中共第一次代表大会游船会址，并参观纪念馆。

7 月，《学不厌集》由福建海峡文艺出版社出版。共 24 万字，未标印数。该书为"来新夏随笔自选集·问学编"

同月，《中国近代图书事业史》获中国图书馆学会第二届图书馆学情报学学术成果奖著作一等奖。

8 月，"天津建卫 600 周年丛书"由天津古籍出版社出版，共八种：《天津的城市发展》（郭凤岐）、《天津的方言俚语》（李世瑜）、《天津的九国租界》（杨大辛）、《天津的园林古迹》（章用秀）、《天津的邮驿与邮政》（仇润喜、阎文启）、《天津的名门世家》（罗澍伟）、《天津早年的衣食住行》（张仲）、《天津的人口变迁》（陈卫民）。共百余万字，印行 3000 套。

10 月，《只眼看人》由北京东方出版社出版，收入"空灵书系"。共 15 万字，印行 5000 册。

10 月 11 日至 14 日，应国家图书馆之邀，赴北京出席地方文献国际学术研讨会，并在大会作主题报告"中国地方志的史料价值及其利用"。

10 月 22 日（重阳节），在亲友、家庭成员和早年弟子的理解和支持下，与焦静宜女士在天津履行结婚登记手续。

10 月 31 日，今日为图书馆学系二十周年系庆，参加纪念活动。1984 年只手创办，二十年风雨艰辛。应邀发言，不谈既往，只致感谢之意而已。

11 月 16 日，为《津图学刊》写停刊词，拟发在年末终刊号上。此刊自创刊至今二十余年，耗费心血甚多，为图书馆界同仁谋一园地，不意于 6 月间被出版管理机关以整顿为借口毫无理由着令停刊。

11 月下旬，校《清人笔记随录》多日，讹误处甚多，唯细心从事而已。

同月，应中国政法大学杨玉圣教授之邀，担任《社会科学论坛》编委。

12 月 3 日至 15 日，偕静宜开始婚后杭嘉湖之行。历经上海、嘉兴、湖州、安吉及故乡萧山等地，访景寻情。其间要事：5 日访上海图书馆，协商就其馆藏补订《近三百年人物年谱知见录》。6 日，上午出席嘉兴市图书馆百年纪念大会，该馆为历史上第一个地级市公共图书馆；下午在该馆作“新时代的图书馆人”的学术报告。9 日，去富阳参观华宝斋制纸刊印公司。10 日，上午抵湖州师范学院，下午为文科师生作“中国新文化建设问题”的报告，强调应建设民族主体精神的文化架构。次日上午，为该校人文学院学生作“读书与做人”演讲，后游览乌镇。12 日，离湖州到安吉，参观吴昌硕纪念馆、竹博园、天荒坪水电站。13 日，至萧山。下午即偕静宜、侄女明敏及大生叔祖孙，同往包家湾墓地祭祖父坟茔。晚，区志办设喜宴代表故乡补祝与静宜婚礼。次日上午，到区志办与修志人员座谈有关第二届修志工作问题；下午到萧山古籍印务有限公司参观。

12 月 15 日，上午参观江（淹）寺、梦笔桥。午饭后至杭州乘火车赴南京，车程五小时，抵宁时徐雁来接，由江苏教育出版社总编徐宗文安排入住凤凰台大酒店，徐赠其学术随笔集《三餘论草》，并邀作书评。

12 月 16 日至 19 日，赴扬州，应邀参加新编《清史》典志组研讨会，评论《朴学志》样稿。与会者有汤志钧、成崇德、郭成康、赫治清等人。争论热烈，我提出应加古学之说，增强汉宋之争及朴学源流部分。

12 月 22 日，收到清史编委会寄来《清代闺阁诗集百种选目》，请评审。

12 月 23 日，今日为天津设卫筑城 600 周年纪念日。

2005 年，八十三岁

1 月 8 日，下午应“缘为书来”网站之约，与网友对话。这是我第一次上网对话，所提问题涉及家世、师承、著述、人生等。

1月15日，应中央电视台之邀，在故宫拍摄《故宫》文献片一段落。

同月，经营二十年之《津图学刊》于 2004 年底被出版管理部门无理由停刊。已完成善后工作，一切尚称顺利。

同月，《清人笔记随录》经数十年之积累成书，由中华书局正式出版，列入国家清史编纂委员会《研究丛刊》。共 50 万字，印行精、平装 3000 册。

2月18日，为友人林天蔚所著《地方文献论集》写序一篇。该书将由北京图书馆出版社正式出版。

2月中旬，开始拟定《清代经世文选编》计划，撰写申报项目文字材料，说明编纂理由、全书规模和所需经费等内容。3月18日向清史编委会正式递交整理《清代经世文选编》申请表。

2月25日，为早年学生马铁汉所著《品邮说戏》一书撰序。

2月28日，为南京大学教授徐雁所著《苍茫书城》写序。

3月6日，近日《中华读书报》等书刊宣传政要许嘉璐倡导主持之二十四史全译一事，声势甚大。我以为全译是整理古籍中最不明智的做法，耗财而多误。特撰《全译，到此打住！》一文，投诸《中华读书报》。

4月22日，晚七时，应校团委邀请，在伯苓楼报告厅为学生作题为"倾听历史的声音"的演讲。题目一语双关，主要涉及治学与人生。

5月初，《邃谷书缘》由河北教育出版社出版，共 23 万字，未标印数，被列入《书林清话文库》。18 日，该社在天津图书馆召开《书林清话文库》主题品评会。

5月15日（农历四月初八日），应大悲禅院住持智如法师之邀，出席浴佛节法事盛会，并举行由我敬撰碑文《天津大悲禅院沿革记》之纪念碑揭幕仪式。

5月20日至21日，应邀赴济南出席孔子家谱编撰会议，参加讨论编撰原则等问题。会后，早年研究生王红勇陪同去章丘，游览该地古镇朱家峪。该镇设有具博物馆性质的展室四间，以保存乡土文献。

6月20日，清史编委会通知，《清代经世文选编》项目已获批准，并已拨第一次经费。

6月30日，从凤凰卫视新闻报道中获知启功老师于凌晨二时逝世。一代宗师遽然陨落，不胜痛悼。次日高温，挥汗含泪写悼念文章，至晚完成，即寄上海《文汇读书周报》，以志哀思。

7月14日，应邀至津南区参加"小站练兵园"建造论证会。袁世凯虽史有訾议，但清末小站编练新军一事，功绩不容抹杀。

8月29日，赴北京香山饭店参加"林则徐与近代中国"研讨会。次日上午在全国政协礼堂举行纪念会，后为研讨会。我在研讨会上作"林则徐与林学研究"之主旨报告。9 月 1 日闭会。

9 月 2 日，去中华书局，谈"皓首学术随笔丛书"策划问题。下午返津寓。

9 月 3 日，今日为抗战胜利 60 周年，北京举行有 6000 人参加的盛大纪念会。

9 月 10 日，今日为教师节，在图书馆会见信息资源管理系（图书馆学系 5 月更名）博士、硕士研究生。学生献花，祝贺节日。向学生主要讲一根二翼问题：一根是做人的根本要永不忘记自己是中国人这个根，中国人是历史和现实的结合体，既继承优秀传统，又面对现实，体现时代精神；二翼是"勤"和"韧"，"勤"是立足之本，"韧"是不拔之志。有此一根二翼，可无往而不利，成为真正的中华儿女。

9 月 14 日，应教育部古籍整理研究工作委员会曹亦冰女士之邀，担任《美国国会图书馆藏汉籍善本（宋元部分）》项目顾问。

9 月 15 日，赴北戴河出席华北地区高校图书馆协作委员会成立 20 周年纪念会。华北五省市高校图书馆人员 170 余人参会，特邀诸位老友见面。

9 月 22 日，应河北工学院廊坊校区之邀，向该校学生作公开演讲，围绕林则徐生平阐述以爱国主义为核心的民族精神。次日返津。

10 月 7 日上午，出席在行政楼会议室召开之清史项目座谈会，凡我校承担项目人员均参加，国家清史纂修领导小组副组长、文化部副部长周和平莅会，对各项目情况进行交流。

10 月 8 日至 10 日，在安徽合肥参加《李鸿章全集》评审会。应邀专家提出对全集的评价和建议，均中肯可取。

10 月 11 日，转移至刘铭传学术研讨会会址，并参观李鸿章享堂。墓地面积较大而遗物不多，仅有棺木一片及残碑一块。

10 月 12 日，刘铭传学术研讨会正式开幕。次日，在会上作题为"刘铭传与台湾开发"的专题发言。

10 月 14 日，会议结束。上午，乘车去肥西，访问刘铭传旧居。又至小井村，为实行包产到户的起源地，陈列有当年村领导与村民决策旧物。中午，访三河镇，为当年曾国藩与太平军激战重镇，现仅存老街。下午由合肥乘飞机赴萧山。

10 月 17 日，上午，应邀为萧山修志人员再讲关于对第二届修志有关问题的思考。下午离萧赴淳安千岛湖休养，22 日由杭返津。

11 月 12 日，由津抵沪，参加顾廷龙先生纪念会。次日开会，在会上作题为"顾廷龙先生与版本目录学"的报告。16 日晚乘火车返津。

11 月 19 日，在北京参加唐魏徵学术研讨会，并就魏徵民本和谐思想及其书法鉴赏水平做主要发言。午后返津。

2006 年，八十四岁

3 月 4 日，连日审读《清史·朴学志》样稿。

3 月 24 日，赴济南参加清史编委会文献组汇报会。次日开会，各项目负责人相继汇报，我亦将《清代经世文选编》选目、点校及三审制等情况作一汇报。26 日返津。

3 月 28 日，清史编委会典志组郭成康由京来津，商谈典志编写问题，并邀在近期评议会上作主要发言。

4 月 1 日晨，乘飞机至萧山机场转赴绍兴，应绍兴市政府之邀陪祭大禹祭典。次日上午九时，出席祭典。仪式隆重肃穆，与会群众达数千人。祭后又拜谒禹陵及禹庙。4 日返津。

4 月 7 日，教育部古籍整理研究工作委员会主任、北京大学教授安平秋及随行人员来舍，代《儒藏》精华编编纂委员会聘我为顾问。

4 月 17 日，校宣传部介绍《南方都市报》记者采访，历时二小时。

4 月 20 日，应清史典志组之邀，在京参加典志评议会。21 日，中华书局柴剑虹、李晨光来会上谈"皓首学术随笔"事。22 日，离会返津。

4 月 28 日，应河北省河间市文化局田国福局长之邀，赴河间市参观田氏私藏有关《诗经》著作和文化局收藏石刻碑版，并商议《冯国璋年谱长编》编写问题。次日，参观冯国璋故居与墓地，大都已破坏，仅存数处遗迹。又至汉毛苌墓，仅有一新立碑。30 日上午，驱车回津。

5 月 10 日至 12 日，赴京停留三日，与有关各方商谈：一与清史文献组谈《清代经世文选编》召开初审会事；二与中华书局谈《皓首学术随笔·来新夏卷》核红事及《清人笔记随录》再版校订事；三与马铁汉谈《谈史说戏》一书增订与插图事。

5 月 22 日至 24 日，在津主持召开《清代经世文选编》初审会。清史文献组、中华书局编审及点校人员共 20 余人到会。由我向与会者汇报项目筹备经过及整理点校计划等，与会者讨论类目与选编。

6 月 27 日，被甘肃《四库全书》研究会聘为顾问。

6 月，《书文化的传承》（插图本）由山西古籍出版社出版，共 15 万字，印行 2500 册，装帧印刷尚称精美。妻子焦静宜所著《星点集》亦由南开大学出版社同时出版，60 余万字，为其一生心血所在，我为其题写书名。

7 月 3 日，《南方都市报》以两版篇幅发表对我的采访记，题目是"我们扫地那些年是南开最干净的几年"，颇著影响。

7 月 12 日，萧山区文化局局长任关甫及萧山图书馆党委书记方晨光来津舍，商谈在萧山图书馆内设"来新夏著述专藏阅览馆"一事，达成协议。由我捐赠首批图书 6000 册（后当续捐），由萧山图书馆负责设计、安排及经费支出，确定次年初开馆。

7 月 28 日，在天津市和平宾馆参加"大户人家"系列丛书启动新闻发布会及写作研讨会，并作主题发言。

7 月，应天津高校图工委之请，为华北图协第二十届学术年会论文集作序《把高校图书馆办成研究型图书馆》。

8 月 31 日，萧山方志办来电，拟设立"来新夏方志馆"。我以前曾答应将所藏新编方志及有关方志著述捐赠，今仍维持原承诺。

9 月 3 日，开始整理捐赠书籍，甚纷乱烦扰，幸得焦氏姐弟相助，前后历十余日方竣事。共捐出图书 40 余中型纸箱。另有书桌、书架、文具、手稿、挂轴等物多件。15 日，萧山图书馆派专人专车来津运回。

9 月 19 日，下午二时乘车去蓟县盘山度假村参加华北图协第二十届学术年会。次日，在大会作题为"应该重视图书馆员的权力与需求"的发言。下午，会议派车送归。

10 月 26 日至 30 日，在萧山。27 日，与图书馆及方志办晤谈"来新夏著述专藏阅览馆"及"来新夏方志馆"筹建有关事宜。28 日，去临浦参加《蔡东藩研究》一书首发式并在会上对乡贤蔡氏人品、学术、成就等作了发言。29 日，上午出席滨江历史文化丛书座谈会，下午访问故乡长河小学。30 日，乘飞机返津。

同月，《皓首学术随笔·来新夏卷》由中华书局正式出版，共 25 万字，印行 4000 册，装帧设计尚典雅。这套书收季羡林等年逾八旬的学者八人所著。

11 月 9 日，飞赴宁波，出席为纪念天一阁建阁 440 周年而举行的"中外藏书文化研讨会"。次日，在大会作题为"综论天一阁历史地位"的报告。11 日，参观慈城、保国寺，均甚有特色。

11 月 12 日，应励双杰君之邀，离宁波去慈溪，与励交谈家谱收藏与研究问题，并参观其收藏的近万种家谱。

11 月 13 日，由慈溪至萧山，与区志办主任沈迪云再谈关于捐赠私藏方志及在萧开辟方志馆具体事宜，达成协议。14 日，去滨江区，与该区社会发展局局长丁幼芳谈先祖《匏园诗集续编》出版事宜，丁慷慨承诺。15日，应萧山区委宣传部之邀，出席《湘湖文丛》首发式。在会上针对萧山重经济轻文化之偏向，提出经济、文化不得偏废，避免出现社会发展中"跛足"现象的建议。16日返津。

11月21日，上午出席"天津滨海新区文化定位论坛"，发言阐述经济与文化齐飞的关系，认为文化定位应虚实结合，应选择既为百姓接受，又有概括抽象意义者。下午，应邀到天津城市管理学院参加该校文化节，向全体学生作题为"传承文明，起飞理想"的演讲。

11月27日，赴京出席全国高校古籍整理研究工作委员会主办之"中国古文献与文学研究"国际学术研讨会。次日在大会作题为"地方志与文学研究"的发言。此文后由《中国文化》发表。

11月30日，上午至京，与中华书局谈《近三百年人物年谱知见录》（增订本）出版一事，达成初步协议。下午返津。

12月7日，在京出席中华书局召开之"皓首学术随笔"座谈会，到会者有刘梦溪、冯其庸、戴逸、张梦阳、韦力、韩小蕙、杨玉圣等人。有多家媒体参加。

12月22日，绍兴失地农民孙伟良，笃志好学，我曾捐赠多批图书，今再捐书390余册，希望其在乡间普及文化。经其筹备多时，拟在其家乡群贤村成立"来新夏民众读书室"。

12月30日，应天津市教育基金会之邀，在市政协礼堂向全市中学文史教师作"中华传统文化"讲座，题目是"国学与国学热"。

2007年，八十五岁

1月，《谈史说戏》增订本由山东画报出版社出版，与早年学生、戏曲家马铁汉合作，共18万字，印6000册。

2月1日上午，萧山"来新夏方志馆"开馆，在馆外举行剪彩仪式，来宾数十人，现场群众很多。由区领导致辞，并颁发捐赠证书。方志办特制银牌及首日封以资纪念。

2月2日上午，萧山"来新夏著述专藏阅览馆"开馆，在萧山图书馆举行捐赠仪式。邵燕祥乡兄亦有捐赠，另设有专柜。

2月3日上午，去绍兴县群贤村，参加"来新夏民众读书室"揭牌仪式。

4月3日，因心速过缓已住院一周观察，决定安装起搏器。上午由心外科万征主任主刀，经一小时完成，一切顺利。

4月19日，北京大学中国古文献研究中心主任安平秋等四人来津探视，并致送该中心兼职教授聘书。

5月20日，向萧山方志馆捐赠天津区、县、乡志及专业志等志书70余种，今日送物流托运。

5月，向绍兴"来新夏民众读书室"捐赠方志类图书1箱。

7月5日，本校历史学院博士生夏柯、厦门大学历史学教师刁培俊二君来舍，代上海华东师大《历史教学问题》杂志采访，主要谈我的学术历程和对中国近代史一些问题的看法。后访谈录《纵横"三学"求真知》刊于《历史教学问题》2008年第1期。

7月27日，清史编委会典志组郭成康等二人由京来津，征询对《朴学志》与《思想志》的意见，我就所见坦率陈述。

8月，随笔集《邃谷师友》由上海远东出版社出版，共22万字，印行5100册，为该社"远东瞭望丛书"之一种。

9月，《阅世编》系二十年前所点校（原由上海古籍出版社出版），近又重加点校，并改写说明，由中华书局再版，共17万字，印行4000册。

10月16日，在京，出席国家图书馆主办之"地方文献国际学术研讨会"，作题为"地方文献的学科建设与人才培养"的大会发言。

10月21日，飞赴杭州。次日审读先祖《匏园诗集续编》整理稿，分卷清楚，编次合体，皆整理者吴云先生之功。23日，上午参加"滨江区历史文化丛书"首发式；下午到萧山区，与区志办商讨明年3月份召开之"地方文献国际学术研讨会"筹办事宜。24日，上午在区志办与全体编志人员座谈第二届修志若干问题，下午乘车赴慈溪。

10月26日，在慈溪坎墩镇参加《十里长街——坎墩》一书的评论会。

10月27日，离慈溪赴湖州。次日下午，在湖州师范学院图书馆作题为"图书馆人的再塑造"的学术报告，提出新时代图书馆人的素质标准。

10月29日，"皕宋楼百年纪念会"开幕。我发言题目为"关于'皕宋楼事件'罪责之我见"，主张日人岛田翰应负首要罪责。与会者看法不一。会上与美国普林斯顿大学马泰来及艾思仁等会晤。

11月8日，将《清代经世文选编》8册派人送至北京清史编委会文献组。此为该项目第二阶段成果。

11月15日至20日，应邀赴澳门大学讲学、访问。其间，访问澳门大学图书馆，为澳门图书馆员培训班讲授古典目录学与方志学，历时五日，反映尚佳。

12月29日，清史编委会文献组寄来正式公函，告知已通过第二阶段验收，并寄来样稿第一、三两册，要求参读稿面所注专家意见。

12月，应上海科学技术出版社之约，与静宜分头开始写《说北洋》一书。次年2月完成，交付出版社。

2008年，八十六岁

1月2日，动手整理旧稿《太史公自序笺释》，历时一周，得6万余字，当再增补。

1月13日，中国第二历史档案馆毛毅来访，代表该馆邀我出任该馆所编《北洋政府档案史料丛书》主编，婉谢其请。后允担任名誉主编，3月初收到中国第二历史档案馆编审委员会丛书名誉主编聘书。

同日，委托王振良君整理之先祖《中国文学史》稿，今整理竣毕送来。此书将由岳麓书社出版。

1月14日，出席《天津历史与文化》写作提纲讨论会。

1月，与萧山区史志办主任沈迪云及童铭等函电往来，筹备由北京大学中国古文献研究中心与萧山区政府主办、萧山区史志办与南开大学地方文献研究室承办之地方文献国际学术研讨会事宜。

3月12日，被蓟县志办聘为《盘山志》整理本顾问。

3月16日，"地方文献国际学术研讨会"在萧山宾馆隆重举行。由区领导致欢迎词，安平秋教授致开幕词。大会分组会发言进行讨论，至17日闭幕。会后，各地学者游览湘湖。

3月18日，陪同台湾来的二弟新阳全家去绍兴，参观鲁迅故居、秋瑾故居等名胜及绍兴县群贤村农民孙伟良所设之"来新夏民众读书室"。之所以协建此读书室，主要是为在底层普及文化，提高公民素质，以尽个人社会职责。

3月19日，我夫妇偕二弟全家到先祖来裕恂先生墓地扫墓，敬献花圈。又到故乡长河祖居访问、到西兴探访外祖老屋，均得当地政府、亲友隆重接待，至感盛情。

4月7日，日本关西大学大庭修教授的夫人大庭博子寄来大庭修教授遗集。老友大庭修先生专研竹简及秦汉法制，是学识渊博的真正汉学家。

4月22日，为王振良君拟办的《天津记忆》题签。

春，向"来新夏著述专藏阅览馆"、"来新夏方志馆"和绍兴"来新夏民众读书室"再分别捐赠图书。

5月13日，林则徐基金会来函，得知被推为该会学术顾问。

5月17日，天津成立国学研究会，聘我为首席学术顾问。31日，召开成立大会。

5月19日，收到《中国典籍与文化论集》与期刊，分别刊出《书目丛刊拟目》及《〈书目答问汇补〉叙》二文。

5月25日至28日。应黑龙江文史馆之邀，在哈尔滨出席流人学研讨会。26日至27日正式开会，以李兴盛先生的流人学研究为主题。28日，大会安排学术考察，上午到阿城金上京展览馆，此为全国唯一金源史展览。下午参观日寇731部队遗址，此为日人细菌战之细菌制作所，以抗日志士及一般无辜平民做非人试验，血迹斑斑，令人发指。如此暴行，后代莫忘。

5月29日，小友许隽超教授来接移住哈师大宾馆。下午为该校文史二系师生作题为"我之国学观"的讲演，主张"国学就是经史子集之学"，历时二小时。次日回津。

6月5日至9日，静宜校《说北洋》清样竣事，寄还上海科技文献出版社。

6月14日至15日，清史编委会在南开大学召开《清代经世文选编》座谈会，讨论有关《选编》体例、选文及点校等问题。清史编委会有马大正、王汝丰、陈桦等出席，邀请专家有王思治、刘志琴、徐建华等。

7月28日，应内蒙古张阿泉之邀，为其"纸阅读文库"编一小集，由内蒙古教育出版社出版。拟选近期所作数万字，初名"说长道短"，出版时名为《砚边馀墨》。

8月3日，韩国女学者朴贞淑（南京大学博士生在读）来电话告知拟翻译拙作《古典目录学浅说》，并请为韩译本撰序。后致专函并另附其导师张伯伟教授证明信。允之。

同日，多年前点校之《清嘉录》（原由上海古籍出版社出版），今由中华书局重版。

8月8日晚，奥运会在北京开幕，实现中华民族百年梦想。

8月19日，《启功书信集》由北京师范大学正式出版。我受委托为该书作序。

8月27日，先祖所著《中国文学史》由岳麓书社正式出版，本书由王振良君整理，陈平原教授撰序，潘友林君校核，由我写后记以纪其成书面世始末。

9月10日，应邀为南开大学信息资源管理系同学作"闲话读书"讲座。

9月28日，《南开大学报》发表《闲话读书》一文。

10月5日，向萧山"来新夏方志馆"寄赠史志著述，自今春以来已130余种。

10月9日，上海人民出版社虞信棠与毛志辉二先生将多年前拙作《中国古代图书事业史》及《中国近代图书事业史》删繁就简，合为一书，题名《中国图书事业史》，已列入该社专史系列。今寄来清样，11日校竣即寄还。

10月13日至14日，应邀为萧山乡镇党政干部集训班讲授北洋军阀简史。其间与有关亲友在住所相晤。

10月15日，参加第六届全国民间读书年会，下午自萧山飞抵济南，即改乘汽车至淄博。16日，参观足球博物馆、古车博物馆及古都博物馆等处，增加很多历史文物知识。

10月17日，第六届全国民间读书年会开幕，出席者有读书界知名人士及各民间刊物主编，共60余人。次日，访问赵执信纪念馆、蒲松龄故居及周村老街。

10月21日，《80后》由北方文艺出版社正式出版，系收我八十岁以后随笔之小集。共15万字，印数未见版权页。

10月24日，应校图书馆之邀，为全馆人员作"论国学"之学术报告。

10月31日，为《中国图书事业史》写后记，不日即可付印。

11月2日，在津参加由民间志愿者举办的第一届中国文化遗产保护天津论坛，文物界专家谢辰生等多人参加，我就"不忘历史，追求记忆"为题发表意见。谢辰生先生是我高中时国文老师谢国捷先生之弟，已近六十年未见面，畅谈甚欢，兴奋不已。

11月6日至7日，应国家图书馆之邀，在天津图书馆为整修图书培训班讲"经史子集概要"一课。

11月11日，在杨村附近之沙庄宾馆出席全国图书馆古籍年会，在大会作题为"古籍整理与保护"的发言，历时二小时。

11月30日，岳麓书社寄来《访景寻情》清样，至12月2日校竣，并配插图寄还。

12月5日，与上海交通大学出版社签约，编著《目录学读本》。为该社组编之"当代大学读本·国学基础系列"一种。

12月10日，审读《萧山市志》，并提出书面意见。

12月11日，出席校新图书馆建筑咨询委员会议，提出修改方案，被部分采纳。

12月19日至20日，应浙江桐乡市志办邀请，在桐乡市银园宾馆参加桐乡《洲泉镇志》评稿会。其间探望堂弟新铭一家和堂妹新华一家。会后赴萧山。

12月22日至23日，在萧山。与区志办沈迪云主任商谈整理点校《萧山县志稿》（民国二十四年本）工作，评论《萧山市志》部分稿件，并初步商讨编纂

《萧山丛书》规划。次日午后飞返天津。

12 月 25 日，阅读有关《清代经世文选编》资料，准备撰写该书序言。

12 月 26 日，上午与南开大学分校图书馆学系首届毕业生（1979 级）聚会，共庆入学三十周年毕业二十五周年。

2009 年，八十七岁

1 月 4 日，受聘为天津市建筑遗产保护志愿者团队顾问。

1 月 5 日至 10 日，北京超星数字图书馆来家为《说北洋》做讲课录像，每日两小时，中间休息一刻钟，已感疲劳。

1 月 10 日，按清史编委会文献组意见，修改我所撰《清代经世文选编》前言。

1 月 13 日至 14 日，以牛年将至，应《今晚报》约稿写《牛年颂牛》一文。

1 月 16 日，收到老友凌青所著《从延安到联合国》一书。凌青是林则徐五世孙，曾任中国驻联合国大使。该书自记其外交官生涯。

1 月 18 日至 20 日，整理旧物及藏书，挑出一批赠书，分赠萧山方志馆、图书馆及绍兴"来新夏民众读书室"。

1 月 21 日，应堂侄来明强之请，将祖父所著《萧山县志稿》、《匏园诗集》正续编、《中国文学史》等经我出资出版诸书一套寄其存念。

1 月 24 日，《清代经世文选编》初稿完成，装订成册，拟送往清史编委会审定。

1 月 25 日，今日为戊子年除夕。北京中华书局李晨光分卷寄来《近三百年人物年谱知见录》（增订本）校样。蓄志多年，今见实现，实感忻然。翌日为庚寅虎年元旦，虎虎生气，预兆明年学术事业，皆能有成。《知见录》清样每页皆有错漏，逐一改正。全书共 6 卷，迁延至 5 月方校完，但仍不免有错。校书如扫落叶，随扫随有，信然！

2 月 2 日，收到由我和静宜合写的《说北洋》一书之样书。上海科学技术文献出版社出版，17 万字，未注印数。本书为专题结构之普及本，入该社"大家说历史"系列。

2 月 3 日，香港学者林天蔚逝世后，其台湾友人曾一民筹划编印纪念集，林夫人征稿及我。我与林氏交往甚多，友情至密，乃写悼文《学兼史志的林天蔚》寄去。

2 月 4 日，《博览群书》杂志拟发《闲话读书》一文，并邀题写"博览群书"四字及"临渊羡鱼，不如退而结网"小幅，插入文内，应之。

2月6日至10日，应南京大学博士、韩国女学者朴贞淑译拙作《古典目录学浅说》之请，为韩译本写序，略述古典目录学之源流发展及作用等。

2月19日至20日，应浙江桐乡市洲泉镇之请，为其《洲泉镇志》写序。

2月27日，南京大学徐雁教授电邀加盟其《观澜丛书》，允之，拟选编一文史随笔集，题名"交融集"。袁逸亦有一书入丛书，请我作序。

3月6日，应福建教育出版社林冠珍编审之请，为《莫理循1910年西北行》一书写书评。9日完成付邮。

3月7日，校山西三晋出版社即出版之《书前书后——来新夏书话续编》清样。15日全稿校完寄还。

3月16日至18日，为袁逸《文澜阁上说书事》一书作序。出版时书名为《书色斑斓》。

3月30日至4月24日，因感冒、咳嗽转肺炎并心力衰竭住院，经抢救、医治二十余日，始出院回家休养。萧山沈迪云主任专程来津探望，表达家乡情意。

4月，原主编之《史记选》，经部分修改后，中华书局再次出版，共26万字，印行6000册。

同月，《中国图书事业史》由上海人民出版社出版。共39万字，印行3250册。

5月6日，《访景寻情》由湖南岳麓书社出版，即我在国内外游学所经记录，16万余字，印行5000册。

5月13日，北京师范大学出版社寄来《启功全集》6册，我忝列编委会成员。全集共20册，编排有次序，但出版时未按顺序推出，成一卷出一卷。

6月3日，应海源阁杂志约请，写《林则徐与杨以增》一文，于6日完成寄《中国文化》杂志。

6月13日，第三次修改拙作《太史公自序笺释》稿，仍需补充。

6月19日至23日，终校《书目答问汇补》清样。

6月25日至27日，为校图书馆90年纪念集写序。

6月，为答谢杭州图书馆多年支持，特捐赠自存社科类专业著述120余种。同月，向绍兴"来新夏民众读书室"捐书刊100册。

7月6日，为纪念《博览群书》300期，应邀写《我与〈博览群书〉》稿。次日完成寄出。此文后于该刊第12期刊出。

7月19日，"溥仪出宫"7篇，开始由《紫禁城》连载。

7月26日至30日，整理写定《张履祥年谱考略》，由《中国文化》杂志发表。

8月9日，为山东阿滢所编《我的中学时代》一书写序。

8月14日，受家乡萧山方志办委托，主持整理点校《萧山县志稿》（民国二十四年本），组织人员开始工作，并写前言。已与南开大学出版社签订该书出版合同。

8月31日，参与编辑之《近代中国看天津》一函4册由天津古籍出版社出版。

9月1日，写《我对二轮修志的一些看法》，交《中国地方志》发表。

9月3日，晚八时启程与静宜乘火车赴内蒙古包头，应邀出席第七届全国民间读书年会。5日上午九时，大会在鄂尔多斯正式开幕，我作有关读书之发言。次日，冒雨谒成吉思汗陵及博物馆。7日上午，大会学术讲座，为与会者作"北洋军阀史要略"讲演。二小时畅说北洋兴衰，亦一块事。8日返津。

9月11日，《人物》杂志刊出刘刚、李冬君夫妇合写的《瞧！那80后》一文，记述我的生活片段。值教师节得此一文，亦是一巧。

9月11日至14日，应崔国良之邀，为其所编《南开话剧史料丛刊》（三册）写序近3000字。自以为尚能撮其要。

9月13日，收到韩国朴贞淑女士寄来其所译拙作《古典目录学浅说》二册，惜不通韩文，仅作收藏，以备一格而已。

9月14日，王振良转来谢辰生先生题赠诗笺，诗曰："而今垂老尚何求，维护原则敢碰头。污吏奸商榨民脂，精英文痞泛浊流。群邪肆虐犹梼杌，正气驱霾贯斗牛。蒿目层楼忧社稷，坚持信念度春秋。"

9月18日，先祖遗著《易学通论》将由广东人民出版社出版，为之撰《后记》一篇，记其始末。

10月13日，为老友崔文印夫妇所著《籍海零拾》写序言。

10月23日至29日，因感冒发烧，住院一周。

11月3日，应《今晚报》之约，为撰《名镇小站》一文。

11月5日，《书前书后——来新夏书话续编》由山西三晋出版社出版。共14万字，未著印数。

11月12日，应南开大学出版社之约，整理编次《来新夏谈书》一稿，加盟"大家谈丛书"。从旧存稿中甄选，亦甚费周章。

11月22日，北京超星数字图书馆来录制我与宁宗一先生交谈读书与治学。

11月26日，撰《岛田翰的才与德》一文，与钱婉约女士商榷。

12月1日，为《南开大学馆藏清人稀见别集丛刊》写序。为张元卿、王振良主编《津门论剑录》题签。

12月3日，为刘刚、李冬君夫妇所著《文化的江山》写书评《期待美的历史——读〈文化的江山〉》。此书评后发表于《读书》2010年第6期。

12月4日，开始审校《萧山县志稿》（民国二十四本本）清样，共百余万字，又需数月之功。由繁改简，由直易横，极易出错，当敬谨从事。

12月16日，香港凤凰电视台"大视野"栏目来家录制有关袁世凯生平专题，讲"小站练兵"、"辛亥革命"及"洪宪帝制"三题，约一小时半。

12月19日，应北京中央美院画家赵胥之请，为其所藏饶宗颐诗题跋。

12月20日，应上海交通大学出版社之邀，开始启动《林则徐年谱新编》增订工作，易名为《林则徐年谱长编》。

12月21日，海宁虞坤林寄来其所编《陈乃乾文集》。陈氏为文献学前辈，一生致力学术。虞君所编，搜罗甚备，有许多可供参考的内容。

2010年，八十八岁

1月1日，校读《书目答问汇补》史部清样。

1月9日，《交融集》由湖南岳麓书社出版，今日在京首发。全书20余万字，由宁宗一先生作序。

1月12日，周轩、茅林立、林子东诸友人为林则徐年谱寄来增订意见，皆有可取。增订工作，日日进行，但进度甚慢，每增订一处，需翻检多种书籍。增难删亦难，校核文献尤难，因目力较差之故，更需加紧以抢时间。

1月13日至15日，暂停《林则徐年谱长编》增订工作，集中力量审定《书目答问汇补》子部、集部和附录，悬疑问题不少，应尽量消灭。

1月22日，静宜赴京，午夜登机赴埃及参加开罗书展。顺访南非。

1月29日，为《南开大学图书馆藏清人别集161种提要》写序，历时二日完成。

2月14日，夏历新年，各方好友纷来贺年，我亦以电话向亲友贺年。

2月22日，《书目答问汇补》定稿，明日将请天津图书馆李国庆君亲送中华书局，交崔文印兄编辑处理。李亦系《汇补》一书作者之一。

2月26日，为纪念南开大学校父严修150周年诞辰，开始写《应该怎样评价严修》一文，批评近年评价严修之欠公允。3月2日完成，寄《社会科学论坛》。

2月27日，收到邵燕祥著《别了！毛泽东》一书的电子版。主要记述其个人自1945年至1958年十三年间的经历，系其自传的一部分。真情吐露，颇具胆识。

3 月 1 日，应山东图书馆馆刊韩淑举女士之邀，采写访谈录《人生就是如此》，此文后刊于《山东图书馆学刊》本年第 4 期。

同日，《今晚报》王振良君送来《天津记忆》4 卷，并就评选天津十大藏书家及召开严修 150 年诞辰纪念会等事交换意见。

3 月 4 日，天津图书馆李国庆君赠《三十三种清代人物传记资料汇编》全文影印本，对研究清史颇有参考价值，深表感谢。

3 月 5 日，湖南岳麓书社社长曾主陶由长沙来探望，赠《陶澍集》一套 10 册。陶氏著述大致收齐。

3 月 9 日，为校图书馆编写之《南开大学图书馆藏书稀见清人别集丛刊》写序，题为"清人别集的价值"，在《南开大学报》发表。

3 月 10 日，补写 2009 年个人学术简谱。

3 月 11 日，校图书馆办公室人员刘忠祥陪同静海县梁头镇书记王台博来舍，要求为该镇撰《迁坟记》碑文。我以事关公众，允予考虑，待实地考察后再谈。

3 月 23 日，清史编委会文献组王汝丰及宝音二先生来津，转达专家对我主持编纂之《清代经世文选编》的意见。此为第三次送审回馈意见。文献组要求在 3 个月内修改完毕。25 日，即开始终校《清代经世文选编》稿第一册。

3 月 28 日，继续整理增订《林则徐年谱长编》，发现原作问题不少。文章千古事，得失寸心知，幸有此次增订，得以改正若干误处，稍渎前愆。

3 月 29 日，《萧山县志稿》（民国二十四年本）由南开大学出版社正式出版，共百余万字，印制、装帧质量精良，即请社内经物流运往萧山。

4 月 2 日，下午，应崇化学会等民间组织之邀，参加纪念严修 150 年诞辰座谈会。我在会上作题为"怎样评价严修"的发言，主要阐述严氏对南开大学的创建之功。

4 月 9 日至 10 日，应商务印书馆之邀，赴京参加"中华现代学术名著丛书"论证会，到会者各推荐名著。南开尚有冯尔康教授与会。

4 月 14 日，收到戴逸教授寄来所著《涓水集》，约 40 万字。主要为其主持清史编纂工作以来所写之文章，颇有参考价值。

4 月 21 日，审定《近三百年人物年谱知见录》（增订本）最后样稿，查证核对，历时十日，订正错讹多处。著书之难如此！

4 月 25 日，山东夏津潘友林持其笺释之《德州旧志十种》定稿来请序。潘君整理编次此书十多年始成一书。

4 月 30 日，国家文物局顾问谢辰先生来访。辰生先生是我中学时业师谢国捷先生八弟，与我同龄。他历年为保存古建筑遗产竭尽心力，今垂垂老矣，犹在奔走四方，呼吁抢救，的是难得。

5月7日，撰写《静海梁头镇南五村迁坟碑记》。由平遥冀有贵书丹，9月勒石。

5月10日，美国俄亥俄大学图书馆原馆长、现美国国会图书馆中文部主任李华伟博士来津商谈中美合作交流项目，特邀共进晚餐，老友重逢，交谈甚欢。

5月20日至26日，应江苏《泰州日报》邀请，参加《泰州城脉》一书的评论会，有泰州、兴化、苏州、常熟一行。21日，上午参加《泰州城脉》一书评论会。下午参观国家主席胡锦涛旧居，为两进瓦舍；又参观梅兰芳纪念馆。22日，上午离泰州去兴化，参观郑板桥、施耐庵纪念馆，郑板桥故居，简洁有趣，想见板桥当年风范；下午到苏州。23日，上午在拙政园与常州谱牒学会会长朱炳国晤面。彼此交谈有关谱牒收藏、研究、推动等问题。24日，上午去留园游览，下午在太湖西山雕花楼入住。经王稼句等人介绍，静宜夫人同意，收"吴门小女子"吴眉眉为女弟子。晚餐前行传统拜师礼，我赠以"博观约取，好学深思"八字为勉。25日，上午参观雕花楼。该楼原系徐氏仁本堂旧产，历康、乾、道、咸四朝始修成，以雕花胜。惜"文化大革命"中破坏严重，幸存者十不一二。阅残破情状照片，不禁欷歔。应现业主黄涛之请，为写"燕怀堂"匾额一方。下午去常熟理工学院，并参观新校园。26日，上午参观瞿氏铁琴铜剑楼。瞿氏四代藏书，为晚清四大藏书家之一。藏书楼已修缮一新，惜内部旧藏均为再造善本及复制品，仅有一处为旧宅，可付一叹。出铁琴铜剑楼到脉望馆，此楼为明人赵用贤父子藏书所也。楼已被官方用作古琴研究会会所，楼中空无一物，即复制品亦无，较铁琴铜剑楼尤惨。出脉望馆到翁同龢纪念馆，翁氏为当地望族，清末名公。馆内尚有若干件遗物。应馆人之请，为题"两朝帝师 一代荩臣"八字。明清名藏，落此境况，不悦者终日。午后，乘车去杭州转至萧山。

5月27日，与萧山志办沈迪云君谈《萧山丛书》编纂问题，有共同意向，细节尚待磋商。

5月28日，萧山志办来人拍摄口述史录像，谈三点内容：一谈童年在萧故事，二谈目睹故乡经济发展感受，三再谈提出注意"跛足经济"问题，即不能注意发展经济而忽略文化建设。

5月29日，绍兴图书馆馆长赵任飞来萧采访我对古越藏书楼的评说。徐树兰父子出其家藏，益以资金，建楼设馆，化私藏以济公众，开中国近代图书馆之先声。其理念与事迹，确应广为宣扬。次日，由萧山乘机飞返天津。

6月2日，约信息资源管理系主任柯平谈《目录学读本》的编纂方法。10日柯平即送来《目录学读本》大纲，相互切磋后确定。由柯平邀约国内目录学学者分工撰写，定6月下旬集会分任务。

6月5日，《清代经世文全编》竣事，由我执笔写序。全稿已交学苑出版社。

6月8日，中央美院赵胥送来其为祝米寿而作我的油画肖像一幅，高约1.5米，形神具备，其情可感。

6月10日，因事务较繁，《林则徐年谱长编》增订工作已停顿数月。今日重新启动，已至"道光二十一年"。

6月11日，收到苏州王稼句所著《端午》一书。

6月12日，参加由《云梦学刊》与《南开学报》共同举办之"名校与学术发展"讨论会，我就南开大学有关学术弊端作了半小时发言。

6月13日，收到《人民日报》李辉寄来所著《胡风冤案始末》及《绝唱谁听》二书，皆独抒己见之作，斯人也而著斯书。

6月18日，应在宝坻区任职贾凤山、张殿成二生之邀，到宝坻温泉城度米寿。静宜恰为六十大庆。

6月22日，为江山方东武著《方志语言学》撰写序言，以其书资料丰富而有创意也。

6月25日，出席天津北塘民俗文化协会揭牌仪式，会上作题为"民俗文化的意义与北塘文化传统"的发言。

6月28日，受聘为今晚报社等单位合办的天津市藏书家评选活动顾问。

7月1日，邀山东夏津潘友林来津，助编《近三百年人物年谱知见录》（增订本）索引。

7月2日，收到苏州王稼句选编之《苏州山水文选》。

7月8日，中央电视四台来家采中国地方志发展情况，主要谈及地方志的三大功能及新编志书的要求等问题，历时三小时。

7月10日，召开《目录学读本》编写工作会。就《读本》体例、编写有关问题，以及个人承担章节、交稿限期等事，进行研讨分工。

同日，收到广东人民出版社寄来先祖来裕恂先生遗著《易学通论》样书。

7月13日，完成《林则徐年谱长编》第一轮修改增订工作，交付打印。

7月27日，为《中国德奥战俘营》（福建教育出版社出版）一书写书评。此书发掘新史料，论证中国对战俘之人道行为。

7月31日，去蓟县黄崖关半山坳休暑假。

8月1日至5日，受清史编委会委托，审定《朴学志》稿。此稿虽经多次修订，但仍有小疵多处，提请主编祁龙威先生参考。

8月8日，收到湖州张建智撰《王世襄传》，内容充实，文笔流畅。惜传主未能于身前见书。

8月16日，写《林则徐年谱长编》序。

同日，《来新夏谈书》由南开大学正式出版，书品甚佳。

8月26日，参加在天津图书馆召开的"中国私家藏书文化论坛"，与会者有江、浙、闽、鲁、京、津、内蒙古等地藏家。我在会上作关于藏书文化的主题发言，并向大会赠《来新夏谈书》60册。会上宣布"天津十大藏书家"评选名单，百岁卞慧新先生获榜首。

8月27日，下午由王振良和李国庆主持在天津图书馆会议厅举办"来新夏教授米寿纪念会"。参加藏书论坛的各方人士均来祝贺。

9月3日，天津地方政府修复旧公园宁园（原称"北宁公园"）。应《今晚报》之邀，为写《宁园八十年》一文。

同日，收到古建筑保护专家、国家文物局顾问谢辰生所赠《谢辰生先生往来书札》（中华书局出版）。

9月12日，整理校对80年代初选注的讲义《中国图书文献选读》，并编目录，拟自费家印200册，供编写《目录学读本》诸君参考并赠后学。

9月15日至16日，下午应中国地方志指导小组邀，赴京在怀柔宽沟招待所参加《方志百科全书》编委会。由主编朱佳木阐明主旨，编纂起草人作说明后进行讨论，在各说各话的基础上有所争论，尚称平实。

9月19日，因宣传、推动藏书活动及参与藏书家评选，被十大藏书家评委会授予"特殊荣誉奖"表示慰问。

9月25日，澳门大学邓骏捷来访，受邀担任澳门文献学会顾问。

10月9日，应邀出席天津邮政博物馆开馆仪式，展品中有多件不可多得之佳品。

10月12日，从网上购得林则徐父之《林宾日日记》甚便捷，价亦合理，较自图书馆借书方便多多矣。

10月13日，应中国第二历史档案馆之请为《北洋政府档案史料丛书》题"北洋档案 史学宝藏"八字。

10月18日，北京赵胥送来学人致陈垣师信函复印件一束过目，约有十几封。原件得自潘家园，藏北京韩斗处。写信人有伦明、朱师辙、谢兴光等。此束函件均见于陈智超所编《陈垣来往信札》一书。应允为"学人致陈垣师函件"

题跋。

10 月 19 日，再校《林则徐年谱长编》，仍有明显错误，著书之难可见。

10 月 30 日，老友孙致中整理《沈约集》完成，请我作序，应之。

11 月 9 日，上海东方出版中心编辑王卫东来访，约将《北洋军阀史》加盟"中国文库"，可略加修改，不动架构，年终交稿。与静宜、莫建来商量，由他二人负责校订。与王卫东签约。

11 月 11 日，修订《清代经世文选编》结项书及汇报稿。

11 月 12 日，收到海宁图书馆所编《馆藏金石拓片集》，有较多珍品，不可等闲视之。

11 月 15 日，下午李国庆送来《书目答问汇补》索引稿，请我最后审定，并商量确定向清史编委会文献组汇报稿。

11 月 18 日，校图书馆古籍部主任张伯山等人来家采访，为家谱库制作视频。

11 月 21 日，应山东于晓明之约，写《我与日记的因缘》一文，为其所编《日记丛刊》作代序。

11 月 27 日，清史编委会文献组在京召开《清代经世文选编》结项会。因身体不适，由李国庆代表出席，听取各方意见。

12 月 3 日，应萧山方晨光之请，为写《水脉萧山》序言。

12 月 10 日，开始对《林则徐年谱长编》作最后一次校订，年末始完成。抽查浏览，尚有误处，拟再翻检一通。

12 月 15 日，应浙江省方志办老友魏桥之邀，为写《浙江历史大事记》评论。

12 月 17 日，常州朱炳国寄来《钱塘孔氏宗谱》，共两大册，黄绸封面，装帧讲究，捐赠萧山方志馆。

12 月 20 日至 21 日，校订《中国图书文献选读》校样，题书签后，即付印发。

12 月 24 日，为母校旅津广东中学 90 年校庆撰文。

2011 年，八十九岁

1 月 5 日，收到中华书局寄来之《近三百年人物年谱知见录》（增订本）样书一册，惜封面印制有差错。据责任编辑李晨光告知已重作，特寄我一册，留作版本参考。

1 月 12 日，《林则徐年谱长编》再次校订完成，待上海交通大学出版社责编冯勤君来津自取。

1月19日，《姚灵犀与〈采菲录〉》一文已完成，交《博览群书》发表。姚氏一生坎坷，为人诟病，以其对缠足之研究为不屑，此文则特表其事于世。

1月22日，整理图书。向萧山图书馆、方志馆及绍兴民众读书室分别捐赠图书200余册。

1月26日，上午，中华书局李晨光等人来津送《近三百年人物年谱知见录》（增订本）样书。下午，商学院李维安院长来家慰问。

2月8日，上海交通大学出版社冯勤到津，取《林则徐年谱长编》校定稿，并交换意见，取得一致。居二日返沪。

2月19日，赵胥、臧伟强、韩斗、赵鹏飞等四人由京来津。臧君收集民国期间名人著述及刊物成一书，请作序。我对其所著建议四条，并允改订后作序。为赵胥君书"朴庐"匾一幅。

2月28日，复香港浸会大学刘咏聪教授函，告知已收到《中国妇女辞典》，其中有我所撰数条。

3月2日，中华书局李晨光送我自购《近三百年人物年谱知见录》（增订本）100册来津。

3月3日，故友张公骕之子张智恺等人来舍，为纪念其祖上张之万200年诞辰所编纪念集请序。张之万为公骕之祖父，情不可却，允之。

3月10日，超星公司来为我与宁宗一先生做对谈录像，主题是论"国学与国学热"。今日之谈国学者滥矣！谈者多不知何为国学，又何能界定国学？我以为国学者经史子集之学也。

同日，为天津市历史学会艺术史专业委员会"天津雅集"活动题词；为王振良著《稗谈书影录》题签。

3月25日，国家版本图书馆馆长左晓光等三人来访，咨询有关版本图书馆建立诸问题。

3月28日，清史编委会文献组王汝丰等二人来津，商谈《清代经世文选编》结项问题。五六年辛勤劳动，终有眉目。

3月29日，为岳麓书社写《李文清公日记》推荐书。认为此书有史料价值，并按古籍整理则例行事，但建议书名可不必用谥号。

3月31日，国家图书馆善本部李际宁等三人来津相谈，主要内容是：一、鉴定《绍英日记》的史料价值。二、为纪念冀淑英师姐逝世十周年邀我题词，遂以硬笔书"重笔无锋"四字，并题跋语以赞扬冀师姐谦抑高风（此题词后刊于《文津学志》第四辑）。三、征集手稿，允找到后即捐赠。

同日，中华书局编审崔文印先生为《近三百年人物年谱知见录》（增订本）所写评论在《中华读书报》发表。崔为三十余年来支持本书撰成之老友，并以古稀之年亲任该书责编。

4月1日，应南开大学中共北村离休支部与政府学院研究生支部之邀，演讲"辛亥百年"，颇得好评。

4月3日，写《说三正》一文，经二日完成。

4月11日，应解放军交通运输学院之邀，为师生演讲"我的国学观"。

4月13日，洛阳市志办主任来学斋来访。他是我来氏洛阳宗脉，书信往来已久，今始晤面。

4月16日至17日，在津召开《目录学读本》研讨会，有南京大学、郑州大学、黑龙江大学及中华书局、天津图书馆等多位专家参加，对《读本》成稿进行全面审定。

4月20日，应宝坻区政府之邀，审订《天津市宝坻区文化广场建设规划》，从历史文化角度提出意见。

4月21日，"世界读书日"（4月23日）之际，应天津财经大学图书馆馆长唐承秀之邀，前往演讲"读书与人生"。除财大师生外，附近各校师生亦来听讲，约500余人。

4月29日，参加南开大学主办之"天津城市形象论坛"。我发言提出天津应属"河海文化"，方能与天津城市发展状况相合。

4月间，为《中国社会科学报》撰《以旧志考辨 以新志存史》一文，供该报地方志专刊使用。

5月6日，应南开大学图书馆之邀，与馆员及学生座谈读书问题。此虽老生常谈，但每有新意触发，如据蒋、毛同样读《曾国藩集》而得不同实效之事，分析如何读书方能有得等问题，极为有趣。

5月9日，完成张之洞致张之万函之注释，寄澳门邓骏捷，拟发《澳门文献信息学刊》。

5月17日至18日，与天津市地方志办公室原主任郭凤岐由津赴京出席"地方志条例颁布五周年暨地方志协会成立三十年纪念会"。我在发言中回顾三十年来新地方志编修之艰辛历程，对《条例》之颁布表示祝贺，有规可遵终胜无例可循。

5月27日，应南开大学历史学院之邀，为中国史方向研究生作党史讲座，讲题是"历史的转折"，将中国近代史上的鸦片战争、辛亥革命及中共建党作为三个历史转折点，进行史事论证。

5 月 28 日，读清乾隆时人徐文斌所著《莅任初规》，将其中《览志书》一则影印，寄广东省志办陈强，应其所请。

同日，读《萧山市志》第四册，为调查研究专集，内容充实，为新编方志又一创新发展，值得肯定。

6 月 3 日，内蒙古教育出版社寄来新出版随笔集《砚边馀墨》样书 5 册，13 万字，未知印数。

6 月 8 日，在京出席中华书局召开之"《书目答问汇补》《近三百年人物年谱知见录（增订本）》首发式"。《书目答问汇补》历六十余年，又得韦力、李国庆二君契洽合作而成书，此书（全二册）120 万字，印刷 3000 套。《近三百年人物年谱知见录》（增订本）110 万字，印刷 3000 册。刘梦溪、王汝丰、刘玉才、黄曼萍、孙文泱、冯尔康、李岩、徐俊等 20 余人到会，对《知见录》及《汇补》二书给以鼓励，

6 月 12 日，出席西泠印社和阅读学会共同举办的"顾批黄校学术讨论会"，会议在杭州西湖畔举行。应邀以到会学者代表发言，发言者还有艾思仁（美）、姚伯岳、李庆、刘尚恒等中外专家。午后去萧山。

6 月 13 日，上午，区志办沈迪云主任来访，商定编纂《萧山丛书》，以萧山区志办与南开大学地方文献研究室共同署名，聘我为主编，由萧山区志办申请专款。

6 月 14 日，在萧山图书馆与老友浙江大学毛昭晰教授会面，并陪同参观我向馆内捐书之专藏馆。

6 月 15 日，上午由萧山图书馆孙勤馆长陪同赴绍兴，与绍兴图书馆馆长赵任飞就绍绅徐树兰古越藏书楼评价一事探讨商榷。下午，南开大学校友潘建国来车接往其所经管之法华寺工地参观，并见习禅修过程。

6 月 20 日，请市图书馆李国庆来舍谈《萧山丛书》有关事宜，即着手制作样书二种。

6 月 22 日，湖南《书人》杂志萧金鉴来函，约稿一束及照片，拟出一专辑。

6 月 29 日，中华书局李晨光送《书目答问汇补》百册来津。抚摸新著，内心喜悦，等待各方评论。

7 月 1 日，开始陆续向各方友人致送《书目答问汇补》一书。

同日，撰写《中国近代史上的两个重要标识》一文，为纪念今年辛亥革命百年及中共建党 90 年而作。后由《博览群书》发表。

7 月 13 日，山西冀有贵先生为当地著名书法家，曾主编《平遥县志》，其得好评。今又自《汾州府志》中辑出《平遥篇》单册出版，请我作序。今完成

寄冀氏。

7月15日，为庆九十初度，特自近年随笔中选辑《不辍集》一册，约 30 余万字。经柴剑虹师弟介绍，由商务印书馆江远先生接受出版。

7月20日，华北地区图书馆协会年会将在津召开，征集五省市人员撰写论文，集成《华北图协第二十五届学术年会论文集》，请我作序，乃述二十余年协会发展变化状况及个人感受以应。

7月21日，为中学母校旅津广东中学（现天津市第十九中学）九十年校庆书"百年树人"四字以贺。为广东人民出版社卢家明书《词林别裁》书名。

7月22日，中华书局李晨光先生携孔夫子网人员运《近三百年人物年谱知见录》（增订本）及《书目答问汇补》二种各百册来津，请为网购读者签名，各签 50 册即感疲劳停止。

7月25日，接受孔夫子网书面采访，按孔夫子网提出的书面问题作答，主要谈家学、师承、二书撰写经历及自我评价等。

7月28日，为旧友海宁陈伯良的《海宁文化丛谈》写序，成文后即寄陈氏。

同日，读窦坤所著《莫理循与辛亥革命》一书。此书为应辛亥百年而集莫氏有关辛亥之报道、论述等内容。

7月30日至8月3日，去蓟县休养。其间整理《不辍集》篇目。

8月4日，徐建华派学生冯恺悦及鲍天罡二人协助《来新夏文集》搜集资料工作，开始按文集纲目从各书刊中搜求。

8月7日，《不辍集》基本编次成稿。

8月12日，为中华书局百年纪念，李晨光与梁彦来家访谈我与中华书局五十年交往，并请题词。为书"互为衣食父母"，并允以此为题撰文祝贺。

8月14日，校读上海交通大学出版社将出版之《林则徐年谱长编》稿，错误较少，进度较快，18 日完成。即寄上海冯勤。

8月17日，韦力君介绍加拿大华人学者沈迦先生来访，其收藏林则徐手迹便笺若干页，请我过目。

8月21日，为萧山方晨光乡友写《湘湖史》序。

8月22日，为山东自牧君《自然集》写 500 字小序。

8月27日，应福建教育出版社林冠珍女士之请，为闵杰先生所著《影像辛亥》一书写书评。

8月31日，撰《书名异同及其他》一文（9月14日发表于《中华读书报》），以应钟叔河先生。

9月3日，为清华大学刘蔷女士所著《天禄琳琅书目研究》一书写序。

9月5日，开始审读《目录学读本》前半部分。

9月8日，市图书馆李国庆君陪同北京文明书局人员来舍，请我任《中国地方志文献·学校考》顾问，并请写序，允之。

9月10日，信息资源管理系博士、硕士生来家祝贺教师节。

9月14日，华北地区图书馆协会第二十五届学术年会在津开幕。应邀以创建人身份出席并讲话，谈人脉与学术二题。

9月25日，整理早年所著《太史公自序笺释》。

9月27日，出席由中华书局在天津孔庙召开的《君子之道》一书的研讨会。

9月，《北洋军阀史》被列入中国出版集团发起并组织的"中国文库"（第五辑），由东方出版中心出版面世，为精、平装二种。

10月5日，连日读祝勇著《反阅读》一书。此书写20世纪六七十年代中国局势，以身体之力比度与撞击感立论，虽多异说，但颇有新意。

10月14日至23日，在天津武警医院住院全面查体。

10月28日，应王振良之请，写《天津记忆》百期纪念短文，并为其拟办之新刊题"问津"二字。

10月31日，为国家图书馆博士后山东丁延峰君著《海源阁藏书研究》撰序。

11月2日，商务印书馆寄来《不辍集》校样，开始校核。

11月4日，李国庆君来舍，告知《清代经世文选编》已结项，并将由黄山书社出版。

11月5日，应王振良之邀，到南开大学专家楼参加《天津记忆》百期纪念会，到会者有天津民间文史工作者30余人。

11月7日，柴剑虹师弟介绍海盐朱岩先生持其所著"海盐历史文化丛书"来舍请序其书。11日完成寄发。

11月11日，下午应南开大学历史学院研究生会之邀，为该学院硕博生讲述"我的治学经历"，主要为治学方法及入门门径。

11月12日，北京师范大学为筹办明年启功老师百年冥诞纪念活动，邀我撰写纪念文章，拟题为"七十年师生琐碎情"。回首往事，多有感慨，月末成稿寄出。

11月15日，拟定《萧山丛书》第一辑选目21种，送萧山审定。

同日，收到清史编委会颁发之《清代经世文选编》结项证书。此项目历时五年，终于告成，甚感喜悦。

11月19日，接待天津《渤海早报》采访有关读书问题，历时三刻。

11 月 22 日，北京赵胥来舍，谈及在广州收集到杨鸿烈所撰《孙中山年谱》稿。

11 月 24 日，为所著《书文化九讲》题书签、写前言。

11 月 29 日，前允《互为衣食父母》一文完成，寄中华书局。

12 月 3 日，补写自传中之一节，题为"土改九月"，系回忆性长文。当年留存资料多被"文革"毁掉，历经六十余年，一事回忆即需多日，甚为艰难。此文至 23 日方成稿。

12 月 8 日，天津电台记者来采访，谈有关北洋军阀在天津诸事，历一小时。

12 月 13 日，应乡友沈迪云先生之请，为其家祠题"永义堂"匾额。

12 月 15 日，中国地方志指导小组领导层更迭，新班子来津舍慰问，并征求意见。

同日，《萧山丛书》第一辑选目确定。

12 月 23 日，首都师范大学孙文泱先生寄来《书目答问补正（增订本）》，所补为新出古籍，与《书目答问汇补》正可互补。

12 月 28 日，为《编辑之友》写卷首语《编辑的苦乐》一文。

2012 年，九十岁

1 月 13 日，国家图书馆李际宁先生来家洽谈捐赠手稿事，允将《林则徐年谱》和《近三百年人物年谱知见录》二书手稿捐赠。

同日，深圳图书馆原馆长吴晞先生来访，谈编辑出版《来新夏文集》事。我将选编工作全部委托徐建华教授承办。

1 月 16 日，旧友天津大学校长李家俊教授来访，畅谈大学教育问题。

1 月 19 日，市图书馆李国庆先生来谈希向新馆捐书事，允之。经整理，3 月 9 日向市馆赠书 1000 余册，为在新馆开设"名人书房"之用。

2 月 6 日至 13 日，又校订已出版的《近三百年人物年谱知见录》（增订本）。

2 月 15 日，中华书局版之《清嘉录》点校本再版。

2 月 16 日，小友赵胥君开始编选《来新夏随笔选》，祝我九十生辰。此书为繁体字竖排精、平装本，谢辰生先生题签，5 月由朴庐书社印行。甚感。

2 月 18 日，绍兴图书馆副馆长王以俭寄来《浙江藏书楼》光盘一套，内有对我的访谈。

同日，中华书局通知拟再版《古典目录学》。

2 月 25 日，李孟明君送来南京齐先生所赠新印线装书二种。一为汪兆铭的《双照楼诗词稿》；一为袁寒云所藏善本书提要 29 种，所藏善本早已散去，仅遗提要稿,周叔老为之印行。

2月27日,山西张继红兄寄来拙著《书文化九讲》样书20册。该书为山西古籍出版社2006年版《书文化的传承》易名后由三晋出版社再版。

3月14日,南京董宁文邀加盟"开卷书坊",选编《邃谷序评》以应。

3月15日,国家图书馆陈红彦等三人来家取所捐《林则徐年谱》《近三百年人物年谱知见录》等手稿,并致送捐赠证书。

3月19日,择选中外图书馆学有关著述170余种捐赠萧山图书馆。同日,向绍兴民众读书室寄赠书刊50余册。

3月28日,《不辍集》出版,商务印书馆陈洁编辑亲自送来样书。版权页标注31.25印张,未标注字数、印数。

4月1日,接受《南方都市报》记者赵大伟采访,谈学者书房问题。

4月2日,为湖州师范学院图书馆原馆长王增清所著《湖州文献考索》写序。

4月11日,近日捐赠书较多,以致自用不便,内心未免吝惜,写《散书之痛》一文。

4月13日,为上海作家韦泱题"东临轩";为南开校友捐建的湖北南漳"漳河源南开桥"题写桥名。

4月21日,萧山申屠勇剑来舍。申屠多年收集萧绍地区各种文书契约,积有成数,在萧自建一博物馆展出,并为展品写说明。近将图文印成一册,名《白纸黑字》,我为作序。

4月23日,为《中国文化》写学人寄语《从根做起》。

5月7日,吴眉眉写成《桃花坞岁时风情》一书,图文并茂,流畅可读,为写书评一篇。

5月上旬,孙勤主编《友声集——来新夏教授九十初度暨从教65周年纪念集》由中华书局出版。承各方有朋厚谊收录评论文章80余篇。

5月21日至22日,故乡萧山举办"来新夏教授学术思想研讨会暨九十华诞庆典",与会者近百人,江南朋友大多莅临,乡情无以回报。

6月1日,校图书馆在新馆大厅举办"一簑烟雨任平生——来新夏先生九十初度著述展",副校长佟家栋出席开幕式并讲话。

同日,受聘任福建严复研究会名誉顾问。

6月8日,上午,校院主办之"南开大学来新夏教授九十初度暨从教65周年学术研讨会"在商学院礼堂举行。校长龚克到会致贺并讲话。家乡萧山政府代表沈迪云和童铭专程来津贺寿。甚感同仁、嘉宾及弟子盛情。

6 月 9 日至 10 日，王振良等友人组织"弢盦九秩诞辰系列庆祝活动"，长江以北友人近百人到会致贺。

6 月 20 日，为萧山志办莫艳梅女士方志论文集写序。

6 月 26 日，为赵胥《朴庐藏珍》写序。该书收录民国时名人手札原稿近百件。

7 月 2 日，为宁宗一教授《心灵投影》一书写序并题书名。

7 月 3 日，就京剧《火烧望海楼》创作前后情况，接受天津市历史学学会艺术史专业委员会和今晚报社记者联合采访。

7 月 13 日，审读高校古委会所编之《美国图书馆藏宋元版汉籍图录》稿，并为之作序。

7 月 15 日，为天津师范大学教授谭汝为主编《天津方言词典》一书写序。

7 月 17 日，为王振良题"饱蠹斋"匾。

8 月 16 日，审读《〈太史公自序〉讲义》稿。该稿原题"《太史公自序》笺释"，以尚难名实相符，改易现名。

8 月 26 日，写《天外有天》一文，以补订对明人柳稷生平之不足。

9 月 5 日，写《说写书序》一文，寄《中华读书报》发表。

9 月 5 日至 7 日，《读〈太史公自序〉札记》一文完成，约万余字，寄《中国文化》。

9 月 23 日至月底，读清人程余庆辑《历代名家评注史记集说》，随读随补订《〈太史公自序〉讲义》内容。

9 月，《书目答问汇补》一书获 2011 年度全国优秀古籍图书奖一等奖。

10 月 3 日，为河北彭秀良所撰《王士珍传》书名题签。

10 月 5 日，为常州朱炳国君所著《常州宗祠》写序，并题书名。

10 月 9 日，与吴天颖先生在电话中交谈有关其所著钓鱼岛专著中若干问题，并将整理成文以备其参考。

10 月 14 日，写《赠书后篇》，指陈其事之弊端。

10 月 17 日，北京刘梦溪先生寄来所著二书，一为论陈宝箴与戊戌变法，挖掘甚深，史料亦丰，颇有新意；一为论知识分子之狂放，亦别具特色。

10 月 21 日，南京张元卿君来探望，对其博士论文选题进行交流探讨。

10 月 22 日，写《〈冀州市志〉序》，应乡友周金冠之托。

10 月 24 日，与市图书馆历史文献部主任李国庆共商《萧山丛书》编纂工作。

10 月 26 日，为天津文化耆宿、已故龚望先生百年纪念书画展题辞。

10月28日至11月1日，应《北京日报》之约，为写《清人笔记与经济学研究》一文。

11月2日，写《重回翟庄子》一文，回忆"文化大革命"时在农村下放劳动的往事。

11月8日，向萧山方志馆寄赠修志早期各地自办刊物2100余册，以作历史文献留存。

同日，应王君振良之请为问津书院题写"问津书院"一幅，下午振良取走。

11月10日，应邀出席绍兴图书馆举办"古越藏书楼暨绍兴图书馆110周年纪念会"，在学术研讨会上作"古越藏书楼对阅读的影响"专题发言。

11月11日，上午会议结束，离绍赴萧。下午，杭州政协徐敏、十竹斋魏立中二君来接，陪同赴杭州访寻出生地——中城三元坊。旧巷尚在，故居则已换矗然高楼，坊邻旧有中国银行，今经整修，仿佛旧物。14日回津。

11月27日，邀人为《萧山丛书》第一辑所收录各书撰写前言。

12月1日，应姪来明敏姐妹之请，寄赠先祖来裕恂先生著述《萧山县志稿》等5种各5册及自著《邃谷文录》《三学集》至杭州。

12月6日，接待《中国研究生》杂志的采访。

12月15日，为武汉大学教授司马朝军所著《续修四库全书杂家类提要》一书写序。

12月21日至28日，总医院安排住院进行全面体检，结果是大病不重，小病不少，多为退行性变化，善养而已。

12月31日，中华书局再版《古典目录学》，寄全份清样供订正。

2013年，九十一岁

1月1日，今日为元旦，晨起与妻互贺新年，与在台湾二弟新阳通话贺年。

1月2日，向市图书馆和校图书馆借书，校《〈太史公自序〉讲义》稿。

1月3日，为天津艺术史料中心书写牌匾，连写二次即成，心中高兴。

1月4日，李孟明来舍，代南京齐新民、齐康父子转送所刻印戏剧资料，回赠齐氏父子《来新夏随笔选》一册。

1月5日，校读李笠《史记订补》一书，又补充拙作一次。

1月6日，自市图书馆借得《半岩庐遗集》，撰者为邹懿辰，我误为邹懿行。出此一误，实为轻心。

同日，下午，于良芝送来李华伟博士函。三十年老友，现已退休，尚有音问。近日收到各地贺年卡，一一回复。

1月7日，刘刚、李冬君夫妇来家，告知为我写传的初步架构。该夫妇多有著述，当听其信笔，待其成作。

同日，校图书馆文献部张伯山又设法找到《观堂集林》，用以补《〈太史公自序〉讲义》稿中缺字，并派专人送来，甚感。

1月9日，上午抓紧时间以校图书馆借来之《观堂集林》校正《〈太史公自序〉讲义》稿，历四小时而毕。至此，讲义稿已基本定稿。此稿初撰于20世纪60年代，近又历时三年整理修改始成。

1月10日，王振良来，告知拟接编《藏书家》杂志并约稿，允之。

1月11日，为司马朝军著《续四库全书杂家类提要》撰序完成，即日寄出。其间向市馆借阅《续四库全书提要》以参阅核正原稿，得李国庆君大力支持。

1月16日，向萧山方志馆、萧山图书馆捐赠图书5箱，今由物流发寄。

1月17日，整理内务，发现一袋有关年谱的资料，未知是否用过，请文学院刘运峰教授来家，将此资料相赠。刘君对年谱有兴趣，可由其定去取，续作年谱提要。

同日，陈志超先生电话，商务印书馆拟出版陈垣老师《中国史学名著评论》一书，现仅存提纲而无具体内容，知我保存当年课堂笔记稿，希能提供，作为陈师讲稿的补充。邃听之下，以能附骥陈师遗作之后而兴奋，既传承师教，又有益后学，当即表示同意。

1月18日，寻出七十年前课堂笔记，往事历历在目，不胜感慨。听陈师"中国史学名著评论"课于1943年9月至1944年6月，当年课后恭楷誊清，并装订成册。现虽纸已黄脆，却清晰可辨。弘扬师门亦人生一大幸事，拟将以两月之力重新审读，整理订正。

1月22日，连续订正课堂笔记，逐一查核引文，并加标点，煞费苦心，也颇有收获，确有误处与漏失，唯进度较慢。

1月24日，拟编《旅津八十年》一书，收录所撰有关津沽之文字，初编目录得五六十篇，经振良搜集又增若干，已得10余万字。

同日，订正课堂笔记已至《汉书》，暂停。

1月26日，徐建华挈学生二人来家核对《文集》所收各文所缺出处者，约有百篇，已查出30余篇。编我文集为建华创意主张，拟由中山大学出版社出版，约编为六册，自忖名实不符，甚感愧恧。

1月28日，继续核订课堂笔记，有几处托请校图书馆文献部主任江晓敏协助查对。

同日，涂宗涛先生派其子送来新作《苹楼藏书琐记》，以谢为其书作序。

同日，朱炳国自常州寄来我作序之《常州祠堂》一书，朱君对地方文献搜求用力甚勤。

1月末，张玉利院长等代表商学院，穆祥望、董蓓代表图书馆先后来家探望并送年礼，离任多年而犹得关注，实感欣慰。

2月2日，补写《关于"火烧望海楼"的编写》一文，因视力不佳，整天不过数百字。

同日，徐建华研究生冯凯悦帮我在电脑上整理编次《旅津八十年》稿，二小时即竣事，甚可嘉。

2月4日，上午续写《悼伯良》一文，对当地官员恃权欺人发不平之鸣。

2月9日，除夕。贺岁电话自晨至夜接连不断，甚有年味。

2月10日，今日为旧历元旦，一天门庭若市，新朋旧雨，喜气洋洋。

2月13日，连日来客较多，"中国史学名著评论"课堂笔记整理时续时辍，今日正式恢复工作。

2月15日，上午，大悲禅院住持智如法师来贺年，送福果三件，互谈人生哲理。智如法师为禅院正在复修之清代佛殿求写"一层楼"匾。

2月18日，今日开学。本年度学校实行三学期制。

2月19日，徐建华、王茜师生来谈《文集》事。我提出小编编制，以便归类，建华同意再加整理。

2月20日，拟以原作《一簑烟雨任平生》作为《文集》代序，补写祖父著作部分。出版社谢芳周送来有关我的图像光盘，供《文集》用。

2月21日，读《一簑烟雨任平生》，补"文化大革命"中事。

2月23日，校核《自订学术简谱》。

2月24日，今日元宵节，"文革"期间下放时所在翟庄子乡友赵万新携眷探视，并送来白菜、大葱等土产多种，为题书页并赠《依然集》一册。回忆下放至今已四十余年，当时尚不到五十岁，而今年登九十，大好时光，荒废学业，诚可慨叹！

2月25日，整理校订《自订学术简谱》旧稿毕，只待补足最近一年（2012），幸有简单日记可据。

同日，送回校图书馆借书，并再借《史通》及通释，以校陈师课堂笔记。

同日，与少小结义之老友张兆栩通电话。其患病卧床，愧莫能助。

2月26日，山西三晋出版社社长张继红代山西忻州政府为元好问纪念馆邀写碑文，又请参与《三晋文库》编撰事宜，并告知山西古籍出版社已印阎锡山日记，将寄来。

3月1日，静宜为《文集》整理照片及撰写说明文字，择选自幼至今照片百余帧，已基本就绪。

3月2日，李国庆君送来《萧山丛书》第一辑所列入各部古籍前言，待我审定，粗看质量较好。

3月4日，写2012年地方文献研究室工作汇报，寄交高校古委会。向《中华读书报》发出《说杂家与杂家提要》一文。

3月5日，《自订学术简谱》2012年补写工作完成，断断续续已一月余。

3月6日，寄出《土改九月》一文，以应天津《中老年时报》约稿。

3月7日，整理近刊出的各文剪报，并回复积攒各地来函多封。受《方志百科全书》编委会委托对该书条目的审查意见今寄回。

3月9日，天津教育出版社编辑田娜来告知该社拟重版二十年前中国青年出版社版"中华文化集粹丛书"中南开学人所著各书。最近常有旧著再版或重印，亦算一幸事。

3月10日，应智如住持之约，为大悲禅院题写"一层楼"匾一方。

同日，静宜赴京参加马光琅追悼会。马为南大出版社旧袍泽，处事无心机，靠谱之人，不久前患癌症，不意迅即辞世，老友又弱一个。

3月11日，整理陈师课堂笔记已至《宋史》。南大出版社成立三十周年邀我为文，近日较忙，拟入4月动笔。

3月15日，老友李原为其照片集《记踪寻影》约写序言已近一月，今终成稿，通知其秘书取走。

3月17日，上午，学人朱岩等自京来津送《古海盐文化实录》一匣，装帧甚美，内文附原件书影，樟木函装，古香古色。两年前应邀为该书作序，今见其成，甚感欣喜。

3月18日，继续整理陈师"中国史学名著评论"课堂笔记，已近尾声，核对引文颇费神，体力不复当年，可叹。

3月20日，整理陈师课堂笔记竣事，心稍安，再写一后记即可寄出。

同日，上海辞书出版社寄来《邃谷序评》校样，要求10日内返回。幸由静宜承担一半，当可按时完成。

3月21日，收到黑龙江李兴盛寄来《中国流人史》（上、下）两厚册。李以专攻一经精神，数十年专注于此，终成巨著，亦可垂范后学。

同日，收到《方志百科全书》编辑部来函，应主编段柄仁意见，寄去我著台湾商务版《中国地方志》一书。

3月22日，就《文集》进行中问题与徐建华通话，告知《一簑烟雨任平生》

已补充完成。

3月24日，文学院张学正教授持所作论孙犁文章来访，就孙犁在"文化大革命"后的思想倾向进行商讨。我以为孙在晚年尚能谈书，说明并未对人生完全绝望。

3月25日，书金人元好问"山居杂咏"诗一幅，为山西忻州元好问故乡拟建碑林之用。此乃善举，一月前已应允，近日连写三次方觉尚能入目。

3月27日，《邃谷序评》校竣，并核对静宜所校部分提出的质疑之处，明日即可寄出版社。

3月30日，山东作家郭伟（阿莹）君寄赠《新邑郭氏族谱》六卷，今转赠慈溪家谱收藏家励双杰，以得其用。孙伟良寄其所作希改并为收藏之拙著求签名，今复信肯定其成绩，但体力欠佳，难以逐一改订。

3月31日，王茜送来《文集》的分卷目录，较前大编合理，但卷内次序尚乱，请建华主持再行编次。

4月2日，李国庆来家，商谈《萧山丛书》编辑中诸问题，又谈及我所赠书流入旧书摊事。

4月5日，连日校订《〈太史公自序〉讲义》简体字本，下午完成。如今繁体字成青年学者一难题，对文化传承实一损失。

4月7日，离退休总支书记孙公颐、胡占彩来家约写"十八大"感想文章，定于4月25日集稿，因有静宜协助，允诺。

4月8日，收到河南范凤书等人文章及图书，希能评论。积债较多，只能慢慢读，慢慢复。

4月11日，刘运峰送来《中国研究生》杂志，其中有对我的专访文章。所写近实，但也有过誉之处。赠运峰近收到的《萧山记忆》第五辑，内刊有《汤金钊自订年谱》。

4月13日，应邀写《我与南开大学出版社——贺南开大学出版社30年社庆》一文。当年出任首任社长兼总编辑时为创业之始，虽事业艰难，却果敢应对，而今回忆历历在目，特记其事以作纪念。

4月15日，《萧山丛书》第一辑所收录各书前言14篇日前全部交稿，今交国庆初审，然后再返我审定。

同日，向高校古委会申报去年科研成果，填表等手续完成，今日快递寄去。

4月17日，河北区志办及天津电视台来人采访并录像，主要谈对第二届修志的看法。

4月18日，静宜协助完成学习"十八大"文件心得一篇，上午送交离休干部支部。

同日，萧山图书馆馆长孙勤专程来津慰问，转达政府问候之意，并希进行合作项目，我建议以"我爱萧山"或"我与萧山"为题进行征文活动，期能进一步推助萧山地方文化事业。

4月22日，前日四川雅安发生7.0级地震，灾情严重，连日关注，今捐款千元。

4月25日，出版社通知社庆定于5月24日举行，并请题辞，即题写"多出书，出好书"六字以贺。

4月27日，开始撰写《辅仁四年》一文，记述大学生活。

同日，与学苑出版社正式签订《萧山丛书》第一辑出版合同。

4月29日，徐建华来谈邀5月下旬赴岳麓书院讲学一事，初拟题目为"北洋军阀兴衰与北洋军阀史研究"。

5月1日，日前赵万新夫妇有再访翟庄子之议，今晨八时半来接。先至老房东白树发家，赠礼金表示心意，中午在赵父家吃农家饭，此行见到多位乡亲。

5月3日，请李国庆代印制《天津艺文志》一书今日送来，通知陈鑫来取，为其研究天津地方文献之需。

同日，开始审阅《萧山丛书》第一辑所收录各古籍底本，同时对照审订所撰各篇前言。

5月4日，前日出行，甚感疲惫，湖南岳麓讲学之约恐难实现，请静宜告知建华我身体近况，婉谢邀请。

5月6日，约李国庆来家，讨论对《萧山丛书》第一辑各篇前言的意见。下午与萧山方志办沈迪云主任电话商谈丛书编委会人员诸事，尚需其与有关方面协商后决定。

5月8日，收到商务印书馆编辑丁波寄来《中国史学名著评论》校样，拆阅后见为大字本，系体谅我年高目眩，甚感。

5月9日至12日，袁逸寄来由我作序的《萧山地图集》二册，编印精致，专业水准。朱自奋寄来《文汇读书周报》，已刊出《南开大学出版社三十年》一文。收到陈志超先生寄来《殊途同归》一书，历述自援庵师以后三代事迹，以援庵师为主，即读之。收到萧山申屠勇剑寄来其主编《文华阁百联集》多册，甚感乡谊。收到辅仁校友会侯刚先生寄来其与章景怀编著《启功年谱》，尚称详尽。

5月13日，近日集中精力校正"中国史学名著评论"课堂笔记。今与陈志超、丁波分别通话，交流意见后，将课堂笔记校定稿寄陈志超。

同日，王振良送来其撰写关于我的学术述略，今日才抽空读完，内容充实。

5月15日，已就现有文章列出《旅津八十年》目录，同意交南开大学出版社出版。

同日，商务印书馆编辑丁波来电话，希将我谈人物诸稿整合后题名《古今人物谭》，并以小开本形式出版。

5月16日，完成《辅仁四年》一文。

5月19日，开始撰写《萧山丛书》总序，拟为三部分：一简论丛书之起源，次论《萧山丛书》之初印，三为本版《萧山丛书》介绍。

5月22日，学校安排到总医院体检，上午由静宜、大为陪同将主要项目完成即离去。随后到金街标准眼镜店配镜，年老目眊，只求合用。中午在苏彝士西餐，饮德产黑啤，尽兴而归。

5月24日，涂公宗涛派子送来《文史纵横谈》一册。

同日，萧山图书馆寄来2007年和2012年在萧重要活动照片光盘。

5月25日，王振良接赴问津书院参观。书院为民间读书人活动场所，得民企支持，布置甚佳，振良等颇用心经营，为天津地方文化添一亮点。

同日，应二弟新阳之请修改其生平纪事稿，增加早期生活内容若干，今发航空函寄台北。

5月29日，《萧山丛书》总序撰写耽搁于《萧山丛书》最早编者鲁燮光生年之考订，经几方查找终有结果。今日完成，寄萧山志办审订。因继红兄正在筹备出版《三晋文库》，对文献整理出版多有经验，特将《萧山丛书》总序稿寄其征求意见。

同日，翟庄子房东白树发之子青俊受其父母之托携女儿来家探视，谈往事甚久。当年下放时，此子年仅三岁，而今其女已大学毕业矣。

6月2日，补订《旅津八十年》各文，删定"旅津八十年记事"作为附录。

6月3日，下午出席南大出版社三十年社庆，应邀以首任社长身份代表老员工致贺。见到若干老同事，皆白发蹒跚，人生沧桑于此可见。

6月4日，曾应弟子吴眉眉所请为苏州永慧禅寺墨笔题清人描写该寺诗句"湖山尽处听经声"一幅，今日收到眉眉寄来该寺僧人回赠手书《心经》一轴。

6月5日，商务印书馆丁波及其友人张建安来访，谈《古今人物谭》稿，拟按小开本分三册出版，每册6万字，希一个月后交稿。

6月6日，诗人邵燕祥寄来《邵燕祥自书打油诗》，由英国牛津大学出版社出版。

6月8日，今晚庆生聚会，我夫妇在静园餐厅邀静倩母女、若旸夫妇参加，晚辈共送生日蛋糕并点蜡烛，其乐也融融。

6月9日，《旅津八十年》全稿完成，打印纸样 300 余页，静宜再处理后交出版社。

6月10日，莫建来为《张伯苓全集》申请国家出版基金事请我写推荐函，义不容辞，就张"公能"思想理念论其对中国近代教育贡献，约 1000 字。

6月11日，再次斟酌《古今人物谭》选目。

6月12日，读张梦阳自京寄来叙事长诗《谒无名思想家墓》后颇感慨，写《感情的死灰复燃》一文寄《中华读书报》。

6月14日，将再整理过的《萧山丛书》总序交李国庆，请其订正。

6月16日，中华书局寄来《古典目录学》20 册，虽为旧作修订本，却是较早此类出版物，即赠戴逸、刘梦溪等友人。

6月19日《南开大学报》刊发《要把名著读到这种程度——读宁宗一先生的〈心灵投影〉》一文，编辑韦承金送来样报。刘梦溪先生寄来近作《大师与学问》一书，即读。

6月20日，中央办公厅秘书局主办《秘书工作》杂志来函索稿，寄去《地方官读志书》一文。

6月21日，辽宁省社科院主办《文化学刊》主编曲彦斌来舍约稿，并诚邀长期为该刊撰稿，允写《论文章之文采》一文。

6月23日，侄女若暘夫君郝志强经六年努力攻读，今始获南开大学理学博士学位，确是不易，亦为人生一大站。下午邀我至南大校门、物理学院等处合影留念。晚上，我请大家在静园共进晚餐以表祝贺。

6月26日，连日编选《古今人物谭》，并斟酌三册书名，拟采用陈鑫三书名建议。天气炎热，又因雨屋漏，修房者频来，不见成效。

6月27日，沈迦自加拿大回国，自沪来津探望，赠其中华新版《古典目录学》一册，并为其收藏拙著签名。刚得知韦力君访古时意外受伤，即电话询问病情，尚在疗养中，但情绪乐观。

6月29日，收到吴小如兄寄来《中国文史工具资料书举要》一书，旧著重印，裨益学人。

6月30日，《古今人物谭》书稿今寄商务印书馆。

7月2日，应约为《文化学刊》撰文，题为《言之无文 行之不远》。12 日寄该刊。

7月3日，李某等在友人陪同下来家中。其持我在"文化大革命"中被抄的《叶伯英年谱》并内夹我墨笔所写长跋，索价 6 万元，拒之。

7月5日，整理九十岁前后所写各文，拟编一小集。

7月7日，今为抗日战争启动之日，民族之痛，不能遗忘。

7月8日，师弟柴剑虹兄来电告知近所言及辅仁国文教材《论孟一脔》从国家图书馆找到，已请复印后寄来，甚感。多年搜求，得遂初愿。

7月9日，《旅津八十年》排版完成，纸样近400页，用一天时间将全稿理顺一遍。交静宜协助校对，并邀王振良提供书中插图资料、齐珏设计封面。

同日，《今晚报》刊出《感情的死灰复燃》一文，甚快，而有媒体对揭露"文化大革命"仍束手束脚。

7月11日，校订《旅津八十年》，附录"旅津八十年记事"尚需删削订正。

7月12日，萧山图书馆孙勤拟编《来新夏著述专藏阅览馆研究》一书，电传大纲，并希提供资料。

7月15日（农历六月初八），今日九十整寿，特做南味黄鱼卤面以庆。

同日，与静宜共校《旅津八十年》，进度较快，唯序言尚未确定。电话请忘年交王振良小友作序，得允。

同日，杨大辛兄撰写自传并自印成册，由静倩取回，其中提及贱名，甚感。

同日，赵胥寄来由中华书局出版其编《朴庐藏珍》，内选民国百名学人手札，甚精美。

7月19日至25日，到蓟县避暑，山坳凉爽，睡眠甚佳，神清气畅。其间为沈迦著《寻找·苏慧廉：传教士和近代中国》一书写书评一篇，题为"传教士的贡献不该被埋没"；写《保我钓岛 壮哉天颖》一文初稿，赞早年学生吴天颖民族正气与治学之勤；临摹米芾字若干幅，以改善字体结构；赶集购物，品尝近已难得一见之毛鸡蛋；雀战几次，均获小胜。

7月26日，上午返程至津，下午即整理多日积存报刊及信件，收到《光明日报》韩小蕙寄赠其新作《手心手背》。

7月29日，上海辞书出版社寄来我自购《邃谷序评》50册，将分赠各地书友。

8月1日，振良送来为《旅津八十年》选用插图照片若干及《序言》，题为"来新夏的第二故乡"。

8月5日，连日暑热高温，减少工作，以校读《旅津八十年》稿为消遣。

8月9日，上海人民出版社来约稿，拟分册出版我的随笔，并有简略方案。考虑后回复，初拟分为四册，每册60篇，约10万字，应具特色。

8月18日，再读《论孟一脔》，构思《说说"大一国文"——兼说〈论孟一脔〉》一文，以推荐《论孟一脔》呼吁重视大学生国学基础教育。

8 月 19 日，徐建华来家汇报《文集》已基本结束资料收集整理工作，预计年内可得全稿。

8 月 25 日，智超寄来其选注《陈垣往来书信集》（增订本），请为该书写评奖推荐函。该书收录往来书信 2000 余件，类多民国名人，百余万字，浏览一过亦需时日。

9 月 1 日至 4 日，陈师书信集推荐意见完成并寄志超。志超回赠陈师亲编《国文读本》复印件。

9 月 4 日，为李兴盛《中国流人史》写评奖推荐意见，因曾见其著述多种，顺利完成。

同日，上海武警学院副政委萧跃华爱书之人，来请题跋。

9 月 5 日，上海人民出版社寄来《来新夏随笔选》出版合同。

9 月 6 日，李国庆送来刚出版《藏书家》杂志 5 册，阅知列我为该刊首席顾问。

9 月 7 日，王振良来舍送《旅津八十年》需补充之插图，与其谈及董宁文所编《开卷》易主之事，如问津书院给予经济支持，此刊尚可维持。民间刊物生存不易，当予关注。

9 月 8 日至 14 日，开始准备问津书院讲座稿，交甥女孙轶凡录入，《袁世凯与天津新政》一文基本框架完成。

9 月 10 日，今日为教师节，信息资源管理系新入学硕、博研究生持花来贺，讲为人为学三要点相勖。

9 月 13 日，天津教育出版社送来新版《薪传篇》《明耻篇》样书两套。

9 月 14 日，上午刘泽华教授来家小坐。刘方自美归来，所谈皆为历史系旧事。又请鉴定带来乡试卷一份及作文本，见往日塾师所作文之认真态度，令人惭愧。

9 月 16 日，董宁文自南京来津，与振良谈妥《开卷》经费一事，我则居间搭桥任务完成，甚感欣慰。

9 月 19 日，《〈太史公自序〉讲义》稿成，今寄《中国典籍与文化论丛》。

同日，应邀为《林则徐水利思想研究》一书写序，因史料熟悉，颇为顺手，今日完成，即寄海峡文艺出版社责编茅林立。

9 月 22 日，《萧山丛书》第一辑（16 开本精装 10 册）已发印刷厂，即可付印。

（《萧山丛书》第一辑于 2014 年 8 月由学苑出版社出版，第二辑于 2016 年 2 月出版，第三辑于 2017 年 10 月出版。）

同日，收到韦力君寄来《芷兰斋书跋》一书。

9月28日，下午问津书院讲座，题目是"袁世凯：在津推行北洋新政"。振良主持，三时开讲，历八十分钟。津门关注地方文史者甚多，讲座后合影留念。

10月1日，日前眉睫寄一书来，素不相识，请为其著《梅光迪年谱》题签。而立之年已著书多种，令人艳羡，真是英雄自古出少年。复函并题签后寄出。

10月2日，奉贤金峰寄来《美帝侵略台湾简纪》小册子。此为我于20世纪50年代初正式出版的第一本专著，"文化大革命"中散失，金峰以百元代价从上海地摊购得，并割爱寄我，可感。

10月8日，国庆长假期间已将上海所约随笔选第一册样稿整理完成，开始第二册整理工作，第三册已交打印。

10月9日，天津大学王学仲先生辞世。两年前同在天津武警医院疗养，今同辈人又弱一个，不禁怆然。

同日，一少年崔博来函问学，复之。

10月10日，静宜已将《旅津八十年》稿中插图位置处理完成并加文字说明，今送交改版。

同日，与李国庆研究《萧山丛书》第二、三、四辑选本问题，取得一致意见。

10月11日，随笔集第三册校完交回改版，开始整理第四册。

10月15日，《渤海早报》记者董云慧送来样报，该报刊有采访我的报道。

10月18日，与上海人民出版社编审虞信棠先生通话，告知随笔选四册已定稿，下周派人专程送沪。

10月20日，收到周芳芳为纪念其父周林百年所撰《打开尘封的记忆》一书。周林为新四军老干部，离休后被聘为全国高校古委会主任，颇多建树，南开大学地方文献研究室之建立得其支持。

10月22日至24日，萧山图书馆孙勤馆长及杭州桐荫堂文化创意公司俞宸亭女士并助理共四人到津，此行目的是为我夫妇撰写文艺传记搜集、采访资料，书名暂定为"一个人，一卷书，一座城，一种生活"，计划明年成稿出书。

（此书于2014年4月由杭州出版社出版，书名为《一个人的一座城——来新夏著述专藏阅览馆研究》。2017年3月再版。）

10月25日，出版社派焦若旸担任《旅津八十年》责任编辑，今送来清样，开始校对。

10月26日，《读〈清史·朴学志〉管见》一文定稿，寄《中国文化》主编刘梦溪先生。近日陆续整理积稿，先后寄发《藏书家》《人民日报》《今晚报》等报刊。

10 月 28 日，写《先生与 BOSS》一稿，批评学生称老师为"老板"之时尚陋习。

10 月 30 日至 11 月 4 日，二弟新阳与侄明智由台湾回家探亲。其间谈家史，共忆少年风貌，深感手足之情。

10 月 31 日，上月北京出版社编辑高立志来函希望出版《古典目录学浅说》一书，今寄来出版合同，签后寄回。

（此书列入该社"大家小书"系列于 2014 年 7 月出版，共 17 万字，未标印数。）

11 月 4 日，收到温州图书馆所编《瓯风》第六集。该刊申其主旨为"以一地方视角来解读现实和历史，更是借此让更多的人了解温州"，值得一赞。近来多热心地方文化者办刊，《天津记忆》《萧山记忆》皆属此类。

11 月 7 日，应龚绶之请为《龚望先生题签集》作序。

11 月 9 日，王茜送来《文集》稿大部分，约 300 万字，后续再送。一生不觉间竟写近千万字。

11 月 10 日，收到萧山寄来《名人传记》，先祖见收其中。

11 月 14 日，收到丁波寄来《古今人物谭》三稿校样，已经编辑审读，但仍需校核。22 日校竣，经整理后封寄商务印书馆。

（"古今人物谭"丛书由商务印书馆于 2016 年 3 月面世，为 32 开精装本三册：《评功过》为古代人物部分，《辨是非》为近代人物部分，《述见闻》所收为卒于 1950 年后的人物。共 31.8 万字，未标印数。）

11 月 19 日，章用秀先生来访，为其学术研讨会论文集《闲话定盦》请序。

同日，商学院张伶拟将其博士后出站报告成专著出版，亦来请序。

11 月 21 日，王茜送《来新夏文集》打印全稿，希我审订。颇具规模，需时难以估计。

同日，《中华读书报》刊发《读陈垣老师往来信函》一文。

11 月 22 日，开始诵读陈垣师所编《国文读本》。

11 月 24 日，改订《萧山丛书》第二辑选目及经费预算。

同日，应《寻根》杂志之请，为大家出版社成立三十年题词；又为王稼句兄题匾额三则，尚可入目。

11 月 26 日，读完陈师亲编《国文读本》，拟撰《再说"大一国文"》，争取三日内完成。

11 月 27 日，修改《怀念光琅》一文，以应其后人编印纪念文集。我夫妇各作一文。

12 月 1 日，今发《再说"大一国文"——读陈垣师亲编〈国文读本〉》一文给《人民日报》罗雪村编辑。

12 月 2 日，《徐州古方志丛书》序今始完成。主编赵明奇为徐建华友人，由徐转交。

12 月 5 日，整理旧稿，完成《对〈清史·典志类〉总目的我见》一文，拟寄高校古委会主办《中国典籍与文化论丛》。

12 月 7 日，初编《难得人生老更忙》（九十前后稿）目录，静宜协助整理。此稿原拟名"九十前后"，现取启功老师十年前赠诗首句名之。

12 月 11 日，近见报刊谈及津门旧事，幼时在天津北站附近的旧居择仁里恍然在目，写《旧居》一文，交《今晚报》副刊。

同日，晚，老友王汝丰兄与中国社科院近代史所马宗文来家晤谈一小时。王等来津开会，抽暇探望，友情感甚。

12 月 12 日，河北《冀州市志》主编常海成及乡友周金冠专程来津送最近面世《冀州市志》并致谢，周赠所著《任熊绘姚大梅诗意图赏析》线装一函二册，西泠印社版，华宝斋印制。

12 月 13 日至 15 日，继续整理《难得人生老更忙》书稿，已基本定型。

12 月 16 日，日前发现《溃痈流毒》复印资料一袋，为多年前美国国会图书馆亚洲研究部主任居蜜博士委托整理之该馆所藏鸦片战争史料，当时允诺，后因公私事务丛杂，至今未能实现，实感愧怍。拟暂搁诸事，抓紧完成此书整理、点校工作。

12 月 20 日至 25 日，整理《溃痈流毒》复印稿，多数字迹模糊不清，辨认颇费力。虽进展较慢，但已形成关于对该书若干考订的构思。

同日，山西《编辑学刊》吕晓东约新年稿，拟写《过年读书》一文。

12 月 21 日，收到罗文华寄来 12 月 16 日《天津日报》，《〈龚望先生题签集〉序》已在副刊"满庭芳"刊出。

12 月 26 日，《今晚报》发《再说"大一国文"》一文。

同日，刘春生业余整理孙子注多年，今为其《十一家注孙子集校》一书申请出版资助写推荐信。

12 月 31 日，新著《旅津八十年》正式出版，责编焦若暘及时送来样书 5 册，心中甚喜悦，为 2013 年之愉快除夕。

2014 年，九十二岁

1月1日，天津《中老年时报》今天开始连载我夫妇共同署名的《来新夏说北洋》，每天千字，约需百日载完。

1月2日，收到上海交通大学出版社责任编辑冯勤寄来《目录学读本》校样，已由柯平取去交各作者审读。

同日，王振良携湖南长沙青年书人黄友爱来家，送所编民刊《湘水》，为题字以赠。近代史所金依林托请马忠文邀题写页册已多次催促，今写"读书是福"。

1月4日，澳门文献信息学会邓骏捷君寄来《澳门文献信息学刊》第九辑，内载拙作《读〈太史公自序〉札记》一文。

1月6日，完成《关于〈溃痈流毒〉的几点考证》一文。

1月8日，农历腊八。备料多种煮腊八粥，效果甚佳，就近送亲友品尝。近日收到各方友好贺年卡较多，今年提倡节俭，故一般不复。

1月9日，李国庆来谈《萧山丛书》第一辑印制情况及第二辑编辑工作，进行较顺利。

1月10日，焦若暘送来其任责编应得样书《旅津八十年》多册，以备我用。市邮政局原局长仇润喜恰来贺年获赠，为友朋得此书第一人。

1月11日，广东人民出版社卢家明总编等二人由京专程来访，邀随笔集一册，将《难得人生老更忙》目录面交之。同时，卢拟接受《来新夏文集》出版，因较匆匆，待与建华商量后再定。

1月12日，上午召徐建华来，告知广东人民出版社邀出《文集》一事。徐因原定出版方遥遥无期，表示可予考虑。

1月14日，应《天津日报》罗文华之约写《节假日读书》，一日成文。

1月15日，《旅津八十年》样书200册由物流送来。王振良提供插图为本书增色，赠书30册以表谢意。下午振良来取书时见到陈鑫，为我有意安排，因二人均关注严修研究，从日记入手陈已进行，王表示相助，一大著述指日可待也。

1月18日，《目录学读本》经柯平诸君校读后，今寄回上海交大出版社。

1月19日，收到广东人民出版社寄来《来新夏文集》出版合同。近日将整理2013年文章列入《文集》。

1月20日，旧友张维绪送来所著《天津话语汇》。张在"文化大革命"中作为天津新华印刷一厂的工人代表来南开参加"评法批儒"时相识，自学成才。

为此书作序已六年，可见出书之难。

1月22日，收到上海人民出版社《来新夏随笔自选集》合同，签后寄还一份。

（《来新夏随笔自选集》于2015年3月面世，编为三册：《书卷多情似故人》《说掌故 论世情》《问学访谈录》，精装本，共57.7万字。）

1月26日，近日原供职各单位现任领导先后来家慰问，今年尚俭，情意心领。

1月29日，萧山方志办寄来硕大咸鱼干两条，回电致谢。萧山图书馆为"来新夏著述专藏阅览馆"贴"福"字贺年，照片从网上发来，也是一喜。

1月30日，今日为癸巳年除夕，近年多为提前拜年，贺岁电话整日不断。今夜炮竹明显减少，群众认识雾霾之害，亦见一进步。

1月31日，今日为甲午年元朔，仍有亲来恭贺新禧者多人。

2月5日，大悲禅院智如法师因其剃度师隆昌坐化，故依俗不能拜年，特委托居士龚绥昆仲代表送来佛果。我各赠《旅津八十年》为贺年礼。

2月6日至8日，撰写2013年地方文献研究室工作汇报及科研成果表。向外地亲友寄赠《旅津八十年》，主要是北京和萧山二地。

2月11日，《中国社会科学报》记者张春海寄来样报，日前采访已刊出，并配发照片，文为《来新夏：九十"老骥"犹"出枥"》。

2月15日，赵胥自辽宁返京过津，来家拜年，并代请为《缪钺先生编年事辑》一书题签。

2月17日，为《难得人生老更忙》写序，亦题"难得人生老更忙"，阐发我的老年之感。该书文字稿亦整理蒇事，近日即可寄广东人民出版社。

（此书于2015年8月面世，因列入该社"百家小集"书系，根据出版社建议更名为"邃谷四说"，精装本，14.9万字，未标印数。）

2月19日，《关于〈溃痈流毒〉的几点考证》一文完稿，今将电子稿发《中华读书报》编辑王洪波。

同日，杭州俞宸亭所写小传《一个人的一座城》稿电子版发至焦若暘邮箱，晚其夫妇送来纸本。

同日，天津电台编辑温光怡来商订下周录像事。该台拟请津门十位学者讲述有关国学专题，约我十讲，每讲20分钟，题为"书文化的传承"。

2月22日，昨晚忽感眩晕，晨起略减轻，至晚渐恢复。

2月24日，上午电台来人录音录像，今日开始第一、二讲，历一小时完成，讲后精神一振。

2 月 26 日，上午九时至十时录制"书文化的传承"第三、四讲，进行顺利。

2 月 28 日，昨晚睡前咳嗽有白痰，但睡后平稳。今晨静宜去总医院干部门诊见曹肇慧主任，取消炎、止咳药二种；又说上周头晕现象，认为是脑缺血，加银杏叶片口服。

上午录制第五、六讲，约一小时，感疲劳。晚体温 38.8℃，咳嗽加剧。

3 月 1 日，上午到总医院干部病房就诊，诊为肺部感染，住院治疗。

3 月 4 日，下午二时突发急性心梗，入 ICU 抢救。四时半缓解，家属入内探视。

3 月 6 日，《难得人生老更忙》一文在《海南日报·文化周刊》发表。

3 月 8 日至 14 日，病情一度平稳，仍有低烧，偶发室颤。

3 月 15 日，《目录学读本》出版，上海交通大学出版社寄来样书。

3 月 23 日，《难得人生老更忙》一文在《今晚报》刊出。

3 月 31 日，因心衰抢救无效，于十五时十分逝世。

*　　　　　*

说明：来新夏先生曾撰《邃谷九十以前自订学术简谱》，后又有《旅津八十年记事》附录于《旅津八十年》（南开大学出版社 2014 年 1 月版）一书，记事均至九十岁，即 2012 年末。本谱系在此基础上稍作校补，其中 2013 年 1 月至 2014 年 3 月 1 日的内容据先生简要日记整理，3 月 4 日至 31 日为补写。未及详考，尚欠周全，敬祈指正。

焦静宜谨识

2018 年仲秋

他在馀霞满天中走进历史

（代后记）

焦静宜

2014年3月31日下午3时10分，夫子来新夏先生遽然仙逝，于今已半年。在我心中，他并未远行。不仅仅是无时无刻的所思所念，还有远近友朋的缅怀与追忆，都让我时时感知他从未停歇的脚步。

先生1923年农历六月初八日生，享年九十二岁。先生一生历经风雨，既有民族灾难、时代变迁，又有因政治运动而遭遇的人生坎坷，但他的不屈不挠、坚韧勤奋，非常人可比。听言观行，终其结果——先生功德圆满矣！

先生祖籍浙江萧山，为长河望族，沾溉祖荫，得祖父启蒙，故乡的哺育，使他感念至深，终生不忘。虽于少小随家北上，但一生挚爱故乡的人文山水并引以为自豪，终老仍能操乡音，最喜欢品饮的还是家乡寄来的龙井。

少年时期随父母为生活而迁徙南北，辗转就读于萧山、天津、南京诸地。漂泊磨练了意志，更涵养了他向往自由的性格。

青年时代的先生经历了人生的重大转折。1942年他考入北平辅仁大学史学系，得到陈垣、余嘉锡、张星烺、启功诸师之教，"渐窥学术门墙"。在抗战最艰苦的条件下，他发愤读书，每年以全班第一名获"勤"字奖章暨奖学金，终以优异成绩完成学业，获文学士学位。1946年毕业后回津，由于社会动荡，几经谋职，应聘至天津新学中学任教，得以养家糊口。1949年1月，天津解放。3月，即被"民青"组织推荐至北平华北大学二部学习，从此参加革命工作。为显示革命意志与旧我决裂，来新夏改名"禹一宁"，想当年的先生是多么意气风发！

华北大学学习结业，大部分学员被分配南下到新解放区工作，先生则被留校，师从范文澜教授，专攻中国近代史。在此期间，发表了他在中国近代史领域试用新立场、新观点、新方法撰写的第一篇学术论文《太平天国底商业政策》；

参加了北洋军阀档案整理工作，从而成为新中国第一批档案工作者。抗美援朝战争爆发，他积极报名参军，未获批准，于是奉范老之命撰写了《美帝侵略台湾简纪》以口诛笔伐，成为先生在新中国成立后出版的第一本著述。这是一段难忘的革命生涯。

1951 年 2 月，南开大学历史系主任吴廷璆教授来京邀聘教师，经范老推荐，先生返津到南开大学任教，从此以教书育人为职志，笔耕舌耘六十馀年。

20 世纪 50 年代是火红的年代，先生以饱满的热情和旺盛的精力投入工作。他曾担任历史系秘书、教研组主任，参与教学和行政管理；曾奉派参加全国土改工作团到湖南剿匪反霸，分田分地；曾响应号召学习俄语，每天强记单词 100 个，两月间通过考核获得全校第二名；曾每周往返京津间学习，为了给文学院各系开设中国革命史公共必修课；他还是建国初期最早的史学刊物《历史教学》创办期的参与者之一，利用业余时间担任编委和值班编辑。在专业上，在为历史系讲授"中国近代史"诸课的同时，先生对中国史的若干问题进行了深入研究，在刻苦研读史学典籍的基础上，科研成果接连问世。《北洋军阀史略》于 1957 年出版，是新中国成立后的第一部北洋军阀史专著，而同时进行的清人笔记研究、林则徐年谱研究等，都是先生此时开始在史学领域的拓荒之举。1959 年是中华人民共和国诞生十周年，先生应邀编写的京剧历史剧《火烧望海楼》成功上演，并获文化部二等奖。

木秀于林，风必摧之。先生的中年是在"难以言说的痛苦"中度过的。1960 年，风华正茂的先生因所谓的"历史问题"，在审干中受到严格的政治审查，以"难以定论"为由被剥夺教学与研究工作的权利，不能参与社会活动，不能写署名文章，生活待遇保留，实行所谓的"内控"。自此，刚刚三十八岁的先生被投闲置散十八年。然而，正是先生的卓尔不群成就了他不凡的事业。挫折使他对人生有了新的认知，才能心无旁骛，更深地沉潜于学术研究的大海。在困顿中，30 余万字的《林则徐年谱》完稿，经翻检大量清人年谱而撰写了 870 篇书录的《清人年谱知见录》已达 50 万字，由检读校图书馆所藏清人文集与笔记逐一题录的《结网录》和《清人笔记随录》亦已积稿盈尺，在文献爬梳中抄写的资料卡片达数万张……"失之东隅，收之桑榆"的些许慰藉刚刚到来，却不意"文革"爆发，家中数次遭劫，包括二十四史在内的近千册线装书和这些手抄誊清的书稿、资料均被付之丙丁。1970 年至 1974 年，先生被勒令携眷到南郊瞿庄子插队落户，匆忙之中仅随带简单行李，而残篇断章皆捆载而行。四年农耕，艰辛备尝，却得免遭批斗。白天照章下地劳动，晚间整理残稿。昏黄灯下，面对断纸裂笔，心何以堪！然先生以百折不挠的毅力，孜孜矻矻，竟历时三年，将《林则徐年谱》《清人年谱知见录》凭记忆逐一清正，又就随身带来有关目录学的卡片和笔记，开始撰写《古典目录学浅说》。至 1974 年得通知返校时，遭劫残稿大多得以恢复。此乃不幸中之大幸。

1976 年"文革"结束，1978 年 3 月重返讲台，同年秋"历史问题"查清并做出结论，还一身清白。秉知恩师启功先生，得一慨叹："王宝钏寒窑十八年，终有这一天！"

"文革"后的十多年，先生曾有过他自言的"所谓'辉煌'一瞬"——1979年他被启用，在南大分校独力创办图书馆专业；1983 年在南大本部再创建图书馆学系，并破格晋升教授；1984 年被接连任命为图书馆学系主任、校图书馆馆长、校出版社社长兼总编辑；随之，又有多种社会兼职纷至沓来。此时的先生踔厉风发，他直言："我之所以接受这么多副重担，主要是想向南开园的人们证实我的能力和对教育事业的忠诚。我即受命任事，自当奋勉从公，以做事不做官的精神去做好各项工作。"有此根柢，他勇于任事而不避明枪暗箭，多业并举，卓有成就。20 世纪 90 年代初先生从各岗位上先后离任，至今同仁间犹有"来新夏时代"之说。先生在此期间还投身于开创新中国编修地方志的工作，他参与制定条例，主持培训骨干，为建立中国新编方志学体系而深入研究方志理论，为推动和指导地方修志工作实践不辞辛苦而奔波于全国各地。这十年，既是先生为国家、为教育事业效力、付出的十年，也是先生的学术事业丰收的十年。《林则徐年谱》《近三百年人物年谱知见录》《北洋军阀史稿》《古典目录学浅说》《方志学概论》等著述的接连面世，为其事业的发展奠定了坚实的基础，后经不断奋进，方得以"纵横三学，自成一家"而享誉学界。

先生的晚年是幸福的。"衰年变法"既是先生学术观念的转变，也体现了他对自由理念的追求。他成功了——先生毅然走出纯学术的象牙之塔，用随笔的形式，把几十年来积累的学识和见解用民众可读和喜看的文字表达出来，由回归民众、贴近民众而反哺民众。十多年间，先生笔耕不辍——写读书的时有所悟，化艰深为平易；写世情百态，诠释人生；写古今人物，求历史的公允，发故旧的幽微。以求知人阅世，有益于后来。由 1997 年出版的第一本随笔集《冷眼热心》始，至今有《枫林唱晚》《邃谷谈往》《一苇争流》《依然集》《不辍集》等 30 余种随笔集奉献给大众。先生的作品得到了广大读者的喜爱和关注，而他自己也在抒怀遣兴中"似乎回归到依然故我的纯真境界"。

先生是在"难得人生老更忙"的愉悦中度过的。他带领团队按时完成了国家清史项目《清代经世文选编》，他在米寿之年出版了《近三百年人物年谱知见录》（增订本）和《书目答问汇补》两部巨著，他聚集学界才俊主编当前体例最称完备的国学基础教材《目录学读本》，他领导下的地方文献研究室为故乡萧山整理出版了百余万字的《萧山县志稿》和大型历史文献《萧山丛书》，他还每年有一两种随笔集问世。至晚，他更把推助文化繁荣视为责任和人生乐事。他不仅经常把所思所悟通过报章与读者分享，还为他人成果问世大声鼓呼，不遗余力；尤对上进的后学，则尽心扶植，乐观其成。睿智、宽厚与真诚使先生桃李满园，友朋遍南北，或有客上门，或远方飞鸿……然而先生在忙碌中生活井然有序，平时上午在电脑前读书写作，下午自娱看报待客，饮食起居，情趣怡然，还不时小有新意。2 月 20 日，他的最后一篇随笔定稿；28 日，他还在为电视台的国学普及节目录像。在大家心目中，他始终健康并快乐着，生命的奇迹当非他莫属……

先生走了。走得平静，遗容是那样安详。因为他是欣慰的。先生辛劳一生而无怨无悔，坦荡从容而无所愧疚，他用毕生努力凝结成的事功与业绩，世人自有评说。诗人邵燕祥先生唁函中称先生"馀霞满天"，这也正是先生晚年的风景。先生没有停下脚步，他在馀霞满天中走进历史。

感谢识与不识的关注来新夏先生的朋友们！

甲午重阳

作者为南开大学出版社编审、来新夏先生夫人。

本文原刊于《忆弢盦：来新夏先生纪念文集》，焦静宜编，天津古籍出版社2015 年版。